神策军與中晚唐宦官政治

增订本

黄楼 著

中华书局

目　录

引　言

本书以"神策军与中晚唐宦官政治"为题,对中晚唐时期所独有的"宦官政治"诸问题展开探讨。所谓"宦官政治",乃指某一特定历史时期宦官集团之势力全面干预军事、政治、经济等领域,甚至左右朝政,凌驾君主之上的一种畸形的政治格局。中晚唐宦官政治起于德宗贞元十二年(796)神策两军中尉制创立,止于昭宗天复三年(903)朱全忠尽诛宦官,前后延续一百余年。

一、问题的提出

在中国历史上,中晚唐常被视为衰世、乱世。这一时期的政治问题,学界通常概括为藩镇割据、牛李党争、宦官专权三大问题。如所周知,政治演进是一个综合的整体的历史进程,用并列的三大问题概括,虽无大误,却把中晚唐政治史条块分割为三部分,有片面化、简单化的嫌疑,难以体现唐宋社会剧变中政治演进的历史规律,进而制约了相关研究的深入展开。作为一个承上启下的关键时期,中晚唐政治史理应受到更多的学术关注。

近些年来,日本学者提出的唐宋变革论受到普遍重视。根据唐宋变革论的假说,由唐入宋,政治史领域内最显著的变革是君主独裁权力的强化。但是核诸史实,中晚唐时期,特别是宪宗遇弑以后,皇权对内受制于宦官,甚至君主废立皆出其手,对外则威权不行,致使朋党大兴、藩镇跋扈。这与唐宋变革的理论预设完全相反。论及中晚唐皇权问题时,变革论支持者多语焉不详,迄今尚无有说服力的解说。

我们注意到，中晚唐皇权不振是因为皇权受到宦官集团的挟制，而唐宋变革论中只讨论君主的独裁权力，没有充分考虑宦官的因素。与皇权不振成鲜明对比的是，中晚唐宦官集团权势迅速膨胀。军事上，宦官集团通过神策两军中尉控制了长安及京西北地区朝廷直接控制的所有军队，并以庞大的监军系统监控各地藩镇。经济上，宦官集团以赡军为名，攫取大量经济权益，卖官鬻爵，收受羡余，积蓄内库财赋。政治上，宦官集团通过枢密使侵夺宰相相权，参掌军国机密，形成内外大臣共治天下的独特格局。最后，宦官集团还操纵君主废立，立君、废君、弑君，有如儿戏。非常明显，军事、经济、政治等领域，皇帝权威都受到宦官集团的挟制。在中国古代，皇权旁落，被其他政治势力长期挟制的情况，唐代并非首次。在此之前情形最为接近的一次是永嘉之乱后的东晋王朝。晋室南渡后，政治秩序的重建主要仰仗门阀士族，门阀士族在政治、军事上占据强势地位，故东晋政治被称为"门阀政治"[1]。以此类推，中晚唐政治军事秩序的重建，宦官集团扮演了重要角色，在军事、政治上都居于强势地位。某种意义上说，中晚唐政治也可以用"宦官政治"一词加以概括。

中晚唐宦官政治是一个颇具学术价值的课题。东晋门阀政治是在晋室南渡、"五胡乱华"这一社会大动荡之后重建的社会政治新秩序。同样，中晚唐宦官政治则是在安史之乱这一大动乱冲击之下重建的社会政治新秩序。通过对宦官政治这一论题的研究，至少可以对以下几个学术难点问题作出贡献。

（一）有助于解释唐宋社会转型的历史衔接问题。如前所述，唐宋变革论在论及中晚唐时有一明显悖论，即理论上君主独裁应该是不断

---

[1]参田余庆：《东晋门阀政治》，北京：北京大学出版社，2012年。田先生所言"门阀政治"，主要指"王与马共天下"这种皇权政治的变态形式。此一变态形式存在且仅存在于东晋一朝，概念上与从经济、社会等领域全面推演而来，具有历史时段划分意义的"门阀政治"并不完全等同。

强化的,事实上皇权却不断遭到削弱。关于中晚唐宦官政治的研究可以对唐宋变革论作出适当的回应。

（二）有助于深化对中国皇权政治发展规律的认识。秦始皇建立大一统的封建帝国之后,皇权不断强化是总的发展趋势。但是在特定的历史条件下,皇权也会受到外力的抑制而短暂衰落。从历史上看,皇权或受制于外戚,或受制于权相,或受制于士族,中晚唐则受制于宦官。对宦官政治的研究有助于揭示中国皇权政治发展演进过程中的某些规律。

（三）有助于理解汉、唐、明三朝宦官干政的历史差异问题。汉、唐、明是中国历史上宦官最为跋扈的时期。汉、明两朝宦官只是皇权的延伸,皇帝可以罢废甚至处死宦官。但是,中晚唐宦官形成了庞大的使职系统,不仅与南衙朝臣抗衡,甚至可以废立君王。同历史上的权臣擅政一样,中晚唐皇帝不堪受制,屡次谋诛宦官,却以失败告终。如果我们仍然沿用成说,把宦官权力视为皇权的一部分,非但不足以揭示唐代宦官干政的特点,在理论上也有削足适履之嫌。"宦官政治"概念的提出,以及围绕这一论题展开的探讨,对揭示中晚唐宦官问题的历史特质将大有裨益。

中晚唐宦官政治牵涉的问题非常广泛,神策军外镇、永贞革新、牛李党争、甘露之变等等,凡此期间发生的重要政治事件多与之有关。如能以宦官政治为主线,从新的研究角度对这些历史事件重加讨论,或许可以建构一个耳目一新的中晚唐政治史解说体系,其价值不言而喻。

二、研究史回顾与展望

目前学界已公开发表了若干以"宦官政治"为题的论文或专著①,

①冯辉:《论唐代的宦官政治》,《求是学刊》,1987年第4期;王永平:《论枢密使与中晚唐宦官政治》,《史学月刊》,1991年第6期;卫建林:《明代宦官政治》,石家庄:花山文艺出版社,1997年。

但与本书所论"宦官政治"名同而实异。本书所论"宦官政治"不是泛指与宦官有关的政治现象，而是指在特定历史条件下宦官在军事、政治、经济等领域中居于主导地位的畸形政治格局，它存在且仅存在于中晚唐时期。这一论题内容广泛，旁及中晚唐军事制度、朋党之争、君相关系、皇位之争等诸多问题，学界已有非常丰厚的研究积淀。限于篇幅，今择其最有代表性且与本书密切相关的论著略述如下。

（一）神策军及其他禁军

封建皇权是唐代宦官权力的最初来源，唐代宦官权势最强有力的支持来自神策军军权。以神策军为核心的中晚唐军事制度是本书讨论宦官政治的逻辑切入点。关于中晚唐军制，《新唐书》卷五〇《兵志》有专门记载，但是讹误颇多，唐长孺先生《唐书兵志笺正》有许多精审的考辨①。日本学者日野开三郎《神策禁军的发展》较早对神策军问题展开讨论②。何永成《唐代神策军研究——兼论神策军与中晚唐政局》是关于神策军的一部专著，对神策军与永贞内禅关系的个案分析颇具价值③。张国刚《唐代的神策军》《唐代的北衙六军述略》等文对唐代神策军、六军以及神策军外镇问题作了系统的整理与研究④。赵雨乐《唐代的飞龙厩和飞龙使——以大明宫的防卫为中心》讨论了唐代飞龙使及其管辖下的飞龙兵在宫廷军事政变中的作用⑤。齐勇锋《唐后期的北衙六军、飞龙、金吾、威远和皇城将士》则认为唐后期中央

---

①唐长孺：《唐书兵志笺正》，北京：科学出版社，1957年初版；北京：中华书局，2011年新版。

②〔日〕日野开三郎：《日野开三郎东洋史学论集》第1卷《唐代藩镇の支配体制》，京都：三一书房，1980年。

③何永成：《唐代神策军研究——兼论神策军与中晚唐政局》，台北：台湾商务印书馆，1990年。

④张国刚：《唐代的神策军》《唐代的北衙六军述略》，收入氏著《唐代政治制度研究论集》，台北：文津出版社，1994年，第113—142页。

⑤赵雨乐：《唐代における飞龙厩と飞龙使—特に大明宫の防卫を中心として—》，《史林》第74卷第4号，1991年。

宿卫体制仍然是南、北衙分治①。

从整体上看,目前学界对神策军的研究多局限于制度层面上的梳理,对神策军前后沿革的原因、过程等研究相对薄弱。事实上,中晚唐神策军经过了几次崩溃和重建。代宗时藩镇军体制下的神策军、德宗时"六军化"的神策军、僖宗幸蜀时的神策十军,虽然同称神策军,但是前后差异很大。至于规模庞大、形态复杂的神策京西北诸城镇问题,研究也非常薄弱,成果不多。

(二)唐代宦官制度

20 世纪 50 年代以后,唐代宦官逐渐成为唐史研究的热门问题,矢野主税、室永芳三、马良怀、牛志平、杜文玉、王寿南等学者都有持续的研究。日本学者三田村泰助《宦官—侧近政治の构造—》②是较早关注宦官问题的专著。矢野主税以其敏锐的学术眼光,在 20 世纪 50 年代即撰写系列论文,对唐代宦官充当的枢密使、监军使等问题展开讨论③。室永芳三稍后也连续发表系列论文,对唐代内侍省作了详细的考证④。这些研究时间上早于国内学者二十余年,许多开创性的论点至今仍有重要价值。中国学者方面,目前已出版相关学术专著五部。1971 年,王寿南在台湾出版了《唐代宦官权势之研究》,其后修订为《唐代的宦

---

① 齐勇锋:《唐后期的北衙六军、飞龙、金吾、威远和皇城将士》,《河北学刊》,1989 年第 2 期。
② 〔日〕三田村泰助:《宦官—侧近政治の构造—》,东京:中央公论社,1963 年。
③ 〔日〕矢野主税:《枢密使设置时期にぃて》,《长崎大学学芸学部人文科研究报告》第 3号,1953 年;《唐代监军使制の确立について》,《西日本史学》第 14 号,1953 年;《唐代枢密使制の发展》,《长崎大学学芸学部人文科学研究报告》第 4 号,1954 年;《唐末监军使について》,《长崎大学学芸学部社会科学论丛》第 7 号,1957 年。
④ 〔日〕室永芳三:《唐末内侍省における鞫狱の性格と机能について》,《长崎大学教育学部社会科学论丛》第 28 号,1979 年;《唐代内侍省の宦官组织について—高品层と品官.白身层》,《中国社会.制度.文化史の诸问题—日野开三郎博士颂寿记念—》,福冈:中国书店,1987 年;《唐内侍省知内侍省事》(上、中、下),《长崎大学教育学部社会科学论丛》第38、39、40 号,1989—1990 年;《唐末内侍省内养小论》,《长崎大学教育学部社会科学论丛》第 43 号,1991 年。

官》一书,书中对唐代宦官权势获得的原因、维持、演变及其政治影响作了深入研究①。马良怀《士人、皇帝、宦官》、余华青《中国宦官制度史》对唐代宦官制度亦有比较系统的论述②。王守栋《唐代宦官政治》,是此前关于宦官制度研究的集大成者③。在单篇论文方面,相关研究亦颇为丰厚。陈仲安《唐代后期的宦官世家》以刘行深、杨钦义等宦官世家为典型,讨论了唐代后期宦官高级职位长期把持在几个家族中的情况④。唐长孺《唐代内诸司使及其演变》较为全面地考察了规模庞大的内诸司使系统⑤。杜文玉先生长期关注唐代宦官世家问题,先后撰写《唐代宦官世家考述》《高力士家族及其源流》《唐代吴氏宦官家族研究》《唐代宦官刘弘规家族世系考述》《唐代宦官梁守谦家族世系考》等系列论文⑥,充分利用出土墓志等新史料,第一次把仇、孙、梁、王、彭、吴等宦官世家的情况公布于世。此外,杜文玉先生还撰有《唐代内诸司使考略》等十余篇研究宦官的论文⑦,限于篇幅,兹不赘举。这些颇具开创性的研究,为本书奠定了良好的研究基础。近年来,研究唐代宦官的学者队伍呈现扩大趋势,除中、日学者外,亦有韩国学者加入其中。韩国学者柳浚炯相继发表《试论唐五代内职诸使的

①王寿南:《唐代宦官权势之研究》,台北:正中书局,1971 年;《唐代的宦官》,台北:台湾商务印书馆,2004 年。
②马良怀:《士人、皇帝、宦官》,长沙:岳麓书社,2003 年。余华青:《中国宦官制度史》,上海:上海人民出版社,2006 年。
③王守栋:《唐代宦官政治》,北京:中国社会科学出版社,2009 年。
④陈仲安:《唐代后期的宦官世家》,《唐史学会论文集(1986)》,西安:陕西人民出版社,1986 年。
⑤唐长孺:《唐代内诸司使及其演变》,初刊《魏晋南北朝隋唐史资料》第 5、6 辑,1983 年、1984 年,后收入氏著《山居存稿》,北京:中华书局,1989 年初版,2011 年二版。
⑥杜文玉:《唐代宦官世家考述》,《陕西师范大学学报(哲社版)》,1998 年第 2 期;《高力士家族及其源流》,《唐研究》第 4 卷,1998 年;《唐代吴氏宦官家族研究》,《唐史论丛》第 20 辑,2015 年;《唐代宦官刘弘规家族世系考述》,《唐史论丛》第 21 辑,2015 年;《唐代宦官梁守谦家族世系考》,《唐史论丛》第 22 辑,2016 年。
⑦杜文玉:《唐代内诸司使考略》,《陕西师范大学学报(哲社版)》,1999 年第 3 期。其余诸篇,参看本书书末《主要参考文献》,此不赘。

等级化》《唐代地方监军制度的变化及其意义——以宦官监军和皇权之关系为中心》等论文①,表现出较高的学术水准。

在中外学者的努力下,唐代宦官的若干特征日渐明晰。同汉、明等朝宦官相比,唐代宦官的特别之处在于:其一,中晚唐时期,宦官可以娶妻,收养子女,组建家庭。宦官集团还比拟外朝的士族高门,通过收养养子等手段,形成了绵亘几十年的宦官世家。其二,唐代宦官"官僚化"特征明显。不仅有体系完备的内侍省,还形成以两军中尉和枢密使为核心的内诸使司系统,足以与宰相为首的南衙百司相抗衡。这两大特点,直接弱化了宦官集团对皇权的依附性,与本书讨论的"宦官政治"也息息相关。

(三)宦官集团与皇位继承之争

中晚唐南衙百官的权力遭到宦官集团的侵夺,政治重心由外廷转到内廷。宫廷皇位之争,事涉暧昧,历来倍受史学家瞩目。吕思勉先生《隋唐五代史》虽为通史体裁,但对唐代诸帝皇位继承问题多有精辟之论②。陈寅恪先生《顺宗实录与续玄怪录》以小说证史,揭示元和末宪宗遇弑的真相③。黄永年先生《唐元和后期党争与宪宗之死》一文从内外朝党争入手,认为穆宗为弑逆宪宗的幕后主谋④。唐末宣宗出家为僧说颇为流行,岑仲勉先生《唐史余沈》"宣宗遇害之谰言"条曾对此说进行驳斥。

---

① 〔韩〕柳浚炯:《试论唐五代内职诸使的等级化》,《史学集刊》,2010 年第 3 期;《唐代지방监军변화와의一宦官监军과황제권의관계를중심으로一》,《东洋史学研究》(韩国),第 123 辑,2013 年。
② 吕思勉:《隋唐五代史》,上海:中华书局,1959 年初版;上海:上海古籍出版社,2020 年新版。
③ 陈寅恪:《顺宗实录与续玄怪录》,初载《国立北京大学四十周年纪念论文集乙编上册》,1940 年,后收入氏著《金明馆丛稿二编》,北京:三联书店,2015 年。
④ 黄永年:《唐元和后期党争与宪宗之死》,《中华文史论丛》第 49 辑,1992 年,后收入氏著《六至九世纪中国政治史》,上海:上海书店出版社,2004 年;《黄永年文史论集》第二册《国史探赜》(下),北京:中华书局,2015 年。

中晚唐宫廷政变频仍，宫闱之事多出暧昧，亦有文士官僚卷入其中，当日社会上即有大量的政治谰言，文献记载颇为芜杂。有些研究者只关注对自己有利的材料，立论稍嫌武断。中晚唐几次废立事件，皆由宦官集团主导，互相间存有一定的内在关联性，目前学界关于皇位继承问题的考论，主要是某位皇帝的个案研究，未能做到前后融通。如能有一条线索贯通前后历次皇位之争，厘清中晚唐皇位继承问题的前后演变脉络，无疑会把中晚唐政治史研究进一步推向深入。

（四）宦官集团与外廷官僚政治

宦官政治势力向外廷渗透，最核心的表现是枢密使成为中枢决策的主要成员。关于枢密使和枢密院，继矢野主税以后[1]，相关研究成果颇多，如贾宪保《唐代枢密使考略》、李鸿宾《唐代枢密使考略》、戴显群《唐代的枢密使》等[2]，李全德《唐宋变革期枢密院研究》一书是目前研究唐宋枢密使制度的集大成者[3]。尽管学界对枢密使及其职掌作了大量探讨，但是受相关史料的限制，研究仍有明显不足，随着相关墓志石刻等新史料的刊布，部分观点还需作出进一步的修订。

宦官势力染指外廷官僚政治，势必对官僚集团的政治格局产生影响。这一时期，官僚集团的政争，即牛李党争，也打上宦官政治的烙印。关于牛李党争问题，日本学者渡边孝《牛李党争研究的现状与展望》一文有非常精辟的概述[4]。20 世纪 40 年代陈寅恪先生《唐代政治史述论稿》提出李党是重门第的山东士族集团，牛党是重科举的新兴

---

①〔日〕矢野主税：《枢密使设置时期にいて》，《长崎大学学芸学部人文社科研究报告》第 3 号，1953 年；《唐代枢密使制の発展》，《长崎大学学芸学部人文社科研究报告》第 4 号，1954 年。

②贾宪保：《唐代枢密使考略》，《唐史论丛》第 2 辑，1987 年。李鸿宾：《唐代枢密使考略》，《文献》，1991 年第 9 期。戴显群：《唐代的枢密使》，《中国史研究》，1998 年第 3 期。

③李全德：《唐宋变革期枢密院研究》，北京：国家图书馆出版社，2009 年。

④〔日〕渡边孝：《牛李党争研究的现状与展望》，原载《史镜》第 29 号；《中国史研究动态》，1997 年第 5 期节译。

文辞进士集团[①]，这一论点过去流传甚广。但是岑仲勉先生从实证的角度，证得陈氏所论牛、李人物绝大部分都是科举进士出身。日本学者砺波护排列牛党四十一人，李党二十二人[②]，所得结论与岑仲勉基本一致。李党是进步的改革派，牛党是苟安的保守派的观念逐渐为学人所接受。近些年来，在牛李党争概念本身的阐释上取得一些突破。周建国《李德裕与牛李党争考述》指出，从古至今在评论牛李党争问题上对"党"的概念很不统一，牛党、李党之"党"指政治派别，"李德裕无党"之"党"则是指贬义的"朋党"之"党"[③]，这种见解是颇为独到的。但是关于牛李党争的起始时间，目前仍有较大争议。可以想见，相关争论仍将继续下去。

　　学界牛李党争的研究误区在于研究者往往局限于党争本身，对党争之外的相关问题关注不够。相关史实已反复证明，牛李双方的政治进退并不是以自己实力的强弱来决定，一次宫廷政变足以彻底改变一派官僚的命运。这也就是说，牛李党争本身具有很强的依附性，脱离依附者而专言党争，很难触及问题本质。陈寅恪先生在《唐代政治史述论稿》中指出，唐中后期政治发展的基本线索是内廷宦官勾结外廷士大夫党派进行的斗争，"外朝士大夫朋党之动态即内廷阉氏党派之反影"，"内廷阉寺为主动，外朝士大夫为被动"[④]。今以"宦官政治"的角度论之，此论尤为精要。

　　除牛李党争外，宦官集团与外廷政治密切相关的政治事件，还有顺宗朝王叔文集团发动的"永贞革新"，以及文宗朝李训、郑注集团发动的"甘露之变"。1949 年后，大陆长期流行"永贞革新"的提法，王芸

①陈寅恪：《唐代政治史述论稿（外二种）》，重庆：商务印书馆，1944 年初版；北京：三联书店，2015 年新版。
②〔日〕砺波护：《中世贵族制の崩坏と辟召制—牛李の党争を手がかりに—》，《东洋史研究》第 21 卷第 3 号，1962 年。
③周建国：《李德裕与牛李党争考述》，《唐研究》第 5 卷，1999 年。
④陈寅恪：《唐代政治史述论稿（外二种）》，第 304 页。

生《论二王八司马政治革新的历史意义》是其代表性论文①。王文认为王叔文集团代表庶族地主阶级的新兴力量，与宦官、藩镇豪族地主阶级旧势力进行斗争。1971 年，章士钊出版了近百万言的巨著《柳文指要》②，"大抵扬柳抑韩，翻二王、八司马之冤案"③，书中广征博引，对永贞新政及王叔文都有很高的评价。20 世纪末，此说遭到部分学者的质疑，黄永年《所谓"永贞革新"》认为王叔文集团既不算革新运动，更不是庶族地主对士族地主的斗争④。其后，研究重心逐渐由史学研究转向文学研究，胡可先《中唐政治与文学——以永贞革新为研究中心》是这方面的代表性论著⑤。关于"甘露之变"的论著也颇为丰富。田廷柱《唐文宗谋翦宦官与甘露之变》认为文宗参与了甘露之变的谋划并在事变中配合了李训等人的行动⑥，汪篯《隋唐史杂记》指出唐代少数士大夫对宦官的斗争不具有深厚的社会基础，因而很快归于失败⑦。卢向前先生也发表系列研究论文，收于氏著《唐代政治经济史综论——甘露之变研究及其它》⑧，书中通过扎实的史实考证，提出一系列令人耳目一新的论点，把甘露之变的研究推向新的高度。由于大陆历史学界在"永贞革新"和"甘露之变"上长期存在以论代史，以成败论英雄等研究倾向，很少有学者把这两个问题联系起来进行研究。如果从中晚唐"宦官政治"的全局去考察，我们就会发现，王叔文、王伾、李训、郑注等人，或以棋、或以书、或以医、或以经，皆以一技之长为皇帝所幸，其政治进退亦全仰仗皇帝一人，政治身份颇为类似。在宦官专擅跋扈的背景下，皇帝若不甘于被挟制，势必要联合周边的政治力

①王芸生：《论二王八司马政治革新的历史意义》，《历史研究》，1963 年第 3 期。
②章士钊：《柳文指要》，北京：中华书局，1971 年初版；上海：文汇出版社，2000 年新版。
③中共中央文献研究室：《毛泽东年谱》第 5 卷，北京：中央文献出版社，2013 年，第 518—519 页。
④黄永年：《所谓"永贞革新"》，《青海社会科学》，1986 年第 5 期。
⑤胡可先：《中唐政治与文学——以永贞革新为研究中心》，合肥：安徽大学出版社，2000 年。
⑥田廷柱：《唐文宗谋翦宦官与甘露之变》，《辽宁大学学报（哲社版）》，1992 年第 4 期。
⑦汪篯：《隋唐史杂记》，收于氏著《汪篯汉唐史论稿》，北京：北京大学出版社，2017 年，第 320 页。
⑧卢向前：《唐代政治经济史综论——甘露之变研究及其它》，北京：商务印书馆，2012 年。

量进行抗争。鉴于牛、李两党官僚皆与宦官有牵连,能为皇帝所用者只有身边的近幸侍臣。因此,王叔文、王伾集团和李训、郑注集团登上历史舞台,自有其存在的政治空间和历史合理性。若能以"宦官政治"的角度重新加以审视,应可以获得更为深刻的历史认识。

唐代宦官势力延及外朝,不可能仅局促于长安一地,势必还进一步向各地藩镇渗透。宦官势力在藩镇最突出的代表就是遍布诸道的宦官监军使。矢野主税《唐末监军使制について》,首次肯定了监军使对加强中央对地方控制的作用①。张国刚《唐代监军制度考论》、何敦铧《唐代宦官集团势力及其在藩镇监军的影响》对中晚唐宦官监军之制及其影响进行系统的整理②。赵和平《〈记室备要〉初步研究》一文据敦煌文书《记室备要》,考证出枢密使是各地监军的"长官"③。这一结论为考察监军使与内朝宦官集团之间的权力运作模式提供了新的线索。随着大批宦官墓志的陆续刊布,监军使问题具有巨大的研究潜力。

（五）关于唐宋社会变革

唐宋变革论由 20 世纪 20 年代日本学者内藤湖南首倡。该假说将唐宋之际的变化看作是中国由"中世"走向"近世"的分水岭。这一历史分期理论在日本引起京都学派和历研派的长期论战,在欧美汉学界也有广泛的影响。20 世纪 90 年代中期以后,唐宋变革论成为大陆唐宋史学界激烈讨论的热点问题。张广达《内藤湖南的唐宋变革说及影响》、李华瑞《"唐宋变革论"的由来与发展》分别从学术史的角度,

①〔日〕矢野主税:《唐末监军使制について》,《长崎大学学芸学部社会科学论丛》第 7 号,1957 年。
②张国刚:《唐代监军制度考论》,《中国史研究》,1981 年第 2 期。何敦铧:《唐代宦官集团势力及其在藩镇监军的影响》,《中国唐史学会论文集（1989）》,西安:三秦出版社,1989 年。
③赵和平:《〈记室备要〉初步研究》,《赵和平敦煌书仪研究》,上海:上海古籍出版社,2011 年。

系统梳理了唐宋变革论的来龙去脉①。柳立言《何谓"唐宋变革"?》对研究领域中削足适履，把"变革"泛化为"转变"的研究倾向提出了尖锐的批判②，指出"我们没有必要找一些无足轻重的转变来印证唐宋变革，也不要找一些不曾转变的东西来反驳唐宋变革"。本书以"宦官政治"为研究对象，不可避免地会涉及相关史学理论。谨慎而批判地对待"唐宋变革论"，是本书所持基本立场。

最后特别提到的是田余庆先生的《东晋门阀政治》一书。如所周知，宽泛意义上的门阀政治，可以指两晋南北朝门阀士族在政治上具有重要地位的政治格局，但田先生所讨论的"门阀政治"主要指东晋"王与马共天下"这种皇权政治的变态形式，在概念界定上别具一格，并由此得出许多重要的结论。该书对本书的撰写具有重要的启发意义。中晚唐宦官集团既控制军权，又握有财赋，还形成绵亘不绝的世家，这与东晋的门阀贵族具有很大的相似性。从历史背景看，两者都经历了严重的军事叛乱，旧的政治秩序遭到严重破坏，但是仍有一定的生命力。皇权丧失了对全国武装力量的直接控制，只能让渡部分权力给可以提供庇护的政治势力。在东晋是控制北府兵的门阀世族，在中晚唐则是操控神策军的宦官集团。因此，这两个历史时期的皇权政治都是一种变态形式。田先生指出，"门阀政治是皇权的变态，它来自皇权，又逐渐回归于皇权政治"。宦官的权力中枢枢密院，入宋以后与中书对举，并号"二府"，这正是宦官政治向皇权政治回归的具体表现。我们认为，中晚唐宦官政治也是皇权政治在唐宋社会转型时期的一种变态形式。田先生的结论，活用在中晚唐宦官政治上，大体也是可以成立的。

---

①张广达：《内藤湖南的唐宋变革说及影响》，《唐研究》第 11 卷，2005 年。李华瑞：《"唐宋变革论"的由来与发展》，天津：天津古籍出版社，2010 年。
②柳立言：《何谓"唐宋变革"?》，《中华文史论丛》，2006 年第 1 辑。

三、思路框架及研究方法

　　研究中晚唐宦官政治，首先要找出论证的逻辑起点，亦即宦官政治得以形成的原因。汉、唐、明是宦官擅政最为严重的三个朝代。但是，汉、明两代，宦官基本上依附于皇权，不论宦官如何骄横，皇帝一纸诏书即可将其除去。唐代独不然，宦官凌驾君主之上，立君、废君、弑君，有如儿戏。皇帝几次联合朝官谋诛宦官，最后无不惨败，招致宦官集团的疯狂报复。司马光曾比较汉、唐宦官专权异同，认为原因在于"汉不握兵，唐握兵故也"①，此论甚是。唐代宦官废立君主，干预朝政，根源皆在于宦官控制宿卫宫禁的神策军。故中晚唐时期中央禁卫军事体系是我们研究宦官政治的切入点。

　　中晚唐宦官政治，始于宦官操控禁军军权。宦官由军权而得权柄，在后宫恣横跋扈，弑君废君，进而染指外朝，左右朝政，再则威权延及地方，监控藩镇动向。以此逻辑顺序，本书拟分四编逐次展开讨论。

　　第一编集中讨论中晚唐神策军问题。安史之乱爆发后，神策军由河陇入援的数千藩镇行营军发展为规模十余万的北门禁军，组织结构前后发生了很大的变化。鱼朝恩时期，神策军沿用藩镇军结构，最高长官为都知兵马使。大历中，代宗诛鱼朝恩，罢宦官典兵权。德宗建中年间削藩战争失败，原神策军体系崩溃。反正之后，德宗重建神策军体系。新组建的神策军分左、右两军，置神策大将军、将军，结构上开始"六军化"。贞元十二年（796），德宗正式设置神策两军中尉，宦官成为神策军最高军事长官。除两军中尉外，中尉副使、都判官等重要职务也由宦官充任。代宗得诛鱼朝恩，原因在于宦官典兵没有制度化，皇帝可以随时任用其他武人代之。德宗置两军中尉后，宦官典兵

---

①〔宋〕司马光等：《资治通鉴》（下简称《通鉴》）卷二六三昭宗天复三年（903）正月甲子条，北京：中华书局，2011年，第8716页。

遂不可去。司马光称唐代宦官之祸"始于明皇,盛于肃、代,成于德宗,极于昭宗"[1],所谓"成于德宗",即主要针对两军中尉制而言。神策两军中尉制创立后,包括京西北神策城镇在内,几乎朝廷能直接控制的军队都被宦官控制,这标志着宦官政治的开始。

找出神策两军中尉制度这个逻辑起点后,下一步就是讨论宦官集团如何依托神策军专擅朝政的问题。宦官集团扩张权势,有两个方向。一是向内廷发展,在宫廷作威作福;二是向外廷发展,在庙堂侵夺文武百官之权;最后从中央延及各地藩镇。本书二、三、四编分别围绕"宦官集团与内廷皇位之争"、"宦官集团与外廷政治"、"宦官集团与地方政局"三个主题展开讨论。

第二编,集中讨论神策军两军中尉确立后,宦官势力如何在内廷操纵皇帝废立的问题。宦官典兵之后,中晚唐政治重心由外朝移至内廷,皇位之争直接关系到各派政治势力的进退沉浮。德宗以神策中尉执掌禁军,虽然保证军权不致旁落异姓,但也导致后世子孙受制宦官的恶果。自宪宗以后,唐朝帝位更迭频繁,掌握的宦官或宦官家族往往历事数帝,亲历多次政变。由此推论,中晚唐宫廷政争彼此并非孤立事件,而应存有某种内在关联性。神策中尉及左右军在历次皇位继承问题中的作用将是我们揭开中晚唐宫廷斗争秘密的重要线索。

第三编,集中讨论两军中尉制度确立后,宦官集团如何向外廷官僚政治集团扩展自己的权势。代表宦官势力操纵朝政的主要是枢密使。牛、李两党激烈党争,但背后都与宦官有所结交。皇帝在内廷受制于宦官,必然在外朝寻求帮助。既然牛、李双方都无意于对抗宦官,那么在牛、李之外,有第三种政治势力存在的政治空间。符合第三政治势力特征的,主要是王叔文集团和李训郑注集团,本书概括为文人

---

[1]《通鉴》卷二六三昭宗天复三年正月甲子条,第8718—8719页。

近幸集团。如此一来,"永贞新政"、"甘露之变"、"牛李党争"等传统政治史问题,都可置于宦官政治的视野下重新加以考察,极有可能获得一些不同于前人的新认识。

第四编,集中讨论宦官集团与地方政局之间的关系。宦官政治一旦形成,其活动范围不可能仅局限于长安城内。宦官集团在地方政局中的作用是本书的最后一个逻辑层面。宦官对地方政局产生影响主要是通过各种使职差遣实现的,最重要的就是藩镇普遍常置的监军使。监军使将诸道情报源源不断奏报至朝廷中央,皇帝个人精力有限,需借助一套官僚化的机构统一处置,这个机构就是枢密院。诸镇监军使奉枢密使为长官,监军院相当于枢密院在地方的派出机构。那么,监军使院制度是如何形成的,对地方政局又有哪些重大影响? 这些问题对我们全面理解宦官政治都具有非常重要的意义。

神策军和宦官政治是本书的逻辑主线,几乎所有的政治大事都可借此串联起来,内容非常庞杂。除充分吸收前人研究成果外,还需要恰当的研究方法。本书在研究方法上具有以下特点:

(1)坚持传世文献同地下出土碑刻材料相结合。史学的进步总离不开新史料的推动。《唐代墓志汇编》《唐代墓志汇编续集》《秦晋豫新出土墓志蒐佚》等碑志材料提供了大量不见于史籍的新史料,本书许多重要观点即从墓志中发掘而来。

(2)坚持实证和考辨相结合的研究方法。中晚唐时期党争蔓延至官修史书和民间著述,历史记载中"阴挟翰墨"的情况比较普遍。因此,我们在使用中晚唐史料时必须慎加考辨。

(3)充分借鉴政治学、社会学、统计学等相关学科的研究方法,同时吸收日本学者史论中的若干合理成分。

(4)把握历史的变化及其发展规律,努力做到历史与逻辑的统一。历史研究不能为迎合某种理论而削足适履,更不能采取贴标签的方式而为之,在探讨社会演进轨迹等问题时更应该如此。

　　唐代宦官集团是高度官僚化的政治势力,特别是充任各种使职差遣的宦官,识文断字是其必不可少的基本技能,故不乏较高文化素质者。唐末枢密使严遵美家有《北司治乱记》八卷,"备载阉宦忠佞好恶",五代时期孙光宪在荆南"尝闻此传,偶未得见"①,南宋王应麟撰《玉海》时犹引此书②,明代《万历野获编》也曾提及,惜乎今已亡逸。我们今天所能看到有关唐代宦官的文字材料,除少量碑志外,多数属文人撰写。如所周知,传统士人对中晚唐宦官多有鄙夷,直斥为"宦官之祸",对宦官事迹的记载和议论难以做到客观、公正。另外,唐末皇室屡遭播迁,史籍飘散,存世者十无一二。受史料所限,同时也受个人学力限制,本书所论宦官政治对僖、昭政局动荡时期的内容涉及较少,而获得的某些认识也带有一定的推论色彩,故不能自信皆属确论。我愿意将此论题作为以后进一步继续探究的方向之一,为中晚唐历史的研究付出自己的努力。

---

① 〔五代〕孙光宪撰,贾二强校注:《北梦琐言》卷一〇"严军容猫犬怪"条,北京:中华书局,2002 年,第 225 页。

② 《玉海》卷一六七"唐宣徽院条":"严遵美曰:枢密使无厅事,惟三楹舍藏书而已。今堂状帖黄决事,此杨复恭夺宰相权之失。"(〔宋〕王应麟编,扬州:广陵书社,2016 年,第 3101 页)所引当即《北司治乱记》一书。

第一编

神策军的创建及其演进

军队是政权的基础，军权旁落，武将们轻则拥兵叛乱，重则弑君易主，改朝换代。中晚唐宦官跋扈的根源在于宦官专典神策军。在历史上，神策军由边军入屯禁中后，有过四次建立、崩溃的过程。其中德宗奉天之难后所重组之神策军正式确立宦官对神策军的控制权，对后世影响尤为深远。为什么中晚唐时期出现宦官典兵的问题？宦官典兵制度化始于德宗贞元十二年(796)两军中尉制度的创立。在此之前，肃、代时期中央禁卫体系又是如何发展的？神策军两军中尉制度如何建立的，有何特点？神策军在唐末又是如何走向衰落的？这些问题将是本编诸章所要讨论的主要内容。

第一章
肃代时期的"天子亲兵"及其破坏

第一节　射生军及其地位

　　唐前期府兵番上宿卫,兼有禁军及地方镇戍军的双重身份。开元天宝之际,府兵制逐渐崩溃,南衙番上府兵遂空。负责守卫京师的北门禁军几经扩充,逐渐形成左右羽林、龙武等四军。安史之乱爆发后,玄宗仓皇出逃,禁卫体系溃散。为解决天子宿卫问题,肃宗增置左右神武军,北门军由"四军"变为"六军"。同时,由骑士组成的射生军走向历史前台。《新唐书》卷五〇《兵志》载:

　　　　及禄山反,天子西驾,禁军从者裁千人,肃宗赴灵武,士不满百,及即位,稍复调补北军。至德二载,置左右神武军,补元从、扈从官子弟,不足则取它色,带品者同四军,亦曰"神武天骑",制如羽林。总曰"北衙六军"。又择便骑射者置衙前射生手千人,亦曰"供奉射生官",又曰"殿前射生",分左、右厢,总号曰"左右英武军"。[1]

《新唐书·兵志》此段记载错讹颇多,未能廓清射生军的源流及演变过程,唐长孺先生《唐书兵志笺正》中曾有论及。射生军为北门禁军,而英武军隶南衙,与射生军别为一军,代宗《广德二年(764)南郊赦》中提到的扈从幸陕诸军军号为"六军、英武、威远、威武、宝应射生、衙前

---

① 〔宋〕欧阳修、宋祁:《新唐书》卷五〇《兵志》,北京:中华书局,1975 年,第 1331 页。

射生、左右步军"①,英武与宝应射生、衙前射生并举,《新唐书·兵志》以射生、英武为一军显然是不对的。《兵志》又谓衙前射生军始置于肃宗初,据《广德二年南郊赦》,衙前射生之外尚有宝应射生,我们不可将衙前射生的始置时间视作所有射生军的始置时间。射生军虽首见于肃宗时期,但其雏形早在玄宗开元中后期便已存在。《唐代墓志汇编》开元四〇七《高定方墓志》云:

> 爰拜云麾将军、守右威卫将军、员外置同正员、右羽林军上下、仗内供奉、上柱国兼知射生使,敕赐上宅三区,乱采一千段,细马十匹……开元廿二年秋七月四日甲子薨。②

高定方墓志题作"兼知射生使,监河东河西道兵马使",至迟开元中射生军即已经存在。高定方有"仗内供奉"兼衔,所领即《新唐书·兵志》所云"供奉射生官"。《唐语林》卷五《补遗》载"明皇命射生官射鲜鹿取血,煎鹿肠食之,赐安禄山、哥舒翰"③。此为天宝年间事,时高力士为飞龙厩大使,领宫内飞龙兵,供奉射生官也转归宦官。至肃、代时期,射生军有内、外之别,其中皇城内宦官直接统领者称为内射生,宦官程元振为内射生使。因战乱而添置,由武将充任军使者则为衙前射生。内射生与开元中高定方所统射生官一脉相承。《兵志》不明内射生与衙前射生的区别,仅言及衙前射生始置年代,给人留下射生军始置于肃宗的错觉。

　　射生军之"射生",本为陪皇帝射猎之意。贞观初,太宗自羽林飞骑中简点材力善骑射者号为百骑,太宗游猎,则衣五色袍乘六闲马以从之。武后时百骑充为千骑,中宗时千骑又扩至万骑,分左右营,玄宗

---

① 〔宋〕宋敏求编:《唐大诏令集》卷六九《广德二年南郊赦》,北京:中华书局,2008 年,第 385 页。
② 周绍良、赵超主编:《唐代墓志汇编》开元四〇七《高定方墓志》,上海:上海古籍出版社,1992 年,第 1437 页。
③ 〔宋〕王谠撰,周勋初校证:《唐语林校证》卷五《补遗》,北京:中华书局,1987 年,第 473 页。

以万骑平韦氏之乱,改为左右龙武军。万骑改称左右龙武军后,已不适合陪伴皇帝射猎等活动,客观上需要一支规模较小,陪皇帝射猎的禁军取代原先百骑、千骑的位置,射生子弟便应运而生。高定方是较早的射生使之一。高定方之官为"右羽林军上下仗",可知射生手主要从羽林飞骑中简择。射生使以射生为名,最初的主要任务就是陪皇帝游猎,射生官多取勋将功臣、入质蕃王子弟等充任。代宗时割据成德的李宝臣,天宝中随安禄山入朝,玄宗以其骁勇,署为射生子弟,出入禁中。

安史乱后,原北门禁军溃散解体,经过一番努力,肃宗不仅复置了左右羽林、龙武四军,同时增置左右神武军,并号六军。实际上,六军多用来安置元从官员子弟,战斗力较弱。肃、代时期,征战不已,皇帝亟需直接掌控一支精锐力量来保障皇城安全,衙前射生就是在这种背景下创置的。《唐代墓志汇编续集》贞元〇四〇《刘昇朝墓志》记刘昇朝在安史叛军占据长安时期,为朝廷细作,"昼伏宵征,往返十度",因功"选为射生"[1]。刘昇朝被选为射生,应即《新唐书·兵志》所记肃宗"择便骑射者置衙前射生手千人"一事。又刘昇朝后以讨党项功,改宝应衙前将,宝应衙前将即宝应功臣衙前射生将的省称。衙前射生初置时虽然仅千人规模,但都是从身经百战的骁勇中精择而来,具有很强的战斗力。射生将与宦官渊源较深,刘昇朝养父即大宦官刘奉进。《唐大诏令集》卷五九《郭子仪都统诸道兵马收复范阳制》"仍遣射生衙前、六军、英武、长兴、宁国、左右威远、骁骑等",射生军名在六军之前,足见其地位之重。

唐前期的宫廷政变中左右羽林、千骑、万骑等北门禁军是政变成败的关键。安史之乱后,玄宗幸蜀,宿卫诸军溃散,其后重建的六军已不堪征战。衙前射生与内射生是当时最有战斗力,地位最重要的禁

---

[1] 周绍良、赵超主编:《唐代墓志汇编续集》贞元〇四〇《刘昇朝墓志》,上海:上海古籍出版社,2001年,第762页。

军。射生军虽然很少有机会去战场建功立业，却是肃、代时期宫廷斗争中决定胜负的军事力量。射生军最早参与的政变是代宗宝应末诛张皇后、越王係的政变。《旧唐书》卷一八四《程元振传》：

> 程元振，以宦者直内侍省，累迁至内射生使。宝应末，肃宗晏驾，张皇后与太子有怨，恐不附己，引越王係入宫，欲令监国。元振知其谋，密告李辅国，乃挟太子，诛越王并其党与。代宗即位，以功拜飞龙副使……封保定县侯，充宝应军使。①

在这场宫廷政变中，最为接近皇帝的射生军及飞龙厩精骑支持太子，张皇后所仰仗者为几百个宦官，其失败已无悬念。程元振由内射生使迁为飞龙副使，说明当时其地位低于飞龙使。飞龙使主管飞龙厩马政，附属有一定的骑士。高力士曾任内飞龙厩大使，天宝十一载以飞龙兵平定长安王铣之乱②。飞龙使虽然起点较高，但终究不是正规禁军，凭借拥立之功，射生军很快即位居其上。《代宗即位赦》称："飞龙、射生等，并宜以宝应功臣为名。"③其年七月制书复云："射生使李维诜、药子昂，步军使彭体盈、张知节并赐名宝应功臣。"④药子昂等功臣号属代宗特赐，故正月赦文中赐名"宝应功臣"的并非所有射生军，仅及于程元振所领之内射生。前举代宗《广德二年南郊赦》："去岁行幸陕州，六军、英武、威远、威武、宝应射生、衙前射生、左右步军等……"这一赦文清楚地证明代宗时射生军分为两支的情形。一支为宝应射生，即宦官统领的内射生，因定策之功号为宝应射生军；另一支

---

① 〔五代〕刘昫等：《旧唐书》卷一八四《程元振传》，北京：中华书局，1975 年，第 4761—4762 页。程元振之官职，《通鉴》作"飞龙副使"，据《旧传》"飞龙副使"为政变后所迁之官，《通鉴》所记不确。《旧唐书》卷一一六《越王係传》载张皇后言"又闻射生内侍程元振结托黄门，将图不轨"，则程元振为内射生使。

② 参《高力士墓志》，赵文成、赵君平编选：《新出唐墓志百种》，杭州：西泠印社出版社，2010 年，第 218 页。

③ 《唐大诏令集》卷二《代宗即位赦》，第 9 页。

④ 〔宋〕王钦若等编：《册府元龟》（下简称《册府》）卷一三三《帝王部·褒功门》，北京：中华书局，1960 年，第 1608 页。

为衙前射生,即统于武将的射生(军)。唐代藩镇节帅皆置亲军,称为衙(牙)军。衙前射生,地位与方镇衙军类似。代宗即位时两衙前射生使是李惟诜、药子昂。药子昂为右武卫大将军,初代李辅国判元帅行军司马,后充天下兵马元帅雍王(即德宗)左厢兵马使①。李惟诜,又见于《旧唐书·吐蕃传》。《唐代墓志汇编续集》兴元〇〇三《李晊墓志》有参与代宗皇位之争的射生使李晊,或李晊为名,惟诜为字。据墓志,李晊本名安晊,起自河陇将,后因军功赐名李国珍。志云:"肃宗升遐,大宗即圣,初奸臣嬖女,构祸宸衷。公于危急之时,共定其难,故有宝应功臣之号。"②进一步印证了殿前射生军也参与当日政变。

　　射生军由内廷走向外廷,与安史之乱密切相关。潼关丧师后,朝廷匮乏直辖的野战军队,新组建的精锐亲军没有现成的军号,也冠以射生之名。射生军遂有内射生和衙前射生之分。内射生负责皇宫警卫,罕有经临战阵的机会,衙前射生则相当于方镇的精锐衙军,可以代表朝廷外出征伐。衙前射生建制同于藩镇军,主军事者称军使、兵马使。肃宗时期禁军名号尤为繁多。上元元年郭子仪都统诸道兵马收复范阳制中提到的即有英武、长兴、宁国、左右威远、威武、骁骑、左右步军等。射生军以射生为名,其兵种以骑兵为主,多择自羽林飞骑,故与原羽林军关系密切。肃宗时期,羽林、射生是"天子亲兵",经常外出助讨叛军。德宗时割据襄阳的梁崇义初隶禁军,以羽林、射生随来瑱镇襄阳。宝应元年,宝应射生军由宦官鱼朝恩统领,随诸镇兵入陕,并参与收复洛阳的恶战。《旧唐书》卷一二一《仆固怀恩传》:

　　　　怀恩阵于西原上,广张旗帜以当之。命骁骑及回纥之众傍南山,出于东北,两军举旗内应,表里击之,一鼓而拔,贼死者数万。朝义领铁骑十万来救,阵于昭觉寺。贼皆殊死决战,短兵既接,相

①事见《新唐书》卷二〇八《李辅国传》、《旧唐书》卷一九五《回纥传》。
②《唐代墓志汇编续集》兴元〇〇三《李晊墓志》,第733页。

杀甚众。官军骤击之，贼阵而不动。鱼朝恩令射生五百人下马，弓弩乱发，多中贼而死，阵亦如初。①

洛阳一战，骁骑等北门禁军参与战斗，射生军作为禁军最有战斗力的骑兵，也被抽调至洛阳战场，并且颇立战功。肃宗初置射生千余人，代宗即使有所扩充，人数也不至过多，骁骑、射生等赴陕导致京师禁卫空虚，最终酿成大祸。广德元年九月，吐蕃、党项入犯京畿，六军、射生等无力迎敌，代宗只得仓皇出幸陕州。《唐大诏令集》卷六九《广德二年南郊赦》中记幸陕扈从禁军名号为"六军、英武、威远、威武、宝应射生、衙前射生、左右步军"，射生军排名在诸骑军最后。一方面是因为射生军抽调在陕，由鱼朝恩统领，长安之射生军人数至少。另一方面，在代宗幸陕途中，程元振只身脱离射生军，李惟诜等没有完成扈从任务，甚至一度纵兵掳掠。射生将王献忠以部下四百骑叛，逼丰王以下十王返京，试图投靠吐蕃，幸好为郭子仪追回。郭子仪进收长安，行至浐水之西时，射生将王抚又自署京兆尹，聚兵二千扰乱京城，终被郭子仪斩杀②。代宗对于射生军的胡作妄为深为不满，故诏书中加以贬抑。李惟诜为程元振之党羽，程元振失势后，"尝时麾下偏将，亦有持节连帅者"，但是李惟诜本人名位不充，郁郁而终。

代宗奔陕，暴露出禁军寡弱的弊端。返京后，代宗对六军等进行整顿。程元振既罢兵权，宝应射生或许省并入殿前射生，传世文献中此后再也没有出现内射生或宝应射生的名号。不过，罢程元振兵权是一回事，皇帝需要精骑宿卫是另一回事。重建的殿前射生左右厢准敕有三千人定额，相对于初置时的一千人，规模得到进一步扩充。

鱼朝恩略通军事，在陕时所统禁兵中即有射生军，返京后，射生军自然归其统领。不过，在建制上，射生军属皇帝殿前禁军，而鱼朝恩自

①《旧唐书》卷一二一《仆固怀恩传》，第 3480 页。
②事见《旧唐书》卷一二〇《郭子仪传》，第 3456 页。

陕州带回的神策军本为藩镇军,二者内外有别,无直接统属关系。代宗君相正是利用这一点,收买射生将周皓,成功除去鱼朝恩。《新唐书》卷二〇七《鱼朝恩传》:

> 元载乃用左散骑常侍崔昭尹京兆,厚以财结其党皇甫温、周皓。温方屯陕,而皓射生将。自是朝恩隐谋奥语,悉为帝知。希暹觉帝指,密白朝恩,朝恩稍惧,然见帝接遇未衰,故自安而潜计不轨。帝遂倚载,决除之,惧不克,载曰:"陛下第专属臣,必济。"朝恩入殿,尝从武士百人自卫,皓统之……方寒食,宴禁中,既罢,将还营,有诏留议事。朝恩素肥,每乘小车入宫省。帝闻车声,危坐,载守中书省。朝恩至,帝责其异图,朝恩自辨悖慢,皓与左右禽缢之,死年四十九,外无知者。①

神策军实力无疑远超射生军,但其主要职能为拱卫京师安全,至于皇帝近身的宿卫仍由射生军负责。元载除鱼朝恩,有多方面的准备,当时神策军军务由神策都虞候刘希暹、神策兵马使王驾鹤共掌,二人皆鱼朝恩心腹将。李德裕《奇才论》云:"元载之图鱼朝恩也,以崔昭尹神州,俾昭日请苑中牢醴以为朝恩馔,因与北门大将军王驾鹤等结欢,共筹阴计,而朝恩竟败。"②另一典兵将刘希暹,横行不法,讽朝恩于北军置狱,召坊市无赖贾明观等捕坊城内富人诬以违法,借以敛财。元载也预为之备,暗中收买贾明观等人③。事变之日,刘希暹、王驾鹤等均未能参加。因射生军比神策军更接近内宫,故能顺利秘密执行诛杀鱼朝恩的任务。刘希暹等虽然怀恨在心,自常疑惧,但因其非殿前禁军,无

①《新唐书》卷二〇七《鱼朝恩传》,第5865—5866页。

②〔唐〕李德裕撰、傅璇琮、周建国校笺:《李德裕文集校笺》外集卷三《奇才论》,北京:中华书局,2018年,第814页。

③《册府》卷六二八《环卫部·虐害门》:"贾明观,本万年捕城之小猾也,事刘希暹,恣行凶忍,毒甚豹虺。朝恩、希暹既诛,宰臣元载受明观奸谋,潜容之,特奏令江西效力。"(第7537页)

法接近皇帝,也无如之何。

　　肃、代时期的两次宫廷政变,射生军都起着非常关键的作用,不论是北门六军还是神策军,都无法与之相提并论。但是,射生军兵寡将骄,不堪战阵,野战则屡遭溃败,弊端极为明显。建中四年,德宗仓皇出奔奉天,射生军再一次溃散。其后,德宗南幸山南,驻跸梁州,在重组六军的同时,也对射生军进行了改造重建。《唐代墓志汇编》贞元一〇一《李良墓志》载:

　　　　既而征赴行在,除殿前射生副兵马使,行蕲州别驾,兼侍御史。洎扈跸还京,锡名元从,加神策右厢兵马使,行虔州别驾,兼侍御史,充左右神威军粮料使,又改衡州别驾,寻拜右神威军将军,累迁御史中丞。①

德宗出奔梁州,不少方镇将士因扈从之故而改隶射生军②。韩游瓌之子韩庆绪、李叔明之子李昪、李惟岳之弟李惟简等都被命为射生将。德宗意犹未尽,陆续从地方征召良将充实禁军。按照当时惯例,六军用来安置勋旧,诸军中直接负责皇帝安全的其实还是殿前射生,对德宗保护最有力的韩庆绪、李昪等最后都归隶射生就是最有力的说明。

　　射生军的优越地位在重建禁卫体系时仍然保持着。论实力论军功,射生军皆无法同神策军抗衡,但是德宗仍有意识地拔高射生军的地位,并特意赐给射生军一个与神策军类似的名字:神威军。贞元初,神策、神威(射生)待遇基本是等同的。不过,由于神威军与德宗关系更近,地位略高于神策③。当日敕文中北门左右十军的先后顺序往往为"神威、神策、六军",如德宗贞元三年(787)诏"射生(神威)、神策、六军将士,府县以事办治,先奏乃移军,勿辄逮捕"④,贞元七年又诏

---

①《唐代墓志汇编》贞元一〇一《李良墓志》,第1910页。
②《唐代墓志汇编续集》贞元〇三三《高氏墓志》,第757页。
③参见仲亚东:《唐代宦官诸使研究》,硕士学位论文,福建师范大学,2003年,第68页。
④《新唐书》卷五〇《兵志》,第1333页。

"神威、神策六军将士自相讼,军司推劾,与百姓相讼,委府县推劾"①。
贞元三年(787)京师李广弘谋乱,参与者主要为射生将韩钦绪、李政
谏、南珍霞等②,北军之士伏诛者八百余人。又《册府》卷六○四《学校
部·奏议门三》:

> 武少仪为国子司业,贞元十七年五月讹言云外人妄谈禁中
> 事。神威军令将吏分捕入军中鞠问。时国子监学生何竦、曹寿被
> 收。少仪上疏言:"太学生何竦、曹寿等今月十四日有两人称是神
> 威军官健,本军奏进止,令追其人,亦不言姓名。缘神威是禁军,
> 称奉进止,所由不敢随去,臣亦不敢牒问……"③

追捕、审讯与禁中有关的案件由神威军负责,与神策军无涉。盖神策
军虽驻扎长安,但未得染指禁中。德宗别置神威军,用于防备神策失
控等非常之变。宪宗即位后,神威军与新皇帝之间已没有特殊的生死
情谊,地位逐渐被神策军取代。先是左右神威军被缩编为一军,改称
天威军,不久便直接并入神策。《秦晋豫墓志蒐佚续编》七五六《司徒
倚墓志》志主本河东军将,贞元中征召入朝,元和八年(813)卒时任天
威军正将,墓志云"禁军之职,而天威最为近侍"④,时天威军处于被并
入神策军的前夕,仍比神策军更接近皇帝。

　　神策军最初是起自河陇的边防军,在其入为禁军之前,皇宫内部
根据自己的需要培育出一支宿卫禁中的禁军,即射生军。只要射生
(神威、天威)军存在下去,神策军不可能成为最接近皇帝的北门禁军,
更不会有机会去废立君主。神策军之坐大,不在于其膨胀了多少倍,
而在于其合并了原本屯驻禁中的射生军(神威、天威军)。我们认为,

---

①《旧唐书》卷一三《德宗纪》,第 371 页。
②《旧唐书》卷一四四《韩游瓌传》,第 3919—3920 页。
③《册府》卷六○四《学校部·奏议门三》,第 7253 页。
④赵君平、赵文成:《秦晋豫新出土墓志蒐佚续编》七五六《司徒倚墓志》,北京:国家图书馆
　出版社,2015 年,第 1040 页。

中唐以后立君废君有如儿戏的神策军,其实有两个源头,一个是自河陇入援的神策行营,另一个就是起自皇宫内部的射生军。两个源头交汇在一起,共同缔造了后来独步中外的神策军。当然,如果要进一步向前追溯,神策军的历史可以追溯至开元时期宦官充使的内射生。如此一来,学界对神策军的起源及其与宦官的关系问题有必要进行重新审视。

第二节　神策军入屯禁中及其第一次外镇

　　肃、代时期,朝廷所仰仗的主要是起自宫内的射生军,射生军虽为精兵,但是规模小,遇到强敌时常溃散,不能满足朝廷的军事需要。广德元年(763),鱼朝恩自陕州带回的神策军是第一支由朝廷直接掌控的野战军队。在朝廷的扶植下,神策军迅速强势崛起。

　　《新唐书》卷五〇《兵志》:

　　　　初,哥舒翰破吐蕃临洮西之磨环川,即其地置神策军,以成如璆为军使。及禄山反,如璆以伯玉将兵千人赴难,伯玉与朝恩皆屯于陕。时边土陷蹙,神策故地沦没,即诏伯玉所部兵,号“神策军”,以伯玉为节度使,与陕州节度使郭英乂皆镇陕。其后伯玉罢,以英乂兼神策军节度。英乂入为仆射,军遂统于观军容使……广德元年,代宗避吐蕃幸陕,朝恩举在陕兵与神策军迎扈,悉号“神策军”。天子幸其营。及京师平,朝恩遂以军归禁中,自将之,然尚未与北军齿也。[1]

鱼朝恩入屯禁中的神策军其实是借用原神策军名号,不仅仅指神策行营兵,还包括其他在陕兵,其数至少上万,相对于射生军而言,朝廷更需要这样能进行野战的禁军。但是神策军起源于边军,不如六军、射

---

[1]《新唐书》卷五〇《兵志》,第1332页。

生等自宫廷起家的禁军受信任,所以"未与北军齿"。

由于神策军本身是藩镇军,朝廷更倾向于把神策军看作是首支由朝廷直辖的用于征伐的野战部队。事实上,安史乱后,局势纷乱,朝廷也多次尝试直接以宦官领兵。广德中镇压浙东袁晁起义时,代宗诏宦官马日新领汴、滑军五千人镇于江左。马日新为帅贪暴,兵众被袁晁部将萧庭兰所劫[1]。相对而言,鱼朝恩稍有军事才能,控制神策军非常成功,并以护驾为契机,稳稳当当地入为禁军。当时长安城内六军是有建制的禁军,一下涌入如此众多的护驾外军,难以长期承受。按照惯例,藩镇野战军队皆有固定的驻地,以提供军赋粮饷。朝廷客观上需要在京畿划出一块地盘安置神策军,这是神策军的第一次外镇。

神策军外镇之源头可追溯至代宗大历初期。关于神策军外镇的缘起,《新唐书》有两种相互矛盾的解释。《新唐书》卷五〇《兵志》云:

> 大历四年,(鱼朝恩)请以京兆之好畤,凤翔之麟游、普润,皆隶神策军。明年,复以兴平、武功、扶风、天兴隶之,朝廷不能遏。[2]

据本条,神策军外镇似非朝廷本意,而是鱼朝恩为扩充个人权势,恃宠逼请的结果。但是,同书卷二〇七《鱼朝恩传》却有另一种说法:

> 元载乃用左散骑常侍崔昭尹京兆,厚以财结其党皇甫温、周皓。温方屯陕,而皓射生将……载乃徙凤翔尹李抱玉节度山南西道,以温代节度凤翔,阳重其权,实内温以自助。载又议析凤翔之郿与京兆,以鄠、盩厔及凤翔之虢、宝鸡与抱玉,而以兴平、武功、凤翔之扶风天兴与神策军,朝恩利其土地,自封殖,不知为虞也。[3]

据本传所记,神策军出镇凤翔是宰相元载欲擒故纵、麻痹鱼朝恩的计谋,鱼朝恩反倒是中计者。今按,大历初神策军虽有扈从之功,但恩遇

---

[1]《旧唐书》卷一五二《王栖曜传》,第4069页。
[2]《新唐书》卷五〇《兵志》,第1332页。
[3]《新唐书》卷二〇七《鱼朝恩传》,第5865—5866页。

未与北军齿，远没有达到"朝廷不能遏"的地步。此次大范围移镇，涉及陕州、凤翔、京兆等多地，仅为麻痹鱼朝恩，不必如此大费周折。《新唐书》的两种意见，恐皆非神策外镇的主因。黄永年先生对此提出新的看法，认为神策军本是有地盘的野战部队，神策外镇目的是以长安为中心，设置一个直属天子的节度使级管区，使其他藩镇不敢染指中央政权①。这一观点颇有道理，但大历时期神策外镇仅辖七八个县，略相当一二州之地，远不及节度使级规模，且外镇主要分布在京西凤翔一带，京东、京南等近畿地区并无神策城镇。从出镇区域来看，此次外镇并非仅仅是创建一直辖天子的节度使级管区那样简单。

《新唐书·鱼朝恩传》虽未揭示神策外镇缘起的真正背景或要因，却提供一个重要线索，即神策出镇京西与李抱玉移镇山南西道是同时进行且密切相关的历史事件。安史之乱后，吐蕃趁河陇精锐悉数入援之机，大肆侵吞唐之边州，河西、陇右几被蚕食殆尽，京西地区的凤翔、陇州失去战略缓冲，直接暴露在吐蕃铁骑之下。广德二年（764）吐蕃甚至一度攻陷长安。为了保卫长安，朝廷在与叛军殊死搏斗的同时，不得不抽调朔方、河东等道藩镇军举众防秋，甚至大臣多有迁都之议。代宗大历三年（768），叛乱平息，政局稳定，长安的安全问题被正式提上议程。对元载来说，这是一个比诛鱼朝恩更为迫切的大事，而这正是凤翔、朔方、四镇（行营）等西北藩镇大规模移镇换防的时代背景。

《通鉴》卷二二四大历三年十二月条下《考异》引凌准《邠志》：

> 初，吐蕃既退，诸侯入觐。是时马镇西以四镇兼邠宁，李公军泽潞以防秋军螯屯。丞相元公载使人讽诸将使责己曰："今四郊多垒，中外未宁，公执国柄有年矣，安危大计，一无所闻，如之何？"载曰："非所及也。"他日又言，且曰："得非旷职乎？"载艴然曰："安危系于大臣，非独宰臣也。先王作兵，置之四境，所以御戎狄

---

①黄永年：《六至九世纪中国政治史》第十三章《泾师之变》，第 421 页。

也。今内地无虞，朔方军在河中，泽潞军在鳌屋，游军伺寇，不远京室，王畿之内，岂假是邪！必令损益，须自此始。故曰非所及也。"郭、李曰："宰臣但图之。"载曰："今若徙四镇于泾，朔方于邠，泽潞于岐，则内地无虞，三边有备，三贤之意何如?"三公曰："惟所指挥。"既而相谓曰："我曹既为所册，得无行乎?"十二月，诏马公兼领泾原，寻以郑颍资之；李公兼领山南，犹以泽潞资之；郭公兼领邠宁，亦以河中资之。三将皆如诏。[1]

据《旧纪》，大历三年十二月，四镇行营节度使马璘自邠宁徙镇泾原，朔方节度使郭子仪自河中徙镇邠宁，大历四年正月，李抱玉自凤翔节度使移镇山南东道。《邠志》所记郭子仪、马璘移镇之事于史皆合，独记李抱玉有很大出入。李抱玉大历元年镇凤翔，此时已镇岐四年，故文中徙"泽潞于岐"之"岐"或为"山南"之误。元载谓三帅移镇后"内地无虞，三边有备"，但是李抱玉移军山南后，凤翔却出现空缺。作为长安的西大门，元载当日必有处置，故我们认为，在三帅移镇的同时，元载已有计划将凤翔交由朝廷最亲重的神策军屯驻，神策军出镇京畿实为大历四年凤翔、朔方、四镇(行营)驻地大调整的一个重要组成部分。《邠志》独云三帅，不及皇甫温自陕州迁镇凤翔事，盖皇甫温止一州刺史，名望与实力俱不可与三帅相提并论。

下面再来讨论皇甫温的问题。如前所述，神策军要顺利出镇京西，首先必须保证凤翔节度使愿意在其辖区内割让若干地盘给神策军。皇甫温为鱼朝恩在陕州时的旧部，神策军相当部分由在陕兵转化而来，与陕州兵同出一镇，此人自然不会反对神策军屯于凤翔。又换镇之时凤翔之泽潞军悉为李抱玉带走，皇甫温必也以陕州兵赴任。大历四年(769)，神策军辖县仅有三县，次年皇甫温离任时神策军辖区扩充了四个县，很难短期内召募到足够的兵士，很有可能是将皇甫温所

---

[1]《通鉴》卷二二四代宗大历三年十二月条，第7323页。

将陕州兵转隶神策。元载以皇甫温为凤翔节度使还有利用神策兵与陕州兵的渊源关系,趁机扩充神策军的潜在目的。

大历五年三月,"以京西兵马使李忠臣为凤翔尹,代皇甫温;温移镇陕州"①。检两《唐书》本传,皆无李忠臣镇凤翔的记载,大历五年李忠臣时为淮西节度使,不是京西兵马使。所谓京西兵马使一职,除李忠臣外还有阳惠元、孟涉二人。阳惠元大历时以神策京西兵马使镇奉天,孟涉为李晟收长安时的裨将,二人皆为神策军将。京西兵马使相当于京西神策军的高级军事长官,此职或为大历四年割麟游、普润等隶神策时所置,据此可基本上断定《旧纪》称李忠臣为京西兵马使当有讹误,代皇甫温者必为神策军将领。

《新唐书》卷二一六下《吐蕃传下》:

> （大历）九年,帝遣谏议大夫吴损修好,虏亦使使者入朝。于是子仪屯邠州,李抱玉屯高壁,马璘屯原州,李忠臣屯泾州,李忠诚屯凤翔,臧希让屯渭北,备虏之入。②

据此可知,代宗大历年间屯驻凤翔者有李忠诚。此人与李忠臣为同时代人,二人名字仅一字之差,且读音相近。那么李忠诚是否做过凤翔尹,《旧唐书》"李忠臣"是否为"李忠诚"之讹误?

检《唐代墓志汇编续集》大历○二○《段晏墓志》:

> 顷使主交河郡王兼御史中丞李公尹府凤翔。公乃上都留后……公春秋卌有七,以大历七年四月十三日夜终于京兆崇仁里私第。③

《段晏墓志》首行题"唐故凤翔观察使神策行营兵马上都留后段府君墓志铭",段晏卒于大历七年四月,时凤翔节帅是李抱玉。李抱玉爵为

①《旧唐书》卷一一《代宗纪》,第296页。
②《新唐书》卷二一六下《吐蕃传下》,第6092页。
③《唐代墓志汇编续集》大历○二○《段晏墓志》,第705页。

凉国公,墓志所称凤翔尹李某为交河郡王,且宪衔止为御史中丞,故不可能是李抱玉,此李公应即大历五年(770)代皇甫温者。碑志材料中提及此交河郡王、凤翔尹李公者不止一处。凤翔府辖下扶风县有无忧王寺,张彧《大唐圣朝无忧王寺大圣真身宝塔碑铭》(大历十四年):"凡人莫□□万物于自然,故达士乐全真而□□□□□□□□相,交河王李公曰忠诚,心居其泊,志处其约。"①又张彧《李过折墓志》(永泰二年):"嗣子神策行营都知兵马使、鳌屋□来都防御使、开府仪同三司、试太常卿、兼右武卫大将军、交河郡王忠诚……"②李过折为开元末归唐的契丹首领,其事详见于《新唐书》卷二一九《契丹传》,故知李忠诚为契丹人。又《旧唐书》卷一三八《韦伦传》:"时李楚琳以仆射兼卫尉卿,李忠诚以尚书兼少府监。伦上言曰:'楚琳凶逆,忠诚蕃戎丑类,不合厕列清班。'"③此为德宗贞元初事。时李忠臣因从朱泚之乱已被诛,可知李忠诚与李忠臣确为两人,且身份是蕃将,被鱼朝恩招延至麾下,遂为神策将。

大历五年神策军新增之天兴县在凤翔城郭之下,或因李忠诚兼凤翔尹的缘故。李抱玉短暂移离凤翔,目的就是给神策军出镇提供机会。神策外镇部署完成以后,元载顺理成章地将其迎回。《通鉴》卷二二四:"(大历六年)二月,壬寅,河西、陇右、山南西道副元帅兼泽潞、山南西道节度李抱玉上言:'……愿更择能臣,委以山南,使臣得专备陇坻。'"④此后李抱玉一直镇于凤翔,大历十二年卒于任。自其大历四年移镇山南至大历六年复镇,凤翔境内最大的变化就是出现了若干神策军辖区。通过节帅的调动换防,朝廷顺利完成了神策军在凤翔境内的部署。

---

①陈尚君辑校:《全唐文补编》卷四七张彧《大唐圣朝无忧王寺大圣真身宝塔碑铭》,北京:中华书局,2005年,第572页。
②吴钢编:《全唐文补遗》,第八辑,西安:三秦出版社,2005年,第76页。
③《旧唐书》卷一三八《韦伦传》,第3782页。
④《通鉴》卷二二四代宗大历六年二月壬寅条,第7334—7335页。

　　大历三年至大历四年京西北方镇大调整，主要在朔方、四镇（行营）、凤翔、神策（含陕州兵等）之间展开。颇费一番周折后，神策军辖县达到七个，七县连成一片，沿吐蕃自陇右入寇的要道构成一狭长走廊，并由神策京西兵马使统之，相当于小规模的藩镇。京西神策军所辖走廊地带为吐蕃入寇京畿的必经要道，神策军外镇后，吐蕃不能轻易深入京畿，长安的安全局势得到缓解。

　　宰相元载利用娴熟的政治手腕将皇甫温等与神策军有渊源的军队陆续改隶神策，是此次神策军外镇的谋划者。其后，元载因贪赎专断，与皇权发生矛盾，被代宗诛杀。兴元元年（784），德宗复其官爵，为其平反。近年《元载墓志》并已出土，志文略云：

> 洎昆夷犯郊，师帅专土。公乃迁子仪于邠畤，移马璘于泾密，处要攘狄，居师实边，历祀浃稔，西人不耸，此其章章之显者。若乃建筑平凉，扼蕃之系，导开朔野，羡塞之饶，成于算中，格于议外，此又可谓任宰臣矣。[1]

墓志叙元载之功有三事：其一，诛鱼朝恩；其二，巩固西北边防；其三，翼护太子（即德宗）。三事中叙第二功文字最详尽，而翼护太子之功反居其下。兴元元年，德宗饱尝颠沛流离之苦，深刻体会到元载对西北格局的奠基之功，故不顾先帝的政治定性，为元载公开平反。

第三节　唐德宗建中、兴元间"制将"之用于征伐

　　代宗用元载之谋，以京畿诸县分屯鱼朝恩之军，朝廷手里总算直接掌控一支堪于实战的军队。代宗崩，德宗继立。德宗富有春秋，雄心勃勃。即位后起用杨炎，推行两税法等改革，对割据藩镇采取不妥协的政策，双方矛盾激化，不久爆发大规模的战争。在大历年间获得

---

①墓志录文参王庆昱：《新见唐宰相元载墓志考释》，《书法》，2018 年第 2 期。

扩充的神策军作为"天子亲兵",是朝廷派出征伐的主力。此时神策军分镇京畿诸县,相互间缺乏统属关系,形态与鱼朝恩时已有很大区别。宦官势力被清除出神策军,文臣白志贞为都知兵马使,无军事经验,故此次出征不设主帅,主要采用"制将"率本部神策军讨伐叛乱的形式进行。

"制将"主要存在于建中、兴元年间,因其存在时间较短,相关史料中记载不多。最早被称为制将的是德宗即位初率神策军入蜀的神策将李晟。

李肇《唐国史补》卷上载:

> 李令尝为制将,将军至西川,与张延赏有隙。及延赏大拜,二勋臣在朝,德宗令韩晋公和解之。每宴乐,则宰臣尽在,太常教坊音声皆至,恩赐酒馔,相望于路。[1]

本条所言之"制将",关涉唐德宗建中、兴元间之军事举措之一,颇值探讨。李肇是宪宗朝翰林学士,其时去建中不远,所记较为可信。"李令"即李晟,"将军至西川",指德宗即位之初李晟率神策军入蜀反击南诏吐蕃入寇一事。大历十四年(779)九月西川节度使崔宁入朝,吐蕃、南诏趁机合兵十余万入寇。《通鉴》卷二二六代宗大历十四年十月条载其事云:

> 崔宁在京师,所留诸将不能御,房连陷州、县,刺史弃城走,士民窜匿山谷。上忧之,趣宁归镇。宁已辞,杨炎言于上曰:"蜀地富饶,宁据有之,朝廷失其外府,十四年矣。宁虽入朝,全师尚守其后,贡赋不入,与无蜀同。且宁本与诸将等夷,因乱得位,威令不行。今虽遣之,必恐无功;若其有功,则义不可夺。是蜀地败固失之,胜亦不得也。愿陛下熟察。"上曰:"然则奈何?"对曰:"请

---

[1]〔唐〕李肇撰,聂清风校注:《唐国史补校注》卷上,北京:中华书局,2021年,第93页。

留宁，发朱泚所领范阳兵数千人，杂禁兵往击之，何忧不克！因而得内亲兵于其腹中，蜀将必不敢动，然后更授他帅，使千里沃壤复为国有，是因小害而收大利也。"上曰："善。"遂留宁。初马璘忌泾原都知兵马使李晟功名，遣入宿卫，为右神策都将。上发禁兵四千人，使晟将之，发邠、陇、范阳兵五千，使金吾大将军安邑曲环将之，以救蜀。①

神策军为天子禁军自无疑问。"邠陇范阳兵"是指大历中朱泚自幽州入朝时自随的八千幽州锐卒②。朱泚连镇陇右、凤翔，所带幽州兵由朝廷遣曲环等分领，戍于邠宁、陇右、凤翔等地，因其本镇相隔千里，对朝廷依赖较强，也被看作"亲兵"，同神策军一起执行相关军事任务。李晟、曲环所将之兵皆脱离本镇，作为一军之将，其外出征讨并非出于当道节度使之命，而是皇帝钦点制授，故称为"制将"。"制将"，即是"制授之将"、"制置之将"的意思，以突出其天子"亲兵"的色彩③。

　　曲环与李晟同将"亲兵"入蜀，也应为制将，只是未明言而已。建中二年(781)，淄青李纳拒命，围徐州，德宗诏曲环率所部幽陇兵救援徐州。李希烈继叛，曲环遂滞留汴宋之间。"右曲环所领一军，悉是朱

①《通鉴》卷二二六代宗大历十四年十月条，第7388—7389页。
②《旧唐书·代宗纪》载大历八年八月朱泚遣其弟朱滔入朝兼率五千精骑防秋，九年九月朱泚自入朝，未载所将兵数。《旧唐书·朱泚传》载朱滔入朝时将兵二千五百，明年朱泚入朝时复将兵三千。《册府》卷一一六《帝王部·慰劳门》载朱滔所将兵五千人，与《旧纪》同，《新唐书·朱泚传》记朱泚将兵为三千，与《旧传》同。综合诸书，朱滔将兵五千，朱泚将兵三千，兄弟二人前后将至陇右的幽州兵计八千人。另《唐代墓志汇编》永贞〇〇七《张道昇墓志》："节制朱公首议归朝，公演成其意，遂率精骑二万，西赴阙庭，署公为行营都知兵马使……持节陇州诸军事、陇州刺史。"谓朱泚入朝时率精骑二万，其数恐为夸大，今不取。
③将"制将"解释为"制授之将"，并非出于主观臆解，也有其他旁证支持此说。除制将外，唐代还有制使，《唐律疏议》卷一《名例律·大不敬》条："制使者，谓奉敕定名及令所司差遣者是也。"(〔唐〕长孙无忌等撰，刘俊文点校，北京：中华书局，1983年)除制将外，唐代还有待制官。《唐代墓志汇编》元和〇八二《魏邈墓志》："相府裴公因人而知其善，补待制官，掌握丝纶，廉慎益著"。科举考试中有"制举"，唐末有"制置招讨使"等使职。皇帝之命曰"制"，故推知"制将"之"制"为"制敕"之"制"，意指皇帝之命，"制将"本为"制授之将"的意思。

泚部曲,或顷在凤翔所管,或本从河朔同来,后因汴、宋用兵,权抽赴彼
应援,所以行营将士,犹举幽、陇为名。"①在相关记载中,曲环此次出
讨被明确称为"制将"。赵元一《奉天录》卷二载:

> 司徒公制将曲环,前后数陈行列军事,司徒公多不从其计。
> 环以司徒公行军司马陈履华、兵马使唐汉臣、李载等用事,多阻环
> 计。及与诸将同语,司徒公以不从其策,自惟败绩,但唯唯然。环
> 因叱履华曰:"都统置公腹心,遂辱吾军!"命左右掣之下马,极加
> 责让。司徒李公、大夫刘公皆释簪错愕。司徒深自抑退,以"爱憎
> 不明,无所逃于国典。大咎在勉,非陈中丞之过也"。②

时李勉为河南都统,曲环作为制将,名义上受李勉节制。但与普通镇
将相比,曲环所将幽陇兵直属于朝廷,自成一军,有较强的独立性。曲
环共参决策,前后数陈事,甚至将李勉行军司马拉下马切加责让,似表
明制将地位颇尊。

赵元一为德宗朝人,《奉天录》为当时人记当时事。除上举曲环条
外,"制将"一词频繁见于《奉天录》者,前后有六次之多。为说明问
题,且将是书所见"制将"条列如下:

> (1)诏河阳节度、御史大夫李芃,太原节度、检校工部尚书马
> 燧,泽潞节度、检校工部尚书李抱真,朔方节度、太子少师李怀光,
> 神策制将、御史大夫、异姓王李公晟,华原镇遏使、御史大夫赵令
> 珍,分路长驱,深入贼境。(卷一)
> (2)诏神策制将、行营兵马使、御史大夫刘德信,御史大夫高
> 秉哲,各马步共一十万,来救襄城。(卷一)
> (3)十日,制将刘德信、高秉哲闻帝蒙尘,遂拔汝州,星夜兼

---

① 〔唐〕陆贽撰,王素点校:《陆贽集》卷一五《兴元论请优奖曲环所领将士状》,北京:中华书
局,2006 年,第 465 页。
② 〔唐〕赵元一撰,夏婧点校:《奉天录》卷二,北京:中华书局,2014 年,第 33 页。

驰,于沙苑监取官马五百匹,先收东渭桥,于是天下转输食粮在此焉。(卷一)

(4)至其月二十八日,制将、御史大夫、异姓王李公晟自赵州拔城,从飞狐口越白马津,闻难骏奔,军次栎阳县。(卷二)

(5)夏五月二十有八日,右仆射李公晟、金商节度尚可孤、同华节度骆元光、神策制将高秉哲、潼关大使御史大夫唐朝臣等,自东渭桥至终南山,百有余里,南北布兵。(卷三)

(6)驾至三桥,中书令李公与同华节度骆元光、金商节度尚可孤、潼关节度御史大夫唐朝臣、神策制将高秉哲等,奉迎于乘舆。(卷四)

上述六条材料提到的制将有李晟、刘德信、高秉哲等三人。建中二年(781)神策兵马使阳惠元将神策兵三千出征河北,建中四年七月神策兵马使尚可孤充荆襄应援淮西使将禁兵三千入援襄阳,此二人出征身份、目的等与李晟、刘德信等类似,也属制将之列。另据《唐代墓志汇编续集》贞元〇二三《权秀墓志》,神策将权秀以本军与同华镇国军合势讨李希烈之乱,不久又与副元帅李勉联营,充宣武节度神策同华御营右厢兵马使,权秀应也属制将之列①。

两《唐书》《通鉴》《唐会要》等史籍记载李晟、刘德信等上述事迹时"神策制将"皆作"神策将"。"神策将"字面意思为"隶属神策的将领",但并非所有神策将都可称为制将。"神策将"只有在奉旨率本军会合方镇兵出讨时才被称为制将,二者在内涵与外延上都有很大差别。制将所领军队不隶方镇,虽然也包括幽陇兵,但主体应为神策军。从此点来看,制将主要关涉此期神策军的问题。

至于制将所将兵员数,据前举大历十四年(779)入蜀反击例,李晟神策兵四千,曲环幽陇兵五千。河北战场,阳惠元神策兵三千。淮西

---

① 《唐代墓志汇编续集》贞元〇二三《权秀墓志》,第748页。

战场刘德信将神策子弟军三千,尚可孤神策兵三千①,高秉哲神策兵不详,应在三四千左右②。制将出征时军职一般是兵马使。阳惠元、刘德信皆为神策兵马使,李晟征河北时为神策先锋都知兵马使,所将兵数可能多于阳惠元、刘德信。不过,李晟在河北先隶李抱真,后又兼隶马燧,其数必不甚多,当数千人而已。建中四年(783),李晟自河北赴难时,加上张孝忠所赠六百锐卒,所将兵最初也只有四千人③。因此,我们认为,一般情况下,制将所将兵应在三四千左右。当时河北藩镇兵马使出战时常辖七八千人乃至上万人,在实力、规模方面,制将同河北藩镇存有巨大的差距。

　　制将所将兵额较少与大历时期神策军外镇的情况密切相关,大历初元载割奉天、普润、麟游、扶风、武功等县分隶神策军。外镇神策军平日以县为单位镇戍训练,战时镇将即率麾下军士出征。例如阳惠元所将为奉天县镇兵,尚可孤所将为武功县镇兵等,这样就形成分散在河南、河北战场上规模三四千人不等的数支神策军。这些神策军本来分镇各县,相互间无统辖关系,受诏出征后,直接听命于皇帝,地位自然与受皇帝调遣的节度使略约相当。上引材料中李晟、曲环、刘德信等制将多与节度使并举,可见制将在身份上独当一面,自为一军。以

---

① 《奉天录》作"五千",此从《旧唐书·尚可孤传》(第3911页)及《通鉴》(第7491页)。

② 《新唐书》卷二二五中《李希烈传》:"建中四年正月,诏诸节度以兵掎角攻讨,唐汉臣、高秉哲以兵万人屯汝州。"时唐汉臣为李勉将,在大梁而非汝州,《新传》误。又《册府》卷四五三《将帅部·怯懦门》:"刘德信,德宗朝为神策应援淮西招讨使时(讨)李希烈。德信统招召子弟军戍阳翟,德信以贼接近,不敢至,率众赴汝州。"汝州为战略要地,必有屯戍者,故疑高秉哲即刘德信之前屯汝州者。当日在汝州的应为刘德信、高秉哲。唯传中一万之数,诸史或云唐汉臣所将之兵数,或云唐汉臣、刘德信、高秉哲三将合兵之数。因他制将兵数以三四千者为多,笔者更倾向于认为一万为三将合兵后之总数。

③ 〔宋〕李昉:《文苑英华》(下简称《英华》)卷七八八张彧《赵郡南石桥铭》载:"阉(寅)茂(卯)岁我御史大夫李公晟奉诏总禁戎三万北定河朔,冬十月师次赵郡郡南。"(北京:中华书局,1966年,第4165页)按,建中二年正月李晟奉诏讨河北,是年干支为辛酉而非寅卯,又张彧为李晟子婿,也是重要僚佐,一直负责粮料之事,铭文却自称"仆散客也",与张彧身份也不相符,桥铭的真伪值得商榷。即便此桥铭为真,碑铭所载数据常有浮夸,从《通鉴》记其返师时仅四千人来推测,所谓三万应为虚夸之数,不足取信。

一兵马使的规模而享有节度使的权限、待遇，这是制将的重要特征。

综合上面的分析，我们可以初步作出如下界定：制将是设置于唐德宗建中年间，直属朝廷，以救援或征讨为名出征方镇，并自成一军的神策军或幽陇军军将。制将不是官职，而是一种习惯性称谓。当其统属数支军队，或制将被任命为藩镇节度使后，则不再为制将。

神策军分属数名制将，杂于方镇军中进行助讨或救援是建中年间消藩战争最为显著的特点。这决不是德宗君相一时心血来潮，别出心裁，有其深层次的原因。安史之乱后，禁军之权落入宦官之手，李辅国、程元振、鱼朝恩相继把持禁军。代宗诛鱼朝恩后，朝廷不再以宦官典兵。德宗即位不久，东方藩镇相继反叛。神策军虽然初有规模，力量仍然十分有限。在不让宦官典兵的情况下如何驾驭禁军作战是对德宗君臣的严峻考验，神策军分镇诸县和以神策制将领兵出征就是在这种背景下出台的。

制将出征方镇的构想肇始于宰相杨炎。大历十四年（779）德宗依杨炎之计，以李晟、曲环将兵入蜀，将富庶的西川收归朝廷。建中元年（780）德宗命李希烈讨伐梁崇义，遣龙武军等禁军前往助战[1]，随后，又以曲环将幽陇兵应援徐州、李晟将神策兵出讨河北等，杨炎这一构想得到更广泛的施行，成为建中年间德宗用兵的基本思路。

李晟入蜀时，杨炎称"内亲兵于其腹中，蜀将必不敢动"。建中年间曲环、刘德信等在汴宋战场上有监视方镇兵动向的目的。朔方节度使李怀光未反之前，李晟每向德宗密奏李怀光动向，谓其反状已明，请朝廷早为之备。除监视方镇外，制将代表中央禁军，对方镇兵又有督战引领作用。阳惠元将禁兵三千与诸将讨田悦，"战御河、夺三桥，皆

---

[1]据《全唐文补遗》第三辑所收《徐思倩墓志》（吴钢主编，西安：三秦出版社，1997 年），徐思倩为右龙武军宿卫，"建中初，荆襄跋扈，有制命随旌钺，龚行天讨"（第 136 页），这是德宗用六军出讨的例子。

惠元之功也"①。李晟初至河北，与田悦战于临洺，诸军不利后退，李晟独引兵渡洺水横击，诸道兵为之复振。另外，制将有时还扮演协调诸方镇关系的角色。泽潞节度使李抱真与河东节度使马燧不协，由是诸军逗挠，久而无功。在李晟的斡旋下，二将释憾结欢，李晟又自请兼隶马燧、李抱真，以示和解②，进而稳定了河北战场的局势。作为天子耳目，制将在朝廷掌控方镇兵动向问题上起到了其他军队不可替代的作用。

尽管德宗以制将出征短期内取得一定成效，但是却忽略了神策军整体实力不强，关中防御薄弱的客观事实，加上德宗对战争进程估计严重不足，随着战事的迁延，制将出征的弊端逐渐暴露出来。

其一，制将相继率神策军东征，导致京畿空虚。

代宗时期，神策军主要负责镇戍京畿之地，德宗即位后，宰相杨炎首开制将率神策军出征的先例③。建中元年（780），刘文喜据泾州叛，德宗命神策军使张巨济将神策兵两千"助讨"。这两次军事行动的成功，促使德宗对制将外出征讨之法尤为信赖。建中二年三月，德宗诏阳惠元率三千神策军与京西防秋兵移镇关东，防备淄青。诏云："是以分命节制，及集诸军于汴宋怀郑之间，使其屯守。"④是年六月神策先锋都知兵马使李晟将兵数千与河东节度使马燧、昭义节度使李抱真会兵讨田悦。七月杨炎罢相后，其策仍为德宗沿用。建中三年五月，诏李怀光以朔方军及神策一万五千东讨。建中四年正月，德宗孤注一

---

①《旧唐书》卷一四四《阳惠元传》，第 3915 页。

②《通鉴》卷二二七德宗建中三年四月甲戌条，第 7445—7446 页。

③《旧唐书》卷一四五《李忠臣传》："同华节度周智光举兵反，诏忠臣与神策将李太清等讨平之。"似代宗朝以神策将出讨。按，据两《唐书》周智光本传，周智光之乱，代宗密诏郭子仪讨之，周智光部下惧郭子仪威名，闻风自行溃败，斩周智光以献。李忠臣时入觐行至潼关，遂以收同州为名，大掠同华二百里间。《旧唐书·李忠臣传》所记严重不实，今不取。

④《唐大诏令集》卷一〇七《发兵屯守诸镇诏》，第 556 页。另见《册府》卷六四《帝王部·发号令门三》。建中二年，《唐大诏令集》作建中元年，《册府》作建中三年。因诏书内有"朕自君临万邦，于兹三载"之语，故知二书纪年皆误，此诏应作于建中二年。

掷,以左龙武大将军哥舒曜总禁兵万余人讨李希烈。七月,尚可孤充
荆襄应援淮西使,将禁兵三千赴山南①。京西神策诸镇军皆临贼境。
至此,京师禁卫已相当空虚,司农卿段秀实上言:"禁兵不精,其数全
少,卒有患难,将何待之!"②翰林学士陆贽也有谏言,可惜德宗不能为
用。神策军使白志贞献策,谋令尝为节度、都团练使者各出子弟及其
家僮部曲等,组成子弟军出讨。神策军大部分赴河北、河南战场,直接
诱发了建中四年十月的"泾师之变",德宗被迫先后流亡奉天、梁州,李
唐社稷几遭倾覆。

　　其二,神策军不相统属,兵力分散,严重影响其战斗力。

　　制将们各自独立,互不统属,在战场上很难协同作战。战争初
期,制将分隶各个战场,矛盾尚不突出。泾师之变后,禁军纷纷入
援,聚兵于长安周围,弊端日益显露。李晟擅斩刘德信,兼并其军即
是当时的典型事例之一。《旧唐书》卷一三三《李晟传》云:

> 时刘德信将子弟军救襄城,败于扈涧,闻难,率余军先次渭
> 南,与晟合军。军无统一,晟不能制,因德信入晟军,乃数其罪
> 斩之。③

刘德信时为神策应援汝、郑招讨使。以身份论,二者同为神策制将,不
分尊卑。以官职论,一为神策行营节度使,一为神策淮西应援招讨使,
也无隶属关系。考诸史实,当日驻军于七盘山的制将尚可孤以及与李
怀光联营的制将阳惠元,也没有因李晟为神策行营节度使而受其节
制,可见李晟对其他神策制将没有统领权。李晟杀刘德信属于典型的
枉杀。刘德信自汝州赴难,最先抵达长安,并抢占了屯有漕运粮米的
东渭桥。而李晟自河北赴难,路途最远,诸制将中最后赶到。当日李

①《旧唐书》卷一四四《尚可孤传》,第3911页。
②《通鉴》卷二二八德宗建中四年十月丁未条,第7472页。
③《旧唐书》卷一三三《李晟传》,第3633页。

晟倍道兼程,轻装前行,朝廷无明诏解散河北神策行营,易、定前线尚留有部分神策将士①,故李晟所带勤王之军人数有限。李晟擅杀刘德信,强并其军,应与抢夺东渭桥军粮、扩充自己军事实力有关。

李晟吞并刘德信的子弟军后,所统迅速扩展至上万人,部分地解决了神策军兵力分散的问题。另外,被李怀光挟裹的神策将孟涉、康英俊等,也自三原拥兵三千余人奔归李晟。李晟军威日盛,成为收复长安的中流砥柱。作为社稷功臣,朝廷自然无法追究李晟的枉杀之罪。为掩饰其事,与刘德信并肩作战并同驻东渭桥的另一制将高秉哲几乎被正史完全抹杀掉,我们今天只在《奉天录》《奉天记》等私人著述中略见其姓名。

其三,制将受皇帝与战场统帅的双重指挥,政令不一,束缚前线将帅手脚。

中唐以后方镇兵地方化,无本道节帅印信,皇帝无法直接调度方镇军将。制将则直属朝廷,受朝廷遥控,李晟在河北所拟的作战计划皆奏报德宗②。神策制将使朝廷能够及时了解战争进展情况。但是战场态势瞬息万变,战机也往往因之延误。建中四年(783),哥舒曜被李希烈围困于襄城。德宗诏李勉及神策将刘德信、高秉哲共将兵救之。《新唐书》卷一三五《哥舒曜传》载:

> 帝遣神策将刘德信以兵三千援之,又诏河南都统李勉出兵相掎角。勉以"希烈在外,许守兵少,乘虚袭之,希烈自解",乃遣部将与德信趋许,未至,有诏切让,使班师。德信等惶惑还,军无斥候,至扈涧,为贼设伏诡击,死者殆半,器械辎重皆亡。德信走

①《唐代墓志汇编续集》贞元〇四三《李通进墓志》:"贞元初,右神策行营节度留后兼御史中丞马公班师中山,饮至西雍。因拜右神策军大将军,为心膂之寄。"("行"、"军"二字《续集》未能识读,据《全唐文补遗》第五辑补。)可知当日李晟所将并非全部神策行营兵,直至贞元初神策行营才最终班师回朝。
②《通鉴》卷二二七德宗建中三年七月甲辰条,第7452页。

汝州。①

官军扈涧大败同刘德信等受德宗、李勉的双重指挥,惶惑不知所从有着非常直接的关系②。刘德信、高秉哲、尚可孤、曲环等一批制将陆续抵达河南战场,名义上归都统李勉节制,实则主要听命朝廷,难以协同配合。德宗后来意识到这一问题,欲以普王为行军元帅,统领淮西诸军,适逢泾师之变爆发,未能施行。

其四,制将率禁军与方镇兵联营,以少制多,二者时有摩擦,监控效果不佳。

制将与方镇将帅出于不同的军事系统,且时常凌驾其上,因而双方关系较为紧张。曲环隶李勉,战颇有功,遭李勉部将唐汉臣、陈覆华等排挤,所奏多被沮毁。李晟与李怀光联营,李怀光恶其异己,双方矛盾迭起。李晟惧为其所并,又坚请移军分营。在李怀光未叛之前,陆贽就指出:"比者又遣李晟、李建徽、阳惠元三节度之众,附丽其营,无益成功,只足生事。"③李怀光之叛,其与李晟等神策系诸将的矛盾是一个重要因素④。

制将问题是德宗建中、兴元年间独有的军事举措,前后只存在短短的四五年时间。建中年间的大动荡,证明皇帝直接遥控制将,难以适应复杂的战争局势。兴元元年(784)七月,长安光复后,神策军陆续重归禁内。德宗认识到禁军"如复分割隶于节镇,则徒为藩镇益兵,而天子仍无一卒之可使"⑤。重建禁军的理念从建中年间以制将分掌神策军,转向依赖宦官对神策军进行整合与控制,最终形成了神策两中尉制。

---

①《新唐书》卷一三五《哥舒曜传》,第 4575 页。

②拙作《唐代神策军建中四年汝州"扈涧之败"史实考辨》,《唐史论丛》第 20 辑,2015 年。

③《陆贽集》卷一四《奉天论李建徽、杨(阳)惠元两节度兵马状》,第 441 页。另见《旧唐书》卷一三九《陆贽传》,第 3796 页。

④参陈寅恪:《论李怀光之叛》,收于《金明馆丛稿二编》,第 317-319 页;黄永年:《中国六至九世纪政治史》,第 426-428 页。

⑤〔清〕王夫之:《读通鉴论》卷二五《宪宗一二》,北京:中华书局,1975 年,第 767 页。

第二章　京城禁卫体系的重建

第一节　神策军的重建及其"六军化"

　　建中动荡期间神策军分统于不同的神策制将,分属不同的战场。李晟收复长安后,神策军重归禁中。但此时诸军统属关系混乱不堪,亟需重新确立宫廷禁卫体系。建中大动荡时期,五千泾卒敢在长安倒戈,李怀光公然逼迫德宗出奔梁州,根源都在于禁旅寡弱。贞元初,尽管财赋匮乏,朝廷仍不遗余力地扩编神策军。禁卫军体系的重建首先从神策军的井喷式扩张开始。神策军快速扩充兵额,其将领和士卒的来源主要有以下几种:

　　(一)征选地方将校

　　早在肃、代时期朝廷即有意识地将方镇精兵猛将调隶神策。如朱忠亮为相卫节度使薛嵩部将,相卫被田承嗣吞并后改隶神策将。阳惠元出自幽州,本为李忠臣部将,郝廷玉、邢君牙本为河南道田神功部将,皆因各种理由改隶神策。贞元初,吐蕃频年入寇,德宗借诸道入京西防秋,趁机将其猛将编入神策军。又邠宁大将范希朝素得士心,节度使韩游瓌虑其逼己,成德王士真袭父位,忌惮悍将赵万敌,德宗将此二将征入神策。泾原中军兵马使孟琳有扈从之功,被德宗特诏追入,充左神策军先锋兵马使兼都押衙①。贞元二年(786),征浙西韩滉手

---

①胡戟、荣新江主编:《大唐西市博物馆藏墓志》三四六《孟琳墓志》,北京:北京大学出版社,2012年,第749页。

下大将李长荣入为神策将军①，贞元三年征河东兵马使张元芝为神策军大将军，贞元七年征浙东西大将柏良器入为神策大将军。当然，征入方镇军将一直是神策军将领的重要来源。宪宗元和年间率部归国的河朔藩镇大将多补入神策、六军。穆宗长庆二年（822）三月诏提到"又有诸道荐送大将，或随节度使归朝"②，武宗会昌时"选方镇才校入宿卫"③，天平军将周宝、高骈皆由此跻身神策，成为晚唐名将。

（二）召募滞留长安胡客

开元时期，唐朝国威远播，西域诸国入唐朝贡、入质的酋长、王子、使臣以及进京述职、调集的安西、北庭等地节镇将校，每年数千人。安史之乱后，河陇诸州被吐蕃蚕食，此辈归国之路断绝。贞元三年（787），鸿胪少卿王锷以胡客久居长安，多已娶妻生子，停其供给④。李泌悉以其众隶禁军，得兵不下四千人。《唐代墓志汇编续集》永贞〇〇三《米继芬墓志》记西域米国人米继芬本为米国贵族，最初作为质子入长安，贞元时改隶神策。《唐代墓志汇编续集》大和〇二〇《何文哲墓志》另有左神策军将军何文哲，本西域何国人，亦在此次简括胡人时入充禁军。不少长安胡人仍保留便弓马的习俗，可以提高神策军的战斗力，但是一些胡人累世经商，补入禁军，势必加速神策军的腐化。

（三）征召长安市井之徒

中唐以后，藩镇军地方化的结果是诸道皆主要从当地征兵，神策军入屯禁中，其最主要的兵源应为征召京兆三辅百姓。长安所聚，除官宦高门，就是商贩屠沽之徒，故新募集的神策军也不可避免也沾染六军的浮华之气。

---

①据《康熙孟县志》（康熙三十四年，〔清〕乔腾凤主纂）卷八"艺文"潘孟阳《祁连郡王李公（元淳）墓志》，李元淳即李长荣，元淳为德宗赐名。
②〔宋〕王溥：《唐会要》卷七二"京城诸军"条，上海：上海古籍出版社，2006年，第1536页。
③《新唐书》卷一八六《周宝传》，第5415页。
④《通鉴》卷二三二德宗贞元三年七月条，第7613页。

　（四）追功勋旧将子弟隶神策

　　补录在京旧勋武将子弟是建中时白志贞以节将子弟为神策军方法的延续。最早倡议入军的贵戚吴卓，贞元中李晟罢兵权后，入朝宿卫中禁。

　　据宋白《续通典》所载，经过二十年的惨淡经营，德宗子顺宗继立时，神策军总数已高达十一万人。其中驻扎长安的在城神策军，左军三万四千三百九十二人，右军二万七千零四十五人，总计六万余人①。德宗快速募集的神策军素质良莠不齐，这批出身各异的人员补入神策军后，进一步改变了原有神策军的兵员构造。对还没完全从奔惊魂中摆脱出来的德宗来说，如何掌控这支军队，比募集这支军队更为棘手。

　　神策军由方镇军演化而来，内部组织结构最初同普通藩镇军并无二致。在军队建制上，与属于禁卫体系的北门六军存有较大差异。最为明显的就是，六军分为左右两军，取其互相牵制之意，而神策军则统于神策都知兵马使一人之手。神策军的"六军化"，首先从神策军分左右厢开始。《新唐书·兵志》云：

　　　　永泰元年，吐蕃复入寇，朝恩又以神策军屯苑中，自是寖盛，
　　　　分为左右厢，势居北军右。②

《新唐书》以文字省略著称，《兵志》本条把神策军"分为左右厢"放在"自是寖盛"之后，语意模糊，无法得出神策"分左右厢"的具体时间。《唐会要》卷七二"京城诸军"条：

　　　　兴元克复，晟出镇凤翔，始分神策为左右厢，令内官窦文场、

────────────

①〔明〕王祎：《大事记续编》卷六二顺宗永贞元年（805）五月条，影印文渊阁《四库全书》本第
　　334 册，台北：台湾商务印书馆，1986 年，第 3 页。
②《新唐书》卷五〇《兵志》，第 1332 页。

王希迁分知两厢兵马。①

《唐会要》本条与王祎《大事记续编》卷六一所引柳芳《唐历》基本相同，应即出于《唐历》。《旧唐书·德宗纪》："（兴元元年十月）戊辰，令中官窦文场、王希迁监左右神策军都知兵马使。"又《唐代墓志汇编》贞元一〇一《李良墓志》记殿前射生副兵马使李良"洎扈跸还京，锡名元从，加神策右厢兵马使，行虔州别驾，兼侍御史，充左右神威军粮料使"②。兴元元年（784）射生军改组为神威军，此"神策右厢兵马使"或系"神威右厢兵马使"的误刻，但神策、神威两军的改组重建同步进行，这是神策军兴元元年分左右厢的间接证据。

过去学界曾受《新唐书·兵志》误导，认为代宗永泰中已分为左右厢。唐长孺先生指出："代宗时神策兵马使但一员，朝恩死以都虞候刘希暹升，希暹诛以王驾鹤代将，建中初，以白志贞为使，安得有分两厢之事！"③唐先生所云"神策兵马使"实即"神策都知兵马使"。从都知兵马使不分左右来看，兴元元年以前神策军确实不可能已分为左右两厢。

《旧唐书》卷一三三《李晟传》记大历初李晟朝京师"代宗留居宿卫，为右神策都将"④，《通鉴》卷二三一记李怀光反叛前，德宗"遣神策右兵马使李卞等往谕旨"⑤，这两条史料似乎印证兴元前神策军已分左右。要辨明这一问题，必须对"始分左右两厢"的概念加以说明。唐代藩镇军也分左右两厢，但是左右两厢皆统于节度使之下，实为一军。而我们所讨论的神策军"分左右两厢"并不统于一军，而是分由两宦官

①《唐会要》卷七二"京城诸军"条，第1533页。
②《唐代墓志汇编》贞元一〇一《李良墓志》，第1910页，图版见俞伟超：《西安白鹿原墓葬发掘报告》，《考古学报》1956年第3期，第73页。
③唐长孺：《唐书兵志笺正》卷三，第107页。
④《旧唐书》卷一三三《李晟传》，第3662页。
⑤《通鉴》卷二三二德宗兴元元年二月条，第7525页。

监军,实为两军。神策军由藩镇军演变而来,故内部也分左右厢,宣谕李怀光的李下之职为神策右兵马使,所指正是神策军右厢,同理,李晟为右神策都将,也为此意,这同我们所讨论的"两厢"并非同一概念,张国刚先生认为严格地说应之称神策右都将,所论甚是①。总之,兴元元年(784)神策军分左右两厢是神策左右两军的雏形。贞元二年(786)九月二日,神策左右厢正式改称神策左右两军,在组织结构上与羽林、龙武、神武六军初步一致。

建中四年(783),李晟、浑瑊分别自京西、京北统诸道兵营复长安。李晟所统神策军是自河北、河南前线返回赴难的神策军,包括尚可孤、刘德信等军,是神策军的绝对主力。浑瑊所统禁兵,除令狐建、李观所将右龙武军外,几乎没有成建制的原神策、六军,基本为德宗在奉天等地以召集、征募等手段临时纠集的新军。李晟军实力雄厚,但与德宗关系稍为疏远。浑瑊军首末扈从,但实力稍弱。德宗对神策军的稳定尤为重视,分左右厢时优先考虑维持现有的统辖格局。李晟旧为神策右都将,所领将士仍多属右厢。不仅李晟及其后继者皆带右神策行营节度使,甚至李晟自河北赴难时留下的神策军也直接以右神策行营为号②。而左厢神策军应为浑瑊等扈从之军及德宗陆续从各地方镇追征的新军。《新唐书》卷一六五《郑细传》云德宗自兴元还"废宣威军,益左右神策",宣威军与神策军类似,亦属入援内地,本镇(廓州)为吐蕃

①张国刚:《唐代的神策军》,《唐代政治制度研究论集》,第115页。
②《唐代墓志汇编续集》贞元〇四三《李通进墓志》:"贞元初,右神策行营节度留后兼御史中丞马公班师中山,饮至西雍。因拜右神策军大将军,为心膂之寄。"此自易州班师的右神策行营留后,应为李晟入援长安时滞留易州的神策军。《大唐传载》:"兴元元年十月戊辰,始诏中官窦文场监神策军左厢兵马,马有麟为左神策大将军。神策监军、将军之始也。"(〔唐〕佚名撰,罗宁点校,北京:中华书局,2019年,第9—10页)按,神策将军贞元二年始置,《大唐传载》误。《新唐书》卷二〇七《宦官传》:"兴元初,诏监神策左厢兵马,以王希迁监右,而马有麟为左神策军大将军,军额由此始。"特承《大唐传载》之讹,不足为信。

吞并的边军①。建中四年由神策制将所将进入河南战场的神策军此时也整编入左右神策。例如滞留河南战场的"神策同华御营右厢兵马使"权秀，贞元初为左神策先锋突将兵马使，居京宿卫②。因李晟右军军容强盛，这批改隶或征入的神策将士应多转隶左军。另外，收复长安时，各地所遣勤王之师，也有不少充入神策左军。义武军左步军使孟日华被德宗命为左神策将军。左厢虽然来源复杂，但受市井习气浸染不如右军严重，更重要的是左军同皇帝更亲近，故发展潜力远在右军之上。外镇之神策军同样也分隶两厢。李晟出镇凤翔，带右神策行营节度使衔，京西凤翔一带为右神策行营的势力范围。而窦文场以亲信韩长义为长武城使，以长武城为中心的京北一带多属左神策军势力范围。这样在外镇神策行营方面也逐渐形成了左军强于右军的格局。神策军左军重于右军的情形在兴元元年神策军始分两厢的时候就已初步形成。

　　神策军分左右两军的同时，德宗又进一步在神策军设置大将军、将军，规定其品秩。神策军，尤其是在城神策军组织结构上进一步与北门六军等同。《唐会要》卷七二"神策军"条：

　　　　贞元二年九月二日，神策左右厢宜改为左右神策军，每军置大将军二人，秩正三品，将军各二人，从三品。殿前射生左右厢，宜改为殿前左右射生军，各置大将军二人，秩正三品。将（统）军③二人，秩从三品。将军二人，秩从五品。其职田、俸钱、

①《通鉴》卷二一九肃宗至德元载（756）十二月条："吐蕃陷威戎、神威、定戎、宣威、制胜、金天、天成等军。"（第7129页）宣威军在廓州，天宝十三载（754）所置。〔宋〕乐史等编，王文楚等点校：《太平寰宇记》卷一五五陇右道廓州条："东至宣威军守捉使二百九里。"（北京：中华书局，2007年，第2983页）
②《唐代墓志汇编续集》贞元〇二三《权秀墓志》，第749页。
③《新唐书》卷四九《百官志》注云："始殿前左右神威军有大将军二人，正二品，统军二人，从三品，将军二人，从五品。据此可知《唐会要》第一个"将军"应为"统军"之误。另，统军品秩待遇高于大将军、将军，《新唐书》将统军置于大将军之下，所据史料有误。

手力、粮料等,同六军十二卫①。至三年四月十七日,左右射生宜改为左右神威军②。五月③,敕左右军各加置将军二员。

神策军不仅仿六军例,设置大将军、将军,而且还因其规模大,大将军、将军数超过六军。与六军将军类似,神策军将军为安置勋将之官,可以充任其他使职,典兵者加"知军事",不带者不典兵。

贞元十四年(798)神策军添置神策军统军,完成其建制的"六军化"的进程。六军统军为兴元元年德宗所置。《唐会要》卷七一"十二卫"条:

> 统军　兴元元年正月二十九日敕:"六军宜各置统军一人,秩从二品。"
>
> 上将军　贞元二年九月一日敕:"六军先已有敕,各置统军一人,

①射生、神策设置之初俸禄少于六军。《唐会要》卷九一"内外官料钱上"条载有贞元二年(786)所定十六卫及诸禁军料钱,略云:"六员大将军本料,六十千文,续加。六军将军,本料三十千,续加。射生、神策大将军,本料三十六千文,续加。射生、神策将军本料,三十千文,续加。"此时神策、射生未能取得同六军完全对等的地位。《唐会要》卷二九"迫赏"条载贞元四年九月二日敕:"宜任文武百僚,择地迫赏为乐……左右神威、神策、龙武等三军共赐一百贯,金吾、英武、威远及诸卫将军共二百贯。"德宗奔奉天时,六军不集,惟令狐建、李观率龙武军扈从,故贞元初赏赐厚于诸军。

②《册府》卷四四四《将帅部·陷没门》:"李㻳者,陇西人。贞元初为殿前射生官,三年秋,随神策次将护边,师次夏州。"此为贞元三年秋射生军尚未改名之实例,《唐会要》所记恐有讹误。按,此事诸书记载多异于《唐会要》。《新唐书》卷五〇《兵志》"又改殿前射生左右厢曰殿前左右射生军"置于贞元二年下,但《新唐书》有文省之弊,其后又云"三年诏射生、神策、六军将士府县以事办治,先奏乃移军"云云,据此诏及前引李㻳事,贞元三年射生军尚未改名,其改神威必在其后。《通鉴》卷二三三附其事于贞元四年四月乙未,条下《考异》云"《实录》作神武军,今从《新志》"(第7634页)。则四月乙未本出自《新唐书》,四年四月乙未为十八日,与《唐会要》所云十七日,盖《唐会要》换算时误算一日,又误置贞元三年之下。《旧唐书》卷一三《德宗纪》贞元四年正月癸巳条:"以太子左庶子畅悦为桂管观察使。改左右射生为左右神威军。"检贞元四年正月无癸巳,据前考可知本条实有脱文,脱"乙未"二字。《英华》卷九三一吴通微《内侍省内侍焦希望神道碑》"贞元五年,诏以射生军为神威军",为记其约数,未为确指。

③五月,四库本作"五月",上海古籍标点本作"三年"。按,此前既云贞元三年,此处不当复云三年。又《唐会要》同卷云"贞元三年五月,左右神武等军,各加将军一员。上以诸道大将有功劳者,将擢掌禁兵,故增其官员以待之"。神策加将军二员与神武等加将军一员应为一事,故当以"五月"为是。

十六卫宜各置上将军一人，秩从二品。其左右卫及左右金吾卫上将军俸料随军人马等，同六军统军，其诸卫上将军次于统军支给。"①

六军统军始置时间，《唐会要》《旧唐书·职官志》作兴元元年（784）正月二十九日，《旧唐书·德宗纪》作正月辛丑，《通鉴》作二月戊申，皆在李怀光解奉天之围不久。《新唐书》卷一六五《郑絪传》："德宗自兴元还，置六军统军，视六尚书，以处功臣，除制用白麻付外。"认为其六军统军置于还京之后。检同书卷一九二《贾隐林传》：

> 已而解，从臣称庆。隐林流涕前曰："泚已奔，群臣大庆宗社无疆之休，然陛下资性急，不能容掩。若不悛，虽今贼亡，忧未艾也。"帝不以为忤，拜神策统军。卒，帝思其质直，赠尚书左仆射，以实户三百封其家。②

神策统军贞元十四年（798）置，贾隐林"神策统军"应为"六军统军"之误。奉天之难，德宗仓皇逃奔奉天，其后韩游瓌、论惟明等陆续将邠宁、盐夏等兵赶到，城内诸军皆临时征集，军令不一。兴元元年正月，李怀光解奉天之围，德宗获得短暂的休整机会。"德宗以禁军无职局，六军特置统军一员，秩从二品，以游瓌、惟明、贾隐林等分典从驾禁兵。"③统军后来成为安置闲散旧将的闲职，元和末孟元阳因年迈除右羽林军统军，白居易曾专门上书论其屈④。

神策军地位低于六军，且主力在两河战场，不是扈从的主体，故最初不设统军。贞元十四年，随着神策军地位进一步提高，德宗始在左右两军添置统军。《唐会要》卷七二"京城诸军"载贞元十四年八月诏：

---

① 《唐会要》卷七一"十二卫"条，第1523—1524页。
② 《新唐书》卷一九二《贾隐林传》，第5534页。
③ 《旧唐书》卷一四四《韩游瓌传》，第3928—3919页。本句前有"李怀光反，从驾山南"句。按，李怀光反，韩游瓌返邠宁，未从驾山南，贾隐林已卒，更不可能从幸山南，此句与韩游瓌无任何关系，应为史官或后人误入之句。
④ 〔唐〕白居易撰，朱金城笺校：《白居易集笺校》卷五九《论孟元阳状》，上海：上海古籍出版社，1988年，第3372—3373页。

左右神策军特为亲近，宜署统军，以崇禁卫。其品秩俸禄料
一事以上，同六军统军例。①

神策统军与六军统军一样，仅表示"崇禁卫"功能，多不掌具体军务。
神策统军的设立标志着神策军在官职上与六军体系基本并轨。

表2—1　神策军之基本官制

官名	统军	大将军	将军	长史	录事参军	仓曹参军	兵曹参军	胄曹参军	司阶	中候	司戈	执戟	长上
品秩	从二品	正三品	从三品	从六品上	正八品下	正八品下	正八品下	正八品下	正六品上	正七品下	正八品下	正九品下	从九品下
员数	各一员	各二员	各四员	各一员	各一员	各一员	各一员	各一员	各二员	各三员	各五员	各五员	各十员

需要补充的是，随着神策军规模的扩大，神策军大将军、将军后来
又进一步细分为马军大将军、马军将军等。《唐代墓志汇编续集》咸
通〇七四《荆从皋墓志》，荆从皋大中中为马军将军知军事，大中八年
（854）迁马军大将军知军事，又同书乾符〇〇四《张邵墓志》提及右军
步军大将军李宗元，马军大将军、步军大将军等皆为新置官名，不见史
籍记载。由于神策大将军属于有品秩的职官，当其知军事时往往还带
有相应的军事使职。如《梁荣幹墓志》载梁荣幹为"右神策军将军知
军事充马军都虞候"②。神策将军知军事者也可称为神策军使。如贞
元中右神策军步军大将军李孝恭墓志题作"右神策军步军使"③。中
晚唐时期"神策军使"是个模糊的称谓，可指神策将军知军事、神策都

---

① 《唐会要》卷七二"京城诸军"条，第1534页。
② 〔唐〕杜牧撰，陈允吉校注：《樊川文集》卷一九《梁荣幹除检校国子祭酒兼右神策军将军
制》，上海：上海古籍出版社，2009年，第284—285页。
③ 曹龙：《唐神策军步军使李孝恭及夫人游氏墓志考释》，《文博》，2012年第6期，第61页。

知兵马使、神策护军中尉等领神策军的主官,具体所指需根据前后语境进行区分。

神策军"六军化"不是孤立的事件,同时完成"六军化"的还有射生军。贞元三年(787),左右射生军改名左右神威军。神威军与神策军一起设置有将军、大将军,后来神策军加置统军,神威军应亦与之同时加置统军①。

神威、神策在建制上六军化,同时北门六军也在吸纳藩镇使府官制。在中晚唐时期,六军将军知军事者有时也称军使,在出土墓志中提及龙武军副使,军使和副使属于典型的使职差遣官。神策军有判官、押衙等职,六军也有此职。由于六军规模较小,并非每军各置判官、押衙,而是分以左三军、右三军为单位,置左三军辟仗使、右三军辟仗使。左右三军辟仗使有时简称左右辟仗②,其下置左右三军副使、判官、押衙等。右三军驻九仙门,左三军驻太和门③。如将六军视为一个

---

① 据〔唐〕韩愈撰,马其昶校注:《韩昌黎文集校注》卷七《李惟简墓志》(上海:上海古籍出版社,2014 年,第 517—521 页),李惟简自神威将军,累迁神威大将军,转天威统军,天威军为左右神威军并后名称,神威军置有统军应无疑议。

② 《北京大学图书馆新藏金石拓本菁华(续编)1996—2017》(北京大学图书馆金石组胡海帆、汤燕编,北京:北京大学出版社,2018 年)所收《杨良瑶神道碑》载杨良瑶永贞元年五月"本官领右三军辟仗"。《唐代墓志汇编续集》大中〇六三《阎知诚墓志》云大中十一年拜右辟仗。《全唐文补遗》第八辑《梁承政墓志》载梁承政咸通八年为"左三军副使",《唐代墓志汇编续集》咸通〇四八《何楚章墓志》有左三军押衙何楚章,大中〇二六《高可方墓志》"右三军判官盛遇"。文宗大和三年,辟仗使田全操与百姓争夺休祥坊官地,文宗"赐左右三军钱各一千五百贯,充当军给用,其休祥坊官地复尽归于百姓"。所谓当军指左三军、右三军两军。

③ 《增订唐两京城坊考》卷一"大明宫"条:"东面二门:南为太和门,门外则左三军列焉。门之北从西第一左羽林军,第二左龙武军,第三左神策军……右银台门之北九仙门,门外则右三军列焉。门之北从东第一右羽林军,第二右龙武军,第三右神策军。"(〔清〕徐松撰,李健超增订:《增订唐两京城坊考(修订本)》,西安:三秦出版社,2006 年,第 19 页)《通鉴》卷二六〇昭宗乾宁二年(895)七月条下胡三省注云:"程大昌《雍录》曰:'北军左右两军,皆在苑内。左三军在内东苑之东,大明宫苑东也。右三军在九仙门之西,九仙在内西苑之东北角。'左三军,左神策、左龙武、左羽林军也。右三军,右神策、右龙武、右羽林军也。余按《雍录》所云左右六军,代、德以后宿卫者也。"(第 8591 页)今核《雍录》卷八"唐南北军"条,左三军、右三军,实作"左军"、"右军"(〔宋〕程大昌撰,黄永年点校,北京:中华书局,2002 年)。胡注所云不确,其对左右三军的解释亦不足为据。按,神策军不在六军之内,此"神策"当为"神武"之讹。

整体,恰好以左右两厢分建两套使职系统。

神策、神威分由左右厢改为左右军,标志着神策、神威编制等同于六军,正式取得北门禁军的身份。《新唐书》卷五〇《兵志》云:"自肃宗以后,北军增置威武、长兴等军,名类颇多,而废置不一。惟羽林、龙武、神武、神策、神威最盛,总曰左右十军矣。"①贞元时德宗曾置左右十军使统领此十军②,就军额来看,北衙禁军分为左右羽林、龙武、神武、神策、神威等十军,但就指挥系统来看,实际上应分为左右神策、左右神威、左三军、右三军等六支禁军。后左右神威军受到神策军的压制,先是并为天威军,接着直接并入左右神策,北门禁军主要指左右神策、左三军、右三军等四支军队。

"六军化"的结果是神策军在本品官上形成统军、大将军、将军等六军基本官制系统。这套比拟"六军"的职官早已虚衔化,主要用来安置立功武将,用来控制军队则明显不合时宜。六军将军典兵宿卫是唐前期已经崩溃的旧制度。六军每军人数多不过二三千人,兵额有限。而神策军是具有野战能力的部队,人数动辄数万,后又进一步扩编至十余万。神策大将军握有实权,如再与外朝宰相联合,皇帝完全成为其囊中之物。在神策军六军化的同时,必须在神策军的控制权和指挥系统的顶层制度设计中进行制度改造。在一系列背叛与挫败之后,德宗引入宦官势力,创置一套宦官集团与藩镇军制杂糅的军事使职系统,即神策两军中尉制度③。

唐代宦官典兵并非德宗的突发异想,源头可追溯至李唐立国之

①《新唐书》卷五〇《兵志》,第 1334 页。
②《旧唐书》卷一二《德宗纪》,第 383 页。
③有些学者认为神策中尉为职事官,依据主要是《册府》卷五〇七《邦计部·俸禄门三》:元和十四年(819)三月,宪宗依屯田所奏,"左右神策中尉,准令式二品官,令受田一十顷,请取京兆府、折冲府、院戍场、堤堰、公廨等地七十七顷二十六亩八分,数内取二十顷,充前件官职田"(第 6088 页)。今按,德、宪时期神策中尉本官多为诸卫大将军(从三品),此为中尉本官低于二品时的特殊优待,并非指中尉为二品官。故不可作为神策中尉为职事官的依据。事实上,神策中尉是职事官还是差遣使职,唐人自己本有明确的态度。(转下页注)

初。《金石萃编》卷五八收录咸亨二年所立《张阿难碑》，张阿难官爵为"银青光禄大夫、内侍、汶江县开国侯"。碑云："天兵遥掩，地阵斜交……勋居第一……王充、建德、黑闼、武周……俱陪吊伐，又以勋□上柱国"。可知志主是李唐起兵时的元从宦官，参与平定窦建德、刘黑闼、刘武周的军事行动，因战功被授上柱国。中宗时期亦有小规模的宦官典兵举动。韦后弑中宗后"命左监门大将军兼内侍薛思简等将兵五百人，驰驿戍均州，以备谯王重福"[1]。玄宗继位后高力士曾亲率飞龙兵平定邢𫄧之乱。出身岭南的大宦官杨思勖更是屡次率十余万大军出征岭外。安史之乱中，鱼朝恩于陕州典神策军，代宗奔陕，鱼朝恩率神策军扈从，神策军遂为禁军。上述宦官典兵的例子都为德宗竖立了榜样。

　　鱼朝恩之流虽然跋扈，却不会篡夺宗庙，而朱泚、李怀光、李忠臣等一旦时机成熟就会成为另一个安禄山。对武将难制有切身体验的唐德宗，萌发宦官领神策军的想法并不令人意外。兴元元年（784），神策军分左右厢时，以窦文场、王希迁分为监勾当左右厢，贞元二年（786）神策军六军化，改左右厢为左右军，窦文场、王希迁分为监勾当左右军。"监勾当"一词为德宗首创。"勾当"某事，即临时主管某事，具有差遣的意思。皇帝正式继位前处理朝政，可称为"勾当军国事"。

（接上页注）《唐代墓志汇编续集》大和〇〇五《刘弘规墓志》叙刘弘规仕宦履历云："历职自天威军副使、监翰林，倅左右神策，兼两街功德副使。两监河东，一护淮南，一内飞龙，再掌枢密。改内庄宅鸿胪礼宾等使，迁左神策军护军中尉、左街功德使。历官自内仆局丞、内府奚官等局令，内寺伯、内给事、内常侍、内侍省少监、右监门卫将军。封彭城县子，进封沛国公，食邑三千户。"墓志中对"历职""历官"做了清楚的分类。在唐人观点中，护军中尉显然属于"职"，而不是"官"。

[1]《通鉴》卷二〇九景云元年（710）六月壬午条。薛思简，《旧唐书》卷五一《韦庶人传》作"薛崇简"，《旧唐书》卷七中宗纪作"薛简"。按，太平公主次子薛崇暕，也常写作薛崇简，二人不当混淆，疑作"思"是，薛简即薛思简的双名单称。《通鉴》卷二〇八中宗景龙元年（707）九月条："宦官左监门大将军薛简等有宠于安乐公主，纵暴不法。（魏）传弓奏请诛之。御史大夫窦从一惧，固止之。"（第6734页）

那么"监勾当"神策军,表示其身份兼有神策军监军和军主帅两种身份,已经透露出德宗以宦官为神策军军事长官的意图。"勾当"含有"临时代理"的意思,不够正式。贞元十二年(796)六月,监勾当左右神策军事分别改称左右神策中尉。时王希迁已卒①,窦文场、霍仙鸣为首任神策中尉,完成对神策军使职体系的重建。

《新唐书》卷四九上《百官志》:

> 左右神策军　大将军各一人,正二品;统军各二人,正三品;将军各四人,从三品。掌卫兵及内外八镇兵。护军中尉各一人,中护军各一人,判官各三人,都勾判官二人,勾覆官各一人,表奏官各一人,支计官各一人,孔目官各二人,驱使官各二人。自长史以下,员数如龙武军。②

《新唐书》此段将神策军职事官体系和使职差遣体系,杂糅一处,混为一谈。特别是神策军最高长官护军中尉置于神策大将军、将军之下,盖将之类比为大将军、将军的监军。其中错讹处张国刚等学者已有论及③,谬误或存疑处至少有四处:一,神策统军为仿六军统军而设,其品秩在大将军之上,据《百官志》等记载,神策统军应为正二品,而不是正三品,神策大将军是正三品,而不是从二品。二,中护军为神威军宦官

---

① 《通鉴》卷二三一德宗兴元元年(784)十月条下《考异》:"盖希迁寻罢而仙鸣代之也。"(第7566页)《旧唐书》卷一四四《韩游瓌传》载贞元三年王希迁率军讨平宫内李广弘之乱,《宋高僧传》卷二《唐洛京智慧传》载贞元八年六月,右街功德使王希迁送梵经入西明寺翻译(〔宋〕赞宁撰,范祥雍点校,上海:上海古籍出版社,2017年,第23页)。右街功德使是神策中尉的固定兼衔。《西安碑林博物院新藏墓志续编》收录王希迁之妻那罗延的墓志,墓志载王希迁卒于贞元中,所终之官为监勾当右神策军事(赵力光主编,西安:陕西师范大学出版社,2014年,第619页)。贞元十二年改监勾当神策军为神策中尉,王希迁卒于此前。根据上述史料,可知贞元中王希迁一直担任监勾当右军(厢)的职务,《通鉴》所云不确。

② 《新唐书》卷四九上《百官志》,第1291页。

③ 参张国刚:《〈新唐书·百官志〉关于禁卫军的几点错误记载》,载《唐代政治制度研究论集》,第255—258页。

所充之职,不是神策军之职官。三,护军中尉下漏护军副使这一重要使职。其他如都巡使、征马使、粮料使、宴设使等亦不见记载。四,元和会昌时多次诏书中提到神策军僚佐员数定额为十员(详见下文),《新志》多出"都勾判官","都勾判官"当指都判官,意即诸判官之长,这一重要职务例由宦官充任①,不在十员僚佐之内,《新志》将其置于三员判官后,容易引起误解。此外,神策军僚佐中还有推官,次于判官、掌书记,掌推勾狱讼之事。神策军军士享有特权,不受地方官管辖,犯事则推官处置。白居易《神策军推官田铸加官制》:"田铸:官列环卫,职参禁军。慎检有闻,恭勤无怠。顾是劳效,例当转迁。郡佐官僚,以示兼宠。"②表明神策推官在迁转问题上与普通州郡僚佐存在一定的对应关系。

　　新的神策军指挥使职中另有一些《新唐书》没有涉及。由宦官充使的神策军使职有征马使、宴设使等。马匹是重要的战备物资,藩镇多有征马使或草马使,昭义军还设置有专门的征马军③。唐代禁军马匹例由宦官监掌,征马使可以是武将④,也可以是宦官。宪宗朝,军器使监作武自和迁任右神策军征马使,不久改福建监军判官⑤。元和中

---

①《唐代墓志汇编续集》会昌〇一八《梁元翰墓志》有大和七年左神策护军都判官梁元翰,大中〇七八《李敬实墓志》有右神策军都判官李敬实,大中〇三五《孟秀荣墓志》有左神策军都判官孟秀荣。其中孟秀荣会昌三年四年十二月由左神策护军中尉判官改左神策都判官,都判官位在判官之上,且在神策军十员定额之外,二者非为一职。梁元翰、李敬实、孟秀荣皆为宦官,可见此职亦为宦官所专任。《唐代墓志汇编》大和〇三三《宦官刘汉润妻杨珽墓志》记杨氏养祖父杨延祚曾任"内飞龙厩都判官",可见除去神策军外,飞龙兵等宦官所掌禁兵也置此职,且由宦官充任。

②《白居易集笺校》卷五三《神策军推官田铸加官制》,第 3106 页。

③《秦晋豫新出土墓志蒐佚》(赵君平、赵文成主编,北京:国家图书馆出版社,2011 年)六七九《王杰墓志》载元和中王杰任"昭义军节度随使征马军副兵马使"一职,《唐代墓志汇编续集》长庆〇一五《刘秀珍墓志》记刘秀珍长庆四年夏为"昭义征马军百人将"。

④《乔师锡墓志》载右神策散兵马使乔师锡的父亲乔萱曾任右神策军征马使一职。墓志收于西安市长安博物馆编:《长安新出墓志》,北京:文物出版社,2011 年,第 281 页。

⑤《唐代墓志汇编续集》会昌〇〇七《武自和墓志》,第 947 页。

军器监判官王文幹迁左神策军宴设使,"庖厨有节,饔飧无遗,修馔必善于精华,宴饮实惭其醉饱"①。此职维系一军之安稳,也受宦官控制。在诸藩镇中常见的军事使职步军使、马军使、教练使、都巡使、粮料使、先锋兵马使、兵马使等在神策军中由武将充任。例如,代宗大历年间,孟晔以京兆尹充勾当神策军粮料及木炭等使②。贞元中,李晟部将孟琳由泾州征入,"充左神策军先锋兵马使兼都押衙、知厢虞候事"③。元和二年(807)张良辅"拜检校卫尉少卿兼监察御史上柱国,赐紫金鱼袋,知左神策马步都巡使"④,文宗开成元年,梁守志任左神策军"押衙兼苑内都巡使,并差主将"⑤,左神策军将何文哲元和二年"充马军厢虞候知将事",长庆元年"授云麾将军兼左神策军将军知军事,充步军都虞候"⑥。咸通七年(866),神策军都押衙荆从皋"转马军将军知军事,充都虞候兼教练使"⑦。咸通中,有"右神策南仓使"刘元亮⑧。僖宗广明中,张浞"与义武军节度王公弟左神策军粮料使弘绍同勾当供军之务"等⑨。

　　神策军本出边军,故建制与藩镇军大体相同。藩镇兵马使下基层军事单位是"将"。常置之"将"多以左一将、左二将等为番号。据《太白阴经》卷六《教旗团》,一将满额为一千人,实际人数则多寡不同。李愬平淮西时,在京畿及唐邓等州召募乡勇,领兵者称山河十将,其兵

①《唐代墓志汇编》会昌〇三七《王文幹墓志》,第 2238 页。
②〔清〕董诰等编:《全唐文》卷四一二常衮《授孟晔京兆尹制》,北京:中华书局,1983 年,第 4226 页。
③《大唐西市博物馆藏墓志》三四六《孟琳墓志》,第 749 页。
④《唐代墓志汇编续集》元和〇五四《张良辅墓志》,第 838 页。
⑤《西安碑林博物馆新藏墓志续编》一七八《梁守志墓志》,第 545 页。
⑥《唐代墓志汇编续集》大和〇二〇《何文哲墓志》,第 894 页。
⑦《唐代墓志汇编续集》咸通〇七四《荆从皋墓志》,第 1090 页。
⑧陕西省考古研究院编:《陕西省考古研究院新入藏墓志》一三一《唐故宣徽使梁公妻刘氏墓志》,上海:上海古籍出版社,2019 年,第 314 页。
⑨《唐代墓志汇编》广明〇〇五《张师儒墓志》,第 2503 页。

数可能超过千人。不过，随着正将日益猥杂，将的规模越来越小，唐末出现"百人将"①，宋代十将领兵百人，或即承自唐末五代。中唐时期，藩镇大者不过有兵三四万人，很难有达到二十将以上者，《唐代墓志汇编续集》大和〇二二《杨旻墓志》中有"右神策军右廿六将"，足见神策军规模之大。"将"的长官称正将，正将是"正十将"的省称，藩镇军多称"十将"，且名目繁剧，学界讨论已多，此不赘举②。简言之，藩镇军的"将"多由主帅根据情况临事署置，名目、兵数变动性很大，故在"十将"前多有"山河"、"先锋"、"后衙"等限定性名号。而神策军镇戍京畿，编制、兵额都非常稳定，故多用"正将"一词。当然，神策军偶尔也有称"十将"者。元和中，谢寿为左神策延州防御安塞军同十将，元和十三年迁先锋十将③。《贞元新定释教目录》卷一七有"神策正将"罗好心，下文则作"右神策马军十将"罗好心。这是"正将"即是"十将"的确证。中唐以后，正将逐渐成为标明身份的职级，又有同正将（同十将）、散将（散十将）、副将（副十将）、散副将等名号。神策军正将又可进一步细分为主兵正将和衙前正将。不仅同正将、散将、散副将不领兵，衙前正将不加"知将事"者，也不领兵。《唐代墓志汇编续集》大和〇五二《贾温墓志》中志主贾温官衔为"右神策军衙前正将专知两市回易"④，此人专门从事军中贸易，并不典兵。

---

①《唐代墓志汇编续集》长庆〇一五《刘秀珍墓志》记刘秀珍长庆四年夏为"昭义征马军百人将"，敦煌文书 S.5448《浑子盈邈真赞并序》中浑子盈为节度押衙兼右二将头，"兼百人将务"。

②相关研究参看〔日〕渡边孝：《唐藩镇十将考》，《东方学》第 87 号，1994 年；齐陈骏、冯培红：《晚唐五代宋初归义军政权中"十将"及下属诸职考》，兰州大学敦煌学研究所：《敦煌归义军史专题研究》，兰州：兰州大学出版社，1997 年；张国刚：《唐代藩镇军将职级考》，《学术月刊》，1989 年第 9 期；贾志刚：《从唐代墓志再析十将》，《'98 法门寺唐文化国际学术讨论会论文集》，西安：陕西人民出版社，2000 年；冻国栋：《跋武昌阅马场五代吴墓所出之"买地券"》，《魏晋南北朝隋唐史资料》第 21 辑，2004 年。

③《唐代墓志汇编》会昌〇二四《谢寿墓志》，第 2228 页。

④《唐代墓志汇编续集》大和〇五二《贾温墓志》，第 920 页。

"将"作千百人的军事单位,其下有将虞候、将判官,神策军当亦置有此职①。神策军中比正将低一级的军事长官称为子将。《唐代墓志汇编续集》咸通〇六三《包筠墓志》载左神策军将包筠"以大和首载,特迁子将,至八年,授散副将,充主持步军十五将。不越一周,以充正将"②。子将职级在散副将之下,无疑是比"将"更低一级的军事单位头领。"子将"一词出现得也很早,《太白阴经》卷三《将军篇》载子将职掌为"明行阵,辨金革,晓部署"③。《唐代墓志汇编》开元三七三《张翼墓志》记张翼开元中任安人军子将。唐代藩镇军中"将"的下一级组织单位为"队",藩镇军中五十人为一队,长官称队正或队头。队上另有"营",五百人为一营。《唐代墓志汇编续集》天宝〇三九《桓义成墓志》记志主"因功授灵州武略府别将,又改银州龙川府左果毅都尉,仍充子将"④。天宝〇四一《卢庭宾墓志》录其官为"跳荡功子将、游击将军、守右卫蒲州陶城府折冲、员外同正"⑤。从此两例子来看,子将身份与折冲府果毅都尉相当,应该是"营"长官称谓。"子将",即介于正将与队正之间的中下层将领。

今参据墓志碑刻资料,择要列表如下。

①《金石萃编》卷六六《严震经幢》有"右四将判官""左二将虞候""右四将虞候"等题名。《唐代墓志汇编续集》乾符〇〇三《黄直墓志》记黄直咸通四年任"定防镇烽铺将虞候",中和〇〇四《耿简倚墓志》载志主为"庐(卢)龙镇将虞候"。

②《唐代墓志汇编续集》咸通〇六三《包筠墓志》,第1082页。

③〔唐〕李筌撰:《神机制敌太白阴经》卷三《将军篇》,《丛书集成初编》本,第54页。

④《唐代墓志汇编续集》天宝〇三九《桓义成墓志》,第609页。

⑤《唐代墓志汇编续集》天宝〇四一《卢庭宾墓志》,第610页。

表 2—2　神策军之使职系统

使职名	员数	身份
子将		武职
将押衙		武职
将虞候		武职
副将、散副将		武职
散将、同散将		武职
正将、同正将		武职
音声使		武职
散兵马使		武职
兵马使		武职
先锋兵马使		武职
马军使		武职
步军使		武职
粮料使		武职
教练使		武职
都巡使		武职
征马使		武职混用宦官
虞候		武职
厢虞候		武职
马步军虞候		武职
都虞候		武职
押衙		武职
都押衙		武职混用宦官
从事		文职
推官		文职
驱使官	各二员	文职混用宦官
勾覆官	各一员	文职混用宦官
支计官	各一员	文职混用宦官
表奏官	各一员	文职混用宦官
孔目官	各二员	文职混用宦官
判官	各三员	文职混用宦官
宴设使		宦官
都判官		宦官
中尉副使		宦官
护军中尉		宦官

神策军的使职系统具有两个明显的特征：

其一，藩镇军中位高权重的都知兵马使、都虞候、都押衙等三都职权严重弱化。两军中尉下不置统领全军的都知兵马使、都虞候或都押衙。三都只在马步军左右厢或行军出征时才有设置，权力极为有限。

其二，宦官使职自上而下牢牢控制神策军，势力触及禁军的方方面面。不仅神策军最高层神策中尉、中尉副使、都判官完全由宦官把持，甚至十员定额幕职中最为关键的判官、孔目等也被宦官集团所染指。

神策军这种结构特点，一方面最大限度地强化了两军中尉对神策军的直接控制，杜绝了军权旁落或禁军大将擅政的可能，另一方面宦官集团和禁军交织在一起，几乎融为一体，皇帝企图剥夺宦官兵权已绝无可能，这也是后来顺宗、文宗、武宗三朝企图剥夺宦官兵权，屡遭失败的根本原因。

在德宗君臣的努力下，神策军人数迅速膨胀，元和中，在城神策军人数达七万之多，贞元时神威军尚未并入神策，其数应略少于此。但是，毫无疑问，经历奉天之难的磨难后，神策军在禁军中的主体地位已经基本确立。《新唐书》卷五五《食货志》录文武百官俸，所记领俸者中无神策统军，且射生军未改名神威军，可推知属贞元二年（786）百官俸。神策将军与六军、射生将军俸钱同为三万，但神策大将军仅三万六千，远低于六军大将军的六万，六军统军的六万五千。毫无疑问，当时神策军地位仍低于六军。元和十五年（820）穆宗即位，赐左右神策军钱五十缗，北衙六军、威远营每人三十缗，左右金吾军每人十五缗。在并入神威军后，神策军待遇远在南北衙其他诸军之上。

第二节　宦官集团与北门禁军

安史之乱后，朝廷猜忌大将，宦官李辅国、程元振、鱼朝恩等继典禁兵。德宗即位之初，以武臣、宦官为致乱之阶，对其颇有遏制。在出奔奉天、兴元的艰难日子里，李怀光、乔琳、李忠臣等文武大臣相继投靠朱泚，独宦官窦文场、霍仙鸣等始终忠心耿耿，追随左右。德宗在兴元，不顾陆贽劝谏，让宦官与扈从武将共同享有"元从奉天定难功臣"之号，已经流露出把军权再度交给宦官的意图①。因此，在神策、神威逐渐"六军化"的同时，宦官集团对两军的管控也在同步进行。

神策军是一支内外兼顾的军队，客观上需要一人能兼管内外事务，这一人选，德宗认为唯有经历生死患难的宦官才能胜任。神策左右护军中尉就是在这种认知背景下诞生的。

《新唐书》卷二〇七《霍仙鸣传》：

> 窦文场、霍仙鸣者，始并隶东官，事德宗，未有名。自鱼朝恩死，宦人不复典兵，帝以禁卫尽委白志贞，志贞多纳富人金补军，止收其庸而身不在军。及泾师乱，帝召近卫，无一人至者，惟文场等率宦官及亲王左右从。至奉天，帝逐志贞，并左右军付文场主之。兴元初，诏监神策左厢兵马，以王希迁监右。而马有麟为左神策军大将军，军额由此始。帝自山南还，两军复完，而帝忌宿将难制，故诏文场、仙鸣分总之。②

《通鉴》卷二三一作："（兴元元年）十月戊辰，以文场监神策军左厢兵马使，王希迁监右厢兵马使，始令宦官分典禁旅。"③《旧唐书·德宗纪》与之同，《新唐书》谓左右厢置于兴元初"帝自山南还"之前，与史实稍有出入。《新唐书》谓窦文场、霍仙鸣"未有名"，也与事实不符。窦文场为鱼朝恩旧属，已小有名气，仆固怀恩之叛，窦文场监神策将李

①参拙作《唐德宗"奉天定难功臣"、"元从奉天定难功臣"杂考》，载《魏晋南北朝隋唐史资料》第24辑，2008年。另收《碑志与唐代政治史论稿》，北京：科学出版社，2017年。

②《新唐书》卷二〇七《霍仙鸣传》，第5866—5867页。

③《通鉴》卷二三一德宗兴元元年十月戊辰条，第7565—7566页。

忠诚部于绛州讨平仆固场,王希迁监王景岑部于万泉生擒敌将姚良①。窦文场、王希迁皆宦官晓军事者,德宗重新起用此二人典军,意即忌惮宿将,强化对神策军的直接控制。贞元三年(787)王希迁率兵捕李广弘乱党,贞元五年又以右街功德使身份主持修撰《新翻大乘理趣六波罗密经疏》②。《新唐书》谓德宗返京后诏文场、仙鸣分统禁兵也不准确,霍仙鸣实为王希迁的后任。

德宗在奉天时,军国之事悉委浑瑊,兴元元年(784)浑瑊自梁州分兵北出,复以令狐建为行在都知兵马使。都知兵马使本由武将充任,宦官实居勾监之职。《新唐书》谓"并左右军付文场主之",应指窦文场代为勾监扈从禁军。至兴元元年十月,神策军分置左右厢,窦、王二人分监左右军。贞元初,左右神策军正由藩镇体制向六军化转变。比附六军例,神策大将军、神策将军应主本军军务。神策将军与勾监左右军的宦官在权力上存有不可调和的矛盾。

《册府》卷一三四《帝王部·念功门》:

> (贞元)三年十一月癸亥,以神策军大将军莫仁擢为左骁卫上将军。丁卯,以河东兵马使兼御史大夫张元芝为神策军大将军。己巳,诏:"奉天定难功臣、左神策将军兼御史大夫武陵郡王孟日华于洪州安置,仍赐绢百匹,充家口路粮,至彼委本道都团练使给十人衣粮,以时存问。"初仁擢出官,日华自谓代之,既授张元芝,日华怨于众曰:"吾于国有功,且久次当迁,今以大将军授元芝,吾宁贬黜,不能事也。朝廷用人失序,何以致理。"大诟,拂衣而出。监军窦文场大怒,列状请诛。帝念其功故,但黜谪之。③

---

①《新唐书》卷二○七《鱼朝恩传》,第 5863 页。
②《旧唐书》卷一四四《韩游瓌传附李广弘传》,第 3920 页;《宋高僧传》卷五《唐京师西明寺良秀传》,第 97—98 页。
③《册府》卷一三四《帝王部·念功门》,第 1621 页。

孟日华争神策大将军之职被窦文场奏贬，此事至少说明两个问题：其一，神策大将军在贞元初仍握有神策军实权。其二，窦文场等名为勾监，却能列状请诛大将军，权势已在大将军之上。贞元八年（792），左神策大将军柏良器再次被窦文场奏贬，军权被直接剥夺。《李翱文集校注》卷一三《柏良器神道碑》：

> （贞元）八年，迁大将军。士卒之在市贩者，悉挥斥去，募勇者代之，故为所监者不悦。明年，公之故人有犯禁宿于望仙门者，卫使奏言，遂转右领军卫大将军，所监者乃用其衙将魏循代为将军，自是军中之政不复在于将军矣。[1]

《通鉴》卷二三四亦载其事，并云"自是宦官始专军政"[2]。"军中之政不复在于将军"的直接后果是神策军大将军、将军步六军将军后尘，不带"知军事"亦不典兵，成为表示荣誉秩禄的虚官。这也是神策军"六军化"的必然表现。

神策大将军、神威大将军权柄相继被宦官所夺，但是窦文场等仍然名为勾监，宦官典军名位不顺。贞元十二年（796），朝廷正式在左右神策设护军中尉，在神威军置中护军，宦官典兵在典章制度上获得合法依据。《新唐书》卷五〇《兵志》：

> （贞元）十二年，以监句当左神策军、左监门卫大将军、知内侍省事窦文场为左神策军护军中尉，监句当右神策军、右监门卫将军、知内侍省事霍仙鸣为右神策军护军中尉，监右神威军使、内侍兼内谒者监张尚进为右神威军中护军，监左神威军使、内侍兼内谒者监焦希望为左神威军中护军。护军中尉、中护军

---

① 〔唐〕李翱撰，赫润华、杜学林校注：《李翱文集校注》卷一三《柏良器神道碑》，北京：中华书局，2021年，第205页。

② 《通鉴》卷二三四德宗贞元八年十二月丙戌条，第7661页。神道碑记其贬官在贞元九年，与《通鉴》相差一年，或有误记，此从《通鉴》。

皆古官,帝既以禁卫假宦官,又以此宠之。[1]

霍仙鸣、窦文场、张尚进皆为元从奉天定难功臣,焦希望为德宗居东宫时旧臣,此四人皆德宗亲信宦官。李怀光之叛后德宗颇忌宿将,重回宦官典兵的老路。但是绝非肃、代时期的简单重复,而是建立在神策军、神威军"六军化"的基础上。肃、代时期军权由鱼朝恩等权宦独断,而德宗时神策、神威按六军模式各自分成两军,左右互相牵制,适应宿卫皇宫的要求。贞元十四年四月,左神策军护军中尉窦文场封爵为邠国公,食邑三千户,而右神策军实际奠基人王希迁早卒,首任中尉霍仙鸣资历尚浅,封爵仅为交城县开国公,食邑三百户。贞元十六年四月,第二任右军中尉第五守亮甚至连爵号都没有[2]。左右两军自分置之始,地位便存有明显差距。

北门十军中,六军主要安置功勋节将,神策军规模太大,来源芜杂,最适合担当殿前宿卫的其实是有一定战斗力且与皇室关系亲密的射生军。射生军被德宗改组为左右神威军,在当时的诏敕中,排名往往在神策之前。德宗时神威军多扈从勋旧,尚可维持其地位,德宗崩后,这种状况旋即遭到破坏。《唐会要》卷七二"京城诸军"条:

> 其月(元和三年正月),罢左右神威军额,合为一军,号曰"天威军"。至八年,废天威军,以其骑士分属左右神策卫。穆宗尝欲简选武士,复立此军,以为心腹。谋于宰臣,裴度以为不便,遂止。[3]

元和二年,兴元元从功臣、右神威军中护军张尚进病死[4],次年正月神

①《新唐书》卷五〇《兵志》,第 1334 页。
②相关爵号、封邑分见《新译华严经》卷一题记、《贞元新定释教目录修撰记》题记,载〔日〕池田温:《中国古代写本识语集录》,东京:大藏出版株式会社,1990 年,第 318 页、320 页。
③《唐会要》卷七二"京城诸军",第 1535 页。
④张尚进卒年诸史不载。按《宝刻丛编》卷七录碑志名录有《唐内侍张尚进碑》,云"薛钊撰,邢义行书并篆额,元和三年"(〔宋〕陈思编,杭州:浙江古籍出版社,2012 年,第 475—476 页)。

威军被压缩为一军,很可能与张尚进之死有密切关系。神威军并为一军,军事长官由两员降为一员,名号由含有尊崇意味的神威中护军变为普通的天威军使①。元和八年,天威军复被神策军直接兼并。《唐代墓志汇编》开成〇三三《陈士栋墓志》云"及天威并于神策,以右厢隶属西军……乃元和九年矣"②,与《唐会要》相差一年。天威军并入神策,其殿前宿卫之职也为神策军继承。天威军(原射生军)的消失是神策军两军中尉权势膨胀的产物。宪宗遇弑后,穆宗对左右神策心怀畏惧,试图复置天威军,取代神策军殿前宿卫之职。时禁军已与宦官合为一体,复置天威军与神策军没有什么本质差别,还会引起神策军的骚动,在裴度的反对下未能实施。

神策、神威两军最初皆为藩镇体系,旧有的军事长官神策都知兵马使和射生军使都是没有品秩的使职差遣,宦官势力比较容易渗入,最后两军合为一军。相对而言,六军体系中六军大将军、将军为有品秩的职事官,宦官扩张势力阻力较大。左右三军辟仗使直至元和末才完成对六军将军的控制。

《唐会要》卷七二"京城诸军"条:

　　(元和)十三年四月,内出印六[二]③纽,赐左、右三军辟仗使,旧制,内官为六军辟仗使,监视刑赏,奏察违谬,犹外征方镇之监军使,初不置印。于时,监军使张奉国、李文悦,尝见工徒出入官衙,虑外患初息,禁中营缮或多,因白宰相,冀以论谏,宰臣裴度遂谏之。上怒奉国等不自陈,而外议禁中事,绝其朝请。数月,纳度之谏,释之。遂授奉国鸿胪卿,文悦左威卫大将军,充威远军

①据《唐代墓志汇编续集》大和〇〇五《刘弘规墓志》,刘弘规曾任天威军副使,《刘弘规神道碑》作天威军使。依此推知天威军军事长官为天威军使。
②《唐代墓志汇编》开成〇三三《陈士栋墓志》,第2192页。
③上海古籍标点本作"六",四库本作"二"。据《通鉴》卷二四〇宪宗元和十三年(818)四月戊辰条,当以作"二"为是(第7871页)。

> 使。龙武军既阙帅，由是命辟仗使主军，印异于事。其军之佐吏，或抗言以论，或移疾请告，于是特赐辟仗使印，俾专事焉。[①]

张奉国，平李锜乱时立功于徐州；李文悦，高崇文讨刘辟时以兵三千归国。元和中二人分为右龙武统军、大将军，皆非宦官，《唐会要》谓其监军使，当误洐"监"字。左右辟仗使主军政后，六军大将军、将军失权，宦官集团完成了对北门十军的全面控制。

表 2—3　宦官控制北门禁军简表

军号		长官	设置年代	标志性事件
神策	左神策	左护军中尉	贞元十四年	贞元八年，神策大将军柏良器失权。
	右神策	右护军中尉	贞元十四年	
神威	左神威	左中护军	贞元十四年	元和三年并为一军，改称天威军；八年并入神策。
	右神威	右中护军	贞元十四年	
六军	左三军	左辟仗使	约元和中	元和十三年左右辟仗使赐印。
	右三军	右辟仗使	约元和中	

贞元年间以神策军为主体的北衙禁卫体系的重建，有两条基本发展趋向，一是神策、神威逐渐"六军化"；二是宦官向北门十军渗透，攘夺禁军将军的指挥权。神威、神策的"六军化"，左右两军互相牵制，适应了宿卫的需要。宦官典军则强化了皇权对禁军的直接控制。

肃、代时期宦官未能深入禁军内部，除去宦官势力，诛一鱼朝恩即可。贞元后两军中尉、中尉副使、都判官等皆由宦官充任，宦官已深入神策军肺腑[②]，二者浑然一体。《旧唐书》卷一八四《宦官传》云"自贞元之后，威权日炽，兰锜将臣，率皆子蓄"[③]，《新唐书》卷二〇七《刘贞

①《唐会要》卷七二"京城诸军"条，第 1535 页。

②《唐代墓志汇编续集》大中〇三五《孟秀荣墓志》中有会昌三年左神策护军中尉判官，四年转为左神策都判官；会昌〇二九《李昇荣墓志》中，元和十二年授左神策军护军中尉判官为宦官李昇荣；咸通〇〇九《杨居实墓志》有左神策内孔目官，孔目官也为宦官充当。

③《旧唐书》卷一八四《宦官传》，第 4754 页。

亮传》称"贞元末,宦人领兵附顺者益重"①,《通鉴》卷二六三司马光亦称唐代宦官之祸"成于德宗,极于昭宗"。宦官典兵之制的确立是中晚唐一个具有标志性的政治事件。其后,宦官集团相继控制了六军等北门禁军,促成宦官政治的产生。

作为宦官典兵制度的始作俑者,德宗时常遭到后世史家抨击,被称为"唐室造祸之主"②。事实上,德宗也有不便明言的政治苦衷。贞元初,射生将军韩钦绪等勾引妖僧李广弘,谋乱禁中③。神策将军孟华被大将军诬奏谋反,右龙武将军李廷玉被部曲诬告潜通吐蕃④。贞元中柏良器妻族饮醉夜宿禁内⑤。德宗屡经播迁,疑忌典兵宿将,诸军大将军、将军的表现不能令其放心,相比之下,宦官无疑更容易取得信赖。还有一点也比较重要,神策军后来的发展其实不尽符合德宗本意。在德宗的政治设计中,始终扈从左右的射生军(神威军)是最为亲信的禁军,比神策军更为亲近。神威军与神策军,类似于之前的内射生与衙前射生,存在内外有别的军事分工。德宗一直在不遗余力地扶植神威军,意在使其与神策相互制衡。但是宪宗元和中,神策军吞并天(神)威军,获得宿卫宫禁的权力,自此把权势扩及内廷,这就背离了德宗的初衷,为日后宦官操纵废立、欺凌皇权埋下祸根。

第三节　京城南衙诸军的演变

唐代禁卫军有南、北之分,屯驻在长安北面皇家禁苑的称为北衙

---

①《新唐书》卷二○七《刘贞亮传》,第5868页。

②〔宋〕范祖禹:《唐鉴》卷七《德宗中》,西安:三秦出版社,2003年,第206页。

③《旧唐书》卷一四四《韩游瓌传》,第3919页。

④《册府》卷六一八《刑法部·平反门》,第7433页。

⑤《通鉴》卷二三四德宗贞元八年(792)十一月条,第7661页。

禁军,宿守宫城南面及皇城的称为南衙禁军①。陈寅恪先生在《唐代政治史述论稿》中曾概括北衙军为"卫宫之军",南衙军为"卫城之军",并指出唐代前期宫廷政变和中枢政治斗争中北衙禁军具有决定性作用,"自高祖、太宗,至中宗、玄宗,中央政治革命凡四次,俱以玄武门之得失及屯卫北门禁军之向背为成败之关键"②。在此论断的启发和推动下,学界对北衙禁军及其作用进行了大量的研究,取得了丰硕的研究成果,但是对南衙军的研究则非常薄弱,特别唐代后期的南衙军更是认知含糊不清③。唐代后期南衙军的构成、发展历程如何,与同时期神策等北衙军关系如何? 这些都是非常值得进一步探讨的问题。

　　唐前期北门军历百骑、千骑、万骑等,至玄宗开元天宝时期,逐步形成左右羽林、左右龙武四军,安史之乱后新置左右神武军,并称六军。德宗贞元初重建北门禁军体系时,左右神威军(原射生军)、左右神策军与六军,并号"北门十军",其后神威军并入神策,神策军与六军共同构成北衙军体系。唐代后期北门禁军的发展线索比较明晰。相对而言,安史以后,南衙诸军名号繁多,废置不一,非常混乱。《新唐书·兵志》云"南衙,诸卫兵是也;北衙者,禁军也"④。唐前期京城防卫主要由南衙十六卫及太子东宫亲、勋、翊三卫组成。《新唐书》以"诸卫兵"概括唐代前期的南衙军问题不大,但用于后期则同史实相去甚远。随着均田制的崩溃,府兵制渐渐难以为继,安史之乱后诸卫已名存实亡。张国刚先生指出,唐代后期中央禁军在南衙是金吾卫兵和

①胡戟、张弓、李斌城、葛承雍主编:《二十世纪唐研究》,北京:中国社会科学出版社,2002年,第 129 页。

②陈寅恪:《唐代政治史述论稿(外二种)》,第 245 页。

③相关研究请参阅齐勇锋:《唐后期的北衙六军、飞龙、金吾、威远和皇城将士》,《河北学刊》,1989 年第 2 期;张国刚:《唐代禁卫军考略》,《南开大学学报》,1999 年第 2 期;王萌:《金吾卫军与甘露之变》,《兰州教育学院学报》,2007 年第 1 期;杜文玉:《关于唐内诸司使与威远军使研究的几个问题》,《河北学刊》,2011 年第 3 期。

④《新唐书》卷五〇《兵志》,第 1330 页。

威远营①。金吾卫沿袭自诸卫，但威远营无疑不在"诸卫兵"之列。
《新唐书》对唐代后期南衙军概念含混不清，并由此产生一系列的问
题。《新唐书》卷五〇《兵志》又云：

> 自肃宗以后，北军增置威武、长兴等军，名类颇多，而废置
> 不一。②

除"威武"、"长兴"外，史籍中提到的肃宗时期军号还有"英武"、"威
远"、"左右步军"③、"宁国"④、"镇国"⑤等。这些军号，《新唐书》皆归
于"北军"。事实上，英武、威远等军系战乱情况下仓促成军，可能是入
援内地的河陇诸军，也可能是临时召募的军队。此类杂号禁军虽得宿
卫京师，主要是填补南衙卫军溃亡后的武力空缺，无法取得皇帝充分
信任，故不太可能驻扎皇宫禁地。一旦局势好转，还将面临改编或遣
散的命运。宪宗元和中裁撤军号的时候，肃、代时诸杂号禁军之兵皆
改隶由鸿胪卿主掌的威远营。安史之乱后肃宗以扈从功臣子弟创置
左右神武军，神武军创置之初即与羽林、龙武相并列，号为六军，而同
期成立的英武、威武、长兴等杂号禁军则不预其数。此足以证明杂号
禁军与北军待遇迥别，当属南衙军性质。

　　为研讨方面，现就文献史料所见唐代后期南衙诸军及其流变考证
如下：

　　（一）左右金吾卫

　　左右金吾卫沿隋代旧制，"掌宫中及京城昼夜巡警之法"⑥，职责
尤为重要。据《雍录》所考，金吾仗在含元殿附近，位置非常关键。府

---

①张国刚：《唐代北衙六军述略》，《唐代政治制度研究论集》，第143页。
②《新唐书》卷五〇《兵志》，第1334页。
③《唐大诏令集》卷六九《广德二年南郊赦》，第385页。
④《唐大诏令集》卷五九《郭子仪都统诸道兵马收复范阳制》，第317页。
⑤《唐大诏令集》卷二《顺宗即位赦》，第10页；卷七〇《元和二年南郊赦》，第391页。
⑥〔唐〕李林甫等撰，陈仲夫点校：《唐六典》卷二五《诸卫府·左右金吾卫》，北京：中华书局，
　1992年，第638页。

兵制瓦解后，左右监门卫、左右千牛卫、左右卫等南衙诸卫无兵可统，其门禁、侍从、宿卫等职掌纷纷被神策六军等北门军取代。金吾卫独因地近密迩得以延续下去。敦煌文书伯 3723 号郁知言《记室备要》卷上所录表启状篇目顺序中，金吾卫大将军、金吾二番三番将军位在统军、诸卫将军之前，这表明金吾卫将军同其他诸卫将军不同，仍然掌控少量兵额，需要分番戍卫都城。

金吾卫负责长安六街夜间巡警，对稳定长安秩序非常重要，这也是金吾卫没有遭遇其他诸卫同等命运的主要原因。中晚唐置有左右街使，分由金吾卫大将军或将军充当。宪宗元和朝宰相武元衡遇刺事件后，曾敕以内库弓箭陌刀赐左右街使，随宰相入朝以为翼卫，至建福门而退。金吾卫的存在，壮大了南衙朝臣的威势，也遭到操纵北军的宦官集团的觊觎与排斥。

安史乱后，长安社会秩序一度极为混乱，甚至有当街杀人者，李辅国奏请选羽林骑士五百人巡检京师。宰相李揆上疏说"昔西汉以南北军相统摄，故周勃因南军入北军，遂安刘氏。皇朝置南北衙，文武区分，以相伺察。今以羽林代金吾警夜，忽有非常之变，将何以制之"[1]。李揆此论常被用来论述唐代南北军相制形势。实际上，肃宗时神策军尚未入屯禁中，南、北军皆无劲旅，双方差距未必过于悬殊。德宗后，神策军迅速崛起扩张，总数一度高达十余万人，南衙军进一步萎缩，南北伺察的原则最终为神策左右两军相制所取代。

金吾卫兼通宫内、宫外，有充当皇帝耳目，刺探臣僚及民间动向的职掌，此点神策、六军等北门禁军难以取代。唐德宗猜忌群臣，故金吾卫将军多用宗室为之，曾降诏云"比来朝官或诸处过从，金吾皆以上闻。其间如素是亲故，或会同僚友，伏腊岁序，时有往还，亦是常礼，人情所通。自今已后，金吾不须闻"[2]。这从反面说明，金吾卫的特殊性

---

① 《旧唐书》卷一二六《李揆传》，第 3560 页。

② 《全唐文》卷五三《听朝官伏腊过从诏》，第 572 页。

决定其不仅不会被裁撤，反会在特定时期有一定的提升。左右金吾卫各置大将军一人，将军二人，贞元中增置左右金吾卫上将军一职。唐前期金吾卫之兵为番上之府兵，府兵制崩溃后，逐渐改由召募市人充任，文宗大和二年（828）三月，左右金吾引驾仗奏"臣伏以宿卫官健，素有名额，因循相习，渐慢常经……据人数才二百以来，准元额不及大半"①，据此可知唐代后期金吾卫时常处于缺员状态。

金吾卫虽然力量弱小，但是金吾卫仪卫宫殿之下，特别是别置出来的左右金吾引驾仗更有机会接近皇帝。宦官轻其寡弱，不设监军监领，是宫廷政治斗争中南衙朝臣对抗神策军唯一可以利用的武力。甘露之变事件中，李训、郑注谋以金吾卫兵诛宦官，以其党韩约为左金吾大将军。事败后金吾卫遭到宦官集团疯狂打压。仇士良一度奏请用神策军仗取代金吾卫仗。虽然未能实施，但是此后，金吾卫兵仗入库，列仗仅用仪刀而已，完全丧失了在政治斗争中的发言权。

（二）威远营（军）

威远营之由来，《通鉴》卷二三六顺宗永贞元年（805）七月条下《考异》曾有辨析，《考异》云：

> 据《旧唐书·郭子仪传》：肃宗上元元年，以子仪为诸道兵马都统，令帅英武、威远等禁军及诸镇之师取范阳。既而为鱼朝恩所沮不行。则威远军，肃宗置也。至德宗时，以左、右威远营隶鸿胪。贾耽以鸿胪卿兼威远军使。至元和二年，敕："左右威远营置来已久，著在国章，其英武军并合并入左、右威远营。"其后遂以宦官为使，不复隶鸿胪。宋白曰：左、右威远营本属鸿胪寺，建中元年七月隶金吾。②

此段考异舛误颇多，不少出土墓志证明，宦官只是充当威远军监军，并

---

①《唐会要》卷七一"十二卫"条，第1520页。
②《通鉴》卷二三六顺宗永贞元年（805）七月条，第7740页。

非直接担任威远军使。《郭子仪传》只证明肃宗时存有威远军，但不能证明始置于肃宗朝。今按，宪宗元和初威远营分左右，应颇有规模。肃宗以来所置英武军等军额皆废，独威远营不废，敕称"左右威远营，置来已久，著在国章"[1]，盖此军历史悠久，安史之乱前或已有之。杜文玉先生考订威远营位于安善、大业两坊一带[2]。《唐两京城坊考》"安善坊"条云：

> 隋明堂在此坊。高宗时，并此坊及大业坊之半立中市署，领口马牛驴之肆。然已偏处京城之南，交易者不便，后但出文符于署司而已，货鬻者并移于市。至武太后末年，废为教弩场。其场隶威远军。[3]

唐人威远军、威远营常混称。据此条，早在高宗、武则天时代，即有威远营。《唐会要》卷六八"市"条又载："至天宝八载十月五日，西京威远营置南市。"威远营地理较偏，临近牛马交易市场。唐代长安交易牲口的很多都是远道而来的胡人，胡族聚集地常以"营"称之，如"回鹘营"等。"威远"二字亦暗含此军有镇护远来贸易朝贡胡客的职能。另外，从统属关系来看，威远营之兵隶鸿胪卿，"鸿胪卿之职，掌宾客及凶仪之事……凡四方夷狄君长朝见者，辨其等位，以宾待之"[4]，由此看来，威远营与招徕胡人事务有较为密切关系。安史之乱爆发后，滞留长安从事牲口贸易的胡人被编入军队，威远营或许得到某种程度的扩充，成为朝廷仰仗的一支重要武力。

　　前引《通鉴考异》云"至德宗时，以左、右威远营隶鸿胪，贾耽以鸿胪卿兼威远军使"。检《唐代墓志汇编》贞元〇七〇《阳济墓志》："皇

---

①《唐会要》卷七二"京城诸军"条，第1532页。
②杜文玉：《关于唐内诸司使与威远军使研究的几个问题》，《河北学刊》，2011年第3期。
③《增订唐两京城坊考》"安善坊"条，第69页。
④《唐六典》卷一八"鸿胪寺"条，第505页。

上登极,追念旧勋,拜鸿胪卿兼威远营使。"①阳济、贾耽相继以鸿胪卿主掌威远营,疑威远营隶鸿胪在德宗之前早已如此。威远营改隶金吾之时日,《旧唐书·德宗纪》作建中元年(780)七月壬申。按贾耽自鸿胪出镇山南后,继任者为崔汉衡,其使命在于通好吐蕃。左右威远营此时改隶金吾,意在专其职任。当然,威远营挂名金吾名下的时间并不长久,不久当置独立的军使。

　　代、德时期,南衙诸军中威远营实力最盛。贞元末王叔文丁母忧罢职,"(王)伾日诣中人并杜佑,请起叔文为相,且总北军。既不得,请以威远军使平章事,又不得"②。王叔文集团谋求威远军,正是看中其不受宦官控制的特点。宪宗元和二年(807)四月敕:"其英武军额宜停,将士及当军一切已上,并合入左右威远营,依前置使二人勾当。"③则直至元和二年,威远军仍分左右营,王伾请"威远军使"当是史官追书后官,时尚称左右营,非为一军。王叔文失败后,宦官集团加快对南衙禁军的渗透。《唐代墓志汇编》元和一一九《西门珍墓志》:"至(元和)七年迁监威远军使,昼巡夜警,卫士畏威,敷奏阙庭,众称其美。"则至迟元和七年,左右威远营已合并为威远军,并由宦官充任监军使押领④。威远军是元和以后惟一能与北门六军相提并论的南衙军。元和十五年穆宗即位,赐左右神策军钱五十缗,北衙六军、威远营(军)每人三十缗,左右金吾军每人十五缗。从中可窥知,威远军地位高于左右

①《唐代墓志汇编》贞元〇七〇《阳济墓志》,第1887页。
②《韩昌黎文集校注》卷四《顺宗实录》,第800—801页。
③《唐会要》卷七二"京城诸军"条,第1532页。
④《唐代墓志汇编》长庆〇二〇《卑失氏墓志》有威远军押衙,《长安新出墓志》所收《赵适妻李氏墓志》有宝历元年威远军正将赵适(第253页),新出《吴元勉墓志》(杜文玉:《唐代吴氏宦官家族研究》,《唐史论丛》第20辑,2015年)有会昌三年威远军监军使吴元勉。《唐代墓志汇编》大中一〇四《霍夫人墓志》有威远军监军刘复礼。上述诸墓志中威远军皆不称威远营,且不分左右,故知元和中左右威远营已合为一军,改称威远军,并由监军监领。元和末仍有个别文献记载作"威远营",当属沿用惯称。又《西安碑林博物馆新藏墓志汇编》三三一《刘中礼墓志》载宦官刘中礼大中时"转为威远军使。"(赵力光主编,北京:线装书局,2007年,第861页)此威远军使当为威远军监军使之误刻。

金吾卫,与北衙六军大体相当。《李德裕文集校笺》卷一〇《奉宣今日以后百官不得于京城置庙状》:"自威远军向南三坊,俗称围外,地至闲僻,人鲜经过。"①威远军得以保留,同其位置偏僻有直接关系。据《西门珍墓志》,威远军在唐代后期职掌主要是"昼巡夜警",与金吾卫相近。大概京城中心的地区由金吾卫两街使巡查,而偏远的外围市坊则归威远军巡检。同金吾卫一样,威远军纳资代役、虚挂军籍的情况也比较严重。《唐会要》卷七二"京城诸军"条收元和十三年十二月敕:"左右龙武等六军及威远营,应纳课户,其一千八十[百]②人所请衣粮,宜并勒停。仍委本军具名牒送府县收管。"③辖地偏远且军额不实,这导致威远军处于禁卫体系的边缘,很少能参与到政治斗争中。昭宗光化二年(899)《唐重修内侍省碑》载内诸使诸司曰:"内则内园、客省、尚食、飞龙、弓箭、染房[坊]、武德、留后、大盈、琼林、如京、营幕等司……外则太仓、庄宅、左右三军、威远、教坊、鸿胪、牛羊等司。"④其中威远当指威远军监军使。可见直至唐末,威远军地位与北衙军性质的左右三军(即六军)地位仍大体相当,都受宦官的严密掌控。朱全忠尽诛宦官后,左右神策瓦解。崔胤召募禁军,"以京兆尹郑元规为六军诸卫副使,陈班为威远军使,募卒于市"⑤。威远军也在复置之列,以维持南、北军并存的传统。昭宗天祐二年(905)正月二十二日敕:"威远军宜停废,其所管兵士,便隶六军,其军使张勤,宜却守本官归班。"⑥在唐亡前夕,威远军最终也遭到停废。

---

① 《李德裕文集校笺》文集卷一〇《奉宣今日以后百官不得于京城置庙状》,第 220 页。
② 上海古籍出版社标点本作"十",四库本作"百",《旧唐书》卷一五《宪宗纪》、《册府》卷一六〇《帝王部·革弊门二》亦作"百"。
③ 《唐会要》卷七二"京城诸军"条,第 1532 页。
④ 陈尚君辑校:《全唐文补编》卷九二郑璘《唐重修内侍省碑》,北京:中华书局,2005 年,第 1121 页。
⑤ 《新唐书》卷二二三《朱温传》,第 6358 页。
⑥ 《唐会要》卷七二"京城诸军"条,第 1533 页。

（三）英武军

英武军是肃代时期比较重要的一支南衙军，屡见于一些诏敕中，是肃、代时期所置诸杂号禁军的代表。此军后来并入威远军，故罕为学者重视。

《新唐书·兵志》载英武军始置于至德二载（757），"又择便骑射者，置衙前射生手千人，亦曰'供奉射生官'，又曰'殿前射生手'，分左右厢，总号曰'左右英武军'"①。《新唐书》以衙前射生为英武军前身，显然与史不合。衙前射生军属北衙禁军，贞元时改称神威军，元和中并入神策军，而英武军则属南衙军，元和初并入左右威远营，二者非为一军甚明。《新唐书》将二者相混淆，推测其个中缘由，一方面肃宗时期，英武军是有野战能力的部队，衙前射生或有不少拣选自英武军，二者有一定的渊源关系；另一方面，宋人不清楚衙前射生的来龙去脉，常有误解。《新唐书》卷四九上《百官志四上》左右神武军大将军下"将军三人，从三品，总衙前射生兵"②，又把衙前射生与神武军混为一谈。

《通鉴》卷二二一录肃宗乾元二年（759）四月制："英武军虞候及六军诸使、诸司等，比来或因论竞，悬自追摄。自今须一切经台、府。"③英武军军事长官称虞候或军使。按，虞候为方镇节度使下重要武职，战时可统兵出征。从虞候这一称谓来看，英武军可能与神策军类似，亦由某人境赴难的藩镇军行营改编而来。也正因为前身为藩镇军之一部，其组织结构不像北门诸军那样分为左右两军。肃宗朝庄宪皇后之祖王难得及河陇名将辛京杲相继充英武军使，代宗永泰元年，河南副元帅都知兵马使论惟贞自江淮入觐，留充英武军使④。论惟贞

①《新唐书》卷五〇《兵志》，第1331页。
②《新唐书》卷四九上《百官志四上》，第1290页。
③《通鉴》卷二二一肃宗乾元二年四月条，第7193页。
④齐运通、杨建锋主编：《洛阳新获墓志二〇一五》二三一《论惟贞墓志》，北京：中华书局，2017年，第231页。另见《西安碑林博物馆新藏墓志续集》一四五《徐履冰墓志》，第451页。

即归唐吐蕃贵族论弓仁之后，肃宗北上灵武时有扈迎之功，任绥银等州召募使，以其众屯岐阳，与郭英乂、王思礼等连营，屡破安史叛军。李光弼病逝前，表论惟贞代为副元帅。此时朝廷已疑李光弼，留论惟贞宿卫不遣，或有羁縻之意。因英武军使多来自河陇，推测本军可能为本镇被吐蕃蚕食的河陇诸军。德宗时河陇沦陷已久，复以东宫旧人、朔方将苏日荣为英武军右厢兵马使①。2012 年西安出土《杜江墓志》，志首称其官为"英武军大将军守左金吾卫大将军兼试光禄卿"，其妻翟氏墓志则题作"唐故英武军都虞候开府仪同三司兼太常卿"②。"英武军大将军"仅此一见，唐无此官，且不可作武散阶使用，当是都虞候的错误比附。杜江未能扈从德宗，兴元元年七月卒于长安城内。

肃宗时，神策军尚未转变为禁军，长安诸军中英武军地位颇高。朝廷专以英武军安置王难得、辛京杲、论惟贞等当世名将，足见其地位尊贵。英武军诸位军使有以下共同特征：一是皆为骁勇善战，屡立战功的猛将；二是对李唐忠心耿耿，与皇室私人关系密切。王难得、苏日荣、论惟贞等多有率宗族义从拱卫王室的经历。正是因为这层关系，英武军成为神策军扩充权势的重要障碍。《唐会要》卷七二"京城诸军"条云：

> （元和二年）四月敕：左右威远营，置来已久，著在国章。近置英武军及加军额，宜从并省，以正旧名。其英武军额宜停，将士及当军一切已上，并合入左右威远营，依前置使二人勾当。③

若论军额是否"置来已久，著在国章"，神策军并不比英武军悠久，英武军作为最有发展潜力的南衙军，被裁撤军号，并入僻远的威远营，南衙军的发展空间自此被完全阻断，这正是神策中尉排斥南衙军的实际

①《唐代墓志汇编》贞元〇八六《苏日荣墓志》，第 1897 页。
②西安文物保护考古研究院：《唐代杜江及夫人翟氏墓发掘简报》，《文博》，2016 年第 4 期。
③《唐会要》卷七二"京城诸军"条，第 1532 页。

例证。

（四）大内皇城留守

除左右金吾卫、威远军等南衙军外，唐代后期诏敕中与禁军等并提的还有"皇城"或"皇城将士"。德宗贞元元年（785）十一月南郊赦文称"神策、六军、殿前射生、英武、威武、威远、皇城、左右金吾卫使等诸军使、将士御楼立仗者……仍赐勋两转"，穆宗长庆元年（821）七月册尊号赦文复云："神策、六军、金吾、威远、皇城将士普恩之外，各赐勋三转。"①敬宗宝历二年（826）正月，"左右神策、六军、威远、皇城、左右金吾共差二万人入内穿池修殿"。齐勇锋先生认为"皇城将士"也是唐代后期南衙军之一②。但是唐代南、北衙禁军皆有军号，"皇城将士"则没有正式军号，身份与御史台狱卒、京兆府逻卒类似，仅为皇城使帐下的附属武力而已。其长官称"大内皇城留守"、"皇城留守"、"皇城使"，亦没有禁军常有的将军号。那么，皇城留守及其所辖"皇城将士"是否属唐代后期的南衙军呢？

皇城留守的源流，史无详载。据《唐代墓志汇编》长寿〇二四《昝斌墓志》，武周初年，昝斌曾"别敕西京皇城留守"③。唐前期，高宗、武后时常出幸洛阳，武周时武则天长期居住洛阳，此盖为长安皇城留守之始。中宗即位，皇帝及文武百官回迁长安，洛阳亦有东京皇城留守④。此后，唐代皇帝不再时常游幸洛阳，洛阳的皇城留守称东都留守，带有藩镇色彩，长安的皇城留守作为看门之职，并没有随着皇帝的归来而罢撤，职掌则侵夺原城门郎之职，转向城门的开闭防禁上。唐代后期长安的皇城留守或皇城使屡诸史端。德宗建中四年（783）朱泚之乱时李忠臣曾被伪署皇城使。贞元十一年，德宗以原河东军大将秦

---

①见《册府》卷八一《帝王部·庆赐门》，第942页。
②齐勇锋：《唐后期的北衙六军、飞龙、金吾、威远和皇城将士》，《河北学刊》，1989年第2期。
③《唐代墓志汇编》长寿〇二四《昝斌墓志》，第850页。
④《唐代墓志汇编》天宝一三一《姚知墓志》，第1624页。《姚知墓志》称其"名知，字章"，同书天宝〇一五录其殇子墓志作"姚和章"。

朝俭为皇城留守①。文宗大和中有左骁卫将军、皇城留守唐玄实,宣宗
大中十二年(858)以右骁卫上将军李正源守大内皇城留守②。皇帝出
行时,皇城诸门必留宿卫之军,城门开闭也必有军士维持秩序、缉补逃
亡,故皇城使麾下保有大量军士亦在情理之中。唐代后期皇城留守例
由武将充任,且多为宿卫的诸卫将军,亦可证明"皇城将士"确实作为
一支相对独立的武装力量而存在。

　　皇城留守,有时也称皇城使,在比较郑重的文告中又常写作大内
皇城留守,三者可以互用③。据唐代礼制,除皇城留守外,皇帝从大内
外出时,宫城内亦当置大内留守。大唐《元陵仪注》叙唐代"祔祭"礼
云"皇城留守奏祔飨日质明,开朱雀门,大内留守与内检校使奏开太极
殿门,嘉德门,承天门"④。唐代前期,皇帝出行时间较长,皇城留守、
大内留守常由一人兼领。《唐代墓志汇编》天宝一八一《大内皇城判
官杨忠墓志》云:"我皇幸东京,留后皆委,兼判大内,吏人愧畏。"已透
露出皇城留守兼判大内的倾向,中唐以后,二者遂合而为一。《通鉴》
卷二二八建中四年胡注:"唐自开元以前,以城门郎掌皇城诸门开阖之
节,中世以后置皇城使。"从此点看,皇城留守及其所辖皇城将士涉及
大内,并非单纯的南衙军。

　　皇城将士的职掌,可考的主要有四:一,主掌皇城、大内宫门的门
禁。穆宗长庆元年(821),穆宗御安福门饯送宰相杜元颖赴镇西川,
"因赐皇城留守及金吾卫率等帛有差",安福门即皇城留守掌其开闭。
后梁讳改皇城使为皇墙使,也可佐证其职掌以城门关闭为主。二,南

① 《唐代墓志汇编续集》元和〇六七《秦朝俭墓志》,第 848 页。
② 《旧唐书》卷一八下《宣宗纪》,第 643 页。
③ 〔唐〕元稹:《元稹集》补遗卷四《授张奉国上将军皇城留守制》前称"皇城留守",后称"皇
　 城使",同书卷五二《张奉国墓志》则称其"大内皇城留守"(冀勤点校,北京:中华书局,
　 2010 年)。《樊川文集》卷一六《王钊除皇城留守制》亦前称"大内皇城留守",后称"皇城
　 留守"。
④ 〔唐〕杜佑:《通典》卷八七《礼典》"祔祭"条引大唐《元陵仪注》(王文锦等点校,北京:中华
　 书局,1988 年,第 2376 页)。

郊等重大礼仪活动时，充当仪仗。现存关于唐代皇城留守的记载大多同仪仗赏赐有关。盖皇帝外出时，皇城留守本有代行礼仪之职。三，管理皇城诸司的法驾羽仪的发放、收储。四，同神策、金吾等禁军一起营造修缮长安宫殿堂池。

有学者认为皇城留守为专职守卫皇城，即南衙办公之地。按，唐代后期南衙诸司由金吾卫负责，皇城将士在规模、待遇上都微不足道①。甘露之变时，仇士良指挥神策军突入南衙诸司，屠杀金吾卫吏卒六百余人，却不见皇城留守将士因之遇害，这是皇城留守没有宿卫南衙诸司的直接证据。不仅如此，甘露之变后，皇城留守郭皎奉迎宦官，奏诸司仪仗有锋刃者皆输军器使，遇立仗别给仪刀。《唐会要》卷七二"军杂录"条：

> 其年（开成元年）三月皇城留守奏：城内诸司卫，所管羽仪法物数内，有陌刀利器等。伏以臣所管地，俯近宫阙，兼有仓库、法驾羽仪，分投务繁，守捉人少。前件司卫，皆有刀枪防虞，所管将健并无寸刃。其诸司卫所有陌刀利器等，伏请纳在军器使。如本司要立仗行事，请给仪刀，庶无他患。②

据本条可知，皇城内南衙诸司羽仪法物中皆有兵器，由皇城留守管理。但皇城留守由于地近宫城，怕生祸乱，所管皇城将士"并无寸刃"。此等武力，只堪于列队仪仗和修缮宫池，无太大军事价值③。皇城留守奏罢南衙宿卫武器之事可证，皇城留守早已沦为宦官集团的附庸，立场上亦媚附宦官。唐末朱全忠为监视昭宗，逼迫昭宗以汴将胡规为皇城

---

① 《册府》卷五〇六《邦计部·俸禄门二》所记贞元十二年南衙诸司公厨钱，右金吾卫9000贯文，右金吾引驾仗3369贯文，左金吾卫9009贯500文，左金吾引驾仗6120贯文。而皇城留守仅有1234贯800文。

② 《唐会要》卷七二"军杂录"条，第1541页。

③ 《通鉴》卷二四五文宗开成元年（836）三月条亦载此事。胡三省注云："旧制，车驾行幸则京城置留守，今天子在上京而皇城置留守，当考观下奏，则知置皇城留守，宦官之意也。"（第8046页）考诸史实，文宗前，代、德诸朝早有此职，胡三省所言不确。

使,天复四年(904)昭宗迁洛前夕朱全忠杀皇城使王建勋。

以上仅是史籍所见较为重要的南衙诸军。如所周知,唐代前后期在田制、税制、官制、军制等方面差异巨大,南衙军在前后期亦存在着显著的差异。具体而言,主要有以下几点:

其一,唐代后期南衙军军号、兵士来源与前期大不相同。唐前期南衙军主要指南衙十六卫,其兵士属府兵制下番上的府兵。唐后期的南衙军则主要是金吾卫和威远军,还有少量的皇城卫士。此时府兵番上已停废,兵源多属募兵性质。金吾卫是南衙诸卫中唯一保留军号不废者,但更像一支治安武装。南衙军中保持完整军队形态的是由肃、代时英武军等诸杂号禁军整合而来的威远军。威远军受到北衙军的挤压,处于宦官的严密掌控之中。宦官二十四司中威远司即为监管威远军而置。在南北衙之争中,南衙朝官实际上无武力可凭借。

其二,唐代后期南衙军基本退出宫城,屯驻区域缩小。唐前期,南衙军负责宫城南部及皇城的安全,诸卫府兵是宫城重要的宿卫力量,后期南衙军则基本上被排斥出宫城。因历史沿袭,金吾卫尚可保留少量士兵负责朝堂仪卫,威远军则地处偏僻,与宫城警卫几无关系。唐代前期府卫制度一定程度上体现了南北军相制衡的原则,后期宫城内宦官统领的北衙军独大,神策军左右军相互牵制,宫城安全由神策军左右两军中尉主掌。

其三,唐代后期南衙军的职权进一步被北衙军侵夺。唐前期南衙诸卫禁军职掌有三:一是京城的巡逻警卫;二是朝堂的仪仗护卫;三是南衙政府机关保卫和门禁守卫。唐代后期府兵制瓦解,南衙诸卫崩溃。皇帝出行安全皆由神策中尉负责,监门卫、千牛卫等职掌被神策军侵夺。甘露之变后,宫殿上金吾卫引驾仗不许保留刀剑,其警卫之职被辟仗使代替。中晚唐皇帝由宦官废立,生前多未立太子,东宫三卫亦并失其职。唐代后期的南衙军,其职掌主要限于皇城巡警,维持京师秩序的稳定。其中金吾卫主要负责皇城中心地段的巡警,而僻远之地则由威远军负责,德宗朝威远军曾改隶金吾卫,盖亦由此。

　　唐代前期南衙军主要是十六卫。十六卫的衰落亦即南衙军的衰落,此一问题是唐代府兵制的重要问题,前人已有充分的研究,此不赘言①。安史之乱以后,南衙和北衙在内的整个宿卫体系都遭到毁灭性的打击。北衙军有一个漫长的重构过程,直至德宗贞元年间创建神策中尉体制才基本定型。与之相对应的,南衙军也面临重建的问题。以英武军为代表的诸杂号禁军是南衙的过渡形态,威远军是其重建的最终结果。为什么南北衙军在战后重建过程中一强一弱,反差如此巨大? 要解释此问题,还需从肃、代时期诸杂号禁军的创立时期入手。

　　肃、代时期名号不一的禁军,虽然材料依然比较稀缺,通过爬梳史料,曾经一度较为重要的英武军发展轨迹还是隐约可见。英武军军事长官最初称虞候,只有在行营出征时虞候才可能成为军事长官,故其本源与神策军类似,为起自边地的勤王军。历任英武军主将多来自河陇。安史之乱爆发后,河西、陇右诸镇纷纷遣精兵猛将入援内地,边防空虚,河陇诸州被吐蕃蚕食殆尽。在内地与叛军血战的河陇行营兵,本镇沦陷后主要有两种去向,一类在内地重新打拼出一块地盘,成为新的藩镇,此类以安西四镇行营为代表。一类则被朝廷借机改为直属禁军,此类以神策军为代表。英武军前身极有可能也是河陇入援内地的行营兵。其与神策军的区别在于神策军被宦官鱼朝恩相中,而英武军则一直缺少此类机缘。当然,除英武军外,因战争需要,朝廷也不断从长安及其周边召募新军,形成一系列杂号禁军。在反叛频仍的时代,武将遍受疑忌。在禁卫孤弱的情况下,肃宗另择精锐组建衙前射生,而非直接整编英武军。《唐大诏令集》卷五九《郭子仪都统诸道兵马收复范阳制》云"仍遣射生衙前、六军、英武、长兴、宁国、左右威远、骁骑等",衙前射生成军后,英武军等排名进一步靠后,完全沦落为北

①参看唐长孺:《魏晋南北朝隋唐史三论》,北京:中华书局,2011年。

门禁军的陪衬。

　　因缺乏与皇权或宦官的渊源,在待遇补给上诸杂号禁军亦被朝廷另眼相待。新增禁军本为平叛需要所置,其中不乏趁机胁迫朝廷,索取粮赋的跋扈武将。《旧唐书》卷一一八《杨炎传》:

> 　　国家旧制,天下财赋皆纳于左藏库,而太府四时以数闻,尚书比部覆其出入,上下相辖,无失遗。及第五琦为度支、盐铁使,京师多豪将,求取无节,琦不能禁,乃悉以租赋进入大盈内库,以中人主之。意天子以取给为便,故不复出。[1]

这里未能明言"京师多豪将"所指何人,主要当指长安城内的诸禁军将领,包括名号繁多的杂号禁军。第五琦将国库收入交给皇帝身边的宦官主掌,一方面遏止了豪将的求取无节,另一方面也直接导致国家租赋向北衙军倾斜,限制了南衙诸军的发展。

　　李辅国阻挠英武军东征,是否为抑塞南衙军立功不得而知,但是其企图以射生军取代金吾卫,则是宦官染指南衙的重要表现。广德元年(763),吐蕃进逼长安,藩镇兵不至,代宗仓皇奔陕,鱼朝恩以所统神策军及在陕兵扈从返京。神策军亦属本镇沦陷的河陇边军,初屯禁中时,"尚未与北军齿"[2]。但是,在皇帝眼里,只有宦官所典之兵才是最忠诚可靠的。贞元年间,德宗重建京城禁卫体系时精力全部集中于北门诸军,神策军等迅速扩张至十多万人,而南衙诸军则被朝廷忽视,规模持续萎缩。元和初,这些不堪大用的杂号禁军最终被缩编为威远军。诸杂号禁军编入威远军表面上是因为威远军"早著典章",实际上主要是因为威远营驻地僻远。宦官直接负责皇城诸坊市等宫外的昼巡夜警较为不便,内外军有别之制一定程度上还需维持,唯有如此,金吾卫和威远军才得以勉强保存建制。

---

[1]《旧唐书》卷一一八《杨炎传》,第3420页。此处断句不尽从标点本。
[2]《新唐书》卷五〇《兵志》,第1332页。

南衙诸军的兴废直观地反映了当时政治权力斗争及其进退的过程。从整体上看，南衙诸军与宦官关系疏远，规模不断萎缩，政治空间不断被挤压。就算是北衙军内部，与宦官关系疏远者也有类似情况。左右神武、左右龙武等北门六军多是安置皇帝扈从功臣子弟，宦官集团不便直接吞并，亦将其缩编为左三军、右三军，分置宦官监领（称辟仗使）。宫禁制度中南、北军相制的原则遭到彻底破坏，除缺额严重的金吾卫外，长安地区所有的军队都置于宦官集团直接或间接的控制之下，这正是中晚唐宦官政治产生的重要原因。

第三章　京西北神策诸城镇的形成

第一节　德宗"复府兵之议"与神策军外镇

德宗即位之初，一改大历时期的姑息之政，屡屡用神策禁军出讨拒命藩镇。建中元年（780），奉天城神策军使刘巨济以兵两千助讨刘文喜之叛。建中三年，田悦、李惟岳、李纳、淮西李希烈四镇连横反叛。李晟等统神策军东征河北，哥舒曜统禁军出讨李希烈，京西外镇之神策军阳惠元、尚可孤等亦陆续统兵东征，神策诸镇为之一空。禁军陆续出关作战，关中防备空虚，司农卿段秀实曾上言"禁兵不精，其数全少，卒有患难，将何代之"。可惜未能引起德宗重视。建中四年十月，赴河南战场的五千泾原士卒路过长安倒戈，德宗仓皇逃至奉天。其后朔方节度使李怀光千里赴难，解奉天之围，不久李怀光遭奸相卢杞挑拨，与朱泚联合，德宗被迫再次出奔山南。直至兴元元年（784）李晟以神策军会同勤王诸军收复长安，德宗才得以结束播迁。经此动荡后，

阳惠元所将之奉天神策兵为李怀光吞并,武功神策兵随尚可孤改任金
商节度使而转为方镇兵,普润镇神策兵叛归朱泚,由神策军防守的陇
右至京畿的走廊地带处于空虚状态,大历中形成的神策外镇格局至此
遭到彻底的破坏。

　　京西神策军外镇体系瓦解后,西北局势再度急剧恶化,吐蕃趁机
对唐的边境掀起第二次蚕食高潮。代宗时泾原、邠宁等尚强,临事足
以应援凤翔、京畿。德宗贞元时期,泾原、凤翔二镇因参与或支持朱泚
之乱而备受打击,邠宁精锐被李怀光带入河中,此时自身亦难保全。
贞元二年(786)八月,尚结赞率吐蕃军队大举进犯泾、陇、邠、宁等州,
九月游骑寇至好畤,长安不得不宣布戒严。十一月,吐蕃连陷夏、银、
麟等州。缘边诸州紧闭城门,听由吐蕃驱赶百姓而去。可以说,贞元
初,边疆局势比大历时更为严峻。在这种情况下,德宗不得不在西北
部署军力,重建边防体系。一方面派遣神策军分屯要地,会合西北各
方镇共同抵御吐蕃,另一方面从陈许、淮南、宣武、河东等藩镇抽兵防
秋。不少久戍不归的防秋兵逐渐改隶神策。经过十几年的努力,在京
西北形成十多个由神策军常年屯戍的城镇。

　　神策军第二次外镇的直接原因显然仍是边患问题,唐人也有明确
表述。元和中李绛论神策军外镇时称:"今京西、京北并有神策军镇
兵,本置此者,祗防蕃寇侵轶。俾其御难战斗也。"[1]过去学界受《新唐
书·兵志》的影响,认为京西北诸神策行营是边将贪神策粮赐丰厚诡
辞遥隶的产物。其实,陆贽《论缘边守备事宜状》中曾明白地表示"自
顷边军去就,裁断多出宸衷"[2],神策军外镇的决策者实为德宗本人。

　　建中大动荡后,朝廷在西北的统治面临两大挑战。一是西北边疆
军备空虚。泾原、朔方等藩镇元气大伤,吐蕃"小入则驱略黎庶,深入

①〔唐〕李绛撰,〔唐〕蒋偕辑:《李相国论事集》卷六《论京西京北两神策镇遏军事》,《丛书集
　成初编》本,北京:中华书局,1985年,第45页。
②《陆贽集》卷一九《论缘边守备事宜状》,第624页。

则震惊邦畿"，朝廷几无兵力可以抵御。二是藩镇割据愈演愈烈，肃、代时期以忠勇著称的朔方、泾原等军也变乱相继，这是代宗朝未曾遇到的新问题。能否迅速建立一支忠于朝廷的军队，是解决此二心腹之患的关键所在。在这种情况下，西魏、北周以来推行两百多年的府兵制引起德宗的极大关注。贞元初，德宗与谋臣李泌深入讨论"复府兵"的问题。

《通鉴》卷二三二德宗贞元二年（786）八月条：

> 初，上与李泌议复府兵，泌因为上历叙府兵自西魏以来兴废之由，且言："府兵平日皆安居田亩，每府有折冲领之，折冲以农隙教习战陈[阵]。国家有事征发，则以符契下其州及府……自天宝以后，山东戍卒还者什无二三，其残虐如此。然未尝有外叛内侮，杀帅自擅者，诚以顾恋田园，恐累宗族故也……及李林甫为相，奏诸军皆募人为之，兵不土著，又无宗族，不自重惜，忘身徇利，祸乱遂生，至今为梗。向使府兵之法常存不废，安有如此下陵上替之患哉！陛下思复府兵，此乃社稷之福，太平有日矣。"上曰："俟平河中，当与卿议之。"①

同卷德宗贞元三年（787）七月条又云：

> 上复问泌以复府兵之策。对曰："今岁征关东卒戍京西者十七万人，计岁食粟二百四万斛。今粟斗直钱百五十，为钱三百六万缗。国家比遭饥乱，经费不充，就使有钱，亦无粟可籴，未暇议复府兵也。"上曰："然则奈何？亟减戍卒归之，何如？"对曰："陛下用臣之言，可以不减戍卒，不扰百姓，粮食皆足，粟麦日贱，府兵亦成。"……因问曰："卿言府兵亦集，如何？"对曰："戍卒因屯田致富，则安于其土，不复思归。旧制，戍卒三年而代，及其将满，下

---

① 《通鉴》卷二三二德宗贞元二年八月条，第7591—7592页。

令有愿留者,即以所开田为永业。家人愿来者,本贯给长牒续食而遣之。据应募之数,移报本道,虽河朔诸帅得免更代之烦,亦喜闻矣。不过数番,则戍卒土著,乃悉以府兵之法理之,是变关中之疲弊为富强也。"……既而戍卒应募,愿耕屯田者什五六。[1]

唐前期沿袭隋制,设置军府,称为折冲府,折冲府分属中央十二卫。府兵征自民间,按道里远近轮番上长安宿卫。开元中府兵制逐渐破坏,李林甫停上下鱼书,府兵制事实上罢废。李泌论府兵自"西魏以来兴废之由",并不局限于唐代。拣点、番上、宿卫等唐代府兵的基本内容均未涉及。故德宗君臣议复府兵,出发点是解决西北边防问题,而不是全面罢废藩镇制度。所谓"复府兵"不是盲目的制度复古,而是因时损益,取其可用之处。

由于安史之乱后,藩镇体系确立已久,议者常认为李泌"复府兵"之法未得施行[2]。这也是一种误解。李泌自述复府兵之策分两步走,第一步是以防秋等为名,使关东戍卒在关中"土著",形成军事城镇,第二步则是"以府兵之法理之"。在史籍中我们找到一例关东戍卒"土著"最终变为"府兵"的实例。《旧唐书》卷一四四《李元谅传》:

> (贞元)四年春,加陇右节度支度营田观察、临洮军使,移镇良原。良原古城多摧圮,陇东要地,虏入寇,常牧马休兵于此。元谅远烽堠,培城补堞,身率军士,与同劳逸,艾林薙草,斩荆榛,俟干,尽焚之,方数十里,皆为美田。[3]

因陇右诸州陷于吐蕃,李元谅虽有陇右节度使之号,所统实仅良原一

---

[1]《通鉴》卷二三二德宗贞元三年七月条,第7614—7615页。
[2] 吕思勉《隋唐五代史》第二章第九节《兵制》中提出李泌复府兵之议"实未尝行,或则全为李蘩所假托,并无是言也"。吕先生的依据主要是贞元九年陆贽再次提出恢复府兵制,所上奏章中并无一言提及此事。事实上,陆贽《论缘边守备状》所论主旨不是恢复府兵,而是罢防秋兵,不提及李泌不足为怪。
[3]《旧唐书》卷一四四《李元谅传》,第3918页。

镇而已。李元谅卒，朝廷以其部将阿史那叙统其众。元和三年(808)，朝廷诏以良原隶神策。自贞元四年(788)李元谅率同华之军在泾州屯戍，至元和三年隶神策，前后戍守二十余年。李元谅所部同华之兵，不属三年代还的防秋兵，与良原当道的泾原兵也无统属关系，正是李泌所描述的那种乐于垦屯而在关中"土著"的关东戍卒。神策军良原镇的形成不仅证明李泌"复府兵"之议得到施行，还证明了京西神策诸城镇同"复府兵"之议有极为密切的关系。

德宗君臣在重建神策军体系时为了加强对军队的控制，有意引入府兵制因素，这些戍卒为外来客军，不同于当地藩镇兵，久而久之，同本镇脱离联系，归隶神策名下。我们发现，神策城镇同李泌所论的"府兵制"有很多类似之处。府兵是封建皇朝直接掌握的亲军①，外镇神策军同样也属于天子亲军，二者都是朝廷直接掌控的军队。府兵制以折冲府为单位散布于要冲之地，神策诸城镇则以城、镇为名分镇各地。折冲府分隶中央十二卫将军，神策诸城镇以神策行营名义分隶左右神策，也是对府兵制朝中武臣分领军府的一种比附。

西魏宇文泰、苏绰创置府兵制时，府兵主要指兵农一体的军户，《通鉴》卷一七七引隋开皇十年诏称"魏末丧乱，军人权置坊府"，隋初犹有军坊，每坊置坊主一人，佐二人②。府坊制是"魏末丧乱"，为抗衡东魏而产生的制度。德宗时唐朝被吐蕃侵逼，军事上的困境与魏末颇为类似。李泌为北周"八柱国"李弼后人，熟知府兵兴衰沿革，在探讨西北守边之策时，自然也会受到影响。在其眼中，"府兵制"有两大优点：其一，士兵皆土著，因有家口为质，士兵不敢擅自为乱；其二，士兵皆屯田，以所垦田为永业，部分解决兵食给养问题。显而易见，在京西北垦戍的神策镇兵就是李泌心目中的"府兵"，京西、京北神策城镇的

---

①谷霁光：《府兵制度考释》第一章第三节之"禁卫军、禁军与府兵的关系"，北京：中华书局，2011 年，第 13 页。

②谷霁光：《府兵制度考释》第一章第二节之"乡兵与坊府"，第 11 页。

扩充过程就是德宗君臣重建"府兵"的重要产物。

　　神策军两次外镇都与抵御吐蕃有直接关系。大历年间神策军第一次外镇至其崩溃,前后不到十年,德宗贞元年间神策军第二次外镇则一直维持到唐末。神策军第一次外镇时主要局限在长安以西的京畿、凤翔地区,相当于在吐蕃入寇的沿途要道划出一规模较小的神策军辖区,体制上与普通藩镇没有太大的区别,而德宗时期神策军第二次外镇则以大小不等的城镇形态出现,分布范围扩及京北塞上。神策诸城镇体系在兵源、给养、指挥等方面都自成一系,与西北藩镇构成二元军事防御体系,对唐代中后期军事体制产生重要的影响。

第二节　神策诸城镇之分布

　　德宗贞元年间是神策军外镇的形成时期,这一时期,由于西北军情紧急,神策军驻地遍布京西、京北各地。贞元六年(790),德宗铸蓝田、渭桥等城镇镇遏使印多达二十三枚。贞元九年,陆贽《论缘边守备事宜状》称西北有"军镇四十余",当然这些军镇未必都属神策军,经过沙汰省并,最终在贞元末期形成十多个规模较大的城镇。穆宗继位时城镇数为十二镇。晚唐神策外镇又有外八镇、内八镇之说①。

　　神策外镇因时调整,增置或割隶方镇的情况屡见史端,不同时期神策外镇之数也不尽相同。诸史对神策诸镇皆无总括性论述,传世诸文献中仅在《通鉴》所附《考异》中曾有列举。《通鉴》卷二三七宪宗元和二年(807)四月条下胡注引宋白《续通典》:

　　　　左神策,京西北八镇,普润镇、崇信城、定平镇、□□□、归化城、定远城、永安城、邠阳县也。右神策五镇,奉天镇、麟游镇、良

---

①分见《唐大诏令集》卷二《穆宗即位赦》,第12页;《通鉴》卷二五四僖宗广明元年十一月壬戌条,第8357页。

原镇、庆州镇、怀远城也。①

宋白《续通典》今已亡逸，上述记载还见于明王祎《大事记续编》，且《大事记续编》所引更为详细。《大事记续编》卷六二顺宗永贞元年（805）五月条下引《续通典》云：

> 左神策军六万二千四百四十二人，马八千四十四匹。在城三万四千三百九十二人，外镇及采造二万九千六百三人。京西北普润镇、崇信城[在凤翔府西北二百二十五里，复改崇信军]②、定平镇、归化城、定远城、永安城、邠阳县等八镇二万六千一百一十七人，马一万二千一百六十六匹。右神策军四万六千五百二十四人，马五千九百五十一匹。在城二万七千四十五人，外镇及采造一万九千四百七十九人。京西北奉天、麟游、良原、庆州镇、怀远城一万七千四百二十七人，马四千七百八匹。③

王祎字子充，浙江义乌人。明初为中书省掾，预修《元史》。《大事记续编》七十七卷，为续吕祖谦《大事记》而作，起汉武帝征和四年（前89），止周恭帝显德六年（959），体例悉遵祖谦之旧，直接引录《实录》等原始史料。左神策八镇镇名，《通鉴》仅举其七，《大事记续编》所记也为七个，亦阙一镇，余处皆同，王祎所见底本与司马光所据底本应大略相同。

宋白所录神策军城镇具体年代不详。按，《唐会要》卷七二"京城诸军"条："（元和）三年正月，诏普润镇兵马使隶左神策军，良原镇兵马使隶右神策军。"④《册府》卷九九三《外臣部·备御门》："（元和八

---

①《通鉴》卷二三七宪宗元和二年四月条，第7762页。

②《太平寰宇记》卷三〇"崇信县"条："崇信县，西北二百二十五里。本唐神策军之地，后改为崇信军。"（第647页）崇信军非唐时事，"在凤翔府西北二百二十五里，复改崇信军"句应为混入正文之注文，疑当删。

③《大事记续编》卷六二顺宗永贞元年五月条，第237页。

④《唐会要》卷七二"京城诸军"条，第1535页。

年)十月辛丑,以普润镇兵四千人割属泾原节度使。"材料中有普润、良原二镇,且普润镇未割隶泾原,我们可以初步判定宋白所列神策十三镇应为元和三年(808)至元和八年之间。《大事记续编》本条下云:"《实录》:元和十五年十月制:神策十二镇,共十八万六千七百余。"又《唐大诏令集》卷二《穆宗即位赦》:"京西、京北及振武、天德八道节度,及都防御使下神策一十二镇将士等,共一十八万六千七百余人,都赐物一百八万一千八百余匹。"①《穆宗即位赦》作于元和十五年(820)二月五日,《实录》所谓元和十五年十月制当为另一制书,二制所录神策镇数及兵数完全相同。宋白谓两军十三镇,《实录》所记元和十五年仅十二镇,前后相差一镇,此镇或即割隶泾原之普润镇。另外,《续通典》左神策军八镇缺一镇名,如所周知,长武城自贞元初即为神策军外镇,是京北左神策军的重镇,所缺之镇应为长武城。

《通鉴》卷二四一元和十五年十月癸未条"以右军中尉梁守谦为左右神策京西北行营都监,将兵四千人,并发八镇全军救之"下胡注云:

> 左、右神策军分屯近畿,凡八镇,长武、兴平、好畤、普闰、邠阳、良原、定平、奉天也。②

胡三省本条所列神策八镇与前条所谓十三镇镇名仅三镇相同,差异颇大。张国刚先生曾指出此处司马光采录史料时理解有误,正文中"八镇"为泾原、邠宁等京西北八个方镇,非为神策军镇③。《唐代墓志汇编》大和〇一二《梁守谦墓志》中叙其事云"诏下左右神策兼京西诸道兵马讨焉,拜公为监统","并发八镇全军"本指京西诸道兵马甚明。《通鉴考异》非但将京西北八藩镇误解为神策八镇,对神策八镇的解说

①《唐大诏令集》卷二《穆宗即位赦》,第 12 页。
②《通鉴》卷二四一元和十五年十月癸未条,第 7906 页。
③张国刚:《唐代的神策军》,《唐代政治制度研究论集》,第 123 页。

本身也前后混乱，未足为据①。

《续通典》所列十三镇为元和中神策外镇情形，此十三镇神策军显然不足以反映神策外镇的全貌。关于神策外镇诸城镇，张国刚先生在前引《唐代的神策军》一文中曾有考订。今拟在其基础之上，参据两《唐书》《通鉴》《元和郡县图志》《册府》等传世文献，以及新出墓志等碑刻材料，将神策外镇相关史料钩稽如下（神策外镇设置早晚不一，可考的为代宗大历初的八镇，以及《续通典》元和初十三镇。为便于研究比较，大历初神策第一次外镇之县加"〇"，《续通典》所记十三镇加"●"标志）：

（一）京兆府

1. 奉天〇●

奉天为京师西面门户，附近梁山有高宗乾陵，地理位置重要。代宗时期奉天为朔方军防秋时的临时驻地。大历二年（767）九月，吐蕃、回纥、党项联兵入寇，郭子仪出镇奉天，明年九月代宗再诏子仪率军移镇奉天防秋。大历中神策军分屯京西诸县，神策城镇高级军事官京西兵马使即屯驻奉天。李忠诚离任后，续任京西兵马使为阳惠元。《新唐书》卷一五六《阳惠元传》："从田神功、李忠臣浮海入青州。诏以兵隶神策，为京西兵马使，镇奉天。"②德宗即位后动用神策军士对奉天城进行扩建，奉天成为神策城镇中规模最大，城池最坚固的壁垒。建中四年（783）泾师哗变时，德宗选择的避难地即是新扩建的奉天城，并依托城池，固守数月，直至李怀光、李晟等勤王大军赶到，其围始解。德宗返京后，神策军迅速扩张，正式分为左右两军。京西北诸神策城镇也分隶两军，奉天是右神策京西诸城镇的大本营。顺宗朝，王叔文

---

① 〔日〕日野开三郎：《日野开三郎东洋史学论集》第 1 卷《唐代藩镇の支配体制》第四章第二节《神策军の発展》中认为神策军有京西八镇，京北五镇，合称十三镇，应是受《通鉴》本条误导所致。

② 《新唐书》卷一五六《阳惠元传》，第 4899 页。

集团谋夺宦官兵权,以范希朝为神策京西北诸行营节度使,结果范希朝"至奉天,诸将无至者",奉天等神策城镇不从调遣是王叔文集团失败的重要因素。

奉天神策军有较强的野战能力,一直是京西右神策城镇的核心重镇。《唐代墓志汇编续集》大和○三四《祁宪直墓志》有奉天监军祁宪直,《唐代墓志汇编续集》会昌○二○《雷讽墓志》有右神策奉天镇判官雷景。为保证其战斗力,朝廷不断从藩镇输入新鲜力量。穆宗长庆二年(822),成德王庭凑叛,瀛州博野镇遏使李寰坚壁固守,最后溃围而出。朝廷嘉之,以为忻州刺史,其军隶右神策,号忻州军。其兵后归于京西,屯驻奉天,仍以博野为号。唐末黄巢起义军攻入关中后,博野军表现活跃。奉天镇使齐克俭遣使诣郑畋,求自效。僖宗"以右神策将军齐克俭为左右神策内外八镇兼博野、奉天节度使"①,此时奉天镇(博野军)升为节度使,凌驾于内外八镇之上。

2. 好畤○

好畤,位于京畿道西北角,与邠州、凤翔相接,既扼吐蕃入寇的要冲,又可监视邠州的动向。就神策城镇布局上看,好畤与东方之奉天、武功三镇构成品字形,发生战事时互为声援,拱卫京兆安全。此镇本是诸道防秋兵驻所,代宗大历初割属神策。德宗建中四年(783),哥舒曜率禁军东征,所统禁军中即有好畤镇兵。兴元元年(784),李怀光曾屯军好畤。贞元三年(787),吐蕃大举入寇,浑瑊遣其将任蒙主以众三千戍之。新出《卫巨论墓志》志主卫巨论宣宗朝任神策军宴设判官,"俄拜好畤镇护戎……历四考,依前入拜宴设判官"②。新出《唐故宣徽使梁公妻刘氏墓志》记咸通中有"右神策好畤镇使"刘文义③直至唐末,好畤一直是神策军的重要城镇。

①《通鉴》卷二五四僖宗中和二年(882)三月条,第 8385 页。
②《西安碑林博物馆新藏墓志续编》二一六《卫巨论墓志》,第 675 页。
③《陕西省考古研究院新入藏墓志》一三一《唐故宣徽使梁公妻刘氏墓志》,第 314 页。

3. 武功○

武功，位于京畿与凤翔两道交接处，当东西交通要道，南有骆谷
关。尚可孤为鱼朝恩养子，大历中曾帅禁兵三千镇于武功。建中四年
七月，尚可孤充荆襄应援淮西使，率麾下镇兵入援襄阳。《旧唐书》卷
一九六下《吐蕃传下》："（贞元三年）九月，诏神策军将石季章以众三
千戍武功。"①贞元初武功再度由神策镇守。

4. 兴平○

兴平，隋始平县，景龙四年（710）中宗送金城公主入蕃于此，因改
金城县，至德二载（757）改称兴平，大历初元载以兴平隶神策。兴平县
东为中渭桥，西经马嵬驿入武功县，是通往西蜀的要道。建中伐叛战
争中京西神策军陆续东出，此后不见兴平为神策城镇的记载。宋白
《续通典》中兴平已不在神策城镇之列。

5. 醴泉○

醴泉，隋开皇十八年（598）置县，唐初废，太宗贞观十年（636）复
置。权德舆《中书门下贺醴泉县获白鹿表》："醴泉县镇遏使康志宁，
于建陵柏城外得一白鹿。"②康志宁，神策将，元和年间曾为神策华原
镇遏兵马使，醴泉镇遏使为其改任。《全唐文补遗》第六辑《陈审墓
志》有左神策醴泉镇判官陈俊。近年新出《鲍才墓志》③，志主鲍才是
肃宗灵武即位时的元从禁军，大历中"迁银青光禄大夫，试太常卿，权
知醴泉镇遏兵马留后，以本使录功，迁云麾将军，官仍旧充左神策押
衙。以兴元扈从，授奉天定难功臣，开府仪同三司，试太常卿，充左神
策军回易副使"。代宗时神策军有左右厢，未分左右军，"左神策押
衙"系撰者的追附。《鲍才墓志》证明神策军第一次出镇时即有醴泉，

①《旧唐书》卷一九六下《吐蕃传下》，第 5255 页。
②〔唐〕权德舆：《权德舆诗文集》卷四四《中书门下贺醴泉县获白鹿表》（郭广伟校点，上海：
　上海古籍出版社，2008 年，第 683 页）。
③张永华、赵文成、赵君平：《秦晋豫新出墓志蒐佚三编》五七一《鲍才墓志》，北京：国家图
　书馆出版社，2020 年，第 792 页。

贞元年间神策军第二次出镇时仍为神策军城镇。

6. 盩厔

盩厔,本属京兆,与武功毗邻,为骆谷道口外重镇。代宗大历五年(770),以鱼朝恩党皇甫温移镇凤翔,以原凤翔节度使李抱玉移镇山南。为安抚李抱玉,遂将盩厔割隶山南。《旧唐书·代宗纪》云大历五年二月,"李抱玉移镇盩厔,凤翔军忿,纵兵大掠,数日乃止"①。德宗幸梁、洋,山南节度使严震遣大将张用诚将兵五千至盩厔迎卫。或许兴元以后,盩厔还隶京兆。《册府》卷九三五《总录部·构患门》:"(大和九年十一月)甲子,右神策军盩厔镇遏使宋楚擒获(李)训。"②沈亚之《盩厔县丞厅壁记》:"盩厔道巴汉三蜀……今又徙瓯越卒留戍邑中,神策亦屯兵角居,俱称护甸。"③至迟文宗大和年间,盩厔已成为右神策名下城镇。据近年新出《李孝恭墓志》及《李孝恭妻游氏墓志》④,咸通初有神策军盩厔镇遏使李孝恭,其妻游氏终于右神策军万石门私第,诸子皆在右军供职。新出僖宗乾符初《李府君妻韦氏墓志》,首行题"唐故右神策军盩厔镇遏使……李公府君韦氏夫人墓志铭并序"⑤,可知唐末盩厔镇依然隶右神策军。

7. 美原

美原位于京畿东北角,与同州、坊州交接处,邻近蒲城、白水等要地,是保障长安北面安全的屏障。《唐代墓志汇编续集》会昌○○七《武自和墓志》,文宗大和四年(830)武自和"诏除左神策军美原镇监军使",则美原镇隶左神策。宋白《继通典》未提及此镇,盖其改隶神策时间较晚。

①《旧唐书》卷一一《代宗纪》,第 295 页。

②《册府》卷九三五《总录部·构患门》,第 11020 页。

③〔唐〕沈亚之撰,肖占鹏、李勃洋校注:《沈下贤集校注》卷五《盩厔县丞厅壁记》,天津:南开大学出版社,2003 年,第 94 页。

④曹龙:《唐神策军步军使李孝恭及夫人游氏墓志考释》,《文博》,2012 年第 6 期。

⑤《秦晋豫新出墓志蒐佚续编》九四四《李府君妻韦氏墓志》,第 1310 页。

8. 华原

华原，位于长安北部，长安北通坊州的交通要道上。《册府》卷一三一《帝王部·延赏门二》："（元和）九年八月庚寅，录功臣之后，以左神策军华原镇遏兵马使兼御史大夫康志宁为简［检］较［校］左骑常侍兼左龙武军将军知军事。"[①]赵元一《奉天录》卷一："诏河阳节度、御史大夫李芃……神策制将、御史大夫、异姓王李公晟，华原镇遏使、御史大夫赵令珍，分路长驱，深入贼境。"[②]建中二年（781）华原镇遏使尚不隶神策，宋白《续通典》所列两军十三镇中也无华原之名，其改隶神策或在元和三年（808）以后。《大唐西市博物馆藏墓志》三七三《王遂墓志》："元和二年，擢授散副将，以公才推贞干，兼镇押衙……七年，升正副将……十三年，改授大将……命会时来，骤迁都虞候……长庆二年八月八日，终于华原里之私第。"[③]墓志没有提及华原镇有无改隶情况，但是墓志题记作"唐故左神策军华原镇马步都虞候"。至少元和十三年（818）后，华原已隶左神策。《梁守志墓志》载右军中尉梁守谦之弟梁守志，文宗大和初曾任"左神策军华原镇遏都知兵马使"[④]。

9. 同官

同官，位于京兆府北端，与邠州、坊州、同州三州交接。李光弼少子李汇，"贞元九年，入为左神策左将，加都将。元和初，加御史大夫。二年，出镇同官"[⑤]。左神策中尉刘弘规妻李氏之父李文晧为同官镇遏先锋兵马使[⑥]。李文晧或即李汇的后任。又《唐代墓志汇编》会昌〇三七《王文幹墓志》："寻迁左神策军宴设使……拜同官镇监军，

①《册府》卷一三一《帝王部·延赏门二》，第 1578 页。
②《奉天录》卷一，第 20 页。
③《大唐西市博物馆藏墓志》三七三《王遂墓志》，第 807 页。
④《西安碑林博物馆新藏墓志续编》一七八《梁守志墓志》，第 545 页。
⑤《沈下贤集校注》卷一一《泾原节度李常侍墓志》，第 236 页。
⑥《唐代墓志汇编续集》大和〇〇五《刘弘规墓志》，第 883 页。

地居畿甸,镇压要冲,路接塞垣,命之监理。"①宦官王文幹宪宗时以孩童入宫,会昌四年(844)卒。近年所出《李璞墓志》(大中十年)志主李璞曾任同官县令,"邑有军镇隶乎神策,将健怙势,率多不法"②。

10. 奉先

奉先县,本同州蒲城县,开元四年(716)改奉先县,仍隶京兆府。近年新出土《张琚墓志》,墓志题作"大唐故奉天定难功臣、云麾将军、守左金吾卫大将军,兼右神策军步军正将,前奉先、美原县招召兵马使、赐紫金鱼袋、上柱国、南阳县开国子,食邑五百户张公墓志"③。张琚参与德宗奉天之役,获奉天定难功臣之号,贞元十二年(796)卒。贞元初,德宗扩编神策军,张琚为右神策奉先、美原县招召兵马使。奉先县是新置神策城镇,镇兵主要为当地召募的新兵。

11. 富平

富平,位于京兆北部,《金石萃编》卷一○七《朱孝诚碑》末题名"嗣子富平镇监军、朝议郎内侍省掖廷局监作上柱国士俛"。该碑立于穆宗长庆元年(821)二月。近年新出土《吴德应墓志》:"祖讳希晏,皇任内府令、左神策富平镇监军。"吴德应卒于咸通九年(868),其祖吴希晏出监富平约宪宗元和年间④。又《梁守志墓志》载梁守谦之弟梁守志大和元年(827)至开成元年(836)为左神策富平镇遏兵马使⑤。

12. 云阳

《唐代墓志汇编续集》大中○二四《忠武军监军使仇文义夫人王

①《唐代墓志汇编》会昌○三七《王文幹墓志》,第2238页。
②齐运通编:《洛阳新获七朝墓志》,北京:中华书局,2012年,第361页。
③刘文、杜镇编著:《陕西新见唐朝墓志》一二九《张琚墓志》,西安:三秦出版社,2022年,第273页。
④录文见杜文玉:《唐代吴氏宦官家族研究》,《唐史论丛》第20辑,2015年。吴氏为宦官世家,吴德应同辈宦官有吴德郿,吴德郿长子吴全缋墓志亦已出土,《唐代墓志汇编续集》乾符○一九《吴全缋墓志》中记吴全缋曾祖吴晏曾任富平镇监军使,"吴晏"即"吴希晏"的省称(第1131页)。
⑤《西安碑林博物馆新藏墓志续编》一七八《梁守志墓志》,第545页。

氏墓志》云："（仇文义）长子左神策军云阳镇监军、掖庭局博士师约。"①仇文义与仇士良父仇文晟连名，为仇士良父辈。《唐代墓志汇编续集》贞元〇四〇《刘昇朝墓志》："大历十四年□分御□□师，镇守畿甸。特授十将，镇云阳县。"②

13. 蓝田

《唐会要》卷七二"神策军"条："贞元六年八月，铸蓝田、渭桥等镇遏使印，凡二十三颗。"③蓝田镇隶左神策，军镇武将、监军的墓志皆有出土。《西安新获墓志集萃》九七《李季平墓志》载志主李季平咸通四年（863）九月授左神策军蓝田镇马步都虞候④。《西安碑林博物馆新藏墓志汇编》三三三《郭佐思墓志》："（咸通）十二年九月授蓝田镇监军使……十四年自蓝畿镇监军使罢秩。"⑤或与畿县类似，长安周边神策军城镇又可称为"畿镇"。

14. 东渭桥

中晚唐时期，东渭桥是度支转运诸道粮帛的重要中转站。东渭桥筑城始于德宗建中、兴元之际，《册府》卷四一〇《将帅部·壁垒门》："李晟为神策军使，讨朱泚始至渭桥。以逼泚表筑城以为固，德宗许之。"⑥建中四年（783）泾师之变，李晟率神策军河北行营回师赴难，抢占东渭桥，于此地筑城，军势始振。李晟收复长安后，东渭桥遂为神策驻地。贞元六年（790）置渭桥镇遏使之印。《旧五代史》卷二二《王檀传》："王檀，字众美，京兆人也……祖曜，定难功臣，渭桥镇遏使。"⑦王檀祖父王曜为奉天定难功臣，其镇渭桥当在贞元初。又《唐代墓志汇

---

① 《唐代墓志汇编续集》大中〇二四《忠武军监军仇文义夫人王氏墓志》，第 986 页。
② 《唐代墓志汇编续集》贞元〇四〇《刘昇朝墓志》，第 762 页。
③ 《唐会要》卷七二"京城诸军"条，第 1534 页。
④ 西安市文物稽查队编：《西安新获墓志集萃》九七《李季平墓志》，北京：文物出版社，2016
　年，第 231 页。
⑤ 《西安碑林博物馆新藏墓志汇编》三三三《郭佐思墓志》，第 869 页。
⑥ 《册府》卷四一〇《将帅部·壁垒门》，第 4875 页。
⑦ 〔宋〕薛居正等：《旧五代史》卷二二《王檀传》，北京：中华书局，2015 年，第 347 页。

编续集》大和〇一七《骆明珣墓志》记元和初骆明珣为东渭桥监军使。《西安碑林博物馆新藏墓志汇编》三三九《马国诚墓志》记咸通末有左神策东渭桥镇遏使马国诚。中晚唐时期,另置东渭桥给纳使,专掌江淮转输粮帛给纳之事①。神策军驻东渭桥,最重要的职责是保卫粮仓的安全。

15. 咸阳

《旧唐书》卷一二二《张献甫传》:"及幸奉天、兴元,献甫首至,从浑瑊征讨有功,及复京邑,入为金吾将军。时李怀光未平,吐蕃侵扰西边,献甫领禁军出镇咸阳,凡累年,军民悦之。"②《唐会要》卷五四"给事中"条记元和七年(812)七月"咸阳尉袁儋与镇军相竞,军人无理,遂肆侵诬,儋反受罚"③,咸阳不在宋白所列十三镇之中,且不见于其他类似记载,或咸阳驻扎神策镇军的时间比较短暂,或者规模较小,故不在统计之数。

16. 南山

南山五谷是长安南面屏障。代宗广德二年,五谷防御使薛景仙讨南山群盗,连月不克。贞元初神策军于南山营田镇守,并请铸印。《唐代墓志汇编续集》咸通〇六三《包筼墓志》记神策散兵马使包筼大中十一年(857)五月被擢授为南山镇遏使。

17. 鄠县

《洛阳流散唐代墓志汇编》二六五《李诙墓志》,志主李诙为凤翔节度使李楚琳之女,其夫冯某官衔为"唐故右神策军鄠县镇使、开府仪

---

①《沈下贤集校注》卷六《东渭桥给纳使新厅记》,第121页。东渭桥给纳使在出土墓志中多见,可参《西安新获墓志集萃》七九《韦楚相墓志》,《唐代墓志汇编》咸通〇六二《令狐纮墓志》、咸通〇九一《韦氏小娘子墓志》。
②《旧唐书》卷一二二《王献甫传》,第3498—3499页。
③《唐会要》卷五四"给事中"条,第1102页。

同三司检校太子詹事"①。李诇卒于元和十五年，"后詹事十七年遘疾
而逝"，以此推算冯某为右神策鄠县镇遏使当在贞元中。

18. 永安城

永安城，见于宋白《续通典》。顾祖禹《读史方舆纪要》卷五三"西
安府上"三原县永安城条："县北五十里。或云即毛鸿宾堡也。宋白
曰：'三原县有鸿宾栅，后魏孝昌二年(526)萧宝夤作乱，关右刺史毛鸿
宾立义栅以捍贼，因名。'……贞元中又以神策军分屯永安城是也。"②
《陕西通志》卷一七淳化县永安镇条："永安镇在县东六十里，即杜寨
义栅所也(《贾志》)。梁大通元年，魏萧宝寅(夤)乱关右，毛遐、鸿宾
率氐羌起兵于马祇栅以拒之(《通鉴》)。唐贞元间碑载此地乃作镇
处，杜寨则义栅所也，亦名鸿宾栅。按《地图记》，孝武帝永熙元年于栅
置永安镇(《马志》)。"③德宗贞元年间存有两永安城。除此京兆府永
安城外，河东道石州另有一永安城。宋白《续通典》所举左神策京西北
八镇，大致以长安为中心，由近及远排列，永安城位在归化城、怀远镇
之后，所指应为石州的永安城。盖京畿之永安仅是普通的神策分屯，
规模较小，不足与其他大镇相提并论。

京兆地区是神策城镇密集地区。蓝田、渭桥等贞元时所置神策城
镇，在宋白《续通典》仅出现奉天、麟游二镇，其他城镇地位多已大幅下
降，甚至被废省。穆宗以后始见记载的华原、同官、美原、富平、蓝田等
镇多位于长安之东、之北，不当吐蕃入侵要路，应是元和后宦官扩张势
力所增置，其立镇背景与德宗时期又有不同。

---

①毛阳光、余扶危主编：《洛阳流散唐代墓志汇编》二六五《李诇墓志》，北京：国家图书馆出
　版社，2013年，第533页。此墓志另收于《秦晋豫新出墓志蒐佚续编》七九〇。
②〔清〕顾祖禹：《读史方舆纪要》卷五三"永安城"，贺次君、施和金点校，北京：中华书局，
　2005年，第2574页。
③〔清〕《陕西通志》(雍正十三年)卷一七乾州淳化县永安镇条，影印文渊阁《四库全书》本第
　551册，第899页。

（二）凤翔府

1. 普润●○

普润镇，位于泾、陇、岐三州交接处，是监控泾陇两州的要地。隋大业元年（605）于此置马牧，又置普润屯。大历中神策将朱忠亮于此屯田，建中四年（783），普润镇兵与凤翔、幽陇兵出关救援哥舒曜，闻乱后与幽陇兵一同叛归朱泚。贞元时普润不隶神策，而是自幽州来投的瀛州刺史刘澭的驻地。《新唐书》卷三七《地理志》凤翔府"普润"条下云："次畿。有陇右军。贞元十年置，十一年以县隶陇右经略使，元和元年更名保义军。"[1]这里陇右军即指陇右节度使刘澭自幽州所带来的幽州兵。德宗时并非神策行营。普润镇中有好畤、奉天诸镇与长安相隔，不足为乱，又处于河陇前沿，可为朝廷守边，故德宗作此安排。其隶左神策或在元和二年（807）刘澭卒后。《旧唐书》卷一五《宪宗纪下》："（元和八年十月）戊戌，以神策普润镇使苏光荣为泾州刺史、四镇北庭行军泾原节度使。"[2]又《新唐书》卷一四六《李吉甫传》："刘澭旧军屯普润，数暴掠近县，吉甫奏还泾原，畿民赖之。"[3]《册府》卷九九三《外臣部·备御门六》："（元和八年）十月辛丑，以普润镇兵四千人割属泾原节度使。"[4]盖元和八年以后，普润镇改隶泾州，不复属神策。

2. 麟游●○

麟游，位于凤翔东北边界，与好畤相呼应。麟游大历时置为神策外镇，贞元年间仍然隶于神策。《大唐西市博物馆藏墓志》三一二《崔时用墓志》："暨乎中书令李公克收京邑，以君威名素著，特举为神策散大将，俄兼麟游镇遏使。"[5]宪宗元和元年，高崇文拜检校工部尚书兼御史大夫充右神策行营节度使兼统左右神策奉天、麟游诸镇兵以讨

①《新唐书》卷三七《地理志》，第966页。
②《旧唐书》卷一五《宪宗纪下》，第447页。
③《新唐书》卷一四六《李吉甫传》，第4742页。
④《册府》卷九九三《外臣部·备御门六》，第11667页。
⑤《大唐西市博物馆藏墓志》三一二《崔时用墓志》，第677页。

刘辟。

3. 天兴○

天兴，位于凤翔治所，为神策早期城镇之一。建中四年（783），泾卒拥朱泚为帝，朱泚旧将李楚琳杀节度使张镒，响应朱泚。此时凤翔城下的天兴镇自然不复存在。贞元初，李晟以凤翔节度使、右神策军行营节度使屯凤翔。天兴县在凤翔府城郭下，未知此神策行营是否驻于故所。李晟有复社稷之功，其军虽有神策之号，实已转化为凤翔方镇兵。贞元三年（787）德宗罢李晟兵权，以邢君牙代之，邢君牙卒，张敬则代之，仍循例带右神策行营节度使衔[1]。元和初李鄘为节度使，以"承前命帅多用武将……初受命必诣军修谒"[2]，请落神策行营之号。《续通典》元和中十三镇中无天兴。

4. 扶风○

扶风，位于凤翔、京畿交界处，与京畿之武功相对。大历中尚可孤曾治兵于扶风。《全唐文》卷五一六《圣朝无忧王寺大圣真身宝塔碑铭》记大历十三年有扶风镇使李忠诚，监军焦奉超。《唐代墓志汇编》贞元○五七《吕思礼墓志》有扶风县镇遏使吕翊，唯未明言其是否隶于神策。

（三）陇州

1. 华亭

《太平寰宇记》卷一五○仪州条："仪州，（理华亭县。）本西戎之界，秦、陇之地，凤翔之边镇，后魏普泰二年筑城置镇，以扼蕃戎之路。

---

① 《册府》卷五二《帝王部·崇释氏门》贞元六年德宗迎佛骨条作"左神策行营节度使凤翔尹"，《唐大诏令集》卷九九《城盐州诏》作"左神策行营节度使"，《太平御览》（〔宋〕李昉等编，北京：中华书局，1960 年）卷三三四《兵部·亭障》录文与《唐大诏令集》同，独《新唐书》卷二一六《吐蕃传》作右神策行营节度使。按，《旧唐书》卷一三《德宗纪》："（贞元十四年）三月丙申，右神策行营节度、凤翔陇右观察使、检校尚书右仆射、凤翔尹邢君牙卒。以右神策将军张昌为凤翔尹、右神策行营节度、凤翔陇右节度使，仍改名敬则。"邢君牙为李晟部将，当仍为右神策是也。

② 《旧唐书》卷一五七《李鄘传》，第 4147 页。

唐为神策军。"①华亭位于陇州西部,同原州交界,附近有铜矿等战略矿藏。贞元初,德宗将之纳入神策军体系。《册府》卷四五三《将帅部·怯懦门》:"贞元三年吐蕃围华亭,守将王仙鹤求救于陇州刺史苏清沔。清沔令太平率一千五百人赴之。及中路,其游骑百余没于贼,太平素恇怯寡谋,遽引众退归。"②苏太平为助守陇州的神策副将,所将大部为州兵,不肯用命,最终导致华亭陷落。

2. 吴山

吴山,贞元三年九月,吐蕃寇汧阳、华亭、吴山。《通鉴》胡注云:"吴山县,属陇州,隋之长蛇县地,唐贞观元年更名,以县有吴山也。"③《册府》卷六一《帝王部·立制度门二》:"左右神策军奏:当军于凤翔扶风县营田采造,宝鸡县采造,斜谷南山、吴山、宝鸡、扶风营田共四所,各请铸印,并可之。"④吴山当吐蕃入侵陇州的要道,神策军于吴山营田,为防御吐蕃。

(四)邠州

1. 长武城●

长武城,属邠州宜禄县境,隋开皇中筑,在泾河南岸。《武经总要前集》卷一八上"长武砦"条:"筑城在安仁谷中,四面险固,皆阻天涧,陡绝,唯有一路可上。唐太宗讨薛仁杲,顿兵于此。与折摭城相对,皆天险也。"⑤为防备吐蕃,大历初郭子仪置兵于此。《旧唐书》卷一三四《浑瑊传》:"大历七年,吐蕃大寇边,瑊与泾原节度使马璘会兵,大破蕃贼于黄菩原。自是,每年常戍于长武城。"⑥又《册府》卷四一〇《将

---

①《太平寰宇记》卷一五〇"仪州"条,第 2908 页。

②《册府》卷四五三《将帅部·怯懦门》,第 5374—5375 页。

③《通鉴》卷二三三德宗贞元三年九月丁巳条,第 7622 页。

④《册府》卷六一《帝王部·立制度门二》,第 678 页。斜谷为南山五谷之一,疑"斜谷南山"为"南山斜谷"的倒置。

⑤〔宋〕曾公亮撰,郑诚整理:《武经总要前集》卷一八上"长武砦",长沙:湖南科学技术出版社,2017 年,第 1106 页。

⑥《旧唐书》卷一三四《浑瑊传》,第 3704 页。

帅部·壁垒门》：“李怀光为邠宁节度，频岁率师城长武，以处军士。城据原首，临泾水，俯瞰东道，吐蕃自是不敢南侵，为西边要防矣。”①长武城本在邠、泾、宁三州交界处，为朔方军的重要据点。《旧唐书》卷一四四《韩游瓌传》：“（贞元）三年，以子钦绪与妖贼李广弘同谋不轨，时游瓌镇长武城。”②贞元初长武城尚隶于邠宁，不属神策。《旧唐书》卷一六二《韩全义传》：“韩全义，出自行间，少从禁军，事窦文场。及文场为中尉，用全义为帐中偏将，典禁兵在长武城。”③德宗借韩游瓌子韩钦绪谋反之事，将长武城夺隶神策。长武城在神策军系统中地位尤高，长武城使韩全义、高崇文、高霞寓、杜叔良、朱叔夜等先后出为夏绥银宥节度使、朔方节度使、泾原节度使等④。德宗时高崇文在长武城练卒五千，元和初以之讨平西川刘辟之乱。监军俱文珍判官宋重晏因功被任命为长武城监军使⑤。文宗大和七年（833），左神策大将军知军事符澈忤犯权贵，出为长武城镇遏都知兵马使⑥。宣宗大中四年（850），党项反叛，宣宗命宦官杨居实监抚长武、崇信等城⑦。懿宗朝党项复叛，高骈典禁兵万人屯长武城。

（五）宁州

1. 定平●

定平，位于宁州最南端，与邠州交界，与长武城东西呼应。设置此镇的目的一为策应长武城，二则监视邠宁节度使。《通鉴》卷二三六德宗贞元十七年五月条：“初，浑瑊遣兵马使李朝寀将兵戍定平。瑊薨，朝寀请以其众隶神策军；诏许之。”⑧浑瑊卒于贞元十五年十二月，两

①《册府》卷四一〇《将帅部·壁垒门》，第 4874 页。
②《旧唐书》卷一四四《韩游瓌传》，第 3919 页。
③《旧唐书》卷一六二《韩全义传》，第 4247 页。
④《唐代墓志汇编》元和一三四《崔载墓志》提及元和时长武城使崔载，其任职情况不详。
⑤《大唐西市博物馆藏墓志》三五二《宋公夫人张氏墓志》，第 761 页。
⑥《秦晋豫新出墓志蒐佚续编》八六三《符澈墓志》，第 1179 页。
⑦《唐代墓志汇编续集》咸通〇〇九《杨居实墓志》，第 1039—1040 页。
⑧《通鉴》卷二三六德宗贞元十七年五月条，第 7717 页。

年后其军即改隶左神策。又《旧唐书》卷一五一《朱忠亮传》:"李晟释之,荐于浑瑊,署定平镇都虞候,镇使李朝寀卒,遂代之。"①朱忠亮本安史降将薛嵩部将,大历中改隶神策,可见定平戍军同神策素有渊源。《新唐书·地理志》:"定平。上。武德二年析定安置,后隶邠州。元和三年复来属,四年隶左神策军。"②定平曾改隶邠州,此事《元和郡县志》《太平寰宇记》等皆无记载,未知所据。新出《李唯诚墓志》记李唯诚大中七年为定平镇监军使③。

2. 襄乐县

《唐代墓志汇编续集》大和○二二《杨旻墓志》:"时频年西戎大下,逖我郇邠。诏令将军戴公,部领精锐亲卫将士,镇于襄乐县。"④杨旻为右神策右廿六将正将,贞元初因御吐蕃而屯襄乐。《金石萃编》卷六六收录大和六年二月《董府君经幢》中有"故右神策军襄乐防秋同正将兼押衙"董叙。《唐代墓志汇编续集》咸通○七四《荆从皋墓志》记懿宗咸通二年(861)荆从皋为襄乐镇遏使。

(六)泾州

1. 良原●

良原,位泾州良原县,位于泾、原、陇三州交接处,既是抵御吐蕃入侵长安,也是监视邠州、陇州动向的战略要地。贞元元年(785),良原没蕃,贞元四年,镇国军使李元谅奉诏率部屯戍良原,开良田数十里,岁入粟菽遂数十万斛。《册府》卷四一○《将帅部·壁垒门》:"李元谅为陇右节度使。贞元四年初筑良元[原]城。距城筑台,上毂连弩,为城守而益固。无几,又进筑新城,以便据地。虏每寇掠,辄击却之,泾陇由是乂安,虏深惮之。"⑤贞元十二年李元谅卒后,其将阿史那叙继

①《旧唐书》卷一五一《朱忠亮传》,第 4056 页。
②《新唐书》卷三七《地理志》,第 969 页。
③刘光帅、马国良:《〈唯诚墓志〉考略》,《大学书法》,2022 年第 4 期。
④《唐代墓志汇编续集》大和○二二《杨旻墓志》,第 897 页。
⑤《册府》卷四一○《将帅部·壁垒门》,第 4875 页。

领其众,元和三年(808)诏令其军改隶神策。《新唐书》卷一八六《周宝传》:"会昌时,选方镇才校入宿卫,与高骈皆隶右神策军,历良原镇使。"①《卫巨论墓志》:"遂出监良原镇……乾符六年……陈许护戎副使。"②直至唐末,良原一直为京西最为重要的城镇之一。

2.灵台

灵台,本汉鹑觚县,位于泾州东南角,是泾州与邠州、岐州交界处。东向可威制邠、岐,西向可与良原相呼应。《唐代墓志汇编续集》元和〇〇二《杨志廉墓志》:"兴元初……幽泾古郡,迫近西戎,每夏麦方歧,秋稼垂颖,则蹂践我封略,凭凌我边人。诏公领千夫长,率精锐,捍其冲要,是有灵台监军之任。"③灵台镇始置于贞元初,是较早的神策军镇,直接以抵御吐蕃侵轶为目的。《册府》卷九九三《外臣部·备御门六》:"(元和三年正月)庚子,以将城临泾。诏麟游、灵台、良原、崇信、归化等五镇并修整士马,掎角相应,从泾原节度使段祐之请也。"④元和三年(808)神策城镇尚有灵台镇,宋白《续通典》中左右神策军城镇中无灵台之名,或因其规模较小,没有计算在内。《唐代墓志汇编续集》乾符〇二二《王公操墓志》有乾符二年(875)灵台镇监军王公操。

3.归化城●

归化城从名称来看,当因内迁胡族部落而设。《册府》卷三五九《将帅部·立功门十二》:"(刘昌)后为四镇北庭行军兼泾原节度。贞元十四年六月,归化堡健儿作乱,逐出大将张国诚、副将张抗。诏昌经略处置……诛斩六七百人,复令国诚入堡。"⑤归化堡不归泾原节度使节制,属神策外镇,应即归化城之别称。《唐代墓志汇编续集》元和〇〇四《骆夫人墓志》(元和二年):"嗣子三人……幼曰文政,现任左神策

①《新唐书》卷一八六《周宝传》,第5415页。
②《西安碑林博物馆新藏墓志续编》二一六《卫巨论墓志》,第675页。
③《唐代墓志汇编续集》元和〇〇二《杨志廉墓志》,第800页。
④《册府》卷九九三《外臣部·备御门六》,第11667页。
⑤《册府》卷三五九《将帅部·立功门十二》,第4259—4260页。

军行营归化、崇城等镇监军使、内侍省内府局令。"①《册府》卷四一〇
《将帅部·壁垒门》："元和三年……[段]佑(祐)请城临泾,诏麟游、灵
台、良原、崇信、归化等五镇并修整士马,掎角相应。"②从五镇排列次
序及掩护筑城的需要来看,归化城应在崇信以北的平凉一带。清乾隆
元年(1736)《甘肃通志》卷一〇"平凉县·硖石镇"条:"硖石镇,在县
西,相近又有归化堡。唐贞元十四年归化堡军乱,泾原节度使刘昌讨
定之。元和中,泾原节度使王潜自原州逾硖石镇,败敌军,筑归化、潘
原二垒,是也。"③今按,归化城贞元中已隶神策,元和二年仍为神策城
镇。另据《唐代墓志汇编》大中〇五八《潘原镇十将刘自政墓志》,潘
原镇由泾原节度使朱忠亮创置于元和初年。此二城皆非王潜所筑,
《甘肃通志》所记不确。

4. 临泾

沈亚之《沈下贤集》卷一一《临泾城碑》:"临泾之筑,迹于郝泚。
贞元年,泚为泾将……尝从数百骑出捕野。还白于帅曰:'临泾地扼洛
口,其川绝饶,利息蓄。其西大野,走戎道,旷数百里。其土乃流沙,无
能出水草。当涉者尽疲,即屯临泾为休养便地。愿以城控之,可艰其
来。'……遂不从泚计。及帅死,其校段祐代为帅。岁余,泚又白……
遂筑城于临泾,以泚部镇之,自是戎无敢犯泾者。元和初,祐入觐,因
留宿卫,后为帅者恶泚能,强泾以年朽不任兵,罢之。"④按临泾城元和
三年(808)正月修筑,是年三月段祐入朝为神策大将军,以神策军定平
镇兵马使朱忠亮代为节度使。盖朝廷利其功,将临泾自泾原夺隶神
策。武宗时期,临泾镇仍时见于墓志材料。《唐代墓志汇编续集》大

①《唐代墓志汇编续集》元和〇〇四《骆夫人墓志》,第 802 页。
②《册府》卷四一〇《将帅部·壁垒门》,第 4875 页。
③〔清〕《甘肃通志》(乾隆元年)卷一〇"平凉县·硖石镇"条,影印文渊阁《四库全书》本第
557 册,第 327 页。
④《沈下贤集校注》卷一一《临泾城碑》,第 231—232 页。

中〇七八《李敬实墓志》："父讳从义，掖庭局丞，终临泾监军。"①咸通〇〇九《杨居实墓志》："会昌五年敕授泾原副监，兼护临泾塸（镇）□监。"②《陇右金石录》所收《高公佛堂碣》（大中二年）题名中有"判官监临泾骑兵马杨□□"③，此杨某或即杨居实。

（七）原州

1. 崇信●

《太平寰宇记》卷三〇凤翔府崇信县条云："本唐神策军之地，后改为崇信军。皇朝建隆四年以崇信暨赤城东西两镇及永信镇等四处，于此合为崇信县。"④唐时崇信在原州东南延，原、泾、陇三州交界处，与良原相毗邻呼应。前引《唐代墓志汇编续集》元和〇〇四《骆氏墓志》（元和二年）："嗣子三人……幼曰文政，现任左神策军行营归化、崇城等镇监军使。"归化即归化堡，崇城即崇信城的省刻。近年所出《马国诚墓志》记僖宗乾符二年（875）有左神策崇信镇遏都知兵马使马国诚⑤。

2. 平凉

《陆贽集》卷二一《论装延龄奸蠹书》云："平凉远镇，扼制蕃戎，五原要冲，控带灵、夏。芟夷榛莽，翦逐豺狼，崎岖缮完，功力才毕，地犹复绝，势颇孤危。新集之兵，志犹未固，尤资赡恤，俾渐安居。"⑥此状作于贞元十年（794）十一月，时平凉镇处于草创其间。据奏状，平凉镇军粮几全由度支转输，当时正以乏粮告急。宪宗元和三年（808）泾州筑城，诏麟游、灵台、良原、崇信、归化等五镇出兵接应，无平凉之名。

---

① 《唐代墓志汇编续集》大中〇七八《李敬实墓志》，第 1028 页。
② 《唐代墓志汇编续集》咸通〇〇九《杨居实墓志》，第 1039 页。
③ 张维：《陇右金石录》，新文丰出版公司编：《石刻史料新编》第 1 辑第 21 分册，台北：新文丰出版公司，1982 年，第 16007 页。
④ 《太平寰宇记》卷三〇"凤翔府崇信县"条，第 647—648 页。
⑤ 《西安碑林博物馆新藏墓志汇编》三三九《马国诚墓志》，第 886 页。
⑥ 《陆贽集》卷二一《论装延龄奸蠹书》，第 675 页。

前引《高公佛堂碣》(大中二年)题名中在监临泾骑兵马杨□□下有
"判官监平凉镇□□吕绪",则宣宗时期平凉仍在神策城镇之列。

3. 铁颗堡

《大唐西市博物馆藏墓志》三六〇《田述墓志》:"列考讳□,皇右
神策军铁颗堡镇遏兵马使、开府仪同三司、行左金吾卫大将军、开国
公、定川郡王,赠绥州刺史,公即定川之长子也。"①志主田述卒于元和
九年(814),享年四十七岁。其父任铁颗堡镇遏使约在德宗贞元年间。
此铁颗堡之名,不见于传世文献。《武经总要前集》卷一八上"原州"
条下有"铁原砦"②,西至渭州界十里。疑"铁颗"即"铁原"的误刻。据
墓志,田述舅氏为邠宁节度使杨朝晟。田述以外甥之亲,被署为随从
兵马使,贞元十七年(801)杨朝晟卒,田述失去靠山,"沉迹下位"。元
和二年原右神策将高崇文出镇邠宁,"承旧庇者则厚",才被恢复旧职。

(八)庆州

1. 庆州●

庆州为神策军外镇不见实例。德宗奉天之难时庆州刺史论惟明
以兵三千救援。庆州军士对德宗有扈从之功。贞元初,吐蕃大举入
寇,泾州连云堡等续陷,庆州成为抵御吐蕃的前沿。朝廷屯神策军助
守,在庆州设置神策行营的可能性很大。《续通典》所列神策十三镇中
即有庆州。

2. 淮安

《唐代墓志汇编续集》乾符〇一九《吴全缋墓志》:"至(大中)四年
五月五日,属羌戎拒捍,纷扰边陲……公奉命太原,宣节度使及监军取
沙陀军一千骑救接淮安镇。"③《册府》卷一四〇《帝王部·旌表门四》:
"宣宗大中六年六月,兖海节度使萧俶奏:'臣当道先差赴庆州行营阵

---

①《大唐西市博物馆藏墓志》三六〇《田述墓志》,第 777 页。
②《武经总要前集》卷一八上"铁原砦",第 1091 页。
③《唐代墓志汇编续集》乾符〇一九《吴全缋墓志》,第 1132 页。

殁押官郑神佐在室女……阿郑知父神佐阵殁……自往庆州北淮安镇收亡父遗骸。'"[1]淮安镇不隶当道，应为神策外镇。淮安四周民族杂居，党项、羌等民族较多，其兴起也较晚，设镇的目的为抵御党项。至宋代，党项人建立西夏政权，淮安镇仍为宋人对抗西夏的军事重镇。

（九）盐州

1. 盐州

贞元三年（787），盐州为吐蕃攻陷，贞元九年，德宗下诏修治盐州城。命神策行营节度使邢君牙会同灵盐、邠宁、鄜坊、振武等方镇兵三万五千人赴盐州，以胡坚、张昌分为左、右神策军盐州行营节度使。《通鉴》卷二三六德宗贞元十九年闰十月庚戌条："盐夏节度判官崔文先权知盐州，为政苛刻。冬，闰十月，庚戌，部将李庭俊作乱，杀而脔食之。左神策兵马使李兴幹戍盐州，杀庭俊以闻……以李兴幹为盐州刺史，得专奏事；自是盐州不隶夏州。"[2]盐州"专奏事"的特权并未维持多久，元和二年（807），盐州及怀远、定远等即改隶灵盐节度使范希朝。因神策行营与盐州刺史同驻盐州城内，易起冲突，兼之边疆形势较为缓和，盐州行营或不再复置。元和中宋白谓左右军十三镇已无盐州镇，元和十四年，朝廷令邠宁节度使李光颜复城盐州，许以陈许六千人自随，更未提及神策军士。

（十）灵州

1. 怀远●

怀远城属灵州，距定远城甚近，宋白《续通典》谓其隶右神策。《通鉴》卷二八二后晋高祖天福四年（939）三月条"灵州戍将王彦忠据怀远城叛"下胡注："赵珣《聚米图经》：唐怀远镇在灵州北约一百余里。宋时西夏强盛，即其地置兴州，其西九十余里即贺兰山。"[3]陆贽

---

①《册府》卷一四〇《帝王部·旌表门四》，第1696—1697页。

②《通鉴》卷二三六德宗贞元十九年闰十月庚戌条，第7726页。

③《通鉴》卷二八二后晋高祖天福四年三月条，第9328页。

《令诸道募灵武镇守人诏》云："宜令诸道节度，观察使，各于本管诸色人中，募能赴灵武镇守者，取其情愿，重设赏科……若欲将家口相随，便给资粮同发遣。"①此诏同李泌"复府兵"之议主旨相同，意在使其土著，又因其非当道兵，最终当转隶神策，怀远、定远、盐州等城镇神策禁兵或源于此。

2. 定远●

定远城在灵州东北一百千米处，北防回纥，西御吐蕃，南向监视灵武。宋白《续通典》中定远城遥隶左神策。贞元初，朔方宿将白元光为定远城使。《通鉴》卷二三四德宗贞元八年四月壬子条："吐蕃寇灵州，陷水口支渠，败营田。诏河东、振武救之。遣神策六军二千戍定远、怀远城；吐蕃乃退。"②朝廷名义上是助防吐蕃，实际上是杨炎以神策军收西川的故伎重演。吐蕃退后，定远城遂为神策军驻守。《唐代墓志汇编续集》会昌○○九《刘士环墓志》载其父刘幽岩曾为定远城监军。宪宗元和专任边将，一度将此镇隶于节度使。《通鉴》卷二三七元和二年（807）四月甲子条云："以右金吾大将军范希朝为朔方、灵、盐节度使，以右神策、盐州、定远兵隶焉，以革旧弊，任边将也。"③检《册府》卷一二○《帝王部·选将门二》："元和二年四月甲子……以希朝代李栾为灵州长史，充朔方、灵盐节度，仍进位简［检］较［校］司空，以右神策盐州、定远三镇兵马隶焉。所以革近制，任边将也。"④《通鉴》本条与《册府》同源，却删"三镇"二字。其下胡注云"定远军本属灵州，灵、盐接境，相距三百里，定远军在黄河北岸，盖分戍盐州也。今曰右神策，岂怀远兵欤"。按，《册府》谓三镇，却仅列盐州、定远两镇，且盐州镇隶左神策。此处应有脱误。"右神策盐州、定远三镇"补足当作

①《陆贽集》卷五《令诸道募灵武镇守人诏》，第164页。
②《通鉴》卷二三四德宗贞元八年（792）四月壬子条，第7652页。
③《通鉴》卷二三七宪宗元和二年四月甲子条，第7761—7762页。引文断句不尽从中华书局标点本。
④《册府》卷一二○《帝王部·选将门二》，第1433页。

"（左）右神策盐州、定远、（怀远）三镇"。又《元稹集》补遗卷四《授杜叔良左领军卫大将军制》录元和十年杜叔良之职为"朔方、灵盐、定远等城节度副大使，知节度事"，《旧唐书》卷一六《穆宗纪》录长庆二年（822）李进诚之官为"朔方、灵、盐、定远城等州节度使"①，定远城与朔方、灵盐并列，说明此城虽暂归节度使指挥，但仍保持相对的独立性。

（十一）延州

1. 永康镇

《太平寰宇记》卷三七"保安军"条："保安军，本延州之古栲栳城，唐咸亨年中曾驻泊禁军于此。至贞元十四年建为神策军，寻改为永康镇，属延州，扼截蕃贼。"②《武经总要前集》卷一八上"保安军"条："保安军，旧延州栲栳城，唐为神策军，控扼蕃寇。"③《元丰九域志》卷三"保安军"条下云"唐之左神策军也"④，则永康镇隶左神策。又永康镇，《元丰九域志》卷三"保安军"条："太平兴国二年以延州永安镇置军。"《宋朝事实》卷一八同作"永安镇"。永安亦为左神策城镇，但唐代永安城属石州，在黄河以东（参下文石州永安镇条），而永康镇属延州，在黄河以西。一种可能则是《元丰九域志》中"永安镇"为"永康镇"之讹误。另一种可能是石州党项渡河西奔后，朝廷于延州安置，仍隶神策，继续以永安军为号。《太平寰宇记》"永康镇"反为"永安镇"之误。不管何种情况，两镇地理位置不同，暂两存之。

2. 安塞军

安塞军隶左神策，多见于碑志史料。《全唐文补遗》第三辑《谢寿墓志》题谢寿之官为"左神策延州防御安塞军同十将"，此职元和七年

---

①《旧唐书》卷一六《穆宗纪》，第494页。

②《太平寰宇记》卷三七"保安军"条，第789页。

③《武经总要前集》卷一八上"保安军"，第1069页。

④〔宋〕王存《元丰九域志》卷三"保安军"条，影印文渊阁《四库全书》本第471册，第75页。今中华书局点校本（王文楚、魏嵩山点校，北京：中华书局，1984年，第120页）脱"古迹，唐之左神策军也"一行文字，本书不从点校本。

(812)所擢。另左神策行营先锋、安塞军等使李良僅墓志已于延安出土[1]。《旧唐书·德宗纪》记贞元十年(794)德宗以延州刺史李如暹所部蕃落赐名安塞,以如暹为军使。李如暹祖李珍本西域属国酋长,中宗朝助国讨平羌人之叛,累迁右卫中郎将,父李义玄宗朝又因青海功入宗正籍,如暹一族与李唐关系密切,安塞军改隶神策,可能与归化城类似,皆因骁勇善战而被朝廷直接控制。李如暹卒,朝廷即以其子李良僅为安塞军使。以内附之少数民族部落置神策城镇是一个值得进一步关注的问题。另外需指出的是,此安塞军位于延州,今延安有安塞区,与唐末五代时期幽州刘仁恭所据之安塞军非为一地。

(十二)鄜州

1. 直罗

《元和郡县图志》卷三"鄜州直罗县"条:"本汉雕阴县地,后汉因之。魏省雕阴县,晋时戎狄所居。后魏置三川郡。隋开皇三年,使户部尚书崔仲方筑城以居之,城枕罗原水,其川平直,故名直罗城。"[2]中唐以后,左神策驻直罗城,遂为神策城镇。《陕西新见唐朝墓志》一八一《曹氏墓志》志主曹氏为"左神策军直罗镇遏使"谢某之妻,会昌四年闰七月卒于自京返镇途中。

(十三)坊州

1. 鄜城

《元和郡县志》卷四"坊州鄜城县"条:"本汉鄜县地,属左冯翊,后汉省。后魏于今县理置鄜城县,属鄜城郡。"[3]武德二年析鄜州之中部、鄜城置坊州。《新唐书》卷一四六《李吉甫传》:"吉甫始奏复宥州,

---

[1]姬乃军、范建国:《唐李良墓志铭考释》,《考古与文物》1996 年第 1 期;陈根远:《李良仪墓志考释质疑》,《文博》,1999 年第 3 期。按志主名李良僅,作"李良"、"李良仪",皆不妥。
[2]《元和郡县图志》卷三"鄜州直罗县"条,第 71 页。
[3]《元和郡县志》卷三"坊州鄜城县"条,第 73 页。

乃治经略军,以隶绥银道,取郇城神策屯兵九千实之。"①肃宗时,为抵御党项等族入侵,于坊州创置郇坊节度使,又称渭北节度使。郭子仪身兼邠宁、郇坊两镇节度使。穆宗长庆二年,崔从出任郇坊节度使时,"郇時内接畿甸,神策军镇相望,逾禁犯法,累政不能制。"②当日郇坊境内神策军镇当还有多处,已不可详知。

（十四）代州

1. 归义军

此归义军为回鹘蕃落归顺后所赐军号,会昌初,回鹘政权瓦解,回鹘特勤嗢没斯率众叩关,李德裕力排众议,奏请招抚回鹘,赐嗢没斯归义军之号。《李德裕文集校笺》文集卷一三《请赐嗢没斯枪旗状》:"嗢没斯既加军号,甚壮边城,锡以牙旗,尤彰宠异。臣等商量,望依神策诸城镇使例,赐以旗两口,豹尾两对,器杖并刀一副。"③回鹘降唐后,待遇比照神策诸城镇,嗢没斯赐名李思忠,李德裕仿贞元十年(794)德宗以延州刺史李如暹蕃落赐名安塞军之事。此归义军亦属神策城镇之一。不过,嗢没斯部落发生反复。河东节度使刘沔讨回鹘还,"归义军降虏三千,使隶食诸道,不受诏,据滹沱河叛,沔悉禽诛之"④。归义军最终没有像安塞军那样,由部族军队发展为神策行营军。事实上,以少数族部落设军额,隶神策,往往只是名义上的,朝廷的控制力有限,僖宗中和二年,朝廷以李克用为"雁门节度、神策天宁军镇遏、忻代观察使"⑤。天宁军置朔州,李克用的主要武力之一,疑以沙陀为主,仅挂名神策而已。

---

①《新唐书》卷一四六《李吉甫传》,第4742—4743页。
②《旧唐书》卷一七七《崔从传》,第4579页。
③《李德裕文集校笺》文集卷一三《请赐嗢没斯枪旗状》,第288页。
④《新唐书》卷一七一《刘沔传》,第5194页。
⑤《新唐书》卷二一八《沙陀传》,第6159页。

（十五）同州

1. 邰阳 ●

邰阳镇最初并非神策行营。《旧唐书》卷一八三《窦觎传》："兴元元年，讨李怀光于河中，诏觎以坊州兵七百人屯邰阳。"[1]李怀光平后，窦觎入朝，其兵或改隶神策。《册府》卷一二二《帝王部·征讨门二》："（元和十年）二月……命神策军邰阳镇遏将索日进以泾原兵六百人会光颜。"[2]又《册府》卷四四五《将帅部·无谋门》："索日进元和末为神策军邰阳镇遏使。蔡贼寇溦水，镇兵不能支，部将死者三人，焚刍蒿而去。"[3]此泾原兵为镇兵。邰阳镇置镇兵的目的为监视河中、同华等地动向。昭宗景福元年（892）有左神策军正兵马使押衙充邰阳城副兵马使□全真，此时邰阳镇仍隶左神策[4]。乾宁二年（895）华州刺史韩建求邰阳不得，联合李茂贞、王行瑜入京师"问罪"，杀枢密使康尚弼等，邰阳镇盖为韩建所并。

2. 韩城

《册府》卷一五三《帝王部·明罚门二》："（敬宗宝历元年）闰七月，同州韩城县百姓王文秀等，于本县左神策军渚田内放牧马。群牧小将刘兴裔擅鞭扑，摄令李元珪遣县吏率徒擒兴裔，送州刺史……敕刘兴裔付本军科决，停职，李元珪罢摄，仍罚直四十。自神策兵分镇畿县及近甸诸州，若群牧、采造之名，其类不一，干法乱政，为蠹颇甚。及罪兴裔，而猾党为衄。"[5]韩城镇军隶左神策。

（十六）绛州

1. 闻喜县

《太平寰宇记》卷四六解州闻喜县（闻喜县，唐属绛州，宋代改隶

---

①《旧唐书》卷一八三《窦觎传》，第 4749 页。
②《册府》卷一二二《帝王部·征讨门二》，第 1466 页。
③《册府》卷四四五《将帅部·无谋门》，第 5281 页。
④《秦晋豫新出墓志蒐佚续编》九五八《刘氏墓志》，第 1330 页。
⑤《册府》卷一五三《帝王部·明罚门二》，第 1857 页。

解州）："元和三年,河中节度使杜黄裳奏移神策军于县宇,官吏权止桐乡佛寺;至十年,刺史李宪奏复置县于桐乡故城。"①《册府》卷六九四《牧守部·武功门二》："李宪为绛州刺史,泽州沁水县妖贼李有经聚众三千余人来寇翼城县。宪以州兵及神策镇军击破之,擒有经以献。"②翼城县与闻喜俱隶绛州,所指神策镇军应即闻喜县神策镇军。

（十七）石州

1. 永安城

宋白《续通典》中左神策城镇中有永安城。《旧唐书》卷一九八《党项羌传》："（贞元）十五年二月,六州党项自石州奔过河西……永泰、大历已后,居石州,依水草。至是永安城镇将阿史那思昧扰其部落,求取驼马无厌,中使又赞成其事。党项不堪其弊,遂率部落奔过河。"③此永安城乃镇抚党项部落所置,约在黄河东岸石州附近。因涉及镇压党项等部落,特置中使押领。永安城与淮安镇、永康镇、安塞军等城镇类似,皆为贞元年间针对吐蕃等游牧民族内扰所置。《续通典》所举左神策八镇中,永安城位在归化城、怀远镇之后,所指即为此镇。党项西奔后,此镇或被废置,或被移于他处④。

（十八）其他

神策军诸城镇设置之主要目的为抵御吐蕃入侵。贞元年间京西北边军寡弱,为了充实边军,德宗有时也根据防秋需要,分神策兵与神策将领,命其出为方镇节度使。因此,除方镇军改隶神策外,根据时局的需要还存在以神策军改属藩镇军的情况。在神策将出任节帅的地

---

①《太平寰宇记》卷四六"解州闻喜县"条,第 969 页。
②《册府》卷六九四《牧守部·武功门二》,第 8283 页。
③《旧唐书》卷一九八《党项羌传》,第 5293 页。
④据前文延州永康镇下所考,延州永康镇,《元丰九域志》作永安镇,亦隶左神策,我们不能排除党项渡河后被朝廷招抚,仍以永安镇为号的可能性。《大清一统志》（乾隆二十九年）卷一一三山西忻州"关隘"下有永安镇,"在静乐县北四十里。旧名横水岭,有小城"（影印文渊阁《四库全书》本第 476 册,第 308 页）。静乐县唐属岚州,不属石州。此镇非贞元中永安镇原址。

方,神策军与方镇兵共存一处,不具有独立性,因此不视为神策城镇。

1. 陇州

《旧唐书》卷一九六《吐蕃传》:"(贞元初)神策副将苏太平率其众五百人戍陇州。"①此五百神策兵因防秋临时归陇州刺史韩清沔指挥,不是独立神策城镇。

2. 夏州

《通鉴》卷二三二德宗贞元三年(787)七月甲子条:"割振武之绥、银二州,以右羽林将军韩潭为夏、绥、银节度使,帅神策之士五千、朔方、河东之士三千镇夏州。"②夏州原神策军将士转为方镇军。贞元十四年左神策行营节度使韩全义代韩潭为节度使,朝廷许以长武城神策军赴镇。韩全义亦落左神策行营之号,此部分神策军也转变为边军。

3. 宥州

宥州北以应接天德军,南为夏州之援,故也屯驻神策军,戍防吐蕃。与盐、夏类似,双方隶属关系较为复杂。宪宗元和十五年,"复置宥州于长泽县,隶夏绥银节度,刺史兼管神策军"③。《旧唐书》卷一九六下《吐蕃传》记其事云:"元和十五年十一月,夏州节度使李佑自领兵赴长泽镇,奉诏讨吐蕃。"④夏州本有神策镇兵,当日应有部分军士随李佑前往长泽镇。宣宗大中时,田克为宥州刺史,其官衔为"使持节宥州诸军事、兼宥州刺史、御史中丞、充经略军使、押蕃落副使、左神策军宥州行营都知兵马使"⑤,可知宥州长期带左神策行营之号,但神策行营由宥州刺史兼管,独立性较弱。

4. 蒲州

蒲州是连接关中与河东等地的必经之路,地理位置十分重要,是

①《旧唐书》卷一九六《吐蕃传》,第 5254 页。
②《通鉴》卷二三二德宗贞元三年七月甲子条,第 7612 页。
③《武经总要》前集卷一八下"宥州",第 1131 页。
④《旧唐书》卷一九六下《吐蕃传》,第 5263 页。
⑤《樊川文集》卷一八《田克加检校国子祭酒依前宥州刺史制》,第 273 页。

河中节度使的治所。为保障中外交通的畅通，与京畿类似，蒲州也驻有神策军。懿宗咸通末，王重荣为河中牙将，"主伺察，时两军士干夜禁，捕而鞭之。士还，诉于中尉杨玄实。玄实怒，执重荣，让曰：'天子爪士，而藩校辱之！'"①黄巢起义期间，都监军使杨复光驻河中，当州神策军应隶其指挥。

5. 乐寿、博野

神策城镇主要集中在京畿道和关内道，河东道闻喜县等要道有神策屯驻，除此之外，穆宗长庆初，成德王庭凑反叛，河北道成德、幽州交界的乐寿镇和博野二镇曾短暂地隶于神策②。乐寿镇为临时权置，镇将傅良弼突围时损失较大，对神策军意义不大。而博野镇使李寰以兵三千溃围至忻州后，方改隶右神策。其军后屯奉天，仍以博野军为号，但是地理上的神策博野镇并没有真正存在过。

乐寿、博野隶左右神策见于《新唐书》。《新唐书》卷一四八《傅良弼传》：

> 初，瀛之博野、乐寿，介范阳、成德间，每兵交，先薄二城，故常为剧屯。德宗以王武俊破朱滔功，皆隶成德，故以良弼守乐寿，李寰守博野。廷凑之叛，两贼交诱之，而坚壁为国固守。有诏以乐寿为左神策行营，拜良弼为都知兵马使；寰所领士隶右神策，号忻州营，亦以寰为都知兵马使。赐第京师。俄以良弼为沂州刺史。良弼率众出，战力，乃得去。寰引兵三千趋忻州，廷凑邀之，寰斩三百级，追者不敢前。③

傅良弼事取自李翱《傅良弼神道碑》，碑云："闭城拒贼，潜疏以闻。诏以乐寿为神策行营，命公以为都知兵马使，与深州将牛元翼、博野李寰

---

①《新唐书》卷一八七《王重荣传》，第5435页。"伺察"，点校本作"何察"，此从四库本改。
②黄寿成：《唐代河北地区神策行营城镇考》，《中国历史地理论丛》，2004年第6期。
③《新唐书》卷一四八《傅良弼传》，第4789页。

掎角相应。"①乐寿镇隶神策自无疑问,但神道碑未言博野镇也隶神策。检《册府》卷一二八《帝王部·明赏门二》:"长庆二年二月诏雪镇州王承宗。以左神策行营乐寿镇兵马使傅良弼为沂州刺史,以瀛州博野镇遏使李寰为沂[忻]州刺史。皆酬劳也。"②《册府》所记清楚地表明,二镇突围之前,傅良弼为神策行营乐寿镇兵马使,而李寰为瀛州博野镇遏使,不隶神策行营。又检得《旧唐书》卷一六《穆宗纪》:"(长庆二年四月)忻州刺史李寰守博野,王廷凑攻之不下。其李寰所领兵宜割属右神策,以寰为军使,仍以忻州军为名。"③《通鉴》卷二四二穆宗长庆二年(822)亦云"(四月)甲戌,以傅良弼、李寰为神策都知兵马使"④,是则李寰在其自博野突围后二月始以兵隶右神策,与傅良弼非为同时。《新唐书》称李寰在博野围中已隶右神策,号忻州营显有讹误。又傅良弼在乐寿围中已为都知兵马使,长庆二年四月加神策都知兵马使者实为李寰,《通鉴》亦误入傅良弼之名。傅良弼、李寰同在围中,但没有同时改隶神策,这与傅、李二人在成德军中地位高下不等有很大关系。成德镇中牛元翼、傅良弼勇冠三军,号为良将,威望在王庭凑之右。穆宗以傅良弼之乐寿镇为神策行营,同以牛元冀为成德节度使意图类似,意在分化成德军。李寰名望不及傅良弼,尚无资历与傅良弼同时改隶神策。

李寰以三千完军至忻州,因忻州地近河北,朝廷虑军情反复,以之隶右神策,以固士心,不久内徙河中晋州。《旧纪》云"(长庆二年九月癸卯)加晋州刺史李寰为晋、慈等州都团练观察使"⑤,又《通鉴》卷二四三云"(长庆三年五月)丙子,以晋、慈二州为保义军,以观察使李寰

---

①《李翱文集校注》卷一三《傅良弼神道碑》,第 213 页。

②《册府》卷一二八《帝王部·明赏门二》,第 1541 页。

③《旧唐书》卷一六《穆宗纪》,第 497 页。

④《通鉴》卷二四二穆宗长庆二年四月甲戌条,第 7937 页。

⑤《旧唐书》卷一六《穆宗纪》,第 499 页。

为节度使"①，未言"忻州军"之下落。文宗朝以李寰为横海军节度使讨李同捷，《旧唐书》卷一四三《李同捷传》谓其为"神策节度使"，盖"忻州军"为李寰旧部，名义上仍隶右神策，故称"神策节度使"。李同捷平后，李寰因虚张贼势遭朝廷猜疑，自请入朝，"朝廷罢保义军、忻州营"。所谓罢"忻州营"，意罢李寰兵权，将博野兵收归朝廷。忻州军与李寰脱离关系后，遂移驻右神策城镇大本营奉天，仍以河北道旧地博野为号。

　　与李寰相比，傅良弼深为王庭凑嫉恨，突围时情况异常凶险。前引《傅良弼神道碑》称其溃围而出，"转斗且引，遂遇官军，以免于难"，所剩兵不多，碑云："以功迁沂州刺史，未到，遽以为左神策军将军，数月拜郑州刺史。"据《白居易集笺校》卷五一《傅良弼可郑州刺史制》，良弼直接以忻州刺史转为郑州刺史，碑中所谓左神策将军，盖其军未落下神策行营之号，所加神策将军兼衔②。碑又云良弼在郑州时，"凡从公将卒，本与公同立于乐寿者，皆凛惧不敢越条令以侵物"，乐寿旧部多作为亲兵随良弼赴郑州任。傅良弼其后历盐州刺史、夏绥节度使，盐州等皆左神策势力范围之内。但乐寿人数较少，逐渐融入左神策军，没有像李寰的博野军那样一直保持着独立的名号。

　　4. 晋州、解县等盐、铁矿藏产地

　　唐代宦官权势膨胀后，还竭力在藩镇攫取经济利益，赡济禁军是绝佳的借口。中唐以后，在一些重要的榷盐、榷铁、榷酒之地，先后出现打着神策军旗号的使职。晋、慈是唐代重要的铁矿产区。《新唐书》卷九《地理志三》晋州下岳阳县、汾西县下皆注云"有铁"。穆宗长庆三年（823）八月，晋州神山县庆唐观柏树新生一枝，李唐宗室、晋慈观察使李寰表奏祥瑞。一同前往验视的宦官，除了监军使吴再和外，还

---

①《通鉴》卷二四二穆宗长庆三年五月丙子条，第7949页。
②《白居易集笺校》卷五一《傅良弼可郑州刺史制》，第2982页。

有"左神策军监铁冶使、朝议郎、行内侍省内府局丞张令绾"①。当地铁冶归左神策军,应有少量神策军负责采造或驻扎保护。宣宗即位后,宦官集团复以军用不足为由,置官沽,攫取利益。淮南节度使李珏病危,"官属见卧内,惟以州有税酒直而神策军常为豪商占利,方论奏,未见报为恨"②。僖宗末,朝廷赋源匮竭,神策中尉田令孜为赡军,与河中节度使王重荣争夺安邑、解县之盐池榷盐税课,引发军事冲突。这些矿产之地的神策军不以军事镇戍为目的,自然不能算神策城镇,却打着神策军旗号活动,此点亦需研究者注意。

在可考的三十余神策城镇中,大历年间神策军外镇诸城镇至贞元年间重置后仍属神策重镇者较少。大历八镇至于宪宗元和初,已有五镇不在外镇之列,这表明大历神策外镇对贞元年间神策诸城镇的创置影响比较有限。大历中神策出屯京西,所选诸县为神策提供军粮之资而已。贞元年间神策外镇则是为抢占更多的战略要地,旧神策城镇地位大幅下降。我们还注意到,元和后穆、敬、文诸朝新出现的神策外镇,绝少为塞上苦寒处,多为京畿富庶之地。美原等畿郊置镇,没有抵御吐蕃或拱卫京师的紧迫性,从侧面反映了宦官势力的扩张情况(图3—3)。

第三节 京西北神策诸城镇之构造

唐代神策军规模非常庞大,宋白《续通典》所列元和中两军总数为11万,元和十五年(820)穆宗即位赦文中,在军籍者高达18.6万。据前引《续通典》,神策军分为在城、外镇及采造三部分。左神策军62442人,在城34392人,外镇及采造29603人。右神策46524人,在

①《全唐文》卷七一六李蒙《纪瑞》,第7362页。
②《新唐书》卷一八二《李珏传》,第5362页。

城 27045 人,外镇及采造 19479 人。11 万神策军中,在城 6 万人,采造 0.65 万人,外镇 4.35 万人。当时左右两军计 13 镇,平均一镇 3300 余人。元和七年(812),李绛论边防时云"今边上空虚,兵非实数",上述数字恐为军籍上的数字,实际数字要少很多。

图 3—3　唐代神策军诸城镇分布示意图

说明:阴影部分为大历四年(769)神策军第一次外镇之范围。

神策城镇是以折冲府为蓝本,在如何实现朝廷对城镇的控制上,也存在一个模仿"府兵之法"的问题。唐前期各地折冲府军事上各自独立,但名义分隶十六卫。十六卫即统领番上宿卫两京的禁卫军,同时也是数百折冲府的领导机构。神策诸城镇要"以府兵法理之",按照府兵制的传统,必然会归隶于中央禁卫军名下。中晚唐禁军主要指左右神策军。京西北诸城镇虽然各自独立,实际上分隶神策左右军,由两军中尉遥制。京西北诸城镇分隶左军抑或右军,原则上两军互相牵制,应交错分布,但习惯上各有势力范围(表3—1)。大体而言,右神策军势力重在京西凤翔一带,以奉天为中心,附近麟游、良原等皆隶右军,凤翔节度兼带右神策行营节度使之号。左神策势力重在京北塞上,长武城为其中心,附近盐州、崇信、归化、永安等多隶左军。右军城镇居于内,多属畿镇,较为安逸,少战阵之虞。左军居于外,多深入泾原、邠宁、灵武等藩镇,处于临戎战备状态。因此,在军额、战马等军力衡量指标上,左军均远在右军之上。这与长安城内左神策中尉权势高于右神策中尉的情况基本一致。

表 3—1　中晚唐部分神策诸城镇分隶左右军情况简表

神策军	神策城镇
左神策	醴泉、美原、华原、同官、富平、云阳、蓝田、东渭桥、普润、定平、长武城、崇信、归化、盐州、永安城、永康镇、安塞军、定远城、邠阳、韩城、乐寿、直罗
右神策	奉天、好畤、麟游、鳌屋、奉先、鄠县、襄乐、良原、铁颗堡、庆州、怀远、博野

注:文献未明言隶属左右军情况的城镇尚有十余镇,本表所列仅确切可考的神策城镇。

从神策京西北诸城镇形成背景上看,神策城镇作为天子亲兵,一直负有抵御吐蕃入寇和监视京西诸节帅的双重任务,因而神策城镇在布局及调度指挥上都具有非常鲜明的特点。

其一,神策城镇在分布上"居重驭轻",以畿内最为集中。

如所周知,唐前期府兵在设置上居重驭轻。"大凡诸府八百余所,而在关中者殆五百焉。举天下不敌关中,则居重驭轻之意明矣。"[1]神策京西北诸城镇在设置上也借鉴了这一做法。除去河北乐寿、博野两

---

[1]《陆贽集》卷一一《论关中事宜状》,第338页。

镇未能真正设置外，神策城镇前后近四十镇，其中以京兆、凤翔为最。京兆十八镇，凤翔四镇，几占所有镇兵数的一半。邠宁、泾原、灵武、夏绥等镇则较为稀疏。黄河以东仅永安城、闻喜二处。从布局上看，神策城镇以长安为中心，向京西、京西北由密渐疏分布，构成网状的立体防御体系。当然，唐初府兵折冲府"居重驭轻"是全国范围内的，由关中向关东扩散。而神策外镇的"居重驭轻"局限于关内地区，主要是西向防备吐蕃，故呈现出西向发散的特征。

其二，神策城镇多设置在数州交界之处。

除京兆府外，其他诸城镇多分布在州界两侧或者位于数州交界之处。例如，长武城位于邠、宁、泾三州交界之处，普润位于凤翔与陇、泾三州交界之处等。这些沿州界构成的神策城镇链，把方镇隔离开来。我们注意到，环邠州周围神策诸城镇较为密集，对邠州构成包围之势，而长武城像一颗钉子，牢牢嵌在邠宁、泾原之间，这种布局显然是李怀光反叛后德宗猜忌防治朔方系藩镇的一个重要举措。为保证诸城镇之间能相互呼应，京西北诸镇并非孤立的军镇，而是多隔州界成对设置。例如，好畤之与麟游，武功之与扶风，良原之与崇信，邠阳之与美原，长武之与定平等。这样，神策诸城镇自身构成互相呼应的体系，一旦某一城镇军情有变，邻境神策城镇可迅速进行援助。

其三，神策镇兵别出一系统，属于孤立的客军。

京兆府及附近地区不置节度使，无主客军的区分。散嵌关内藩镇的神策城镇，不论长武城的防秋兵、普润的幽州兵、华原镇的华州兵，还是邠阳镇的泾原兵，相对于当道方镇兵，都属于客军性质。唯有邠宁定平镇本为浑瑊邠宁将戍守，似乎是个例外。定平镇虽在邠宁境内，但其都虞候朱忠亮等前为神策将。贞元十七年（801），邠宁节度使杨朝晟卒，德宗欲以神策镇将李朝寀代为节帅，引起宁州镇兵疑惧，几至兵乱，亦可证其部早已异于邠宁。神策镇兵身份不杂于当道方镇兵，主要是防止当道节度使势力渗入神策城镇，保障其完全掌握在朝廷手中。贞元中曾诡辞遥隶神策的边将,有些所领由游牧部族军改隶而来,与本镇军也存有差异。

其四,每一神策城镇皆设一监军监领,宦官势力深入城镇内部。

神策外镇诸城镇长官或称城使,或称镇使、镇将、镇遏使。外镇神策军直属朝廷,其镇将的任命也由两军中尉把持。贞元初,为加强对神策城镇的控制,每一城镇皆有一宦官监军使,这也是神策城镇与藩镇的区别之处。神策城镇设监军使应为德宗之首创,陆贽《论缘边守备事宜状》:"又分朔方之地,建牙拥节者凡三使焉。其余镇军,数且四十,皆承特诏委寄,各降中贵监临,人得抗衡,莫相禀属。"德宗以神策城镇监视藩镇军,复用宦官监视神策城镇,牢牢地掌握神策城镇的控制权。神策城镇监军品秩不高,在出土墓志中屡有发现,如美原镇监军武自和、同官镇监军王文幹、富平镇监军朱士偡等。

其五,指挥调度权由两军中尉遥制。

唐前期地方州县无权调度府兵。神策诸城镇既然以"府兵之法"为指导思想,其指挥调度权自然也全归朝廷掌握,当道节度使等无权节制。德宗贞元初,外镇诸城镇由皇帝直接处置,陆贽《论缘边守备事宜状》对此作了深刻的揭露。状云:

> 戎虏驰突,迅如风飙,驿书上闻,旬月方报。守土者以兵寡不敢抗敌,分镇者以无诏不肯出师。逗留之间,寇已奔逼,托于救援未至,各且闭垒自全。牧马屯牛,鞠为椎剽;稂夫樵妇,馨作俘囚。虽诏诸镇发兵,唯以虚声应援,互相瞻顾,莫敢遮邀。贼既纵掠退归,此乃陈功告捷。其败丧则减百而为一,其掳获则张百而成千。将帅既幸于总制在朝,不忧于罪累;陛下又以为大权由己,不究事情。用师若斯,可谓机失于遥制矣。[1]

状中所云"守土者",即当道节度使;"分镇者"即神策诸城镇行营。贞

---

[1]《陆贽集》卷一九《论缘边守备事宜状》,第622页

元九年（793）之前，神策镇兵由德宗以诏敕直接指挥。其后德宗创置神策中尉制，中尉窦文场、霍仙鸣恩宠日顾，成为神策军的合法长官，神策城镇的指挥权即归隶两军中尉。

　　德宗及宪宗初期，吐蕃频入寇掠，战局紧张。京西北诸城镇还曾存在神策行营节度使这一过渡形式。神策行营节度使由大历时期的神策京西兵马使发展而来。贞元九年（793），朝廷发神策并诸道兵城盐州，以左神策将胡坚为左神策盐州行营节度使，以右神策将张昌为右神策盐州行营节度使①。元和初，宪宗以长武城使高崇文为左神策行营节度使讨刘辟之乱。此类神策行营皆为临事而置，事毕即罢，略相当于唐前期的行军总管。李晟以右神策行营节度使出为凤翔节度使，因其有社稷之功，仍加神策节度使号，以示优崇。其后邢君牙、张昌等镇凤翔皆带右神策行营节度之号。神策城镇以城、镇为基本军事单位，行营节度使相当于城镇上增设一级军事长官，这对两军中尉直接控制神策城镇极为不利。贞元末，王叔文革新集团失败，凤翔节度使李鄘希宦官之旨，请去"神策行营节度"之号。长武城使韩全义统神策军士抵御吐蕃时曾带左神策行营节度使之衔，其自长武城出镇夏州，左神策行营节度使名号亦随之落下。其后，京西神策城镇便牢牢处于两军中尉的直接掌控之下。

　　神策诸城镇由两军中尉遥制的弊端是显而易见的。战场形势瞬息万变，两军中尉居千里之外，操控各处城镇并非易事。元和七年（812），翰林学士李绛指陈神策城镇之弊，也称"蕃寇方驱掠杀戮之际，

①《册府》卷二五《帝王部·符瑞门四》："（贞元）九年五月辛卯，左神策盐州行营节度使胡坚、右神策盐州行营节度使张昌，皆表奏初城盐州，卤中获怀土，又置烽堡，水路迥远，即时有两废盐并悉生盐。"（第 269 页）又《新唐书》卷二一六《吐蕃传》："以左神策将胡坚、右神策将军张昌为盐州行营节度使。"（第 6098 页）《唐大诏令集》卷九九《城盐州诏》作："左神策将军兼御史中丞张昌，宜充右神策军盐州行营节度使。"（第 500 页）无胡坚之名，恐有讹漏。

百姓涂于草莽,方云入京取远中尉处分"①。对朝廷而言,控制军队才是根本利益,不能临机制敌倒在其次。陆贽提出设置陇右、朔方、河东三元帅,统领境内所有军队,正是玄宗朝罢折冲府,设大军区节度的翻版,其结果只能是神策城镇被方镇瓜分殆尽,朝廷再度陷入无直辖野战部队的境地。安史之乱殷鉴未远,德宗断然不能接受陆贽的提议。

神策城镇的指挥不能移交藩镇,只能通过完善驿传制度加以部分解决。中晚唐出现专门主掌京西驿传的京西步驿使。京西步驿使例由宦官充任,最早的京西步驿使见于《孙子成墓志》②。墓志略云:

> 大历末,遂拜京西步驿使,寻加内府局丞……属李怀光违背国恩,作乱蒲坂,遂兼京东步驿使。复戎羌犷俗,人面兽心,负恃膻腥,背弃盟约;乘圣朝偃兵之日,驱绝域假息之徒,逞其狡谋,伺我边隙。公密告连帅,潜发诸军。有征而左衽就擒,无战而穹庐遁迹。德泽咸布,捷状无亏,遂赐绯鱼袋,使务如故。自守此职,岁逾二纪。

安史乱后,西北边防寡弱,不仅河陇诸州被吐蕃蚕食,甚至连长安也时常面临吐蕃入寇的威胁。代宗大历中,神策军第一次出屯京西,防备吐蕃。孙子成大历末出任京西步驿使,或与神策军出镇有关。兴元初,因李怀光之乱,孙子成又兼任京东步驿使,京东步驿使随叛乱的平定而罢废,京西步驿使却随着神策诸城镇的创置而成为常置之使。《陇右金石录》所收《高公佛堂碣》(大中二年)题名中有"京西步驿使、正议大夫、行内侍省□□□令员外置同正员、上柱国、赐□□袋党□弇"③。高公佛堂位于泾川高峰寺,党□弇题名排序在泾原监军□归之下,其下有判官监临泾骑兵马杨□□、判官监平凉镇□□吕绪等。

①《李相国论事集》卷六《论京西北两神策遏军事》,第46页。
②《秦晋豫新出墓志蒐佚续编》七二九《孙子成墓志》,第1001页。
③张维:《陇右金石录》,《石刻史料新编》第1辑第21分册,第16007页。

临泾、平凉都是神策城镇，盖京西步驿使巡行至泾州，故得题名石上。除孙子成、党□弁外，可考的京西步驿使还有懿宗朝的魏文绍。《唐代墓志汇编续集》咸通〇四九《魏文绍墓志》："至咸通四年十月廿五日，蒙恩改授京西步驿使。苍职累岁，士卒欢康。"[1]京西步驿使手里有少量驿卒，负责收集、传递信息，报告给相关连帅。从某种意义上说，京西步驿使相当于诸城镇的耳目，一定程度上弥补了神策城镇沟通迟缓的弊端。此职由宦官专任，进一步强化了宦官对神策城镇的控制。

神策城镇除常镇之外，遇到比较大规模的战事时，还需各自抽兵，组成神策行营。这种用兵模式也是对唐前期府兵制下折冲府组建行营的模拟。元和初，高崇文以长武城等神策镇兵为主，组成神策行营讨伐西川刘辟之乱。《杨居实墓志》："泊大中四年，党羌狂悖，府君奉诏监抚长武、崇信等镇将士行营。府君临戎有略，布阵无□。破敌摧锋，曾无虚发。"[2]可见直至晚唐，朝廷仍以神策城镇组建行营镇压党项等族的反叛。

神策军城镇军士诸来源比较复杂，京畿神策城镇与塞上神策行营存有明显差异。京兆府及附近地区不置节度使，畿郊城镇镇兵多从当地召募。前举新出《张琚墓志》中，张琚贞元中曾任"右神策军步军正将，前奉先、美原县招召兵马使"。"招召"为招兵买马之意，唐代文献中多见。安史之乱爆发后，崔光远任"持节京畿采访、计会、招召、宣慰、处置等使"[3]。泾原节度使马璘病危，节度副使段秀实"以十将张羽飞为招召将，分兵按甲，以备非常"[4]。张羽飞所统即召募的新兵营。张琚为右神策奉先、美原的"招召兵马使"，所领即二县新召募的士兵。如所周知，京畿多商贾市井、浮游之徒，当地募兵为其诡隶军籍

①《唐代墓志汇编续集》咸通〇四九《魏文绍墓志》，第 1071 页。
②《唐代墓志汇编续集》咸通〇〇九《杨居实墓志》，第 1039—1040 页。
③《旧唐书》卷一一一《崔光远传》，第 3318 页。
④《旧唐书》卷一二八《段秀实传》，第 3585—3586 页。

大开方便之门。《新唐书·兵志》云"中书、御史府、兵部乃不能岁比其籍,京兆又不敢总举名实。三辅人假比于军,一牒至十数……京兆尹杨於陵请置挟名敕,五丁许二丁居军"①。元和中有神策军十一万人,而元和十五年(820)穆宗继位时已攀升至十八万六千人,规模膨胀得如此迅速,与京畿富户豪民挂名军籍有很大关系。

　　京北塞上诸神策行营,多隶于左神策。边州人户凋敝,供给困顿,条件艰苦。其兵士来源主要有三种情况:其一,改编诸镇防秋兵。代宗时兖郓节帅田神功令大将邢君牙领防秋兵镇好畤,代宗幸陕时,邢君牙之防秋兵因扈从之功改隶禁军。长武城兵不少由陈许、淮南、浙东西等藩镇防秋兵改隶而来②。贞元时期,淄青等河朔藩镇也遣军士参与防秋,这些士卒朝廷无权支配,虽有宦官监领,最终皆罢归本镇③。其二,由久戍之藩镇兵改隶。浑瑊遣兵马使李朝寀将兵戍定平。浑瑊薨后,李朝寀请以其众隶神策。又镇国军使李元谅率同州兵卒屯良原,开良田百里,李元谅卒后即改隶神策。其三,由丧失本镇的藩镇兵改隶。贞元中,幽州刘怦次子刘滔受其兄刘济排挤,率所部一千五百人朝京师,德宗以故神策镇普润处之,元和初,遂隶属神策。

　　外镇神策军为朝廷直属军队,其粮赐本不同于普通藩镇军。特别是塞上苦寒之地,想让诸道兵甘于归隶神策,神策兵安于镇戍,丰厚的粮赐待遇自然是必不可少的。《新唐书》卷五〇《兵志》曾有如下记载:

---

①《新唐书》卷五〇《兵志》,第1334页。

②《英华》卷八九二韦贯之《南平郡王高崇文神道碑》:"贞元初,始授陈许节度都(虞)侯,及领所部随韩全义镇长武城,神策、淮南、陈许、浙右四军同戍,公总其俾奄之任。"

③《唐代墓志汇编》元和一一九《西门珍墓志》:"至(贞元)八年,充剑南三川宣尉使。其六月,监淄青行营兵马三千余人戍于岐山,西扞荒服。上以公临□不私,抚军有术,凡积星岁,逾十瓜时。十三年入奏,上嘉其勋,锡以朱绶。昆戎自从会盟,俭负恩信,知我有备,未尝犯边。上以关东甲士,远从劳役,悉令罢镇,却归本管。三军别公,援辔挥泣,如诀父母,岂胜道哉。"

> 时边兵衣饷多不赡，而戍卒屯防，药茗蔬酱之给最厚。诸将
> 务为诡辞，请遥隶神策军，禀赐遂赢旧三倍，繇是塞上往往称神策
> 行营，皆内统于中人矣。①

《兵志》此段记载为隐括陆贽《论缘边守备事宜状》而来，但舛误颇多。
陆贽《论缘边事宜状》原作：

> 今者穷边之地，长镇之兵，皆百战伤夷之余，终年勤苦之
> 剧……然衣粮所给，唯止当身，例为妻子所分，常有冻馁之色。而
> 关东戍卒，岁月践更，不安危城，不习戎备，怯于应敌，懒于服劳。
> 然衣粮所颁，厚逾数等，继以茶药之馈，益以蔬酱之资……又有素
> 非禁旅，本是边军，将校诡为媚词，因请遥隶神策，不离旧所，唯改
> 虚名，其于廪赐之饶，遂有三倍之益。②

唐长孺先生在《唐书兵志笺正》一书中业已指出，陆贽所奏军食不均实
为二事，一为关东戍卒待遇厚于长镇边兵，二为长镇边兵诡辞遥隶神
策，骗取三倍的粮赐。《新唐书》务求文省，竟将"关东戍卒"省"关东"
二字，使人误以为"戍卒"即指神策军军士③。陆贽奏状中仅云边军中
存在将校诡为媚词，遥隶神策的现象，《兵志》意犹未尽，又加上一句
"繇是塞上往往称神策行营，皆内统于中人矣"，将之视为塞上神策行

---

① 《新唐书》卷五〇《兵志》，第 1334 页。
② 《陆贽集》卷一九《论缘边守备事宜状》，第 622 页。陆贽上此状年月，目前存有三种意见：
　其一，《通鉴》附于贞元九年（793）五月甲辰条下；其二，《新唐书》卷五〇《兵志》附于贞元
　十四年后；其三，〔清〕江榕《陆宣公年谱辑略》以为贞元八年九月。按，陆贽状文云"臣历
　览前代书史，皆谓镇抚四夷，宰相之任。不揆暗劣，屡敢上言……陛下幸听愚言，先务积
　谷，人无加赋，官不费财，坐致边储，数逾百万。诸镇收籴，今已向终，分贮军城。用防艰
　急……守此成规，以为永制……则更经二年，可积十万人三岁之粮矣。"文中传递出三个信
　息：其一，上此状时陆贽为宰相；其二，上此状前陆贽已屡有上言，积粟之说已被采纳，并初
　见成效；其三，上此状时"诸镇收籴，今已向终"，应在秋税纳毕之后。贞元八年四月陆贽
　以中书侍郎拜相，贞元十年十二月遭贬斥。从时间上判断，应以《通鉴》贞元九年为是，唯
　奏状在秋税纳毕之后，《通鉴》附于五月，恐误。
③ 唐长孺：《唐书兵志笺正》卷三，第 103 页。

营出现的主要原因。本书所考唐代神策城镇近四十城,绝大部分位于凤翔、京兆等近畿地带,位于泾原、盐灵等边州的只有定远、归化等十余城。而且这些城镇皆为战略要地,改隶神策是朝廷有意为之,绝非因边将贪图禀赐所致。《新志》画蛇添足,适得其反,对神策镇兵粮赐问题也没有作出客观描述。具体而言,神策城镇兵粮赐主要有四个来源。

其一,镇兵屯田。军队屯田自给是中唐以后藩镇养兵的普遍做法。西北新承军乱之后,存在大量的抛荒耕地,每增一镇,朝廷划拨上百顷的荒田充为军田,供其营佃。贞元十三年(797)长武城兵不乐随韩全义镇夏绥,主要即因为夏州"沙碛之地,无耕蚕生业"[1]。京西北诸镇人口稀少,朝廷往往将水草丰美之处割隶神策,这在一定程度上加剧了神策镇兵与当道兵的矛盾。

其二,城镇所在州县两税。由于屯田较为零散,镇使往往还将租额责令当州征纳。州县又将之摊派入百姓两税。元和四年(809)元稹《牒同州奏均田状》:"当州供左神策郃阳镇军田粟二千石。右,自置军镇日,伏准敕令。取百姓蒿荒田地一百顷,给充军田。并缘田地零碎,军司佃用不得,遂令县司每亩出粟二斗。其粟并是一县百姓税上加配,偏当重敛,事实不均。"[2]神策镇兵粮的征纳,大大加重了当州百姓的两税负担。

其三,度支转输。京西北诸镇屡经吐蕃寇掠,民户凋敝,当道两税供养本镇军尚犹不足,往往还需朝廷转输接济。陆贽论沿边州镇储备军粮时云"今陛下广征甲兵,分守城镇,除所在营田税亩自供之外,仰给于度支者尚八九万人"[3]。神策诸镇因其隶两军中尉,在供给上较方镇兵优越,贞元末判度支户部侍郎苏弁曾以给长武城军粮朽败贬河州司户参军。

---

①《旧唐书》卷一六二《韩全义传》北京:中华书局,1975 年,第 4247 页。
②《元稹集》卷三八《同州奏均田状》,第 437 页。
③《陆贽集》卷一八《请减京东水运收脚价于缘边州镇储蓄军粮事宜状》,第 584 页。

其四，节庆日朝廷赏赐。诸城镇兵隶名神策，得预禁军之列。每逢节假日或朝贺大赦等，诸镇兵也援例得到丰厚赏赐。

神策诸城镇在经济上对朝廷度支依赖性非常大。每新置一神策军镇，即需在当州划拨土地供其营佃，还需加征两税以供军，同时财政三司要转运更多的粮草，颁赐更多的绢帛。从国家财赋的角度看，神策城镇粮赐是一项沉重的财政支出。这决定着朝廷不能无限制地扩充神策军，只能考虑自身的财政承受力，采取点状驻防的方式分驻要地。

除在城、外镇神策军外，神策军尚有数千采造兵。外镇之神策军尚有采造、营田、群牧等特殊名目，宋白《续通典》单云“采造军”，盖营田、群牧等与军事直接相关，皆可役使镇兵充当，而采造则需入深山伐木，故单独成军。贞元十一年（795）八月户部侍郎裴延龄充京西木炭采造使，十二年九月停[①]。裴延龄卒后，采造使虽停，但其事并没罢废，而是移隶左、右神策军。《册府》卷六一《帝王部·立制度门二》：

> 太（大）和元年五月癸酉，左神策军奏当军请铸南山采造印一面……四年六月……是月，左右神策军奏当军于凤翔扶风县营田、采造，宝鸡县采造，斜谷南山、吴山、宝鸡、扶风营田，共四所，各请铸印，并可之。[②]

据此，文宗大和年间左神策采造军置于凤翔扶风县、宝鸡县。新出《柏玄楚墓志》载：“开成五祀，左神策军容特荐委公监马步木场。”[③]所谓马步木场，应属左神策马步军采造伐木之场。《太平广记》卷八四“会昌狂士”条：“会昌开成中，含元殿换一柱，敕右军采造选其材合尺度者，军司下盩厔山场，弥年未构。”[④]则右神策盩厔亦置山场采造。

---

①《唐会要》卷六六“木炭使”条，第1362页。

②《册府》卷六一《帝王部·立制度门二》，第678页。

③齐运通主编：《洛阳新获墓志百品》一〇二《柏玄楚墓志》，北京：国家图书馆出版社，2020年，第216—217页。

④〔宋〕李昉等编：《太平广记》，北京：中华书局，1961年，第547页。

采造军名为采造,多仗宦官之势,直接侵夺百姓良木。《册府》卷一五三《帝王部·明罚门二》:"自神策兵分镇畿县及近甸诸州,若群牧、采造之名,其类不一,干法乱政,为蠹颇甚。"①《白居易集》卷一《宿紫阁山北村》云:"举杯未及饮,暴卒来入门……庭中有奇树,种来三十春。主人惜不得,持斧断其根。口称采造家,身属神策军。主人慎勿语,中尉正承恩。"②对神策军进行了深刻的揭露。

神策城镇的缘起,主要是防遏吐蕃寇掠。贞元以后,神策城镇陆续创置,城镇与方镇边军互为犄角,成为防制吐蕃、回纥的主力。贞元中吐蕃大举入寇,韩全义率长武城神策军屡次出战,对吐蕃气焰有所遏制。贞元五年(789)夏,吐蕃三万寇宁州,高崇文率长武城甲士三千救之,于佛堂原大破之,吐蕃死者过半。贞元八年,吐蕃寇灵州,陷水口支渠,败营田,朝廷诏遣神策六军二千人戍定远、怀远二城,吐蕃始退。尽管神策诸城镇存有种种弊端,但是从客观效果看,神策外镇阻缓了吐蕃的袭扰。肃、代时期吐蕃动辄深抵好畤、奉天,朝廷为之旰食的局面不复存在。

神策城镇的另一意图是威慑、监视京西北藩镇。贞元十四年归化堡神策镇兵乱,逐大将张国诚,泾原节度使刘昌奉诏入堡,诛数百人,复使国诚统之。贞元十九年十月,盐州军将李庭俊杀刺史作乱,左神策兵马使李兴斡戍盐州,杀庭俊以闻。贞元以后,屡次反抗朝廷的朔方、泾原等镇反叛行动也逐渐停止了。

当然,由于两种体系指挥不同,亲疏不同,很多情况下神策城镇与方镇军之间牵制则有余,协作则不足。韩游瓌不满长武城为神策军所夺,吐蕃入寇时托病不出,神策军独军难支,屡战无功③。吐蕃围华亭镇,陇州州兵遇敌人辄退,不肯复出,最终导致了华亭的陷落。

①《册府》卷一五三《帝王部·明罚门二》,第 1857 页。
②《白居易集笺校》卷一《宿紫阁山北村》,第 25—26 页。
③《旧唐书》卷一九六《吐蕃传下》,第 5256 页。

　　针对神策城镇与沿边诸节度使之间的矛盾,德宗采取以神策镇将充任镇节度使的办法来弥合。此外,在神策军镇的设置上,在一城镇旁复置一镇,以求神策城镇内部能够互相应援。但是两种体制在指挥权上的矛盾始终是不可调和的。元和初,宪宗从李吉甫等之议,将普润、盐州、定远等城镇改隶当道节度使,以专任边将。元和七年(812),吐蕃一度大掠至泾州西门,宰相李绛上书极言神策中尉遥制京西城镇之弊,"便据所在境兵马及衣粮器械,割属当道节度"①,后因神策镇军皆不乐割属,此事因循未改。敬宗宝历二年(826),邠宁庆节度使柳公绰再次论奏其事,敬宗即诏"神策诸镇在其部者,边上有警,尽得听节度使指挥"②。自陆贽而至李吉甫、李绛,至柳公绰,不断有人呼吁以神策割隶节度使。这一要求包含有其合理性,但这将导致朝廷丧失对京西北诸方镇的直接控制,不可能得到持续有效的实施。敬宗时加以折中,诸镇仍隶神策两军,作战时可由节度使临时指挥,双方矛盾才暂时告一段落。

第四章　神策军与中晚唐政局

第一节　元和年间神策军之用于征讨

　　安史之乱爆发以后,藩镇兵盛,朝廷长期处于直辖武力寡弱的尴尬境地,神策军是朝廷千方百计获得的一支禁军,自其成为禁军之日起,便担负起征伐跋扈藩镇的厚望。大历末,神策军渐具规模。大历

---

① 《李相国论事集》卷六《论京西京北两神策镇遏军事》,第46页。
② 《册府》卷四〇六《将帅部·正直门》,第4834页。

十二年(777),元载之党卓英倩弟卓英璘据金州,以子弟千人抗拒官军,代宗发神策千人与山南兵分道讨之①,神策军第一次用于征伐。两年后即位的德宗皇帝更是雄心勃勃,以抵御吐蕃为名,遣神策军入川,成功收回西川,其后河北、河南、淮西藩镇相继拒命,神策军陆续东征,虽然颇有建功,但也造成关中空虚,诱发泾师之变,随着德宗的出奔,原有禁卫体系崩溃。贞元年间,德宗苦心孤诣,改革神策军组织结构,将从藩镇军结构改组为北门六军结构,并创置神策护军中尉制。脱胎换骨后的神策军规模达到十余万人,比代宗时期膨胀数倍。新组建的神策军能否胜利征伐叛藩的重任,德宗时代姑息藩镇,未暇得到真正的检验。贞元十五年(799),神策行营节度使韩全义率京西神策军会同藩镇兵,围讨淮西节度使吴少诚。韩全义驭兵无谋,勾结监军,讳败为胜,讨伐不了了之。至宪宗元和初,宪宗为一代英主,锐意进取,倾向武力削平割据藩镇。神策军作为天子亲军,自然是武力伐叛的首选。

宪宗首次启用神策军讨伐是元和元年(806)高崇文率神策军讨刘辟之役。元和初,西川节度使韦皋卒,副使刘辟强求西川节度使,得到旌节后,志益骄,求兼领三川,擅发兵围东川节度使李康。在宰相杜黄裳、翰林学士李吉甫的支持下,宪宗首用左神策长武城使高崇文出讨西川。

长武城使高崇文是神策军的最高统帅,《旧唐书》本传记其官职为"左神策行营节度使,兼充左右神策、奉天麟游诸镇兵"②。这一官衔貌似突兀,实则与神策军的组成有直接关系。出征西川的神策军实际上为两支。一支是高崇文所将五千长武城神策镇兵,这是高崇文的本部军士,长武城隶左神策,职衔中"左神策行营节度使"指高崇文对此部分神策军具有指挥权;另一支神策军则由左右神策京西行营兵马使

①《册府》卷四九〇《邦计部·蠲复门二》,第5867页。
②《旧唐书》卷一五一《高崇文传》,第4051页。

李元奕所率两千京西神策兵，职衔中"兼充左右神策奉天、麟游诸镇兵"即指李元奕之兵也受高崇文节制。此两千神策军发自奉天、麟游等京西城镇，据《刘弘规神道碑》，其监军正是刘弘规。长武城神策兵自凤翔斜谷路入蜀，李元奕则取道骆谷道入蜀，两军在梓潼会合后统于高崇文。当然，高崇文有专征之权，所统并非仅为神策军。元和元年（806）七月宪宗诏："凡西川继援之兵，悉取崇文处分。"①河东将阿跌光颜、山南西道严砺等皆受其节制。毫无疑问，藩镇兵只是偏师助攻，神策军才是决定战争进程的主力军。

　　元和元年，朝廷尚未从建中之败的阴影中走出来。高崇文所将止七千人，加上后继的河东兵等，其总数不过万人，而西川有兵数万。高崇文等势如破竹，长驱直入，首先得益于宰相杜黄裳等人的正确判断。正如杜黄裳所指出的那样，刘辟为一介书生，不得武人之心，西川将士素无斗志，只要军事上稍受挫败，即会四处溃散。幕僚中也只有卢文若为其心腹，其他如林蕴等皆不为其所用。于文于武，西川都不具备与朝廷长期抗衡的基础。另外一个必须承认的原因是，高崇文所将神策军确实具有较高的战斗力。高崇文在广武城积粟练兵，天下知名。李元奕所将京西神策行营兵屡经战阵，也处于战斗力鼎盛的时期，神策军连破玄武、鹿头关，西川迅速平定，绝非一时侥幸②。

　　神策军讨平西川开创了一个全新的平叛模式，即以禁军将领为最高统帅，以禁兵作为平叛主力，会同方镇兵共同进讨。在此之前禁军寡弱，讨伐叛藩，多以顺命藩镇为主，禁兵辅助参与。德宗建中年间，李晟、曲环等以制将身份统禁兵出讨，神策制将实际上处于两属状态，即直接听命皇帝的诏敕指令，又分隶李勉、马燧等方镇节帅。神策军

①《通鉴》卷二三七宪宗元和元年七月甲午条，第7757页。
②关于高崇文平西川之战，陆扬曾有精深的研究，参见氏著《从西川和浙西事件论元和政治格局的形成》，《唐研究》第8卷，2002年；《从新出墓志再论9世纪初剑南西川刘辟事件及其相关问题》，《唐研究》第17卷，2011年。

东出,导致关中空虚,诱发泾师之变,天下大乱。经过德宗贞元年间的苦心经营,至元和初神策军已拥兵十万众,形势发生巨大改变。西川之战是宪宗启用神策军讨伐的牛刀小试。战争的快速取胜,不仅神策军名声大噪,也坚定了宪宗以神策军讨平拒命藩镇的信心。在其刺激之下,很快又爆发了对神策军历史影响非常深远的讨伐成德之役。

元和四年(809),成德节度使王士真卒,其子王承宗自为留后。初,王承宗惧军中不服,承诺割让德、棣二州,以换取朝廷旌节。既得正授后,王承宗又出尔反尔,拒奉诏命。元和四年十月,宪宗以左军中尉吐突承璀为左右神策、河中、河阳、浙西、宣歙等道行营兵马使招讨处置使,统左右神策军讨伐王承宗。

此次出讨是元和年间神策军又一次声势浩大的外讨。不过议兵之初,反对之声便不绝于耳。质疑最大的就是吐突承璀的统帅身份。翰林学士李绛、白居易,度支使李元素、盐铁使李鄘、御史中丞李夷简等都上表反对。蒋偕《李相国论事集》卷二《论中尉不当统兵出征疏》载其事云:

> 元和四年,上令左军中尉吐突承璀统神策军讨王承宗,节制诸道兵马。翰林中缕陈从古无令中人统各镇师徒诸道受其节制者……前后谏论一十八度。后宰相论,亦不允,遂依上旨。仍令学士李绛草白麻。其日绛又进状,称事实不可。适有进旨,召翰林(枢密?)梁守谦,上手持一纸文书云:"宰相悉言可任承璀,而学士不肯,如何?"遂令中书出敕。[1]

翰林学士反对吐突承璀统兵的理由主要是"古无令中人统各镇师徒诸道受其节制者",事实上,玄宗天宝时杨思勖数次领兵讨伐岭南,安史

---

[1]《李相国论事集》卷二《论中尉不当统兵出征疏》,第15页。其中梁守谦前有"翰林"二字。梁守谦为宦官,并非学士,且元和五年讨王承宗时梁守谦为枢密使,而非学士院使,此处当有讹误。

之乱爆发后,鱼朝恩以观军容使身份督九节度使兵在相州与叛军决战。李绛等持论虽正,却没有顾及中唐之后宦官充任的神策中尉为神策军最高军事长官的现实,更没有体察到宪宗用兵策略的新变化。

元和初年,神策军已初具规模。宪宗一改往常以藩镇军进讨为主的用兵策略,比较青睐以禁军进讨的新模式。客观而论,用兵成德,战争风险比西川要大得多。西川本非反侧之地,高崇文以二三神策城镇兵即可平定。成德已割据数十年,兵精将广,根基稳固,仅遣数千神策镇兵不足取胜。用兵西川时,高崇文长武城使的身份曾遭非议,朝议以其资历过低,不足以担任统帅之任。那么,用兵成德,战争规模空前,神策护军中尉是神策军最高军事长官,以其统禁兵出征,也算名正言顺。魏博节度使田季安恐神策军有假途灭虢之意,谋士谭忠游说云:"今王师越魏伐赵,不使耆臣宿将而专付中臣,不输天下之甲而多出秦甲,君知谁为之谋,此乃天子自为之谋,欲将夸服于臣下也。"①河朔谋士对时局的洞察能力远在李绛之上。

李绛、白居易等反对吐突承璀为帅,却无法举出更为适合的人选。退一步说,即使宪宗依代、德故事,委方镇进讨,择帅也较困难。与成德邻近的是河东、昭义二镇。元和四年(809)河东节度使为老将范希朝,因德宗长期奉行压制政策,河东军大不如前,元和五年王锷代镇河东时兵员从贞元初的十万人衰降至不满三万。朝廷所仰仗的藩镇只能是昭义节度使卢从史,而最大的问题恰好出在卢从史身上②。卢从史旌节并非朝廷诏授,宪宗连诛刘辟、李锜后,卢从史心怀疑惧,一面屡屡献计,请讨成德,邀功自赎,一面又与王承宗、刘济等河朔藩镇暗中勾结。朝廷不加牵制,反命其为帅,无疑是下下策。若宪宗自朝中择将,高崇文出自河朔,久典禁兵,已于元和二年病逝。与高崇文齐名

①《通鉴》卷二三八宪宗元和四年十一月条,第7791页。
②参卢向前:《卢从史出兵山东与唐宪宗用兵河朔三镇之关系》,《中华文史论丛》,2007年第3辑。

的骁将刘澭,为幽州节度使刘济之弟,亦于同年病逝。朝廷寄予厚望的是自成德入朝的悍将赵万敌。赵万敌本王武俊骑将,建中时屡次与官军作战,曾大败李怀光等。王士真立后,赵万敌备受猜忌,德宗趁机将其征召入朝。赵万敌与王士真父子有隙,屡言进讨必捷。此人与成德渊源甚深,若为统帅,功成后必以成德酬之,难保不会侵染河朔旧俗。相比之下,吐突承璀是宪宗东宫旧臣,又是神策军的最高军事长官,有随俱文珍处置宣武军乱的历练,同昭义节度使卢从史也有一定的交往。吐突承璀是能被朝廷和卢从史双方都接受的人选,朝堂言谏官的反对多少显得迂阔、不切实际。

宪宗非常注意纳谏,为了安抚人心,削去吐突承璀四道兵马使之名,并将使名中的“处置”改为“宣慰”二字。改动之后,吐突承璀仅相当于神策行营节度使,只能直接指挥左右神策军,丧失对河阳、河中、宣歙、浙东四镇兵的指挥权。时刘济将幽州军攻之于北,范希朝、李茂昭会河东、义武兵于定州,吐突承璀所将神策军与卢从史昭义军自西部深入成德。宪宗的计划中,“第一倚望承璀,第二准拟希朝、茂昭”[1],吐突承璀落下处置使,不能直接对卢从史发号施令。这也是后来只能对卢从史采取诱捕行动的直接原因。

除统帅身份上的争论外,此次出征的神策军在士兵构成上与讨西川时也迥然不同。元和四年(809)十月,“吐突承璀军发京师,上御通化门劳遣之”[2],出征者并非京西北神策城镇镇兵,主要是长安城内的神策兵。李唐以关中立国,安史之乱后,河陇诸州被吐蕃侵占,自此陷入东西两面受敌的不利境地。德宗欲以神策军东讨,先释放吐蕃战俘,数遣使修好,朝廷西边无警,始得专力于两河战场。贞元初吐蕃劫盟之后,吐蕃与唐廷长期处于敌对状态。“回鹘、吐蕃皆有细作,中国

---

①《白居易集笺校》卷五九《请罢兵第二状》,第3364页。
②《旧唐书》卷一四《宪宗纪》,第429页。

之事,小大尽知"①,若神策镇兵东出,吐蕃必然乘虚而入。元和四年吐突承璀出讨前夕,振武奏吐蕃五万余骑至拂梯泉,丰州奏吐蕃万余骑至大石谷。在这种情况下,神策诸城镇镇兵和邠宁、凤翔、泾原等边镇显然无力抽调精锐东征。能够动用的只有宿卫京城的数万在城神策兵。

　　长安城内的神策军装备、粮饷等皆优于神策城镇,但是安逸骄奢的环境导致其战斗力与神策镇兵大相径庭。长安及京畿诸县,素号繁庶,王侯权贵、官僚士族荟萃其地。挂名禁军军籍是长安市井之徒规避赋役的重要途径,早在玄宗开元、天宝年间这一现象便已非常普遍。《唐会要》卷七二"军杂录"条云:

> 天宝末,天子以中原太平,修文教,废武备,销锋镝,以弱天下豪杰……惟边州置重兵,中原乃包其戈甲,示不复用,人至老不闻战声。六军诸卫之士,皆市人白徒。富者贩缯彩,食粱肉,壮者角抵拔河,翘木扛铁,日以寝斗,有事乃股栗不能授甲。其后盗乘而反,非不幸也。②

神策军起于边军,入屯长安后,迅速侵染禁军旧俗。建中四年(783),神策军继出东征,德宗命神策都知兵马使白志贞召募神策军士,时禁军战死者,白志贞皆不奏闻,悉以市贩之徒填充其阙。泾师之变时,德宗无兵御敌,仓皇出奔奉天,其后被李怀光逼迫,再奔梁州。兴元元年(784),德宗返京,扈从将士多赐名奉天定难功臣,享有免死、官给俸禄、减免杂役等特权,京城富户纷纷托名隶军,规避杂役,"三辅人假比于军,一牒至十数"③。贞元八年(792),神策大将军柏良器整顿军纪,清理市贩在军籍者,窦文场等借故将其罢去。元和二年(807),京兆尹

①《白居易集笺校》卷五九《请罢兵第二状》,第3366页。
②《唐会要》卷七二"军杂录"条,第1539—1540页。
③《新唐书》卷五〇《兵志》,第1334页。

杨於陵,奏置挟名敕,规定五丁以上者限两丁入军,以此递立节限①。挟名敕承认禁军庇护百姓的特权,同时对神策军影避的人数加以限制。

如前所述,吐突承璀所将之神策军,战斗力与高崇文所将神策镇兵不可同日而语。反对用兵的人对此也有清楚的认识。白居易在《请罢兵第二状》云:"神策官健又最乌杂,以城市之人,例皆不惯如此,忽思生路,或有奔逃。一人若逃,百人相扇,一军若散,诸军必摇。"神策军明明实力不济,却大张旗鼓地冒险远征,盖此次出征并非单纯的军事行动,还有其他的政治考量。首倡讨伐的并非吐突承璀,而是成德邻镇的昭义军节度使卢从史。贞元中卢从史诈取旌节,专恣跋扈,朝廷不以纯臣视之。宪宗连平西川、浙西两镇,卢从史心不自安,主动提请出兵讨伐拒命的成德镇。宪宗对成德的背信弃义极为恼怒,自然不想错过这一天赐良机。其如意算盘是顺水推舟,神策军借机兵出昭义,压迫卢从史进兵,不仅要消灭王承宗,更要顺势解决昭义问题。吐突承璀的首要任务并非力战成德军,而是张扬朝威,督促昭义进兵。神策军一入河北地界,便与昭义军连营,就是防止其意外遭遇倾覆之败,折损朝威。

吐突承璀如何指挥神策军的,唐人墓志中曾保留一段细节。《唐代墓志汇编续集》大和〇三八《柏元封墓志》:

> 会镇帅王士贞死,男承宗盗据其地。宪宗皇帝命中贵人承璀帅师以征,诏潞将从史合兵而进。从史持二心,阴与承宗比。承璀无功,乃请先诛从史,后讨承宗。上可诛从史奏。遂擒送阙廷。

---

① 《李翱文集校注》卷一四《杨於陵墓志》,第 222 页。《新唐书·兵志》作贞元十年,按,杨於陵为京兆尹在元和二年,《兵志》系年显然有误。《册府》卷一六〇《帝王部·革弊门二》引大和五年十月中书门下奏云:"自元和二年、长庆元年、宝历元年、大和三年前后敕令约勒皆令条疏。"此为元和二年为挟名敕始下之年的强证。郁贤皓《唐刺史考全编》(合肥:安徽大学出版社,2000 年)卷一杨於陵条以贞元十年杨於陵为京兆少尹时下此敕,亦误。

复念承宗祖父有破朱滔安社稷之勋，释其罪，诏承璀还师。路出予(于)魏。魏将田季安屈强不顺，亦内与承宗合。承璀不敢以兵出其境，请由夷仪岭趋太原而来。上以王师迂道而过，是有畏于魏也，何以示天下。计未出，公使来京师。上召对以问之。公曰：非独不可以示天下，且魏军心亦不安，而阴结愈固矣。臣愿假天威，将本使命谕季安，使以壶浆迎师。上喜，即日遣之，驻承璀军以须。公乃将袁命至魏，语季安以君臣之礼，陈王师过郊之仪。季安伏其义，且请公告承璀无疑。师遂南辕。上谓丞相曰：承璀不比，出并而还，元封之谋也。①

从墓志内容来看，吐突承璀在河北战场动静都向宪宗请示，真正的指挥者为宪宗君相。墓志提及吐突承璀请求班师时绕道河东归京，恰好说明其用兵小心谨慎。安史之乱以来，官军虽不乏精兵猛将，但兵源芜杂，无力与河朔精骑锐卒抗衡，多只能先求战略相持，后徐图进取，此马燧破河朔之法。宦官领军者，多急于求胜复命，不顾战场实际，督促进兵，造成重大灾难。前有哥舒翰潼关丧师，后有鱼朝恩相州之溃。吐突承璀以其所统乌合之众，如强行决战，或贸然进退，必将重蹈哥舒翰覆辙。尽管史官或称其骄奢好战，或称其怯战无谋，在具体指挥上吐突承璀并没有明显的颠顼之举。

讨伐王承宗之役久而无功，根源于朝廷对河北局势的误判。卢从史的阳奉阴违，导致神策军依托昭义镇取胜的设想完全破灭，陷入进退两难的尴尬境地。在相持数月之后，为了体面地从成德战场脱身，宪宗不得已曲赦王承宗，并将罪过推给卢从史，密诏吐突承璀实施诱捕。

《通鉴》卷二三八宪宗元和五年(810)正月条：

卢从史首建伐王承宗之谋，及朝廷兴师，从史逗留不进，阴与

---

① 《唐代墓志汇编续集》大和〇三八《柏元封墓志》，第910页。

承宗通谋,令军士潜怀承宗号;又高刍粟之价以败度支,讽朝廷求平章事,诬奏诸道与贼通,不可进兵。上甚患之。

　　会从史遣牙将王翊元入奏事,裴垍引与语,为言为臣之义,微动其心,翊元遂输诚,言从史阴谋及可取之状。垍令翊元还本军经营,复来京师,遂得其都知兵马使乌重胤等款要。垍言于上曰:"从史狡猾骄很,必将为乱。今闻其与承璀对营,视承璀如婴儿,往来都不设备;失今不取,后虽兴大兵,未可以岁月平也。"上初愕然,熟思良久,乃许之。

　　从史性贪,承璀盛陈奇玩,视其所欲,稍以遗之。从史喜,益相昵狎。甲申,承璀与行营兵马使李听谋,召从史入营博,伏壮士于幕下,突出,擒诣帐后缚之,内车中,驰诣京师。左右惊乱,承璀斩十余人,谕以诏旨。从史营中士卒闻之,皆甲以出,操兵趋哗。乌重胤当军门叱之曰:"天子有诏,从者赏,敢违者斩!"士卒皆敛兵还部伍。会夜,车疾驱,未明,已出境。[1]

据《通鉴》,诱捕卢从史首倡于宰相裴垍,吐突承璀只是具体施行者。《柏元封墓志》云"承璀无功,乃请先诛从史,后讨承宗。上可诛从史奏。遂擒送阙廷",与《通鉴》所记略有不同。就当日军情而言,抛弃卢从史,另立新帅是吐突承璀化解河北战场困局的唯一出路。当日同知此事的尚有翰林承旨李绛、枢密使梁守谦。李绛与吐突承璀有嫌,称诱捕之举"虽为长策,已失大体",又以"军中等夷甚多"为由,否决了乌重胤代为节度使的提议。乌重胤本已掌军,朝廷临时换帅,人心动摇,三千军士趁夜溃归魏博。经此折腾,继续讨伐王承宗更无胜算。朝廷只得曲赦王承宗,诏令吐突承璀班师。

　　讨成德无功而返,几至无法全军而退,彻底暴露神策军外强中干

---

①《通鉴》卷二三八宪宗元和五年(810)正月条,第7795—7796页。

的真实战力，也意味着宪宗以神策军为主讨伐藩镇策略的彻底破灭。其后朝廷讨淮西、征淄青，再也没有神策中尉帅禁军出讨的举动。成德之役在神策军发展史上具有转折意义，此后神策军由鼎盛走向衰落，方镇军强、中央军弱的格局初步形成。

第二节　神策军的腐化及其崩溃

宪宗元和年间，用武力基本解决藩镇割据问题，被称为"元和中兴"。但是自出征成德失败后，宪宗平藩战争中，李吉甫、裴度等宰相运筹于内，李光颜、乌重胤、李愬等藩镇将帅苦战于外，与神策军几无关系。元和中兴时间非常短暂，穆宗即位后，河朔复叛，但是朝廷收复淮西、淄青两镇，解决心腹之患。通过藩镇之间相互制衡，中央和藩镇之间达成军事均势和政治默契。中央无力消灭河朔藩镇，河朔藩镇也无力挑战中央权威。直至唐末农民大起义爆发，这种苟安的和平格局持续了数十年。我们注意到，在这数十年内，禁军乌杂不强为人所周知，但是唐人几乎没有提出改良禁军或其他富国强兵的方案。盖朝廷摆脱代、德时期无直辖野战军队的恐慌，安于现状，对宦官典禁兵渐渐习以为常。宦官精通军事者毕竟有限，主要把神策军当成把持政治特权、攫取经济利益的工具，对提高神策军战斗力并不上心。因此，吐突承璀失败之后，神策军并没有进行励精图治的改革，反而更为腐化堕落。

中唐时期，长安普遍存在一种所谓的"纳课户"。"自贞元已来，长安富户皆隶要司求影庇，禁军挂籍者什五六焉，至有恃其多藏，安处阛阓，身不宿卫，以钱代行，谓之纳课户。"①宪宗元和十三年（818）十二月辛亥诏："左右龙武六军及威远营应纳课户共一千八百人，所请衣

---

①《册府》卷一六〇《帝王部·革弊门二》，第 1930 页。

粮宜勒停。"①一千八百人仅为六军和威远营名下的纳课户,尚不包括规模庞大的左右神策军。纳课户数量之巨可以想见。元和以后,随着宦官权势的膨胀,虚挂军籍的现象更加肆无忌惮。穆、敬、文诸朝多次下达诏令,试图恢复挟名之制,皆因触及宦官利益,成效甚微。《册府》卷一六〇《帝王部·革弊门二》又云:

> (大和)五年十月中书门下奏:"应属诸使、内外百司、度支、户部、盐铁在城及诸监院、畿内并诸州监牧、公主邑司等将健官典所由等,准承前例,皆令先具挟名敕,牒州府免本身色役。自艰难已后,事或因循,多无挟名,自补置,恣行影占,侵害平人。自元和二年、长庆元年、宝历元年、太(大)和三年前后赦令约勒皆令条疏,及勒具挟名闻奏。所司竟未遵行,奸弊日深,须有厘革……望合令本军、本使、本司勘会,据元敕元管数额合食衣粮资课粮料人,具挟名补置年月乡里分析闻奏。此外不得更有影占。自此之后,有逃死补替,仍每年终具替人挟名阙闻奏。其挟名限敕下三个月内闻奏毕,左右神策、六军、威远营(军?)除请依余一切委本军条疏理,讫具数闻奏,其余诸司诸使并令御史台勾当,依限申奏仍切加访察,勿许因循。"从之。②

挟名敕所涉及的并非仅为禁军,还包括诸使、文武百司等,而左右神策军无疑是庇护纳课户的大头。两军恣行影占百姓,宦官得其贿赂,富商子弟得以窜名避役,朝廷不仅丧失役丁,还要虚耗大量衣服粮赐,为蠹尤深。

在虚挂军籍的同时,嗜利之风也在军中蔓延。左右神策普遍借贷

---

①《册府》卷一六〇《帝王部·革弊门二》,第 1930 页。"龙武六军",《旧唐书》卷一五《宪宗纪》作"龙武军六军",《唐会要》卷七二"京城诸军"条作"龙武等六军",按龙武军属六军之一,疑《唐会要》作"等"是。
②《册府》卷一六〇《帝王部·革弊门二》,第 1931—1932 页。

长安富户商贩市易生利。神策军放贷兴利未知始于何时，穆宗、敬宗时期军中已有身不宿卫，专主市易者。《唐代墓志汇编续集》大和〇五二《右神策军衙前正将专知两市回易武威贾公（温）墓志》：

> 公之姊适党氏，党之表妹王氏，适前护军中尉开府马公，当权左校之日，荐公以能默纪群货，心计百利，俾之总双鄽贾贸，未几神军实十五万贯。酬以衙前正将，奏以阳武国子。①

墓志中的护军中尉马公，当指马进潭或马存亮。贾温隶名神策，名为衙前正将，实则"专知两市回易"。禁军经商牟利，多恃势强买强卖，名为经商，实则扰民，遭到正直官员的反对②。《册府》卷五四七《谏诤部·直谏门十四》：

> 韦力仁为谏议大夫。开成三年，阁（阁）内奏曰："臣伏见军家捉钱，事侵府县。军司与府县各有区别。今富商大贾名隶军司，着一紫衫，府县莫制。当陛下至圣至明之时，固不宜有此。禁军司陛下卫士，警夜巡昼，以备不虞，不合搅扰百姓，以干法理。伏乞陛下戒敕统帅，令各归其分，则人情获安，天下幸甚。"帝问宰臣等，奏曰："凡论事须当，力行（仁？）所言，乃欲生事。"帝曰："盖论名分耳。"李珏曰："军家所出牓是自捉军人，百姓即府县自捉，此无乖名分。止当廷论，此亦似近名。然谏官论事，不合怪之。"③

开成三年（838）正当宦官势力猖獗之时。韦力仁请禁神策军放贷捉钱，虽然得到文宗的支持，但是牛党宰相李珏等忌惮宦官，虚与委蛇，不敢禁绝。直至武宗朝起用薛元赏等敢于任事的京官，才有一定的扭

---

① 《唐代墓志汇编续集》大和〇五二《右神策军衙前正将专知两市回易武威贾公墓志》，第920页。

② 关于唐代军队经商问题，参看贾志刚：《唐代藩镇供军案例解析——以〈夏侯昇墓志〉为中心》，《中国社会经济史研究》，2011年第4期。

③ 《册府》卷五四七《谏诤部·直谏门十四》，第6566页。

转。当然,武宗朝并没有根本上革除禁军捉钱之弊。中晚唐时期不少富商世代挂籍神策,聚敛财富,甚至步入仕途。僖宗时义昌节度使王处存即为典型例证。《旧唐书》卷一八二《王处存传》:

> 王处存,京兆万年县胜业里人。世隶神策军,为京师富族,财产数百万。父宗,自军校累至检校司空、金吾大将军、左街使,遥领兴元节度。宗善兴利,乘时贸易,由是富拟王者,仕宦因赀而贵,侯服玉食,僮奴万指。[1]

神策军与富商大贾结成政治经济同盟。富户纳资挂籍,为神策军捉钱生利。神策军则为富户提供庇护。富户商贩渗入神策军内部,致使神策军具有强烈的嗜利性。神策军系统官由赂成,涌现出一批所谓的"债帅"。《旧唐书》卷一六二《高瑀传》:

> 自大历已来,节制之除拜,多出禁军中尉。凡命一帅,必广输重赂。禁军将校当为帅者,自无家财,必取资于人,得镇之后,则膏血疲民以偿之。及瑀之拜,以内外公议,搢绅相庆曰:"韦公(韦处厚)作相,债帅鲜矣!"[2]

大历中尚无神策中尉,此处所记应为宪宗以后尤其是文宗以后的情况。《新唐书》卷七七《萧太后传》亦载当时"节度自神策出者,举军为辨(办)装,因三倍取偿"[3]。国舅萧洪因不愿偿还前任所欠债务,与左军中尉仇士良结下私憾。国舅尚且如此,当日风气之坏可想而知。

神策城镇的镇兵,实际情形也比较复杂。近京畿的神策镇兵,待遇优厚,无战阵之苦,其腐化与在城神策军无太大差异。塞上神策诸城镇,本为抵御吐蕃所置,尚保持一定的战斗力。中唐时期,也有一些藩镇军队,成建制改隶神策城镇。穆宗长庆二年(822),李寰自博野溃

---

①《旧唐书》卷一八二《王处存传》,第4699页。
②《旧唐书》卷一六二《高瑀传》,第4250页。
③《新唐书》卷七七《萧太后传》,第3506页。

围而出,所将三千博野兵改隶右神策,驻于奉天。回鹘解体溃散时,李德裕奏以投降的回鹘温莫斯部为归义军,待遇与神策城镇相同,后因温莫斯反叛而止。武宗颇留意河湟之事,特置备边库积储收边物资,又命刘濛巡边,视察西北诸道及诸城镇战备情况,积极准备收复河湟失地。会昌末吐蕃政权崩溃瓦解,诸部相互混战。宣宗大中三年(849),吐蕃以秦、原、安乐三州及石门等七关归唐,沙州张议潮逐走吐蕃守将,收复瓜、沙等州,西北边境形势进一步得到缓解。西北藩镇,宣宗逐渐选用儒臣为帅,神策城镇防御吐蕃、监视方镇的重要性下降,相关记载较为稀少。

神策军是一个复杂的军事集合体,在城神策军和神策城镇发展轨迹不完全相同。简言之,元和之后,在城神策军规模庞大,但是极度腐败,除恫吓百姓,发动宫廷政变外,几乎没有征伐能力。神策城镇仍然保持一定的战斗力,对长安乃至国内局势都有一定的影响。

神策城镇直接受两军中尉统领,奉天等京畿神策城镇,地近长安,其政治向背直接影响到长安城内的政治局势。顺宗朝,王叔文主持新政,谋夺宦官兵权,以范希朝为京西北神策行营节度使。边上诸将各以状辞中尉,宦官集团密令诸镇"无以兵属人"。王叔文计无所出,政治革新旋即宣告失败。文宗朝甘露之变失败后,宦官集团大肆屠杀朝臣,巡边使田全操扬言归京后要尽屠长安儒生,一时间人心惶惶,左神策富平镇将梁守志被任命为苑内都巡使,维持长安治安。在南衙、北司的政治斗争中,京畿神策城镇是一支不可忽视的力量。

宪宗以后,神策城镇仍有少量讨伐行动。元和十五年,吐蕃趁穆宗新立,入寇泾州,右军中尉梁守谦为左右神策京西北行营都监,率四千神策兵及缘边藩镇兵前往救援。大和四年(830),兴元军乱,杀节度使李绛。文宗以温造为新任节度使,命神策行营将董重质、河中都将温德彝、邠阳都将刘士和等以军送温造赴任。董重质、刘士和所将皆为神策兵。武宗会昌中,"回鹘窥边,刘稹继以上党叛,东征天下兵,西出禁兵,陕当其冲"①,则神策军也参与泽潞之役。懿宗咸通二年(861)十二月,南诏寇掠安南,朝廷遣神策将康承训率禁军并江西、湖南之兵赴援。咸通五年,南诏寇嶲州,诏发神策兵五千及诸道兵戍之。神策军虽然时有征戍之举,多是象征性的,规模不大,且未发生激烈战斗。

　　穆、敬、文、武、宣诸朝,天下粗安,绝少有藩镇敢于挑战神策军。宣宗末年,乱兆渐生,懿宗时爆发庞勋起义,唐王朝受到沉重打击,但是关中地区没有遭到实质性军事威胁。僖宗乾符年间爆发的黄巢大起义,席卷天下,直指潼关、长安。骄横跋扈的在城神策军遭遇真正意义上的生死对决,其真实战力第一次,也是最后一次得到实战的检验。

　　僖宗广明元年(880),黄巢大军逼近长安,宰相豆卢瑑、崔沆请发关内诸镇及两神策军守潼关,僖宗以田令孜为左右神策军内外八镇及诸道兵马都指挥制置招讨等使。《册府》卷三三六《宰辅部·识阍门》记其事云:

　　　　朝廷使田令孜率神策军拒之,贼以王铎失守,乃自潼关谷路入,遂陷京师。时前夏州节度使诸葛爽亦统禁军,闻贼盛,退保栎阳,及黄巢至,乃降。初,田令孜之起神策军也,众号七万,皆长安豪民以货赂求隶六军,不能负矛戟甲铠之重,乃祈于官执事者,厚以直佣两市之负贩者以备其行,其实不过三万人,但饰其旌旄钲鼓而已。及守潼关,贼已他道而入,一时狼狈回至辇下。时百官欲散,携在中书省,止之曰:"此必博野军私自还也。"博野军有七千人,则六军之数时以后发,故谓其自还。携至是惧罪,驰归,仰药而死。②

《旧唐书》卷二〇〇《黄巢传》云:"朝廷以田令孜率神策、博野等军十

①《樊川文集》卷八《唐故宣州观察使御史大夫韦公(温)墓志铭》,第129页。
②《册府》卷三三六《宰辅部·识阍门》,第3968页。

万守潼关。"①此十万为虚数，"但饰其旌旗钲鼓而已"，其实不过三万人。由长安市井富民组成的神策军比吐突承璀时更为不堪，"初闻科集，父子聚哭，惮于出征，各于两市出直万计，佣雇负贩屠沽及病坊穷人，以为战士"②。数万大军未曾接战即自行溃散。农民军未遇有力抵抗，便占领长安。

神策城镇本为防备吐蕃，多位于京西北，京东地区数量较少。起义军抵近潼关时，邠阳等神策镇兵分镇关内，没有参与潼关之役。在城神策军一触即溃，京畿神策镇兵成为镇压起义军的一支重要力量。《通鉴》卷二五四僖宗广明元年（880）十二月条又云：

> 时禁兵分镇关中者尚数万，闻天子幸蜀，无所归，畋使人招之，皆往从畋，畋分财以结其心，军势大振。③

郑畋后为凤翔节度使，其所纠集的神策镇兵成为农民军的重要对手，不少唐末节帅都发迹于此，最著名的人物即李茂贞。《旧唐书·郑畋传》："畋会兵时，茂贞为博野军小校在奉天，畋尽召其军至岐下。"④李茂贞初从郑畋，后被田令孜收为养子，以战功迁神策军指挥使。郑畋以神策镇兵为基础组建的军队，被行军司马李昌言所夺，李昌言死，其弟李昌符代为凤翔节度使。光启三年（887），时为神策都将的李茂贞击败李昌符，出任节度使。李茂贞得到宦官的暗助，势力发展很快，凤翔境内神策城镇多被其吞并。华原县有神策华原镇，李茂贞升其为耀州，以原镇将温韬为刺史。盩厔县有博野军，也被纳入其势力范围⑤。从某种程度上说，李茂贞就是在神策镇兵基础上发展而来的割据

---

① 《旧唐书》卷二〇〇《黄巢传》，第 5392 页。
② 《旧唐书》卷二〇〇《黄巢传》，第 5393 页。
③ 《通鉴》卷二五四僖宗广明元年十二月条，第 8364 页。
④ 《旧唐书》卷一七八《郑畋传》，第 4637 页。
⑤ 《通鉴》卷二六三昭宗天复二年（902）六月条下《考异》引《梁太祖实录》云："六月，乙亥，上以盩厔有博野军与岐人往来以窥我。命李晖讨平。"则李茂贞没有直接吞并博野军，而是将其变成自己的附庸。

藩镇。

至于左神策城镇的大本营长武城等城镇,唐末少见记载。昭宗时,邠宁节度使王行瑜因畿内良原镇地近邠州,华州节度使韩建因部阳镇地近华州,向昭宗强求二镇。以此推之,长武城等深入藩镇境内的其他城镇应早被吞并。整体而言,京西北神策城镇镇戍体系也随着在城神策军的溃散而崩溃,大部分城镇被新兴强藩吞并,少数畿内城镇可能延续至昭宗时期,实际上只是残存力量,无法发挥其军事作用。

德宗贞元中,创立神策两军中尉制,构筑了一个由在城神策军与神策城镇组成的神策军体系,这一体系前后维持唐朝统治近一百余年,却在唐末农民大起义中轰然倒地。僖宗出奔西川,是神策军的第二次溃散,它预示着唐朝对全国的统治行将结束。

第三节 唐末神策军的重建与败亡

僖宗广明中,黄巢起义军攻入长安,数万在城神策军溃逃殆尽,仅有少量神策、六军随田令孜扈从僖宗至成都。入蜀后僖宗即将禁军悉委于权宦田令孜。《旧唐书》卷一九《僖宗本纪》光启元年(885)四月条:

> 田令孜为左右神策十军使。时自蜀中护驾,令孜招募新军五十四都,都千人,左右神策各二十七都,分为五军,令孜总领其权。时军旅既众,南衙北司官属万余,三司转运无调发之所,度支惟以关畿税赋,支给不充,赏劳不时,军情咨怨。[1]

田令孜在蜀中创置十军是神策军建制重大调整。虽然维持左右军的基本形态,但是神策军的基层组织改为"都"。"都"是唐末五代一种军事编制。黄巢起义爆发后,忠武军监军杨复光分忠武军八千人为八

---

① 《旧唐书》卷一九《僖宗纪》,第 721 页。

都,遣牙将王建、韩建等八人将之。黄巢起义爆发后,杭州豪强在乡里召募乡兵,每县千人,号为杭州八都①。千人置一都是唐末的通例。都的长官称都指挥使,也称都头、都将、都兵马使②,每都皆有独立的名号。昭宗立,田令孜逃归西川,以拱宸、奉銮二军自卫,大顺二年(891)天威军使李顺节讨杨复恭,与玉山军使杨守信混战,失利后奔山南。左神策勇胜三都都指挥使杨子实、子迁、子钊与之同叛,拱宸、奉銮、天威、玉山、勇胜皆当时神策十军的军号。其下五十四都都名,也有部分见诸记载。以《通鉴》为例,《通鉴》中提到的都头有保銮都头曹诚、李铤,扈跸都头(将)李茂贞、陈珮、曹诚、李君实,天威都头杨守立,天武都头李顺节,永安都头权安,耀德都头李铤,宣威都头孙惟晟,捧日都头陈珮、李筠,清远都头(将)董彦弼、周承晦等③,出土墓志中也有一些五十四都史料。《唐代墓志汇编》大顺〇〇三《李氏墓志》有昭弋都都知兵马使杨某,《蕞佚续编》九五八《刘氏墓志》有左神策登封都马步都知兵马使□全朗④。保銮、扈跸、天威、天武、永安、捧日、登封、耀德、宣威、清远、昭弋等皆五十四都都名。曹诚初为保銮都头,后为扈跸都头,李铤初为保銮都将,后为耀德都头,陈珮初为扈跸都将,后为捧日都头。李顺节(即杨守立)初为天威都头,后为天武都头,又为天威军使,由此推断,各都都头之间存有一定范围的轮换情况。

　　田令孜所置十军五十四都,鱼龙混杂,不乏精兵猛将,如李茂贞为

---

①杭州八都是一种带有乡兵色彩的地方武装,后来发展为钱氏割据两浙的军事支柱,参冻国栋:《罗隐〈吴公约神道碑〉所见唐末之"杭州八都"》,载《魏晋南北朝隋唐史资料》第15辑,1997年。

②《新唐书》卷五〇《兵志》云:"(田)令孜自为左右神策十军兼十二卫观军容使,以左右神策大将军为左右神策诸都指挥使,诸都又领以都将,亦曰都头。"所谓诸都指挥使位在都将之上,应即神策诸军军使。

③分见《通鉴》卷二五六僖宗光启元年七月条、光启二年三月条、七月条,卷二五七光启三年六月戊申条、卷二五八昭宗龙纪元年(889)十一月条、大顺二年十月条,卷二五九景福二年(893)闰五月条,卷二六〇乾宁二年(895)七月条,卷二六二光化三年(900)十二月条。

④《秦晋豫新出墓志蕞佚续编》九五八《刘氏墓志》,第1330页。

田令孜养子时曾任扈跸都将，颇有战功。但田令孜真正仰仗的却是杨复光旧部组成的"随驾五都"。黄巢起义军入关后，忠武监军杨复光分忠武军八千人为八都，以鹿晏弘、王建、韩建等为都头。忠武八都在镇压黄巢起义中屡立战功，名震天下。杨复光卒，田令孜忌杨复光之功，赏之甚薄。鹿晏弘等无所依恃，占据兴元，自立为节度使。《通鉴》卷二五六僖宗中和四年（884）十月条：

> 鹿晏弘之去河中，王建、韩建、张造、晋晖、李师泰各帅其众与之俱；及据兴元，以建等为巡内刺史，不遣之官。晏弘猜忌，众心不附……田令孜密遣人以厚利诱之。十一月，二建与张造、晋晖、李师泰帅众数千逃奔行在。令孜皆养为假子，赐与巨万，拜诸卫将军，使各将其众，号随驾五都。①

田令孜所诱五都人数，《旧五代史·王建传》作三千人。其数虽然不是很多，但屡陷战阵，王建、韩建等皆是当世猛将，田令孜不敢分其兵众，别号"随驾五都"。"随驾五都"是田令孜的主要家底。光启二年（886），田令孜讨王重荣失败，挟僖宗奔兴元，以王建率部兵戍三泉。晋晖、张造率其余四都兵屯黑水，保障了僖宗的安全。

由于宫苑多遭焚毁，神策十军自蜀中扈从至长安后，不再分屯禁苑，而是屯于长安里坊之中。《通鉴》卷二五九《考异》引《续宝运录》："大顺二年，相国杜让能、孔纬值上京频婴离乱，朝纲紊坠，是时徇意诸道，扈驾兵五十四都，坊坊皆满，兼近藩连帅，要行征讨，便自统军。"②考诸史实，玉山军军使杨守信为杨复恭假子，其军玉山营在杨复恭宅侧近。李筠捧日都营于永兴坊，李茂贞等三帅犯阙，昭宗幸永兴坊李筠营避难。《蒐佚续编》九五八《刘氏墓志》记长安永兴里有登封都营

①《通鉴》卷二五六僖宗中和四年十月条，第8436页。
②《通鉴》卷二五九昭宗景福二年（893）十月条，第8570页。

署①,则当日永兴坊同时还有登封都等军。五十四都散驻市坊的背后则是市井之徒充塞其间,影占富户、纳赂牟利更为滋盛,腐败更甚于前。

早在穆宗、文宗时代,博野军、安塞军等城镇即以军的名号存在。田令孜重建的神策军以军和都为建制单位,是引入唐末藩镇军组织结构的结果。神策军散屯市坊,不同坊市间的神策军用不同的军号和都号相互识别,例如杨守信所统玉山军驻地便称玉山营。左右神策中尉无法像过去那样直接控制左右军,军使、都头是诸都的军事长官。实际控制权下移,客观上架空了神策中尉,为昭宗从宦官手中收回兵权提供了可乘之机。

权宦杨复恭对田令孜收编杨复光旧部非常不满。僖宗崩,杨复恭迎立与田令孜有隙的昭宗为帝。田令孜失势,被迫以拱宸、奉銮二军出奔西蜀。王建、韩建等五都都头俱出为外州刺史。王建后来割据西川,韩建则割据华州,宦官内部的派系斗争给神策军造成沉重打击。

昭宗性刚烈,久愤宦官专权跋扈,不甘受制于杨复恭,起用与杨复恭有隙的张濬为宰相。张濬每以诸葛亮、裴度自比,力劝昭宗"莫若强兵以服天下"。为弥补田令孜出奔所造成的损失,朝廷在长安城内广募兵士,神策军人数一度达到数万人。神策军虽然在数量上颇为壮观,但其精锐在田令孜、杨复恭的内讧中已经耗散大半,新募士兵多属乌合之众。

大顺元年(890),昭义背叛李克用,转投朱全忠。朱全忠表奏讨伐李克用。昭宗君臣认为神策军声势渐壮,急于宣扬皇威。是年六月,以张濬为河东行营都招讨制置宣慰使,率五十二都兼邠宁、鄜夏杂虏共五万人讨伐李克用。朝廷以新募的市井之徒,与沙陀骑兵相争,无异于以卵击石。出师不久,副帅孙揆所将三千人马即被河东三百骑攻

---

①《秦晋豫新出墓志蒐佚续编》九五八《刘氏墓志》,第1330页。

灭,张濬本人被困晋州。河东主将李存孝认为"天子禁兵,不宜加害"①,网开一面,神策军才勉强从晋州撤出。张濬无功而返,罢相外贬,朝廷声望倍受打击。在这期间,发生一件插曲。昭宗利用李克用、朱全忠之间的矛盾,征河东将、邢洺节度使安知建为神武统军。安知建率麾下精兵三千人入朝,途经郓州时遭朱瑄邀击,安知建本人被传首晋阳。安知建遇害之事表明朝廷从藩镇补充兵力的途径已经断绝,其彻底衰亡已成定局。

杨复恭得以跋扈一时,主要依靠养子典掌禁兵。其中天威军使杨守立,勇冠一时。张濬失败之后,昭宗寄厚望于杨守立。为了离间其养父子关系,昭宗将杨守立置于侧近,赐名李顺节。大顺二年(891),昭宗出杨复恭为凤翔监军,杨复恭不从,昭宗即命李顺节讨之。玉山军军使杨守信以所部兵与李顺节逆战。失利后,杨复恭等出奔山南西道节度使杨守亮。李顺节恃功骄横,出入以兵自随。两军中尉刘景宣、西门君遂担心其日久难制,于银台门诱斩之。部将贾德晟继为军使。贾德晟对李顺节之死多有怨言,景福元年(892)四月,西门君遂又杀贾德晟,天威军千余骑出奔凤翔李茂贞。

继田令孜一系的随驾五都被斥逐一空后,杨复恭一系的玉山军、天威军等也被耗散殆尽。昭宗不悟其危,反而继续用乌合之神策军与羽翼渐丰的李茂贞对抗,甚至妄图以神策兵护送徐彦若取代李茂贞,结果招致更大规模的溃败。《通鉴》卷二五九昭宗景福二年九月乙亥条:

> 覃王嗣周帅禁军三万送凤翔节度使徐彦若赴镇,军于兴平。李茂贞、王行瑜合兵近六万,军于盩厔以拒之。禁军皆新募市井少年,茂贞、行瑜所将皆边兵百战之余。壬午,茂贞等进逼兴平,禁军皆望风逃溃,茂贞等乘胜进攻三桥,京城大震,士民奔散,市

①《通鉴》卷二五八昭宗大顺元年十一月条,第8526页。

人复守阙请诛首议用兵者。①

神策军不堪一击，再次上演僖宗广明年间数万神策军望风而溃的局面。昭宗不得已，赐宰相杜让能等死罪，授李茂贞兼领山南西道，其兵始解。王行瑜、韩建等邻京藩镇，也趁着神策军惨败之机，大肆瓜分畿内尚存的神策城镇。《通鉴》卷二六○昭宗乾宁二年（895）五月条：

> 畿内有八镇兵，隶左右军。邠阳镇近华州，韩建求之；良原镇，近邠州，王行瑜求之。宦官曰："此天子禁军，何可得也！"……行瑜乃与茂贞、建各将精兵数千入朝。甲子，至京师，坊市民皆窜匿。上御安福门以待之，三帅盛陈甲兵……是日，行瑜等杀昭度、豁于都亭驿，又杀枢密使康尚弼及宦官数人。②

王行瑜、韩建、李茂贞三家兵犯阙，既是助王珙争夺河中节度使之节，也是因为求邠阳、良原二镇。三帅犯阙之后，枢密使康尚弼等惨遭杀害，自然无人敢于反对割让邠阳、良原二镇。其他神策城镇至此约略被攘夺殆尽。个别城镇因争夺激烈，甚至数次易主。例如华原镇最初落入李茂贞之手，李茂贞以温韬为镇将，朱全忠围李茂贞于凤翔，温韬降于后梁，未几复归李茂贞，唐末帝时温韬再次叛归朱全忠。畿内神策城镇是长安城最后的军事屏障，当其丧失殆尽之后，长安城门随时向藩镇敞开，唐王朝向最后灭亡又进了一步。

三帅的跋扈引起其他藩镇的嫉恨，河东节度使李克用起兵勤王，三帅惧而退兵。归镇时，王行瑜、李茂贞各留兵二千，名为宿卫，实则监视昭宗。李茂贞所留兵称右军，以假子李继鹏为指挥使，王行瑜所留兵称左军，以从弟王行实为指挥使。不久，李克用逼近京师，李继鹏、王行实各欲劫持昭宗归还本镇，左右军相互攻击，鼓噪震地。神策

---

① 《通鉴》卷二五九昭宗景福二年九月乙亥条，第8568—8569页。
② 《通鉴》卷二六○昭宗乾宁二年五月条，第8590页。

军多屯市坊,应对不及,仅捧日都头李筠率本部兵护卫昭宗。屯于长安的盐州六都兵赶至,李继鹏、王行实各自退归本镇①。

邠、岐兵退出长安后,京师盛传王行瑜、李茂贞亲自率军迎驾。昭宗被迫离开长安,徙幸石门镇,诏李克用讨王行瑜等。最后在李克用的护送下,昭宗得以返回长安。在这一系列的变故中,两军中尉已基本丧失对禁军的直接控制,昭宗趁机以诸王为军使,从宦官手中夺回军权。《通鉴》卷二六〇昭宗乾宁三年(896)六月条:

> 上自石门还,于神策两军之外,更置安圣、捧宸、保宁、宣化等军,选补数万人,使诸王将之;嗣延王戒丕、嗣覃王嗣周又自募麾下数千人。茂贞以为欲讨己,语多怨望,嫌隙日构。茂贞亦勒兵扬言欲诣阙讼冤;京师士民争亡匿山谷。上命通王滋及嗣周、戒丕分将诸军以卫近畿,戒丕屯三桥。茂贞遂表言"延王无故称兵讨臣,臣今勒兵入朝请罪。"上遽遣使告急于河东。丙寅,茂贞引兵逼京畿,覃王与战于娄馆,官军败绩。②

昭宗奔石门时仅捧日、护跸二都扈从,旧的禁军体系几乎完全崩溃。昭宗在石门,遣嗣薛王知柔入京清宫室、收禁军,还京后诏诸王阅亲军,得神策亡散数万,重新组成安圣、捧宸、保宁、安化等四军,号为"殿后四军"。此四军其实就是原神策五十四都溃散后的重组,《通鉴》称其在神策两军外更置四军,并不符合事实。安史之乱爆发之初,宗室诸王多带兵出讨,叛乱逐渐平息后,为防止诸王觊觎皇位,永泰二年(766)代宗下诏禁止诸王、驸马参掌禁兵。昭宗猜忌宦官,所信任者只有身边宗室诸王,只能重回诸王典兵的老路。

昭宗以宗王典兵,引起宦官和关内藩镇的强烈不满,李茂贞再度称兵犯阙,并在娄馆打败覃王所领的禁兵。昭宗初欲北依李克用,后

---

①《通鉴》卷二六〇昭宗乾宁二年七月条,第8592页。
②《通鉴》卷二六〇昭宗乾宁三年六月条,第8610页。

不欲远走，遂投奔韩建。乾宁四年（897）正月，殿后四军被韩建以武力强行解散。《新唐书》卷二二四《李巨川传》：

> 初，帝在石门，数遣嗣延王、通王将亲军，大选安圣、奉宸、保宁、安（宣）化四军，又置殿后军，合士二万。建恶卫兵强，不利己，与巨川谋，即上飞变，告八王欲胁帝幸河中，因请囚十六宅，选严师傅督教，尽散麾下兵。书再上，帝不得已，诏可。又废殿后军，且言"无示天下不广"。诏留三十人为控鹤排马官，隶飞龙坊，自是天子爪牙尽矣。建初惧帝不听，以兵环官，请诛定州行营将李筠。帝惧，斩筠，兵乃解。①

《新唐书》此段记载稍有讹误。据《新唐书·兵志》，安圣等四军并称殿后四军，《通鉴》卷二六一亦作"殿后四军"，当日四军之外不存在所谓的"殿后军"，废殿后军即废诸王所统四军。又李筠本为神策捧日都都头，实为昭宗的心腹武将。诸王虽典禁兵，真正堪于领兵作战者惟李筠一人。殿后四军有二万人，若拼个鱼死网破，尚存一线突围之机。可惜昭宗已自入牢笼，只得自损大将，解散禁军。僖宗奔蜀时田令孜所置神策十军五十四都寿终正寝，神策军的历史至此也接近尾声。

昭宗以诸王统军，剥夺宦官兵权，引起宦官怨恨，解散殿后四军后，枢密使刘季述与韩建勾结，矫诏围十六宅，杀覃、延等十一王，彻底断绝昭宗以诸王典兵的念头。光化元年（898），昭宗自华州归长安，神策逐渐复置，以六千人为定额，仍分左右军。因诸王惨遭韩建屠戮，昭宗不得不将禁军重新交给宦官。宦官集团重掌军权，跋扈故态复萌。两军中尉刘季述、王仲先凭借手中的兵力，发动政变，囚禁昭宗，立太子李裕为帝。

自田令孜募五十四都起，诸军军使、都头是所部兵士的实际长官，两军中尉对神策军的控制较为松弛。刘季述、王仲先虽然囚禁昭宗，

---

① 《新唐书》卷二二四《李巨川传》，第6410页。

实际上并不能完全控制左右军,宰相崔胤密结左神策都指挥使、盐州雄毅军使孙德昭,孙德昭复结交神策右军清远都将董彦弼、周承晦。三将伏兵安福门,一举捕杀刘季述、王仲先,迎昭宗复位。孙德昭是昭宗复位的关键人物,其职衔为"左神策都指挥使、盐州雄毅军使"。《旧五代史·孙德昭传》叙其家世云:"德昭,盐州五原县人,世为州校。父惟晸,有功于唐朝,遥领荆南节度,分判右神策军事。德昭藉父荫,累职为右(左?)神策军都指挥使。"①盐州曾为左神策塞上城镇,德昭所将盐州兵或即盐州入屯长安。孙德昭与两军中尉关系疏远,感于君臣大义,易被拉拢。但神策军中,仅有清远都参与行动,昭宗复位后杀神策军使李师虔、徐彦回,局势依然紧张。

崔胤忌惮刘季述余党伺机报复,奏请改以宰臣分典左右禁军,试图从制度上解决宦官典兵的问题。《新唐书》卷二〇八《韩全诲传》:

> 刘季述之诛,崔胤、陆扆见武德殿右庑,胤曰:"自中人典兵,王室愈乱,臣请主神策左军,以扆主右,则四方籓臣不敢谋。"昭宗意不决。李茂贞语人曰:"崔胤夺军权未及手,志灭藩镇矣。"帝闻,召李继昭等问以胤所请奈何,对曰:"臣世世在军,不闻书生主卫兵。且罪人已得,持军还北司便。"帝谓胤曰:"议者不同,勿庸主军。"乃以全诲为左神策中尉,彦弘为右,皆拜骠骑大将军……全诲等知胤必除己乃已,因讽茂贞留选士四千宿卫,以李继筠、继徽总之。胤亦讽朱全忠内兵三千居南司,以娄敬思领之。韩偓闻岐、汴交戍,数谏止胤,胤曰:"兵不肯去耳。"偓曰:"初何为召邪?"胤不对。议者知京师不复安矣。②

当日长安城内宿卫之军比较复杂。神策军号称六千,统于两军中尉。此外有李继昭(即孙德昭,以平刘季述功赐名)的盐州兵,李继筠、李继

①《旧五代史》卷一五《孙德昭传》,第211—212页。
②《新唐书》卷二〇八《韩全诲传》,第5856页。

徽的四千凤翔兵,还有娄敬思的三千汴州兵①。岐兵得到北司宦官的
支持,汴兵得到南衙宰相的支持,南衙、北司之争背后反映的是李茂
贞、朱全忠两大强藩的争夺。

　　李茂贞、朱全忠皆有挟天子以令诸侯之意。天复元年(901)十一

---

①《通鉴》卷二六二昭宗天复元年正月丙午条下附《考异》云:"《唐补纪》曰:'其月八日,李茂
贞朝觐,留二千人在右街侍卫而回。崔胤申朱全忠,请三千人在南坊宅侧安下。凤翔劫驾
西去,朱全忠又暗以车子载器仗,称是绅绢进奉,推车子人皆是官健,入崔胤宅中。人心惊
惶,不同前后。崔胤累差人唤召朱全忠不到。'《新传》:'韩全诲等知崔胤必除己乃已,因
讽茂贞留选士四千宿卫,以李继徽总之;胤亦讽朱全忠纳兵二千居南司,以娄敬思领之。'
盖取《唐补纪》耳。按韩偓《金銮密记》,偓对昭宗云:'当留兵之时,臣五六度与崔胤力争,
胤曰:"某实不留兵,是兵不肯去。"臣曰:"其初何用召来?"又胤云:"且喜岐兵只留三千
人。"'"《通鉴》又云:"据此,则是胤召茂贞入朝,仍留其兵也。又《旧纪》、《梁实录》、《编
遗录》、薛居正《五代史·梁纪》等诸书,皆不言全忠尝遣兵宿卫京师。若如《唐补纪》所
言,岐、汴各遣兵数千人戍京师,则昭宗欲西幸时,两道兵必先斗于阙下,不则汴兵皆为宦
官所诛,不则先遁去。今皆无此事,盖程匡柔得于传闻,又党于宦官,深疾崔胤,未足信也。
然胤所以欲留茂贞兵为己援者,盖以茂贞自以诛刘季述为己功,必能与己同心雠疾;宦官
以利诱之,遂复与宦官为一耳。今从《金銮记》。"(第8666—8667页)今按,《考异》此处所
言不确。《旧五代史》卷一五《孙德昭传》:"承诲、从实并变节,为中官所诱,始欲驱拥百
僚,将图出令。而德昭独按兵,与太祖亲吏娄敬思叶力卫丞相文武百官,与长安农民保于
街东,免为所劫。"《通鉴》卷二六二昭宗天复元年十一月条亦云:"时崔胤居第在开化坊,
继昭帅所部六十(千)余人,及关东诸道兵在京师者共守卫之。"(第8680页)所云关东诸
道兵即汴兵,则娄敬思确实率汴兵屯于长安。汴军未与岐兵交斗,争夺昭宗,是因为中了
韩全诲调虎离山之计。韩全诲不许孙德昭进见昭宗,又与李继筠同谋,岐兵、禁兵沆瀣一
气,纵火焚烧宫殿,暴掠京城,故意制造混乱,以趁乱劫走昭宗。娄敬思及孙德昭没有判明
凤翔军意图,仅屯兵崔胤私第,保卫崔胤及百官私家财产免遭劫掠,故未能阻止韩全诲等
将昭宗劫往凤翔。《金銮密记》今已失传,但在《大事记续编》卷七〇中录有原文,文曰:
"九月,偓又奏云:'本驻侍卫兵马制伏宦者,今敕使、卫兵合为一体,甚难为计。乞差使宣
示茂贞,且说其僭慢之状,速令抽退卫军。兼遣人密与李继徽语,使其止遏,具言人情忿
怒,如此则东诸侯之师旦夕必至,于国家何利,于卿家亦何利,继徽必竭力匡扶。今日状
候,臣春初已知必至此,盖胤为一二人所误,不计其所终。当驻兵之时,臣屡与胤力争,胤
无以对,臣与胤言累日,言于令狐滈(涣),请极力发遣。滈(涣)云:"若无歧矣,则上公必
为内官所图。"臣曰:"无兵则国家俱安,有兵则国家难保。"胤良久谓臣曰:"必当万计断
送。"翌日,臣又见胤,胤云:"且喜岐兵只驻三千人。"臣曰:"只数十人便可为患,况三千人
耶。"胤不乐而罢,上下无不痛惜此事。今朕兆已成,悔之无及。臣料胤之谋,急则召东诸
侯。两镇之兵斗于阙下,朝廷危矣。'上曰:'只有且用继徽。'"据此,韩偓与崔胤议凤翔驻
兵事在年初李茂贞归镇时,朱全忠方与李克用争河中,未暇顾及长安。娄敬思率汴军入京
应在七月得崔胤密信之后。韩偓之议未言及汴军,不足为奇。

月,崔胤引汴州朱全忠入京诛宦官,韩全诲会同李继筠等以兵挟昭宗
奔凤翔。朱全忠入长安。三年正月,茂贞势窘,杀两军中尉韩全诲、张
弘彦、枢密使袁易简、周敬容等二十二人,送于朱全忠求和。与昭宗同
奔凤翔的神策军不复存在。是月,全忠迎驾还长安。崔胤得志后,诛
夷宦官,正式废黜神策军军额。"其两军内外八镇兵悉属六军,以崔胤
兼判六军十二卫事。"①所谓神策"内外八镇"已为强藩侵夺殆尽,空余
虚号而已。崔胤亦以左右龙武、羽林、神武六军名存实亡,奏请募兵。
《新唐书》卷五〇《兵志》云:

> 于是悉诛宦官,而神策左右军由此废矣。诸司悉归尚书省郎
> 官,两军兵皆隶六军,而以崔胤判六军十二卫事。六军者,左右龙
> 武、神武、羽林,其名存而已。自是军司以宰相领。及全忠归,留
> 步骑万人屯故两军,以子友伦为左右军宿卫都指挥使,禁卫皆汴
> 卒。崔胤乃奏:"六军名存而兵亡,非所以壮京师。军皆置步军四
> 将,骑军一将。步将皆兵二百五十人,骑将皆百人,总六千六百
> 人。番上如故事。"乃令六军诸卫副使京兆尹郑元规立格募兵于
> 市,而全忠阴以汴人应之。胤死,以宰相裴枢判左三军,独孤损判
> 右三军,向所募士悉散去。全忠亦兼判左右六军十二卫。及东
> 迁,唯小黄门打球供奉十数人、内园小儿五百人从。至谷水,又尽
> 屠之,易以汴人,于是天子无一人之卫。昭宗遇弑,唐乃亡。②

神策军为昭宗最后的卫兵,崔胤恶宦官而废神策军,正中朱全忠下怀。
乾宁四年(897)正月,殿后四军被韩建强行解散,但是长安尚未落入某
一强藩之手,昭宗可以重新召募禁军。朱全忠挟持昭宗返京后,留兵
万人,将京师置于自己的独霸之下。朝廷召募禁军又遭其破坏,尽诛
宦官后,昭宗根本无法组建自己的护卫亲军,完全沦为政治傀儡,皇权

---

① 《通鉴》卷二六三昭宁天复三年(903)正月条,第8715页。
② 《新唐书》卷五〇《兵志》,第1336页。

至此已无任何保障可言，李唐被朱全忠所篡，只是时间早晚而已。

本编总论：神策军发展的轨迹及其历史地位

　　玄宗天宝十三载（754）哥舒翰收河曲之地，于临洮磨寰川置神策军，过去学界常将神策军源头溯及于此。作为禁军的神策军，即是以安史乱后入援内地的一千神策行营兵为基础扩充而来。除此之外，神策军在宫内还有另一源头，即所谓的内外射生军。内射生见于玄宗开元末，衙前射生始置于肃宗时期。德宗重建中央禁卫体系时射生军改组为左右神威军，组织结构与神策军基本相同。元和中左右神威军并为一军，改称天威军，不久并入神策军。《唐会要》将射生军放于神策军条下论述是很有道理的。神策军的双重来源，决定了神策军具有双重特性，一方面保留边军镇戍征伐的职能，另一方面又具有宿卫京师特别是宿卫禁中的职能。

　　神策军由边军升为禁军之后，前后经历四次重建、崩溃的过程。大体而言，可以分为以下四个周期：

　　第一个周期，起代宗永泰二年（766），鱼朝恩率神策军入京，止德宗建中四年（783），泾师哗变，德宗出奔奉天。

　　大历年间神策军虽然入屯禁中，仍然保留藩镇行营军的组织结构，以神策都知兵马使为最高军事长官。在宰相元载的安排之下，神策军出镇京西，在京畿、凤翔等地占取数县之地。神策军第一次外镇相当于在吐蕃入寇长安的咽喉地带建立一个辖区狭小的藩镇，以拱卫长安的安全。

　　神策军大都是身经百战的行营兵，规模不大，却有较强的战斗力。宦官尚非神策军法定的军事长官。鱼朝恩伏诛后，代以其部将王驾鹤为都知兵马使,宦官不再典禁兵。

德宗壮年即位,锐意削平两河藩镇。建中年间,神策军陆续东出,讨伐关东藩镇。李晟、阳惠元、尚可孤、刘德信等以"制将"的身份各率数千神策军出讨。"制将"出讨是朝廷罢宦官兵权后,直接以诏敕指挥禁军作战的军事尝试。这一尝试遭到惨败。神策军继出之后,京师空虚,诱发泾师之变,德宗两度播迁,代宗时代建立起来的神策军体系崩溃。

第二个周期,起贞元元年(785)初德宗反正,止僖宗广明元年(880)黄巢起义军攻入长安,僖宗仓皇出奔西川。

德宗返京后立刻展开神策军的重建工作,对神策、神威两军进行"六军化"改造。神策军正式分成左右两军,射生军也改为左右神威军。神策、神威每军分置将军、大将军、统军若干。在形式和地位上,取得与羽林、龙武、神武六军同等的地位,并号"北门十军"。

贞元初,原京西神策驻防体系遭到破坏,吐蕃趁机大举内扰。为抵御吐蕃,德宗采纳李泌"复府兵"之议,召募关东士卒防秋,赐给土地,命其营屯,在京西北逐渐形成以城、镇为单位的神策军镇戍体系。神策军京西诸城镇与凤翔、邠宁、盐夏等藩镇共同构成抵御吐蕃的二元防御体系。自此以后,吐蕃不得深入抄掠,长安的安全得到保障。

重建神策军体系最核心的内容是神策两军中尉制。经历奉天、兴元长达十个月的颠沛流离,德宗对文臣、武将的背叛极为失望,认为只有宦官才是最可靠的。贞元中,德宗正式在神策、神威军中分别设置左右神策中尉、左右中护军。两军中尉成为神策军的法定长官。神策中尉以下,中尉副使、都判官等都由宦官把持。京西神策诸城镇,每镇例置一宦官监军使,宦官势力渗透至神策军内部,自此盘根错节,密不可分。

经过德宗的苦心经营,贞元中形成了一个与代宗时期迥然不同的神策军体系。这一体系由在城神策军与外镇神策军构成,规模极为庞大。至宪宗元和中,总数高达十余万人。这一体系是朝廷在财力和军力虚弱的情况下糅合而成,在城神策军与外镇神策军之间在兵源、职能、组织结构等方面都存有巨大差异。神策军"六军化"之后,在城神策军在召募兵员上也步六军后尘,各种纳资户充斥其军,基本丧失征讨能力。元和五年(810),吐突承璀讨伐成德失败便是明证。

元和以后,神策军很少用于征伐,主要职能就是守卫京师的安全。在永贞新政、甘露之变等系列政治事件以及中晚唐历次宫廷皇位之争中,神策军都起到非常关键的作用。

僖宗广明元年(880),黄巢率农民起义军逼近潼关,数万神策军一触即溃,农民军未遇抵抗即占领长安,僖宗狼狈逃奔西川。凤翔、同州等地数万神策镇兵无所统,多归于凤翔节度使郑畋,神策城镇渐次被强藩兼并。德宗一手创建的神策军体系至此再次崩溃,这也是神策军成为禁军后的第二次溃散。

第三个周期,起僖宗中和元年(881),田令孜在西川创建神策十军五十四都,止昭宗乾宁四年(897)华州节度使韩建诛杀诸王,强行解散神策军。

僖宗奔蜀,仅少量禁军扈从,田令孜在西川所召募神策军,置五十四都,每都千人,其数止五万余人。新置神策军虽然保留两军中尉,但是仿藩镇军制,以"军"、"都"为基本建制,十军各立名号,军事主官是诸军军使、都将。僖宗返京后,神策十军分驻长安市坊,地理位置也比较分散。此时神策军军使、都头实际掌握军权,两军中尉已无法直接驾驭军队,主要通过与军使、都头结成养父子的方法控制神策军。

由于左右军中尉已被架空,神策十军相互攻击者有之,追随所亲宦官出奔者有之,投靠强藩者也有之。乾宁二年,昭宗播迁石门镇,趁时局混乱,命诸王收缉神策溃卒,组成"殿后四军",以诸王领之,神策军暂时脱离了宦官的控制。乾宁四年,昭宗被李茂贞逼迫,投奔华州节度使韩建,时诸王所领神策军尚有二万,韩建恶之,逼昭宗解散四军,杀覃、延诸王。田令孜所置五十四都至此寿终正寝。

第四个周期,起乾宁四年昭宗自华州返回长安,止天复三年(903)崔胤废神策军军额。

昭宗自华州返回长安,逐渐复置神策两军,总数以六千为定额。因诸王皆死,昭宗只得再次把军权委于宦官之手。南衙、北司各自与强藩勾结。中尉韩全诲劫昭宗幸凤翔李茂贞,崔胤引朱全忠攻之,最后李茂贞力屈,杀韩全诲等请和,昭宗复归长安。崔胤得志后,逼迫昭宗尽诛宦官,废神策军军额。神策军最终从历史中消失。

神策军的四个周期中,第一个周期,鱼朝恩以神策军入屯禁苑,依然保留藩镇军构造,大体相当于神策军制度的草创阶段。第二个周期,即德宗贞元年间重建的神策军,是建立一个以神策护军中尉制为中心的宦官典兵体系,前后延续了近一百年,是神策军的主体阶段。第三、第四个周期,唐王朝处于风雨飘摇之中,只是神策军制度的余响而已。

军队是国家的基石。府兵制瓦解之后,藩镇制度成为历史发展的趋势。府兵番上宿卫时,天下精兵皆在关内,兵制转为召募制后,要居重驭轻,必须保证天子召募到最为强大的禁军。玄宗天宝年间,精兵猛将皆在边疆,已隐藏祸患。安史之乱的爆发,打乱了历史进程,直接把藩镇制度带入内地。这种由叛乱促生的藩镇体制,因战争之需,集军权、行政权、财权于一身,是非常态的军事制度。唐王朝潼关丧师,没有直辖的野战军队,勉强借藩镇之力平定了叛乱,却无力对藩镇全面控制。维护统治,唯一可行的做法就是:在地方不断分藩建镇,让藩镇力量分散且互相牵制,无法挑战朝廷。在中央,召募扩充"天子亲兵",将自己变成最大的藩镇,以巩固根本,威慑天下。安史乱后,朝廷千方百计筹建的神策军,虽然战力低下,实际上充当的正是这一军事角色。神策军不倒,则唐不会亡。

创置神策军是唐代维持统治的客观需要。那么,如此规模庞大的军队,且居于皇帝卧榻之侧,应该由谁掌控? 在当时的制度安排下,皇帝相当于最大藩镇的"节度使",不可能把禁军交给异姓武将或宰相。使职差遣制盛行后,兵部失权,也不可能交给某一部门。皇帝控制神策军,可有三种选择:其一,皇帝亲自指挥。德宗摒弃宦官,用制敕指挥"制将"便为其例。其二,交给宗室王指挥。唐末昭宗深恶宦官,曾令诸王领殿后四军。其三,交给自己的"家奴"宦官指挥。鱼朝恩典神策军为初次尝试,德宗创置两军中尉制,最终将其制度化。这三种选择,唐王朝实际上都有尝试。比较而言,宦官典兵并非出于某位皇帝的昏庸误算,确实是特定条件下的"次优选择"。除非唐朝全面解决藩镇问题后,进行一次全面而又深刻的制度变法,否则,藩镇问题不去,宦官典兵之制亦不可废。

第二编

宦官集团与
内廷皇位之争

宦官典兵制度化后，政治重心不可避免地由外朝移至内廷。德宗以后，宦官集团挟神策军之势，操纵皇位继承，这在中国历史上也是绝无仅有的。《新唐书·僖宗纪》称自穆宗至昭宗，凡八帝，"而为宦官所立者七君"，事实上，敬宗虽以太子即位，其太子身份亦宦官请立。宫闱之事多出暧昧，诸史所记多有讳隐。虽然宪宗遇弑案等引起学界注意，但是，更多的宫廷内幕仍待进一步发掘。

左右神策护军中尉作为神策军的最高统帅，也是内廷皇位之争成败的最终决定者。但是左右两军存有矛盾，宪宗遇弑案是一个标志性事件。宪宗以后穆、敬、文、武诸朝皇位之争，幕后操纵者皆为元和朝老宦，用神策左右军矛盾解释内廷皇位之争是本编诸章的一个尝试。

第五章　德宪二朝皇位之争

第一节　贞元中太子之位的争夺

新君即位为一代帝王施政之始,直接关系到尔后历史之演进,因此,宫闱之变历来为史家所关注。有唐一代,帝位继承多有变故,中唐以后尤为严重。贞元二十一年(805,即顺宗永贞元年)正月德宗与太子李诵同时重病,人情恐慌,史籍中对此间皇位继承的记载更是闪烁其词,颇为隐晦。吕思勉先生对此已有所阐发①,惜其限于史料,似尚有未尽之处,今拟参据史籍及出土墓志对此问题重新探讨。

《通鉴》卷二三六顺宗永贞元年正月条:

> 春,正月,辛未朔,诸王、亲戚入贺德宗,太子独以疾不能来,德宗涕泣悲叹,由是得疾,日益甚。凡二十余日,中外不通,莫知两宫安否。癸巳,德宗崩;苍猝召翰林学士郑絪、卫次公等至金銮殿草遗诏。宦官或曰:"禁中议所立尚未定。"众莫敢对。次公遽言曰:"太子虽有疾,地居冢嫡,中外属心。必不得已,犹应立广陵王;不然,必大乱。"絪等从而和之,议始定。次公,河东人也。太子知人情忧疑,紫衣麻鞋,力疾出九仙门,召见诸军使,人心粗安。②

建中元年(780)正月李诵被册为太子,居储君之位已二十余年,德宗驾

---

① 吕思勉:《隋唐五代史》第八章第一节《顺宗谋诛宦官》,第292—294页。
② 《通鉴》卷二三六顺宗永贞元年(805)正月条,第7729页。

崩,李诵依次当立,宦官却说"禁中议所立尚未定",这说明宦官中确实曾有势力谋废太子李诵而另立新君,只是其内部意见并不一致,李诵才得以顺利继位。宫内反对李诵的宦官是谁,所欲迎立者又是谁,这一系列问题《通鉴》皆无记载,后世学者也缺乏深入探讨,遂使李诵继位内幕长期以来暧昧不清,难测其端。

唐德宗共十一子,其中太子李诵为嫡长子,余十子中,八人庶出,另有二子非为德宗自出:第二子舒王谊为德宗弟郑王邈之子,为德宗皇侄;第八子邕王谟本李诵之子①,为德宗皇孙。此二人非德宗之子,德宗视为己出,在皇室地位比较特殊。邕王谟虽得德宗宠爱,但是已于贞元十五年(799)早薨,贞元末除李诵为太子外,德宗诸子中地位较高的只有舒王谊一人。据上引《通鉴》,德宗崩时,翰林学士卫次公语:"必不得已,犹应立广陵王。"广陵王即李诵长子李纯,也就是后来的唐宪宗。李诵、李纯分为德宗嫡子嫡孙,卫次公强调只能从此二人中择立新君,暗示出宦官所欲立者在血缘上稍远,所指可能就是本为德宗侄儿的舒王谊。

舒王谊既非德宗亲子,其在皇室的特殊地位同其生父郑王邈大有关系。郑王邈生母崔氏为代宗正妃,杨贵妃姊韩国夫人之女。德宗生母沈氏,开元末以良家子选入宫,地位比较卑微。郑王邈虽然幼于德宗,实居代宗嫡子之位。史称郑王邈"好读书,以儒行闻"②,最为代宗喜爱。德宗以年长拜天下兵马元帅,有平史朝义之功,遂图形凌烟阁,进位太子。郑王邈虽然时运不济,未得立为太子,但是代宗始终将其地位置于其他诸子之上。大历初,郑王邈代德宗为天下兵马元帅,大历八年(773)郑王邈薨,代宗为之罢元帅府不置,又追赠为昭靖太子。

---

① 邕王谟,两《唐书》皆作德宗第六子。按,贞元十五年邕王卒,时年十八岁,据此推知其生于建中二年。德宗第七子资王谦大历十四年封,第八子代王谟为建中二年追封。此二子长于邕王,故邕王应为第八子。《旧传》作第六子盖因资、代二王卒年不详所误附。

② 《旧唐书》卷一一六《昭靖太子邈传》,第3391页。

舒王谊为郑王邈长子，代宗将其过继给时为太子的德宗，很大程度上是为了补偿郑王邈未得为太子的缺憾。

肃、代时期朝廷征战不休，例以皇室宗王为天下兵马大元帅。为保证皇权不受威胁，该宗王一旦被册为太子，随即深居内宫，元帅一职也由其他宗王所代。代宗被立为太子，元帅为越王係代，德宗立为太子，元帅则为郑王邈所代。建中初，李诵被立为太子，虽然元帅之职已废，但是按照肃、代时期的政治传统，应重用李诵之外的一个宗王来宣扬皇威，故舒王谊尤为德宗重视。《旧唐书》卷一五〇《德宗诸子·舒王谊传》云：

> 明年，尚父郭子仪病笃，上御紫宸，命谊持制书省之。谊冠远游冠，绛纱袍，乘象辂，驾驷马，飞龙骑士三百人随之。国府之官，皆袴褶骑而导前，卤簿备，引而不乐，在遏密故也。及门，郭氏子弟迎拜于外，王不答拜。[1]

郭子仪累朝元勋，朝廷如果表示优宠，最有资格代表皇室视疾宣慰的应为皇太子。据《旧唐书·礼仪志》，远游冠、绛纱袍俱为太子参与重要礼仪活动时的服饰，象辂则为天子五辂之一，从车服之制看，舒王应为代表皇帝及太子去省视郭子仪。舒王礼制规格直逼甚至超过太子，足见其为德宗眷顾之深。

建中元年，泾州刘文喜之叛平定后，德宗以舒王遥领四镇北庭行军泾原节度大使。《旧唐书》本传称"以谊爱弟之子，诸王之长。军国大事，欲其更践，必委试之"[2]。这里用"诸王之长"而非"诸子之长"，实为循肃、代旧例，将太子李诵排除在外。建中三年（782），割据淮西的李希烈攻陷汴州，汴宋节度使李勉出奔宋州，江淮漕运阻断，朝廷大震。德宗欲恢复战乱时期以宗王为元帅的旧事，拜舒王为扬州大都

---

[1]《旧唐书》卷一五〇《舒王谊传》，第 4042 页。
[2]《旧唐书》卷一五〇《舒王谊传》，第 4042 页。

督、持节荆襄、江西、沔鄂等道节度，兼诸军行营兵马元帅，淮西四周诸方镇兵及神策行营皆受其节制。德宗还盛选萧复、孔巢父、刘从一等朝臣为僚佐，为避哥舒翰兵败丧师之谶，德宗又将其改封普王。

如果舒王淮西之行成行的话，则舒王则成为继代宗、德宗、越王係、郑王邈之后第五位以元帅领天下兵的宗王。但是，问题也随之产生。代、德二宗以元帅领兵征战，后皆因功立为太子，此后才让出元帅之职，即便如此，仍发生越王係争立之事。舒王若以元帅身份平贼立功，又岂肯位居太子之下？以今人的观点来看，德宗以舒王为元帅实在是一种失策。巧合的是，舒王此行未及动身就爆发了"泾师之乱"，德宗仓皇出奔奉天，此事也不了了之。在德宗出奔奉天及梁州的流亡岁月里，舒王始终扈从德宗左右，表现非常抢眼。《旧唐书·舒王谊传》载：

> 德宗初闻兵士出怨言，不得赏设，乃令谊与翰林学士姜公辅传诏安抚，许以厚赏。行及内门，兵已阵于阙前，谊狼狈而还，遂奉德宗出幸奉天。贼之攻城，谊昼夜传诏，慰劳诸军，仅不解带者月余。从车驾还宫，复封舒王。①

赵元一《奉天录》记德宗出奔奉天时，"以普王为先驱，皇太子为殿，韦淑妃、唐安公主、亲王、贵妃等一百余人，策骑而去"②。普王即是舒王谊，舒王前导，太子殿后，二人共同扈卫德宗西行，不过，德宗以太子李诵殿后似有顾惜李诵安危的意思。固守奉天时，李诵亲临城门督战，"将士伤者，太子亲为裹疮"③，舒王则不然，"昼夜传诏慰劳诸军"，不离德宗寸步。从这些细节来看，舒王非常懂得适时表现自己，赢取德宗欢心，这方面太子李诵则略有逊色。

---

①《旧唐书》卷一五〇《舒王谊传》，第 4043 页
②《奉天录》卷一，第 23 页。
③《通鉴》卷二二九德宗建中四年（783）十一月条，第 7494 页。

尽管舒王在德宗奉天之难中表现突出，但是如前所论，重用舒王是为了树立皇族威信，舒王得势并不意味着太子失宠。太子不预政事是玄、肃以降的政治传统，而且德宗不让李诵预知政事，可能也是一种溺爱。《通鉴》卷二三二德宗贞元二年（786）三月条：

> 关中仓廪竭，禁军或自脱巾呼于道曰："拘吾于军而不给粮，吾罪人也！"上忧之甚，会韩滉运米三万斛至陕，李泌即奏之。上喜，遽至东宫，谓太子曰："米已至陕，吾父子得生矣。"①

德宗在危机化解之后第一时间想到的是太子而非舒王，表明德宗虽然器重舒王，但是德宗与太子父子天性，关系更为亲善。不过，自梁州返京后，舒王因屡次被德宗委以重任，权势、威望迅速膨胀。前已提到，舒王为郑王邈长子，若非安史之乱，德宗先有功于国，当日被立为太子的很可能是地居嫡子的郑王。郑王早薨后，舒王过继给德宗，名义上也为德宗之子，仍有夺取储位的机会。舒王恩遇日隆，不免对太子之位产生觊觎之心，最终引发了贞元三年（787）废除太子的政治风波。

贞元初宫内废太子风波的导火索是太子妃之母郜国长公主淫乱案。《通鉴》卷二三二德宗贞元三年六月乙卯条：

> 初，张延赏在西川，与东川节度使李叔明有隙。上入骆谷，值霖雨，道途险滑，卫士多亡归朱泚，叔明之子昇，及郭子仪之子曙、令狐彰之子建等六人，恐有奸人危乘舆，相与啮臂为盟，著行縢、钉鞋、更鞲上马以至梁州，他人皆不得近。及还长安，上皆以为禁卫将军，宠遇甚厚。张延赏知昇私出入郜国大长公主第，密以白上。上谓李泌曰："郜国已老，昇年少，何为如是！殆必有故，卿宜察之。"泌曰："此必有欲动摇东宫者。谁为陛下言之？"上曰："卿勿问，第为朕察之。"泌曰："必延赏也。"上曰："何以知之？"泌具

---

①《通鉴》卷二三二德宗贞元二年三月条，第7589页。

为上言二人之隙，且曰："昇承恩顾，典禁兵，延赏无以中伤。而郜
国乃太子萧妃之母也，故欲以此陷之耳。"上笑曰："是也。"泌因
请除昇他官，勿令宿卫以远嫌。秋，七月，以昇为詹事。郜国，肃
宗之女也。①

郜国为太子妃之母，而李昇为宿卫宫禁的青年将领，二人年龄悬殊却
私相往来，考虑到二人的特殊身份，德宗不得不怀疑背后另有阴谋。
张延赏出于私憾举报此事，至于其是否为舒王之党，因其不久即卒，已
无从深究。为了顾全太子声望，德宗听从了李泌的建议，将李昇调离
禁军。但是，"树欲静而风不止"，太子的政敌们紧紧抓住这一丑闻穷
追不舍，经过两个月的平寂之后，郜国丑闻最终还是指向了皇太子李
诵。《通鉴》卷二三三德宗贞元三年(787)八月条：

郜国大长公主适驸马都尉萧升；升，复之从兄弟也。公主不
谨，詹事李昇、蜀州别驾萧鼎、彭州司马李万、丰阳令韦恪，皆出入
主第。主女为太子妃，始者上恩礼甚厚，主常直乘肩舆抵东宫；宗
戚皆疾之。或告主淫乱，且为厌祷。上大怒，幽主于禁中，切责太
子；太子不知所对，请与萧妃离婚。上召李泌告之，且曰："舒王近
已长立，孝友温仁。"泌曰："何至于是！陛下惟有一子，奈何一旦
疑之，欲废之而立侄，得无失计乎！"上勃然怒曰："卿何得间人父
子！谁语卿舒王为侄者？"对曰："陛下自言之。大历初，陛下语
臣，'今日得数子'。臣请其故，陛下言'昭靖诸子，主上令吾子
之。'今陛下所生之子犹疑之，何有于侄！舒王虽孝，自今陛下宜
努力，勿复望其孝矣！"……（泌又曰）："愿陛下戒覆车之失，从容
三日，究其端绪而思之，陛下必释然知太子之无它矣。若果有其
迹，当召大臣知义理者二十人与臣鞫其左右，必有实状，愿陛下如
贞观之法行之，并废舒王而立皇孙，则百代之后，有天下者犹陛下

① 《通鉴》卷二三二德宗贞元三年六月乙卯条，第7611—7612页。

子孙也。"①

唐代公主多不守礼法,郜国长公主淫乱之事虽为皇室丑闻,但是德宗已隐忍不发,不予追究。时隔两个月后此事再起波澜,在于告密者多了一条罪状:"或告主淫乱且为厌祷。"《新唐书·顺宗纪》云"郜国公主以蛊事得罪",所记较《通鉴》更接近问题的要害。考虑到郜国太子妃之母的特殊身份,所谓"厌祷",无非祷告太子、太子妃早日登上皇帝、皇后宝座云云。经历建中四年(783)的政局大动荡之后,原有的天命观点动摇,各种谶纬命数之说尤为盛行,德宗本人对术数禁忌也颇为留意,我们可以想象刚自梁州返京、惊魂未定的德宗听到太子参与厌蛊时的愤怒之情。至于事件的审理过程,诸史皆无详细记载,这里不拟详述。总而言之,在李泌的劝解下,德宗打消对太子李诵的疑虑。丑闻所涉及郜国公主幽囚宫中,李昇、李万、萧鼎等人或杀或流,受到严厉的惩处。前宰相萧复与郜国公主夫君萧升为从兄弟,时为太子左庶子,被牵连贬往饶州,左神武大将军李建徽,坐其妻柳氏与郜国公主交往,改左骁卫大将军②。太子妃虽未直接获罪,德宗始终疑其怨望,另选苏州长史董楫之女为太子良媛③。贞元六年(790),郜国公主薨,太子也因中风而染疾不起,德宗又记起郜国"厌蛊"之事,最终以"厌灾"为由将太子妃处死④。

废太子风波几乎危及李唐社稷,此后德宗再也不肯轻言废立之事。在这场风波中受到打击最大的不是太子诵,而是舒王谊。李泌力保太子,当有不利于舒王的言论,如李泌谓德宗"陛下还宫,当自审思,

①《通鉴》卷二三三德宗贞元三年八月条,第7497—7499页。
②《册府》卷六二八《环卫部·迁黜门》,第7536页。
③《唐代墓志汇编》元和〇一三《董楫墓志》,第1957—1958页。
④《新唐书》卷八三《郜国公主传》,第3662页。中风实为自太宗、高宗起就一直困扰李唐皇室的家族遗传病。太子李诵待人"仁柔",但绝非体质柔弱之人。从幸奉天时李诵身先禁旅,乘城督战。而其驾崩时年仅四十六岁,已有子二十八人,一人过继德宗,有女十一人,是唐代诸帝中除玄宗外儿子最多的皇帝,顺宗壮岁中风似与纵欲过度有一定的关系。

勿露此意于左右；露之，则彼皆欲树功于舒王，太子危矣"①！德宗既不疑太子，必然对舒王多有警觉。贞元三年以后史籍中也没有德宗继续宠任舒王的记载，舒王彻底淡出政治舞台。

郜国之狱也暴露了太子久居东宫，势力孤弱的问题。贞元四年六月德宗封李诵诸子广陵、洋川、建康、临淮、弘农、汉东、晋陵、高平、云安、宣城、德阳、河东、洛交等十三郡王。此外，李诵子李谔也被德宗养为己子，封为邕王。《旧唐书》卷一五〇《文敬太子谔传》：

> 文敬太子谔，顺宗之子。德宗爱之，命为子。贞元四年，封邕王，授开府仪同三司。七年，定州张孝忠卒，以谔领义武军节度大使、易定观察等使，以定州刺史张茂昭为留后。十年六月，潞帅李抱真卒，又以谔领昭义节度大使、泽潞邢洺磁观察等使，以潞将王虔休为潞府司马、知留后。十五年十月薨，时年十八，废朝三日，赠文敬太子。②

贞元十五年邕王谔薨时十八岁，则其应生于建中三年（782）。贞元三年大兴郜国长公主之狱时李泌论太子之争没有提及此人，这说明此时李谔尚未过继给德宗。《新唐书》卷七《德宗纪》云："（贞元四年）六月己亥，封子谔为邕王。"③同书卷八二《十一宗诸子传》称李谔"贞元初，先诸王王邕"④。德宗诸子中舒、通、虔、肃、资等王已于大历十四年（779）封王，所谓"先诸王王邕"中"诸王"并非德宗诸子，只能指其生父李诵诸子。《新唐书》此条是邕王过继与封王同时进行的一个旁证，李谔或即此日过继德宗。贞元四年（788）为郜国长公主之狱的次年，德宗封太子诸子为郡王，并养太子一子为己子，除了修补父子感情外，

---

① 《通鉴》卷二三三德宗贞元三年八月条，第7621页。
② 《旧唐书》卷一五〇《文敬太子谔传》，第4045页。
③ 《新唐书》卷七《德宗纪》，第196页。
④ 《新唐书》卷八二《十一宗诸子列传》，第3626页。

更主要的目的是提升太子因郜国之狱而受到损害的声威。经历了郜国之狱，李诵太子地位非但没有动摇，反而更为巩固。

为弥补太子"失于柔仁"的缺陷，德宗也有意识地锻炼李诵处理政事的能力，贞元中李诵逐渐参与某些政务。德宗赐给方镇的制敕多令李诵代为书写，以让其早日熟悉朝章制度。陆贽罢相后，德宗欲以裴延龄、韦渠牟为相，李诵每候德宗气色，陈其不可，二人最终没能拜相。为了保证李诵能顺利接班，德宗又破格起用了一批青年才俊，这其中就包括了韦执谊。《旧唐书》卷一三五《韦执谊传》：

> 韦执谊者，京兆人。父浼，官卑。执宜幼聪俊有才，进士擢第，应制策高等，拜右拾遗。召入翰林为学士，年才二十余。德宗尤宠异，相与唱和歌诗，与裴延龄、韦渠牟等出入禁中，略备顾问。德宗载诞日，皇太子献佛像，德宗命执宜为画像赞。上令太子赐执谊缣帛以酬之。执谊至东宫谢太子，卒然无以藉言，太子因曰："学士知王叔文乎？彼伟才也。"执谊因是与叔文交甚密。[1]

载诞日李诵进献佛像，德宗先命韦执谊作画像赞，接着又令李诵赐执谊缣帛以酬之。德宗如此煞费苦心，目的即是把执谊推荐给李诵。除韦执谊外，贞元末出入禁中的韦渠牟，也是德宗准备推荐给李诵的。《旧唐书》卷一三五《韦渠牟传》："茅山处士崔苇征至阙下，郑随自山人再至补阙，冯伉自醴泉令为给事中、皇太子侍读，皆渠牟延荐之。"[2] 贞元后李诵多病，德宗命韦渠牟引荐山人、处士，有模仿西汉"商山四皓"辅佐汉惠帝之意味。永贞元年（805）李诵被逼禅位后，山人罗令则以太上皇（即李诵）密旨为辞至普润镇请兵（详见后文），隐约透露出李诵与山人、处士等方外之人早有渊源。《旧唐书·韦执谊传》又云：

> 贞元十九年，补阙张正一因上书言事得召见，王仲舒、韦成

---

①《旧唐书》卷一三五《韦执谊传》，第3732页。
②《旧唐书》卷一三五《韦渠牟传》，第3729页。

季、刘伯刍、裴茝、常仲孺、吕洞等以尝同官相善,以正一得召见,偕往贺之。或告执谊曰:"正一等上疏论君与王叔文朋党事。"执谊信然之,因召对,奏曰:"韦成季等朋聚觊望。"德宗令金吾伺之,得其相过从饮食数度,于是尽逐成季等六七人,当时莫测其由。[1]

《新唐书》卷一六〇《刘伯刍传》云:"府罢,召拜右补阙,迁主客员外郎。(伯刍)数过友家饮噱,为韦执谊阴劾,贬虔州参军。"[2]贞元十九年(803)李诵再度中风,不能言语,皇储之争再度处于一个微妙时期。王叔文时为太子棋待诏,韦执谊为吏部郎中,二人并非位高权重之人,被称为朋党实则因为李诵的缘故。张正一是否欲论王叔文朋党姑可不论,但其数为朋聚的事实已足以被认为"觊望"东宫的罪状。德宗以多疑著称,听了韦执谊的奏对之后,毫不犹豫地将张正一等人尽行贬逐,从根本上说正是为了保护李诵太子之位不被动摇。

综上,贞元三年郜国长公主之狱前德宗重用舒王谊,后一度欲废李诵而立舒王。郜国之狱中舒王虽未正式登场,但诬陷太子的政治风波实际上即围绕此人展开。在李泌的劝解下,德宗父子和好如初,舒王也旋即失势。贞元末李诵风疾,口不能言,但是在德宗心目中李诵继承者的地位始终未变,并悄悄地对李诵多方维护。德宗病危之前,尽管李诵已久卧病床,但是就外朝来看,其皇位继承人的身份始终是安稳无恙的,这是我们讨论德宗崩时皇位之争的一个重要出发点。

第二节　德宗弥留之际的斗争

贞元初舒王谊争夺太子之位虽然失败,但是也没有受到实质性惩罚,德宗左右舒王旧党依然存在。德宗在世时防范甚严,舒王之党难

---

①《旧唐书》卷一三五《韦执谊传》,第 3732—3733 页。
②《新唐书》卷一六〇《刘伯刍传》,第 4969 页。

以公开行动，德宗大渐之时，李诵也久病不起。德宗身边近幸之臣难免心怀幻想，出现了"禁中议所立尚未定"的反常一幕①。我们知道，皇位之争很大程度上是后妃、宦官、朝臣、翰林学士等内外廷政治势力之间的博弈。德宗弥留时，"凡二十余日，中外不通，莫知两宫安否"，在这种内外不通、消息封锁的情况下，朝官不可能发生太大影响，能直接对皇位争夺起作用的只有后妃、宦官以及负责草诏的翰林学士。

首先看看后妃方面。李诵母昭德皇后王氏，德宗为鲁王时为嫔，登基后册为淑妃，德宗奔奉天时，携玉玺以从，贞元二年（786）久疾，德宗念之，立其为后，册礼方毕而崩。其后主持后宫的是韦贤妃。《新唐书》卷七七《德宗贤妃韦氏传》：

> 德宗贤妃韦氏，戚里旧族也。祖濯，尚定安公主。初为良娣，德宗贞元四年，册拜贤妃。宫壶事无不听，而性敏淑，言动皆有绳矩，帝宠重之，后宫莫不师其行。帝崩，自表留奉崇陵园。元和四年薨。②

韦妃出身高门，祖母为定安公主，因其出于姻亲旧族，入宫之初即被册为良娣，嫔妃中最有条件与王妃争夺皇后之位。建中元年（780）李诵立为太子，但是王妃迟迟不能正位皇后，这其中与韦妃应有很大关系。贞元二年王妃薨，韦妃继为主持后宫，次年李诵即因郜国之狱几遭废黜。郜国之狱熄而复燃，前引《通鉴》仅模糊地称"宗戚皆疾之"，韦妃恰属"戚里旧族"，以此观之，李泌谏德宗语云："至于开元之末，武惠妃谮太子瑛兄弟杀之，海内冤愤，此乃百代所当戒，又可法乎！"③此语当有以武惠妃谮害太子之事来影射韦妃之意。在李泌的劝说下，德宗已基本确信李诵是清白的，但奇怪的是，德宗对诬陷太子之人并没有

---

① 参前引《通鉴》卷二三六顺宗永贞元年（805）正月条，第7729页。
② 《新唐书》卷七七《德宗贤妃韦氏传》，第3503页。
③ 《通鉴》卷二三三德宗贞元三年八月条，第7620页。

开罪,这说明此人深荷皇恩,后宫之中恐怕也只有"宫壸事无不听"的韦妃能做到这一点。我们还注意到,在顺宗继位后,韦妃"自请"去为德宗守陵。中唐以后,宫廷斗争中的失败者常常被贬守陵墓,正所谓"山宫一闭无开日,未死此身不令出"①,与终身幽禁实无二致。太宗崩时有徐充容自请为太宗守陵,此举得到朝廷的赞扬,死后被晋为"贤妃"。但是韦妃"自表"为德宗守陵时,朝廷却无任何褒奖。上述迹象表明,韦妃所谓"自请",极有可能是因参与舒王之党而贬守崇陵的。德宗崩时宦官云"禁中议未定",所谓"禁中"应也包括以韦妃为首的嫔妃们。

当然,顺宗在后宫也有支持者。《新唐书》卷一六八《王叔文传》云"顺宗立,不能听政,深居施幄坐,以牛昭容、宦人李忠言侍侧,群臣奏事,从幄中可其奏"②。此牛昭容应颇有政治见识,可惜文献中的相关记载实在太少。大体来说,当日后宫分为两派,不过舒王谊的势力似占有优势。

下面再看看宦官方面。《旧唐书》卷一四《顺宗纪》附韩愈传论称李诵为太子时"未尝以颜色假借宦官",似乎李诵登基前同宦官集团关系不甚融洽。其实这是一种误解。《通鉴》卷二三六德宗贞元十九年(803)七月条:

> 叔文诵诡多计,自言读书知治道,乘间常为太子言民间疾苦。太子尝与诸侍读及叔文等论及宫市事,太子曰:"寡人方欲极言之。"众皆称赞,独叔文无言。既退,太子自留叔文,谓曰:"向者君独无言,岂有意邪?"叔文曰:"叔文蒙幸太子,有所见,敢不以闻?太子职当视膳问安,不宜言外事。陛下在位久,如疑太子收人心,何以自解!"太子大惊,因泣曰:"非先生,寡人无以知此。"遂大爱

①《白居易集笺校》卷四《陵园妾》,第238页。
②《新唐书》卷一六八《王叔文传》,第5125页。

幸,与王伾相依附。①

李诵虽然深恶宦官跋扈,但是在王叔文的劝解下,终未向德宗进谏,宦官集团未必知晓李诵真正的政治态度。王叔文劝诫李诵继位前不同宦官正面冲突,说明他对宦官的政治能量是有所认识的。在王叔文的主持下,李诵身边也有一批亲信宦官。张仲素《彭献忠神道碑》云:"当德宗仙驭上升,顺宗宅忧谅闇,公以贞固服劳之节,宣承卫翊戴之忠。"②彭献忠时为教坊使,在宦官中具有一定的地位,在宪宗朝位至左军中尉。又《旧唐书》卷一三五《王叔文传》云:"叔文母死。前一日,叔文置酒馔于翰林院,宴诸学士及内官李忠言、俱文珍、刘光奇(琦)等。"③李忠言、俱文珍等数人同王叔文素有往来,最初应属支持李诵的宦官。

在拥立新君问题上最有发言权的宦官是控制神策禁军的左右两军中尉。贞元末左军中尉杨志廉,右军中尉孙义荣。孙义荣态度不详,但杨志廉则坚定地站在太子一方。《唐代墓志汇编续集》元和〇〇二《杨志廉墓志》:

> 寻拜左神策护军中尉……府有青凫廿万缗,廪有红粟卅万庾。器什山峙,戈铤林森,数百年间,军卫之盛,莫之肩矣。廿年,德宗皇帝别君百灵,太上皇时居疾于震,公与二三元臣翊戴嗣位。崇陵所奉,半出我军;京邑之人,遂薄赋役……是有特进、国公之拜。秋八月,顺宗皇帝称诰南宫,今皇帝继明北极……遂上表请致仕。④

墓志称唐顺宗李诵之立是"公(杨志廉)与二三元臣翊戴嗣位"的结

---

①《通鉴》卷二三六德宗贞元十九年七月条,第7724—7725页。
②《英华》卷九三二张仲素《内侍护军中尉彭献忠神道碑》,第4902页。
③《旧唐书》卷一三五《王叔文传》,第3735页。
④《唐代墓志汇编续集》元和〇〇二《杨志廉墓志》,第800页。

果,李诵继位后杨志廉有特进、国公之拜,永贞元年(805)顺宗被逼内禅后杨志廉也上表致仕,其仕途起伏同顺宗的政治境遇基本一致。据墓志,代宗朝杨志廉为权宦刘忠翼(即刘清潭)亲吏,刘忠翼为韩王迥之党,大历中曾企图动摇德宗太子之位,德宗登基后刘忠翼同京兆尹黎幹一起伏诛①,杨志廉也受到牵连,建中元年(780)至四年期间没有得到任何赏赐。德宗出奔奉天,杨志廉首末扈从,逐渐取得德宗信任。贞元十二年(796)郑滑节度使卢群卒,时监此军的杨志廉独当一面,"权处置军府事",得到德宗赏识,不久即代窦文场为左神策军中尉。德宗不计前嫌,对杨志廉有知遇之恩。崇陵之费一半出自左军,亦可证其对德宗感情颇深。在左神策军的影响下,左龙武军将军王荣也公开支持太子李诵②。当然,就当日情形而言,也未必所有的禁军都支持顺宗。《通鉴》卷二三六永贞元年(805)正月条载:"太子知人情忧疑,紫衣麻鞋,力疾出九仙门,召见诸军使,人心粗安。"胡三省注云:"《雍录》曰:'九仙门在内西苑之东北角。右神策军、右羽林军、右龙武军列营于九仙门之西。'"③李诵连孝服都未及换上,就匆忙到九仙门召见诸军使,或许持异议的以右军诸军为多。在左军中尉杨志廉的支持下,禁军内部的分歧以李诵宣慰而定,没有发生大的冲突。

虽有左军中尉杨志廉公开支持顺宗,但是舒王在宦官集团内培植党羽也非一朝一夕。据《杨志廉墓志》,公开支持太子李诵的仅为"二三元臣",支持舒王或态度不明的宦官人数当不少。受史料的限制,目前诸宦官中姓名可考的舒王之党只有乐辅政一人。《唐代墓志汇编续集》长庆〇〇九《乐辅政墓志》录其事云:

> 贞元中,德宗以狎侍紫宸,升降□陛,未及弱冠,恩将宠绯,丽

①参见《旧唐书》卷一一八《黎幹传》,第3426页。
②参见《英华》卷九〇九戴少年《镇军大将军王荣神道碑》,第4785页。
③《通鉴》卷二三六顺宗永贞元年正月条,第7729页。

名十大夫之位。后以德宗晏驾，例守寝园。顺宗嗣升，诏叙弥渥。顷因皇德中否，复以宪宗纂鸿。元和初，熙载璿枢，密勿难旷。直以谙练故实，加乎文词秀拔，齿迹宫禁，佥允令能。以帝室文房，掌难其选，晖映斯任，称公是深。[1]

乐辅政"文词秀拔"，"明左氏之传，精右军之笔"，为德宗身边掌文笔者。舒王之党无法取得翰林学士的支持，如欲矫拟德宗遗诏，应需借助乐辅政之手笔。乐辅政无疑卷入了这场皇位争夺。李诵即位之后，乐辅政也"例守寝园"，所谓的"例守"同韦妃的"自请"一样，皆为讳饰之词。在顺宗在位期间，乐辅政没有像其他宦官那样得到赏赐或超迁。直至元和初另一派宦官得势，宦官集团缺少主文之臣，乐辅政才因"谙练故实"而再次进用。

最后，再看看掌握制诏权的翰林学士。德宗虽信任翰林学士，但是防禁甚严，居学士之任者多"荣滞相半"，韦绶甚至在家训中告诫子孙不得担任内职[2]。贞元中德宗相继以翰林学士归崇敬、梁肃为太子侍读，还有意识地向太子推荐学士韦执谊等。在接触翰林学士方面，李诵占有很大优势。

贞元二十一年，翰林学士有郑絪、卫次公、李程、张聿、李建、王涯等六人。王叔文集团多待诏、侍读之属，翰林院是东宫集团活动的重要场所。韩愈《顺宗实录》卷一载：

> 闻德宗大渐，上(即顺宗李诵)疾不能言。(王)伾即入，以诏召叔文入，坐翰林中使决事。伾以叔文意入言于宦者李忠言，称诏行下，外初无知者。[3]

王叔文为棋待诏，王伾为书待诏，二人俱为太子李诵心腹之臣，但是与

---

[1]《唐代墓志汇编续集》长庆〇〇九《乐辅政墓志》，第864页。
[2]《旧唐书》卷一六八《韦温传》，第4379页。
[3]《顺宗实录》卷一，《韩昌黎文集校注》，第696页。

李诵的关系仍有差别。王伾外貌寝陋，好吴语，为太子亵狎；王叔文以任事自许，太子颇敬之，出入东宫不如王伾方便。太子得知德宗病危的消息，非常担忧，便通过王伾将王叔文召至翰林谋划此事。唐代翰林待诏居于翰林院，翰林学士居于学士院，二者虽然同处于一个相对封闭的院落中，实为两个独立的机构①。王叔文为棋待诏，"坐翰林使决事"中"翰林"应指翰林院，非为学士院。为了及时刺探诸学士动向，窥知中枢机密，王叔文集团必须设法在翰林学士中直接安插耳目。德宗大渐消息传出之后，仅时隔五日，浙东判官凌准被王叔文集团引为翰林学士。

《旧唐书》卷一三《德宗纪》云："（贞元）二十一年春正月辛未朔，御含元殿受朝贺。是日，上不康。丙子，以浙东观察判官凌准为翰林学士。"②凌准与王叔文同为浙东人，此前曾在邠宁任判官十余年，政治经验丰富。凌准长期不在京城，与太子的关系不为人知，王叔文引荐其入翰林具有很强的隐蔽性。由于东宫集团预先作了布置，在草拟德宗遗诏时凌准果然不负众望，起到了非常关键的作用③。

《柳宗元集》卷一〇《故连州员外司马凌君（准）权厝志》：

> 召以为翰林学士。德宗崩，迩臣议秘三日乃下遗诏，君独抗危词，以语同列王伾，画其不可者十六七，乃以旦日发丧，六师万姓安其分。④

同书卷四三《哭连州凌员外司马》诗云："孝文留弓剑，中外方危疑。抗声促遗诏，定命由陈辞。"⑤柳宗元与凌准同朝为官，又都是"二王八

---

①毛蕾：《唐代翰林学士》，北京：社会科学文献出版社，2000年，第157页。

②《旧唐书》卷一三《德宗纪》，第400页。

③傅璇琮：《唐德宗朝翰林学士传》，《文史》，2005年3期。

④〔唐〕柳宗元撰，吴文治校注：《柳宗元集》卷一〇《故连州员外司马凌君（准）权厝志》，北京：中华书局，1979年，第264页。

⑤《柳宗元集》卷四三《哭连州凌员外司马》，第1209页。

司马"成员,所记应相对可靠。王伾为翰林书待诏,非为学士,称其为"同列",或许因誊录遗诏的缘故也在现场,学士中明确代表东宫党人的只有凌准一人。从拟诏时凌准"独抗危词"来看,学士们的态度也很不一致。诸学士中,李建同刘禹锡、柳宗元关系密切[1],应倾向支持革新集团。李程、王涯、张弘等三人资历尚浅,无太大发言权,余下的只有资历较老的郑絪、卫次公二人。据岑仲勉先生所考,郑絪、卫次公滞留学士院均达十三年之久,李肇《翰林志》中所谓"有守官十三考而不迁者"即此二人[2]。郑、卫与李诵关系疏远,提出"必不得已,犹应立广陵王"。由于翰林学士中无坚决支持舒王者,所以在学士拟诏方面很快呈现一边倒的趋势。

　　总之,在这场皇位之争中,舒王虽然得到后宫及宦官的支持,但是在德宗的提防下其势力无法向翰林学士渗透,更没有取得左军中尉杨志廉的支持。相比较而言,李诵集团有左军中尉杨志廉的支持,又以凌准入学士院参预起草遗诏,在皇位之争中处于优势地位,已经基本可以稳住局势。《旧唐书》卷一四《顺宗纪》云:"暨德宗不豫,诸王亲戚皆侍医药,独上卧病不能侍。德宗弥留,思见太子,涕咽久之。"[3]吕思勉先生认为德宗不得见太子是宦官从中壅遏的结果[4]。根据上面的分析,与其说是宦官从中阻挠,倒不如说是王叔文集团对太子的保护。盖当日李诵严重中风,口不能言,力不能行,若强见德宗,舒王之党乘机发难,局面很容易失去控制。因此,李诵远离皇位争夺现场,由王叔文、凌准等代为操办实际上不失为一万全之策。

---

①《柳宗元集》卷三〇《与李翰林建书》,第800—803页。

②岑仲勉:《翰林学士壁记补注》四,《郎官石柱题名新考订(外三种)》,北京:中华书局,2004年,第230页。

③《旧唐书》卷一四《顺宗纪》,第405页。

④吕思勉:《隋唐五代史》卷上第八章第一节《顺宗谋诛宦官》,第293—294页。

第三节　王叔文革新及其失败

在王叔文集团的精心谋划下，太子诵终以久病之身继承大宝，是
为唐顺宗。顺宗虽然赢得皇位，但是地位并不巩固。由东宫党人、宦
官集团、翰林学士等组成的拥戴集团貌合神离，他们与李诵的亲疏关
系不同，政治主张和政治利益也各不相同，甚至完全抵触。顺宗登基
之后，原拥戴集团内部又展开新一轮的权力争斗。

王叔文集团多是东宫旧党，顺宗即位后，因拥戴之功而获得很大
的权力。韩愈《顺宗实录》卷五云：

> 叔文，越州人，以棋入东宫。颇自言读书知理道，乘间常言人
> 间疾苦。上将大论宫市事，叔文说中上意，遂有宠。因为上言：
> "某可为将，某可为相，幸异日用之。"密结韦执谊，并有当时名欲
> 侥幸而速进者：陆质、吕温、李景俭、韩晔、韩泰、陈谏、刘禹锡、柳
> 宗元等十数人，定为死交；而凌准、程异等又因其党而进。[1]

过去谓其为"代表庶族地主阶级的新兴力量"，或"出自庶族或进士科
而图谋改革当时朝政的一个进步集团"[2]。其实，这一政治集团同文
宗朝的李训、郑注集团一样，就是由一二以某种伎术进用的近幸为核
心，连接外朝有革新思想而又锐意进取的文士组成，这一政治集团本
书称为"文人近幸集团"。"文人近幸集团"最主要的政治目标就是依
靠皇权，打击专横跋扈的宦官集团。其行为方式就是多用捭阖智诈
之术。

---

①《顺宗实录》卷五，《韩昌黎文集校注》，第 721 页。

②分见王芸生：《论二王八司马政治革新的历史意义》，《历史研究》1963 年 3 期；侯外庐：《中
　国思想通史》第四卷第一章第四节，北京：人民出版社，1959 年，第 103 页。20 世纪 80 年
　代以来，这一提法遭到一定非议，比较有代表性的论著有黄永年《六至九世纪中国政治
　史》第十四章《所谓永贞革新》，第 432 页。

在贞元末皇位之争的博弈中,为了确保太子顺利继位,王叔文集团巧妙地隐忍自己对宦官的厌恶。新君既立后,这层顾忌已不复存在,于是王叔文集团放手革除德宗朝一系列蠹政。首先罢除民愤极大的宫市,接着废黜滋扰市井的五坊小儿,又下诏停内侍郭忠政等十九人正员官俸钱。河东节度使马燧富有资财,贞元末杨志廉讽其子马畅献家赀入官,李诵继位后也敕令赐还。

王叔文集团罢宫市等举措严重损害了宦官集团的既得利益,同俱文珍等宦官之间矛盾迅速激化。俱文珍等并非舒王之党,对"忘恩负义"的顺宗极为不满,终不能复立舒王。学士郑绢、卫次公已经滞居翰林十三年之久,顺宗立后也没有因之而得到迁转(此亦可佐证郑、卫二人并非顺宗得立的定策功臣),颇有怨意。于是,两股政治势力相互勾结,以健康问题为由,共谋废黜顺宗,更立顺宗长子广陵王李淳。顺宗与广陵王为父子,这场阴谋遂以顺宗"禅让"的形式进行。《通鉴》卷二三六顺宗永贞元年(805)三月条:

> 上疾久不愈,时扶御殿,群臣瞻望而已,莫有亲奏对者,中外危惧;思早立太子,而王叔文之党欲专大权,恶闻之。宦官俱文珍、刘光琦、薛盈珍皆先朝任使旧人,疾叔文、忠言等朋党专恣,乃启上召翰林学士郑绢、卫次公、李程、王涯入金銮殿,草立太子制。时牛昭容辈以广陵王淳英睿,恶之;绢不复请,书纸为"立嫡以长"字呈上;上颔之。癸巳,立淳为太子,更名纯。[1]

《通鉴》本条采自李肇《唐国史补》卷中。贞元二十一年(805)二月王叔文、王伾在顺宗上台后也相继入为学士,但是是年三月王叔文为度支盐铁转运副使,对学士院的控制有所松懈。俱文珍等议立太子时,王叔文、王伾、凌准等顺宗东宫旧党均被有意规避,甚至与柳宗元相善的李建也不预其事。李纯为顺宗长子,早立储君本也是名正言顺,但

---

①《通鉴》卷二三六顺宗永贞元年三月条,第7735页。

在当时特定的政治环境下别有含义。它意味着在宦官集团的精心谋划下，在李纯身边一个新的政治集团正在形成。这一宦官集团核心人物为俱文珍、刘光琦、薛盈珍，另外还有尚衍、解玉、吕如全等①。李纯之立是顺宗在不能自主的条件下被迫同意的，是宦官集团准备抛弃顺宗的一个信号。

王叔文也意识到顺宗的危险处境，李纯立为太子后，"叔文独有忧色"②，曾以陆质为太子侍读，试探太子的政治态度，结果遭到李纯的严厉斥责。新太子之立，打乱了王叔文集团的部署，迫使王叔文不得不尽快谋求兵权，以巩固顺宗及自身的政治地位。"叔文欲夺宦者兵权，每忠言宣命，内臣无敢言者，唯贞亮（即俱文珍）建议与之争。"③在京城碰壁之后，王叔文集团将目光投向京西神策行营。《通鉴》卷二三六顺宗永贞元年（805）六月癸丑条：

> 王叔文既以范希朝、韩泰主京西神策军，诸宦者尚未寤。会边上诸将各以状辞中尉，且言方属希朝。宦者始寤兵柄为叔文等所夺，乃大怒曰："从其谋，吾属必死其手。"密令其使归告诸将曰："无以兵属人。"希朝至奉天，诸将无至者。韩泰驰归白之，叔文计无所出，唯曰："奈何，奈何！"④

王叔文一贯善于隐藏自己的意图，在如何剥夺宦官兵权问题上，最初也作了相应的谋划。为了不引起怀疑，王叔文以亲信韩泰担当副职，而以威望素高，无党派色彩的范希朝担任正职。不过，王叔文企图凭一纸诏书即可剥夺宦官兵权，还是过于轻率。当边将状称方属范希朝

① 《新唐书》卷二〇七《刘贞亮传》："忠言素懦谨，每见叔文与论事，无敢异同。唯贞亮乃与之争，又恶朋党炽结，因与中人刘光琦、薛文珍、尚衍、解玉、吕如全等同劝帝立广陵王为太子监国。"
② 《顺宗实录》卷五，《韩昌黎文集校注》，第722页。
③ 《旧唐书》卷一八四《俱文珍传》，第4767页。
④ 《通鉴》卷二三六顺宗永贞元年六月癸丑条，第7739页。

时,杨志廉等幡然醒悟,"从其谋,吾属必死其手",密令诸镇兵不奉诏书,自此不再与王叔文集团合作。王叔文夺取宦官兵权的计划事实上失败了。

范希朝事件后不久,王叔文以母忧归第,"(王)伾日诣中人并杜佑请起叔文为相,且总北军。既不得,请以威远军使平章事,又不得"[1]。威远军隶属鸿胪寺,不归宦官统辖,王伾请起王叔文为威远军使,试图避开与宦官集团再次直接冲突,结果自然是徒劳无益。失去了禁军的武力支持,顺宗皇帝之位岌岌可危,王叔文集团的最终失败也成定局。

王叔文去职后,顺宗身边谋臣群龙无首,宦官集团进一步鼓动外朝藩镇上表,逼迫顺宗将国政移交太子。时剑南西川节度使韦皋、荆南节度使裴均、河东节度使严绶相继上表请令太子监国。顺宗即位之初,韦皋遣节度副使刘辟入京求领三川,被王叔文所拒,可能因此结憾,转而投向俱文珍集团[2]。裴均父事权宦窦文场,此人与宦官集团的特殊关系自不待言。严绶在河东,政事一出监军李辅光,"元和初,皇帝践祚,旌宠殊勋,复迁内常侍兼供奉官"[3],严绶上书实为李辅光之意。在内外交逼之下,顺宗不得不在七月乙未宣布军国大事交由太子李纯勾当。

永贞元年(805)八月,丧失皇帝权力的顺宗称太上皇,正式禅位于宪宗。王叔文贬为渝州司户,一年后被杀,王伾贬开州司马,韦执谊、

---

[1]《顺宗实录》卷四,《韩昌黎文集校注》,第718页。

[2] 袁滋《摩崖题记》云:"大唐贞元十年□□□□九月二十日,云南宣慰使内给事俱文珍,判官刘幽岩,小使吐突承璀,持节册南诏使御史中丞袁滋,副使成都少尹庞顺,判官监察御史崔(崔)佐时,同奉恩命赴云南,册蒙异牟寻为南诏。其时节度使尚书右射成都尹兼御史大夫韦皋署巡官监察御史马益统行营兵马,开路置驿,故刊石记之。 袁滋题"(转引自严耕望:《唐代交通图考》卷四"汉唐川滇东道——戎州石门通南诏道",上海:上海古籍出版社,2007年,第1225页)该题记表明韦皋与拥立太子李纯(宪宗)的俱文珍、吐突承璀等早为旧识,韦皋与王叔文交恶后转投俱文珍集团的可能性很大。

[3]《全唐文》卷七一七崔元略《李辅光墓志》,第7375页。

凌准、刘禹锡、柳宗元等皆贬为远州司马。在王叔文集团被贬斥的同时,顺宗亲信的宦官也遭到清洗①,李忠言等不知所终,杨志廉由于贞元末力挺顺宗,此时也被迫致仕。值得注意的是,这一年十月有山人罗令则至京畿普润,劝秦州刺史刘澭勒兵行废立之事。《册府》卷三七四《将帅部·忠门五》:

> 刘澭贞元末为陇右经略使。暨顺宗寝疾,传位于宪宗,称太上皇。有山人罗令则自京诣澭,妄构异说,凡数百言,皆废立之事。且矫太上皇诏,请兵于澭。澭立命系之,鞫得奸状。令则又云:"某之党多矣。十月德宗山陵,约此时伺便而动。"澭械令则,驿表上闻。诏付禁军按问,其党与皆杖死。澭复请自领兵护灵武(驾),以备非常,诏不许。遣中使以名马金玉缯锦锡之,复录其功,号其军额曰保义。②

贞元末韦渠牟曾引荐一批山人、处士给时为太子的顺宗,罗令则来自京城,称奉太上皇(即顺宗)密诏,可能即为顺宗东宫旧党。刘澭为幽州节度使刘怦次子,因受其兄刘济排挤,率所部一千五百人自瀛州归朝,屯于普润。罗令则游说刘澭,主要看中普润镇兵不为宦官集团控制,这一点与王伾请以叔文为威远军使的原因极为类似。

罗令则策动普润镇起兵是顺宗东宫余党谋夺兵权,营救顺宗的最后努力,这一举动引起宦官集团的警觉。罗令则自称"十月德宗山陵,约此时伺便而动",舒王谊在是年十月薨,明年正月,顺宗崩,疑被宦官集团弑

---

①《唐代墓志汇编续集》开成〇一三《王志用墓志》:"洎德宗皇帝握图,顺宗皇帝储位。诏选颖达聪悟为侍卫者。公独厕于殿庭焉。颇有异能,时辈感服。至于德宗皇帝升遐,顺宗皇帝登极,俯顾左右,择其勤劳。上惬圣心,独应人望,才衣绿服,朱绂又加……洎宪宗皇帝登极,公已先朝旧臣,还居散位。"据墓志,王志用建中初入宫,被选为东宫近侍,宪宗登基后遭到斥黜。
②《册府》卷三七四《将帅部·忠门五》,第4449—4450页。

于兴庆殿①,次月,普润镇军赐名保义军,"保义"之号或是宦官集团对
刘澭举报之功的嘉赏。总之,罗令则事件为贞元末皇位之争的尾声,
随着舒王李谊和顺宗李诵的相继辞世,这场皇位之夺才算真正结束。

第六章　宪宗朝储位之争与宪宗之死

第一节　元和四年的立储问题

宪宗即位之初,未立太子。元和四年(809)在李绛等朝臣的劝请
下,宪宗首建东宫,立长子、后宫纪美人所生邓王宁为太子,时年十七
岁。值得注意的是,宪宗元妻郭贵妃所生第三子遂王宥(即穆宗),没
有获得太子之位。邓王较遂王仅年长两岁,宪宗弃贵立长,与宪宗对
郭贵妃的态度有很大关系。《旧唐书》卷五二《后妃传下·宪宗懿安
皇后郭氏传》:

> 宪宗懿安皇后郭氏,尚父子仪之孙,赠左仆射、驸马都尉暧之
> 女。母代宗长女升平公主。宪宗为广陵王时,纳后为妃。以母
> 贵,父、祖有大勋于王室,顺宗深宠异之。贞元十一年,生穆宗皇
> 帝。元和元年八月,册为贵妃。八年十二月,百僚拜表请立贵妃
> 为皇后,凡三上章。上以岁暮,来年有子午之忌,且止。帝后庭多
> 私爱,以后门族华盛,虑正位之后,不容嬖幸,以是册拜后时。元

---

① 参陈寅恪:《顺宗实录与续玄怪录》,《金明馆丛稿二编》,第81页;卞孝萱:《刘禹锡丛考》,
成都:巴蜀书社,1988年,第89页;黄永年:《六至九世纪中国政治史》第十五章第五节
《〈辛公平上仙〉是讲宪宗抑顺宗》,第469—472页。另张铁夫对此提出不同意见,参张铁
夫《"顺宗被杀"的证据不能成立》,《零陵师范高等专科学校学报》,2002年第1期。

和十五年正月,穆宗嗣位,闰正月,册为皇太后。[1]

在古代,立后几乎是与建储同样重要的政治事件。一个嫔妃能否正册为后,并不仅仅取决于皇帝的好恶,往往还同政治局势有很大关系。元和八年(813)穆宗被正式册为太子已达两年之久,宪宗直到这时仍以子午之忌等借口不肯册其为后,不能不说宪宗对郭妃在政治上心存顾虑。通常情况下,立后失当存在着皇后干政和外戚擅权两种潜在危险。郭妃动循礼法,宫中威望极高。宪宗所顾忌的并不是皇后擅政,而很可能是所谓的外戚篡权问题。郭氏家族在肃、代两朝荣极一时,"岁入官俸二十四万贯,私利不在焉……家人三千,相出入者不知其居"[2]。郭子仪子曜、旰、晞、昢、晤、暧、曙、映等八人及女婿七人皆为朝廷重臣,麾下李怀光辈数十人,"子仪颐指进退,如仆隶焉。幕府之盛,近代无比"[3]。德宗时郭氏兵权虽为朝廷收回,但各地节镇军将多其旧部。顺宗在东宫时非常重视以联姻来换取郭氏家族的支持,先是以爱女德阳郡主婚郭暧子郭鏦,接着又为长子广陵王(即宪宗)纳郭暧女为元妃。德宗性多疑忌,建中末发生拘升平公主于宫中不许与郭暧相见之事。宪宗从其父亲顺宗那儿体验到了郭氏的显赫,又从祖父德宗那儿学到了对郭氏的猜忌。郭妃兄郭钊等长期担任鸿胪卿等散职,在平刘辟、讨淮西等一系列军事行动中,宪宗也始终都没有起用郭家的意图。元和中郭妃迟迟不能正位中宫,正是宪宗在后宫抑制郭氏势力的重要体现。

宪宗诸子中,邓王年长,但为后宫所出,穆宗虽贵,但其前有邓王、澧王二位皇兄,其母郭氏又未能正位皇后,宪宗在立储问题上的暧昧态度引起了李绛等朝臣的不安。《新唐书》卷八二《宪宗诸子传》:

---

[1]《旧唐书》卷五二《宪宗懿安皇后郭氏传》,第2196页。
[2]《旧唐书》卷一二〇《郭子仪传》,第3467页。
[3]《旧唐书》卷一二〇《郭子仪传》,第3467页。

于是国嗣未立，李绛等建言："圣人以天下为大器，知一人不可独化，四海不可无本，故建太子以自副，然后人心定，宗祏安，有国不易之常道。陛下受命四年，而冢子未建，是开窥觎之端，乖慎重之义，非所以承列圣，示万世。"帝曰："善。"以宁为皇太子，更名宙，前以制示绛等。未几，复初名。①

李绛没有公开表态支持某皇子，而是以"冢子未建，是开窥觎之端"为辞，讽谏宪宗早作定夺。安史之乱爆发后唐朝进入多事之秋，多推长而立，以皇长子为皇太子、天下兵马元帅。代宗、德宗、顺宗、宪宗诸帝，母家出身卑微，德宗母沈氏，甚至两次被代宗遗弃，不知所踪。其得以顺利继位，主要受益于"立储以长"的规则。顺宗建储时牛昭容等欲立他人，宪宗正是凭借长子的身份得为太子，从自身的体验来说，宪宗更倾向于立储以长。而且宪宗也确实喜爱邓王李宁，两年后李宁病死时，宪宗为其废朝十三日，并特别制订了一套丧礼，可见二人父子感情之深。代宗时已有舍元妃崔氏嫡子郑王而立长子德宗的先例。宪宗引前例立邓王为皇太子，并没有遭到朝臣的公开反对。

元和四年（809），宪宗立邓王为太子，有没有宦官居中左右呢？宪宗本身为顺宗长子，其继位具有充分的合理性，对拥戴宦官具有较强的掌控能力。《新唐书·刘贞亮传》称："宪宗之立，贞亮为有功，然终身无所宠假。"②与俱文珍同样有拥戴之功的枢密使刘光琦，元和四年（809）致仕。另一功臣翰林院使吕如金下场则较为悲惨。《册府》卷六六九《内臣部·谴责门》：

> 吕如金，宪宗时为翰林使。元和四年杖四十，配恭陵。行至阌乡而卒。如金以密书请托于盐铁使李巽，故有是责。③

---

①《新唐书》卷八二《宪宗诸子传》，第 3629 页。
②《新唐书》卷二〇七《刘贞亮传》，第 5869 页。
③《册府》卷六六九《内臣部·谴责门》，第 7998 页。

吕如金究竟请托李巽何事，《册府》没有明确记载，《新唐书·刘贞亮传》则称"坐擅取樟材治第，送东都狱，至阌乡自杀"[1]。一般而言，请托盐铁使转运樟木并非大罪，但是身处敏感机构的翰林院使结交外臣，罪名就非常严重了。与吕如金事件类似的还有右军中尉第五从直。《册府》卷一五三《帝王部·明罚门》：

> （元和五年）十一月庚子，黜金吾卫大将军伊慎为右卫将军。初慎以钱三千万赂右神策军护军中尉第五从直，求为河中节度。从直恐事泄，奏之。帝怒，入其赃一千五百万，仍黜其官。交通密近坐死者三人。[2]

元和四年、五年，宪宗对宦官集团恩威并用，防禁甚严。这种情况下，宦官集团战战兢兢，唯君命是从，不可能去干预太子这样的大事。邓王之立，虽有李绛的劝导，基本出自宪宗本人的宸断。

第二节　惠昭太子薨后的储位争夺

元和六年十二月，惠昭太子薨，皇室内部皇储问题再起波折，这次立储问题由于南北衙党争的介入而异常复杂。惠昭薨于十二月，直到次年七月穆宗才被确定为新的皇太子，其间经历了长达七个月的明争暗斗。《旧唐书》卷一五九《崔群传》载：

> 元和七年，惠昭太子薨，穆宗时为遂王，宪宗以澧王居长，又多内助，将建储贰，命群与澧王作让表，群上言曰："大凡已合当之，则有陈让之仪；已不合当，因何遽有让表？今遂王嫡长，所宜正位青宫。"竟从其奏。[3]

---

①《新唐书》卷二〇七《刘贞亮传》，第5869页。
②《册府》卷一五三《帝王部·明罚门》，第1852页。
③《旧唐书》卷一五九《崔群传》，第4188页。

此事又见于《旧唐书》卷一七五《宪宗诸子传》，为便于比较，略引述如下：

> 澧王恽，宪宗第二子也，本名宽。贞元二十一年，封同安郡王。元和元年，进封澧王。七年，改今名。时吐突承璀恩宠特异，惠昭太子薨，议立储副，承璀独排群议，属澧王，欲以威权自树，赖宪宗明断不惑。上将册拜太子，诏翰林学士崔群代澧王作让表一章。群奏曰：“凡事己合当之而不为，则有退让焉。”上深纳之。①

《崔群传》云宪宗所欲册太子为澧王，最后在崔群的力争下才改为穆宗。但是据《诸子传》，宪宗所欲册太子即为穆宗，并非澧王，两传出入很大。今按，所谓“让表”，是指古代官员拜官时上呈皇帝辞让官职的奏章，“别有谢恩，有封事，有让表，有驳议，亦四品之属也”②。当日若穆宗拜太子，应由穆宗作让表，绝无穆宗得立，反倒由澧王向皇帝作让表的道理，从让表性质来看，《诸子传》的记载是有问题的。又崔群奏言“凡事己合当之而不为，则有退让焉”，语意未尽，其下似有脱文。检得《册府》卷五五二《词臣部·献替门》亦载此事，其文句与《旧唐书·宪宗诸子传》略同，但详于《诸子传》：

> 时吐突承璀恩宠特异，惠昭太子薨，议立储副。承璀独排群议，属意澧王，欲以威权自树，赖宪宗明断不惑。及将册拜太子即穆宗也，诏群代澧王作让表，群奏曰：“凡事己合当而不为，则有退让。澧王非嫡，不当立，复何让焉。”宪宗深纳之。③

《册府》本条崔群奏语多出“澧王非嫡不当立，复何让焉”等字，疑即《诸子传》所据之原始材料。今以史实证之，睿宗立储未定，成器嫡长，

---

①《旧唐书》卷一七五《宪宗诸子传》，第 4534 页。

②姚华：《论文后编·目录上》，转引自《汉语大词典》“让表”条，汉语大词典出版社，1993 年，第 472 页。

③《册府》卷五五二《词臣部·献替门》，第 6627 页。

因玄宗有政变之功,屡次表让太子之位,诸史皆不称其表为让表①。是则兄弟谦让之表,唐人并不以让表视之,此处以澧王谦让之表为让表,有违于常识。不过《册府》明言承璀欲以澧王为太子,"赖宪宗明断不惑",并在"将册拜太子"下复注云"即穆宗也"四字。笔者以为,"赖宪宗明断不惑"为议论性语句,因本条史料并非原始记载,夹杂有他人注文,此数语很可能为混入正文的注文。今若将此评论性语句视为注文,连同"即穆宗也"等注文一并略去,则本条正文意思同《崔群传》完全一致,《诸子传》与《崔群传》的矛盾之处皆可迎刃而解。也就是说,《诸子传》所据材料与《崔群传》原意相同,惟注者不明"让表"之意,将向皇帝辞让之让误解为兄弟之间相互谦让之让,在此基础上将初立太子误注为穆宗,而其部分误注之文又在传抄过程中被窜入正文,遂使《诸子传》同《崔群传》迥然有异②。《册府》除卷五五二外,卷五五一《词臣部·器识门》也载此事③,所记文字同于《旧唐书·崔群传》,这表明《崔群传》《诸子传》分别取自不同的史源。《崔群传》中称澧王"多内助",《诸子传》却直书为吐突承璀。因两《传》史源不同,此番改动未必完全可靠。《通鉴》卷二三八宪宗元和七年(812)七月乙亥条下附《考异》:

> 据《实录》:"六年十一月,承璀监淮南军。闰十二月,惠昭太子薨。明年,承璀乃召还。"而新、旧《传》皆如此。穆宗卒以此杀承璀。盖宪宗末年,承璀欲废太子,立澧王耳,非惠昭初薨时也。④

《考异》认为宪宗末吐突承璀欲废太子属于揣测,但其认为吐突承璀元和六年无谋立澧王之事有《实录》为据,大抵可信。据《实录》及新旧

①《通鉴》卷二〇九睿宗景云元年(710)六月丙午条,第6767—6768页。
②《通鉴》卷二三八宪宗元和七年七月条此事件"凡推己之有以与人谓之让。遂王,嫡子也,宽何让焉!"(第7814页)特沿袭旧书《诸子传》之误耳,亦不足论。
③《册府》卷五五二卷《词臣部·献替门》,第6618页。
④《通鉴》卷二三八宪宗元和七年七月乙亥条,第7814页。

《唐书》相关记载,惠昭太子薨前两月,吐突承璀已经得罪出监淮南,左军中尉为彭献忠。朝中宰相李绛为吐突承璀政敌,另一宰相李吉甫,也没有确凿证据证明其为吐突承璀党羽①,元和六年(811)吐突承璀遥控皇位之争的可能性微乎其微,《旧唐书·宪宗诸子传》此条不仅文字有所脱漏,所记史实也多有讹误,远不若《崔群传》准确。

我们知道,元和六年东宫储位之争主要在澧王、遂王(穆宗)二人之间展开。惠昭太子薨后,澧王年长,依次当立,背后有众多宦官支持。遂王与澧王年龄相仿,其母郭贵妃为宪宗元妃,背后则有崔群等朝臣的支持,因此,二人都有胜出的可能,这种情况下宪宗本人的态度十分值得重视。《旧唐书》卷一五九《崔群传》又载:

> 穆宗即位,征拜吏部侍郎,召见别殿,谓群曰:"我升储位,知卿为羽翼。"群曰:"先帝之意,元在陛下。顷者授陛下淮西节度使,臣奉命草制,且曰:'能辨南阳之牒,允符东海之贵。'若不知先帝深旨,臣岂敢轻言?"数日,拜御史中丞。②

穆宗拜淮西节度使在元和五年三月,其事见于《旧唐书·宪宗纪》,此不赘。崔群所草《遂王宥彰信(义)军节度制》③见于《唐大诏令集》卷三六。淮西镇是朝廷准备用兵之地,地位既特殊又敏感。宪宗以遂王(穆宗)遥领淮西节度使,历练其处理军国事务的能力,无形中提高了遂王的政治声望。相比之下,宪宗欲以澧王为太子只是因为澧王年长,又"多内助",并没有任何史料提及宪宗曾私宠澧王。宪宗这种态

---

① 《旧唐书》卷一六四《李绛传》称其通于吐突承璀,唐长孺在《唐修宪穆敬文四朝实录与牛李党争》(收于氏著《山居存稿》)中考证《旧唐书·李绛传》似取自大和时苏景胤、李汉等牛党史官所改《宪宗实录》,则此条涉及党争,又无实据,未必可信。岑仲勉先生《隋唐史》第四十五节"吉甫何以受谤"条专对牛党接木移花,以交通宦官罪名诽谤李吉甫之事进行考辨,可参看。
② 《旧唐书》卷一五九《崔群传》,第4189页。
③ 彰义军,《唐大诏令集》作"彰信军"。按淮西节度在德宗贞元十四年至宪宗元和十二年间一度改称彰义军节度。唐并无彰信军节度,制中云"淮右列藩,地绵千里",据《旧唐书·宪宗纪》等可知此"彰信"实为"彰义"之误。

度对崔群等人是一种鼓舞。

当然，皇储问题涉及封建国家的国本，立储并非仅仅是皇帝的私人家事，还是朝野关注的政治大事。元和七年（812）前后朝廷各种政治派别及其势力消长对储位之争的影响也非常重要。我们知道，元和五年，朝廷以吐突承璀为左右神策行营兵马使，并六镇兵十余万讨伐成德节度使王承宗。此次出讨官兵回环数千里，结果战线过长，又无统帅，久而无功，最后不得不曲赦王承宗之罪。因战事遇挫，宪宗对平藩战略进行大幅调整。一方面朝廷对吴少阳、王承宗等割据藩镇暂行姑息，另一方面又暗自聚蓄财赋，以待时机。元和七年朝内的政治格局明显地表现为以李吉甫、吐突承璀为首的主战派遭受冷遇。宪宗遇挫后求治心切，疏远宦官，对宰臣说："朕入禁中，所与处者独宫人、宦官耳，故乐与卿等且共谈为理之要，殊不知倦也。"[1]这一时期宪宗倾心同朝臣探讨治国之道，是朝臣抑制宦官的大好时机，吐突承璀归朝后，补阙段平仲抗疏极论承璀轻谋弊赋，请斩之以谢天下，宪宗降其为军器使。不久弓箭库使刘希光受贿事发，宪宗将其赐死。事连吐突承璀，遂出吐突承璀为淮南监军，并称去吐突承璀如"去一毛耳"。太子通事舍人李涉欲投书论刘希光、吐突承璀罪责太过，遭瓯使孔戮弹劾，贬为陕州司仓[2]。元和七年前后以吐突承璀为首的宦官集团失势是不争的事实。

内廷斗争是外廷斗争的延续，南北衙势力的消长直接反映到此次储位之争上。宦官集团受抑过甚，想通过立储来扩大声威。澧王年长，同宦官渊源较深，多欲立之。崔群等朝臣素恶宦官，担心宦官故态复燃，多支持出身尊贵的穆宗。郭贵妃虽居四妃之首，但是并没有正式册立为后，加上此前又有惠昭太子居长得立的先例，朝臣派事实上

---

①《通鉴》卷二三八宪宗元和七年五月条，第7813页。
②《旧唐书》卷一八四《吐突承璀传》，第4768—4769页；卷一五四《孔巢父传附孔戮传》，第4097页。

处于下风。直到宪宗欲以澧王为太子,命翰臣代澧王作让表的最后一刻,崔群不得不利用执掌内制的权力,力争穆宗居嫡当立。我们知道,此时宪宗正处于同翰林学士关系的黄金时期,一度要求翰林学士奏事须由崔群连署方可进上,那么,崔群的意见宪宗不能不慎重考虑。大约宪宗见崔群等群臣归心穆宗,也改变初衷,最后以穆宗为太子。话又说回来,宪宗朝翰林学士独握内制草制权,对皇权有一定制约作用。讨王承宗时宪宗以吐突承璀为统帅,李绛等不肯草制,宪宗也无可奈何,哀叹"宰相悉言可任承璀,而学士不肯,如何?"[1]如若崔群等执意不作让表,宪宗坚持册立澧王必然多费周折。穆宗在皇位之争中本处于劣势,得立完全是崔群等朝臣力挺的结果。

总之,由于以翰林学士为核心的朝臣在元和七年(812)前后取得对宦官的阶段性胜利,在这场储位之争中穆宗最终战胜澧王,取得太子地位。但是穆宗嫡子身份是有争议的,元和八年十二月,朝臣们三请宪宗册郭贵妃为后,目的即在于稳定穆宗的皇太子地位。但是宪宗对郭贵妃的顾忌并没有消除,此时又"后宫多嬖艳",恐日后不得自由,仍然以种种理由加以拖延,这就在皇储问题上给宦官们留下觊觎的余地。

第三节　宪宗之死与皇储之争

宪宗晚岁颇好仙道,为道士柳泌等人所惑,沉迷于丹药之中不能自拔。元和十五年前后,宪宗服金丹渐入晚期,脾气暴躁反常,宦官往往因之获罪,人人自危。是年正月,宪宗罢元日朝会,中外人情惝惧,直到义成节度使刘悟入朝,出言宪宗语后京城才逐渐安定下来。不论宫内还是宫外都预感到宪宗的生命将走向尽头,元和十五年正月是宪

---

[1]《李相国论事集》卷二《论中尉不当统兵出征疏》,第15页。

宗朝皇位之争的最后时刻。

元和末宪宗对皇储的态度问题仍然是不明确的。我们找不到任何元和末宪宗厌倦太子的记载，也找不到宪宗偏爱澧王的记载，当时宪宗正沉溺于丹药和佛法之中，似乎无暇考虑太子的问题。元和十四年十二月，对穆宗之立功不可没的崔群因忤旨而被贬为湖南观察使，但是穆宗登基后对崔群称"我升储位，知卿为羽翼"，并没有提及元和末崔群被贬之事，也没有什么补偿举措，可见穆宗并不认为崔群是自己的心腹，甚至没有将崔群之贬同皇位之争联系起来。元和末宪宗同穆宗之间并没有明显的隔阂，穆宗最大的障碍仍然来自宦官方面。

元和七年以李绛为首的朝臣对宦官的斗争实际上只是暂时取得优势，而这种优势是以宪宗被迫进行战略调整为前提的。经过元和中的休养生息，朝廷逐渐积蓄了一定的财赋，元和九年（814）以后宪宗又倾向于对藩镇用兵。李绛素非用兵之才，故在淮西用兵前夕宪宗免去其宰相之职，起用武元衡、裴度等主战派大臣。裴度等注力于战事进程，对宦官缺乏足够的警惕，宦官势力又有大幅回升。主战的吐突承璀被宪宗从淮南召回，恩宠不衰。作为皇权的代表，梁守谦、仇士良等宦官直接在淮西前线监督行营诸军，发展为新的权贵。随着军事上的节节胜利，宪宗也日趋骄纵。元和十三年正月淮西平定不久，宪宗不顾群臣反对，拔擢以献羡余得宠的皇甫镈、程异为相。程异精于理财，尚可为朝臣接受，皇甫镈却以刻剥军士、克扣官俸而著称[1]，裴度、崔群等上书谏止，反被宪宗目为朋党。元和十四年四月裴度外任为河东节度使，十二月崔群也因忤旨出为湖南观察，元和贤相几乎排斥一空。我们知道，穆宗太子之位本是元和中南北衙斗争的产物，宦官集团一直对自己的失势耿耿于怀，那些曾谋立澧王的宦官势力不甘于失败，又开始蠢蠢欲动。《旧唐书》卷一二〇《郭子仪传附郭钊传》：

---

① 皇甫镈奸邪事可参《通鉴》卷二四〇宪宗元和十三年八月甲辰条，第7874页。

　　（元和）十五年正月，宪宗寝疾弥旬，诸中贵人秉权者欲议废立，纷纷未定。穆宗在东宫，心甚忧之，遣人问计于钊，钊曰："殿下身为皇太子，但旦夕视膳，谨守以俟，又何虑乎！"迄今称钊得元舅之体。①

除《旧唐书·郭钊传》外，《通鉴》对郭钊事亦有记载，《旧唐书》没有明言"诸中贵秉权者"是谁，《通鉴》却直书谋废立的中贵人即为吐突承璀，《通鉴》卷二四一宪宗元和十五年正月条：

　　初，左军中尉吐突承璀谋立澧王恽为太子，上不许。及上寝疾，承璀谋尚未息；太子闻而忧之，密遣人问计于司农卿郭钊。钊曰："殿下但尽孝谨以俟之，勿恤其他。"钊，太子之舅也。②

今按，《通鉴》元和七年七月乙亥条附《考异》已考惠昭太子薨时吐突承璀出为淮南监军，不可能参与宫内立太子之争③，此处复云"初，左军中尉吐突承璀谋立澧王恽为太子，上不许"，同一书中前后抵牾，不能不说是一个瑕疵。《通鉴》将《旧唐书》中"诸中贵人秉权者"径改为吐突承璀，这一改动是否符合史实也很值得怀疑。有迹象表明，吐突承璀为澧王之党的可能性很小。其一，元和七年（812）吐突承璀监军淮南时澧王就"多内助"，元和末宪宗遇弑前"诸宦秉权者"又欲行废立，可见其党一直都在暗中活动。但元和七年吐突承璀不在京城，主谋应另有其人。其二，吐突承璀在敬宗时得以平反，其子吐突士晔、吐突士昕等④也得到朝廷任用。《新唐书》本传称"敬宗时，左神策中尉

①《旧唐书》卷一二〇《郭子仪传附郭钊传》，第3471—3472页。
②《通鉴》卷二四一宪宗元和十五年正月条，第7898页。
③《通鉴》卷二三八宪宗元和七年七月乙亥条，第7814页。
④《册府》卷六六九《内臣部·谴责门》："吐突士昕，敬宗时与武自和俱为中官。宝历二年入新罗取鹰鹞，各杖四十，剥邑。士昕流恭陵，自和配南衙，咸以受新罗问遗，不进献故也。"士昕与士晔连字，当同为吐突承璀之子。《刘禹锡集》卷一四《谢中使送上表》记元和八年窦群拜容管经略使，有中使吐突仕（士）晓护送至容管（〔唐〕刘禹锡撰，瞿蜕园笺证：《刘禹锡集笺证》，上海：上海古籍出版社，1989年）。此吐突仕晓当为吐突承璀之另一子。

马存亮论其冤,诏许子士晔收葬"①。马存亮素以忠诚著称,宪宗遇弑时为吐突承璀副贰,应无妄奏之理。其三,除左神策军副使马存亮外,左神策军正兵马使何文哲等将领也支持穆宗。《何文哲墓志》明言"穆宗立,公有册勋焉"②,若吐突承璀为澧王之党,不太可能出现麾下部将纷纷支持穆宗的情况。由此观之,吐突承璀极有可能本非澧王之党而为梁守谦等新贵集团所枉杀。

如果吐突承璀不是澧王之党,那么《旧唐书·郭钊传》中所云"诸中贵人秉权者"又是谁呢?我们注意到,元和中澧王"多内助",元和末谋立澧王的又是"诸中贵人",这提醒我们应该把它看作一股政治势力、一个政治团伙。除去吐突承璀外,握有实权的中贵人尚有右军中尉梁守谦、枢密使刘弘规③、右军副使杨承和、左军副使马存亮等等。至于哪些为澧王之党,因事出暧昧,我们已经无从确知。但是,穆宗为太子已为天下人所久知,澧王若夺其皇位,只有两种方案可行。一种方案是鼓动宪宗亲自行废立之事。宪宗暴崩前并无此方面的任何表示,其可行性不大。另一种方案就是在宪宗弥留之际,由宦官矫诏行废立之事。但行此事,就需要两军中尉的武力支持。从此思路来分析,卒于大和元年(827)的右军中尉梁守谦非常值得重视。右军副使杨承和为梁守谦旧部,长庆初被提拔为枢密使,安插在穆宗身边。其亲弟梁守志则为左军押衙,以监视左军动向。这表明其对穆宗及左军的戒备心理比较强烈。

或许有人还疑问,梁守谦是定策拥立穆宗之人,并将澧王害死,怎

---

① 《新唐书》卷二〇七《吐突承璀传》,第5870页。
② 《唐代墓志汇编续集》大和〇二〇《何文哲墓志》,第894页。
③ 刘弘规枢密使之职诸史失载。《李德裕文集校笺》别集卷六《刘弘规神道碑》云"复掌枢密。宪宗凭几大渐,召公受遗;穆宗膺图御民,繄公定策。"《唐代墓志汇编续集》大和〇〇五《刘弘规墓志》云:"往者穆皇不念,储副未安。公时身在内庭,职居近密,捧重离于黄道,引少海于青宫。"墓志述其长庆四年任左军中尉前所历官复云"再掌枢密,改内庄宅、鸿胪礼宾使",铭文有"枢赞密勿……危疑既祛,日月重光"之语,元和末刘弘规正为枢密使。

么可能为澧王之党呢？通常情况下这种情况自然是不会出现的，但是此间发生了宪宗被弑的突发事件，在其冲击之下，立场发生逆转则是完全可能的。澧王之党若按原计划废除太子另立澧王，天下之人都会将宪宗之崩与太子被废联系起来，非但弑逆之名难以洗脱，还可能出现外朝大臣联合方镇兵入宫讨逆的局面。宦官必不敢冒大不韪在此非常时期妄行废立。《梁守谦墓志》云"时皇帝升遐，宗社未定"，"宗社未定"一语正是澧王一党在废立问题上的混乱情况。笔者认为，"中贵秉权者"如果要继续享荣华富贵，首先要做的就是尽可能地掩盖宪宗遇弑的真相，转移世人的怀疑。而达到此目的，最直接的办法就是抛弃旧主子，向具有合法即位身份的皇太子表示效忠，于是就出现澧王之党最后却倒戈迎立穆宗的情况，杀死澧王则成为向穆宗表示忠心的投名状。这种解释虽然推测色彩较强，但除了梁守谦集团的反常举动外，还有其他一些史料可以从不同侧面印证这一推论。

证据一，《旧唐书》卷一八四《王守澄传》载宪宗崩时王守澄"与中尉马进潭、梁守谦、刘承偕、韦元素等定册立穆宗皇帝"[1]。大量事实表明，拥立穆宗的权宦们内部矛盾重重，并非出于同一政治团伙。《唐会要》卷三二"载"条：

> （元和）十五年三月，左右神策军护军中尉马进潭、梁守谦，左右监门卫将军魏[弘]简、陈弘庆、刘承偕、韦元素、仇士良、李藏用、李朝盛等奏："臣等准格令，合有荣载之荣。"事下礼部，而员外郎贾𫟋以为进潭等三人合立荣载，其陈弘庆已下六人缘官是员外郎置，与节文不同，奏罢之。[2]

<hr />

[1]《旧唐书》卷一八四《王守澄传》，第 4769 页。
[2]《唐会要》卷三二"载"条，第 687 页。"魏弘简"，《唐会要》原作"魏简"；"陈弘庆"，诸史或作"陈弘志"，《旧唐书》中二名互见，知实为一人（本书下文统一作"陈弘志"）。李藏用，唐肃宗时江淮刘展之乱时守杭州者有一侍御史李藏用，此为宦官同名者。《册府》卷一五三《帝王部·明罚门二》载元和十一年王澄告内弓箭库使王国文等谋乱，"上命中官陈渐、李藏用杂鞫考掠，无所验"（第 1854—1855 页）。李藏用必为宪宗信赖之宦官。（转下页注）

梁守谦等请求加戟，事在穆宗登基不久，应是因翊戴之功而加官晋爵，向礼部申请更高规格的待遇。材料中我们注意到一个比较反常的现象，那就是当日拥戴穆宗的重要宦官王守澄却不在请戟之列。从后来的情况来看，韦元素等人在文宗朝与王守澄争权不和，被出为监军，仇士良也不为王守澄所厚，二人结怨很深[①]。请戟诸宦后来多同王守澄不叶，并非出自同一利益集团。我们还注意到，请戟诸宦官中还有右监门卫将军陈弘庆（志），同王守澄一样，陈弘庆（志）是诸史中明言的弑逆之人[②]，当日弑逆之党确实也混杂在拥戴之列。请戟者中又有刘承偕、魏弘简。据《旧唐书》卷一七〇《裴度传》，刘承偕为郭妃养子，裴度复知政事后，"魏弘简、刘承偕之党在禁中"，则魏弘简也属于穆宗之党。但刘承偕在穆宗继位后就出为泽潞监军，魏弘简因与元稹相善，在长庆元年十月由枢密使贬为弓箭库使。可见穆宗阵营的宦官同梁守谦、王守澄等原本并非同党，且有一定的矛盾[③]。又枢密使刘弘规，《刘弘规神道碑》云："复掌枢密。宪宗凭几大渐，召公受遗；穆宗

（接上页注）李朝盛不知何人，似乎也为宦官，《金石萃编》卷六七《李朝成经幢》（大中二年），有西川监军李朝成，不知李朝盛是否为李朝成的讹误。

①分见《册府》卷六六七《内臣部·监军门》；《新唐书》卷一七九《郑注传》。

②诸史明确称为弑逆之党的只有陈弘志、王守澄二人。《新唐书·郑注传》除陈弘志、王守澄外，将杨承和、韦元素、王践言、崔潭峻等都视为元和逆党。今按，据《旧唐书·文宗本纪》开成元年（836）正月，文宗追悼前事，降敕云："杨承和、韦元素、王践言、崔潭峻顷遭诬陷，每用追伤，宜复官爵，听其归葬。"平反诸人中独无陈弘志和王守澄，可见文宗本人也是将此数人同陈弘志、王守澄是区别对待的，盖《新唐书》将大和末文宗同宦官的斗争完全混同于文宗同"逆党"的斗争，故有上述不实记载。

③《何文哲墓志》载敬宗遇弑后，左神策大将军何文哲"与故开府中尉魏公弘简，创议协力，犄角相应，誓清逆党，伫开天衢。又选骁勇数百人入内搜斩，自辰及西。气氛浸悉平……然后与开府右军中尉梁公守谦同谋义始。选练精兵，册建我皇。"魏弘简，《新唐书·敬宗纪》、《新唐书·刘克明传》、《通鉴》卷二四三皆作魏从简，独《册府》卷六六七《内臣部·将兵门》作魏弘简，据墓志，当以弘字为是。魏弘简虽遭贬斥，但仍有一定势力，敬宗宝历二年代马存亮为中尉。讨刘克明之乱，两《唐书》及《梁守谦墓志》俱归功于梁守谦，《通鉴》则云梁守谦、魏从（弘）简、王守澄等。据《何文哲墓志》，参与诛讨刘克明者为左神策军中尉魏弘简、大将军何文哲，右神策军中尉梁守谦仅参与迎立文宗，未及诛讨之役，从中亦可看出魏弘简与梁守谦并非同党。

膺图御民,繄公定策。"①刘弘规疑亦属穆宗之党。长庆初刘弘规处于服丧期间,服阕之后,被出为河东监军。近年出土《彭希晟墓志》志主彭希晟为元和中左军中尉彭献忠养子,宪宗遇弑时彭希晟为军器使,墓志对当夜之事讳而不谈,长庆初彭希晟迁为左神策副使,取代了马存亮②。宪宗遇弑后拥立穆宗是各种势力的归宿,澧王之党见大势已去,临时改立门庭也是极有可能的事。

证据二,穆宗东宫旧官僚不肯参预新政权权力中心,表明他们与拥戴穆宗的诸权宦并非同党,而且畏惮很深。《通鉴》卷二四一宪宗元和十五年(820)闰正月丙午条:

> 闰月,丙午,穆宗即位于太极殿东序。是日,召翰林学士段文昌等及兵部郎中薛放、驾部员外郎丁公著对于思政殿。放,戎之弟;公著,苏州人;皆太子侍读也。上未听政,放、公著常侍禁中,参预机密,上欲以为相,二人固辞。③

薛放、丁公著为穆宗东宫时心腹,穆宗荣登大宝,穆宗欲以之为相,二人何以都固辞呢?丁公著等人在穆宗登基后仍多有规谏,其对穆宗的忠心是毋庸置疑的。二人很有可能是从穆宗之立的过程中感到某种潜在的危险。也就是说,拥戴穆宗的宦官中可能不少都是穆宗的政敌,政变后却大权在握,穆宗实际上处于被挟制状态。薛放等人怕遭不测,故对宰相之职退避三舍。

证据三,宦官之党长期不肯明加澧王之罪,似乎同其为宦官旧主有关。据《旧唐书·穆宗纪》,澧王死讯迁延至长庆元年(821)四月丁丑才对外公布,距其死已有一年半之久。《新唐书·十三宗诸子传》称澧王死后"秘不发丧,久之以告,废朝三日"。吐突承璀直至敬宗朝马

①《李德裕文集校笺》别集卷六《刘弘规神道碑》,第634页。
②录文见杨涛:《新见唐宦官"彭希晟墓志"及彭氏一族略考》,《大众考古》,2022年第10期。
③《通鉴》卷二四一宪宗元和十五年闰正月丙午条,第7899页。

存亮上表昭雪后被允许收葬，当日肯定是有公开罪名的，笔者疑两《唐书》中关于元和七年（812）吐突承璀谋立澧王的指控就是强加给他的罪名。在皇位争夺问题上历来都是成王败寇，宦官为什么不一并给澧王也罗织一个罪名呢？如果将宪宗之死归罪于澧王、吐突承璀谋逆岂不是更容易封堵悠悠众口？对此问题比较合理的解释是梁守谦等人本属澧王之党，因宪宗遇弑而不得已昧心将其杀害，在内心深处留有愧疚。拖延澧王死日，将其描述为正常死亡，既掩盖自己背主求荣的行径，又保全了澧王身后的名誉，多少获得些心理补偿。

证据四，穆宗生母郭太后有郭子仪家风，很少干涉朝政，穆宗暗弱，二人都不具备搞阴谋的心智。持穆宗弑逆观点的学者，常把穆宗生母郭太后视为幕后主谋。长庆初，昭义监军刘承偕恃贵不法，被军士囚禁。裴度建议斩刘承偕以慰天下，穆宗自言"朕不惜承偕，缘是太后养子。今被囚絷，太后未知"①。出了这么重大的事情，郭太后仍不不知情，可见其绝少过问政事。穆宗崩，敬宗年少，宰臣奏请郭太后监政，郭太后坚拒。刘克明弑敬宗后立绛王，王守澄等以兵杀绛王，迎立文宗。文宗即位，下《收葬绛王诏》云："朕伏以太皇太后慈仁，思以慰解，宜令有司，量事收葬。"②开成初，郭太后为绛王之女江华县主请婚，文宗犹云"朕与江华等郭氏孙，况祖后赐旨，其敢疏乎"③，对郭太后同样言听计从。若郭太后为弑逆主谋，文宗以诛逆党为己任，岂能如此孝谨？郭太后所生女岐阳庄淑公主，下嫁杜悰，贵震当世，而事舅姑以孝闻，"开成中，悰自忠武入朝。主寝疾，曰：'愿朝兴庆宫，虽死于道，不恨。'道薨"④。以此观之，郭太后岂为弑逆之人乎？

证据五，明都穆《金薤琳琅》卷一九收录有《梁守谦功德铭》⑤，此

①《旧唐书》卷一七〇《裴度传》，第 4425 页。
②《唐大诏令集》卷三九《收葬绛王诏》，第 181 页。
③《洛阳新获墓志二〇一五》三一六《唐故江华县主墓志》，第 316 页。
④《新唐书》卷八三《岐阳庄淑公主传》，第 3668 页。
⑤《全唐文》卷九九八杨承和《邠国公功德铭》，第 10333—10338 页。

功德铭立于穆宗长庆二年十二月，撰者为梁守谦副使杨承和。杨承和亦为拥戴穆宗诸宦之一，功德铭叙梁守谦监军淮西之功尤详，但对穆宗即位之事却只字不提，十分反常。

证据六，梁守谦家族后人在文宗朝遭到明显抑制。梁守谦有亲弟一人，养子五人。其弟梁守志、幼子梁承政墓志都已出土①。梁守志为神策军将领，累迁左神策先锋兵马使，在梁守谦卒后即出为富平镇镇遏使，十年未得改任。大和二年（828）梁守谦下葬时，幼子梁承政二十二岁，已赐绿，但直至宣宗大中六年，才"始从筮仕"，授内养一职。三子梁承义比较干练，宣宗大中中为寿州监军，《英华》卷八三一收录颂扬其政绩的《创制功绩记》②。梁守谦生前，皇帝忌惮其兵权，佯为尊崇，身死之后家族成员即遭疏远，甚至斥出长安。梁守谦家族的境遇当与其在宪宗遇弑案中的角色有关。

综上，我们认为当日的情况可能是这样的：元和末，宪宗已经暴露出其因丹药中毒而步入晚期的征兆，澧王之党不甘心失败，密谋另行废立。而此时宪宗因服丹而暴躁反常，陈弘志、王守澄等不堪其虐，弑之于中和殿。弑逆之党为了活命，事后只能选择拥立太子，以功掩罪。左军中尉吐突承璀素为宪宗宠爱，坚持讨贼，而右军中尉梁守谦等担心追查弑逆之党，会将宦官内部阴事揭露出来，想阻止其事。为了达到杀人灭口的目的，梁守谦等人联手诱杀了吐突承璀③。而掩盖这场弑逆，只能拥戴皇太子穆宗而不再另行废立，为了向太子表示诚款，梁守谦等不得不将澧王一并杀害。穆宗很清楚拥戴自己的宦官或是弑

---

① 梁守志墓志现藏西安碑林博物馆，录文见《西安碑林博物馆新藏墓志续编》一七八《梁守志墓志》，第547—549页。梁承政墓志现藏西安博物院，录文见《全唐文补遗》第八辑《朝请大夫行内侍省宫闱局令员外置同正员上柱国赐紫金鱼袋梁公（承政）墓志铭》，第214页。

② 《英华》卷八三一刘恭伯《寿州护军大夫梁公创制功绩记》，第4385页。

③ 穆宗以前，神策军左军位在右军之上，吐突承璀为左军中尉，反被右军中尉梁守谦等所害，其事蹊跷。从穆宗登基后左、右神策军同受赏赐等情况来看，两军当夜并无火并之事。笔者颇疑吐突承璀当夜为梁守谦等所诱杀。左军副使马存亮颇知其事，故当权后上表申诉其冤。

父仇人，或是从前的政敌，但因宦官兵权在握，也只得甘受摆布。

元和弑逆案是个突发事件，却促成宦官集团内部淤积的矛盾集中爆发。自神策军分左右军以来，左军一直位在右军之上。元和时期，左军中尉吐突承璀被贬为淮南监军，脱离政治权力中心，而右军中尉梁守谦为首的右军借助职掌枢密和淮西监军的机会成为新贵。宪宗遇弑当夜，梁守谦等杀吐突承璀，并把吐突承璀诬成"弑逆之党"。从此以后，右军凌驾于左军之上。宪宗以后，穆、敬、文、武诸朝皇位不稳，很大程度上都与元和弑逆案引起的左右军矛盾有直接关系。

第七章　穆敬文武四朝皇位的更迭

第一节　穆宗之死与敬宗朝皇位之动荡

元和末的皇位之争中穆宗得以太子身份顺利即位，得益于宪宗的突然遇弑，宪宗之死使澧王之党进退失据，穆宗一房最终确立其正统地位①。穆宗乃资质中庸之人，不具有宫廷密谋的城府，不仅穆宗，他的生母郭太后也没有此类心机。宦官集团各派势力最终把他抬上皇位，主要看中其合法的太子身份，以及庸下易制的品性。

宪宗的横死对穆宗也是一个惊吓，即位后曾一度打算另起炉灶，恢复被废置的神威军，被裴度劝阻而止。穆宗对神策左右两军无法平衡，只能采取亲重右军的态度。神策右军凌驾、压制左军的格局也就

---

① 参拙作：《唐代宪宗朝储位之争与宪宗之死——兼论穆宗"元和逆党"说之不能成立》，收《唐宣宗大中政局研究》，天津：天津古籍出版社，2012年。学界另有一种意见，认为穆宗为弑逆主谋，代表性论著参见黄永年《唐元和后期党争与宪宗之死》，载《中华文史论丛》第49辑，1992年。

形成了。吐蕃寇泾州,右军中尉梁守谦率神策军四千人及八镇兵赴援,成为宦官的权力领袖。此时左军中尉马进潭为梁守谦亲信,原左军副使马存亮为彭希晟所代,未能与右军相争①。

穆宗即位后游猎无度,长庆二年(822)十二月,因打球过程中受到惊吓,中风不起。长庆四年正月,穆宗疾笃,从宰相李逢吉等人所请,立长子景王为太子。

《新唐书》卷一七四《李逢吉传》:

> 帝暴疾,中外阻遏,逢吉因中人梁守谦、刘弘规、王守澄议,请立景王为皇太子。帝不能言,颔之而已。明日下诏,皇太子遂定。②

"帝不能言,颔之而已",此与永贞元年顺宗中风口不能言,宦官集团逼迫顺宗立长子李纯为太子时的情形极为类似。当然,敬宗顺利即位,得益于三个因素:其一,穆宗壮年而卒,年仅二十八岁,诸子皆幼,敬宗为长子,是最合礼法的皇位继承人。除依附梁守谦的李逢吉外,宰相裴度、翰林学士杜元颖、李绅亦交章请立敬宗。其二,穆宗诸子中,敬宗品性最类穆宗。敬宗擅于击球,好角抵,皆承自其父。穆宗好饵方士金石之药,敬宗年仅十六,亦沉溺方伎之术。梁守谦等维持权势,敬宗是理想的人选。其三,敬宗感情上亲近右军,梁守谦、王守澄等皆出

---

① 陆扬疑马进潭或即马存亮。见氏著《清流文化与唐帝国》,北京:北京大学出版社,2016年,第137—138页。李德裕《马存亮神道碑》云:"元和十三年,公自神策军副使诏受云麾将军、左监门卫将军、知内侍省事,兼左街功德使。"陆扬认为"左监门卫将军、知内侍省事,兼左街功德使"是当时神策中尉所带职衔,疑文本有脱误,漏"左神策护军中尉"数字,而"元和十三年"则为"元和十五年"之误。今按,陆扬敏锐意识到文本有脱误,却忽略了"云麾将军"这一散阶。云麾将军仅为从三品,作为神策副使的加衔比较恰当,但对于神策中尉来说,明显过低。这里元和十三年并无讹误。所脱误者,恐怕非仅"左神策护军中尉"这七个字,而有关元和十五年前后官历的数行文字。神道碑立于地表供人瞻仰,涉及宪宗遇弑的敏感内容完全缺失,是偶然脱漏,还是有意为之,已无从考证。就当日宦官内部派系而言,马进潭借吐突承璀之死成功上位,是梁守谦在左军里的政治盟友或傀儡,马存亮则属吐突承璀之党,备受排挤。

② 《新唐书》卷一七四《李逢吉传》,第5222页。

右军,左军没有太大发言权,未能参与拥立之事。

　　李逢吉等抢先一步,奏立敬宗为太子,但各种暗斗并没停息。据李党刘柯《牛羊日历》所记,穆宗不豫,宰臣议立太子,"时牛僧孺独怀异志,欲立诸子",并扬言"梁守谦、王守澄将不利于上"①。宝历中,李逢吉、王守澄等诬陷李绅请立宪宗第四子深王悰,直至敬宗于宫中看到李绅、裴度等请立敬宗的表文,其谤始息。长庆四年(824)三月敬宗晚朝,左拾遗刘栖楚切谏,叩额不已,"又奏宦官中大行时有协比邪人,动摇国本事"②,是则除牛李党外,宦官内部亦有不同意见。

　　《旧唐书》卷一六《穆宗纪》:

> 三年正月丁巳朔,上以疾不受朝贺。是日大风,昏翳竟日。嗣郢王佐宜于崖州安置,坐妄传禁中语也……三月丁巳,宰臣百僚赐宴于曲江亭……日晡晚后,有贼入通化门,斗死者一人,伤者六人……八月……上由复道幸兴庆宫,至通化门,赐持盂僧绢二百匹。因幸五坊,赐从官金银铤有差。③

通化门是穆宗觐见郭太后的必经之地,有贼入通化门,是否与皇位之争有关,尚不便断言,但是暴露出宫内禁卫存有巨大缺陷,不轨者可以轻易入宫,为敬宗即位后屡遭凶险埋下隐患。

　　敬宗年少贪玩,终日观看两军、教坊分朋驴鞠、角抵,政事操纵在宦官之手,"视朝不时,稍稍决事禁中,宦竖恣放,大臣不得进见"④。新天子年少顽劣,外不能驾驭朝臣,内不能遏止宦官跋扈,大失人望。宫廷斗争非但没有舒缓,反而更为激化。特别是元和弑逆之党长期窃

---

① 参阅王梦鸥《牛羊日历及其相关的作品与作家辨》,载《中研院历史语言所集刊》第四十七本第三分,1976年。
② 《唐会要》卷五五"谏议大夫"条,第1121页。
③ 《旧唐书》卷一六《穆宗纪》,第502—503页。"五坊",中华书局点校本原作"五方",今据四库本径改。
④ 《新唐书》卷一七七《高元裕传》,第5285页。

居高位，大大刺激了他人竞起效尤之心。短短数月，敬宗连续两次遭到谋害。

敬宗第一次遇险在穆宗长庆四年四月，时距登基尚不满三月。《通鉴》卷二四三穆宗长庆四年四月乙未条：

> 卜者苏玄明与染坊供人张韶善，玄明谓韶曰："我为子卜，当升殿坐，与我共食。今主上昼夜球猎，多不在宫中，大事可图也。"韶以为然，乃与玄明谋结染工无赖者百余人。丙申，匿兵于紫草，车载以入银台门，伺夜作乱。未达所诣，有疑其重载而诘之者，韶急，即杀诘者，与其徒易服挥兵，大呼趣禁庭。
>
> 上时在清思殿击球，诸宦者见之，惊骇，急入闭门，走白上；盗寻斩关而入。先是右神策中尉梁守谦有宠于上，每两军角伎艺，上常佑右军。至是，上狼狈欲幸右军，左右曰："右军远，恐遇盗，不若幸左军近。"上从之。左神策中尉河中马存亮闻上至，走出迎，捧上足涕泣，自负上入军中。遣大将康艺全将骑卒入宫讨贼……
>
> 张韶升清思殿，坐御榻，与苏玄明同食，曰："果如子言！"玄明惊曰："事止此邪！"韶惧而走。会康艺全与右军兵马使尚国忠引兵至，合击之，杀韶、玄明及其党，死者狼藉。逮夜始定，余党犹散匿禁苑中；明日，悉擒获之。
>
> 时宫门皆闭，上宿于左军，中外不知上所在，人情恇骇。丁酉，上还宫，宰相帅百官诣延英门贺，来者不过数十人。盗所历诸门，监门宦者三十五人法当死；己亥，诏并杖之，仍不改职任。壬寅，厚赏两军立功将士。①

苏玄明得以纠集染工无赖百余人，绝非一日偶然为之。从《通鉴》的记载来看，此次政变颇类于后世的邪教起事。历史上利用谣谶、宗教冲

---

①《通鉴》卷二四三长庆四年(824)四月乙未条，第7958—7959页。

击皇宫者,必在禁军及宦官、宫女中发展信众。例如德宗时妖人李广弘在神策、射生军中散布谣言,积蓄力量。敬宗初立未久,张韶等或为染坊供人,或为市井无赖,何以洞晓宫内虚实? 事泄后乱徒直奔清思殿,又何以得知敬宗在清思殿击球? 则诸门关卡守卫者必有充其内应或耳目者。染坊是宦官控制下的重要内作坊,专门置有染坊使一职,此事染坊使恐怕也难辞其咎。张韶之乱貌似偶发,实质上与宦官恣横,敬宗无法驭制有直接关系。

负责讨平张韶之乱的主要是左神策军。《平张韶德音》亦云"少命偏师,才分左广,自申及酉,扑灭皆尽"①。事定之后,左神策大将军康艺全迁为鄜坊节度使,另一大将军何文哲,"赐金银器及锦彩等五百余事"。蹊跷的是,危急时刻立下首功的左军中尉马存亮却被罢去兵权,出监淮南。《新唐书》卷二〇七《马存亮传》:

> 赐存亮实封户二百,梁守谦进开府仪同三司,它论功赏有差。存亮于一时功最高,乃推委权势,求监淮南军。代还,为内飞龙使。②

与党争中失势的官员出为地方节度使观察使类似,神策中尉、枢密使出监地方例视为贬官。元和时左军中尉吐突承璀讨王承宗无功失势,处罚即是出为淮南监军。《新唐书》本传称马存亮出监淮南是"推委权势"。按,代马存亮为左军中尉的是刘弘规,刘弘规时为枢密使③,敬宗之立出于梁守谦、刘弘规、王守澄三人之谋,敬宗立后刘弘规受排挤,出为河东监军,后入为内宅使、鸿胪礼宾使。刘弘规非出自梁守谦

---

①《唐大诏令集》卷一二五《平张韶德音》,第670页。
②《新唐书》卷二〇七《马存亮传》,第5871页。
③《唐代墓志汇编续集》大和〇〇五《刘弘规墓志》云:"往者穆皇不念,储副未安。公时身在内庭,职居近密,捧重离于黄道,引少海于青宫。"墓志未明言其身居何职。铭文有"枢赞密勿,危疑既祛,日月重光"之语,述其长庆四年任左军中尉前所历官职复云"再掌枢密,改内庄宅、鸿胪礼宾使",故疑政变时正为枢密使。《李德裕文集校笺》别集卷六《刘弘规神道碑》云:"逮长庆季岁,穆皇疾已弥留,公志仗神明,心存王室,请立先后,以为副君。"

系统,其代马存亮或为追录定策之功。那么,马存亮何以斥出为淮南监军呢?《新唐书》卷二〇七《吐突承璀传》:

> 逾年帝崩,穆宗衔前议,杀之禁中。敬宗时,左神策中尉马存亮论其冤,诏许子士晔收葬。[1]

所谓吐突承璀议立澧王,为政敌诬陷,马存亮为其副使,颇知其事。吐突承璀遇害后,马存亮依次当迁中尉,梁守谦却委派亲信马进潭为左军中尉,彭希晟为左军副使,左右军自此潜相敌视。敬宗亲近右军,两军角戏时常庇护右军,左军皆怨。张韶之乱时,敬宗初幸左军,马存亮捧足感泣,亲自背敬宗入军,其得以论吐突承璀之冤,当在平张韶之乱后。

敬宗朝宦官权势正盛的仍是梁守谦等右军势力,马存亮论吐突承璀之冤,势必牵连宪宗遇弑当夜之事。敬宗难拒马存亮之请,许其子收葬,虽未公开平反,但已给梁守谦等敲响警钟。马存亮"求监淮南军",亦是察觉到威胁,以谦退自保。除马存亮外,左神策大将军康艺全出为郦坊节度使,明为赏其讨贼之功,至镇后仅一年即被罢为右骁卫上将军,史称其"理军节费,不交贵近,竟以无助,入居散秩,论者甚惜之"[2]。康艺全之出镇及罢归闲职,正是右军变相抑制左军的结果。

张韶之乱貌似无足轻重,却差一点引发了元和弑逆旧案的重新审理。《唐大诏令集》卷一二五韦处厚《平张韶德音》:"自今已后,纵为妖党有小诖误者,并许自新,亦不须勘问。"宫廷内外属张韶妖党者实数非少,结果都"不须勘问"。染坊使田晟、段政直,受张韶牵连,流天德。乱党所历九仙门等守门者三十五人,依法当诛,最终仅笞责而已[3]。胡三省注《通鉴》时云"两军中尉及诸宦佑之也",梁守谦担心深

---

① 《新唐书》卷二〇七《吐突承璀传》,第5870页。
② 《册府》卷四〇六《将帅部·正直门》,第4834页。
③ 《旧唐书》卷一七《敬宗纪》,第509页。

究此事，会对己不利，故持息事宁人、大事化小的态度。

宦官与禁军内部图谋废立未受遏止，气焰更为猖獗。敬宗虽然侥幸逃过一劫，处境更为凶险。张韶之乱后，在极短的时间内又发生了几起与弑逆相关的事件。《旧唐书》卷一七《敬宗纪》：

> （长庆四年）八月丁酉朔。是夜，火犯土星。妖贼马文忠与品官季文德等凡一千四百人，将图不轨，皆杖一百处死。①

《册府》卷九三四《总录部·告讦门》：

> 史志忠，左神策军吏也。长庆四年告妖贼马文忠谋逆，捕获之。有诏并执其党品官李文德等七人，同鞫于内仗。②

又《册府》卷九三三《总录部·诬构门二》：

> 贾镇、赵元皋者，皆万年县典也。宝历元年七月，镇及元皋诬告故统军王似男正慕等七人谋乱，诏杖杀之。③

两次反逆事件，一被正式定罪，一被定性为诬告。所谓妖贼马文忠，盖与德宗朝李广弘类似，与其结交的为李文德等宦官。《旧唐书》载涉案一千四百人，显有夸大。据《册府》，当日株连的仅有七人，审查限定在很小的范围之内。至于王正慕一案，因涉案者出身禁军，背景显赫，告发者反被杖死。宦官、神策军内部酝酿着针对敬宗的政变，但是宦官权势集团却处处加以庇护，草草了事，不作深究。张韶之乱后仅一年多，宝历二年（826）十二月辛丑，敬宗终于在一次宴饮中被宦官刘克明等所弑。

《旧唐书》卷一七《敬宗纪》：

> 帝好深夜自捕狐狸，宫中谓之"打夜狐"。中官许遂振、李少

---

① 《旧唐书》卷一七《敬宗纪》，第 511 页。
② 《册府》卷九三四《总录部·告讦门》，第 11014 页。
③ 《册府》卷九三三《总录部·诬构门二》，第 11002 页。

端、鱼弘志以侍从不及削职……中官李奉义、王惟直、成守贞各杖三十，分配诸陵；宣徽使闫弘约、副使刘弘逸各杖二十。十二月甲午朔。辛丑，帝夜猎还宫，与中官刘克明、田务成、许文端、打球军将[1]苏佐明、王嘉宪、石定宽等二十八人饮酒。帝方酣，入室更衣，殿上烛忽灭，刘克明等同谋害帝，即时殂于室内，时年十八。[2]

《通鉴》卷二四三云"上游戏无度狎昵群小……力士或恃恩不逊，辄配流籍没，宦官小过动遭捶挞，皆怨且惧"[3]，似将敬宗遇弑归于暴虐力士、宦官。按，所谓"宦官小过动遭捶挞"，不过是元和末宪宗遇弑缘由的翻版。敬宗时期是宦官最为跋扈的时期之一，何以反受敬宗暴虐？弑逆主谋刘克明在穆宗时既已颇蒙眷顾，长庆三年（823）八月，穆宗遣刘克明以钱绢赐弘福寺以发新钟[4]。刘克明子刘行信，与监军刘行立、武宗朝枢密刘行深等连名，背后似有庞大的宦官家族势力。陵州刺史谢少莒，是刘克明的私属。宝历二年，谢少莒因母丧去任，执政者恐其归京师干扰时政，专为起复陵州刺史[5]。小小的远州刺史在刘克明的庇护下尚且跋扈如此，敬宗必不致对刘克明动遭捶打。况且遇弑当日，敬宗游宴甚欢，未有虐待之事。《新唐书·刘克明传》云"克明谋逆，母禁不许，文宗立，嘉母忠，赐钱千缗、绢五百匹"[6]，是则刘克明等弑敬宗，蓄谋已久。我们注意到，除刘克明、田务澄、石定宽等二十八人被处死外，尚有不少僧道及方技之人受到连贬。《册府》卷一五三《帝王部·明罚门二》：

文宗以宝历二年十二月自江王入讨内难。甲申诏："殿前兵

---

①中华书局点校本自"打球"后断开，疑有误，此处断句不从点校本。

②《旧唐书》卷一七《敬宗纪》，第521—522页。

③《通鉴》卷二四三敬宗宝历二年十一月甲申条，第7974页。

④《册府》卷五二《帝王部·崇释氏门二》，第580页。

⑤《册府》卷八六二《总录部·起复门》，第10245页。

⑥《新唐书》卷二〇八《刘克明传》，第5884页。

马使王士迁、李忠亮、张士岌各杖一百，流天德军。飞龙排马官樊惟良、阎文颖各杖一百，流灵州。道士赵归真流儋州，僧惟真，流罗州。僧齐贤，流雷州。僧正简，流辨州。待诏辛自政杖二百，流永州。飞龙小儿五人，各杖一百，流康、罗等州。高品杜金立、许士莒各杖一百，流儋州。品官邵士忠、李务真、阎敬宗、李叔各杖一百，流琼、珠、崖等州。左右军仗球军将于登、王曰荣等六人并于本军杖杀之。"又敕道士纪处玄、杨冲虚，伎术人李元戡、王信并配流岭南。供奉官孙从彦、王从素并杖六十，配陵，前宣徽使冯志恩，勒随灵驾赴河内。刘克明男行信，孔目官陈简，梨园白身李进朝，各决杖二十处死，以盗玉带银器故也。[1]

被杖杀贬官的有殿前兵马使、飞龙排马官、飞龙小儿、左右军仗球军将等军士，有高品、品官等宦官，还有道士、僧人、待诏、伎术人等方士，而煊赫中外的刘克明正是这一新进集团的核心人物。时两军中尉、两枢密使等重要位置皆由王守澄等元和朝老宦官把持。马存亮对敬宗有救驾之功，尚且遭嫉出贬。刘克明欲夺梁守谦等人权柄，废黜敬宗另立新君是最直接的方式。换句话说，敬宗是新旧两派宦官争权夺利的牺牲品。刘克明弑敬宗，归根结底是一次宫廷内部的权力斗争，而且性质更为恶劣。

敬宗遇弑后，刘克明矫称帝旨，命翰林学士路隋草遗制，以宪宗第六子绛王悟勾当军国事。绛王本郭太后少子、穆宗亲弟，《两唐书》本传失载其尊贵身世。但《江华县主墓志》及文宗《收葬绛王诏》都可为证。敬宗不君，且富有春秋，可以统治十多年，甚至几十年，完全可能断送李唐的江山社稷。穆宗诸子年少，改立绛王是较为理性的选择，容易被朝野所接受。负责草诏的路隋甚至事败后都没受到贬责。十二月壬寅，绛王见宰相百官于紫宸殿。绛王尚未坐稳帝位，刘克明就

---

[1]《册府》卷一五三《帝王部·明罚门二》，第 1859 页。

迫不及待地想"易置左右,自引支党颛兵柄"①。刘克明犯了同王叔文集团一样的错误。他虽然控制了绛王,却未控制禁军。王守澄等意识到自己的权位受到威胁,毫不犹豫地调动禁兵反击,刘克明迅速归于失败,落个投井而死的下场。

在这场军事政变中,绛王还没完成登基仪式,就被乱兵所害。王守澄等定策迎立敬宗之弟江王为帝,是为文宗。据《册府》卷一一《帝王部·继统门三》,定策迎立文宗的宦官和禁军将领主要是枢密使王守澄、杨承和、中尉魏从简、梁守谦,参与其事者尚有六军使段嶷、左神策军将军何文哲等。梁、王、杨、魏皆宪宗朝宦官,在讨伐刘克明问题上,元和宦官集团摒弃矛盾,实现了团结②。

《唐代墓志汇编续集》大和○二○《何文哲墓志》:

> 宦者刘克明构衅萧墙……祸及敬宗……虽有嗣立之名,未是适从之主。公领神策勇士万余人,与故开府中尉魏公弘简创议协心,犄角相应,誓清逆党,伫开天衢。又选骁勇数百人入内搜斩……然后与开府右军中尉梁公守谦同谋义始,选练精兵,册建我皇。③

张韶之乱后,左军中尉马存亮出为淮南监军,刘弘规代为左军中尉。宝历二年(826)十一月,刘弘规卒,魏弘简自内弓箭库使迁左军中尉。《新唐书》谓王守澄以兵定乱,事实上枢密使不直接掌禁兵,指挥禁兵平叛的是两军中尉。诛刘克明之役,左军位置距绛王登基的紫宸殿较近,其功又在右军之上。在对应宫廷突发事件时,实力雄厚的左军具有不可比拟的优势。

文宗即位后,梁守谦增食实封三百户,魏弘简进阶开府仪同三司,

---

①《新唐书》卷二○八《刘克明传》,第5884页。
②《册府》卷一一《帝王部·继统门三》,第120—121页。
③《唐代墓志汇编续集》大和○二○《何文哲墓志》,第895页。

飞龙使韦元素进弓箭库使，崔潭峻加上将军，并赏迎立之功①。右军中尉梁守谦并没有抢得头功，兼之年事渐高，大和元年（827）三月自请致仕，退归私第，十月暴卒。同年六月，左军中尉魏弘简致仕。枢密使王守澄代为右军中尉，继承梁守谦的权位。

除元和系宦官外，翰林承旨韦处厚等也卷入翊戴事件之中。刘禹锡《唐故中书侍郎平章事韦公（处厚）集纪》载：

> 宝历季年，宫壸间一夕生变，人情大骇，虽鼎臣无所关决，惟内署得参焉。群议哄，俟公一言而定。戡难缵服，再维乾纲。今上继明，策勋第一，擢拜中书侍郎同中书门下平章事。②

《通鉴》卷二四三敬宗宝历二年（826）十二月记："时事起苍猝，守澄以翰林学士博通古今，一夕处置，皆与之共议……凡百仪法，皆出于处厚，无不叶宜。"③宝历末，翰林学士群体不同程度卷入政变之中。路隋为刘克明所用，撰诏书拥立绛王即位；韦处厚则与王守澄同谋迎立江王。不过与顺宗朝相比，翰林学士已非宫廷废立的主角，仅仅是附和宦官集团，负责起草诏书，制定仪礼的附庸，而且多半身不由己，与永贞时期已不可同日而语。

第二节　文宗朝皇位之争

文宗与敬宗同岁，即位时年仅十九岁。拥戴文宗的王守澄、韦元素、魏弘简等多数仍属元和末那批宦官，弑祖之党充斥其间，文宗感叹云："左右密近刑臣多矣！余祭之祸，安得不虑？"④避免重蹈宪宗、敬

---

①《册府》卷六六五《内臣部·恩宠门》，第7965页。
②《刘禹锡集笺证》卷一九《唐故中书侍郎平章事韦公集纪》，第486页。
③《通鉴》卷二四三敬宗宝历二年十二月条，第7974页。
④《唐语林校证》卷六《补遗》，第596页。

宗覆辙,是文宗心中挥之不去的重压。宦官谋弑,必以拥戴新君为旗号。文宗无力撼动宦官,只能加强对宗室诸王的防禁。因此,文宗朝的皇位斗争并未缓和。大和五年(831)三月又发生了震动朝野的漳王、宋申锡谋反之案①。

穆宗五子,长庆元年(821)五子同日封王,长子敬宗,次子江王,三子漳王,四子安王,五子颍王②。若敬宗悲剧在文宗身上重演,贤而年长的漳王是最有可能被扶上皇位的人选。在弑逆之事迭起的险恶环境下,漳王无形之中成为文宗的腹心之疾。

《旧唐书》卷一七五《怀懿太子传》:

> 怀懿太子凑,穆宗第六子。少宽和温雅,齐庄有度。长庆初,封漳王。文宗以王守澄恃权,深怒阉官,欲尽诛之,密令宰相宋申锡与外臣谋画其计。守澄门人郑注伺知其事,欲先事诛申锡。以漳王贤而有望,乃令神策虞候豆卢著告变,言"十六宅官市典晏敬则、朱训与申锡亲事王师文同谋不轨,朱训与王师文言圣上多病,太子年小,若立兄弟,次是漳王,要先结托,乃于师文处得银五铤、绢八百匹;又晏敬则于十六宅将出漳王吴绫汗衫一领、熟线绫一匹,以答申锡"。其事皆郑注凭虚结构,而擒朱训等于黄门狱,锻炼伪成其款。③

宋申锡本为翰林学士,文宗以其忠谨可用,擢为宰相,并秘密委以诛除

---

① 卞孝萱《唐宋申锡冤案研究》,《扬州大学学报(人社版)》,2001 年第 3 期。
② 《册府》卷二六五《宗室部·封建门》作"漳王凑,穆宗第六子,长庆初封"。安王溶,穆宗第八子,长庆元年封"。《旧唐书》卷一七五《穆宗诸子传》序云穆宗五子,正文却载怀懿太子凑(漳王)穆宗第六子,安王溶,穆宗第八子,谓漳王为穆宗第六子,或计未封王而夭折者而言。《唐大诏令集》卷三三长庆元年三月《封沔王等制》作:"长男湛可封鄂(景)王,第二男涵可封江王,第五男瀍可封颍王。"据《旧唐书·穆宗本纪》,制书中略下第三男、第四男分为漳王、安王。
③ 《旧唐书》卷一七五《怀懿太子传》,第 4537 页。

宦官的重任①。宋申锡虽为直臣，政治上却极为幼稚，轻率地向京兆尹王璠透露密诏之意。王璠随即向王守澄门徒郑注通报此事。于是就有了上述引文中郑注、王守澄合谋诬陷宋申锡谋反之事。

宝历、大和之初牛党大盛，宋申锡不次进用，难以取得官僚集团的支持。开成初，文宗流涕言"非独内臣，外廷亦有助之者"。王守澄告"变"当日，文宗召牛僧孺、李宗闵、路隋议事，三相"愕然"，未敢为宋申锡辩护。次日，开延英，仆射窦易直对云"人臣无将，将而必诛"②，欲置宋申锡于死地。就当日情形而言，官僚集团既有崔玄亮等竭力论救，也有部分官僚党附王守澄，趁机落井下石。同样，宦官内部也分歧严重。右军中尉王守澄即欲发二百骑屠宋申锡家，飞龙使马存亮力阻其事，左军中尉韦元素则一度欲密诛郑注。又大和九年（835）八月，枢密使杨承和得罪，其罪名之一就是庇护宋申锡③。据此，宦官集团内部，马存亮、韦元素、杨承和等与王守澄也尖锐对立。内廷宦官和外朝官僚各有截然对立的立场，将漳王、宋申锡之狱归于南衙北司之争是不恰当的。

文宗本密诏宋申锡诛除王守澄等，最后竟顿改前志，反相信王守澄诬陷之辞，不在于郑注骗术多么高明，而是在当时的政治环境下，文宗更愿意相信漳王谋反是事实。宪宗、敬宗相继遭遇宦官酷毒，文宗深恐自己成为下一个遇弑者。漳王对自己威胁最大，既然不能除去宦官，只好在尚细微时除去漳王。郑注捭阖纵横之士，洞悉文宗、宦官、漳王三者之间的微妙关系。他向王守澄透露宋申锡之谋时，故意隐瞒

①《新唐书》卷一七九《王璠传》、《通鉴》卷二四五云宋申锡与御史中丞宇文鼎同受密诏诛郑注。按，宋申锡获罪后，孟文亮取郑注为行军司马，郑注不肯行，遭宇文鼎劾奏。若宇文鼎同受密旨，此时岂能独善其身，还公开触犯郑注？宇文鼎受密诏恐无其事。要之，当日受密诏者实仅宋申锡一人，且密旨为诛王守澄等元和逆党，非为郑注。

②此处典出《春秋公羊传》卷二二昭公元年"君亲无将，将而必诛"。《史记》卷九九《叔孙通传》化用为"人臣无将，将即反，罪死无赦"，《集解》引臣瓒曰："将，谓逆乱也。"

③《通鉴》卷二四五文宗大和九年八月丙申条，第8028页。

了文宗是真正的幕后主谋，或许已有以王守澄为跳板，另觅高枝的打算。因此，郑注构陷漳王，其实是个一石二鸟的计策：一方面，借漳王之狱，除去宋申锡，继续赢得王守澄的信任；另一方面，除去漳王，解决了文宗心腹隐忧，为下一步投靠文宗预作铺垫。

在这场莫须有的冤案中，文宗一改敬宗朝息事宁人的做法，被诬诖决杖配流者多达一百多人，马存亮因反对族灭宋申锡，竟得罪贬为河阳监军①。为安抚民心，三月丁未文宗下诏称"除今月六日已前准敕旨处分并捕捉王师文一人外，余并一切不问"②。这只是套话而已，事实证明，文宗并非"一切不问"，而是始终念念不忘。大和九年，漳王郁郁而卒，其养母杜阳秋被遣送浙西③，浙西观察使李德裕奉诏进行安置。郑注旧事重提，勾结牛党李汉等罗织罪名，诬陷李德裕曾与漳王结托，图谋不轨。最后在毫无证据的情况下，贬李德裕太子宾客分司东都，宰相路隋因为替李德裕辩解，也被罢相。李德裕得罪不久，文宗又以庇护宋申锡为由，追贬原枢密使杨承和。

---

① 《通鉴》以马存亮以飞龙使"即日请致仕"。据《李德裕文集校笺》别集卷六《马存亮神道碑》，马存亮自飞龙使贬为河阳监军，"旋以股肱近地，关河要津，爰辍信臣，再监戎旅……既而以疾告老，乞还京师，累表抗辞，留中未下……久而乃从"。马存亮贬河阳后仍为王守澄等忌恨。

② 《册府》卷六七〇《内臣部·诬构门》，第8010页。

③ 《旧唐书·李德裕传》《通鉴》皆以杜阳秋放归浙西在大和八年（834）十一月，此时李德裕为西川节度使，不在浙西任上，诸史所记必有讹误。傅璇琮《李德裕年谱》（石家庄：河北教育出版社，2003年）大和九年条以杜阳秋放归在大和三年，王炎平《牛李党争》（西安：西北大学出版社，1996年）认为在长庆二年（822）至大和三年八月李德裕第一次出镇浙西期间。按，李德裕前后三次出镇浙西。第一次在长庆二年至大和三年八月，第二次在大和八年十一月至九年四月，第三次在开成三年（829）十一月。其中，李德裕第一次镇浙西时，漳王谋反案尚未发生，第三次是甘露之变后的量移，李德裕存问杜阳秋事必在其第二次出镇浙西期间。《通鉴》载在大和九年三月，《册府》卷九三三《总录部·诬构门二》云"李德裕再为浙西观察使"，所记甚是。漳王之死，《旧唐书》本传作大和八年，《文宗纪》作大和九年正月，时李德裕或正在赴镇途中，故先命留后使存问。大和九年漳王已死，王璠等构陷李德裕在镇"阴结漳王、图为不轨"，实为追录前事。盖李德裕安置杜仲阳，牛党遂捕风捉影，诬陷李德裕第一次镇浙西时曾通过杜仲阳与漳王图谋不轨。大和二年路隋在宰相之位，故云"德裕实不至此，诚如璠、汉之言，微臣亦合得罪"。

　　漳王之狱对文宗朝的政治走向产生重要影响。郑注探知文宗欲诛宦官之意，成为文宗近幸谋臣，并将善于言辩的李训引荐给文宗。而王守澄蒙在鼓里，以为自己功在诸宦之上，放松对文宗的戒心，更加信赖郑注。李训、郑注遂利用宦官内部矛盾，实施一系列以宦制宦的计划。《新唐书》卷一七九《李训传》：

　　　　宦人陈弘志时监襄阳军，训启帝召还，至青泥驿，遣使者杖杀之。复以计白罢守澄观军容使，赐鸩死。又逐西川监军杨承和、淮南韦元素、河东王践言于岭外，已行，皆赐死。而崔潭峻前物故，诏剖棺鞭尸。元和逆党几尽。①

李训、郑注与王守澄等关系非同一般，对元和系宦官内部权势争斗可谓知根知底。当时基本格局仍是元和系宦官把持禁军军权，居于统治地位。利用王守澄除去杨承和等人后，想进一步诛除王守澄，必须从右军的对立面去寻找合适人选。李训、郑注物色了另外一个老宦官仇士良。仇士良与吐突承璀同为宪宗东宫故旧，"顺宗时得侍东宫，宪宗嗣位，再迁内给事"②。元和五年（810），吐突承璀诱捕昭义节度使卢从史，仇士良"助成丕绩"。吐突承璀被杀后，仇士良遭到右军王守澄等人抑塞。在贬逐元和逆党的同时，李训、郑注巧妙利用左右军的矛盾，擢仇士良为左军中尉，并取代王守澄，成为新的权贵。

　　王守澄遇鸩后，二人继续策划了针对仇士良的甘露之变。没有想到的是，仇士良的酷毒远甚于王守澄，并在事变失败后进行了血腥报复。李训、郑注诛杀宦官的活动虽以惨败而告终，但是元和系宦官也遭到沉重的打击。左军也借这个机会重新恢复到位居右军之上的旧态。元和末年因宪宗遇弑形成的权力分配格局瓦解了。

　　甘露之变后王涯、贾𫗧等宰相被族灭，仇士良等知文宗预其谋，出

---

①《新唐书》卷一七九《李训传》，第5310页。
②《新唐书》卷二〇七《仇士良传》，第5872页。

言不逊。《新唐书》卷二〇七《仇士良传》：

> 始，士良、弘志愤文宗与李训谋，屡欲废帝。崔慎由为翰林学士，直夜未半，有中使召入，至秘殿，见士良等坐堂上，帷帐周密，谓慎由曰："上不豫已久，自即位，政令多荒阙，皇太后有制更立嗣君，学士当作诏。"慎由惊曰："上高明之德在天下，安可轻议？慎由亲族中表千人，兄弟群从且三百，何可与覆族事？虽死不承命。"士良等默然，久乃启后户，引至小殿，帝在焉。士良等历阶数帝过失，帝俯首。既而士良指帝曰："不为学士，不得更坐此。"乃送慎由出，戒曰："毋泄，祸及尔宗。"[1]

据《通鉴考异》，《新唐书》本条出自皮光业《见闻录》，崔慎由宣宗大中初始入朝为右拾遗员外郎，知制诰，文宗时未为学士，《考异》已证其说虚妄，但多少也反映出文宗受制于仇士良、鱼弘志的窘态。宪宗、敬宗相继为宦官所弑，复废文宗，难服众人之心。昭义节度使刘从谏屡次上表扬言要起兵"清君侧"，仇士良等惧被征讨，才不得不勉强维持文宗皇帝之位。

开成年间，文宗情绪极为低落。"上自甘露之变，意忽忽不乐，两军球鞠之会，十减六七，虽宴享音伎杂沓盈庭，未尝解颜。闲居或徘徊眺望，或独语叹息。"[2]唐代诸帝中，与文宗处境最为相似的就是在位不到一年就被迫禅位的唐顺宗了。文宗深为仇士良等所恶，只要条件成熟，"永贞内禅"再度重演也不是不可能。开成年间，文宗皇位最大的威胁不是别人，正是自己的儿子太子李永。

文宗二子，长子鲁王永，次子蒋王宗俭。因其皇位得之于皇兄敬宗，为笼络人心，文宗曾表示以敬宗长子晋王李普为太子，意即百年后还政于敬宗子孙。大和二年（828），李普薨，年仅五岁。李普薨后，文

---

[1]《新唐书》卷二〇七《仇士良传》，第 5875 页。
[2]《通鉴》卷二四五文宗开成元年（836）十一月丁巳条，第 8049 页。

宗渐生以己子为嗣的心思。大和六年十月，文宗正式册长子鲁王永为太子。李永生年不详，开成三年（838）文宗议废太子时群臣称其"年小"，立太子时不足十岁。

由于子嗣单薄，文宗在太子身上花费了不少心血。李永被册太子前，即已盛择师傅，以户部侍郎庾敬休兼王傅，户部郎中李践方兼司马，太常卿郑肃兼长史[1]。大和九年八月，李训、郑注贬窜李宗闵党徒，太子侍读也受到冲击。工部侍郎充皇太子侍读崔侑贬为洋州刺史，考功郎中皇太子侍读苏滁贬忠州刺史。开成元年[2]，文宗诏宫臣诣崇明门谒，朔望侍读，偶日入对。高元裕、韦温、窦宗直、周敬复等相继为太子侍读。

《新唐书》卷一六九《韦贯之传附韦温传》：

> 宰相李固言荐温给事中，帝曰："温素避事，肯为我论驳乎？须太子长，以为宾客。"久之，卒为给事中。初，兼庄恪太子侍读，晨诣宫，日中见太子，谏曰："殿下盛年，宜鸡鸣蚤作，问安天子，如文王故事。"太子不悦，辞侍读，见听。[3]

《通鉴》系其年于开成二年七月辛未，盖此日罢兼侍读。韦温有文学，怯懦避事。太子不肯早起问安，暗示文宗与太子关系已有恶化之迹。

开成二年八月，也就是韦温固辞侍读后不久，文宗册昭仪王氏为德妃，昭容杨氏为贤妃。王氏为太子生母，杨氏有宠，文宗册杨氏时并册王氏，或由太子之故。就在杨氏册为贵妃之后，文宗父子关系开始急转直下。

《旧唐书》卷一七五《庄恪太子传》：

---

[1]《旧唐书》卷一七五《庄恪太子传》，第 4540 页。
[2]《新唐书》卷八二《庄恪太子永传》作开成三年，《玉海》卷一二八《官制·唐太子侍读》作开成元年。"三"当为"元"之讹。
[3]《新唐书》卷一六九《韦贯之传附韦温传》，第 5158—5159 页。

开成三年,上以皇太子宴游败度,不可教导,将议废黜,特开延英,召宰臣及两省御史台五品已上、南班四品已上官对。宰臣及众官以为储后年小,可俟改过,国本至重,愿宽宥。御史中丞狄兼謩上前雪涕以谏,词理恳切。翌日,翰林学士六人、洎神策、六军军使十六人又进表陈论,上意稍解。其日一更,太子归少阳院,以中人张克己、柏常心充少阳院使;如京使王少华、判官袁载和及品官、白身、内园小儿、宫人等数十人,连坐至死及剥色、流窜。寻诏侍读窦宗直、周敬慎依前,隔日入少阳院。①

文宗大张旗鼓地召集四品以上文武官集议,似有废太子之意。开成三年正月李石辞位,在相位者为郑覃、陈夷行、杨嗣复、李珏四人。杨嗣复支持安王,或有不利于太子言论,郑覃、陈夷行必不与之同,李珏虽属牛党,在储君问题上亦不同于杨嗣复。宦官方面,两军中尉仇士良、鱼弘志素恨文宗,或有另立新君之意,此番神策、六军军使十六人也同时进表陈论,这表明北门禁军也是支持太子的。就连前惧祸坚拒侍读的韦温也直言:"陛下唯一子不教,陷之至是,太子岂独过乎?"②宰相、翰林学士、禁军及其文武百官等对太子均无异辞,文宗迫于内外大臣的压力,此次废太子未果。

太子正逐渐赢得内外之臣的归心,而自己正成为孤家寡人,这是文宗极不愿意看到的。太子虽保住储君之位,但是身边品官、白身、内园小儿、宫人等数十人或坐死,或贬窜,几乎诛除殆尽。文宗又以中人张克己、柏常心为少阳院使,监视太子的一举一动。在文宗的拘防之下,太子终不得自明,开成三年十月十六日暴薨于少阳院。

《旧唐书》卷一七五《庄恪太子传》又云:

初,上以太子稍长,不循法度,昵近小人,欲加废黜,迫于公卿

---

①《旧唐书》卷一七五《庄恪太子传》,第4540—4541页。
②《樊川文集》卷八《唐故宣州观察使御史大夫韦公(温)墓志铭》,第127页。

之请乃止。太子终不悛改，至是暴薨。时传云：太子德妃之出也，晚年宠衰。贤妃杨氏，恩渥方深，惧太子他日不利于己，故日加诬谮，太子终不能自辨明也。太子既薨，上意追悔。四年，因会宁殿宴，小儿缘橦，有一夫在下，忧其堕地，有若狂者。上问之，乃其父也。上因感泣，谓左右曰："朕富有天下，不能全一子。"遂召乐官刘楚材、宫人张十十等责之，曰："陷吾太子，皆尔曹也。今已有太子，更欲踵前耶？"立命杀之。[①]

《旧唐书》点明太子为文宗和杨妃所害，但加"传云"二字，表示不能断定真伪。《旧唐书·武宗纪》云"庄恪太子殂不由道"[②]，同书卷一七六《郑肃传》亦云"太子竟以杨妃故得罪"[③]，《通鉴考异》引《实录》也称太子"终不悛过，是日暴薨"，庄恪死于非命应无疑义。自穆宗以降，包括文宗在内，皇室皆好游猎，内廷风尚即是如此。太子年少游宴过度，似非大奸大恶，文宗仅此一子可以嗣位，何以不顾父子亲情，必欲废之而后快？又杨妃及乐官刘楚材、宫人张十十等人日夜加以谗毁，究竟以何罪谗之？因事涉宫省秘事，外人莫知其详。

太子永薨后，将相大臣屡请早立太子。根据中国政治传统，每逢天灾，常归于圣德不至。开成四年夏，天下大旱，文宗改容对杨嗣复说："朕为人主，无德庇人，比年灾旱，星文谪见。若三日内不雨，朕当退归南内，卿等自选贤明之君以安天下。"[④]文宗所谓"自选贤明之君"，自己"退归南内"，此语似另有所指，或许朝臣有以立太子禳灾之请。

文宗实有二子，太子永之外，尚有一子蒋王宗俭。诸史仅记蒋王开成二年与敬宗诸子同封。文宗崩后，仇士良为绝人望，杀安王、陈王

---

①《旧唐书》卷一七五《庄恪太子传》，第4542—4543页。
②《旧唐书》卷一八《武宗纪》，第583页。
③《旧唐书》卷一七六《郑肃传》，第4574页。
④《旧唐书》卷三六《天文志下》，第1334页。

及杨妃,并不及于蒋王。不知蒋王是否一并遇害,但是此人不具有"人望",即便存世,也不足以参逐皇位。太子永废死后,皇位继承只能从皇室其他近属中寻找。

从常理看,文宗之位得之于其兄敬宗,在无子嗣的情况下应归政于敬宗子孙。敬宗诸子封王者五人,长子晋王普,次子梁王休复,三子襄王执中,四子纪王彦扬,六子陈王成美。大和二年(828)晋王普薨时年五岁,若其不死,开成四年(839)为十六岁,故知开成末敬宗四子均为十四至十六岁之间的少年。除遇弑的皇兄敬宗外,文宗之弟在世的尚有安、颍二王。因敬宗诸子皆未成年,从皇位的稳定性考虑,传位皇弟不失为一种选择。开成末皇位继承者大体可分为两组,一组是文宗之弟,即安王、颍王,一组为文宗之侄,即敬宗诸子。从择嗣传统上看,敬宗诸子更为名正言顺,从年龄上看,安王、颍王正值青壮年,更有优势。究竟何人最终胜出,主要取决于宫内各种势力的角逐。

关于开成末藩王夺嗣的党派分野,《旧唐书》卷一七六《杨嗣复传》中武宗曾有简略评说:

> 武宗之立,既非宰相本意,甚薄执政之臣。其年秋,李德裕自淮南入辅政。九月,出嗣复为湖南观察使。明年,诛枢密薛季稜、刘弘逸。中人言:"二人顷附嗣复、李珏,不利于陛下。"武宗性急,立命中使往湖南、桂管,杀嗣复与珏。宰相崔郸、崔珙等丞请开延英,因极言国朝故事,大臣非恶逆显著,未有诛戮者,愿陛下复思其宜。帝良久改容曰:"朕缵嗣之际,宰相何尝比数。李珏、季稜志在扶册陈王,嗣复、弘逸志在树立安王。立陈王犹是文宗遗旨,嗣复欲立安王,全是希杨妃意旨。嗣复尝与妃书云:'姑姑何不学则天临朝!'"珙等曰:"此事暧昧,真虚难辨。"帝曰:"杨妃曾卧疾,妃弟玄思,文宗令入内侍疾月余,此时通导意旨。朕细问内人,情状皎然,我不欲宣出于外。向使安王得志,我岂有今日? 然

为卿等恕之。"①

漳王蒙冤而死后，诸王之中，安王溶最为年长，若立兄弟，则安王机会最大。陈王为敬宗幼子，且为文宗所喜，若立子侄，则陈王机会最大。宰相、枢密使分别支持安王、陈王。武宗时为颍王，支持者少，开成末皇位之争主要在安王、陈王之间展开。

甘露之变后文宗意志消沉，沉溺于酒宴声色，杨妃及乐官等因以得宠。杨妃与太子生母德妃有隙，谗死太子后，鼎力支持安王。宰相杨嗣复素与内廷结交，因与杨妃同姓，遂党附杨妃。枢密使刘弘逸，家世煊赫，亦为杨妃收买。安王党中，杨妃有专房之宠，刘弘逸是文宗最信赖的宦官，宰相杨嗣复在外朝炙手可热，在诸王中安王夺嗣呼声最高。

敬宗遇弑后，其诸子文宗养于北内，待遇同于己出。开成二年（837），敬宗四子同日为王。开成三年，太子得罪出居少阳院，敬宗诸子也连带受到疏斥。《旧唐书》卷一七《文宗纪》开成三年九月壬戌条：

> 上以皇太子慢游败度，欲废之，中丞狄兼謩垂涕切谏。是夜，移太子于少阳院，杀太子官人左右数十人。戊辰，诏梁王等五人，先于北内，可却归十六宅。②

晋王普薨后，敬宗诸子中梁王居长，敬宗四子并蒋王计其数为五，故谓梁王等五人。梁王等出居十六宅，地位降为普通宗室王，此事亦应出于杨妃之谋。

安王之党四面出击，意图太过张扬，太子废死后，文宗对安王渐有警觉，最终选择册立陈王为太子。《旧唐书》卷一八《武宗纪》：

①《旧唐书》卷一七六《杨嗣复传》，第4559页。
②《旧唐书》卷一七《文宗纪》，第575页。

开成末年,帝多疾无嗣,贤妃请以安王溶嗣,帝谋于宰臣李
珏,珏非之,乃立陈王。①

关于陈王成美,除了在《旧唐书》本传中保留一道辞藻空洞的册太子诏
书外,史书中没有更多的记载。我们注意到,文宗并没有像以前那样
召集百官集议,而是撇开杨嗣复,单独谋于李珏,表明已对杨嗣复有所
怀疑。李珏究竟以何言语说服文宗,今亦不详。文宗若立安王,是以
皇太弟为嗣。从历史上看,立皇太弟的做法始于西晋惠帝。永兴元年
(304),惠帝诏废太子覃为清河王,立成都王颖为皇太弟,诸王纷纷起
兵反对,成都王颖遇弑后,惠帝不悟,复立怀帝为皇太弟,终亡晋祚。
唐初太宗修《晋书》时史臣谓晋惠帝立皇太弟为"变古易常,不乱则
亡"②。李珏博通经史,或以此说动文宗。安王在年龄等方面与文宗
相去不远,后宫素多党羽,若立为皇太弟,势必难居文宗之下,只能招
致更大规模的动荡。

文宗废长立幼,朝野多有失望。陈王为皇太子后,一连数月未具
册礼,仍居十六宅。或许因文宗的健康问题,直到文宗驾崩,册礼仍未
完成。宋代胡寅曾云:"文宗有美质而无圣学,故始终大节懵懵焉。不
然当疾病时,自力御殿,引召宰执,面命太子,临见群臣,仇士良辈亦安
得而移易之哉。"③

开成年间的皇位之争颇具有戏剧性。安王、陈王虽得枢密使和宰
相的支持,却没有得到两军中尉的首肯。文宗驾崩当天,李珏等准备
奉陈王即位之时,局势再度逆转。两军中尉仇士良、鱼弘志废黜陈王,
立穆宗第五子颖王为皇太弟,发神策军迎立颖王即位。《通鉴》卷二四
六开成五年(840)正月己卯条:

---

①《旧唐书》卷一八《武宗纪》,第 584 页。
②《晋书》卷二八《五行志》,第 835 页。
③《大事记续编》卷六六文宗开成五年正月条,第 287 页。

诏立颍王瀍为皇太弟，应军国事权令勾当。且言太子成美年尚冲幼，未渐师资，可复封陈王。时上疾甚，命知枢密刘弘逸、薛季稜引杨嗣复、李珏至禁中，欲奉太子监国。中尉仇士良、鱼弘志以太子之立，功不在己，乃言太子幼，且有疾，更议所立。李珏曰："太子位已定，岂得中变！"士良、弘志遂矫诏立瀍为太弟。[1]

两军中尉仇士良、鱼弘志改立颍王，原因比较复杂。开成三年，神策、六军等将军上表保奏太子，说明北门禁军系统倾向拥立太子。杨妃等诬陷太子至死，安王之党自然不为禁军所喜。敬宗死于宦官之手，诸子与宦官有杀父之仇。仇士良若不立陈王、安王，可拥立者只剩下颍王。另两枢密使为文宗甘露之变后所拔擢，立场上亲近文宗，与两军中尉为相互对立的政治势力。若枢密使拥戴新君成功，则刘、薛等人权势日重，两军中尉地位势必遭到严重挑战。因此，两军中尉另行废立并非仅是怨功不由己，还有出于权力角逐方面的考量。

穆宗五子中，敬、文相继为帝，漳王谗死，开成时尚有安、颍二王。文宗在十六宅中为安、颍置别院，时常幸二王宅，叙家人之礼。大和八年（834），安、颍二王并授检校尚书，开成初依百官例逐月给俸。颍王性豪爽，似耽于射猎玩好，性情大异于文宗，在皇位之争中并不被看好。《旧唐书·武宗纪》称武宗"沈毅有断，喜愠不形于色"，以其为深藏不露之人。仇士良定策迎立颍王，《唐阙史》曾有一段颇具传奇色彩的故事。《通鉴》卷二四六开成五年（840）正月条下《考异》引《唐阙史》：

> 武宗皇帝王夫人者，燕赵倡女也。武宗为颍王，获爱幸。文宗于十六宅西别建安王溶、颍王瀍院，上数幸其中，纵酒如家人礼。及文宗晏驾，后宫无子，所立敬宗男陈王，年幼且病，未任军国事。中贵主禁掖者，以安王大行亲弟，既贤且长，遂起左、右神

策军及飞龙、羽林骁骑数千众，即藩邸奉迎安王。中贵遥呼曰：
"迎大者！迎大者！"如是者数四，意以安王为兄，即大者也。及
兵仗至二王宅首，兵士相语曰："奉命迎大者，不知安、颖孰为大
者?"王夫人窃闻之，拥髻褰裙走出，矫言曰："大者颖王也。大
家左右以王魁梧顾长，皆呼为大王，且与中尉有死生之契，汝曹
或误，必赤族矣!"时安王心云其次第合立，志少疑懦，惧未敢
出。颖王神气抑扬，隐于屏间。夫人自后耸出之。众惑其语，
遂扶上马，戈甲霜拥，前至少阳院。诸中贵知己误，无敢出言
者，遂罗拜马前，连呼万岁。寻下诏，以颖王瀍立为皇太弟，权
句当军国事。①

《考异》云："立嗣大事，岂容谬误!《阙史》难信，今不取，从文宗、武宗
《实录》。"《阙史》此段记载确为唐代小说家妄言。文宗已立陈王为太
子，安王岂得云"次第合立"，又欲拥戴安王者，杨妃、杨嗣复，非为两军
中尉。武宗立后，仇士良弑杨妃、安王、陈王，岂得云中贵人欲立者为
安王。此事虽荒诞不经，但是提及的武宗王夫人是一个很值得关注的
人物。此人有政治头脑，有专房之宠，亦无子，在武宗会昌末的宫廷政
变中也扮演了重要角色，此不赘。

　　从皇位之争的格局看，支持安王的为杨妃、杨嗣复、刘弘逸，支持
陈王的为李珏、薛季稜。两军中尉因甘露之变的宿怨，被摒弃在顾命
大臣之外。安、陈二王相争，以及两军中尉与宰相、两枢密之间的矛
盾，戏剧性地把武宗送上了皇帝的宝座。

第三节　元和宦官的终结

　　开成末皇位之争中，安王溶、陈王成美因为得不到神策军的支持，

---

① 《通鉴》卷二四六文宗开成五年(840)正月条，第8065页。

最终落败。两军中尉仇士良、鱼弘志都是手段酷毒之人，文宗崩后，仇士良追前怨，对文宗身边近臣肆意屠戮。

《通鉴》卷二四六文宗开成五年（840）正月辛巳条：

> 辛巳，上崩于太和殿。以杨嗣复摄冢宰。癸未，仇士良说太弟赐杨贤妃、安王溶、陈王成美死……时仇士良等追怨文宗，凡乐工及内侍得幸于文宗者，诛贬相继。夷直复上言："陛下自藩维继统，是宜俨然在疚，以哀慕为心，速行丧礼，早议大政，以慰天下。而未及数日，屡诛戮先帝近臣，惊率土之视听，伤先帝之神灵。人情何瞻，国体至重，若使此辈无罪，固不可刑；若其有罪，彼已在天网之内，无所逃伏，旬日之外行之何晚！"不听。[1]

神策等军本倾心太子，太子被乐人宫女等后宫集团谗死，故仇士良首发安王旧事，对杨妃集团进行清洗。裴夷直为杨嗣复擢用。新天子即位，两省官例皆共同署名，武宗之立，裴夷直漏名，盖本支持安王，其奏言表明仇士良的血腥报复引起安王、陈王旧党的恐惧。开成五年八月十四日，刘弘逸等孤注一掷，谋借下葬文宗之机，以山陵兵士发动兵变。

《旧唐书》卷一八《武宗纪》：

> （开成五年）八月十七日，葬文宗皇帝于章陵。知枢密刘弘逸、薛季稜率禁军护灵驾至陵所。二人素为文宗奖遇，仇士良恶之，心不自安。因是掌兵，欲倒戈诛士良、弘志。卤簿使兵部尚书王起、山陵使崔郸觉其谋，先谕卤簿诸军。是日弘逸、季稜伏诛。[2]

又《通鉴考异》引贾纬《唐年补录》：

---

① 《通鉴》卷二四六武宗开成五年正月辛巳条，第 8066 页。
② 《旧唐书》卷一八《武宗纪》，第 585 页。"崔郸"，点校本原作"崔稜"，"稜"字盖涉前文薛季稜而讹，今据《通鉴》等径改。

　　（开成五年八月）是月诛枢密使刘弘逸、薛季稜。帝即位，尤
忌宦官，季稜、弘逸深惧之。及将葬文宗于章陵，聚禁兵，欲议废
立。赖山陵使崔郸、卤簿使王起等拒而获济，遂擒弘逸、季稜
杀之。①

文宗下葬时，武宗即位已近八个月，君臣名分已定，刘弘逸等得不到山
陵使、卤簿使的支持，其失败是必然的。在此之前杨嗣复党裴夷直屡
促武宗"速行丧礼，早议大政"，是否卷入此次密谋，尚无确切证据。但
是，薛、刘二枢密之变使武宗大为愤怒，自然迁怒于宰相。《旧纪》载
刘弘逸、薛季稜伏诛当日，杨嗣复出为湖南观察使，李珏充桂管观察
使，裴夷直为杭州刺史，皆坐弘逸、季稜党。

　　刘、薛之诛，《通鉴》系于会昌元年（841）三月，与《旧纪》不同：

　　初，知枢密刘弘逸、薛季稜有宠于文宗，仇士良恶之。上之
立，非二人及宰相意，故杨嗣复出为湖南观察使，李珏出为桂管观
察使。士良屡谮弘逸等于上，劝上除之。乙未，赐弘逸、季稜死，
遣中使就潭、桂州诛嗣复及珏……至晡时，开延英召德裕等入。②

《考异》引贾纬《唐年补录》、《旧唐书·王起传》皆与《旧纪》同。开成
五年（840）八月十七日文宗葬章陵，刘弘逸等谋逆伏诛必在当日。时
李德裕在浙西任上，尚未拜相。而杨嗣复、李珏二相得罪贬官时，李德
裕已在相位，《会昌一品集》保留当日李德裕论救李珏、杨嗣复的几道
奏状。弘逸、季稜伏诛与武宗欲杀杨嗣复、李钰非同一时事。明王祎
《大事记续编》引《武宗实录》云："明年固云有再以其事动帝意者，帝
赫怒，欲杀之。"③《考异》引《实录》脱"明年"二字，当以有"明年"为
是。武宗欲杀二相是在刘弘逸等谋反次年，《通鉴》误二事为一事，并

书于会昌元年三月条下，显然不甚准确。《旧唐书·杨嗣复传》云开成五年九月杨嗣复贬湖南，明年诛弘逸、季稜，并误。

武宗登基一年多后始欲诛二相，这暗证即位前没有过深地卷入皇位争夺，外朝仍需依赖前朝旧相。仇士良、鱼弘志以兵拥立武宗，主要是因为武宗是穆宗除安王外，在世的最后一子，双方事前没有太多的交集。历史证明，迎立武宗是仇士良、鱼弘志的一次"误算"。《新唐书》卷二○七《仇士良传》：

> 帝明断，虽士良有援立功，内实嫌之，阳示尊宠。李德裕得君，士良愈恐。会昌二年，上尊号，士良宣言"宰相作赦书，减禁军缣粮刍菽"以摇怨，语两军曰："审有是，楼前可争。"德裕以白帝，命使者谕神策军曰："赦令自朕意，宰相何豫？尔渠敢是？"士乃怗然。士良惶惑不自安。明年，进观军容使，兼统左右军，以疾辞，罢为内侍监，知省事。固请老，诏可。寻卒，赠扬州大都督……死之明年，有发其家藏兵数千物，诏削官爵，籍其家。①

与文宗朝李训、郑注利用计诈诛除宦官迥然不同，武宗君臣采用名尊实贬，稍夺兵权的办法。仇士良死后，武宗抓住仇士良过恶，明正其罪，削其官爵，籍没其家。时日本僧人圆仁正在中国巡礼求法，所撰《入唐求法巡礼行记》中记其见闻云："仇军容儿常侍知内省事，吃酒醉颠，触误龙颜，对奏云：'天子虽则尊贵，是我阿耶册立之也。'天子怒，当时打杀，敕令捉其妻女等，流出于外，削发令守陵墓。"②所记与《新唐书》略异。仇士良结怨甚多，告发或即仇家所为。仇士良之婿李好古，会昌中为军器使。仇士良私藏兵器数千件，李好古却没有受到触动。可见武宗打压仇氏，范围比较有限。这为宣宗朝仇氏家族死灰

---

① 《新唐书》卷二○七《仇士良传》，第5874—5875页。
② 〔日〕圆仁撰，〔日〕小野胜年校注，白化文等修订：《入唐求法巡礼行记校注》，石家庄：花山文艺出版社，1992年，第451页。

复燃埋下伏笔。

右军中尉鱼弘志在会昌朝的境遇诸史不载，据出土墓志，鱼弘志亦被武宗君臣治罪。《唐代墓志汇编续集》大中〇五一《何少直墓志》：

> 公讳少直……曾为护军之爪牙，亦作台衡之耳目。公事右神策军中尉鱼骠骑。后鱼公得罪，公为进状雪之。不惬帝心，乃遭邅谪。公切极本使之恩，终无悔恨之意。明敕既下，是日出城，别其血族如脱屣……大中九年五月四日终于长安万年县常乐里。①

此左军中尉鱼骠骑，《唐代墓志汇编续集》索引作鱼朝恩。今按，鱼朝恩代宗大历初伏诛，何少直卒于宣宗大中九年（855），与鱼朝恩并非同时代人。且神策两军中尉始置于德宗贞元十二年（796），此处右神策中尉鱼骠骑不可能为鱼朝恩，所指应即鱼弘志。《新唐书·仇士良传》载武宗立后，"士良迁骠骑大将军，封楚国公；弘志韩国公，实封户三百"，两军中尉地位相埒，盖鱼弘志亦迁骠骑大将军，《新唐书》省书耳。又墓志提及何少直开成五年由"上官知奖"，"特为荐论"，迁为"襄王府咨议参军"。开成五年正月武宗即位，何少直担任右神策军护军中尉押衙，是年迁襄王府咨议参军，应即"上官"鱼弘志的拔擢。但是，其后未及再迁即被牵连废黜。墓志未明确交代"鱼公"具体罪状，从何少直进状雪之遭到贬窜，且终身不被录用来看，鱼弘志之罪当是死罪。

至于右军中尉鱼弘志究竟因何得罪，在其他史料中似有蛛丝马迹可寻。圆仁《入唐求法巡礼行记》中载有一条关于右军中尉的重要材料。《入唐求法巡礼行记》卷四会昌五年四月条：

> 左右神策军者，天子护军也。每年有十万军。自古君王频有臣叛之难，仍置此军。已来，无人敢夺国位。敕赐印：每中尉初上

---

① 《唐代墓志汇编续集》大中〇五一《何少直墓志》，第 1005 页。

时,准敕出兵马迎印。别行公事,不属南司。今年四月初,有敕索
两军印。中尉不肯纳印。有敕再三索。敕意:索护军印付中书门
下,令宰相管。两军事,一切拟令取[宰]相处分也。左军中尉即
许纳印,而右军中尉不肯纳印,遂奏云:"迎印之日,出兵马迎之;
纳印之日,亦须动兵马纳之。"中尉意:敕若许,即因此便动兵马,
起异事也。便仰所司暗排比兵马。人君怕,且纵不索。①

仇士良籍没后,左军恭顺,即许纳印。但是右军中尉出言不逊,甚至密
谋"起异事",此中尉当即鱼弘志。一种可能是会昌五年(845)武宗君
臣索印被拒后,寻机治鱼弘志之罪,以刘行深取代跋扈凌君的鱼弘志。
另一种可能,就是会昌末宦官谋立宣宗时,鱼弘志态度模糊,或主张另
立他人,结果深忤宣宗之旨,被借故除去。若如此,则其事涉宫闱秘
事,史官讳隐。由于史料匮乏,目前还难以断言,但是鱼弘志未得善终
则是毫无疑问的。

　　仇士良是文宗朝甘露之变前尽诛元和逆党后幸存的少数元和宦
官。仇士良、鱼弘志相继得罪,标志着穆宗以来控制神策两军,操纵皇
位继承的元和宦官最终退出了历史舞台。

　　今人论中晚唐政治,言及宦官,常称之为宦官集团,视为一整体。
实则宦官内部围绕权势亦有相互斗争的派系,唯其派系分野不为人所
知悉。唐代宦官跋扈以操纵神策军军权为依据,元和末宪宗遇弑后,
穆宗无力讨贼,致使元和系宦官长期把持操纵军权,打压新进用宦官。
穆、敬、文、武诸朝实际上相当于"后元和时代"。神策军分左右两军,
相互制衡,宦官派系之争亦以左、右军为基础。在元和弑逆案中,左右
两军作用不同。此前,左军实力、地位均在右军之上,宪宗遇弑后,右
军地位反在左军之上,并且多次打压左军系统出身的宦官。直至仇士
良擅权之后才逐渐恢复到左军位在右军之上的局面。

―――――――――――

①《入唐求法巡礼行记校注》会昌五年(845)四月条,第461页。

第八章　武宣之际的宫廷政变

第一节　宦官仇氏家族与宣宗登基关系之推论

中唐以后,宦官握有兵权,新君废立完全由其操纵。同穆宗以下诸帝一样,宣宗也为宦官拥立。《通鉴》卷二四八武宗会昌六年三月条:

> 初,宪宗纳李锜妾郑氏,生光王怡。怡幼时,官中皆以为不慧,太[大]和以后,益自韬匿,群居游处,未尝发言。文宗幸十六宅宴集,好诱其言以为戏笑,号曰光叔。上性豪迈,尤所不礼。及上疾笃,旬日不能言。诸宦官密于禁中定策,辛酉,下诏称:"皇子冲幼,须选贤德,光王怡可立为皇太叔,更名忱,应军国政事令权句当。"太叔见百官,哀戚满容;裁决庶务,咸当于理,人始知有隐德焉。①

两《唐书》本纪所记与之类似,从正史的记载来看,宣宗善于韬光养晦,宦官贪其庸下易制,故而立之,宣宗本人并未预谋其事。宣宗自幼即装痴装傻,骗取文、武二宗的信任,说明他心机很重,对皇位之争非常敏感,甚至还有一定的想法。作为一个城府很深的人,毫不知情,稀里糊涂被宦官拥戴登基太过于戏剧化,可信度很低。尽管正史讳莫如深,但是一些新出宦官墓志却将宣宗即位隐情透露一二。其中《唐故

---

① 《通鉴》卷二四八武宗会昌六年三月条,第8144—8145页。

振武麟胜等州监军使孟秀荣墓志》尤其值得重视：

> 府君大夫讳秀荣……大夫元和三年正月六日授凤翔府仇将
> 军小判官……会昌三年正月六日，从湖南监军……四年十二月廿
> 六日，左神策军都判官，除武德副使。五年九月七日，为王妃连
> 累，贬在东都恭陵，已夺朱绂，六年四月廿七日，奉恩命，追赐绿，
> 在南衙。大中元年正月三日，除内养……大中元年十二月三日，
> 赐绯鱼袋，着番高班。当年四月十二日，从殿前高班，除授营幕
> 使、承奉郎、行内侍省内仆局丞、员外置同正员、上柱国、赐绯鱼
> 袋；三年四月十日，除授振武、麟胜等州监军。①

此志虽为一宦官墓志，但其中"会昌五年九月七日为王妃连累，贬在东
都恭陵，已夺朱绂"等语颇值得深思。《通鉴》卷二四八武宗会昌五年
（845）九月条载："上自秋冬以来，觉有疾，而道士以为换骨。上秘其
事，外人但怪上希复游猎，宰相奏事者亦不敢久留。"②自九月以后，包
括宰相在内的近臣都已觉察到武宗将不久于帝位，这时正是皇位争夺
的激烈时期。又会昌六年四月宣宗始听政，是月底宣宗即将孟秀荣召
回，明年正月又进一步除其为内养，其后孟秀荣飞黄腾达，甚得恩宠。
墓志又云宣宗"追赐绿"，这表明宣宗赐绿为追录前功，但是根据墓志
所载，孟秀荣自会昌五年九月已被贬在东都恭陵，宣宗即位时并不在
长安。如果此前曾对宣宗有功，只能指墓志中含糊其词的"为王妃连
累"之事。若此推测无误，则宣宗并非正史所记那样被动地为宦官所
立，而是积极地预谋其事，王妃及孟秀荣之事即是当时皇位之争的一
个重要环节。

　　《孟秀荣墓志》中提及孟秀荣元和三年（808）曾任凤翔府仇将军
小判官。宪宗时凤翔镇并无仇姓节度使，所谓仇将军当指仇姓监军

---

①《唐代墓志汇编续集》大中○三五《孟秀荣墓志》，第 993—994 页。
②《通鉴》卷二四八武宗会昌五年九月条，第 8143 页。

使。《新唐书·仇士良传》载："宪宗嗣位,再迁内给事,出监平卢、凤翔等军。"因此,墓志中仇将军或即武宗朝权宦仇士良。会昌三年(843)正月六日孟秀荣被仇士良擢为湖南监军,两日后又擢为都判官,置于左右,其为仇士良旧党无疑。由此看来,宣宗在即位前同仇士良宦官集团关系比较暧昧。二者之间的确切关系我们尚不十分清楚,但是在唐人笔记小说里却屡有宣宗遭武宗迫害而为仇士良或仇姓宦官所救的传闻。南唐尉迟偓《中朝故事》：

> 宣宗即宪皇少子也,皇昆即穆宗也。穆宗、敬宗之后,文宗、武宗相次即位,宣皇皆叔父焉。武宗初登极,深忌焉。一日,会鞠于禁苑间,武宗召上,遥睹瞬目于中官。仇士良跃马向前曰："适有旨,王可下马。"士良命中官舆出军中,奏云"落马,已不救矣!"寻请为僧,游行江表间。会昌末,中人请还京,遂即位。[1]

《通鉴》卷二四八武宗会昌六年三月条下《考异》引韦昭度《续皇王宝运录》中复有宣宗为宦者仇公武所救的记载：

> 宣宗即宪皇第四子。自宪皇崩,便合绍位,乃与侄文宗。文宗崩,武皇虑有他谋,乃密令中常侍四人擒宣宗于永巷,幽之数日,沉于宫厕。宦官仇公武憋之,乃奏武宗曰："前者王子,不宜久于宫厕。诛之。"武宗曰："唯唯。"仇公武取出,于车中以粪土杂物覆之,将别路归家,密养之。三年后,武皇官车晏驾,百官奉迎于玉宸殿立之。寻擢仇公武为军容使。[2]

此段故事虽然荒诞不经,但仍保留了宣宗即位前遭武宗迫害的基本框架,故事中掩护宣宗脱险的由仇士良换成仇公武,仍为仇姓宦官。中唐以后上层宦官通过提携子弟,援引亲族,形成不少绵亘几十年的宦

---

① 〔五代〕尉迟偓撰,夏婧点校:《中朝故事》,北京:中华书局,2014年,第214页。
② 《通鉴》卷二四八武宗会昌六年三月条,第8144页。

官世族,其中仇氏家族在文、武两朝尤为显赫①。仇公武诸史不载,可能为此家族中较为普通的一员。传世文献同地下出土碑刻文献都不约而同地与仇氏宦官家族发生关系,宣宗即位前如果同宦官有所交通,那么仇氏家族无疑从中扮演了非常关键的角色。

仇士良在文宗朝权倾一时,尤为跋扈。《新唐书·仇士良传》称其"杀二王、一妃、四宰相,贪酷二十余年"②。武宗亦为仇士良矫诏所立,但武宗乃英武之主,外佯尊崇,内实嫌之。仇士良也自知不为帝所喜,会昌三年(843)自请退归私第,同年六月二十三日卒于私第。仇士良一死,武宗便放开手脚打击仇氏政治势力。六月二十五日,武宗诛仇士良孔目官郑中丞、张端公等四人③,次年六月,又在仇士良私第搜得兵仗数千,遂削其官爵,籍没其家④。仇士良擅权十余年,党徒甚多,残余势力必然对武宗的"恩将仇报"怨恨不已。事实上,仇士良屡请致仕的动机也十分可疑,作为一刑余之人,却在私第暗藏数千兵仗,其居心何在? 是否以退为进,策划另一场废立之事呢? 因史料不足,目前还不便作此推论。不过,从仇氏家族同武宗君相的冲突来看,仇氏势力勾结宣宗的理由是相当充分的,民间关于宣宗与仇氏家族关系密切的传闻也绝非空穴来风。

封建帝王即位后一般都会对有拥戴之臣大加封赏,仇氏家族是否参与宣宗夺位,我们从宣宗即位后对仇氏家族的态度中也可窥知其

---

① 关于仇氏宦官的家族情况可参陈仲安《唐代后期的宦官世家》,载《唐史学会论文集(1986)》;杜文玉《唐代宦官世家考述》,载《陕西师范大学学报(哲社版)》,1998 年第 2 期。杜文将大中五年郑薰《仇士良神道碑》误附于会昌三年,故对仇氏所作考订与史实存有一定的出入。

②《新唐书》卷二〇七《仇士良传》,第 5875 页。

③《入唐求法巡礼行记校注》卷四会昌三年六月廿五日条,第 424 页。

④《通鉴》卷二四七武宗会昌四年六月条,第 8123 页。其事又见于《入唐求法巡礼行记校注》卷四会昌四年九月条,《行记》称仇士良子因酒后怨言被籍没其家,与《通鉴》略异。又《行记》称仇士良之子被"当时打杀",但大中五年仇士良神道碑中仇士良五子中并无一人卒于会昌时期,圆仁所记恐为僧人渲染之辞。

情。《英华》卷九三二收有郑薰《内侍省监楚国公仇士良神道碑》，碑云：

> 大中纪号五年，克平四裔，东南款化，西北开疆，三耀舒光，八纮无事。皇帝念功轸虑，录旧申恩。惟楚公永真（贞）时祖宫有翼戴之劳，元和时宣徽有委遇之渥。今则已悲封树未刻松铭，乃命举其殊庸，勒在贞石，用传不朽，昭示将来，特诏词臣俾其选述。①

宣宗即位时，仇士良已去世两年多，彼此之间并无任何君臣情分，为什么要为一个臭名昭著的宦官立碑颂德呢？据《仇士良神道碑》，仇士良诸养子在宣宗朝也多官运亨通。长子仇从广，时任宣徽使；次子仇亢宗，曹州刺史；三子仇从源，阁门使；四子仇从渭，邠宁监军使；幼子仇从濆，也"早通诗礼，承恩入仕"，据《唐代墓志汇编续集》咸通〇四六《薛太仪墓志》，咸通八年（867）时已擢任高品。仇士良之婿李好古，大中初由军器使加封陇西郡开国公，食邑二千户，此后颇受重用②。会昌四年武宗竭力抑制仇士良势力，籍没其家。宣宗非但不继续奉行武宗之政，反而为双手沾满朝臣和皇室鲜血的阉宦树碑纪功，荫其亲党。若非仇氏宦官在会昌末皇位争夺中立有大功，断不会有如此礼遇。

除《仇士良神道碑》外，近年所出宣宗御制《故南安郡夫人赠才人仇氏墓志铭》也颇能说明问题。唐代后宫墓碑一般情况下都由翰林学士撰写，此志由宣宗亲自撰写，恩遇显过于常人。墓志略云：

> 南安郡夫人赠才人姓仇氏，爰自牧、香之后，率多闻人，由本部疏封，锡汤沐之邑，初以才貌，选充后宫……以大中五年五月十八日，殁于宫中，时年廿四。呜戏！尔生于华宗，被此显秩，存有

---

① 《英华》卷九三二郑薰《内侍省监楚国公仇士良神道碑》，第4906页。
② 近年新出《李好古墓志》，参见景亚鹏《新见唐宦官〈李好古墓志〉研究——兼论唐代人臣墓上设施之规制》，《唐史论丛》第29辑，2019年。

懿德，殁有殊荣，可谓无恨于初终矣。①

仇氏封号为南安郡夫人，封邑名与仇士良相同，墓志中又有"仇氏簪缨，蝉联在昔"之语，唐代士族并无仇姓高门，此处所指显为宦官家族，是则仇氏必出于仇士良家族无疑。仇氏入宫时间及缘由不详，宣宗含糊地称"由本部疏封"，仇氏卒时仅二十四岁，却已育有一女一子，在宣宗登基时可能已经入宫。我们认为，仇氏死于大中五年，而《仇士良神道碑》也立于大中五年，二者并非偶然巧合，宣宗为仇士良立碑"平反"，也有告慰仇氏之意。

《仇氏墓志》云"弱女尚骎，一男才生"，未明言此男为谁。《唐代墓志汇编续集》乾符〇一一所收《唐故康王（汶）墓志》，该志述康王身世云："宣宗献文皇帝第十子。母曰仇氏。以咸通七年七月廿七日薨，享年一十六岁。"②以此推算，康王汶正生于大中五年，与《仇氏墓志》中"一男才生"正相吻合，康王汶即为仇氏所出之子无疑。另《旧唐书·宣宗纪》载："五年春正月甲戌，制皇第七子泾封怀王，第八子汭为昭王，第九子汶为康王。"③《康王墓志》撰于僖宗乾符四年（877），距大中已远，误"第九子"为"第十子"。康王始生不久即被正册为王，进一步印证当日仇氏有专房之宠。《仇氏墓志》是宣宗同仇氏家族关系密切的又一强证。

《大唐西市博物馆藏墓志》四四四《江师武墓志》：

> 公讳师武，字子众，其先济阴人也。……时属仇公护戎南海，以公才称上略，谋出中权，爰乃擐甲蕃隅，投戈汶水，遂署为岭南节度押衙，擢其才也。累以朝命，加银青光禄大夫……俄而求宁伯姊，乞归于京师。伯姊即故左神策护军开府马公之夫人，齐国

---

① 《唐代墓志汇编》大中〇五五《仇氏（赠才人）墓志》，第 2291 页。
② 《唐代墓志汇编续集》乾符〇一一《唐故康王（汶）墓志》，第 1125 页。
③ 《旧唐书》卷一八《宣宗纪》，第 628 页。

夫人也。公迁延百越,逦迤三年……遂轸中途之苦。即以大中十
四年冬十月廿有六日,卒于岳阳郡之旅次。①

志主江师武伯姐为宣宗大中初左军中尉马元贽之妻。据《唐方镇年
表》,大中十年前后岭南节度使为韦曙,这里"戎护南海"的仇公身份
为岭南监军。马元贽为马存亮养子,与仇士良家族同出左神策。
《江师武墓志》透露出马氏、仇氏家族关系密切。宣宗即位后以马元
贽为左神策中尉,马氏家族连接仇氏,在迎立宣宗过程中起到重要
作用。

由于会昌毁佛,笃信佛教的枢密使杨钦义也不再与武宗君臣合
作。《宋高僧传》卷六《知玄传》载:"属宣宗龙飞,杨公自内枢统左禁
军,以册定功高,请复天竺教。"②同书卷一一《齐安传》:"武宗崩,左神
策军中尉杨公讽宰臣百官迎而立之。"③杨钦义会昌末为枢密使,宣宗
即位后,仍为枢密使,大中三年,马元贽因结交宰相马植而罢职,杨钦
义代为左军中尉。佛家僧传记杨钦义官历多有讹误,但也从侧面反映
出杨钦义也是迎立者之一。

仇氏家族死灰复燃并积极预谋宣宗之立是我们考察武宗末年皇
位争夺内幕的关键性线索。会昌中武宗君相抑制宦官,籍没仇士良之
家,会昌末又宣索两军中尉兵符,欲夺宦官兵权④,宦官集团则屡次论
列李德裕权力太专,武宗君相与宦官集团的关系日渐紧张。仇氏家族
并非唯一参与密谋的宦官势力,由于宣宗行事谨慎,"益自韬匿",仇氏
家族、马氏家族、杨氏家族等仅是暴露的冰山一角而已。会昌末宫廷
之诡谲,武宗君相处境之险恶,由此亦可见一斑。

①《大唐西市博物馆藏墓志》四四四《江师武墓志》,第955页。
②〔宋〕赞宁撰,范祥雍点校:《宋高僧传》卷六《唐彭州丹景山知玄传》,北京:中华书局,1987
　年,第130页。
③《宋高僧传》卷一一《唐杭州盐官海昌院齐安传》,第262页。
④《入唐求法巡礼行记校注》卷四会昌五年四月条,第461页。

第二节　王才人暴薨之谜

　　据上文,帮助宣宗夺权之党的仇氏宦官集团已逐渐浮出水面,但尚有一事未解,即《孟秀荣神道碑》所言会昌五年(845)九月"王妃事"仍不知其详。因宣宗即位后曾追录孟秀荣之功,所谓王妃之事必然同宣宗夺位密切相关,辨明墓志中所云"王妃事"是我们讨论当日宫廷内幕的关键。《通鉴》卷二四八武宗会昌六年八月条下《考异》引李德裕《文武两朝献替记》:

　　　　自上临御,王妃有专房之宠。至是,以娇妒忤旨,一夕而殒,群情无不惊惧,以谓上功成之后喜怒不测。德裕因以进谏。①

《考异》称《献替记》载其事于会昌五年十月,而《孟秀荣墓志》中所言王妃事在会昌五年九月,二者时间上极为接近。《替献记》中忤旨被杀的王妃同《孟秀荣墓志》中王妃应为一人,司马光疑《替献记》而不用,没有想到千载之后却为出土墓志所证实。又《全唐诗》卷五一一所收张祜《孟才人叹》诗序云:

　　　　武宗皇帝疾笃,迁便殿。孟才人以歌笙获宠者,密侍其右。上目之,曰:"吾当不讳,尔何为哉?"指笙囊,泣曰:"请以此就缢。"上悯然。复曰:"妾尝艺歌,请对上歌一曲,以泄其愤。"上以恳,许之。乃歌一声《河满子》,气亟立殒。上令医候之,曰:"脉尚温,而肠已绝。"及帝崩,枢重不可举,议者曰:"非俟才人乎?"爰命其榇,榇至乃举。嗟夫,才人以诚死,上以诚命,虽古之义激,无以过也。进士高璩登第年宴,传于禁伶。明年秋,贡士文多以

---

①《通鉴》卷二四八武宗会昌六年八月条,第8147页。

　　为之目。大中三年,遇高于由拳,哀话于余,聊为兴叹。①

武宗后宫专宠之人,墓志及《替献记》作王妃(即王才人,贵妃之号为宣宗追赠)②,而张祜《诗序》作孟才人,武宗不可能同时专宠两人,孟才人或即王才人之讹。墓志中"王妃事"浮出水面的两个人物:一为王妃(即王才人),一为孟秀荣。所谓孟才人,盖将二人之姓混淆所致。大中初张祜于进士高璩处听得王才人事,而高璩则是进士宴上听于内庭伶官,从时间上和途径上来看,张祜所记较为接近事实真相。《诗序》言才人崩于武宗之前,与《替献记》《孟秀荣墓志》所记基本一致。又《何满子》歌,白居易称其特点为"世传满子是人名,临就刑时曲始成。一曲四词歌八叠,从头便是断肠声"③,并自注云:"开元中,沧州有歌者何满子,临刑,进此曲以赎死,上竟不免。"也就是说《何满子》本是极度凄惨宛转,以博取别人怜悯的歌调。据《替献记》,王才人因忤旨被武宗赐死,其自请歌《何满子》,似乎意在乞求武宗能赦免自己。《诗序》中才人有"以泄其愤"之语,而武宗的态度则是"上以恩,许之",此寥寥数语透露出当时真正的语境正是武宗暴怒异常,王才人则

---

①〔清〕彭定求等编:《全唐诗》卷五一一张祜《孟才人叹》,北京:中华书局,2005 年,第 5849 页。据《登科记考》,高璩为大中三年(849)进士,张祜于高璩进士后二年听说此事,当在大中五年,疑引文中"大中三年"为"大中五年"之误。《剧谈录》卷上"孟才人善歌"条亦载此事,但其所记实际上以张祜此序为基础,兼取蔡京《王贵妃传》等糅合而成,史料价值不大(〔唐〕康骈编,上海:古典文学出版社,1958 年,第 14 页)。

②《新唐书·后妃传》及《通鉴》俱载王才人贵妃之号为宣宗即位后所赠。沈括《补笔谈》卷上以《替献记》中作王妃,认为王才人武宗时已久为贵妃。今按,《替献记》及《孟秀荣墓志》均作于大中初,故可书为王妃,沈括所疑证据不足。《旧唐书·宣宗纪》作:"武宗葬端陵,德妃王氏祔焉。"〔宋〕吕夏卿《唐书直笔》卷三"后妃传"条云:"旧史文家不立后妃,武宗王贤妃事阙,今取《杨嗣复传》事立《贤妃传》,据李德裕《两朝替献记》德妃暴薨事备《王德妃传》,则叙事之体具矣。"(《丛书集成初编》本)吕夏卿之议虽没被采纳,但据此可知《两朝替献记》王妃亦作王德妃。

③《白居易集笺校》卷三六《何满子》,第 2457 页。

苦苦哀求不已①，与举子、词人称颂的殉情故事相去甚远。

　　宣宗虽对武宗充满敌意，对暴卒的王才人却礼遇有加。《通鉴》云："上闻而矜之，赠贵妃，葬于端陵柏城之内。"《诗序》中"上以诚命"即指宣宗命以其椟祔葬武宗之事。前节所引《孟秀荣墓志》中孟秀荣因"王妃事"已为宣宗追封，而死因暧昧的才人也被宣宗追赠为贵妃，是则才人必为宣宗之党甚明。对宣宗而言，追赠才人并将其祔葬武宗实为一石三鸟之举：其一，可营造武宗同才人关系甚笃的假象，洗脱自己勾结才人的嫌疑。其二，可报答才人昔日之恩，安抚其他册立有功的"元从功臣"。其三，可显示自己宅心仁厚，博得贤君美誉。宣宗的精细在王才人祔葬一事中得到充分体现。

　　张祜在《诗序》中自言所记为听自伶官的小道消息，其中戏剧渲染的成分不少，当日士子所颂王才人事必然还有其他版本。《考异》又引蔡京《王贵妃传》：

　　　　帝疾亟，才人久视帝而归燕息处，浓妆絜服如常日，乃取所亵用物散与内家净尽；持帝所授巾至帝前，已见升遐，容易自缢，而仆于御座下，以缢为名而得卒。②

蔡京《王贵妃传》云王才人死于武宗崩后，同《替献记》《诗序》及《孟秀荣墓志》均不同。《王贵妃传》细述才人自缢前后的细节，较《诗序》更为详尽。大中元年八月武宗葬端陵时，蔡京自监察御史摄左拾遗行事③，亲自参与才人迁葬之事，《王贵妃传》作此记载，当日必有所授，

──────────

①张祜《孟才人叹》云"偶因歌态咏娇嚬，奏入宫中十二春。却为一声《何满子》，下泉须吊旧才人"。此外，张祜又有《宫词二首》咏才人之事。一云"故国三千里，深宫二十年。一声《何满子》，双泪落君前"。一云"自倚能歌日，先皇掌上怜。新声何处唱？肠断李延年"。此三首诗主旨都是在感叹帝王恩宠无常。从张祜诗及《诗序》来看，张祜亦知才人为武宗赐死之事，但是张祜虽知其暴死，却不知才人被赐死的真正缘由，尚以其衔恨冤死，遂有才人以诚死的感叹。

②《通鉴》卷二四八武宗会昌六年（846）八月条，第8147页。

③〔宋〕钱易撰，黄寿成点校：《南部新书》卷己，北京：中华书局，2002年，第85页。

或即得之于宣宗。盖宣宗等为讳饰自己追赠才人的真正原因,对外故意将才人死日推迟至武宗崩后,并编造出才人殉情的故事。《诗序》所言王才人请自缢,"脉尚温,而肠已绝",实为暴毙之征,蔡京《王贵妃传》也称才人之死为自缢殉情,但叙才人之死为"仆于御座下,以缢为名而得卒"。"仆于御座下",也不是自缢的死法,倒有点像是毒发猝死,至于才人是否遇鸩而崩,目前尚无足够的证据作进一步推断。又《新唐书》卷七七《后妃传·武宗王贤妃传》:

> 武宗贤妃王氏,邯郸人,失其世。年十三,善歌舞,得入宫中。穆宗以赐颍王。性机悟。开成末,王嗣帝位,妃阴为助画,故进号才人,遂有宠。状纤颀,颇类帝。每畋苑中,才人必从,袍而骑,校服光侈,略同至尊,相与驰出入,观者莫知孰为帝也。帝欲立为后,宰相李德裕曰:"才人无子,且家不素显,恐诒天下议。"乃止。
>
> ……俄而疾侵,才人侍左右,帝熟视曰:"吾气奄奄,情虑耗尽,顾与汝辞。"答曰:"陛下大福未艾,安语不祥?"帝曰:"脱如我言,奈何?"对曰:"陛下万岁后,妾得以殉。"帝不复言。及大渐,才人悉取所常贮散遗宫中,审帝已崩,即自经幄下。当时嫔媛虽常妒才人专上者,返皆义才人,为之感恸。宣宗即位,嘉其节,赠贤妃,葬端陵之柏城。①

《新唐书》此段记载不可确知出处,我们知道,《考异》多引原文,而《新唐书》则务求精简,对原文多作删改。"及大渐,才人悉取所常贮散遗宫中,审帝已崩,即自经幄下",此数语恰好是对蔡京《王贵妃传》的压缩。《通鉴》关于王才人的记载主要依据《王贵妃传》,《新唐书》中德裕劝阻立才人为后及宣宗追赠才人为妃事与《通鉴》也完全相同,此点似乎间接表明《新唐书》此传亦主要采自《王贵妃传》。

---

① 《新唐书》卷七七《武宗王贤妃传》,第3509—3510页。

　　王才人家世不详,河北燕赵人氏①,《新唐书》言其"年十三,善歌舞,得入宫中",张祜诗云"偶因歌态咏娇颦,奏入宫中十二春",估计王才人本为歌伎,以歌艺选入内廷。才人有专房之宠,但是没有皇子,武宗诸子生母因才人而遭冷遇,对其当有怨意。才人曾积极谋求皇后之位,但是此事因李德裕劝阻而止。文宗朝杨贤妃得宠于文宗,文宗多疾,杨妃为自安之计,便支持文宗弟安王为嗣。杨妃之事才人耳目亲及,为长久富贵打算,支持武宗皇叔宣宗也未可知。

　　根据上文分析,我们对会昌五年(845)九月王妃暴薨之事可作出如下推测:武宗宠妃王才人富有政治野心,曾帮助武宗登基。但是才人无子,立后又为李德裕所阻。为维持荣华富贵,在权衡利弊后投靠了宣宗,会昌五年九月,武宗侦悉才人阴谋,怒不可遏,遂有"吾死,汝当何为"之问,并赐其自缢,才人请歌《何满子》求得宽恕,一曲未终,即猝死武宗病榻之前(似为遇鸩而死,未知是武宗赐死,还是宦官集团暗中灭口)。仇士良旧党孟秀荣也因王妃事贬守东都恭陵。由于内外阻隔,月余后李德裕才得王才人暴薨的消息,尚疑武宗吞丹后性情反复,对武宗还有规劝。宣宗登基后追录王才人、孟秀荣之功。宣宗务反会昌之政,李德裕等皆遭贬斥,武宗最宠爱的王才人却被追赠,这一反常举动恐遭时人议论。为了掩盖这段历史,宣宗发挥其"善自韬匿"的特长,对外扬言王才人殉情而死,并将才人之死推迟至武宗崩后。

---

①《新唐书·武宗王贤妃传》称其邯郸人,失其家世,《通鉴考异》引《唐阙史》称其为"燕赵倡女",才人死前所歌《何满子》为河北沧州歌调,此亦可证才人应为河北人氏。《学林》卷八"张祜宫词"条载:"唐张祜有诗名,其《宫词》曰:'故国三千里,深宫二十年,一声何满子,双泪落君前。'当时人颇称赏此诗。然后人读之,多不晓其句意。唐人小说云宣宗孟才人者,本东南人,入宫二十年,以善歌得宠,宣宗不豫,才人侍,帝使歌,才人歌《何满子》,一声而泣下。故祜《宫词》专为此发。"(〔宋〕王观国撰,田瑞娟点校,北京:中华书局,1988年,第274页)宋时所见唐人小说非但讹武宗为宣宗,亦讹才人为江南人氏。

第三节　郑太后在会昌末宫廷政变中的作用

历史上封建王朝的开国之君或后世的篡位之帝,常常打着受命于天的旗号,编造出种种祥瑞异事来佐证自己统治天下的合法性。宣宗为宦官拥立,叔承侄位,尤乖礼法,故不得不借助种种异事谣谶来神话自己。我们知道,帝王即位前的种种异闻及谣谶背后往往都有很复杂的政治背景,因此,对大中时期所谓宣宗受命故事的源头、制造者及传播途径等进行探讨,会有助于我们解读宣宗非次得立的历史真相。苏鹗《杜阳杂编》卷下:

> 宣宗皇帝英明俭德,器识高远。比在藩邸,常为诸王典式。忽一日不豫,神光满身,南面独语,如对百僚,郑太后惶恐,虑左右有以此事告者,遂奏文宗,云上心疾。文宗召见,熟视上貌,以玉精如意抚背曰:"此真我家他日英主,岂曰心疾乎?"即赐上御马、金带,仍令选良家子以纳上宅。①

又《旧唐书》卷一八下《宣宗纪》云:

> 帝外晦而内朗,严重寡言,视瞻特异。幼时宫中以为不慧。十余岁时,遇重疾沈缀,忽有光辉烛身,蹶然而兴,正身拱揖,如对臣僚。乳媪以为心疾。穆宗视之,扶其背曰:"此吾家英物,非心愈也。"赐以玉如意、御马、金带。常梦乘龙升天,言之于郑后,乃曰:"此不宜人知者,幸勿复言。"②

这些故事的政治意图相当明显,即将宣宗神话为受命于天的真龙天子,淡化宣宗篡立(正常情况下即位者应为武宗之子)的色彩。若进一

①〔唐〕苏鹗:《杜阳杂编》卷下,《丛书集成初编》本,1985年,第22页。
②《旧唐书》卷一八《宣宗纪》,第613页。

步追溯这些故事的源头，我们就会发现，这些故事虽然荒诞不经，却有较为明显的共性：诸多异事的直接见证人都只有一个，即宣宗生母郑太后①。显然此数事皆由郑太后所倡言散布。郑太后其人，《旧唐书》卷五二《宪宗孝明皇后郑氏传》称"未见族姓所出、入宫之由"，裴庭裕《东观奏记》卷上则云：

> 孝明郑太后，润州人也，本姓尔朱氏。李锜据浙西反，相者言于锜曰："[尔]朱氏有奇相，当生天子。"锜取致于家。锜既死，后入掖庭，为郭太后侍儿。宪宗皇帝爱而幸之，生宣宗皇帝，为母天下十四年。懿宗即位，尊为太皇太后。又七年，崩。以郭太后配享（宪宗），出祭别庙。②

裴庭裕身历宣宗之朝，所记皆为耳闻目睹，文中相者言尔朱氏当生天子，当日坊间必有此一传闻。郑太后身世，唐人讳而不言，《唐代墓志汇编》收其弟郑光次女郑德柔墓志，墓志称"其先累代家于金陵"③。郑太后祖、父生前无任何官爵，本人以色艺为李锜所纳，盖出于卑贱之家。中唐以后，诸帝母族多出身卑微，武宗母本为廉氏，武宗即位后诏改京兆韦氏④。宣宗母本尔朱氏，改姓郑氏，实蹈武宗故事，盖以此抬高母族的身价。李肇《国史补》卷中"李锜裂襟书"条：

> 李锜之擒也，侍婢一人随之。锜夜则裂衲自书笔椠之功，言

---

① 《旧唐书·宣宗本纪》包括史臣评论等多直接录自《杜阳杂编》，但也多有意改，例如，文宗乃宣宗之侄，侄抚叔背，谓其为"吾家英物"，于礼不合，故史臣遂意改为穆宗。《旧纪》将郑太后改为乳母，意在掩盖宫廷内部的权力矛盾。

② 〔唐〕裴庭裕撰，田廷柱点校：《东观奏记》卷上，北京：中华书局，1994 年，第 85 页。"尔朱氏"，中华书局标点本作"朱氏"。今按，四库本《东观奏记》此条作"尔朱氏"，《唐语林校证》卷六《补遗》引《东观奏记》亦作"尔朱氏"，此处据四库本改。

③ 《唐代墓志汇编》大中〇二一《郑德柔墓志》，第 1266 页。

④ 《大唐西市博物馆藏墓志》四三九《李公夫人京兆韦氏墓志》："夫人之先本姓廉……武宗即位，册夫人之姑为皇太后，夫人父即国之舅也……会昌初，武宗下诏赐姓曰韦，今为京兆韦氏。"据墓志可推知武宗生母廉氏，父廉栖华、祖廉贻训生前皆无官爵，此其出身贫贱的例证。

为张子良所卖,教侍婢曰:"结之衣带。吾若从容奏对,当为宰相,
扬、益节度;不得,从容受极刑矣。吾死,汝必入内,上必问汝,汝
当以此进之。"及锜伏法,京师三日大雾不开,或闻鬼哭。宪宗又
得帛书,颇疑其冤,内出黄衣二袭赐锜及子,敕京兆府收葬之。①

今据《东观奏记》所述郑太后身世考之,此李锜侍婢必为尔朱氏无疑。
宪宗后宫多嬖艳,尔朱氏没入掖庭后为郭太后侍女,故得以接近宪宗,
为宪宗所幸。引文中提及的张子良本为润州兵马使。元和初,李锜谋
叛,遣张子良攻宣州,子良反戈擒李锜以献朝廷。事变之日,李锜应对
不及,"跣走,匿楼下"②,根本不可能以一侍婢自随,更不用说裂襟自
书,面授机宜了。李锜械送京师时,宪宗御兴安门面责其罪,李锜亦无
言以对,其事本无冤情可言。逆贼妻妾之子反做了唐朝天子,难免要
遭到天下人的讥议。郑太后编造李锜蒙冤的故事,目的不是为了给李
锜平反,而是为自己难以启齿的从逆经历开脱。毫无疑问,此段虚妄
谰言也是配合宣宗登基而炮制出来的。

不仅郑太后,甚至其弟郑光亦有宣宗即将即位的谣言。《旧唐书》
卷五二《后妃传下·宪宗孝明皇后郑氏传》:

> 宣宗为光王时,后为王太妃。既即位,尊为皇太后。会昌六
> 年,后弟光梦车中载日月,光芒烛六合,占者曰:"必暴贵。"月余,
> 武宗崩,宣宗即位。③

郑光所言占者谓其日后必暴贵,同郑太后所谓相者言其必生天子颇为
相似。武宗崩前月余口不能言,此谣言恰出现于武宗暴崩前一月,二
者绝非巧合。宣宗对郑太后极为恭孝,史称"宣宗性至孝,奉养郑太后

---

①《唐国史补》卷中,第40页。另见《通鉴》卷二三七宪宗元和二年(807)十一月甲申条下附
　《考异》,第7765页。
②《通鉴》卷二三七宪宗元和二年十月条,第7764页。
③《旧唐书》卷五二《宪宗孝明皇后郑氏传》,第2198页。

于大明宫,不为别宫"①。郑光目不识丁,宣宗却连委平卢、河中两镇,直到大中七年后才不复委以方镇。郑光卒,宣宗辍朝数日,礼比亲王、公主②。宣宗种种恭孝之举似乎也表明郑太后姐弟当日确实劳苦功高。除郑太后姐弟外,宣宗女万寿公主似乎也卷入这场阴谋之中。宣宗在藩邸时,晁美人生万寿公主、郓王二子。宣宗即位后晁美人失宠,郓王更为宣宗所恶,独万寿公主深得宠爱。张固《幽闲鼓吹》云:"宣宗嘱念万寿公主,盖武皇世有保护之功也。"③这样,除宦官之外,宣宗亲属也多支持并参与夺位之谋,形成以郑太后为核心的又一势力。

宣宗夺位属于宫廷阴谋,这些流言最初不大可能公然传播宫外,否则必然会引起李德裕等人的怀疑,其主要目的是争取内廷宦官的支持。武宗有四个皇子,宪宗亦有二十皇子,宦官集团舍弃宗室诸子,拥立出身卑微的宣宗,这些政治谣言的蛊惑作用不可忽视。李德裕南贬崖州后总结执政教训而作《伐国论》,略云:

> 自古得伐国之女以为妃,未尝不致危亡之患者,何也? 亡国之余,焉能无怨气……恣其灭亡,故能为厉矣。必生妖美之色,蛊惑当世之君。使其骨肉相残,以坏于内;君臣相疑,以败于外……梁武取东昏所幸,几至危国。随文嬖陈主之姝,终以殒身。此皆祸败之著明者也。又夏姬入荆,子反疲于奔命,吴人始叛楚矣;吴嫔至晋,世祖怠于为政,戎狄乃乱华矣。所以王珪睹庐江美人,正言纳说。如王珪者,可谓识微之士,明于祸福矣。④

李德裕此文没有跳出传统的"女祸"观点,实则影射郑太后在会昌末的阴谋活动。郑太后本浙西逆臣李锜侍妾,李锜伏诛后没入掖庭,宪宗

---

① 《唐语林校证》卷一《政事上》,第80页。
② 《全唐文》卷七九二李景俭《谏宣宗为郑光辍朝疏》,第8299页。
③ 〔唐〕张固撰,罗宁点校:《幽闲鼓吹》,北京:中华书局,2019年,第63页。
④ 《李德裕文集校笺》外集卷三《伐国论》,第800页。

纳之为妃,正属于李德裕所谓"伐国之女以为妃"者。李德裕老于政治,虽几经贬斥,皆能应付自如,最后却败于一装神弄鬼、满口谰言的妇人之手,心中多有懊悔,故视郑太后为李锜作厉,专以颠覆李唐社稷的妖物。文末李德裕感慨谏太宗纳庐江王妾的王珪为"识微之士",意在自责对郑太后疏于防范,终成颠覆之祸。

除制造谰言帮助宣宗登基外,郑太后对大中政局的影响相当广泛。大中初,宣宗所谓穷治"元和逆党",甚至郭太后的暴薨,或许都离不开郑太后的教唆与谋划。《东观奏记》卷上:

> 宪宗皇帝晏驾之夕,上虽幼,颇记其事,追恨光陵商臣之酷。即位后,诛锄恶党无漏网者。时郭太后无恙,以上英察孝果,且怀惭惧。时居兴庆宫,一日,与二侍儿同升勤政楼,倚衡而望,便欲殒于楼下,欲成上过。左右急持之,即闻于上,上大怒。其夕,太后暴崩,上志也。[1]

一些研究者常把此条作为穆宗及郭太后为弑逆宪宗幕后黑手的主要证据。我们对郑太后出身及性格有更进一步的分析之后,相关解读恐怕也要作出修正。简言之,郑太后出身卑贱的侍妓,以色侍君,且心机极重。郭太后出自郭子仪家族,受家风熏陶,懂得谦恭之道。郑太后以罪臣侍妾的身份没入掖庭,充郭太后侍女,却借机媚惑宪宗,诞下皇子(宣宗),成功上位为嫔妾。毫无疑问,郑、郭两位太后及其子女之间少不了多有摩擦。

郭太后不干涉朝政,声教甚谨,得到朝臣、宦官、宫女的拥护,故得庇佑子孙。穆宗崩,郭太后坚拒垂帘听政。继立的敬、文、武三宗不论贤与不肖,都对这位祖母充满敬意。近年新出《唐故江华县主墓志》:

> 贵主以顺宗为曾祖,宪宗为烈祖,绛王为显考,故我太皇太后

怜少子之早殁，钟其念于孙女。自孩提至婉娩，未尝一日出南宫，果得贞淑肃雍，一禀慈教。洎乎成人，乃教文宗曰：我女贤丽，当选才夫，擢于吾门，尤叶吾志。先帝于是诏有司曰："朕与江华等郭氏孙，况祖后赐旨，其敢疎乎"？二年冬乃命汾阳王犹子之子渭南尉从真……比及尚礼，宠渥殊异。①

墓志立于开成五年（840）五月，时武宗始即位数月，犹未改元。江华县主父绛王，即宝历末宦官刘克明之党拥立的宪宗第六子，与穆宗同为郭太后所出。绛王被杀后，郭太后亲自抚养其女十余年。中唐以后宗王公主受制于宦官，往往婚嫁失时。在郭太后的亲自过问下，江华县主得以及时出嫁，夫婿仍为郭子仪家族成员。

郭太后以柔顺侍奉宪宗。郑太后最初只是服侍郭太后的宫人，只要郭太后稍有吕后、独孤后或武则天的冷酷手段，武宗以后的历史都要改写。宣宗在藩邸时，并没有遭到郭太后的特别歧视，甚至在穆宗长庆元年还被进封为光王。宣宗上台后，为自证合法性，不仅将郭太后、穆宗诬成弑逆之党，郭太后本人也一夕暴崩。尽管御用文人们多方掩饰，宣宗的倒行逆施，在当时就没有得到普遍认可。

李德裕所谓"伐国之女"于内使骨肉相残，于外使君臣相疑，此两点在郑太后身上都有体现。如果对懿宗即位的情况进行研究，我们甚至可以发现，宣宗即位时的种种异相在懿宗时又一次得到重演。《杜阳杂编》卷下：

> 懿宗皇帝器度沉厚，形貌瑰伟。在藩邸时，疾疹方甚，而郭淑妃见黄龙出入于卧内，上疾稍间。妃异之，具以事闻。上曰："无泄是言，贵不见忘。"又尝大雪盈尺，上寝室上辄无分寸，诸王见者无不异之。②

①《洛阳新获墓志二〇一五》三一六《唐故江华县主墓志》，第 316 页。
②《杜阳杂编》卷下，第 25 页。

郭淑妃叙事口吻全同郑太后,所言懿宗遇疾之异事或亦私授自郑太后。懿宗并非有为之君,但对祖母之孝不减宣宗,"郑太后厌代,而蔬素悲毁,同士人之礼。公卿奉慰者,无不动容"。在大中末的皇位争夺问题上,郑太后必曾鼎力支持过郓王(即懿宗)。世人皆知宣宗私爱三子夔王,素恶郓王,但是终不能公开废长立幼,或许受到太后的压力。

第四节　关于李德裕之贬死问题

宣宗即位为阴谋所得,故对其事忌讳很深。凡预其事者自然可飞黄腾达,而不预其事者则横遭猜忌。政变之时牛党骨干白敏中为翰林承旨,地处禁密,宣宗以皇太叔摄政等诏敕必经其手,因此得以骤擢为首辅之相。在此之前,权倾天下的宰相为李德裕。会昌六年(846)二月宣宗即位,李德裕奉册,宣宗退谓左右曰:"适近我者非太尉邪?每顾我,使我毛发洒淅。"[1]王夫之评议此事曰:

> 武宗疾笃,旬日不能言,而诏从中出,废皇子而立宣宗。宣宗以非次拔起,忽受大位,岂旦夕之谋哉?宦官贪其有不慧之迹而豫与定谋,窃窃然相嚅呪于秘密之地,必将曰太尉若知,事必不成。故其立也,惴惴乎唯恐德裕之异己,如小儿之窃饵,见厨妇而不宁也。[2]

王夫之对宣宗夺位内幕未必清楚,但仍敏锐地指出宣宗同李德裕矛盾的根源在于阴谋篡位中留下的宿憾,所论尤为精当。李德裕为穆、敬、文、武四朝老臣,与穆宗系诸帝之关系尤为亲密。大和三年(829),李德裕为浙西观察使,以金棺银椁重瘗禅众寺舍利,题云:"余长庆壬寅岁,穆宗皇帝擢自宪台,廉于泽国;星霜八稔,祗事三朝;永怀旧恩,殁

---

①《通鉴》卷二四八武宗会昌六年三月丁卯条,第8145页。
②《读通鉴论》卷二六《宣宗一》,第939页。

齿难报。创甘露宝刹，重瘗舍利，所以资穆皇之冥福也。"①李德裕非
科举出身，其仕途得恩于穆宗的不次拔擢。敬、文、武三帝，皆穆宗子
也，李德裕自云"永怀旧恩，殁齿难报"，宣宗欲取代穆宗诸子自立，不
太可能得到李德裕的认可。《旧唐书·武宗纪》云："（武宗）既笃，旬
日不能言，宰相李德裕等请见，不许，中外莫知安否，人情危惧。"《通
鉴》卷二四八会昌六年（846）三月条下《考异》引李德裕《文武两朝献
替记》云："自正月十三日后至三月二十日，更不闻延英。"可见，李德
裕早已被视为绊脚石，所有的阴谋活动均是背着宰相策划的。宣宗虽
侥幸做了皇帝，但对李德裕又忌又怕。《通鉴》所记刻画出宣宗的微妙
心理，也预示出李德裕以后的悲惨命运。

　　礼法上武宗崩后最有资格继位的是武宗诸皇子。现存史籍对武
宗诸子的记载极为简略，《新唐书》卷八二《武宗诸子传》载：

　　　　武宗五子，其母氏、位皆不传。杞王峻，开成五年始王；益王
　　岘，会昌二年始王，与兖、德、昌三王同封；兖王岐；德王峄；昌王
　　嵯：并逸其薨年。②

《新唐书》仅载武宗诸子姓名封号，事迹及薨年全无，其他诸史皆然。
独明王祎《大事记续编》卷六七会昌六年三月条下云：

　　　　（宣宗）即位之后，追仇前事，至于武宗诸子皆不保其终。宋
　　敏求补《宣宗实录》，谓自大中后皆宣宗子孙继世，故唐人不
　　敢道。③

王祎所记本自宋敏求所补《宣宗实录》，宋敏求谓武宗诸子皆不保其终
必有根据，惜乎司马光虽见得《实录》，又务行讳饰，对此事只字不提，
今更难窥其究。《唐会要》卷五"诸王"条云武宗四子，独缺杞王之名，

---

① 《李德裕文集校笺》新补李德裕佚文佚诗《重瘗禅众寺舍利题记》，第 879 页。
② 《新唐书》卷八二《武宗诸子传》，第 3634 页。
③ 《大事记续编》卷六七会昌六年三月条，第 299 页。

估计会昌中早夭,会昌末武宗嫡子为益王岘。现存李德裕同武宗诸子相关的记载主要有三事。第一事为武宗私宠王才人,欲立为后,李德裕以其无子,又出身寒微,劝阻而止。第二事为会昌三年二月,武宗元子益王开府,德裕代拟《授狄兼谟兼益王傅郑束之兼益王府长史制》①。第三事为会昌三年十一月,因党项入寇,德裕奏请以一皇子招抚,武宗以兖王岐统护党项②。会昌三年二月德裕所拟制书中云"况朕建立元子,锡之奥区,朱邸初开,黄发是宪",制书中已经承认了益王的元子身份,是年末武宗以次子兖王统护党项,益王以嫡长坐镇长安。虽然益王未正式册为太子,实际上是作为储君来培养的。新出《狄兼谟墓志》也称:"武宗钟爱益王,求正人以训导,以公兼益王傅,仍权总选部事。"③此墓志为宣宗初翰林学士令狐绹所撰,则武宗眷顾益王为时人所共知。宣宗不论是逐一将武宗诸子斥死,还是在登基之日一并害死,李德裕都是最大的障碍。会昌六年四月宣宗始听政,月内即将李德裕罢知政事,出镇荆南。"德裕秉权日久,位重有功,众不谓其遽罢,闻之莫不惊骇。"④是年九月又改李德裕为东都留守,此两次降官,都未闻任何罪名,真正明正其罪的贬谪始于大中元年(847)二月李德裕自东都留守贬为太子少保。《新唐书》卷一八〇《李德裕传》:

> 白敏中、令狐绹、崔铉皆素仇,大中元年,使党人李咸斥德裕阴事。故以太子少保分司东都,再贬潮州司马。明年,又导吴汝纳讼李绅杀吴湘事……乃贬为崖州司户参军事。⑤

---

① 《李德裕文集校笺》文集卷四《授狄兼谟兼益王傅郑束之兼益王府长史制》,第 65—66 页。
② 《通鉴》卷二四七武宗会昌三年十一月条,第 8115 页。《李德裕文集校笺》文集卷六《赐党项敕书》,第 115 页。《旧唐书·武宗纪》系年于会昌四年九月,又讹兖王岐为皇子愕,故不取。
③ 《洛阳新获七朝墓志》三四九《狄兼谟墓志》,第 349 页。
④ 《通鉴》卷二四八会昌六年四月壬申条,第 8146 页。
⑤ 李德裕远贬之事,《旧唐书》《通鉴》多有舛误,《新唐书·李德裕传》较接近事实。详见陈寅恪《李德裕贬死年月及归葬传说辨证》(收于《金明馆丛稿二编》),另参傅璇琮《李德裕年谱》大中元年十二月条下所考。

《旧唐书·宣宗纪》载大中二年二月覆吴湘狱结案时敕文云：

> 李德裕先朝委以重权，不务绝其党庇，致使冤苦，直到于今，职尔之由，能无恨叹！昨以李威（咸？）所诉，已经远贬。俯全事体，特为从宽，宜准去年敕令处分。①

显而易见，李德裕大中元年十二月潮州之贬由李咸讼阴事而起。《旧唐书·李德裕传》称李咸所讼为德裕"辅政时阴事"，事后李德裕初贬为东都分司，此间李德裕编定《会昌一品集》，远寄桂管观察使郑亚。李德裕附书云"武宗一朝，册命典诰，军机羽檄，皆受命摭述，偶副圣情。伏恐制《序》之时，要知此意，伏惟详悉"。信中特意强调自己所为"皆受命摭述"，疑李咸捏造的罪名为德裕擅违武宗旨意，拟"伪诏"以益王继位之类云云②。

　　李德裕性孤峭，不结延宾客，难为一般流言中伤，借皇位之争来打击李德裕是牛党的一贯伎俩，文宗大和九年（835）牛党李汉等伙同郑注、王璠诬陷李德裕厚结漳王乳母杜仲阳图谋不轨。李德裕因之贬太子宾客，分司东都，不久再贬袁州长史。德裕两次得罪远贬的过程极为相似，白敏中等自有模仿杜仲阳案构陷德裕的嫌疑。《李德裕潮州司马制》云：

> 特进、行太子少保、分司东都、上柱国、卫国公、食邑三千户李德裕，凭藉镃基，累尘台衮，不能尽心奉国，竭节匡君，事必徇情，政多任己。爱憎颇乖于公道，升黜或在于私门。遂使冤塞之徒，日闻腾囗，猜嫌之下，得以恣心。岂可尚居保傅之荣，犹列清崇之

---

① 《旧唐书》卷一八《宣宗纪》，第620页。
② 王炎平在氏著《牛李党争》中认为李咸所告之阴事当是指元和末宪宗暴崩的问题（见《牛李党争》第九章第二节《李德裕贬死与大中政治》，第156页）。今按，《旧唐书·李德裕传》载："大中初，敏中复荐铉在中书，乃相与搞摭构致，令其党人李咸者，讼德裕辅政时阴事。"已明言所讼为"德裕辅政时阴事"，元和末德裕不在相位，王炎平之说恐与史实相差甚远，可参看。

地。宜加窜谪,以戒僻违。呜呼,朕临御万方,推诚庶物,顾彼纤琐皆欲保安,岂于将相旧臣,独遗恩顾,而群议不息,谤书日盈,爰举典章,事非获已,凡百僚庶,宜体朕怀。可潮州司马员外置同正员,仍所在驰驿发遣,纵逢恩赦,不在量移之限。①

制书只字没提吴湘之狱,亦可知李德裕远贬最初与之关系并不密切。李咸所讼李德裕之罪为宫廷阴事,并无其他罪愆可书,故宣宗底气不足,始终未能明言其罪。吴湘狱结案时,判官魏铏"吏使诬引德裕,虽痛楚掠,终不从"②,宣宗君臣未能达到加害德裕的目的,只得降敕称"俯全事体,特为从宽,宜准去年敕令处分"。其后在牛党进一步鼓捣下,总算又进一步抓到所谓李德裕党附李绅、"妄改"《宪宗实录》等罪状③,最后"数罪并罚",将德裕再贬崖州。这时宣宗给李德裕定罪的口气较为强硬,故李咸所讼阴事也有了更为直露的表述:

> 守潮州司马员外置同正员李德裕,早藉门地,叨践清华,累膺将相之荣,唯以奸倾为业。当会昌之际,极公台之荣,骋诇佞而得君情,遂恣横而持国政,专权生事,妒贤害忠。动多诡异之谋,潜怀僭越之志。秉直者必弃,向善者尽排。诬贞良造朋党之名,肆谗构生加诸之衅。计有逾于指鹿,罪实见于欺天。倾者方处钧衡,曾无嫌避,委国史于爱婿之手,宠秘文于弱子之身,泊参命书,亦引亲昵。恭惟《元和实录》,乃不刊之书,擅敢改张,罔有畏忌。

---

① 《唐大诏令集》卷五八《李德裕潮州司马制》,第308页。
② 《新唐书》卷一八〇《李德裕传附魏铏传》,第5343页。
③ 所谓吴湘狱德裕党附李绅一案,实为牛党为打击李党所炮制的冤案,傅璇琮《李德裕年谱》大中二年正月条下有详细考辨。又所谓擅改《宪宗实录》一事,岑仲勉、王炎平二先生认为会昌改修《实录》主要是针对永贞内禅及宪宗被弑二事,本为会昌抑制宦官的举措之一,反成牛党中伤李德裕的借口,傅璇琮亦认为此事纯系牛党构陷,详参岑仲勉《隋唐史》第四十五节注49(上海:上海古籍出版社,2020年),王炎平《牛李党争》第六章第三节《关于改修〈宪宗实录〉》,傅璇琮《李德裕年谱》大中二年十一月条。

> 夺他人之懿绩，为私门之令猷。又附会李绅之曲情，断成吴湘之冤狱。凡彼簪缨之士，遏其进取之途。骄倨自夸，狡猾无对，擢尔之发，数罪未穷。①

制书中"潜怀僭越之志"、"计有逾于指鹿"两句用指鹿为马的秦朝宰相赵高来比拟李德裕。我们知道，赵高矫诏杀公子扶苏，立二世胡亥，这里显然是说德裕会昌末曾有效法赵高，妄行废立的"欺天"之罪。张采田曾言："卫公之贬，虽由于党人，实则宣宗以尝不见礼于武宗，迁怒及之，恐其不利于己耳……当时党人必有以卫公无君之说，谗于宣宗者。"②张采田所谓"卫公无君之说"所指当即是李咸所讼阴事。又王祎《大事记续编》卷六七大中二年（848）九月条下所引宋敏求《实录》亦云：

> 会昌中皇子益王、充王已长，议策立之际，德裕必当有语及之。故深忤宣宗意，朋党挟吴湘事以希上指（旨），卒远贬之。③

宋敏求此论盖就前引《李德裕崖州司户制》而发。宋敏求只见到制书，不知制书中李德裕妄立之罪名乃为李咸等所捏造，尚有"议策立之际，德裕必当有语及之"的推测。

综上可知，宣宗系宦官篡立，惧武宗诸子年长后复位，必欲诛之而后安。而李德裕是实施此一计划的障碍，故骤遭宣宗贬斥。当时的政治气氛极不正常，左拾遗丁柔立愍李德裕之贬，上言其冤，竟贬南阳尉，中书舍人崔嘏亦因草制不肯尽书李德裕之"罪"，被贬为端州刺史。在宣宗君臣的合谋下，李德裕一贬再贬，大中三年十二月死于崖州贬所，直到大中六年才得以归葬洛阳。

---

① 《唐大诏令集》卷五八《李德裕崖州司户制》，第308页。
② 张采田：《玉溪生年谱会笺》卷三，上海：上海古籍出版社，1983年，第141页。
③ 《大事记续编》卷六七宣宗大中二年九月条，第300页。

本编总论：宦官集团与宫廷政治

　　本编诸章主要讨论了中晚唐政治秩序演进中的宫廷内部皇位之争问题。中唐以后的三大问题，藩镇割据、官僚朋党、宦官专权，归根结底都同宫廷政治密切相关。宫廷政治的核心是皇权问题。宫闱之变成败取决于北门禁军的向背，神策禁军既操纵在宦官之手，这决定了宦官集团在宫廷政治中的主导地位。

　　宦官集团操纵皇帝废立，关键在于其手中握有神策禁军。两军中尉的向背是我们讨论中晚唐宫廷政变的核心问题①。

　　贞元中德宗仿六军例，将神策军分为左右两军，各置中尉统之。左军的主体是浑瑊所将，扈从德宗至奉天、兴元的诸军将士，右军的主体是李晟所将，收复长安的神策行营将士。从与皇帝关系亲疏上看，左军更为皇帝信任，故神策两军中尉制创置之初，神策左军地位尊于右军。

　　宪宗元和年间，左军尊于右军的地位遭到挑战。元和初，左军中

---

①关于宦官废立君主，目前学界有一些不同看法。李树桐《唐代帝位继承之研究》（载氏著《唐史研究》，台北：台湾中华书局，1979 年）认为唐前期武力夺取继承权的情况属于常态，后期只有文宗后才出现不正规的帝位继承，所以在稳定性上反超过了前期。陆扬《从碑志资料看 9 世纪唐朝政治中的宦官领袖——以梁守谦和刘弘规为例》（载《文史》，2010 年第 4 辑）进一步认为唐后期宦官有权废立君主是一种关于唐代政治的迷思或者错觉。"宦官对帝位继承的干预有时非但不是对于这一体制化的皇权的挑战，而是为了维护它所履行的责任，皇位继承的最终目的是使这种皇权的效用得到保持，所以在这一问题上宦官领导层并不一定顺从皇帝的个人意志"。事实上，从前期禁军将领发动军事政变，至后期宦官率神策军逼宫拥立，两者没有本质的区别，我们无法作出谁"更稳定"的判断。而两军中尉、枢密使拥立皇帝，并不是以立场一致的"上层宦官领导层"或"宦官领袖"集团面貌而出现，常常是互相对立的两派，失败一方往往还会遭到残酷的诛杀。故本书在思路上与前贤不同，并不将宦官集团视为一个整体，而是以左右军为基础的不同派系。

尉吐突承璀恩宠莫二,是宦官集团的核心人物。元和四年吐突承璀统左右神策军出讨王承宗失败,不久出贬淮南监军。而枢密使梁守谦参典枢机,又亲赴淮西督战,其军功在吐突承璀之上。吐突承璀外贬之时,梁守谦等逐渐成为宦官集团新的核心人物。元和末吐突承璀、梁守谦分为左右军中尉,暗中争权不叶。元和十五年(820)宪宗遇弑,梁守谦等诬杀吐突承璀,此事直至敬宗时才得以昭雪。

宪宗遇弑是个转折点,此后右军位在左军之上。宝历元年(825),染工张韶谋逆,敬宗不得已行幸左军,左军中尉马存亮背敬宗入营。乱定后,梁守谦等嫉恨左军立功,出马存亮淮南监军。刘克明弑敬宗,左神策率先发兵讨贼,但定策之功被右军中尉王守澄独得,韦见素、仇士良等左军势力遭到打压。大和中文宗起用李训、郑注诛除元和逆党,先借王守澄右军之力,打击韦元素,后扶仇士良为左军中尉,以分王守澄权势。后遣内养李好古鸩杀王守澄,左军重新恢复至位在右军之上的旧态。

元和以后,宦官集团内部以左右军为界的两派隐然可见。一方是以梁守谦、王守澄为代表的右军势力,另一方则是以吐突承璀、马存亮、仇士良等为代表的左军势力。穆、敬、文、武诸朝错综复杂的立君、弑君、废君事件,可以用左右两军及两派宦官之间的矛盾斗争加以贯通梳理。

以左右军矛盾为线索,通过对墓志石刻史料的发掘,本书对中晚唐时期宫闱内部讳莫如深的部分真相作了进一步阐发:

其一,关于顺宗即位问题。过去一直认为,顺宗为宦官阻挠,不得见德宗最后一面,太子之位岌岌可危。事实上,顺宗虽病,但有左军中尉杨志廉的武力支持,王叔文等又预以凌准预入翰林,虽有宦官持不同意见,实则顺宗即位早有谋划,大局已定。

其二,关于穆宗即位问题。宪宗遇弑为突发事件,与皇位之争本无直接关系。澧王之党因宪宗遇弑,不得已奉太子即位,并诬杀左军中尉承璀。承璀遇害后，左军受到右军压制，直至文宗尽诛元和逆党后才得以恢复。

其三，关于宣宗即位问题。中晚唐诸帝，以宣宗即位最为不正。宣宗并非因其"不慧"而被宦官"误立"，而是其积极同仇士良家族等宦官势力勾结的产物。为争夺皇室正统，宣宗故意将穆宗说成弑逆主谋，并以此为借口进行政治大清洗。

发覆这些宫廷秘事，意义不仅仅在于揭露历史真相，而是有助于我们更深入地研究中晚唐历史的发展轨迹。我们可以清晰地看到，操纵穆、敬、文、武诸朝皇位之争的主要是元和朝宦官。元和朝宦官没有随宪宗之死而被新进用宦官取代，根源就在于元和宦官把持左右神策军军权。武宗朝仇士良、鱼弘志先后获罪，标志着元和朝宦官最终退出政治舞台。故这一时期的宫廷之争可以视为宪宗元和朝皇位之争的延续。

宪宗以后，政局动荡，宫廷政变屡起，根本诱因便是元和弑逆案未得合理处置。宪宗遇弑后，宦官集团内部矛盾主要有三组。第一组是左右神策军矛盾。吐突承璀被害后，弑逆之党把持右军，致使右军反而位在左军之上，直至文宗朝仇士良用事，左军才重新恢复至位在右军之上的旧态。第二组是两军中尉与枢密使的矛盾。因元和弑逆事，两军中尉与皇帝隔阂较深，而两枢密与皇帝交往亲密。中尉、枢密亦各立朋党，争权不叶。第三组矛盾是元和朝旧宦官与新进宦官之间的矛盾。刘克明弑敬宗、立绛王之事本质上是新进用宦官与元和宦官之间的矛盾。

以废立君主为核心内容的宫廷政治，其影响远超出皇宫。贞元末王叔文集团改革，就是直接以拥戴新君的形式下进行的政治革新运动。漳王之狱、杜仲阳之狱等重大事件皆是外朝官僚倾轧与内廷宦官对立的表现。宦官执掌兵权后，政治重心从外朝移至内廷，外朝官僚政治很大程度上是内廷政治的一种折射。

第三编 宦官集团与外廷政治

德宗贞元年间创立神策两军中尉体制后，宦官集团除向内廷发展外，同时也向外朝渗透。本编诸章主旨在于讨论宦官典兵制度化后，宦官势力是如何向外廷渗透及与外廷官僚集团互动，最终形成内外大臣共治天下格局的问题。

玄宗开元中张说改政事堂会议为中书门下，政事堂后所列吏房、枢机房、兵房、户房、刑礼房等五房皆统于宰相，相权缺乏牵制，迅速膨胀，先后出现李林甫、杨国忠、元载、杨炎等权臣。君权与相权矛盾尖锐是宦官集团得以向外廷渗透的重要原因。

肃宗至德宗时期，宦官集团对政治走向的作用与影响不甚显著。鱼朝恩伏诛后，宦官势力一度从外朝销声匿迹。作为一种政治势力，宦官集团全面向外廷渗透，始于贞元中神策护军中尉确立之后，集中表现在宪宗元和年间。那么，宪宗元和年间，政治格局究竟发生哪些变化，元和及其以后外朝官僚集团旷日持久的党争是如何发生的，党争的实质是什么，外朝各派政治势力对宦官集团的政治态度如何，宦官政治对外朝官僚集团又产生什么影响，这些问题将是本编诸章所要重点讨论的问题。

第九章　宪宗元和年间政治之变局

第一节　翰林学士制度的完善

建中四年(783)的政治、军事大动荡使安史乱后积累的深层次矛盾得以充分暴露。军事上,神策军寡弱和皇帝无法有效控制禁军的弊端得到充分体现。对于这一问题,德宗采取任用宦官典兵的方式直接控制神策军,并创立神策两军中尉制。大动荡同时也暴露出相权过重,皇帝无法有效驾驭朝臣的问题。建中、兴元年间两度出奔的艰难经历促使德宗改变了对宰相的看法。自兴元返回长安后,德宗对宰相多设钩距之术,"自是除拜命令,不专委于中书。凡奏拟用人,十阻其七。贞元已后,宰相备位而已。每择官,再三审覆,事多中辍"[1]。贞元三年(787),中书省竟无一位中书舍人。中书省无舍人,说明中书草诏之权很大部分已移至其他部门,这个草诏机构就是翰林学士院。

玄宗开元初所置翰林院,容纳各种专门艺能人才,称翰林待诏。后文辞待诏之士为了与僧、道、书、医等其他待诏相区别,改称翰林供奉。开元二十六年(738)玄宗改翰林供奉为翰林学士,并别建学士院于翰林院之南。玄宗取文学之士入居翰林直接原因是"万枢委积,诏敕文诰悉由中书"、"中书务剧,文书多壅滞"[2],"中书务剧"的根本原因在于政事堂改中书门下后,中书权力过重。翰林学士自诞生之日起就有分割中书草诏权的政治意图。肃宗在灵武,事多草创,翰林学士

---

①《唐语林校证》卷六《补遗》,第540页。
②《新唐书》卷四六《百官志》,第1183页。

草诏范围逐渐扩大。德宗奉天之难期间，"一日之内，诏书数百。贽挥翰起草，思如泉注"。当然，这一时期翰林学士制度最显著的变化是翰林学士参与枢机的程度加深了，"及出居艰阻之中，虽有宰臣，而谋猷参决，多出于贽，故当时目为'内相'"①。德宗结束流亡生活后，猜忌宰相，很多决策都移至内廷。据《雍录》及杜文玉先生所考，唐代有东西两学士院。玄宗于翰林院南首置学士院，德宗时又于金銮殿旁别置东学士院。李肇《翰林志》称：

> 贞元末，其任益重，时人谓之内相。而上多疑忌，动必拘防。
> 有官守十三考而不迁，故当时言内职者，多荣滞相半。②

宰相擅权，主要是中书掌握草诏权。德宗将部分权力移至内廷，交由亲信文臣草诏。这一思路是基本可行的。但是德宗疑忌翰林，入翰林者多荣滞相半。翰林学士韦绶出院后告诫子孙不可入翰林。顺宗登基后，翰林学士院成为决策中心。"事下翰林，叔文定可否，宣于中书，俾执宜承奏于外"③，外朝宰相实际上被排除在决策层之外。

　　德宗猜忌宰相，但未能寻到合适的命相途径，这是其重用翰林学士参决机密的根源。宪宗得立，郑絪、卫次公、王涯等翰林学士有定策之功，故元和初尤重翰林学士。学士院置书诏印，正式确立了翰林、中书分掌内外制的格局。

　　永贞内禅中，郑絪功劳颇大，即位之初，宪宗以其为首任承旨学士。承旨学士"位在诸学士上，居在东第一阁"④。翰林承旨有"专对"特权，接触机密的机会很大。元稹《翰林承旨学士记》：

> 大凡大诰令、大废置、丞相之密画、内外之密奏、上之所甚注

①《旧唐书》卷一三九《陆贽传》，第3817页。
②〔唐〕李肇：《翰林志》，《丛书集成初编》本，第23页。
③《旧唐书》卷一三五《王叔文传》，第3734页。
④《元稹集》卷五〇《翰林承旨学士记》，第559页。

意者，莫不专对，他人无得而参。非自异也，法不当言。用是十七年间，由郑至杜，十一人而九参大政，其不至者，卫诏及门而返，事适然也。禁省中备传其事。①

翰林承旨专门负责草拟军国大事、中外密奏等机密文书，显然这是一种更保密的决策制度。宪宗有志于武力削平割据藩镇，针对河朔藩镇秘密进行了很多准备活动，李吉甫出镇淮南，为朝廷用兵淄青、淮西预作筹划，时常以密奏的形式议论时政，河东监军刘弘规密画河东军事地形图等，这些机密事宜均由承旨一人亲自处理。元和中宰相裴垍定谋诱捕昭义节度使卢从史，此事除宪宗外，有资格知道的仅翰林承旨李绛、枢密使梁守谦二人。翰林承旨是宪宗为适应武力削藩需要所置，因其"专对"之事多涉机密，原则上只能让最少的人参与，所以翰林承旨始终只置一员，而没有像枢密使那样发展出一整套权力机构。

翰林承旨一般是前任承旨离职后，即从在院学士中挑选一人继任。国家无事时，也会有数月不置承旨的情况。翰林承旨参知机密，充任者不仅需有文辞，还必须具有一定的政治才能。如前所述，当时有权与闻最高国家机密的是宰相、枢密使、翰林承旨。当宰相离任时，君主择任新相，更倾向于从习熟枢密的决策圈中去寻找。因此，翰林承旨自设立之后，就成为唐代选择宰相的渊薮。宪宗朝翰林承旨共十人，入相者七人。未得拜相者为卫次公、钱徽、张仲素三人，张仲素卒于任，卫次公、钱徽皆属主和派，政见与宪宗不合。长庆二年（822），穆宗欲以沈传师为承旨，沈传师推辞说："学士院长参天子密议，次为宰相，臣自知必不能，愿治人一方，为陛下长养之。"②可见当时翰林承旨与入相几为同义语。穆宗、敬宗朝六位承旨，全部拜相。文宗朝八位承旨仅三位入相，这与当时异常激烈的党争以及李训、郑注集团的排

①《元稹集》卷五〇《翰林承旨学士记》，第559—560页。《宋史·艺文志》、林遵《翰院群书》并作《承旨学士院记》，盖为宋代题名。《全唐文》卷六五四作《翰林承旨学士厅壁记》。
②《新唐书》卷一三二《沈既济传附子传师传》，第4541页。

斥有直接关系。即便如此，翰林承旨入相的比率仍然很高，据岑仲勉先生统计，从宪宗至懿宗朝，承旨学士五十二人，其中三十人后来位至宰相，占总数的58%[1]。毫无疑问，翰林承旨是宪宗以后宰相的主要来源。

翰林承旨虽然权侔宰相，但是其参知机密主要是顾问侍从性质。中唐以后最重要的中央决策会议是延英会议，宰相、朝官、枢密使甚至两军中尉皆可参与延英召对，翰林学士则无此资格。学士议政，是学士对延英会议的结果有异议或皇帝主动垂询意见时才能发表意见。相比较而言，枢密使常伴皇帝左右，几乎预知所有的机密，对时政的干预比翰林承旨要广泛得多。

翰林学士身居内廷，其身份的特殊性决定其日常工作离不开宦官。学士院使初称翰林院使，约晚唐以后翰林使、学士院使才分为二使[2]。元和十五年（820）穆宗即位之初，翰林承旨杜元颖作《翰林院使壁记》：

> 详择文学之士置于禁署，实掌诏命，且备顾问。又于内朝选端肃敏裕迈乎等伦者为之使，有二员，进则承睿旨而宣于下，退则受嘉谟而达于上。军国之重事，古今之大体，庶政之损益，众情之异同，悉以关揽……有若今之右军梁时（特）进、枢密刘坚（监）焉，当先圣躬勤万务志清九有，筑坛互登，持柄骤移……乃以今内给事李常晖，内谒者监王士政继领其职……我皇初缵宝祚，特加宠奖，荣以金印、紫绶、玉带之赐……遂征前院使之官族，断自元和已后，列于屋壁焉。[3]

学士院使的设置时间目前存有一定的争议。矢野主税认为学士院使

---

①岑仲勉：《郎官石柱题名新考订（外三种）》，第483页。
②详参本书附录四《唐代宦官诸司诸使表》所考。
③《英华》卷七九七杜元颖《翰林院使壁记》，第4220页。

始置于元和元年，毛蕾则根据《梁守谦墓志》，将其推至贞元末①。我们认为，翰林学士地居禁密，五六位学士同聚一院，必有专职人员押领协调学士院日常工作。从常理推断，玄宗开元二十六年（738）学士院成立之日起，负责在皇帝与学士之间传宣诏旨的使职也应随之设立，只是详情今已无法考证。泾师之变后，德宗先后出奔奉天、梁州，陆贽草诏，挥毫立就，"同舍"皆叹服，这说明即使在播迁期间，学士也是集于一处草制。今《陆贽集》中保留陆贽在奉天所作奏状中，出现"右隐朝奉宣圣旨"（一作朝隐）二次，"内侍朱冀宁奉宣圣旨"四次，在梁州奏状中出现"右钦溆奉宣圣旨"六次，除此之外，再无其他传宣旨意的宦官。隐朝、钦溆、朱冀宁或即学士院使。德宗建中年间学士院已置院使似不致大误。

学士院使以两员为定额。唐代有东西两学士院，但学士并非同时在两学士院办公，德宗以后，学士院一般指金銮殿旁的东学士院，原翰林院析出的西学士院或已弃用。《唐阙史》卷上记开成四年（839）文宗坐思政殿，问翰林宿直者为谁，学士院使答曰周墀，则学士院使至少有两员才能维持正常运作，一员常伴皇帝左右，一员执掌学士院庶务。学士院使职掌主要为在皇帝与翰林学士之间传宣诏旨，在整个宦官系统中地位并不十分突出。《新唐书》卷一七七《钱徽传》云："梁守谦为院使，见徽批监军表语简约，叹曰：'一字不可益邪！'衔之，以论淮西事忤旨，罢职。"②钱徽罢学士在元和十一年（816），时梁守谦为枢密使，不是学士院使。此事记叙有误，不足以证明学士院使居中弄权。

元和之前，学士院使与枢密使都是负责传宣皇帝旨意的宦官。不同之处在于学士院使负责皇帝与翰林学士之间传宣旨意，而枢密使负责在宰相、皇帝之间传宣旨意。二者均要求充使者粗通文墨。梁守

---

①毛蕾：《唐代翰林学士》，第35页。
②《新唐书》卷一七七《钱徽传》，第5272页。

谦、刘弘规入掌枢密前都有学士院使的经历。元和以后，枢密使权势越来越大，参知机密，僚佐院司齐备，成为名副其实的"内相"，而学士院使却始终滞留在传宣诏旨，押领学士的基本职能上。枢密使连接的是外朝宰相，有侵夺宰相权力的可能。学士院使所连接的是内廷翰林学士，不存在侵夺翰林学士草诏权的问题，政治权力提升的空间比较有限。

总之，宪宗元和年间是中晚唐翰林学士制度定型时期。翰林承旨制度确立了从翰林学士到学士承旨，再到拜相出院的择相模式。皇帝自此找到控制宰相的途径，大大缓解了皇权与相权之间的矛盾。《旧唐书》卷一五《宪宗纪》载史臣蒋係评论云：

> 及上自藩邸监国，以至临御，讫于元和，军国枢机尽归之于宰相。由是中外咸理，纪律再张，果能剪削乱阶，诛除群盗，睿谋英断，近古罕俦，唐室中兴，章武而已。[1]

元和朝军国枢机并非尽归于宰相，翰林承旨、枢密使也广泛参议军国枢机。但是宪宗元和年间特别是元和前期，政事明显向宰相倾斜。杜黄裳、武元衡、李吉甫、裴垍等，宪宗皆委以重任。元和年间郑絪、李吉甫、裴垍、李绛、崔群、王涯皆由承旨学士拜相。通过顾问侍从，宪宗选择那些契合自己的学士为承旨，斥退政见不同者，保障了政令贯通。元和初，西川刘辟反，宪宗欲诛讨，李吉甫密赞其谋，因以拜承旨，骤迁宰相。元和中，讨淮西久而无功，翰林承旨钱徽、学士萧俛亟请罢兵，宪宗坚决将此二人罢去，以警告那些主张妥协者。翰林学士或翰林承旨入相，本质上强化了皇权对相权的控制，这也是元和宰相制度变局的突出表现。

翰林承旨被视为宰相的预备阶段，在命相问题上皇帝找到一条培养亲信士人的途径，促使了元和中兴的到来。

---

[1]《旧唐书》卷一五《宪宗纪》，第 472 页。

第二节　枢密使与枢密院

枢密使擅政是贞元中神策典兵制度化后,宦官势力向外廷渗透的结果。枢密使参决军国大事并制度化,宪宗元和时期是一个非常重要的发展阶段。关于枢密使问题,前人已作了不少研究工作,取得不少成果,但是多属制度层面的考论,且存有较大分歧①。枢密使始置年代即有永泰二年、元和元年、元和五年、宝历二年、咸通七年等五种观点,枢密使分置两员的时间亦有代宗永泰中、宪宗元和中、元和五年、元和十四年、穆宗元和十五年等不同意见②,甚至枢密使院的始置年代亦有迥然相异的观点。袁刚先生认为枢密院始置于唐宣宗时期,是"唐代枢密使制度发展中的又一次大的飞跃"③,李全德先生则认为这是一个伪命题,"枢密使自其始即有使有院,不存在由使到院的发展"④。事实上,在唐代使职差遣制下,很多使职都经历了从设使到设置使院的发展轨迹。枢密使作为一个权势不断膨胀的重要使职,亦当存有这么一个演进过程。

枢密使建置年代,两《唐书》《通鉴》《唐会要》等无明确记载,宋元时人多以代宗永泰二年(即大历元年,766)为始置之年。叶梦得《石林

①参〔日〕矢野主税:《枢密使设置时期にぃて》,《长崎大学学芸学部人文社科研究报告》第3号,1953年;《唐代枢密使制の发展》,《长崎大学学芸学部人文社科研究报告》第4号,1954年;贾宪保:《唐代枢密使考略》,《唐史论丛》第2辑,1987年;王永平:《论枢密使与中晚唐宦官政治》,《史学月刊》,1991年第6期;李鸿宾:《唐代枢密使考略》,《文献》,1991年第9期;雷家骥:《唐枢密使的创置与早期职掌》,《中正大学学报》第4卷第1期,1993年;袁刚:《唐代的枢密使》,《山东教育学院学报》,1994年第3期;罗永生:《晚唐五代的枢密院和密使》,《唐代的历史与社会》,武汉:武汉大学出版社,1997;戴显群:《唐代的枢密使》,《中国史研究》,1998年第3期;李全德:《唐宋变革期枢密院研究》。

②李全德专著《唐宋变革期枢密院研究》是迄今为止关于枢密使研究的集大成者,详参是书第一章第一节《唐代枢密使的设置》,第42—64页。

③袁刚:《唐代的枢密使》,《山东教育学院学报》,1994年第3期,另见氏著《隋唐中枢体制的发展演变》,台北:文津出版社,1994年。

④李全德:《唐宋变革期枢密院研究》,第68页。

燕语》卷四引后蜀冯鉴《续事始》云"代宗永泰中,以中人董秀管枢密,因置内枢密使"①,《册府》卷六六五《内臣部·总序》:"永泰二年,始以中人掌枢密用事。"②《通鉴》卷二三四大历元年十二月宦官董秀掌枢密条下胡注云"是后遂以中官为枢密使"③,《文献通考》等亦以枢密使置于永泰二年。20 世纪 50 年代,日本学者矢野主税认为枢密使正式始置于元和初,其后戴显群等学者多以元和初或元和元年(806)为枢密使正式创置之年,并将永泰二年至元和元年视为枢密使的形成时期,元和初正式设立枢密使似乎成为主流观点。

《通鉴》卷二七二后唐同光元年(923)四月条胡注引项安世语:"唐于政事堂后列五房,有枢密房以主曹务,则枢密之要,宰相主之,未始它付;其后宠任宦人,始以枢密归之内侍。"④据此,似枢密使由宦官侵夺中书门下枢密(机)房而来。但是项安世这一解释显然是有问题的。枢密使又称内枢密使,是代宗新置内使名,设置之初仅枢密使一人,无司局僚属,而枢密(机)房则有司局吏员,二者无相承沿革关系,枢密使自有别的历史渊源。

隋唐时期,中央集权体制得到强化,皇帝与外廷宰相百官之间传宣诏旨有时需要通过宦官完成。武则天时期,"后氏临朝,喉舌之任出阉人之口"⑤。中宗时"宦官用权,怀贞尤所畏敬,每视事听讼,见无须者,误以接之"⑥。玄宗朝高力士居中用事,"每四方进奏文表,必先呈力士,然后进御,小事便决之"⑦。若追溯枢密使源头,高力士所为即后世枢密使的职掌之一。

①〔宋〕叶梦得撰,侯忠义点校:《石林燕语》卷四,北京:中华书局,1984 年,第 54 页。
②《册府》卷六六五《内臣部·总序》,第 7955 页。
③《通鉴》卷二二四代宗大历元年十二月条,第 7312 页。
④《通鉴》卷二七二后唐庄宗同光元年四月条,第 9005 页。"枢密房",据《新唐书》卷四六《百官志》、《通鉴》卷二一二,当作"枢机房"。
⑤《新唐书》卷一二四《姚崇传》,第 4383 页。
⑥《旧唐书》卷一八三《窦怀贞传》,第 4724 页
⑦《旧唐书》卷一八四《高力士传》,第 4757 页。

安史之乱爆发后,军国枢密多仰仗宦官居内筹划,如肃宗时李辅国"宰臣百司,不时奏事,皆因辅国上决"①。代宗立,鱼朝恩以神策军有扈迎之功,权倾中外。代宗忌其权重,自陕州返京后即置宦官专掌枢密,以分鱼朝恩之权。最早的枢密使是永泰二年的内侍董秀。《旧唐书》卷一一八《元载传》:

> (元)载复结内侍董秀,多与之金帛,委主书卓英倩潜通密旨。以是上有所属,载必先知之。承意探微,言必玄合,上益信任之。②

《旧唐书·陈少游传》亦云"时中官董秀掌枢密用事",董秀"掌枢密"前后达十二年,最终以交通元载伏诛。《册府》卷六六五《内臣部·恩宠门》记:"乔献德为中官,大历十二年十月特赠其亡妻李氏为陇西郡夫人。先是内侍董秀宣传诏旨于中书门下,秀诛,以献德代之。献德小心恭慎,乃加宠焉。"③所谓"掌枢密"非为临时性差遣,而是往来宫廷与中书门下之间,以传宣圣旨为职掌的内使职,其职"惟承受表奏于内中进呈,若人主有所处分,则宣付中书门下施行"④,董秀与乔献德是名副其实的枢密使。

董秀之后,枢密使较为恭慎,续立的德宗又是有名的猜忌之主,军国大事或谋于翰林学士,或独自专断,未闻有枢密使干政者,但是枢密使并未罢废。《陆贽集》中保留不少陆贽在中书的奏状,其中陆贽拜相期间中书奏议无一例外都由中官朱希颜传宣⑤,"右希颜奉宣进止"出现七次。权德舆贞元十四年(798)《中书门下贺滑州黄河清表》:"今日内侍朱希颜奉宣进止,示臣郑滑观察使姚南仲所奏。"⑥朱希颜之职

---

①《旧唐书》卷一八四《李辅国传》,第 4760 页。
②《旧唐书》卷一一八《元载传》,第 3410 页。
③《册府》卷六六五《内臣部·恩宠门》,第 7964 页。
④〔宋〕马端临:《文献通考》卷五八《职官考》"枢密院"条,北京:中华书局,1986 年,考五二三。
⑤据叶炜所考,希颜全名朱希颜,参叶炜:《信息与权力:从〈陆宣公奏议〉看唐后期皇帝、宰相与翰林学士的政治角色》,《中国史研究》,2014 年第 1 期。
⑥《权德舆诗文集》卷四四,第 681 页。

并不止于宣旨。《陆贽集》卷二一《论裴延龄奸蠹书》云："近者二镇告急，俱称绝粮。陛下召延龄，令赴中书，遣希颜宣旨质问。延龄确言馈饷不绝，储蓄殊多，岁内以来，必无阙乏。希颜惧其推互，邀令草状自陈，状亦如言。"①其意见与宰相不合时还可临机作些处置。从奏裴延龄一事来看，朱希颜行事谨密，未有专擅之迹。《通鉴》卷二三五记德宗贞元十六年三月薛盈珍自义成监军入朝，"乃使掌机密"。薛盈珍在义成监军时与节度使姚南仲不和，福建观察使柳冕希旨，构陷姚南仲幕僚马总，此时枢密使再度显露跋扈迹象。顺宗享国日短，王叔文永贞革新时也有掌枢密一职。《旧唐书》俱文珍本传云："顺宗即位，风疾不能视朝政。而宦官李忠言与牛美人侍病，美人受旨于帝，复宣之于忠言，忠言授之王叔文，叔文与朝士柳宗元、刘禹锡、韩晔等图议，然后下中书，俾韦执谊施行……叔文欲夺宦者兵权，每忠言宣命，内臣无敢言者，唯贞亮建议与之争。"②韩愈《顺宗实录》卷三："辛卯，以王叔文为户部侍郎，职如故，赐紫。初，叔文欲依前带翰林学士，宦者俱文珍等恶其专权，削去翰林之职。叔文见制书大惊，谓人曰：'叔文日时至此商量公事，若不得此院职事，即无因而至矣。'王伾曰："诺。"即疏请，不从；再疏，乃许三五日一入翰林。"③我们可以非常清楚地判断出，李忠言往返学士院传旨，相当于学士院使，俱文珍得以操纵诏敕，其职或即枢密使。

综上可知，代宗诛董秀后，枢密使之职一直存在，只是多数枢密使比较守法，不为后人关注罢了。近人以枢密使始置于元和初或正式设置于元和初，一方面是因为董秀以后枢密使缜密，罕有记载，给人留下二十余年无枢密使的错觉，另一方面则是缘于宋人对枢密使作了某些错误的概括。

---

① 《陆贽集》卷二一《论裴延龄奸蠹书》，第 675 页。
② 《旧唐书》卷一八四《刘贞亮（俱文珍）传》，第 4767 页。
③ 《韩昌黎文集校注》文外集下卷，第 708—709 页。

《册府》卷六六五《内臣部·总序》：

> 永泰二年,始以中人掌枢密用事。代宗用董秀专掌枢密……宪宗元和中,始置枢密使二人,刘光琦、梁守谦皆为之。[①]

此段为宋杨亿等人概述。语意较为含糊,既承认永泰二年(766)以中人(即董秀)掌枢密,又说元和中始置枢密使二人。事实上,在唐人语汇中,"知枢密"、"典枢密"、"掌枢密"用于宦官,基本上就是枢密使的同义语,梁守谦在史籍中即有"掌枢密"、"知枢密"等不同的称谓。董秀专掌枢密长达十余年,不可能没有专门的使名。董秀之后,乔献德、朱希颜、薛盈珍、俱文珍等掌枢密者绵亘不绝,只是至元和初才固定称为枢密使而已。退一步说,即使当时未能统一称为枢密使,谓元和中始置枢密使也很不准确,就如同唐前期宰相有参知政事、同平章事等名目,后来逐渐统一为同中书门下三品、同中书门下平章事,我们不能因为名字上的细微差异就断定参知政事不是宰相。同理,我们也不能因为现存文献记载中只有"典枢密"、"掌枢密",没有直接出现"枢密使"三个字就否认枢密使已长期存在的历史事实。

《册府》又云"元和中始置枢密使二人,刘光琦、梁守谦皆为之",以元和中枢密使并置二人,这一概括也明显与史不符。刘光琦为枢密使在元和初,后致仕卒于家,元和七年(812)赠官扬州大都督[②]。据《梁守谦墓志》《梁守谦功德铭》,元和五年梁守谦自翰林院使迁枢密使,盖刘光琦是年致仕,梁守谦遂代其职,二人非同时充使。是年宰相裴垍策划诱执昭义节度使卢从史,宪宗说此事唯李绛、梁守谦知之,故当日枢密使仅梁守谦一人。元和十一年梁守谦宣慰淮西,刘弘规代为枢密使,郾城之捷后梁守谦入掌枢密,刘弘规出镇淮南,元和十三年,梁守谦自枢密使迁右军中尉,刘弘规再次入为枢密使。从宪宗朝枢密

---

①《册府》卷六六五《内臣部·总序》,第7955页。
②《册府》卷六六五《内臣部·恩宠门》,第7965页。

使的代换情况看,直至元和末宪宗遇弑,枢密使始终仅置一员。枢密使并置二员实际上从穆宗即位后刘弘规、魏弘简并为枢密使才真正开始[1]。

宪宗朝首任枢密使刘光琦即是定策逼顺宗内禅,将宪宗扶到皇位的宦官之一。贞元中,德宗创神策中尉制,宦官典兵成为制度,枢密使也渐显跋扈之迹。元和初,刘光琦更是借助策立之功,以枢密使的身份广泛参预政事。

《新唐书》卷一四六《李吉甫传》:

> 中书史滑涣素厚中人刘光琦,凡宰相议为光琦持异者,使涣请,常得如素。宦人传诏,或不至中书,召涣于延英承旨,迎附群意,即为文书,宰相至有不及知者。由是通四方赂谢,弟泳官至刺史,郑余庆当国,尝一责怒,数日即罢去。吉甫请间,劾其奸,帝使簿涣家,得赀数千万,贬死雷州。[2]

枢密使"初不置司局,但有屋三楹,贮文书而已"[3],由于缺乏主笔文吏,枢密使常需假借中书官吏代为草拟文书。大历中董秀弄权主要通过中书主卓英倩,元和初刘光琦干政则是通过中书主书滑涣。

滑涣擅权暴露枢密使不设司局的弊端,其后不久,枢密使正式设院置吏,枢密使假借中书主书的问题得以解决。《唐代墓志汇编续集》咸通〇一九《师全介墓志》:

> 公俊迈雄杰,该通郡籍,以忠孝为心,独步人表。元和初,为材应选。天子奇之。遂乃筮。尝曰:挺乾坤,正日月,跨宇宙,致

升平。由是风仪有节,恩泽遄加。至年,赐绿,加征事郎,行内侍省内仆局令,员外置同正员、上柱国,充内枢密院孔目。①

据此墓志,元和初,宦官师全介为内枢密院孔目,这是笔者所见迄今为止最早提及的枢密院。自代宗末,枢密使职权受到很大抑制,刘光琦要扩张威柄,势必对旧的枢密使机构进行改造。另外,宪宗对西川、浙西用兵,军书往来,庶政繁杂,梁守谦等作为枢密使参决机密,亟需固定的办公场所处理文书。从最初的有屋三楹到属吏齐全的枢密院,这一变化与元和初年的政治需要基本上相适应。

除《师全介墓志》外,《唐代墓志汇编续集》长庆〇〇九《乐辅政墓志》也反映枢密院创置的情况。志云:

> 贞元中,德宗以狎侍紫宸,升降□陛,未及弱冠,恩将宠绯,丽名十大夫之位。后以德宗晏驾,例守寝园。顺宗嗣升,诏叙弥渥。顷因皇德中否,复以宪宗纂鸿。元和初,熙载璿枢,密勿难旷。直以谙练故实,加乎文词秀拔,齿迹宫禁,佥允令能。以帝室文房,掌难其选,晖映斯任,称公是深。至元和十三年,小有误旨,书降于私……长庆初,以公枢密是属,复赐绯章。②

同师全介一样,乐辅政也是宦官,"明左氏之传,精右军之笔",颇知诗书。顺宗嗣位,乐辅政"例守寝园",遭到贬斥。元和初,"熙载璿枢,密勿难旷",入充"帝室文房",墓志又称其"枢密是属",当供职于枢密院。《乐辅政墓志》《师全介墓志》相互印证,都可佐证枢密院始置于元和初。唐代很多使职都经历了初设使职,规格逐渐提升,最后设置使院的过程,枢密使也不例外。

枢密院的设置,强化了宦官在政治上的独立性。院吏及起草文书者皆由宦官充当,乐辅政、师全介等皆通文翰。宣宗时期还出现由宦

① 《唐代墓志汇编续集》咸通〇一九《师全介墓志》,第1047页。
② 《唐代墓志汇编续集》长庆〇〇九《乐辅政墓志》,第864页。

官充当的枢密承旨，这样，在内廷形成与翰林学士院并行的另一文书系统，这一系统由宦官集团所操纵。枢密院创置以后，内状多可自为，不必烦劳中书胥吏。文宗大和初中书吏汤铢居中用权，宰相韦处厚称为"半装滑涣"①，汤铢只能在宰相休假时至延英门接受内状，与滑涣时已不可同日而语。元和以后，类似卓英倩、滑涣那样依附枢密使专擅文状的中书主书再未出现。

　　宪宗朝枢密使仍为一员，当时战事频繁，枢密使与宰相、翰林承旨等一起参决军国枢密。为了更准确地了解前线军情，往往需要枢密使代表皇帝至前线视察军情，但若其离开长安，皇帝身边再无其他枢密使提供咨询顾问。元和十一年（816）梁守谦至淮西行营督战，宪宗不得不将坐镇河东、承担秘密经略河北使命的刘弘规征入。郾城大捷后，梁守谦入朝汇报战况，恢复其枢密使之职，刘弘规只得另作处置，出为淮南监军。元和十三年梁守谦迁右军中尉，刘弘规再度入掌枢密。梁守谦、刘弘规的轮替表明枢密使仅置一员不能很好地满足维护皇权的需要。穆宗以后，枢密使由一员发展为二员其实正是枢密使发展的客观要求。穆宗朝枢密使增至二员，与宫廷政局也有直接关系。穆宗本为宦官挟立，势力孤弱，即位后，既要拔擢亲信宦官充当枢密使，又不敢触动老牌宦官刘弘规，只得另增置一员额，以亲信宦官魏弘简为枢密使。枢密置两员后，两枢密相互牵制，其后枢密使两员制遂固定下来。

　　枢密使并置二员后，枢密院也因之分为上、下两院。《通鉴》卷二六三昭宗天复三年（903）正月戊申条云"王知古为上院枢密使，杨虔朗为下院枢密使"，胡注云："枢密分东西院，东院为上院，西院为下院。"枢密院分上下院时间无明文记载，从情理推测，当与并置两枢密使同时，但可考的上下院则始见于宣宗大中年间。《唐代墓志汇编续集》乾

---

①《册府》卷三一七《宰辅部·正直门二》，第3744页。

符〇一九《吴全缋墓志》载宣宗大中七年吴全缋"差随上枢元内侍充判官,往南山、盐、夏等一十余镇及七关等道,巡边制置"①。"上枢"即上枢密院。懿宗咸通七年(866)敦煌写本伯3723号《记室备要》中有《贺西院直公》诗②,《金石萃编》卷一一八《吴承泌墓志》记僖宗时"召公充西院承旨,却复章绶"③。据前引《张居翰墓志》,唐末枢密院有承旨六员,每一承旨皆有一独立厅事。枢密使及其他枢密高阶属员当亦各自厅事。昭宗谋诛天威军都头李顺节,"于重阳节向枢密院中排宴"④,可以想见枢密院规制非常宏大。

枢密使由一员扩为两员,势必产生如何分权的问题。赵雨乐先生认为,"若参考宣徽的南院和北院的对置关系,翰林学士院北厅和南厅各五间的考古发掘形态,当理解枢密上下院或东西院也应存在相似的分管形式"⑤。此说甚有见地。元和刘弘规、梁守谦轮替的根源在于枢密使既要协助宪宗参谋军国大事,同时又要负责搜集地方各种信息,把皇帝旨意传达至藩镇,一人为使,则分身乏术,难以做到中央与地方同时兼顾。以此逻辑而论,枢密使二院分职,侧重点大概以中央、地方为界。比之外朝中书门下,盖一人掌朝廷军国枢密,一人掌藩镇诸道事务。《全唐文补编》卷九二郑璘《唐重修内侍省碑》记唐昭宗乾宁二年枢密使宋道弼、景务修的职掌,谓"广平公荣总枢□(密?),晋阳公专掌纶绰"⑥。外朝的内外制例由中书舍人、翰林学士负责拟定,故景务修专掌的"纶绰"应是面向藩镇监军下达的指令。

---

① 《唐代墓志汇编续集》乾符〇一九《吴全缋墓志》,第1131页。
② 郁知言:《记室备要》(伯3723号)中卷,录文见赵和平:《敦煌表状笺启书仪辑校》,南京:江苏古籍出版社,1997年,第97页。
③ 《石刻史料新编》所收清嘉庆十年经训堂刊本作"众不克前院彬彬旨,却复章绶",舛误尤甚,不可取。
④ 《通鉴》卷二五八昭宗大顺二年(891)十二月条《考异》引《唐补纪》,第8541页。
⑤ 赵雨乐:《两神策与两枢密:唐代北司领导权力新探》,《魏晋南北朝隋唐史资料》第27辑,2011年。
⑥ 《全唐文补编》卷九二郑璘《唐重修内侍省碑》,第1120页。

　　两枢密使的分职情况在枢密使僚佐那里也可得到进一步印证。目前已知的枢密院僚佐，除枢密承旨外，在墓志和敦煌文书中还出现"枢密院孔目官"、"枢密院端公"、"西院直公"、"延英知奏"①等。其中枢密院端公、西院直公尤其值得重视。

　　"枢密端公"一职首见出土墓志。《唐代墓志汇编》光化〇〇一《李令崇墓志》云：

　　　　值濮阳公始振英风，当临政事，爰求佐职，尤在得人，擢授枢密院端公，寻锡赭服银鱼……公内助谟猷，外严恭恪，举无失德，言必推公。被雅议于政事之前，秉无私于台臣之侧。而参以酒德，间以琴心，所奉明知，以为已任。寻濮阳忤旨罢务，公亦连座免官。②

"濮阳公"指枢密使吴承泌，昭宗景福二年拜枢密使，乾宁二年被杀。据墓志，"枢密院端公"为枢密使"佐职"。李令崇先是神策中尉副使，后迁为枢密院端公。"端公"在唐代为御史的别称。《因话录》"御史台三院"条："御史台三院，一曰台院。其僚曰侍御史，众呼为'端公'……台院非知杂者，乃俗号散端。"③北司诸官多仿自南衙，枢密端公，很可能是仿外朝御史台，为枢密院体系里的监察官。墓志称其职掌为"被雅议于政事之前，秉无私于台臣之侧"，为枢密使关系较为密切的僚佐。

　　西院直公则见于敦煌藏经洞发现的《记室备要》抄本。《记室备要》是懿宗咸通七年乡贡进士郁知言游幕兖海时，为"护军常侍太原王公"所写的公文范本。《记室备要》中卷宦官使职大体遵从尊卑排序，

---

①《西安碑林博物馆新藏墓志汇编》三四四《周孟瑶墓志》记志主长子周恭晦为延英知奏，周恭晦为宦官，墓志称其"耽诗悦礼，接士进身，必成国之梯航，作邦家之柱石"，"延英知奏"很可能是协助枢密使处理延英奏对的枢密使僚佐。

②《唐代墓志汇编》光化〇〇一《李令崇墓志》，第2536—2537页。

③〔唐〕赵璘：《因话录》，上海：上海古籍出版社，1957年，第101—102页。

在翰林使和总监使中间有"西院直公"，其下有《贺西院直公》，其词云：

> 某官卓异群英，迥超崇列；为文入仕，志学立身；德无二途，道唯一贯。举翻翻之翼，瞥尔烟霄；跃矫矫之鳞，渺然溟浸。今者位崇密职，道赞机衡；九降丹书，尽归鸿笔；恩光异等，庆泽逾伦；中外群情，孰不倾瞩。某忝承眷爱，久受庇庥，忻抃之诚，实倍群品。①

"西院"即枢密使西院。监军使在贺词末毕恭毕敬地称"久受庇庥"，与"长官"枢密使相同。贺词中有"九降丹书，尽归鸿笔"之语，赵和平先生推测西院直公即枢密承旨，赵晨昕则进一步认为西院直公、枢密端公、枢密承旨为一使三名，所指相同。枢密院有承旨六员，员数较多，且地处机密，直接与监军来往是触犯君王忌讳的事情，故西院直公是枢密承旨的观点较为可疑。"直公"，字面意思即"当直之人"，诸道节度使进京奏事，枢密院内必有当直宦官，负责接收、处置监军奏表。直公虽非单独使职，但是位置非常重要，尤为监军所重。贺词云"久受庇庥"，也是针对当直宦官而言。

从上面的分析来看，西院直公职掌侧重于藩镇监军事务，而枢密院端公则侧重于朝中枢密事务。这两个职务非常可能分为枢密院东院（上院）、西院（下院）的高级僚佐。唐代史籍中无枢密副使一职，《记室备要》监军使礼贺诸宦官权要名单中，有中尉副使，却没有枢密副使。直公、端公或即枢密院最为重要的两个佐职。

穆宗时分置两枢密使后，枢密使的职掌也基本确定。归纳起来，枢密使职掌主要有以下几种：

其一，向宰相传宣皇帝旨意，向皇帝进呈宰臣奏状。

这是枢密使最为基本的职掌，早在枢密使设置以前的开元天宝时

---

① 《贺西院直公》，录文转引自赵和平《敦煌表状笺启书仪辑校》，第 97 页。

期,玄宗即经常以宦官传宣旨意。为防止枢密使借传旨之机弄权,德宗时期似乎存有一套监察办法。以《陆贽集》为例,陆贽等奏状首标云"右希颜奉宣进止",即是为了说明事由,也是便于皇帝察看枢密使是否曲解旨意。枢密使将宰相处置意见向皇帝传达时,有疑时也向宰相索取文状作为依据。德宗贞元十年(794),平凉和盐州神策军绝粮,希颜惧裴延龄推诿,恐口说无凭,命其草状进内。虽然如此,枢密使口称天宪,回旋的空间很大,传宣圣旨是枢密使擅政的一个重要环节。

其二,草拟内状文书。

枢密使及枢密院系统就其性质而言,属于"帝室文房",性质上与翰林学士院比较相似。学士院学士由科举进士充当,文学水平较高,枢密院由宦官充当,文学水平不如翰林学士,但是与皇帝更亲近,传宣皇帝旨意的某些内状由枢密院负责草拟。元和中有专门草拟内状的宦官乐辅政。宣宗大中中诏枢密院以萧邺为相,枢密使王归长、马公儒以邺先判度支,未审下落抑或仍旧,宣宗疑其朋党而改以崔慎由为相。正因为枢密使具有秘书性质,唐代枢密使皆通文墨。唐代还有专供年幼宦官学习文化的"内庠"。宪宗朝枢密使刘光琦,父刘如珣,天宝中明经及第,刘光琦"典掌枢轴,密赞皇猷"[1],当与其家教有一定关系。刘光琦之后,相继充任枢密使的梁守谦、刘弘规皆担任翰林使之职。穆宗初枢密使杨承和不仅文辞华丽,更是写得一手好字,所撰《梁守谦功德铭》,后人因爱其字不忍废。穆宗时另一枢密使崔潭峻与著名文人元稹为刎颈之交。除了生理上的差别外,枢密使系统的宦官与普通文臣其实没有太大的差别。

枢密院与翰林学士院同为皇帝的秘书系统,学士院与枢密院在人事上较为密切。学士院由中官押领,学士使是宦官集团中文学水平较高者,时常转入枢密使系统。日本学者矢野主税认为,枢密使制度确

———————————

[1]《唐代墓志汇编续集》会昌〇〇八《刘汉洴墓志》,第948页。

立于元和元年(806)，与宪宗强化中央集权，调整翰林院有关。元和初宪宗所置当为枢密院，而非枢密使，矢野主税所论虽或不确，但其将枢密使同翰林院联系起来，这一看法颇有见地。宪宗朝翰林院使梁守谦、刘弘规先后迁为枢密使，僖宗中和三年(883)张居翰"自容管监军判官入为学士院判官，迁枢密承旨、内府令"[1]，可见枢密院同学士院的宦官内部联系一直比较密切。

枢密院之属史比较重要的还有枢密承旨。《通鉴》卷二四九宣宗大中九年(855)五月条有枢密承旨孙隐中，胡注云"唐末，枢密承旨以院吏充"，僖、昭时有翰林承旨张居翰，其墓志云："枢密院承旨六员，必择慎密兢庄、不嚣不扰、不漏禁中语、不徇私结外交，皆以识见端明、文笔敏当者方膺选，以公授第六厅承旨。"[2]如所周知，唐代中书舍人有六员，枢密承旨六员，实则模拟中书舍人所设。《唐代墓志汇编续集》大中〇三五《孟秀荣墓志》记宦官孟秀荣大和四年(830)自"东头承旨"迁为"东头高班"，此宦官系统的"承旨"不知是否即为枢密承旨，但地位显在"高班"之下。盖枢密承旨仅负责文书记录，且员数众多，故地位不高，与翰林承旨差距甚大。

其三，陪侍皇帝左右，参与延英会议等中枢决策会议。

延英决策会议是安史之乱后唐代中央政权最高决策会议。肃宗上元元年(760)后逐渐以大明宫延英殿为固定会议场所，参加者主要是皇帝和宰相，有时也扩大至中央决策集团的其他成员。元和初，刘光琦常召滑涣至延英承旨，拟定文书，至有宰相不知者，可知当时枢密使已参与延英会议。文宗大和九年甘露之变后"宦者气盛，凌轹南司，延英议事，中贵语必引训以折文臣"[3]。宣宗、昭宗时采取措施，枢密使挠权乱政一度受到限制，但是未能持久。

---

[1]《旧五代史》卷七二《张居翰传》，第1111—1112页。
[2]《西安碑林博物馆新藏墓志汇编》三六二《张居翰墓志》，第840页。
[3]《旧唐书》卷一七二《李石传》，第4483页。

其四,管理京城宦官诸司诸使的迁转、考课等事务。

唐代中后期宦官膨胀为庞大的使职系统,这些不见于职官制度的内使并不由外朝宰相或吏部掌控。成百上千的宦官诸使,其考课、迁转等自成系统,错综复杂。枢密使权比"宰相",也承担管理宦官事务的职掌。例如,新出《郭佐思墓志》:"大中十年,迁当使勾官。洎咸通皇帝绍乾御宇,普布渥泽,有功绩迈俗者诏枢密使录之,公首奏授内养。"[1]大中末郭佐思为大盈库使下勾官,属于宦官系统中的中下级僚佐,其迁转即缘于枢密使的"奏授"。当然,唐末,控制内库,总领宦官事务的宣徽使兴起,枢密使部分职能为宣徽使所取代。

其五,总领各地监军使,处置监军所报各地事务。

据敦煌文书伯 3723 号郁知言《记室备要》卷中,枢密使是地方监军使公认的"长官"[2]。枢密使侔于外朝宰相,参与枢密决策,其依据当非各地道、州长官奏状,而必自有决策依据,自有其独立的情报系统。这一系统即遍布全国大小藩镇的监军使。枢密使之于监军,犹如宰相之于节度使。监军使在当地所搜集到的实情上报至朝廷,当统于其"长官"枢密使处。文宗开成二年(837)荆南监军吕令琮从人擅入江陵县毁骂县令,观察使韦长即申状与枢密使[3]。枢密使为监军长官的事实已为朝野所默认。中晚唐监军使入朝后往往升迁为枢密使,也是这个原因。

枢密使上述五个主要职掌中,前两个职掌属于"掌纶绰",后三个职掌则属于"总枢密"。东西院枢密使分掌亦较为明确。枢密使职掌形成以后,在原有宰相之外另外形成一套并行的中枢决策机制。两者之间势必产生正面的权力冲突。中唐以后内外文武百官除授后入宫中谢,宰相被排斥在外,枢密使却能独在一旁供皇帝顾问。又皇帝单

---

① 《西安碑林博物馆新藏墓志汇编》三三三《郭佐思墓志》,第 869 页
② 赵和平:《〈记室备要〉初步研究》,见氏著《赵和平敦煌书仪研究》。
③ 《册府》卷五二〇下《宪官部·弹劾门三》,第 6219 页。

独召见相关臣僚时,宰相一般不得在场,枢密使亦可作为皇帝助手陪侍左右。枢密使与皇权关系过于密切,其参掌机密的权力有很大的膨胀空间。正因为如此,枢密使对中书决策的干涉和影响是全面而又广泛的,这主要体现在如下几个方面:

其一,参与皇位争夺。相对两军中尉而言,枢密使多由皇帝心腹宦官充当,枢密使更容易得到皇帝的信任。皇帝病危时常将嗣君托付于枢密使。如文宗将太子陈王托于两枢密薛季棱、刘弘逸,宣宗将夔王托于两枢密王归长、马公儒。在皇位之争中,枢密使多数能忠实地维护皇帝意愿,因而与握有神策兵权的左右军中尉发生冲突,一些枢密使因之被两军中尉所杀。

其二,预知军国大事。在元和伐叛过程中,枢密使与宰相、翰林承旨一道参掌机密。在平淮西之役中,枢密使梁守谦首尾参与筹划,并代表皇帝,以五百空白告身亲赴前线督战,元和伐叛中枢密使起到重要作用。

其三,任命宰相。命相是皇帝尤为慎重之事,枢密使作为皇帝的参谋顾问,在命相问题上具有很大的发言权。元和初,宰相郑余庆因斥责滑涣触怒刘光琦,不久即遭罢相。宪宗以后,穆、敬、文诸帝由宦官挟立,皇纲不振,宦官在命相上的发言权更大。牛李党争双方拜相都离不开宦官的奥援。李宗闵勾结枢密使杨承和得以拜相,李德裕文宗、武宗朝两次入相分别得益于枢密使王践言、杨钦义的引荐。武宗会昌三年(843)时以崔铉为宰相,枢密使杨钦义、刘行深不预其事,被老宦官说成是"堕败旧风"。

其四,除授节度使等高级官僚。枢密使熟知朝廷官员姓名履历,当皇帝除授官吏时,枢密使可提供参考意见。皇帝惧宰相朋党,也乐意与枢密使商定官吏人选。又各地节度使治理情况,当道监军使皆汇报于枢密使,故其对节度使迁转具有很大的发言权。代宗大历中陈少游贿赂董秀得淮南观察,宪宗时梁正言等冒充梁守谦,以除授节度使为名勒索钱财,诸如此类皆是枢密使在除授官吏上拥有重大影响力的表现。

中国封建社会的一个特点是,参与中枢决策的宰相官职最初多是皇帝身边地位卑微的近臣,然后地位逐渐上升,发展为宰相。成为宰相后,与皇权日益疏远,又被新的近臣所取代。枢密院是设于内廷的"帝室文房",与翰林学士相比,枢密使与皇帝关系更为亲密,更有条件成为新的"宰相"。元和时梁守谦与宰相、翰林承旨共同参与军国枢密,其墓志径称为"内相"。敬宗时,高元裕谏曰:"今西头势乃重南衙,枢密之权过宰相。"①昭宗时枢密使,朝服执笏,贴黄追改敕书,俨然成为事实上的宰相。朱全忠篡唐,尽诛宦官,以士人为枢密使,主掌军国枢密,至宋代枢密院与中书对掌文武二柄。如果摒弃对宦官的偏见,枢密使的发展轨迹同其他卑品官升为宰相的轨迹并无二致。

第三节　元和党争

宪宗朝号为中兴之朝,内外廷政治在制度上发生一系列重大变化,比如翰林承旨之创置、枢密使之变化等等。在政策及官僚集团分化上也有深刻的变化。宪宗对全局有较强的驭制能力,官僚集团朋党倾轧未能形成气候,但是围绕主战、主和等军国大事产生一系列分歧,并一定程度上形成了不同的政治派别。研究牛李党争的恩怨起源,往往要上溯至宪宗元和时期。以往学界对宪宗朝主战派与主和派官僚之间的矛盾虽然多有涉及,但是对宪宗朝官僚集团缺乏全面又系统的研究,至于其对穆、敬、文、武诸朝官僚集团政治走向的影响亦缺乏

---

①《新唐书》卷一七七《高元裕传》,第 5285 页。

较为明晰的认识①。从宦官政治的角度来看,元和朝是宦官势力向官僚政治渗透的开端,皇权和外朝官僚集团仍然保持相对的独立性,同穆宗以后的牛李党争既有密切联系又有重大差异。

官僚集团的权力争斗主要围绕中枢决策而展开。宪宗朝皇帝的权力比较强大,在中枢决策中有一显著的特点,即军国大事,除了宰相、枢密外,具有皇帝私臣顾问色彩的翰林学士亦参与其中。翰林学士特别是承旨学士成为宪宗朝宰相的渊薮,李吉甫、裴垍、李绛等人皆由翰林承旨拜相,因此元和时期的党派分野可以从翰林学士入手分析。

如所周知,德宗以后,翰林学士有草拟奏状、顾问侍从等职掌。但是,学士们的特长和政治阅历差异很大。有些以文辞见长,有些则善谋韬略,有些由在朝清望官入院,有些则征自方镇。大体而言,翰林学士可分为三类:一类单纯以拟诏为职任,诏敕之外事罕有参预,例如梁肃、归崇敬、韦弘景等;第二类参谋时政,但以劝谏时政之失为主,比如李绛、白居易等,其身份类于谏官,政治立场倾向保守;还有一类则政治经验丰富,多有谋略,锐意进取,此类学士以李吉甫、裴垍等为代表。后两类学士颇预时政,参决机密,出院后先后拜相,成为百僚之首。但是拜相之后,其在学士院所形成的思维模式很大程度上被沿袭,表现为一些宰相喜欢进言劝谏,另外一些则善于军国谋谟。翰林学士拜相

---

① 陆扬较早注意元和朝官僚集团的分化问题,其博士论文认为宪宗元和朝政治局势以李吉甫之死可以分为前后两期。李吉甫之死不仅是宪宗朝统一官僚集团的终结,同时也是出自翰林学士的宰相作为一个整体的终结〔Yang Lu, *Dynastic Revival and Political Transformation in Late Tang China: A Study of Emperor Hsien-Tsung* (805-820) *and His Reign*, Ph. D. Dissertation, Princeton University, 1999, p266〕。今按,李吉甫卒于元和九年,早在元和七年,便有元义方诉李绛朋党之事。在李吉甫去世前两年,官僚集团的矛盾已经公开化,李吉甫之死不足以成为划分阶段的标志性事件。至于李吉甫去世之前官僚集团或翰林学士入相群体具有整体性,李吉甫用行政经验和谦逊的态度统一了官僚体系等论点,在元和制举案、窦群等攻击李吉甫以及李吉甫、李绛诸多争论等史实面前,也难以令人完全信服。故其讨论主题与本书虽有类似之处,但在思路上则迥然不同,可参看。

出院后，身份上发生转化，与君王或同僚的关系可能有微妙的变化，甚至会走向决裂，此点在德宗朝陆贽身上有着非常典型的体现①。宪宗重用的翰林学士群体亦因执政风格不同而产生分化，形成了中唐官僚集团党派分野的雏形。

《新唐书》卷一五二《李绛传》：

> 教坊使称密诏阅良家子及别宅妇人内禁中，京师嚣然。绛将入言于帝，吉甫曰："此谏官所论列。"绛曰："公尝病谏官论事，此难言者，欲移之耶？"吉甫乃欲讽诏使止之，绛以吉甫畏不敢谏，遂独上疏。②

《旧唐书·李绛传》亦载此事，不过隐去李吉甫之名。简言之，李绛、李吉甫同朝为相，却是两种迥然不同的执政风格。李绛事无巨细，皆自问之，有过必谏；李吉甫关注军国大事，余事委百官，不屑过问所谓谏官之事。不仅如此，二人在政治上也时常对立。在藩镇问题上，李吉甫坚决维护中央权威，力主未雨绸缪，预作筹划，李绛则寄望于藩镇节帅感恩归顺，主张用厚赐绢帛等办法收买河朔人心。今以魏博田弘正归降一事为例，试加说明。

《新唐书》卷一五二《李绛传》：

> 魏博田季安死，子怀谏弱，军中请袭节度，吉甫议讨之，绛曰："不然，两河所惧者，部将以兵图己也，故委诸将总兵，皆使力敌任均，以相维制，不得为变。若主帅强，则足以制其命。今怀谏乳方臭，不能事，必假权于人，权重则怨生，向之权力均者，将起事生患矣。众所归必在宽厚简易、军中素所爱者，彼得立，不倚

――――――――――

① 参见〔英〕崔瑞德：《陆贽：君之顾问与国之大臣》，载芮沃寿、崔瑞德主编：《儒家人格》（Denis Twitchett, *Lu Chih: Imperial Advisor and Court Official*, Confucian Personalities, Stanford, Stanford University Press, 1962），崔文认为陆贽担任翰林学士和宰相时有着不同的政治立场，德宗无法适应陆贽这种角色上的转换，导致二人关系的最终破裂。

② 《新唐书》卷一五二《李绛传》，第4842页。

朝廷亦不能安。惟陛下蓄威以俟之。"俄而田兴果立,以魏博听命,帝大悦。

　　吉甫复请命中人宣尉(慰),因刺其变,徐议所宜。绛独谓:"不如推诚抚纳,即假旄节。它日使者持三军表来,请与兴,则制在彼,不在此,可奏与特授,安得同哉?"然帝重违吉甫,故诏张忠顺持节往,而授兴留后。绛固请曰:"如兴万有一不受命,即姑息,复如向时矣。"由是即拜兴节度使。绛复曰:"王化不及魏博久矣,一日挈六州来归,不大犒赏,人心不激。请斥禁钱百五十万缗赐其军。"有言太过者,绛曰:"假令举十五万众,期岁而得六州,计所转给三倍于费。今兴天挺忠义,首变污俗,破两河之胆,可啬小费隳机事哉?"从之。①

李吉甫既然做好备战准备,倾向对河朔用兵。田兴归顺后,李吉甫复议"请命中人宣慰,因刺其变,徐议所宜",主张以拖待变、相机而动。李绛为感化藩镇,主张径授旄节。比较而言,李吉甫较为持重,李绛则完全建立在藩镇归顺的预设之下。李吉甫、李德裕为父子,武宗会昌元年幽州军乱,大将陈行泰杀节度使史元忠,遣使求旄节,不久再度军乱,乱兵立张绛,又一次遣使求节钺,朝廷两次都故意拖延,直至雄武军使张仲武请发兵进击张绛,才恩准张仲武为留后,妥善处理此事。李德裕做法与李吉甫如出一辙。而李绛纵容藩镇,用厚赏换取苟安的主张则与后世牛党基本一致。

　　在对待宦官的态度上李绛、李吉甫二人也有重大差别。李绛嫉宦官如仇雠,屡谏宪宗不纳进奉,但是收买河朔归顺需要赏赐巨额财物,屡次奏请从宦官主掌的内库支出"禁帛"。元和七年(812),吐蕃内扰,李绛主张罢京西神策军诸行营,以兵分隶诸镇。此议似乎专为削

①《新唐书》卷一五二《李绛传》,第 4840—4841 页。

弱宦官势力而发，实际上削弱中央对边州的控制，故未为宪宗采纳①。同年振武军河溢，毁受降城，李吉甫请徙于天德故城，李绛、卢坦以受降城水草丰美，天德故城烽候不相应接为由加以反对，最终宪宗用吉甫策，以受降城骑士隶天德军。又元和九年，李吉甫、李绛各献应对回鹘之策，李吉甫奏请复置宥州以领降户，备回鹘，抚党项，李绛主张以和亲换取回鹘之恭顺，最终也是宪宗听从李吉甫之议。从上面诸事例看，李绛缺乏政治家的胸襟和远略，关涉到军国大事的决策，宪宗亦多取李吉甫之议而不从李绛。《旧唐书·李绛传》却称："同列李吉甫便僻，善逢迎上意，绛梗直，多所规谏，故与吉甫不协……每与吉甫争论，人多直绛。宪宗察绛忠正自立，故绛论奏，多所允从。"②《旧唐书》这一颠倒事实的评论，唐长孺先生认为出自牛党所修《宪宗实录》③，所论可谓精到。

　　李绛、李吉甫之争，其实就是传统政治中常见的改革与保守的对立。因宦官集团是皇权的代表，李吉甫对宦官持容忍和利用的态度，而李绛则尖锐排斥，屡请以内库"禁钱"犒军，用牺牲宦官集团的经济利益来维护官僚集团的利益。当然，不论是李绛，还是李吉甫，主要还是个人政见上的不同，与穆宗以后官僚士大夫集团各立朋党还有很大的差别。

　　元和初，由翰林学士入相的还有裴垍。裴垍有宰相之器，知人善用，所荐裴度、陈夷行等皆位至宰相，任内对两税法也进行改革。元和时官僚集团还未形成文宗时期水火不容的对垒局势。裴垍与李吉甫

① 《通鉴》本条云："上曰：'朕不知旧事如此，当亟行之。'既而神策军骄恣日久，不乐隶节度使，竟为宦者所沮而止。"（第 7820 页）据此似为宪宗本已采纳李绛之议，只是由于宦官阻挠而未执行。按，宪宗元和二年，即李吉甫入相之初，朝廷以范希朝为朔方、灵盐节度使，以距长安较远的盐州、怀远二镇神策兵改隶范希朝。《通鉴》云"以革旧弊，任边将也"，则宪宗元和初本已知其事，并曾有所处置，此处岂能翻谓"朕不知旧事如此"？盖李绛之议宪宗不纳，牛党文人故为托词。

② 《旧唐书》卷一六四《李绛传》，第 4287—4288 页。

③ 唐长孺：《唐修宪穆敬文四朝实录与牛李党争》，载氏著《山居存稿》。

在翰林时为同僚，与李绛关系亦较为融洽。但是，由于《宪宗实录》等史书修撰时受到牛李党争的严重干扰，相关人物传记中充斥大量不实记载。《新唐书》卷一六九《裴垍传》：

> 垍之进，李吉甫荐颇力，及居中，多变更吉甫时约束，吉甫复用，衔之。会垍与史官蒋武等上《德宗实录》，吉甫以垍引疾解史任，不宜冒奏，乃徙垍太子宾客，罢武等史官。会卒，不加赠，给事中刘伯刍表其忠，帝乃赠太子太傅。①

此处记载谬误处至少有三。其一，据《旧唐书·宪宗纪》，裴垍进《德宗实录》在元和五年（810）十月，而李吉甫自淮南入相在元和六年正月。时李吉甫尚在淮南，何得借《德宗实录》打击裴垍？其二，《册府》卷三三三《宰辅部·罢免门二》："（元和）五年九月，中书侍郎平章事、监修国史裴垍以疾请告，十一月罢为银青光禄大夫、兵部尚书。"裴垍十月份进书时并未落"监修国史"之衔，所谓"引疾解史任"亦与史实不符。其三，《旧纪》载进书后，"赐垍锦彩三百匹、银器等，史官蒋武、韦处厚等颁赐有差"。《册府》亦载《德宗实录》进献后，修史官蒋武、林宝、韦处厚、樊绅等"既颁宠赐，又皆命进秩"②，所谓"罢武等史官"云云与史亦不合。检《旧唐书》卷一四九《蒋乂传》："明年（元和六年），监修国史裴垍罢相，李吉甫再入，以乂，垍之修撰，改授太常少卿。"蒋乂即蒋武，朝廷罢讨王承宗时，为讽劝宪宗偃武修文，改名蒋乂③，则蒋乂罢史官确有其事，不过是在李吉甫入相之后。由于李吉甫入相时即带"监修国史"之兼衔。推测事由，或许蒋乂曾对《德宗实录》有修订，但与李吉甫政见不合，于是越过这个新任上司，仍私署裴垍之名进献，故被李吉甫罢去史职。时裴垍重病在床，不堪朝问，岂有

---

①《新唐书》卷一六九《裴垍传》，第5150页。
②《册府》卷五五六《国史部·采撰门二》，第6686页。
③《册府》卷八二五《总录部·名字门二》，第6796页。

精力过问此等杂事。新《传》又称"徙垍太子宾客"，太子宾客，高宗朝置，正三品，但职事清闲，多为朝廷重臣养老之官。元和初宰相郑余庆即以太子宾客身份罢相。裴垍罢为太子宾客，一方面是出于健康因素，另一方面也是遵循元和旧事，在中使不断登门探望的前提下，将之作为李吉甫排挤裴垍一大罪状，理由非常牵强。文宗朝牛党改撰《元和实录》时，主要参与者蒋系即蒋乂之子。盖其追怨李吉甫，兼为先人开脱，遂将裴、李交恶的私货塞入《宪宗实录》。此种挟私伪史，又被《新唐书》《通鉴》等所采纳，给后人造成极大的干扰①。

《新唐书·裴垍传》复称裴垍卒后受抑制，不加赠官。此事又见于《旧唐书》卷一五三《刘伯刍传》。《刘伯刍传》云：

> 裴垍罢相，为太子宾客，未几而卒。李吉甫复入相，与垍宿嫌，不加赠官，伯刍上疏论之，赠垍太子少傅。伯刍妻，垍从姨也。或谗于吉甫，以此论奏。伯刍惧，亟请散地，因出为虢州刺史。②

刘伯刍，德宗建中末忠臣刘迺之子，出身文学世家，为李吉甫政敌，其墓志今已出土③。《大唐西市博物馆藏墓志》三六八《刘伯刍墓志》云：

> 拜给事中、集贤学士如故。公既居密近，知无不为，论驳王言，四方风动……未几，皇太子薨，命公定谥，公遵考行易名之典，拟曰惠昭，上可其奏，加朝议大夫。公直道而行，举不失正，履历台阁廿余年。凡所与游，无非壮士。会当权者恶不附己，每凿空飞语，阴欲中祸。公曰："虽明君在上，终不能以颊舌自明，故于陵

---

① 《宪宗实录》曾遭牛党李党多次篡改，掺入大量不实记载。《旧唐书》卷一六五《柳公绰传》记："公绰素与裴垍厚，李吉甫出镇淮南，深怨垍。六年，吉甫复辅政，以公绰为潭州刺史、兼御史中丞，充湖南观察使。"事实上，除裴垍外，柳公绰与主战派大臣武元衡、裴度等人都交情笃厚。柳公绰湖南任上很短，不久调任鄂岳观察。此前，柳公绰在地方上只做过开州刺史，此番出镇，恐有磨砺之意，武元衡等亦无异辞。将之归于李吉甫排挤，恐失公允。

② 《旧唐书》卷一五三《刘伯刍传》，第4085页。

③ 《旧唐书》卷一八《武宗纪》武宗会昌五年（845）科场弊案中，刘伯刍是被覆落的七人之一，按刘伯刍元和年间卒，《旧纪》若非同名，便属讹误。

灌园、范蠡逃位,只求远祸耳。"遂移疾请告,数月,除虢州刺史……三年而讴歌之声洋溢于道路……至阙四日,拜尚书刑部侍郎。①

墓志提及"皇太子薨"之事,惠昭太子李宁卒于元和六年(811)闰十二月二十一日,刘伯刍与当权者交恶在其后。检严耕望《唐仆尚丞郎表》,元和十年刘伯刍拜刑部侍郎,以此逆推三年,其出任虢州刺史当在元和七年,时任宰相为权德舆、李吉甫、李绛等三人。刘伯刍出刺虢州的缘由,墓志、《旧唐书》口吻基本一致。但是墓志只载其给太子定谥号,并无一字提及为裴垍求赠官事。《旧唐书》本传多出的这部分内容,有没有可能是牛党史官穿凿附会,故意塞入了裴、李"宿嫌"的记载呢?

欲探讨此事,首先要明确当日与裴垍交恶的当权者究竟是谁。虽然传世文献多遭牛党篡改,但是相关出土墓志仍然可以提供一些线索。《唐代墓志汇编续集》咸通〇九四《裴氏墓志》:

> 烈祖垍,以德行文学擢进士第,升贤良科;当元和朝,天子以武定河塞之猘吠者,且急于自辅,故擢公于宰相之任。方是权臣怙宠,封事者多背驰,虽耆儒巨德,角角焉尚何敢指斥言。独公抗疏以理其曲直。天子感悟,褒公爵而用其策。②

李吉甫出镇淮南时,举荐裴垍自代,裴垍因病罢,李吉甫征入复相。裴、李二人未能同朝为相。这里的"权臣"与李吉甫无关。除了宰相外,神策中尉、枢密使等也都在"权臣"之列。我们大胆推断,此处"权臣"并非宰相,而是当时炙手可热的宦官。裴垍为官刚正,为相期间屡抑宦官权势,与左军中尉吐突承璀等结有仇怨。"天子以武定河塞之猘吠者"即元和初讨成德王承宗之役,《旧唐书·裴垍传》亦载:"吐突

---

①《大唐西市博物馆藏墓志》三六八《刘伯刍墓志》,第 793 页。
②《唐代墓志汇编续集》,第 1107 页。

承璀恃恩,谋挠垍权,遂伺君意,请自征讨。"①当日朝臣皆不欲兴兵,
"封事者多背驰",上封谏言者均被宪宗拒绝,最后战事不利,"天子感
悟",纳裴垍之策,命吐突承璀诱捕首鼠两端的卢从史,草草结束河北
战事。吐突承璀兴师动众,最终无功而返,裴垍屡请宪宗惩处吐突承
璀,二人矛盾激化。如果有人作梗,阻挠裴垍赠官,很可能即是吐突承
璀。元和三年对策案皇甫湜所抨击者本为吐突承璀等权宦,却被牛党
史官移花接木,归罪于李吉甫。此番谰言应是同一套路,将与裴垍交
恶者由吐突承璀改换为李吉甫,却忽略元和三年(808)后二人几乎没
有同朝为官的基本史实。

　　除《新唐书》外,牛党构陷李吉甫、裴垍交恶的文字在唐人笔记小
说中尚有一些。《唐语林》卷六《补遗》:

　　　　李安邑之为淮海也,树置裴光德,及去则除授不同。李再入
　　相,对宪宗曰:"臣路逢中人送节与吴少阳,不胜愤愤。"圣颜赪然。
　　翌日,罢李丞相蕃(藩)为太子詹事,盖与节是蕃(藩)之谋也。又
　　论:征元济时馈运使皆不得其人,数日,罢光德为太子客宾;主馈
　　运者,裴之所除也。刘禹锡曰:"宰相皆用此势,自公孙弘始而增
　　稳妙焉。但看其传,当自知之。萧曹之时,未有斯作。"②

《唐语林校证》以其出自韦绚《刘宾客嘉话录》。本条云"李安邑之为
淮海也,树置裴光德,及去,则除授不同",此或即《新唐书·裴垍传》
"及居中,多变更吉甫时约束"的依据。按,元和九年讨吴元济时裴垍、
李吉甫二人早已去世,所指当即元和五年讨成德王承宗之事。宪宗追
罚讨成德"主馈运者"也是轰动一时的大事。据《册府》卷五一一《邦
计部·贪污门》所载,元和六年五月,粮料使于皋暮、董溪贪赃事发,各

---

①《旧唐书》卷一四八《裴垍传》,第3991页。
②《唐语林校证》卷六《补遗》,第581页。

计赃四千余贯，以正税冒充羡余四万余贯①，二人得罪贬放岭南，复遣中使半道赐死。宰相权德舆曾有论救②。元和六年五月，时距裴垍罢为太子宾客已有半年之久，二者自然没有直接关系。此段记载大概亦是牛党诋毁李吉甫所编造的谰言。

李吉甫、裴垍为"宿嫌"之说于史无征，二人非但不是"宿嫌"，可能还有很深的交情。裴、李是宪宗最信赖的两位翰林学士，平定西川刘辟之乱，二人同立大功，先后以翰林承旨拜相出院。李肇《翰林志》云：

> 初，姜公辅行在命相，及就第而拜之。至李吉甫除中书侍郎平章事，适与裴垍同直。垍草吉甫制，吉甫草武元衡制，垂帘挥翰，两不相知。至暮，吉甫有叹惋之声，垍终不言，书麻尾之后，乃相庆贺，礼绝之敬，主于座中。③

又《旧唐书》卷一四八《裴垍传》：

> 元和初，召入翰林为学士，转考功郎中、知制诰，寻迁中书舍人。李吉甫自翰林承旨拜平章事，诏将下之夕，感出涕，谓垍曰："吉甫自尚书郎流落远地，十余年方归，便入禁署，今才满岁，后进人物，罕所接识。宰相之职，宜选擢贤俊，今则懵然莫知能否。卿多精鉴，今之才杰，为我言之。"垍取笔疏其名氏，得三十余人。数月之内，选用略尽，当时翕然称吉甫有得人之称。④

李吉甫、裴垍二人在翰林院情意相得，互相咨以政事。李吉甫拜相后对裴垍亦多有擢用，甚至所用人才亦出于裴垍举荐。例如穆宗朝宰相

---

①薛巽为董溪判官，据《唐代墓志汇编续集》元和〇七七《薛巽墓志》："兵乱，蠲粮料府。府使与其佐惧逼，迸去。军食万计，委弃不顾。"宪宗深以曲赦王承宗为耻，除了贪渎之外，或有追究其丧弃军资之意。

②《旧唐书》卷一四八《权德舆传》，第 4004 页。

③《翰林志》，第 23 页。

④《旧唐书》卷一四八《裴垍传》，第 3989—3990 页。

段文昌即由李吉甫、裴垍二人共同奖擢而步入仕途①。吐突承璀讨河北失败后，裴垍主持财赋改革，对两税分配方案重新调整，以观察使所在州租调充送使额，支郡送使部分悉输京师。新税法起到强干弱枝的作用，与李吉甫多不谋而合。二人并为宪宗朝前期主战派大臣，只是侧重点不同。裴垍因兼修国史的缘故，与主和派蒋乂等交往较深，在河北局势陷入困境后及时中止战争，在竭力主和的牛党看来，裴垍与李吉甫不同，因而裴、李二人关系也遭到牛党的飞语构陷。

　　除裴垍外，唐宋文人笔记中尚有影射李吉甫与武元衡不协之传闻。《北梦琐言》卷六"李太尉请修狄梁公庙事"条：

　　　　吉甫相与武相元衡同列，事多不叶，每退，公词色不怿，掌武启白曰："此出之何难？"乃请修狄梁公庙，于是武相渐求出镇。②

掌武，太尉的别称，这里指李吉甫子李德裕。武元衡与李吉甫同为主战派，武元衡两度入相，皆与李吉甫同朝。第一次是元和二年（807）正月至十月，时浙西观察使李锜诈疾，请缓入朝，主和派宰相郑絪奏请准李锜之奏，武元衡坚决反对。如果武元衡第一次罢相为受排挤，所指应是郑絪，而非李吉甫。武元衡二次入相在元和八年（813）三月，此番入相即缘于李吉甫的大力举荐③。次年六月，讨淮西前夕李吉甫病逝，武元衡遂主大局。《旧唐书》卷一五八《武元衡传》称："李吉甫、李绛情不相叶，各以事理曲直于上前。元衡居中，无所违附，上称为长者。"④武元衡第二次入相后与李吉甫本无直接矛盾。元和末，宰相令狐楚忌武儒衡大用，草制时引武后革命事，盛推狄仁杰之功，以讥讽儒衡⑤。李德裕请修狄仁杰庙，或由此演绎而来。

①《旧唐书》卷一六七《段文昌传》，第 4368 页。
②《北梦琐言》卷六"李太尉请修狄梁公庙事"条，第 126 页。
③《新唐书》卷一四六《李吉甫传》，第 4743 页。
④《旧唐书》卷一五八《武元衡传》，第 4160 页。
⑤《新唐书》卷一五二《武儒衡传》，第 4835 页。

概而言之,元和前期,在藩镇问题上,李吉甫与裴垍、武元衡等同属主战派,而李绛、李藩、郑绲等则属于主抚派。宪宗大权独揽,根据主战或主和的需要择相,宰臣之间并没有形成激烈的朋党对立。元和初,朝廷在西川、浙西取得连续胜利,但是其后讨王承宗则进展不顺,诸道兵屯聚两河战场者常达数十万之众,朝廷千里馈饷,不胜其弊。如果任由战争拖延下去,极有可能陷入德宗建中末年天下大乱的局面。担心自身利益受到影响的主和派官员纠合起来,向主战派大臣发起舆论攻击。

元和九年,讨伐淮西吴元济之役正式爆发。此役历时五年,是宪宗朝用兵最久,耗费最广的战争。李吉甫虽在讨伐前夕病逝,却是平淮西之役的实际倡导者,主和派常将怨恨归于李吉甫。此一情形,早在李吉甫第一次罢相时即有端倪。元和三年,文人窦群、吕温、羊士谔三人党比,借李吉甫出镇淮南之机,诬告李吉甫交通术士,被宪宗察知,三人皆遭远贬,吕温门生张仲方也被牵连,出为金州刺史。元和九年李吉甫卒,太常谥"恭懿",博士尉迟汾请谥"敬宪",张仲方挟前怨上议驳云:"今内有贼辅臣之盗,外有怀毒蛊之臣,师徒暴野,农不得在畮,妇不得在桑,耗赋殚畜,尸僵血流……阶祸之发,实始吉甫。"[1]此论集中代表了主和派的意见。有传言为右司郎中严公衡、吏部郎中韦弘景教唆[2]。宪宗方用兵淮西,怒张仲方动摇人心,赐吉甫谥"忠懿",并贬张仲方遂州司马,严公衡和州刺史,韦弘景绵州刺史。这次事件中,张仲方、韦弘景等已经开始有朋党的迹象。

随着官僚集团内部的分歧逐渐扩大,呈现出纠合派系,共同进退的态势,朋党问题浮出水面。元和七年(812)又有元义方诉李绛朋党案。

《李相国论事集》卷五《论元义方事》载:

---

① 《新唐书》卷一二六《张仲方传》,第 4430—4431 页。
② 《册府》卷四八一《台省部·谴责门》,第 5743 页。

元和七年春,元义方自福建观察使拜京兆尹。是时贵人吐突承璀特承恩宠,义方由径小人也。以承璀闽越人,因为廉使,厚结其党里亲族,悉署军中右职,令厚加请受,中贵人深荷之。宰臣李吉甫自淮南重入,托身于承璀,为不易之契,与义方同与通结,特除京兆尹。户部侍郎李绛素恶其为人,及拜相后,遂出义方为鄜坊观察使,且令出朝廷,免有关通津梁尔。而义方内恃通结力,外凭吉甫援,因谢对见,盛奏李绛情故,党庇同年及第人许季同,自兵部郎中数月便授京兆尹,臣乃被黜鄜坊。上罔圣德,自行威德。上曰:"朕谙李绛为人,不合有此,待朕对日问之。"义方不准拟,不信其言,惶遽述于吉甫,以祈旁救。吉甫谓义方曰:"此人劲硬,必不得位头便已,大须作意。"及翌日,延英对见,奏事了,上发言曰:"朕不知同年之称,便有情故,除授之际,遽有偏颇,何也?"对曰:"李吉甫、权德舆并非科第,唯臣一人是进士及第。有同年者,是四海之人,悉非亲族,亦有放出身然后始相识,谓同此出身,何得便有情故。每年明经进士及第一百余人,每年春同年吏部得官一千五百人,亦是同年。言事者知陛下不亲小事,敢以此罔上。兵部郎中许季同与臣同年及第,为韦皋判官,刘辟作乱,季同弃妻子,归朝廷,吉甫赏其忠节,手自为制词,除监察御史,岂是同年?今为兵部郎中四五个月,未合转迁,缘亲兄许孟容授吏部侍郎,准敕兄弟不合同省,所以转授京兆少尹。他人亦须如此处置,岂得为同年? 臣闻忠臣事君,不以私害公,如亲故才行,实堪举用,即合陈奏,使各当其才,为身避嫌,使亲故有才不用,是徇私也。于公道何有哉? 为臣下私计,则免悔尤,为朝廷叙官则非至公矣。小人之言,不可不察。"上曰:"朕知卿不疑,向者如卿所奏,虽是亲兄弟侄子孙,但当才进用,更不须缕陈,浮言岂可信也。卿所分折,方知至公。"明日遂宣令义方即赴本任。①

《李相国论事集》,陈寅恪先生言"其书专诋李吉甫,固出于牛党之手"②。是书编者蒋偕,出自史官世家,其父蒋乂属主和派,兄蒋係为牛党要员李汉之婿,蒋偕本人曾与牛僧孺之子牛丛等撰《文宗实录》。蒋氏一门与牛党关系极为密切,故《论事集》口吻多偏袒李绛,讥讽李吉甫。材料所记李吉甫与元义方秘语私对,外人何从得知? 此类诬陷之语姑且不论,其余记载亦多处与史不合。其一,李绛谓许季同任兵部郎中四五月。检《册府》卷一五三《帝王部·明罚门二》,元和六年(811)十二月敕"万年县令杜羔、长安县令许季同并宜停见任"③,则元和七年正月元义方出任鄜坊观察使时许季同不可能已为兵部郎中四五个月。其二,许孟容贞元四年(788)七月任京兆尹,五年十月迁兵部侍郎,七年二月出为河南尹,八年入为吏部侍郎,则元和七年许季同案发生时,许孟容并非吏部侍郎,《论事集》所记必误。许孟容为兵部侍郎在前,许季同任兵部郎中在后,兄弟同在兵部供职已是既成事实。其后二人一为京兆少尹,一为河南尹,都离开兵部。所谓"兄弟不合同省",恐怕只是一个托词。其三,《论事集》称"刘辟作乱,季同弃妻子,归朝廷,吉甫赏其忠节,手自为制词,除监察御史",元和元年李吉甫为翰林学士,许季同除监察御史属中书制诏,外制应由中书舍人拟制,似不当出现李吉甫手自为制词的情形。其四,《论事集》以元和七年吐突承璀特承恩宠,实际上吐突承璀因讨王承宗失败,已为众矢之的。元和六年闰十二月,吐突承璀由军器库使贬为淮南监军,元和七年春承璀不在长安。其五,林宝《元和姓纂》记载吐突承璀为代人,而《论事

---

① 《李相国论事集》卷五《论元义方事》,第 37 页。
② 陈寅恪:《唐代政治史述论稿(外二种)》中篇《政治革命与党派分野》,北京:三联书店,2015 年,第 270 页。
③ 《册府》卷一五三《帝王部·明罚门二》,第 1851 页。

集》作闽越人。今按，吐突氏本代北复姓①，杜牧《吐突士晔妻封邑号制》记吐突承璀之子吐突士晔爵号为"阴山县开国公"②，《唐代墓志汇编续集》会昌〇一九《焦仙芝墓志》载志主"有女一人，适阴山吐突氏"，吐突家族以阴山为郡望，与闽中无关。唐代闽中为宦官渊薮③，吐突承璀父、祖失考，暂不能排除其本为闽人，后被吐突姓宦官收养的可能，但还有另一种可能性，即牛党移花接木，故意散布舆论，以坐实其与元义方的暧昧关系。

元义方其人，两《唐书》无传。《册府》卷七一六《幕府部·倚任门》："元义方精于吏理，贞元中为京兆府司录，时韦夏卿、李实继居尹正，府之公务，一以咨之。"④卷六九七《牧守部·苛细门》："元义方，宪宗元和中为福建观察，征拜京兆尹，历鄜坊观察使，皆著程能趣办之绩，然为政稍务苛刻，人多怨之。"⑤可见，元义方精于吏道，并非《论事集》所描述的邪佞之人。元义方贞元中久任京兆司录，熟悉长安情况，李吉甫将其征为京兆尹，本属正常迁转，牛党故意混淆视线，冠以党附吐突承璀的恶名，厚诬元义方的同时，连带诋毁李吉甫为承璀之党。元和六年、七年，李吉甫自淮南入相，时承璀失势贬为淮南监军。二人一在中朝，一在淮南，不太可能私相结托。

那么，许季同是否因李绛同年而超擢，元义方又与许季同等究竟有何过节呢？检《册府》卷一五三《帝王部·明罚门二》：

> （元和六年）十二月，敕："万年县令杜羔、长安县令许季同并宜停见任，京兆尹元义方宜罚一季俸禄。"初，义方以两县纳税逾程，系县吏，二令交救，抗词辨列，督责不为之释，而献酬之言厉。

①〔宋〕郑樵：《通志》卷二九"代北复姓"条，北京：中华书局，1987年，第474页。

②《樊川文集》卷二〇《吐突士晔妻封邑号制》，第304页。

③参唐长孺《唐代宦官籍贯与南口进献》，《山居存稿续编》，北京：中华书局，2011年，第359页。

④《册府》卷七一六《幕府部·倚任门》，第8533页。

⑤《册府》卷六九七《牧守部·苛细门》，第8319页。

于是,二令见执政,请移授散员,因俱辞以府政细刻,力不能奉,故两责焉。①

原来,元义方为京兆尹时,许季同为其属官。京畿县令、县尉"以科名者饰身之良具,因循者雅望之高标,率谓借资,耻亲吏事"②。许季同,贞元七年(791)进士,与李绛同年,杜羔,出自士族高门,贞元初进士。许季同亲兄许孟容为吏部侍郎,此二人进士出身,又多亲故援引,官运前程似锦,京畿令不过是仕进的跳板而已。不料偏偏遇到以苛细著称的京兆尹元义方。许季同、杜羔不胜职任,未能在规定的时限内完成两税征纳,于是面见宰相,称京兆尹细刻。此事是非曲直本不复杂,结果却出人意料。许季同等因朝中有人,被罚"停现任",元义方被罚一季俸。许季同、杜羔"停现任"后不久分别转为户部郎中、兵部郎中,俱得高升。明为两罚,实际上受到处罚的仅是缺乏后台的元义方。不仅如此,郑余庆等士族高门进一步对元义方进行报复。此前元义方以勋官至三品,请立门戟,郑余庆以元义方散官阶未至三品为由,不仅收回门戟,又罚其一月俸禄,为此专门颁布《条贯立戟敕》③。元义方请戟时格令条文中对散官官阶没有明确规定,这一敕条实专门针对元义方而置。元义方被李绛从京兆尹出为鄜坊观察使,正是当日长安科举士族结成朋党,排挤不附己官员的典型事例。

宪宗、李绛关于科举同年的议论反映出科举出身者在元和末已渐成朋党之势,同时也反映了二人之间的分歧。《唐摭言》卷七云:"贞元中,李元宾、韩愈、李绛、崔群同年进士,先是四君子定交久矣,共游梁补阙之门。"④李绛本人却公然否定同年之间存在情意,自然难以令宪宗满意。李绛、崔群等相继失势,应与宪宗的猜疑和防备有关。

①《册府》卷一五三《帝王部·明罚门二》,第1851页。
②《唐代墓志汇编》开成〇三九《卢当墓志》,第2197页。
③《唐大诏令集》卷一〇九《条贯立戟敕》,第566页。
④〔五代〕王定保撰,黄寿成点校:《唐摭言》卷七,西安:三秦出版社,2011年,第107页。

除朋党外,在官员除授是否避亲问题上,宪宗与李绛之间也有矛盾。《新唐书》卷一五二《李绛传》:

> 又言:"公等得无有姻故冗食者,当为惜官。"吉甫、权德舆皆称无有。绛曰:"崔祐甫为宰相,不半岁除吏八百人,德宗曰:'多公姻故,何耶?'祐甫曰:'所问当与不当耳,非臣亲旧,孰知其才?其不知者,安敢与官?'时以为名言。武后命官猥多,而开元中有名者皆出其选。古人言拔十得五,犹得其半,若情故自嫌,非圣主责成意。"帝曰:"诚然,在至当而已。"①

李吉甫之子李德裕,为避嫌猜,游宦诸使府。权德舆为文辞进用的普通文士,朝中少有亲故援引,故二人皆奏称无有。李绛未正面回答,却对起用姻故进行辩解,这间接说明宪宗"除官不避亲故"之问也是针对李绛的。宰相择官,当引荐四海俊杰,岂待亲旧相知始得举用? 由于宪宗后期,包庇科举同年,支持门生座主,引荐子弟等矛头均指向李绛,李绛的政治主张与后来的牛党大体一致,被一些研究者视为早期的牛党。只是宪宗时期,皇帝权威仍然较高,足以对官僚朋党加以限制,朋党问题尚未成为朝政中的主要问题。当日的主要争端是主战与主和的问题。宰相李逢吉,翰林学士钱徽、萧俛等主和派官员,与主战派暗中角力。元和十二年(817),裴度以宰相身份淮西督战。为阻止裴度立功,令狐楚草诏时故意以裴度为淮西宣慰招讨处置使,时宣武节度使韩弘为都统,意欲以此激怒韩弘,使二人不能协力。裴度识破此事,请去"招讨"二字,化解了这次危机②。

宪宗即位初期,顿革德宗猜忌之弊,委任宰臣,疏远宦官,此时对朋党也渐有警觉。既然两派官僚均不能完全信任,宪宗势必又在群臣中物色、扶持完全能为自己控制的官僚。元和中后期在政坛上还活跃

---

① 《新唐书》卷一五二《李绛传》,第4841—4842页。
② 《旧唐书》卷一六七《李逢吉传》,第4365页。

着一群依靠宪宗,与主战派和主和派同时对立的近幸文人群体。其代表人物是张宿、皇甫镈、程异等。

《新唐书》卷一六九《韦贯之传》:

> 皇甫镈、张宿皆以幸进。宿使淄青,裴度欲为请银绯,贯之曰:"宿奸佞,吾等纵不能斥,奈何欲假以宠乎?"由是宿等怨,阴构之,又与度论兵帝前,议颇驳,故罢为吏部侍郎。于是翰林学士、左拾遗郭求上疏申理,诏免求学士,出贯之为湖南观察使。不三日,韦顗、李正辞、薛公幹、李宣、韦处厚、崔韶坐与贯之厚善,悉贬为州刺史。顗、正辞、处厚皆清正,以钩党去,由是中外始大恶宿。①

又《通鉴》卷二四〇宪宗元和十二年九月庚子条:

> 初,上为广陵王,布衣张宿以辩口得幸;及即位,累官至比部员外郎。宿招权受赂于外,门下侍郎、同平章事李逢吉恶之。上欲以宿为谏议大夫,逢吉曰:"谏议重任,必能可否朝政,始宜为之。宿小人,岂得窃贤者之位!必欲用宿,请去臣乃可。"上由是不悦,逢吉又与裴度异议,上方倚度以平蔡;丁未,罢逢吉为东川节度使。②

韦贯之,"性高简,好甄别流品,又数请罢用兵"③,政见与穆宗以后的牛党基本一致,李逢吉属典型的主和派。张宿揭发韦顗、李正辞、韦处厚等私事,实为宪宗安插在朝臣中,专以侦视群臣朋党的耳目,甚至连李逢吉之流都耻于与之为伍。

皇甫镈、程异等也属宪宗幸臣之列,但与张宿又有不同,此二人因善于聚敛财赋而得宠信,甚至官拜宰相。《旧唐书》卷一三五《皇甫镈传》:

---

① 《新唐书》卷一六九《韦贯之传》,第 5154 页。
② 《通鉴》卷二四〇宪宗元和十二年九月庚子条,第 7861 页。
③ 《通鉴》卷二三九宪宗元和十一年七月壬午条,第 7846 页。

　　铸虽有吏才，素无公望，特以聚敛媚上，刻削希恩。诏书既下，物情骇异，至于贾贩无识，亦相嗤诮。宰相崔群、裴度以物议上闻，宪宗怒而不听……时宪宗以世道渐平，欲肆意娱乐，池台馆宇，稍增崇饰，而异、铸探知上旨，数贡羡余，以备经构，故帝独排物议相之；见裴度疏，以为朋党，竟不省览。①

皇甫铸出身官宦家庭，贞元初进士。在元和平叛中显示出一定的吏能，但其手段刻薄，恣意克扣军资，致使军心涣散，与裴度等主战派官员关系紧张，甚至一度联合李逢吉等共排裴度。作为近幸，皇甫铸与内廷关系尤密，元和末引荐方士柳泌、僧大通等为宪宗炼制长生之药。与皇甫铸同时因钱谷拜相的还有程异。程异父祖无官，属庶族士人，明经及第，登开元礼科。贞元末参与王叔文革新集团，为二王八司马之一，因其晓达钱谷，为盐铁使李巽举荐。平淮西时国用匮乏，程异以盐铁副使出巡江淮，为朝廷筹集亟需军费，得到裴度的认可。

　　张宿在宪宗为广陵王时以口辩得幸，相当于皇帝的私人谋士，与顺宗时期的王叔文、王伾，以及文宗朝的李训、郑注极为相似。皇甫铸、程异为锐意进取的文士，程异本人即为王叔文集团的核心成员。从顺宗时期的二王八司马至宪宗时期的张宿、皇甫铸，再至文宗时期的训、注集团，近幸作为一个政治势力，前后不绝如缕。这部分官员聚集在皇帝身边，仕途出于皇帝私恩，但遭到多数官僚士大夫的排斥。

　　根据上文分析，我们认为，宪宗朝官僚集团分化初现端倪，大体可以分成三个派别。其一是以李吉甫、裴度为首的主战派，更注重强化中央集权，在政治上也多有改革主张。其二是以李绛、李逢吉、令狐楚等为首的主和派或主抚派，这一政治势力更注重保护以科举进士为主体的官僚集团的利益。军事上多反对用兵，表现出一定的结党倾向。其三是张宿、皇甫铸、程异等文人近幸群体。宪宗察觉朝臣有朋党倾

①《旧唐书》卷一三五《皇甫铸传》，第3739—3741页。

向后,有意识地利用张宿、皇甫镈等近幸制约朝臣。元和时期官僚集团只是初步分化,穆宗以后则进一步演化为李党、牛党和李训、郑注为首的文人近幸集团。穆、敬、文、武诸朝官僚集团之间的矛盾和斗争主要在这三个集团之间展开。在对待宦官干政问题上,主战派整体上持配合态度,主抚派中李绛等所反对的是吐突承璀,却并不反对梁守谦等预知机密。两派官僚不同程度都承认宦官干政的事实,这也预示着宪宗遇弑后,皇帝很难直接从官僚士大夫阶层得到充分的支持,所依靠的只能是李训、郑注等文人近幸。

元和一朝的党派分野问题,乃主战与主抚的争论、科举同年朋比问题、多用士族子弟问题等。这些争论也是穆、敬、文、武四朝牛李党争的核心问题。我们认为,牛李党争是元和朝官僚集团党派分野的延续和扩大化。而文宗朝的李训、郑注集团则是元和朝近幸宠臣进一步登上历史舞台的政治表现。穆宗以下诸朝官僚集团的党争问题,都能从宪宗元和时期找到源头。

第十章　牛李党争

第一节　关于牛李党争概念的辨析

在正式讨论牛李党争之前,我们有必要对牛李党争的概念加以辨析。近年来学界对牛李的概念质疑很多。例如,关于牛李党争之名,习惯上,牛李党争,牛指牛僧孺,李指李德裕。但是岑仲勉、傅璇琮等先生根据唐代文献,指出文献中牛李之李本指李宗闵,与李德裕无关,岑仲勉先生还进一步认为李德裕无党。产生这种争论的原因主要是由于相关评论中对"党"的概念缺乏必要的界定，周建国先生曾指出，牛党、李党之"党"，主要指政治派别，而"李德裕无党"之"党"则为贬义的"朋党"之党①，这种见解是非常独到的。穆宗之后官僚集团确实存在激烈的党争，若不存在李德裕党，牛僧孺党没有政治对立面，也就无所谓党争问题。牛李两党对举时，"党"指政治上相互对立的两个政治派别，是一个没有褒贬之意的中性词。本书所提及之牛党、李党均为中性的政治派别之意。又牛僧孺、李宗闵以朋党著称，而李德裕与李宗闵等政见相敌对，坚决反对朋党，岑仲勉先生所谓李德裕无"党"即专对此而言。由于对牛李党的理解不同，学界对牛李双方成员的认定上存有一定的差异，但对两党的核心成员则大体一致。所谓的牛党，主要指牛僧孺、李宗闵、杨嗣复、杨虞卿、崔铉、令狐绹等，所谓的李党主要是李德裕、郑覃、李绅、陈夷行等。有的学者追溯党争源头，把元和时期的李吉甫、裴度、韦处厚等也归于李党，也有学者把李绛、李逢吉归于牛党。

　　牛李党争的发生时间，主要有三种意见，一是元和三年（808）对策案，二是长庆元年（821）科场案，三是元和十年裴度拜相②，其中前两种意见宋代以来便已存在③。关于元和三年对策案，岑仲勉、唐长孺诸先生早已辨明元和三年牛僧孺所抨击的主要是宦官，泣诉于宪宗的非李吉甫④，故不能视为党争的开始。元和十年裴度拜相后作为党争开

①周建国：《李德裕与牛李党争考述》，《唐研究》第 5 卷，1999 年。

②相关研究参胡戟、张弓、李斌城、葛承雍主编：《二十世纪唐研究》第一章《朋党之争》，北京：中国社会科学出版社，2002 年，第 67 页。

③〔宋〕晁公武撰，孙猛校证：《郡斋读书志校证》卷六杂史类，提及《元和朋党录》一卷："右唐马永易，记牛李朋党始末，自牛僧孺试贤良，迄令狐绹去位。"（上海：上海古籍出版社，1990 年，第 256 页）〔宋〕陈振孙：《直斋书录解题》卷五，提及《元和录》三卷："池州石埭县尉维扬马永锡（易）明叟撰，自元和三年牛李对策，以至大中十三年令狐绹罢相，唐朋党本末具矣。"（上海：上海古籍出版社，1987 年，第 151 页）马永易，宋徽宗时人。此书今已逸。

④关于此点，岑仲勉、唐长孺、傅璇琮、王炎平诸先生已经考证。参岑仲勉《隋唐史》第四十五节《吉甫何以受谤》条；唐长孺《唐修宪穆敬文四朝实录与牛李党争》，收《山居存稿》；王炎平《牛李党争》第一章第一节《李吉甫元和三年对策案》。

始,这一观点是以李逢吉乃牛党第一党魁为立论前提。李逢吉为第一党魁未被学界普遍认可,甚至李逢吉是否为牛党还有争议,这一意见亦难成立①。笔者更倾向于以穆宗长庆元年科场案为牛李党争的开始。长庆元年,因舞弊被落下者李宗闵女婿苏巢、杨汝士弟杨殷士,揭发者则是翰林学士元稹、李德裕、李绅。《旧唐书·钱徽传》称事后"朋比之徒,如挞于市,咸眦眦于绅、稹"。据《唐代墓志汇编》元和一〇五《杨宁墓志》,钱徽与杨虞卿父杨宁是密交,至迟长庆元年,李宗闵、杨虞卿、杨汝士等已结成朋党。而李党核心成员李绅、李德裕此时也以反朋党的姿态与之发生正面冲突,以之作为牛李党争的始发时间比较令人信服。

关于牛李党争的性质,更是历来众说纷纭。陈寅恪先生认为李党代表北朝以来的山东高门士族,重门第、尚经学,以谨守礼法、门风为特征,而牛党代表高宗、武后以来由进士科进用的新兴阶级,重科举、尚文辞,以浮华、放浪著称。陈氏之说开牛李党争基础研究的先河,影响非常广泛,但是也遭到诸多质疑。岑仲勉《隋唐史》逐个考察陈寅恪所提及牛李人数(牛党二十三人、李党八人),指出大多数都是科举出身。日本学者砺波护通过排查史料,列出牛党四十一人,李党二十二人,所作结论与岑仲勉先生基本一致②。但李浩《从士族郡望看牛李

①王炎平《牛李党争》以李逢吉为牛党的第一党魁,《李德裕年谱》称李逢吉为李宗闵、牛僧孺等人的早期庇护者。何灿浩《李逢吉党属小考》(《宁波师院学报》,1985年第1期)认为李逢吉自成一党,丁鼎《李逢吉与牛僧孺关系考论——兼论牛、李两党的划分标准》(《人文杂志》,1993年第3期)、《牛僧孺年谱》(沈阳:辽海出版社,1997年)也认为李逢吉与牛僧孺并非同党。

②〔日〕砺波护《中世贵族制の崩坏と辟召制—牛李の党争を手がかりに—》,《东洋史研究》第21卷第3号,1962年。所列牛党四十一人:郡望二十人:李绛、李宗闵、杨嗣复、萧俛、马植、杜牧、李珏、李逢吉、韩佽、李固言、杨虞卿、杨汝士、杨敬之、杨汉公、李汉、崔球、魏謩、权璩、崔铉、杜悰;非郡望五人:牛僧孺、白居易、李景让、白敏中、刘栖楚;家世不明十六人:李甘、张仲方、张又新、刘蕡、张元夫、令狐楚、令狐绹、周墀、熊望、吴汝纳、李续之、李咸、李翰、张鹭、萧澣、苏滌。李党二十二人:郡望十人:李回、郑畋、郑亚、裴度、李绅、李让夷、崔郸、陈夷行、韦瓘、李德裕、郑覃、崔珙;非郡望七人:李商隐、崔从、刘濛、封敖、王茂元、薛元赏、薛元龟;不明三人:刘轲、刘三复、刘邺。

党争的分野》一文继承并发挥了陈先生的思路，认为牛李党争是关中郡姓与山东士族的党争，王力平《地域分野难以界说党派之争——〈从士族郡望看牛李党争的分野〉商榷》对此文进行了辩驳①。从官僚出身或地域来讨论党争性质，陷入无休止的争论的困境。关于牛李党争，唐长孺先生指出：

> 牛李党争是唐代中叶统治阶级内部的重大政治斗争。斗争的中心是对于怎样维护走向衰亡的唐皇朝具有不同政见，却又涉及家世出身和私人恩怨。由于唐皇朝的颓势无可挽回，力图强化朝廷的李德裕一派不得终于失败，而主张因循苟安的牛僧孺一派获得胜利。②

唐先生虽然没有明确给牛李党争作出定义，实际上视牛李党争为强化中央集权的改革派与因循苟安的保守派之间的斗争。这一观点跳出门阀旧族与新兴阶级的窠臼，而且牛李双方在科举、藩镇、边疆等问题上确实存有明显对立，因此具有很强的说服力。

元和以后，尤其是宪宗遇弑后，宦官集团在中枢决策过程中具有很大的发言权，不可忽略。在论及宫廷政治时，我们已经阐发这样一种观点：穆、敬、文、武四朝宫廷之争实际上是元和朝宫廷党争的延续。同样，在官僚集团的政治斗争上，李宗闵、李德裕等可以说是李绛、李吉甫之后的下一代官僚，牛李党争可以视为宪宗末官僚集团之争的延续。元和时期，宪宗素有威望，决策权集中于皇帝之手，李吉甫、李绛、裴度、李逢吉等主要是个人政见之争，而穆、敬、文诸朝受宪宗遇弑的打击，皇权严重衰落，不足以控制外朝，官僚集团从个人政见之争发展为大规模的政治攻讦。牛李党争表面上错综复杂，根源仍在宫廷内部，且与宦官政治密切相关。

---

①分见《历史研究》1999 年第 4 期、2000 年第 4 期。
②唐长孺：《唐修宪穆敬文四朝实录与牛李党争》，收于《山居存稿》，第 201 页。

第二节　牛李党争的主要内容

牛李党争,正式爆发于长庆元年,但是牛李双方争论的焦点,例如朋党问题及对藩镇政策问题等在元和年间已初现端倪。牛李党争虽然夹杂家世、个人意气等因素,本质上是两种不同政见的原则分歧,双方在一些重大政治问题上都针锋相对。

（一）关于科举与士族问题

隋唐时期,山东及关陇士族脱离乡里,移居两京,成了依赖文化知识世代为官的文化士族。唐代官员仕进主要有门荫入仕、杂色入流和科举三种途径。唐前期官僚铨选,门荫入仕和杂色入流所占的比重很大,安史之乱后,科举入仕成为高级官吏的主要来源。由于科举制成为官僚选拔的正途,一方面,不论是士族旧门,还是当世新进官僚,往往利用手中权势,徇私舞弊,请托考官,致使唐代科场弊案,层出不穷。另一方面,科考中第者,基本确定可以做官,同进第者互为同僚的概率很大,为了在朝中迅速立足,纷纷以门生、座主或同年等方式相互援引,共同进退,形成政治小团体。上述两方面都促成了中唐以后朋党问题的产生。科举制作为一种取士方法,与门阀士族并非截然对立的事物。科举制是个开放的体系,庶族孤寒可以通过科举步入仕途,士族子弟也可由科举步入仕途。虽然名义上每个人机会均等,但是新兴普通士族在政治上没有靠山,其仕进之路往往被居于优势地位的士族门阀所取代。

唐前期士族高门可通过门荫步入仕途,科举主要为孤寒提供仕进途径,但是后来门荫走向衰落,越来越多的士族子弟选择科举入仕的道路。有一些昔日的高门甲族仍固守传统,在心态上不屑于参加科举考试。《唐代墓志汇编》元和〇九九《李岗墓志》:

> 府君赵郡赞皇人也,讳岗,姓李氏,其先出于周柱史伯阳,子

> 孙食于赵之柏仁……府君当开元、天宝间，天下无事，士皆饰躬励学，耻苟于名位，故他门而可以得禄者，府君未尝屑于中怀，由道而得，于己虽卑屈，不以为污。①

李岗与李德裕同出于赵郡赞皇李氏，这一支仍顽固地坚持门荫入仕的传统。李岗称门荫入仕为"由道而得"，坚持不参加科举，声言"于己虽卑屈，不以为污"，以此暗讥那些放弃门荫而改求进士的士族。李德裕对士族子弟由科举进用的态度与李岗类似。李德裕祖李栖筠以仕进无门，由科举进，其后家不置《文选》，李德裕自称"好骡马不入行"，坚持以品子叙官。他不反对科举制本身，所反对的是公卿子弟本可门荫，却由科举求名，抑塞了平民仕进之路。大和八年，李德裕为相，是年所取进士多贫寒之士，有人作诗讥嘲道："乞儿还有大通年，六十三人笼仗全。薛庶准前骑瘦马，范鹏依旧盖番毡。"②武宗朝李德裕主政期间，每年所取进士名额扩至四十人，李德裕亲自向主考举荐卢肇、黄颇等孤寒举人，而封敖等朝官有子弟甚至不敢应举，在取士标准上体现出"抑退浮薄，奖拔孤寒"③的特点。

　　与李德裕抑制科举浮华成鲜明对照的是，牛党牛僧孺、李宗闵、杨虞卿、杨嗣复、李珏等几乎全是进士出身，李宗闵、杨嗣复等还亲为主考官，门生故吏遍布天下，相互吹捧援引。牛李成员虽然俱以进士为主，但在科举问题上确实存在着尖锐的对立。

　　其一，牛党多重文辞，李党重经义。牛党杨嗣复、李宗闵、李珏、崔铉等皆善文辞。《东观奏记》卷上："同秉政者陈夷行、郑覃请经术孤单者进用，珏与嗣复论地胄词采者居先。"④在中书门下体制下，草拟诏敕的文书部门往往居于核心决策地位。擅于辞赋是进入中书、翰林

---

① 《唐代墓志汇编》元和〇九九《李岗墓志》，第 2018 页。
② 〔清〕徐松撰，孟二冬补正：《登科记考补正》卷二一，北京：燕山出版社，2003 年，第 114 页。
③ 《北梦琐言》卷三"卢肇为进士状元"条，第 41 页。
④ 《东观奏记》卷上，第 90 页。

的重要条件。牛党重词采，是重文章功利性的表现。李党重经术，则强调经术的教化作用。郑覃为相期间，置五经博士，立石壁九经，供天下士人临摹。可见，李党为的是政权的长治久安，牛党则主要出于自己集团的政治私利。

其二，牛党不避权要，重交游请托，科考舞弊。李党则多抑制子弟应举，改革科举弊政，有利于寒素科举入仕的通畅。

牛党诸人以科举结成门生座主，杨嗣复与牛僧孺、李宗闵等"皆权德舆贡举门生，情义相得，进退取舍，多与之同"①。穆宗长庆元年（821）科场案，钱徽受杨汝士、李宗闵等请托，贡举不公，段文昌、李绅等诉于穆宗，引发党争。李党虽不乏进士出身者，但对科举不公、进士浮华多有不满。长庆元年取士舞弊案正是牛李党争的开端。开成中，郑覃为相，盛赞主考官高锴取士能抑豪强，进孤寒②。开成二年（837），崔珙因京兆贡举浮华，奏废京兆府解送等第。会昌时期，李德裕"不欲令及第进士呼有司为座主，趋际其门，兼题名、局席等"③，罢废进士曲江宴、慈恩寺题名等浮华之俗。

宣宗大中以后，李党彻底失败，被停废的科举弊政为牛党所恢复。牛李双方争论的实质得到更清楚的体现。"大中以来，礼部放榜，岁取三二人姓氏稀僻者，谓之'色目人'。亦谓之'榜花'。"④又咸通时崔瑶知贡举，"以贵要自恃，不畏外议。榜出，率皆权豪子弟"⑤，科举已基本为权贵士族所垄断。据宋德熹统计，宣、懿两朝，由科举入仕者中士族占 93%，小姓占 4.2%，寒素仅占 2.8%，士族所占比重大大高于唐代

---

① 《旧唐书》卷一七六《杨嗣复传》，第 4556 页。
② 长庆元年科考案中，郑覃弟郑朗与李宗闵婿苏巢等一并覆落，论者常以此抨击郑覃亦有请托。按，李宗闵、杨汝士贬官，郑覃未受任何责罚，郑朗舞弊应与郑覃无涉。
③ 《唐摭言》卷三"慈恩寺题名游赏赋咏杂纪"条，第 48 页。
④ 《南部新书》卷丙，第 34 页。
⑤ 《唐语林校证》卷三《方正》，第 214 页。

68.4%的平均水平,而寒素所占比例则远低于17.8%的平均水平①。

（二）关于朋党问题

宪宗以后,宦官擅权,皇纲不振,朋党具备了滋生的温床。牛党以科举为纽带结成门生座主关系,直至打通关节,徇私舞弊,意在仕途中能相互援引,共同进退,朋党之风日扇。牛党要员中,李逢吉、牛僧孺、李宗闵、杨虞卿等无不负有朋党恶名。

李逢吉为牛僧孺等人前辈,穆宗、敬宗时期勾结王守澄,在朝中大兴朋党。《旧唐书》卷一六七《李逢吉传》云:"朝士代逢吉鸣吠者,张又新、李续之、张权舆、刘栖楚、李虞、程昔范、姜洽、李仲言,时号'八关十六子'。又新等八人居要剧,而胥附者又八人。有求于逢吉者,必先经此八人纳赂,无不如意者。"②韦处厚上疏论救李绅云"今逢吉门下故吏,遍满朝行"③。李逢吉借武昭案诋毁裴度,事泄失势后,张又新等复入李宗闵、杨嗣复等朋党。

李逢吉之后,牛僧孺、李宗闵朋党大兴。刘轲《牛羊日历》云:"僧孺乃与杨虞卿兄弟驱驾轻薄,毁短逢吉。又恶裴度之功,曾进《曹马传》以谋陷害。虞卿又结李宗闵之门人,尽驱之牛门。此外有不依附者,潜被疮痛,遭之者谓之'阴毒伤寒'。京口语曰:'太牢笔,少牢口,东西南北何处走。'太牢,僧孺。少牢,虞卿。"④李宗闵党人中最活跃的是京兆尹杨虞卿。《旧唐书》卷一七六《杨虞卿传》:"性柔佞,能阿附权幸以为奸利。每岁铨曹贡部,为举选人驰走取科第,占员阙,无不得其所欲……而李宗闵待之如骨肉,以能朋比唱和,故时号党魁。"⑤

---

①数字转录自宋德熹:《唐代后半期门阀与宦官之关系》附表二《唐代统治阶层入仕途径统计表》,淡江大学中文系编:《晚唐的社会与文化》,台北:学生书局,1990年,第120页。

②《旧唐书》卷一六七《李逢吉传》,第4366页。

③《旧唐书》卷一五九《韦处厚传》,第4184页。

④〔唐〕刘轲:《牛羊日历》,收于〔清〕缪荃孙编《藕香零拾》,北京:中华书局,1999年,第104页。

⑤《旧唐书》卷一七六《杨虞卿传》,第4563页。

《牛羊日历》云:"京兆尹杨虞卿,上挠宰政,下干有司,若党附者,朝为布衣,暮拾青紫,其或能输金袖璧,可以不读书为名儒,不识字为博学。"①杨虞卿为吏部侍郎,其所居南亭子为杨虞卿与其党聚议之所,号为"行中书"②。杨虞卿、杨汝士、杨汉公兄弟与苏景胤、张元夫并属李宗闵之党,时语云:"欲趋举场,问苏、张;苏、张犹可,三杨杀我。"③

与牛党操纵官吏除授不同,李党则几无朋党之迹。李德裕"性孤峭,嫉朋党如仇雠"④;李绅因嫉恶如仇,"为朋党所挤,滨于祸患"⑤;郑覃"少清苦贞,退不造次与人款狎","然嫉恶太过,多所不容,众惮而恶之"⑥;李让夷"廉介不妄交"⑦。开成年间,郑覃等抨击杨嗣复、李珏朋党,杨嗣复仰仗枢密使及杨妃的支持,甚至以辞相来要挟文宗,终不能就朋党问题反击郑覃。《通鉴》等偶会提及"李德裕之党",细审其党,大和九年(835)李训、郑注所贬"李德裕之党"实仅李德裕一人。会昌六年(846)白敏中等所贬"李德裕之党",主要为李德裕所委任者,如李回、刘濛、薛元赏、薛元龟等,此数人皆因功业进用。李党实际上是指一群以李德裕为核心,敢于任事的正直官僚。他们因相近的政治主张而遭到牛党忌恨,又因共同的政敌而相互支持。从整体上说,李党内部缺乏横向联系,政治主张也不尽相同。会昌三年四月,朝廷商议如何处置泽潞事变,朝官多请依刘从谏例,许刘稹继袭,"宰臣四人亦有以师出非便者",德裕奏曰:"如师出无功,臣请自当罪戾,请不累李绅、让夷等。"⑧李德裕虽与李绅、让夷相善,在国事上亦各有主张,非牛党朋比怙权之辈所比。

①〔唐〕刘轲:《牛羊日历》,收于《藕香零拾》,第104页。
②《南部新书》卷己,第82页。
③《新唐书》卷一七五《杨虞卿传》,第5249页。
④《东观奏记》卷上,第90页。
⑤《旧唐书》卷一七三《李绅传》,第4500页。
⑥《旧唐书》卷一七三《郑覃传》,第4492页。
⑦《新唐书》卷一八一《李让夷传》,第5351页。
⑧《旧唐书》卷一七四《李德裕传》,第4526页。

　　牛党以朋党相结,对不入其党且有过节的李党不惜采用诬陷等手法进行打压、报复。李绅、李德裕等屡遭牛党诋毁陷害。一代名将石雄,因其为李德裕所拔擢,竟遭废置不用。又如李商隐,最初得令狐楚父子赏识而及第,后游王茂元幕府并娶其女为妻,王茂元为李德裕擢用之武人,李商隐遂被牛党视忘恩负义,终身不得重用。李德裕等虽嫉恶过甚,仍保持政治家的胸襟,会昌中,李德裕擢用属于牛党的白敏中以及牛僧孺故吏柳仲郢。柳仲郢感慨地说:"下官不期太尉恩奖及此,仰报厚德,敢不如奇章门馆!"①范祖禹云:"牛僧孺、李宗闵之党多小人,德裕之党多君子。"②其说甚是。

　　(三)关于藩镇和边疆问题

　　牛李党争是元和党争的延续与扩大,在藩镇问题和边疆问题上牛李双方继续了元和时期主战派和主和派的争论。在这一问题上,苟且姑息并非仅是个人政见,而是有着广泛的阶层利益和认知基础。牛党之中,牛僧孺以儒德著称。关于儒家外圣内王之说,牛僧孺更注重内心的"德",但所谓的"德"是建立在"私"的基础之上。牛僧孺所著《私辨》云:

　　　　秦始皇之废弃诸侯,是以天下之爵私于身也,故天下亦公而疏之,故武王公天下之财而散之,而天下之兆庶皆私而亲之;高皇帝公天下之爵而封之,而天下之英雄亦皆私而亲之。是以自私者,人公而亡也;自公者,人私而昌也……余谓亡国之君,亡家之臣,亡身之人,俱不得私之道也,非圣贤之无私也。③

简言之,牛僧孺推崇分封制,反对秦郡县制。其理想的模式是皇帝与藩镇分权,认为只有中央朝廷不私其权力,给藩镇以实际好处,藩镇才

①《旧唐书》卷一六五《柳仲郢传》,第4306页。
②《唐鉴》卷一一《宣宗》,第298页。
③《英华》卷三六四牛僧孺《私辨》,第1867页。

能"私而亲之"。在中央皇朝与藩镇的对抗中,牛僧孺对强化中央集权并不热心。在边疆政策上,牛僧孺亦持类似看法。所作《守在四夷论》:"四夷先起于内,不由四夷不守于外也。"①大和五年(831),幽州军乱,逐节度使李载义。牛僧孺竟说"范阳自安史以来,非国所有,朝廷费钱八十万缗而无丝毫所获……因而抚之,使捍北狄,不必计其逆顺"②。

　　牛党主张维持现状,苟且偷安,反对削藩战争,与当时的政治环境有关。德宗、宪宗两朝对藩镇进行连绵数年的战争,集天下之力,仍未能使河朔屈服。每次朝廷用兵,耗费大量财赋,府库因之衰竭,藩镇平定不久又再生叛乱,朝廷得不偿失,当权者常不敢轻言战事。建功立业非朋党者所长,大抵所有朋党者都喜欢维持"太平"之世。从历次战争中藩镇也逐渐明白只能借朝廷声势方能立稳脚跟的道理。为防止朝廷猜疑,往往瞩意培植有入朝仕宦前景的士人为代言人。中唐以后,门荫制衰落,不少公卿子弟、科举士人纷纷远游河朔③。就官僚个人利益而言,维持若干藩镇割据更符合其政治利益。文宗大和中,李宗闵辅政,昭义刘从谏入朝,文武百辟尽凑其门,托以私事。昭义镇得以逐渐特殊化,与李逢吉、李宗闵等牛党官僚们的姑息纵容有直接的关系。

　　藩镇既专有其兵甲、有其财赋,又有其人民,从长远看势必侵害朝廷利益,官僚集团中也不乏有识之士,从维护统治集团的长治久安出发,主张武力削平藩镇,这批官僚多数属于李党。李吉甫密赞宪宗讨刘辟,平李锜。元和初全国有四十八个藩镇,李吉甫入相后在一年多的时间里"凡易三十六镇"④。李德裕为相期间,力主武力削平刘稹之

①《英华》卷七四三牛僧孺《守在四夷论》,第3881页。
②《通鉴》卷二四四文宗大和五年正月庚申条,第7996页。
③日本学者砺波护对此有非常独特的见解,参《唐代における使院の僚佐の辟召制》,收入氏著《唐代政治社会史研究》,京都:同朋舍,1986年。
④《新唐书》卷一四六《李吉甫传》,第4740页。

乱,迫使河朔三镇服从朝廷调度,还裁省官吏,对藩镇征辟僚佐规模进
行限制。在藩镇问题上牛李双方立场可谓泾渭分明。

（四）关于君权与相权的问题

朋党问题的产生即在于皇权的中衰,元和虽有主战派和主和派之
争论,但宪宗有能力控制朝政,穆宗以后,君主为宦官所立,在位时间
短暂,不足以控制朝政。朋党的产生与相权的失控有极大的关系。在
君权与相权问题上,牛李双方也是鲜明对立的。

牛僧孺在《私辩》中,认为强化皇权是"以天下之爵私于身",只有
"公"天下之爵,才能达到治天下的目的。但是,在封建专制时代,所谓
"公"天下之爵,就是将百官任命、赏罚官员之权下放给宰相等。要求
君权下放的,除牛僧孺外,还包括杨虞卿、李宗闵等牛党官员。

《通鉴》卷二四四文宗大和七年(833)六月壬申条:

> 初李宗闵恶覃在禁中数言事,奏罢其侍讲。上从容谓宰相
> 曰:"殷侑经术颇似郑覃。"宗闵对曰:"覃、侑经术诚可尚,然议论
> 不足听。"李德裕曰:"覃、侑议论,他人不欲闻,惟陛下欲闻之。"
> 后旬日,宣出,除覃御史大夫。宗闵谓枢密使崔潭峻曰:"事一切
> 宣出,安用中书!"潭峻曰:"八年天子,听其自行事亦可矣。"宗闵
> 怃然而止。[1]

李宗闵在朝内横行朋党,文宗一事不从,就有"安用中书"之问。放在
牛党肆意结党的具体语境下来看,这正是牛党藐视君权,追逐权力的
体现。开成末,杨嗣复等自恃有枢密使、杨妃为奥援,与郑覃、陈夷行
议事不协,即以辞相要挟文宗,数日不朝,无君之态更甚于李宗闵。

牛党以追逐权力为从政目标,常嫌相权不足。李党强化朝廷权
威,尊崇皇室。另外,李德裕、李绅等多有翰林学士经历,对君权更有
亲近感,在君相关系上,能自觉对相权进行某些抑制。

---

[1]《通鉴》卷二四四文宗大和七年六月壬申条,第8007页。

此外,杨虞卿等牛党常以亲属门吏结交朋党,收受贿赂,李党则少有这方面的丑闻。李吉甫为相,李德裕避嫌,游于诸镇使府。李德裕为相,其子李烨,"已及弱冠,而谨畏自律,虽亲党门客罕相面焉"①。《唐代墓志汇编续集》咸通〇〇五《白敏中墓志》:"前朝旧相当事主时,轻家族如毛缕。"牛党以此攻击李德裕,恰好说明李德裕家教之严。

牛僧孺、李宗闵为相,追逐物质享受。李宗闵为延结宾客,罢朝后与李听等在相阁把酒尽欢。李德裕入相,谕御史见宰相先经御史台,罢朝后百官由龙尾道出,百官至相阁之事遂绝②。中书门下常以江淮富人给文牒捉钱生利,号为"堂厨事利人",李德裕拜相后罢给食利文牒③。宋晁载之《续谈助》卷三引李德裕《文武两朝献替记》云:

> 三月暮,高品阎从约押赐含桃,谓余曰:"不锁柜坊也。"余未喻。曰:"自相公入相,京师细婢良马无价,两市不锁柜坊。"先是,宗闵每置宴,皆令京兆府主办,两县令官吏因缘求取,除羊酒外,每行又率见钱,所敛至厚。至是余与王相涯相约,向后有宴饯出使宰相及看花观稼,宰相于宅中置宴,皆取冬至、岁、寒食三节,假日亦不邀故相及三品已上官。宰相皆先取旨,然后敢赴会。牛僧孺出镇淮南日,开六七重坊门,夜宴至三更而散,又过李听宅,令出妓乐,每宴与平康坊倡妓同席酣饮。至是并不令两县更置娼妓。上闻之甚悦。④

李德裕谨慎细微,主动抵制牛党夜宴结交等陋习。李德裕再入相,向武宗提出宰相任职不宜过长,最多不过三考,又主动废黜科举取士时主司先呈宰相的旧习。终会昌朝,尽管不断有人谗毁李德裕权力太专,武宗始终委任不疑,同李德裕尊崇皇权,裁抑相权的态度有直接

①《唐代墓志汇编》咸通〇一六《李烨墓志》,第2391页。
②《新唐书》卷一八〇《李德裕传》,第5333页。
③〔宋〕晁载之:《续谈助》卷三引李德裕《文武两朝献替记》,《丛书集成初编》本,第50页。
④《续谈助》卷三引《文武两朝献替记》,第50页。

关系。

宣宗上台后，牛党执政，李德裕损益相权之法尽废，懿、僖诸朝君相变本加厉，豪奢糜烂更甚于前。

第三节　宦官集团与牛李党争

宪宗遇弑后，穆、敬、文、武诸帝皆为元和宦官所立，皇帝的权力被元和系宦官挟持，宦官势力向外廷渗透。一方面皇权不振，官僚集团具有朋党的温床，皇权不振是因为皇权被宦官集团侵夺，党争又需仰仗宦官鼻息。牛李党争属官僚集团内部的纷争，但是党争的成败却由宦官所决定。中国历史上统治集团内部曾多次发生党争，但是像牛李党争那样，宦官集团卷入外朝党争并直接影响党争进程的，则仅见于中晚唐时期。

牛党党魁牛僧孺、李宗闵皆因元和三年（808）对策案一举成名。元和三年对策案是中晚唐政治史中非常重要的事件，也是一个悬案①。《旧唐书》卷一四八《裴垍传》：

> 诏举贤良，时有皇甫湜对策，其言激切；牛僧孺、李宗闵亦苦诋时政。考官杨於陵、韦贯之升三子之策皆上第，垍居中覆视，无所同异。及为贵幸泣诉，请罪于上，宪宗不得已，出於陵、贯之官，罢垍翰林学士，除户部侍郎。②

对策案争论的焦点是当日策论抨击的是谁。《旧唐书·裴垍传》作"贵幸"，《旧唐书·宪宗纪》作"权幸"，但两唐书《杨於陵传》《李吉甫传》、《新唐书·牛僧孺传》、《通鉴》等皆作"宰相"或"李吉甫"。过去常认为牛、李等指斥对象为李吉甫。贵幸一般指外戚、宦官等皇帝身

---

① 唐长孺：《唐修宪穆敬文四朝实录与牛李党争》，收于《山居存稿》，第216—223页。
② 《旧唐书》卷一四八《裴垍传》，第3989页。

边近臣,中晚唐外戚无权,贵幸一般专指宦官。李吉甫出身名门,不当用"幸臣"称之。二人策文,《皇甫湜策文》现存于《皇甫持正集》卷三、《英华》卷四八九。策文云:"夫褒狎亏残之微,褊险之徒,皂隶之职,岂可使之掌王命、握兵柄,内膺腹心之寄、外当耳目之任乎? 此贞夫义士所以寒心销志,泣愤而不能已者。"①直斥宦官是一切危机的根源。牛僧孺策文过去认为已亡佚,学者仅能从杜牧《牛僧孺墓志》中窥其主旨。墓志中提及策文内容主要关涉两事,一为"数强臣不奉法",一为"忧天子炽于武功"。近年周浩先生从宋代佚名《增注唐策》中辑出牛僧孺策文,其全貌亦略可睹见②。牛僧孺策文语调委婉,四平八稳,对时弊实无激烈用语。其文云"宠诸侯之位,未尝因功,故强臣憎狃矣",即墓志所谓"数强臣不奉法"。"夫富于春秋,戒在黩武……宇内清平,戒在侵边鄙",即墓志所谓"忧天子炽于武功"。策文在"强臣"下句称"接百司之情,未尝尽材,故幸臣专命矣",牛僧孺原策中"幸臣专命"问题也为策论重点。"臣又闻中代以前……坚甲劲兵,不令专任,咨询应对,不令专权,夕处朝游,不令专侍……中代已降,又有甚于此。谓之宰辅,不见于涉旬;谓之公卿,不见于越月;处之谏列,不见于经时;目之侍臣,不见于终岁。"因为下文明确出现"宰辅","幸臣"即宦官无疑。牛僧孺策文确实抨击了宦官,杜牧无疑是一清二楚的。唯宣宗大中年间,宦官权势炽热,杜牧撰墓志时故为隐讳罢了。

总之,皇甫湜策文,激烈抨击的主要是宦官,牛僧孺对策文风平和,也抨击了宦官"幸臣专命"问题。宰相李吉甫虽受指责,尚不至"泣诉"帝前。我们必须承认,牛僧孺最初是反对宦官专权的。穆宗初牛僧孺为御史中丞,据理力争,坚持将与宦官勾结的赃官李直臣处死。但是在官场磨炼数年后,却渐改初心,对宦官态度也日渐圆滑,奉行明哲保身之策。牛僧孺《鸡触人述》云:"君子之是叹至刚自折者若此,

①《英华》卷四八九皇甫湜《贤良方正直言极谏策》,第 2500 页。
②周浩:《新辑牛僧孺贤良策文考释》,《唐史论丛》第 20 辑,2015 年。

不度力取笑者又如此……尔依于人，人即尔主，轻肆其勇，而悖于主，所以虽有长嘴利距，不能久恃……僧孺常思度，谓欲移人之事，当有类其鸡者。呜呼！宜诫夫刚哉。"①李宗闵也为自己投靠宦官的行径辩护。李宗闵在《随论上下篇》文中提出"圣人以枉道为耻，以屈道为辱，不以屈身为辱"，又说："若不得其时，不遭其会，上无明天子，下无明诸侯，则必汲汲而求退。岂不曰今辱吾身，泽得施乎民，道得行乎世，吾往也。"②元和三年对策案中牛僧孺、李宗闵曾抨击宦官"专命"之弊，最终却顿改初志，甚至与之同流合污。李宗闵为求宰相，更是主动与杨承和、王践言等宦官勾结。

刘轲《牛羊日历》云：

> 僧孺外唯简默，内多诡诈，甚窃当时之誉。辛秘为考官时以女妻之。有应科目人杨承和，当秘为考官时与登科第，中书覆落。承和甚感秘恩。一日乃为内官，以至朱紫，秘不知之。元和中，秘为礼官，习礼于宣政殿，方与承和相见，且曰："坐主记得门生否？"既知之，曰："老夫不忘也，有一子婿仰累。"承和且言于帝，呼为牛郎，乃馨室相结。元和末，僧孺又引三杨与承和结识。穆宗之立也，承和有定策之功，僧孺预焉。洎承和掌枢密，僧孺不数年登台座……及宗闵为相，又引僧孺，凡在宗闵门生，虽卑冗，不周岁皆至大僚，自云内有奥主，谓承和也，凡在朋党四十余人。③

辛秘为昭义节度使，牛僧孺为其子婿，元和十五年（820）辛秘卒，牛僧孺撰神道碑④。据神道碑所记，辛秘未曾知贡举。又礼部试毕，中书覆

---

① 《英华》卷三七二牛僧孺《鸡触人述》，第 1902 页。
② 《英华》卷七六〇李宗闵《随论上下篇》，第 3982 页。
③ 〔唐〕刘轲：《牛羊日历》，收于《藕香零拾》，第 104 页。另见《白孔六帖》卷九二"小人·馨室相结、内有奥主"条（〔唐〕白居易原本，〔宋〕孔传续撰，上海：上海古籍出版社，1992 年，第 494 页）。
④ 《英华》卷九一五牛僧孺《昭义军节度使辛公神道碑》，第 4819 页。

视之制始于开元年间,安史乱后废,穆宗长庆元年科考案后复行。元和年间似不当出现考官与登科而中书覆落的情况。牛僧孺因辛秘与杨承和罄室相结的故事应系李党的伪撰。杨承和尤精文墨,文辞、书法皆不在进士之下,曾为举人事未可骤言虚妄。李宗闵厚结杨承和,《通鉴》、两《唐书》皆有明确记载,坊间牛僧孺、李宗闵、三杨等以杨承和为"奥主"之说恐怕并非空穴来风。

《旧唐书》卷一七六《李宗闵传》:

> (大和)三年八月,以本官同平章事。时裴度荐李德裕,将大用。德裕自浙西入朝,为中人助宗闵者所沮,复出镇。寻引牛僧孺同知政事,二人唱和,凡德裕之党皆逐之……宗闵为吏部侍郎时,因驸马都尉沈𤪡结托女学士宋若宪及知枢密杨承和,二人数称之于上前,故获征用。①

杨承和是宦官中精文学者,宋若宪亦善属文,号女学士。李宗闵与之相结,乃外朝官僚以文辞结交朋党习气在内廷的延续。除杨承和外,李宗闵所结交的尚有王践言、韦元素等。大和九年(835),李宗闵阴事被郑注揭发,杨承和、韦元素、沈𤪡及若宪姻党坐贬者十余人,李宗闵在内廷势力可见一斑。

牛僧孺两次入相也都有宦官背景。牛僧孺穆宗朝第一次入相是李逢吉援引,李逢吉背后是枢密使王守澄;文宗朝第二次入相为李宗闵所引,李宗闵背后是枢密使杨承和。王守澄与杨承和等争权不协,李逢吉与牛僧孺、李宗闵等之间横向联系较少,但是李逢吉对牛僧孺有引荐之功,《牛羊日历》称牛僧孺、杨嗣复等曾投依其门下。李逢吉失势后,"八关十二子"中的张又新等复与杨嗣复等结党,所以习惯上仍将李逢吉归于牛党。

牛僧孺镇淮南时,从事杜牧曾作《淮南监军使院厅壁记》:"故上

---

① 《旧唐书》卷一七六《李宗闵传》,第 4552 页。

至相国奇章公,下至于百姓,无不道说内侍,称为贤人,此不虚也。"[1]
在《牛僧孺墓志》中杜牧对其与监军仇士良之间的关系有更进一步的
描述：

> 镇武昌时,军容使仇士良为监军使,公律以礼敬。暑甚,大合
> 军宴,拱手至暮,一不摇扇。益自俭克,平居非公事不出内屏,周
> 三岁,语言举止,率有常度。仇军容开成末首议立武宗,权力震天
> 下,每言至公,必合手加颡曰："清德可服人,但过吝官财,与人无
> 一毫恩分耳。"不肯引誉,不敢怨毁,淡居其中。[2]

此墓志作于大中初,大中时期牛党得势,仇氏宦官家族势力大盛。杜
牧《牛僧孺墓志》吹捧牛党的同时亦不忘拍仇士良马屁。文宗开成年
间,仇士良大权独揽,却没有引牛僧孺入相。墓志所言,不过杜牧夸大
之辞罢了。

牛党与宦官之关系,是其追逐私利的本质所决定的,为最大限度
地追求权力,在外朝是结成朋党,在内廷则攀附权宦。李宗闵除宦官
外,与驸马、女学士等也有联结,杨嗣复甚至不顾年序,呼文宗宠妃杨
氏为姑。牛党得内廷宦官暗助,故在牛李党争中能得心应手。穆宗
初,李逢吉欲置李绅于死地,勾结宦官王守澄等,诬陷李绅谋立深王,
赖韦处厚论救,李绅才免得一死。大和三年(829)裴度引李德裕入朝,
李宗闵勾结杨承和等宦官,将李德裕出为浙西观察。大和八年,李德
裕为郑注所排,出镇浙西,李汉等牛党伙同李训、王守澄等,借漳王乳
母杜仲阳事件诬陷李德裕图谋不轨,李德裕进一步获罪远贬。会昌
末,白敏中等牛党再度与宦官勾结,炮制吴湘冤狱,将李德裕贬死崖
州,取得党争的最后胜利。当政治失势时,牛党还时常转移视线,将勾
结宦官的罪名转嫁给李党。元和三年(808)对策案,原本抨击了宦官,

---

①《樊川文集》卷一〇《淮南监军使院厅壁记》,第160页。
②《樊川文集》卷七《牛僧孺墓志》,第118页。

李宗闵等后来与宦官勾结,遂移花接木,将对策案抨击对象改为李吉甫。又武宗朝昭义镇问题是李逢吉、李宗闵等牛党姑息纵容的恶果,会昌末昭义平定之后,牛僧孺、李宗闵因交通昭义为武宗所恨,再遭远贬。牛党迁怒李德裕,将二人得罪描述为李德裕授意所为。

牛党文人掌握话语权,由于抨击宦官容易赢得舆论制高点,牛党常自我标榜抑制宦官。牛僧孺几度沉浮,私德尚可,少见主动勾结宦官的事例,但是其他牛党要员李宗闵、杨嗣复、李逢吉、杨汉公等勾结宦官,劣迹斑斑,却时常以激烈反对宦官的面目出现。今以杨汉公为例,试加说明。《唐代墓志汇编续集》咸通〇〇八《杨汉公墓志》云:

> 复从相国李公绛兴元节度之请,除检校户部郎中、摄御史中丞,充其军倅。李公素刚直,尤憎恶宦者,不能容之。监军使积怨,因构扇军中凶辈作乱。李公与僚佐登城楼避其锋,贼势益凌炽。公执李公之手,誓以同死。俄而贼刃中李公之臂。公犹换其手而执之。公之竖銮铃号于公曰:相公臂断矣,不可执也,不如逃而免之。公不可。铃救之急,乃用力抱公,投于女墙之外,遂折左足。及归京师,呻痛羸卧,每亲交会话,唯以不与李公同死为恨,未尝言及折足事……转浙东观察使、御史大夫。始至之日,按监军使部将取受事,正其重刑,宦竖屏息。时论以为难。入拜给事中,迁户部侍郎,出为荆南节度……监军使段归文小使取索无节,公悉禁绝之,其后归,毁于宣宗皇帝。虽不之信,犹罢镇,征入为工部尚书。未几,除秘书监,又改检校工部尚书、国子祭酒。闲秩七载,恬澹安逸,未尝以退落介意。复授同州刺史。①

大和四年兴元乱卒害李绛时,杨汉公恰为李绛僚佐。《旧唐书·李绛传》:"初登陴,左右请绛缒城,可以避免,绛不从,乃并从事赵存约、薛

---

①《唐代墓志汇编续集》咸通〇〇八《杨汉公墓志》,第1037页。

齐俱死焉。"①李绛被乱刀所及，从事赵存约等皆死，杨汉公既在其旁侧，岂能独免其身？若被家奴投于女墙之外，左足已折，又岂能从容走脱？当日之事有两种可能，一是其他僚佐不肯独生，只有杨汉公贪生怕死，缒城而出。二是杨汉公与监军使早有勾结，故得独存。此事杨汉公返京后始终未敢公开宣扬，宦官也没深究杨汉公。《杨汉公墓志》于此意犹未尽，继续吹嘘其在浙东、荆南如何不畏强暴，让宦竖屏息的。但是，其他文献所记多与之相反。《东观奏记》卷中云：

> 工部尚书杨汉公前任荆南节度使，以不廉闻，公议益喧，左迁秘书监。制曰："考三载之绩，尔最无闻；致多士之嘲，人言未息。既起风波之论，难安喉舌之司。"舍人沈询词也。至大中十三年，汉公除同州刺史，给事中郑公舆、裔绰三驳还制书。上自即位，但闻谏官论执，左曹驳正，无不立从其奏。至是惑于左右，三下汉公同州之命，不允所论。时属寒食，内宴百僚，上因击球，巡班慰劳。至给事中班，谓公舆、裔绰曰："卿凡有驳议，朕无不允从，唯论汉公，事涉朋党。"裔绰前曰："同州是太宗皇帝兴王之地，陛下为子孙，尤须慎择牧守，汉公在荆南日，贪残已经朝责，陛下岂可以祖宗重地，私于此人？"上色变而回马。翌日，裔绰贬商州刺史。②

杨汉公贪婪之名并非出于监军段归文小使的诬奏，而是朝野共知之事，其罢归更是"公议益喧"的结果。大中十三年（859），杨汉公再度复出，被委以同州刺史，缘由是宣宗"惑于左右"，即得到宦官的奥援。以此观之，墓志述其抑制宦官之事迹皆讳隐诡辩之辞。牛党之颠倒是非，阴挟翰墨大抵如此。

　　同牛党相比，李德裕等改革派官员多无交通后妃、驸马的劣迹。在皇权中衰，宦官跋扈的情况下，李党要在政治上有所作为，离不开宦

①《旧唐书》卷一六四《李绛传》，第 4291 页。
②《东观奏记》卷中，第 112 页。

官的配合,李党同宦官之间也不是激烈的敌对关系。

李德裕父李吉甫力主强化中央集权,对叛乱藩镇力主武力平叛,与主战派宦官吐突承璀等政治目标一致,关系较为友善。李德裕基本继承乃父态度,尤其重视与监军的合作关系。《册府》卷九四五《总录部·巧宦门》:

> 李德裕宪宗时为太原府司录参军。时谓监军李国澄曰:"何不以近贵取事,而自滞于外阃乎?"国澄曰:"岂所不欲,其如贫何?"乃许借钱十万贯,促国澄赴阙。国澄初未为信,及至阙,咸如其诺,寻除中尉。遂为中人所称。[1]

元和初李德裕因李吉甫作相,避嫌为诸使府从事,元和十一年(816),张弘靖出为河东节度使,李德裕为其幕僚,元和十四年张弘靖府罢,李德裕随张弘靖入朝为监察御史。据前举李德裕《刘弘规神道碑》,李国澄即刘弘规,刘弘规自河东入朝,献河东军国地图,宪宗用为内飞龙使,转右神策副使,翌日命为枢密使。李德裕得入内职很可能受益于刘弘规的延誉和援引。敬宗宝历二年(826),刘弘规卒,李德裕为撰神道碑,也是二人关系密切的有力旁证。

大和七年(833),李德裕自西川第一次入相,此次拜相则与监军王践言入为枢密使有关。《册府》卷六六九《内臣部·贪货门》:

> 王践言为四川监军,节度使李德裕加征疲人三十万贯缯,因践言赴阙,尽以饯行。及践言为枢密使,德裕果为宰相。[2]

《唐大诏令集》卷五五《李德裕袁州长史制》云:"在西蜀之日,征逋悬钱,仅三十万贯,使疲羸老弱徙转沟壑。"可知本条为政敌污蔑之辞,所谓李德裕加征三十万,实为历任所积的逋悬钱。王践言入掌枢密,向

---

①《册府》卷九四五《总录部·巧宦门》,第 11130 页。
②《册府》卷六六九《内臣部·贪货门》,第 8000 页。

文宗言雅州悉怛谋之事，文宗追恨前事，遂罢牛僧孺相，追征李德裕入朝。

开成五年(840)，李德裕自淮南第二次入相，此次拜相与监军杨钦义入为枢密使也有直接的关系。《通鉴》卷二四六文宗开成五年八月条：

> 初，德裕在淮南，敕召监军杨钦义，人皆言必知枢密，德裕待之无加礼，钦义心衔之。一旦，独延钦义，置酒中堂，情礼极厚；陈珍玩数床，罢酒，皆以赠之，钦义大喜过望。行至汴州，敕复还淮南，钦义尽以所饷归之。德裕曰："此何直！"卒以与之。其后钦义竟知枢密；德裕柄用，钦义颇有力焉。[1]

中唐以后，监军使赴任、离职，当道节度使皆厚加馈赠，监军离任时尤是如此，盖冀其回京后在皇帝面前多加美誉。淮南大镇，馈赠之资尤为丰赡。但是，李德裕平日对监军并无阿谀之举，得知杨钦义入为枢密使的消息也无加礼，杨钦义返回淮南时又不因其未得枢密而收回馈资。李德裕对待监军大体做到不卑不亢。会昌初杨钦义再次征入，果得枢密使，而李德裕也顺理成章，入朝为相。

唐末牛党文人故意突出李德裕与杨钦义等人的关系，以达到影射目的。除李德裕外，李党另一成员郑亚也遭到类似的抹黑。《北梦琐言》卷一三：

> 郑文公畋，字台文。父亚，曾任桂管观察使。畋生于桂州，小字桂儿。时西门思恭为监军，有诏征赴阙。亚饯于北郊，自以衰年，因以畋托之曰："他日愿以桂儿为念，九泉之下，不敢忘之。"言讫，潸然流涕。思恭志之。及为神策军中尉，亚已卒，思恭使人召畋，馆之于第，年未及冠，甚爱之，如甥侄，因选师友教导之。畋后

---

①《通鉴》卷二四六文宗开成五年八月条，第8068页。

官至将相。黄巢之入长安,西门思恭逃难于终南山,畋以家财厚募有勇者访而获之,以归岐下,温清侍膳,有如父焉。思恭终于畋所,畋葬于凤翔西冈,松柏皆手植之。未几,畋亦卒,葬近西门之坟,百官皆造二陇以吊之,无不堕泪,咸服其义也。①

郑畋生于敬宗宝历元年(825),会昌六年(846)其父郑亚被贬桂管观察,时郑畋二十二岁,“亚出桂州,畋随侍左右”②,故郑畋生于桂州云云显然不符事实。宣宗大中朝牛党白敏中、令狐绹、郑薰等相继秉政,郑畋久不偕于士伍,直至懿宗咸通五年(864),才在刘瞻举荐下入为郎官。所谓年十九应举,十九年始得进士,又十九年为宰相,被称为“三九相公”③。《北梦琐言》貌似赞誉,实则拐弯抹角诬陷郑畋为宦官党羽。

由于李德裕注意保持与监军的合作关系,刘弘规、王践言、杨钦义等监军相继入朝执掌枢密,给李德裕提供了莫大的支持。这是李德裕屡遭牛党算计,终能在政治上站稳脚跟的主要原因。与李宗闵、杨嗣复等牛党与宦官、驸马、后妃结交不同,李德裕与宦官之间更多的是一种“借势”,借宦官之力实现自己的政治目标。他很少触犯宦官私利,而是尽量满足其个人需要,换取其他方面的配合。除李德裕老于政治外,薛元赏、郑覃等李党成员性格刚正,无勾结宦官的劣迹。甘露之变后神策军怙势扰乱府县,薛元赏为京兆尹,杖杀冲撞宰相的神策军军将,仇士良也无可奈何,只得饮酒而散④。李德裕是“李党”的核心人物,此外郑覃、李绅、薛元赏等人很难得到宦官集团的支持。穆宗以后,李党与牛党周旋四十余年,主要赖李德裕个人之力。表面上牛李互有消长,轮流执政,实际上李党远弱于牛党,不仅人数较少,在获取宦官支持问题上也远不及牛党,其失败具有一定的必然性。

---

① 《北梦琐言》卷一三,第 270—271 页。
② 《旧唐书》卷一七八《郑畋传》,第 4631 页。
③ 〔宋〕曾慥编:《类说》卷一二“三九相公”条,上海:上海古籍出版社,1993 年,第 203 页。
④ 《通鉴》卷二四五文宗大和九年(835)十一月条,第 8033 页。

第十一章　李训、郑注集团与甘露之变

第一节　李训、郑注集团的性质

中晚唐时期，由于皇权中衰，皇帝对外朝官僚集团朋党存有戒心，更愿意重用身边亲信之人。皇帝身边亲信并非全是宦官，还有以各种伎巧或艺术被皇帝宠信的幸臣，其成员包括医、棋、书、僧道、隐逸、经学等技术侍读者。安史之乱以后，宦官逐渐走向君主的对立面，近幸作为皇帝的信赖者，也因缘际会，登上了政治舞台。

近幸集团主要出自社会下层，而卷入政治领域的主要是那些粗通文学，有一定政治抱负的近幸。此类近幸的社会基础是广泛存在于诸方镇的中下层文士。中唐以后，文士入仕之初，多有游仕方镇的经历。一些文士得到藩镇府主的举荐而位登台阁，一些则不为府主赏识而久沉下位。在这种体制下，除了行卷之风盛行外，身怀经国之志，抱负远大的文士也流行以纵横捭阖之术干谒府主，以求擢用。《旧唐书》卷一三三《李晟传》：

> 通王府长史丁琼者，亦为张延赏所排，心怀怨望。乃求见晟言事。且曰："太尉功业至大，犹罢兵权。自古功高无有保全者，国家傥有变故，琼愿备左右。狡兔三穴，盍早图之。"晟怒曰："尔安得不祥之言。"遽执琼以闻。[1]

又《刘宾客嘉话录》：

---

[1]《旧唐书》卷一三三《李晟传》，第 3673 页。

　　　　杨茂卿客游扬州，与杜佑书词多揵阖，以周公吐握之事为讽。佑讶之，时刘禹锡在坐，亦使召杨至共饮，佑持茂卿书与禹锡曰："请丈人一为读之。"既毕，佑曰："如何？"禹锡曰："大凡布衣之士，皆须揵阖以动尊贵之心。"佑曰："休，休，揵阖之事烂也，独不见王舍乎？揵阖陈少游，少游刓其头，今我与公饭吃，过犹不及也。"翌日，杨不辞而去。[1]

杨茂卿以周公吐握之事讽谏坐镇淮南的杜佑，意在劝说杜佑支持太子。刘禹锡为二王八司马成员，杜佑心存谨慎，不敢公开表态，借王舍之事予以敲打。刘禹锡云"大凡布衣之士皆须揵阖，以动尊贵之心"，正是寒士怀策干谒的真实写照。王舍、丁琼、刘禹锡等处境类似，他们怀揣揵阖之术，四处投谒权贵。一旦因某种机缘，这些文士为皇帝所知，被征入左右，便会成为皇帝的近幸。在皇权的支持下，近幸文士怀有共同的政治使命，很容易形成一种政治势力。在文宗之前，顺宗时期的二王八司马集团即属此类以纵横之术而结成的政治集团。本章所讨论的李训、郑注集团也是这样的一种政治集团。

　　首先，让我们看看李训的身世。《旧唐书》卷一六九《李训传》：

　　　　李训，肃宗时宰相揆之族孙也。始名仲言。进士擢第。形貌魁梧，神情洒落，辞敏智捷，善揣人意。宝历中，从父逢吉为宰相，以训阴险善计事，愈亲厚之。初与茅汇等欲中伤李程，及武昭事发，训坐长流岭表，会赦得还。丁母忧，居洛中。[2]

李训出自陇西李氏姑臧大房，李训拜相制书亦称其为"轩缨鼎族"[3]，应自有其依据。但是，更详细的身世，诸史或作李揆族孙，或作李逢吉

────────

[1]〔唐〕韦绚：《刘宾客嘉话录》，《唐五代笔记小说大观》，上海：上海古籍出版社，2000年，第826页。

[2]《旧唐书》卷一六九《李训传》，第4395页。

[3]《唐大诏令集》卷四九《舒元舆李训平章事制》，第248页。

族侄,皆不及其父祖官爵姓名。《新唐书·宰相世系表》亦不载其世系。甘露之变后受株连的宗亲中有其弟李仲襃,为官者仅再从弟户部员外郎李元皋一人,而元皋亦自书族疏,从这些迹象看,李训很可能出自姑臧李氏的破落户。

除形貌魁梧,辞敏智捷外,李训还是长庆三年(823)王起门下的进士①,尤精《易》学。文宗喜好经学,对殷侑、郑覃等大儒十分敬重,李训进用之初,曾遭到李德裕等朝臣激烈反对,文宗即以李训所"疏《易》义五条,示于百辟"②。可以说,李训为文宗赏识,经学是他的敲门砖。

相对于李训的没落士族身份,郑注的出身更为卑微。《旧唐书》卷一六九《郑注传》：

> 郑注,绛州翼城人,始以药术游长安权豪之门。本姓鱼,冒姓郑氏,故时号鱼郑,注用事时,人目之为"水族"。元和十三年,李愬为襄阳节度使,注往依之,愬得其药力,因厚遇之,署为节度衙推。从愬移镇徐州,又为职事,军政可否,愬与之参决。注危辩阴狡,善探人意旨,与愬筹谋,未尝不中其意。③

李训属风流倜傥的文士,郑注则不然。史称其"貌寝陋,不能远视,常衣粗裘,外示质素"④。郑注近视,外貌丑陋,有口辩,先以计谋游宦李愬,后被李愬推荐给王守澄。在为王守澄幕僚期间,郑注因宋申锡一案被官僚士大夫所深恶。大和七年(833),侍御史李款上表弹劾郑注

---

① 李训,《登科记考》原系于长庆三年,孟二冬《唐登科记考补正》卷一九移至长庆二年条下,并补正李训为状元。今按,《玉芝堂谈荟》卷四"兄弟十龙"条云："唐李修子李亮、李训、李叔、李秀皆状元及第。"李训本名李仲言,其兄弟以"仲"字联名,李训为其进用后所改,故《玉芝堂谈荟》所云李训别是一人,孟二冬所考有误,今不取。
② 《旧唐书》卷一六九《李训传》,第4396页。
③ 《旧唐书》卷一六九《郑注传》,第4399页。
④ 《新唐书》卷一七九《郑注传》,第5315页。

"内通敕使,外连朝士,两地往来,卜射财贿",奏章为宰相王涯所寝①。大和八年,司门员外郎李中敏上表以岁旱,"今致雨之方,莫若斩注而雪申锡"②。文宗不顾群臣激烈反对,坚持起用郑注。原因不外乎两个,其一,宋申锡案中,郑注帮助文宗除去漳王这一心腹大患,在文宗看来郑注为功臣。其二,文宗患有风疾,郑注这方面的医术精湛,他人无法替代。

李训、郑注并非孤立的个人,在他们周围也聚集一批锐于进取的士人。《通鉴》记李训党羽称"行余、璠、立言、约及中丞李孝本,皆训素所厚也,故列置要地,独与是数人及舒元舆谋之,他人皆莫之知也"③。今将训、注集团成员条列如下:

(1)李孝本

李唐宗室子,累官至刑部郎中。投依李训、郑注。舒元舆为宰相时,李训擢李孝本权知御史中丞。甘露之变时,李孝本"最预训谋"④,是核心人物。

(2)李贞素

嗣道王实之子,时为左金吾卫将军。《新唐书》本传云:"韩约之诈,贞素知之,流儋州,至商山赐死。"⑤大和九年(835)十一月甘露之变时韩约至金吾任不到三天,真正负责指挥左金吾的可能为李贞素。

(3)韩约

朗州武陵人。本名重华,"志勇决略,涉书,有吏干",历两池榷盐使,大和元年二月,由虔州刺史为安南都护,安南富饶之地,聚赀尤多。大和二年九月,安南军乱,逐韩约,遂入为太府卿。甘露之变时韩约为

①《通鉴》卷二四四文宗大和七年九月条,第8015页。
②《通鉴》卷二四五文宗大和八年六月条,第8017页。
③《通鉴》卷二四五文宗大和九年十一月条,第8032页。
④《旧唐书》卷一六九《李孝本传》,第4410页。
⑤《新唐书》卷一七九《李贞素传》,第5326页。

左金吾大将军,是甘露之变的主谋之一。

（4）舒元舆

江州人,元和八年(813)进士。大和初入朝为监察转侍御史。《旧唐书》卷一六九《舒元舆传》云:"元舆自负奇才,锐于进取,乃进所业文章,乞试效用,宰执谓其躁竞。"①大和五年八月舒元舆改授著作郎,分司东都,时李训丁母忧在洛,二人"性俱诡激,乘险蹈利,相得甚欢"。李训得文宗宠遇后,舒元舆也一步登天,大和九年拜御史中丞,兼判刑部侍郎,是月以本官拜相。舒元舆入相为李训所引,自是甘露之变的主谋之一。刘从谏与朝廷书中亦声称李训与舒元舆同谋诛郑注。

（5）王璠

籍贯不详,父础,进士,文辞知名。王璠亦精文学,元和五年进士,累辟诸侯府,后交游于李逢吉门下。宝历初,李逢吉为相,擢御史中丞,知制诰。武昭案中李逢吉构陷李程,王璠多有其力。王璠性骄奢,曾冲撞左仆射李绛,被贬工部侍郎,久之出为河南尹。境内有内厩小儿扰民,璠杀其尤暴者,远近畏伏。大和四年七月拜京兆尹。长安地区"自李谅后,政条隳敝,奸豪浸不戢,璠颇修举,政有名"②。宋申锡受诏密图王守澄,以王璠曾诛内厩小儿,认为可用,以实情相告。王璠遂将宋申锡之谋泄露给郑注。王璠对郑注有告密之恩,与李训又同为李逢吉故吏,二人共荐于文宗。大和八年自浙西观察召还。王璠是政治投机分子,甘露之变中再度背叛训、注集团,临阵犹豫不前,事泄又妄想宰相之职,终为宦官诱捕。

（6）郭行余

籍贯不详,元和时擢进士。河阳乌重胤表掌书记。郭行余素刚直,不肯阿谀乌重胤先祖而解幕职,为京兆少尹时援引汉朝故事,不避京兆尹刘栖楚。迁楚、汝二州刺史,李训在东都,与行余善,以大理卿

---

①《旧唐书》卷一六九《舒元舆传》,第4409页。
②《新唐书》卷一七九《王璠传》,第5323页。

征人朝。甘露之变前夕,李训授其邠宁节度使,令其募兵,事败被族诛。

(7)罗立言

宣州人。贞元末擢进士。魏博田弘正表佐其府。曾为盐铁河阴院官,有吏能。在任上,不惧豪强大贾,民惮其严,奸盗屏息。性格上罗立言"倨下傲上,出具弓矢呵道,宴宾客列倡优如大府,人皆恶之"①。后改度支河阴留后,曾坐籴米不实,盐铁使惜其吏能,止削所兼侍御史。大和中由庐州刺史召为司农少卿,遂以货厚赂郑注,李训亦重之。京兆府多逻卒,甘露之变前罗立言为京兆少尹,事败被族灭。

(8)姚中立、孟琯

姚中立,穆宗长庆元年(821)进士,二年制举及第②。大和三年(829),为监察御史,以考功员外郎取士不当,奏停考功别头试。别头试即后世的回避试,参加者皆公卿子弟。姚中立出身"孤立",因奏停别头试遭到排斥,甘露之变时为万年县令。孟琯,元和五年进士,大和九年为长安县令。甘露之变时二县捕贼官以吏卒从罗立言上殿诛宦官。

(9)顾师邕

苏州吴人,进士,德宗朝翰林学士顾少连之子。累迁监察御史,李训荐为翰林学士。顾师邕"性恬约,喜书,寡游合"③,李训遣宦官田全操、刘行深、周元稹、薛士干、似先义逸、刘汉洌按边。命师邕为诏赐六道杀之。李训失败,六道皆不奉诏,顾师邕以"矫诏罪"被杀。

(10)魏逢

郑注妻兄,籍贯不详。《新唐书》卷一七九《郑注传》称其:"尤佻

①《新唐书》卷一七九《王璠传附罗立言传》,第5325页。
②《唐大诏令集》卷一○六《放制举人诏》,第545页。
③《新唐书》卷一七九《顾师邕传》,第5325页。

险,赞注为奸,数顾赇,为率更令、凤翔少尹。遣逢至京师与训约,被诛。"①《唐大诏令集》卷五《改元开成赦》述其罪云"魏逢驲骑来往",郑注未能与李训同日起事,与魏逢未能及时联络有一定关系。

（11）魏弘节

郑注僚佐,《新唐书·郑注传》记其"勇而多谋,始在鄜坊赵儋节度府,为注所辟"②,亦属孤寒文士。

以上十一人均参与了李训郑注诛除宦官的活动,除此之外,还有数人虽与李训、郑注关系较密切,但未参与甘露之变,事后被宦官族诛。

（1）王涯

太原人,贞元八年（792）进士。祖祚,武后时大理司直,父晁,历左补阙、温州刺史。涯博学工属文,德宗时以左拾遗为翰林学士,进起居舍人。元和三年对策案中其甥皇甫湜抨击宦官,王涯连坐贬官,不久复入为翰林学士。《新唐书》卷一七九《王涯传》称"帝以其孤进自树立,数访逮,以私居远,或召不时至,诏假光宅里官第,诸学士莫敢望"③。元和十一年（816）拜相,十三年失势罢相。穆、敬二朝,出任东川、山南西道节度使,大和三年（829）入朝,七年七月拜相。王涯本为"孤进",经历宪、穆、敬、文诸朝的沉浮后,逐渐依附宦官。大和七年,王涯再度入相,即赖郑注、王守澄之力。在李训、郑注进用的问题上,王涯出力颇多。郑注当权,用王涯主掌榷茶。王涯年迈,没有直接参与甘露之变,但是从其一贯的政治举动看,与李训、郑注集团关系非常密切。

（2）贾𝑒

河南人,进士。长庆元年科场案中与白居易共同主持复试,人以

---

①《新唐书》卷一七九《郑注传》,第 5316 页。

②《新唐书》卷一七九《郑注传》,第 5316—5317 页。

③《新唐书》卷一七九《王涯传》,第 5317 页。

为公。贾𫗧"性褊躁轻率,与李德裕有隙,而善于李宗闵、郑注"[1],文宗朝贾𫗧"凡典礼闱三岁,所选士七十五人,得其名人多至公卿者"[2],大和九年,贾𫗧为京兆尹,曲江宴上恃贵不拜御史,出为浙西观察使。时李训、郑注会同牛党李汉等借杜仲阳案构陷李德裕,路隋因论救德裕罢相,贾𫗧尚未赴镇,即代路隋为相。不久李宗闵党亦获罪遭贬,贾𫗧却未受牵连,当日援引贾𫗧入相者当即郑注。

(3)钱可复、卢简能、萧杰等郑注僚佐

郑注在凤翔被诱斩后,被族诛的还有节度副使钱可复、节度判官卢简能、观察判官萧杰、掌书记卢弘茂等人。钱可复为钱徽之子,卢简能为卢纶之子,萧杰为萧俛之弟。卢弘茂妻萧氏为萧太后妹,临刑诟骂"我太后妹,奴辈可来杀!"[3]因得免死。从宦官报复的残酷程度来看,钱可复等人很可能也卷入诛除宦官的密谋。

以上所列李训、郑注党人中,李孝本、李贞素为李唐宗室,韩约、魏弘节、魏逢三人不是进士,其余王璠、罗立言、郭行余、舒元舆等皆进士出身。又王璠等属于"孤寒",且有一定的吏能,从一定程度上说,训、注集团是新兴庶族士人为主构成的政治集团。过去史家将甘露之变归于李训、郑注的个人阴谋,对事件性质把握是不准确的。

如果我们进一步将训、注集团同顺宗时期的王叔文集团成员加以比较,我们就会发现二者在出身上比较类似。王叔文本越州山阴人,自称北海王氏,前秦王猛之后。章士钊先生对此有精辟的解释:"彼必以北人自居者,殆有见于唐代崇尚门阀,鄙视南蛮,倘不自诡北人,并属景略裔孙,将不足以启同僚之尊重,致天下之景从。"[4]王伾、凌准、

①《通鉴》卷二四五文宗大和九年三月丙申条,第8024页。
②《旧唐书》卷一七九《贾𫗧传》,第4407页。
③《新唐书》卷一七九《郑注传》,第5316页。
④章士钊:《柳文指要》"体要之部"卷三一《答刘禹锡天论书》,上海:文汇出版社,2000年,第746页。

陆质、吕温、刘禹锡等革新派成员与王叔文一样出身低微庶族或破落士族家庭。王叔文革新集团的成员构成，章士钊、黄永年先生已有详细的胪列，此不赘举①。简言之，此两大政治集团的相似之处有以下几点：

其一，核心人物都是因内廷近幸而获进用。王叔文以棋待诏，王伾以书待诏，李训以善《易经》，郑注以善医术。

其二，不是单纯的内廷近幸，势力均延伸至外朝。王叔文集团是以顺宗身边的王叔文、王伾为核心，聚集柳宗元、刘禹锡等外朝文学之士。李训郑注集团则是以文宗身边的李训、郑注为核心，聚集了王璠、罗立言等外朝士人。

其三，成员以寒素为主，进士占有较大比例。王叔文集团中柳宗元、刘禹锡、凌准、程异、韩泰、韦执谊等为进士，李训集团有舒元舆、顾师邕、郭行余、王璠、罗立言、孟琯、姚中立等为进士。另有一部分以吏能著称，特别是在经国治用的财赋方面的吏能，如王叔文集团的程异、陈谏，李训集团的韩约、罗立言等。

其四，因非次擢用遭到公卿士大夫的嫉恨与抵制。王叔文、王伾、李训、郑注均被官僚公卿视为奸邪小人。刘禹锡与武元衡等不协，被指为"挟邪乱政，不宜在朝"②。李训等更被牛、李党视为公敌，与颇有门阀气派的李德裕势同水火。

我们认为，李训、郑注集团和王叔文集团都是以翰林待诏等内廷恩幸为核心，结交外朝孤立无援的庶族文士而组成的政治团体，其成员兼跨内廷和外朝两部分，此类政治集团以文士为主，或可称为文人近幸集团。

从文人近幸集团这一概念推衍出去，居于二王集团和李训、郑注

---

①参章士钊：《柳文指要》"通要之部"卷七《同时人物》；黄永年：《六至九世纪中国政治史》第十四章《所谓永贞革新》。
②《旧唐书》卷一六〇《刘禹锡传》，第4210页。

集团之间的宪宗时期也存在这种文人近幸势力。宪宗元和年间,在主战派和主和派之外,还有为宪宗亲昵的张宿、皇甫镈、程异等官僚。张宿为宪宗东宫旧臣,以口辩得幸,其仕进因缘与王叔文、李训等类似。皇甫镈,进士出身,以善于聚敛而著称。程异本身即"二王八司马"之一,被宪宗弃"瑕"起用。张宿、皇甫镈等遭到韦贯之、李逢吉、裴度等公卿士大夫的激烈反对,情形与李训、郑注集团也极其类似。宪宗是一代英主,有驾驭朝政和宦官的能力,故张宿等人未能以政治集团的面目出现。

由此看来,除牛党、李党两大政治集团外,中晚唐还长期存在着依附皇权的文人近幸集团。近幸集团依附皇权,有一定的政治抱负,且多智谋吏能,借助皇帝反对宦官的契机,先后掀起两次重大政治事件。需要特别指出的是,近幸集团入仕非由正途,被视为冒进轻薄之徒,遭到社会舆论的鄙视。甚至王叔文掌权后,"恶其与己侪类相乱"[1],罢翰林阴阳、上医、相、射覆、棋诸待诏三十二人。大书法家柳公权为书待诏,颇蒙恩顾,其兄柳公绰代为致书宰相李宗闵,称"心实耻之,乞换一散秩"[2],当时士林风气大抵如此。

第二节　甘露之变前李训、郑注的活动

宪宗遇弑之后,宦官连行弑逆,敬宗、绛王等皆为宦官所害,文宗深惧弑逆之徒,但无如之何。在外朝,皇纲不振,李宗闵、杨虞卿等结交宦官,肆行朋党。文宗起用孤立无党的宋申锡为相,结果宋申锡诛宦官不成,反遭诬陷。其后,文宗又将李德裕自西川征入。李德裕贬斥杨虞卿等,部分扭转了政局。但是,在诛除宦官问题上,李德裕与宦官持合作态度,与文宗期许存有较大的差距。文宗在内廷、外朝都陷

①《唐会要》卷八二"医术"条,第1806页。
②《旧唐书》卷一六五《柳公权传》,第4310页。

入困境,想要励精图治,只能从朝臣和宦官之外另寻出路。恰在此时,李训缘王守澄、郑注举荐,借讲《易经》以捭阖之术游说文宗,二人志趣相得,一拍即合。李训、郑注在甘露之变前的活动,过去多被描述为陷害忠良、贬斥朝臣的过程。如果撇开史家扭曲之辞,就会发现这些政治活动并非孤立事件,其实在为甘露之变预作铺垫。

文宗整顿朝纲,想要解决官僚朋党和宦官擅政两大痼疾。宦官手握军权,难以直接撼动,相比之下,攻讦不已的朝臣较容易下手。李训、郑注在士林中声名狼藉,亦需借机树立威权。如此一来,就与处于执政地位的李德裕直接发生冲突。

《通鉴》卷二四五文宗大和八年(834)八月辛卯条:

> 上欲以仲言为谏官,置之翰林。李德裕曰:"仲言向所为,计陛下必尽知之,岂宜置之近侍?"上曰:"然岂不容其改过?"对曰:"臣闻惟颜回能不贰过。彼圣贤之过,但思虑不至,或失中道耳。至于仲言之恶,著于心本,安能悛改邪!"上曰:"李逢吉荐之,朕不欲食言。"对曰:"逢吉身为宰相,乃荐奸邪以误国,亦罪人也。"上曰:"然则别除一官。"对曰:"亦不可。"上顾王涯,涯对曰:"可。"德裕挥手止之,上回顾适见,色殊不怿而罢。始,涯闻上欲用仲言,草谏疏极愤激;既而见上意坚,且畏其党盛,遂中变。
>
> 寻以仲言为四门助教,给事中郑肃、韩佽封还敕书。德裕将出中书,谓涯曰:"且喜给事中封敕!"涯即召肃、佽谓曰:"李公适留语,令二阁老不用封敕。"二人即行下,明日,以白德裕,德裕惊曰:"德裕不欲封还,当面闻,何必使人传言! 且有司封驳,岂复禀宰相意邪!"二人怅恨而去。[①]

《通鉴》本条云"涯闻上欲用仲言,草谏疏极愤激",似乎王涯最初也极力反对,后来在文宗的授意下才中途改变了立场。按《通鉴》卷二四四

---

① 《通鉴》卷二四五文宗大和八年八月辛卯条,第8019—8020页。

记"王涯之为相,注有力焉"[①],其自方镇再入为相,实赖王守澄、郑注之力,而李训亦为王守澄所荐,王涯未必会"草谏疏极愤激","中变"之说与史无征,但是王涯助李训进用则是不争的事实。

紧随李训之后,大和八年(834)九月,郑注也在王守澄的安排下自昭义征至京师。反对态度异常坚决的李德裕已成为李训、郑注施展政治抱负的最大障碍。时李训、郑注初入朝堂,立足不稳,于是利用牛李两党的矛盾,采用借力打力的伎俩,征召牛党官僚入朝,以夺李德裕之权。大和八年十月,李德裕罢相,与政敌山南西道节度使李宗闵互换。大和九年三月,李德裕再改浙西观察使,原观察使王璠则入为尚书左丞。

李德裕至浙西后,郑注又勾结牛党,借漳王旧案诋毁李德裕。《通鉴》卷二四五文宗大和九年三月丙辰条:

> 初,李德裕为浙西观察使,漳王傅母杜仲阳坐宋申锡事放归金陵,诏德裕存处之。会德裕已离浙西,牒留后李蟾使如诏旨。至是,左丞王璠、户部侍郎李汉奏德裕厚赂仲阳,阴结漳王,图为不轨。上怒甚,召宰相及璠、汉、郑注等面质之。璠、汉等极口诬之,路隋曰:"德裕不至有此。果如所言,臣亦应得罪!"言者稍息。夏,四月,以德裕为宾客分司。[②]

大和五年漳王之狱是王守澄、郑注一手炮制的冤狱。大和九年距事发已四年之久,且漳王已薨,李汉等牛党官僚揭发此死无对证之事,目的即构陷李德裕。宰相路隋因论救而罢相,郑注趁机把亲信贾𫗧荐用为宰相。

李训、郑注与牛党别属一政治集团,二者只在谗毁李德裕时具有共同目标。李德裕贬官后,牛党丧失利用价值,很快也成为下一个打

击目标。《通鉴》卷二四五文宗大和九年五月条：

> 京城讹言郑注为上合金丹，须小儿心肝，民间惊惧，上闻而恶
> 之。郑注素恶京兆尹杨虞卿，与李训共构之，云此语出于虞卿家
> 人。上怒，六月，下虞卿御史狱。注求为两省官，中书侍郎、同平
> 章事李宗闵不许，注毁之于上。会宗闵救杨虞卿，上怒，叱出之。
> 壬寅，贬明州刺史。①

杨虞卿案主审官为舒元舆。舒元舆与李训相善，有趁机加害的可能。
御史大夫李固言与李宗闵善，但为人正直，"素嫉虞卿朋党"②，亦助成
其事。此事在杨虞卿弟杨汉公墓志中曾有论及。《唐代墓志汇编续
集》咸通〇〇八《杨汉公墓志》：

> 是时郑注以奸诈惑乱文宗皇帝，用事禁中。公仲兄虞州府君
> 时为京兆尹，显不附会。注因中以危法。帝怒，将必煞之，系御史
> 府。公泥首跣足，与诸子侄挝登闻鼓诉冤，备奏郑注奸诈状，文宗
> 稍悟。虞州府君翌日自御史狱贬虞州司马，公友爱之效也。公亦
> 以忤奸党，出为舒州刺史。③

食小儿心肝的流言是否源于杨虞卿今不得而知，但无疑是一个导火
索。乘文宗之怒，郑注又趁热打铁，揭发大和三年（829）李宗闵结托枢
密使杨承和、女学士宋若宪、驸马沈䜣求拜宰相事。郑注的揭发加上
李宗闵、杨汉公等人的营救活动，进一步坐实了文宗的怀疑。文宗感
叹"去河北贼非难，去此朋党实难"④。李宗闵、杨虞卿、李汉、萧澣、李
珏等牛党官僚相继遭到远贬。

　　李宗闵与内廷宦官素有交通往来，借穷治朋党之名，李训、郑注又

①《通鉴》卷二四五文宗大和九年五月条，第8026页。
②《旧唐书》卷一七六《杨虞卿传》，第4563页。
③《唐代墓志汇编续集》咸通〇〇八《杨汉公墓志》，第1037页。
④《旧唐书》卷一七六《李宗闵传》，第4554页。

把打击目标从外朝扩展至内廷。韦元素等与牛党相关联的宦官因结交李宗闵而遭贬窜。《旧唐书》卷一七《文宗纪》：

> （大和九年八月）丙申，内官杨承和于驩州安置，韦元素象州安置，王践言思州安置，仰锢身递送。言李宗闵为吏部侍郎时，托驸马沈䜣于官人宋若宪处求宰相，承和、践言、元素居中导达故也。[1]

杨承和、韦元素、王践言皆当时宦官集团的权贵。杨承和是牛党李宗闵的后台，王践言是李德裕的后台。外朝牛、李两党皆被贬斥，其在内廷的宦官后台也遭到打击。文宗朝宦官权势炽盛，对待宦官，李训、郑注亦采取借力打力，各个击破的策略。杨承和等结交牛李，与右军中尉王守澄长期争权不叶，在王守澄看来，郑注出于自己门下，打击牛、李朋党，是替自己剪除杨承和党的外朝势力，诛除杨承和、王践言，是替自己除去宦官集团里的政敌。在诛除杨承和等人的过程中，王守澄颇助其力。

韦元素等人伏诛后，王守澄也失去利用价值，成为下一个诛除的目标。李训等假借赏功，进王守澄为左右神策观军容使，外示优崇，实则架空其军权，同时培植反对王守澄的宦官势力，擢用仇士良为左军中尉。仇士良，"顺宗时得侍东宫，宪宗嗣位，再迁内给事"[2]，与左军中尉吐突承璀同为宪宗东宫故旧宦官。元和五年（810），吐突承璀诱捕昭义节度使卢从史，仇士良"助成丕绩"[3]。吐突承璀被杀后，仇士良长期遭到王守澄等人抑塞。李训擢用仇士良为左军中尉，为诛除王守澄等预作铺垫。

由于宦官、神策军早已合为一体，为防止诛杀宦官在神策军造成

---

[1]《旧唐书》卷一七《文宗纪下》，第560页。
[2]《新唐书》卷二〇七《仇士良传》，第5872页。
[3]《英华》卷九三二郑薰《内侍省监楚国公仇士良神道碑》，第4905页。

恐慌。诛除韦元素等宦官之后，李训等也非常重视对神策军的安抚和争取。大和九年（835）正月，郑注上言"秦地有灾，宜兴役以禳之"①，文宗发左右神策千五百人浚曲江及昆明池。杜甫《曲江行》有"江头宫殿锁千门，细柳新蒲为谁绿"句，文宗慕之，声称恢复盛唐时期的曲江楼台，再次动用神策军，大为殿阁。《册府》卷一四《帝王部·都邑门二》：

> （大和九年）七月右军辦（辟）仗使田全操请准敕拆银台门，起修三门楼。诏左军官健二千人填龙首池，以为鞠场。又诏左右军官健各一千五百人赴曲江，修建紫云楼。九月帝幸右银台门观门楼兴工之作，发左右神策军一千五百人修淘曲江。是日，左右军奏修曲江楼毕，各进图一轴。是月内出新造紫云楼、彩霞亭额，左军中尉仇士良以鼓吹迎于银台门。②

吕思勉先生曾言"文宗躬行恭俭，而在甘露变前，颇有纵侈之事，盖正以此自晦？"③今以观之，文宗大兴土木可能有两个用意，其一，转移神策军视线。大和九年（835）八月文宗贬韦元素等人后，"上幸左军龙首殿，因幸梨园、含元殿，大合乐"④。为左军修建鞠场，以拉拢左军。其二，通过大兴土木，扶植仇士良等反王守澄势力。仇士良、田全操通过营建楼观，在宦官和神策军中逐步树立起威望，而王守澄则进一步被边缘化。

在王守澄被架空之后，大和九年十月，文宗令内养李好古秘密酖死王守澄，仍赠扬州大都督。至此，除仇士良等个别新近拔擢的宦官外，自宪宗以来操控两军、屡行弑逆的元和权宦基本清除殆尽。《新唐书》卷一七九《李训传》：

---

①《通鉴》卷二四五文宗大和九年正月乙卯条，第8023页。
②《册府》卷一四《帝王部·都邑门二》，第161页。
③吕思勉：《隋唐五代史》第九章《文武宣三朝事迹》，第346页。
④《旧唐书》卷一七《文宗纪下》，第560页。

宦人陈弘志时监襄阳军，训启帝召还，至青泥驿，遣使者杖杀之。复以计白罢守澄观军容使，赐鸩死。又逐西川监军杨承和、淮南韦元素、河东王践言于岭外，已行，皆赐死。而崔潭峻前物故，诏剖棺鞭尸。元和逆党几尽。[1]

元和逆党殆尽之后，李训威望进一步提高，"每别殿奏对，他宰相莫不顺成其言，黄门禁军迎拜戢敛"[2]。大和九年后半期一度出现李训独揽大权，外朝无朋党，内廷无权宦的局面。

《通鉴》卷二四五文宗大和九年九月己巳条：

上惩李宗闵、李德裕多朋党，以贾餗及元舆皆孤寒新进，故擢为相，庶其无党耳。训起流人，期年致位宰相，天子倾意任之。训或在中书，或在翰林，天下事皆决于训。王涯辈承顺其风指，惟恐不逮；自中尉、枢密、禁卫诸将，见训皆震慑，迎拜叩首。[3]

贾餗、舒元舆皆与李训相善。贾餗少孤，客游江淮间，舒元舆婺州东阳人，"地寒，不与士齿"[4]，二人出身卑寒，便于控制。为减少阻力，李训、郑注也重视对名望旧臣的笼络。王涯为元和朝旧相，被郑注拉拢，在起用李训等问题上起到关键的作用。除王涯外，裴度、令狐楚等遭牛李排斥的元和朝旧臣也再度进用。李训此举，舒缓了公卿士大夫对自己的敌意，不少士人开始对李训抱有很大希望，"由是士大夫亦有望其真能致太平者，不惟天子惑之也"[5]。

总之，李训、郑注诛除王守澄等元和宦官的过程中体现出来的是一种捭阖之术。首先，在王守澄的支持下，利用牛李矛盾，贬逐李党；

---

①《新唐书》卷一七九《李训传》，第5310页。
②《旧唐书》卷一六九《李训传》，第4396页。
③《通鉴》卷二四五文宗大和九年九月己巳条，第8030页。
④《新唐书》卷一七九《舒元舆传》，第5321页。
⑤《通鉴》卷二四五文宗大和九年十月庚子条，第8031—8032页。

然后利用王守澄，除去牛党以及与之相连的左军中尉韦元素等，最后利用左、右军矛盾，扶持仇士良，除去王守澄。在论及牛李党争时，我们赞同陈寅恪先生"外朝士大夫为内廷阉寺竞争之反影"的论断。在宦官政治条件下，欲除去内廷宦官，必先去其外朝"反影"，李训、郑注先外朝后内廷，先朋党，后宦官的做法顺应中晚唐宦官政治的特点，因而取得了很大成功。当然，文宗的积极配合也是一个重要原因。为掩护李训麻痹宦官，一贯节俭的文宗甚至作出大兴土木的姿态。传统史家出于对李训、郑注品行的偏见，将其在甘露之变前的系列举措斥为争权夺利、贬斥朝臣，没有意识到这是一个环环相扣的连环谋略，很大程度上影响了后人对甘露之变的看法。

第三节　甘露之变

大和九年（835）十一月二十一日，在李训、舒元舆的谋划下，左金吾大将军韩约谎称左金吾厅事石榴树上天降甘露，企图趁宦官前往察看时动用伏兵将宦官一网打尽，结果被宦官察觉，仇士良等指挥神策军大肆屠杀朝臣。王涯、贾餗、舒元舆、李训四宰相及郑注、王璠、郭行余、李孝本等皆被族诛，其他朝官、军士及凤翔郑注僚佐等前后遇害者两千余人。这就是中唐历史上尤为惨烈的甘露之变。

甘露之变以李训欲尽诛宦官开始，以宦官诛灭朝官及郑注凤翔僚佐十余家结束。仇士良屠戮朝官的理由是王涯等南衙宰相密谋加害中尉，这在当时的诏令中有明确记载，故甘露之变常被定性为南衙北司之争。《旧唐书·舒元舆传》称"深谋诡算，荧惑主听，皆生于二凶也"。王涯、贾餗、舒元舆、李训四相之中，李训、舒元舆是主谋，此二人属文人近幸集团，不代表南衙朝官利益。王涯、贾餗虽然与李训、郑注相善，但二相权位已高，不愿意冒着族诛的风险进行政治赌博。事变后，王涯年七十余，徒步行至永昌里茶肆，被禁军擒获，贾餗素服诣兴安门,自言"为奸人所污"①,对宦官还抱有幻想。又李训、郑注进用后,李德裕、路隋、李宗闵、李固言等宰相先后得罪贬逐,多数朝官对政局持观望态度,预谋其事的只有王璠、郭行余、罗立言等少数近幸。从参与者来看,用南衙北司之争来概括事变性质显然不够准确。

如前所述,甘露之变前李训、郑注运用分化瓦解、逐个击破的权术,成功地诛杀王守澄等元和宦官,为什么还要继续对宦官采取阁门诛杀这种极端手段?

首先我们应弄清李训、郑注发动甘露之变的目的是什么?

只要认真回顾一下文宗朝李训、郑注二人同宦官斗争的过程就不难发现,甘露之变正是此前李训、郑注依靠皇权,解决朋党和宦官问题的继续。根据先外朝后内廷的策略,李训、郑注通过借力打力,依次贬逐了李党、牛党,以及与之相结之杨承和、王守澄等。正如抽丝剥茧一样,宦官势力被逐个击破后,必然剩下最后一个借力的宦官无法触动。仇士良、鱼弘志作为新贵执掌神策军军权后,李训、郑注已没有办法通过分化击破的办法抑制他们。同宦官斗争的最后一步,必然会触及对神策军军权的争夺。仇士良等宦官也不可能拱手让出军权,因此,甘露之变具有其历史必然性。即使没有甘露之变,近幸集团和宦官集团也会围绕神策军控制权发生其他冲突。开成元年(836)四月,外间讹言"天子欲令宰相掌禁兵,已拜恩矣"②,人情汹汹,文宗不得不面谕仇士良等。由此看来,甘露之变是因宰相谋夺中尉兵权而起也是当时人的普遍看法。甘露之变应该是文人近幸集团在皇权的庇护下,以夺取宦官典兵权为目的的一次宫廷政变。这也是我们理解甘露之变的重要关注点。

甘露之变前李训、郑注手中没有掌握一兵一卒,主要运用自己政治权术,借助左右军的矛盾达到自己的政治目的。欲除去两军中尉,

---

① 《通鉴》卷二四五文宗大和九年(835)十一月壬戌条,第8037页。
② 《通鉴》卷二四五文宗开成元年四月己酉条,第8047页。

比较可行的办法是借助两军之外的军队进行军事政变。为了达到这个目的，李训、郑注从长安到藩镇都作了相当周密的部署。

其一，在京城内搜罗可供调遣的武装力量。

德宗以后，左右神策军由两军中尉控制，北门诸军全统于宦官。李训、郑注要以武力剥夺宦官军权，有可能动用的只有宿卫南衙的左右金吾卫。

金吾卫掌宫中及京城昼夜巡警之职，是中晚唐十二卫中唯一保留职事的南衙卫军。肃宗时李辅国掌禁军，欲选羽林骑士取代金吾卫。宰相李揆以南北军相互司察为由加以反对。德宗建中元年（780）曾以鸿胪寺所统左右威远营改隶金吾，进一步扩充其实力。与神策、六军类似，金吾卫也深受浮华风气侵染，官健人数时常缺员，但却是少数宦官未能直接控制的武力。为驭控金吾卫，李训引其党太府卿韩约为左金吾大将军。韩约曾出任过安南都护，是近幸集团中少数曾经领过兵的人。甘露之变发起时韩约到任仅三天，当日直接负责指挥的可能是地位仅次于韩约的左金吾将军李贞素。

金吾卫之外，长安城内的南衙兵尚有驻在外三坊的威远军，但此军过于僻远，平日人迹罕至，不宜用于密谋政变。除此之外，长安城内持有兵刃，可堪调遣的就是京兆府各县捕盗官，以及御史台的狱卒。杨虞卿被贬官后，李石代为京兆尹。事变前夕，李训将李石调为户部侍郎，判度支，以其党罗立言为京兆少尹，权知京兆尹。御史中丞李孝本为左街巡使，以控制御史台隶卒。

由于宦官权势强大，仅依靠金吾卫及京兆逻卒显然是不够的，还必须补充新鲜力量。中唐时外除节度使赴镇时可召募亲兵自随，藩镇亦可遣兵至京迎接新使。是年十一月，李训以其党大理卿郭行余为邠宁节度使，以王璠为太原节度使，二人对外托名召募亲兵，实则网罗京城豪侠，亦各聚兵数百人。李训、郑注集团不敢触动神策军，这些七拼八凑的乌合之众便是当时长安城内他们可以合法调度的所有武力。

其二,出郑注为凤翔节度使。

京城神策军完全为宦官控制的情况下,李训郑注只能向临近长安的地区寻求军事支援。顺宗时王叔文集团谋夺宦官兵权,以范希朝为京西神策行营节度使,结果京西诸城镇神策军接受宦官密令,不以兵隶希朝,直接导致了王叔文集团的覆灭。李训、郑注吸取教训,不再寻求京西神策城镇的支持,而是在政变前出郑注为凤翔节度使,企图以凤翔镇镇兵为依托,内外呼应,共同举事。

在郑注出镇凤翔一事上,《新唐书》《通鉴》等史书多有微词,至有李训阴谋杀害郑注的谰言。吕思勉先生在《隋唐五代史》中曾有驳论①,岑仲勉先生《通鉴隋唐纪比事质疑》"宦官党之口吻"条也认为此说皆宦官党捕风捉影之谰言②,但仍有不少学者支持《通鉴》等书的说法③。今按,《旧唐书》卷一六九《郑注传》云"盖与李训谋事有期,欲中外协势",同书《李训传》云:"训虽为郑注引用,及禄位俱大,势不两立,托以中外应赴之谋,出注为凤翔节度。"《旧唐书》基本上承认郑注出镇凤翔是为了"中外应赴之谋",同时也说李训郑注二人"禄位俱大,势不两立",这一评价尚属中立。《新唐书》《通鉴》等书则载诛王守澄后,李训、郑注争功自满,至有李训欲杀郑注之事。

《新唐书》卷一七九《郑注传》:

> 俄检校尚书左仆射、凤翔陇右节度使,诏月入奏事。请僚属于训,训与舒元舆谋终杀注,虑其豪俊为助,更择台阁长厚者。以钱可复为副,李敬彝为司马,卢简能、萧杰为判官,卢弘茂为掌书记。④

①吕思勉:《隋唐五代史》第九章《文武宣三朝事迹》,第346页。
②岑仲勉:《通鉴隋唐纪比事质疑》,北京:中华书局,2004年,第280—281页。
③参卢向前:《李训郑注矛盾与甘露之变——甘露事件研究之二》,《文史》第56辑,2001年11月。
④《新唐书》卷一七九《郑注传》,第5315—5316页。

《新唐书》类似的记载不止一处，同书卷二〇七《仇士良传》记甘露之变后，昭义节度使刘从谏奏请王涯、贾𫗧之罪，言及"臣与训诛注，以注本宦竖所提挈，不使闻知"[1]，《新唐书·郑注传》所谓"终杀注"或本于此。《通鉴》基本上沿袭《新唐书》相关记载。《通鉴》卷二四五文宗大和九年（835）七月丁巳条：

> 时人皆言郑注朝夕且为相，侍御史李甘扬言于朝曰："白麻出，我必坏之于庭！"癸亥，贬甘封州司马。然李训亦忌注，不欲使为相，事竟寝。[2]

同书同卷大和九年九月丁卯条：

> 李训虽因注得进，及势位俱盛，心颇忌注。谋欲中外协势以诛宦官，故出注于凤翔。其实俟既诛宦官，并图注也。[3]

司马光政治上敌视李训、郑注，此两处议论多经不住推敲。郑注不得为相是诸多因素造成的，并非出于李训的猜忌。首先，郑注出身贱微，以医术进用。伎术官在唐代是深受歧视的群体；其次，郑注曾是王守澄亲信爪牙。这两点决定了郑注拜相不可能被朝臣所接受。不但如此，文宗对二人的态度也迥然有异。李训与文宗一见如故，很快即被引入翰林院，代行宰相之权。郑注则"好服鹿裘，以隐沦自处，上以师友待之"[4]。从朝臣及文宗两个方面来衡量，郑注均无入相的可能，《通鉴》等将郑注未为宰相归于李训的猜忌是没有根据的。

至于为什么出镇凤翔的是郑注而不是其他人，盖此集团中郑注是最佳人选。郑注长期在藩镇做幕僚，曾在王守澄安排下，位至昭义军副使，具有出镇地方的经验和资历。郑注最初为王守澄心腹，此种关

---

①《新唐书》卷二〇七《仇士良传》，第5873页。
②《通鉴》卷二四五文宗大和九年七月丁巳条，第8027—8028页。
③《通鉴》卷二四五文宗大和九年九月丁卯条，第8030页。
④《通鉴》卷二四五文宗大和九年八月条，第8028页。

系世人皆知。王守澄遇鸩月余后郑注出镇,可以达到两个效果。一是掩人耳目,制造郑注失去靠山受排挤的假象。二是为郑注以护丧为由率镇兵入京预作铺垫。甘露之变前,李训、郑注之间一直密切配合,不存在明显的裂痕。所谓李训、郑注交恶之说,当属社会谰言被史官误采信者。

其三,秘密结交昭义节度使刘从谏,作为外援。

昭义镇作为藩镇介入宫廷政争,是文宗朝一个重要的新现象。其实早在李训、郑注得势之前,昭义镇便与内廷宦官多有关系。穆宗长庆初,昭义监军刘承偕为郭太后养子,恃恩羞辱昭义节度使刘悟,谋夺其权,激起军乱,穆宗只得妥协退让,将刘承偕流放远州。刘悟卒后,其子刘从谏请袭节度使。朝臣认为昭义与河朔三镇不同,多主张不准其请,但是"宰相李逢吉、中尉王守澄受其赂,曲为奏请"[1],致其破例袭节。大和中刘从谏入朝,王守澄等又纵其归镇不问。大和八年(834),郑注因宋申锡案不为朝臣所容时,王守澄命刘从谏奏郑注为昭义行军司马,风声过去后郑注被征入朝。李训等选择昭义镇为外援,合谋诛除宦官,一方面是昭义军父子相承,为避免朝廷疑忌,急需在朝廷寻找政治靠山,另一方面郑注本人曾为刘从谏行军司马,二人早为故识。会昌中朝廷讨平刘稹后所降《诛张谷等告示中外敕》:"顷者刘从谏与李训、郑注结刎颈之交,济其奸谋,以图不轨。"[2]从各方面的情况来看,昭义镇无疑是李训、郑注在藩镇中预置的力量,甚至在甘露之变失败后仍能发挥一定的威慑作用。

李训、郑注不仅在京城尽了最大努力网罗军队,还积极联络京城及凤翔、昭义等藩镇,为诛除两军中尉作了精密的部署。当日,李训、郑注至少设计了两种方案。第一种方案,甘露政变顺利实施,金吾卫伏兵杀死两军中尉等权宦,郭行余、王璠的方镇兵上殿保护文宗。文

---

① 《旧唐书》卷一六一《刘从谏传》,第 4231 页。
② 《唐大诏令集》卷一二七《诛张谷等告示中外敕》,第 685 页。

宗所做的就是在方镇兵的支持下，宣布两军中尉谋乱之类的罪名，慰抚神策军将领，从而将骚动控制在朝堂之内。这是最为理想的方案。由于金吾卫兵等实力寡弱，未必能悉数消灭两军中尉，一旦伏诛两军中尉失败，李训郑注还预备了第二种方案：一旦情况不妙，即以兵扈从文宗奔幸凤翔，然后固守待援，早有约定的昭义等方镇迅速起兵勤王。从事先计划上看，李训、郑注预计到政变的各种情况，基本上算是可进可退的良策。

据前考，在李训、郑注所能调动的军队中，真正具有一定战斗力的是郑注所掌握的凤翔兵。从某种意义上说，凤翔兵应该是甘露之变的核心主力。大和九年八月，有甘露降于紫宸殿前樱桃树上，文宗亲自采而尝之，百官称贺①。文宗亲尝甘露，必是李训、郑注所导演，为后来伏诛宦官作准备。是年李训奏请沙汰僧尼，凤翔有五色云现于岐山，地近法门寺，又奏紫云见，献白雉。凤翔之地屡现祥瑞，带有很强的政治意味，或在为文宗临幸凤翔制造舆论。

《新唐书》卷一七九《郑注传》：

> 先是，守澄死，以十一月葬浐水，注奏言："守澄，国劳旧，愿身护丧。"因群宦者临送，欲以镇兵悉禽诛之。训畏注专其功，乃先五日举事。注率五百骑至扶风，令韩辽知其谋，奔武功。注闻训败，乃还。其属魏弘节劝注杀监军张仲清及大将贾克中等十余人，注惊挠不暇听。仲清与前少尹陆畅用其将李叔和策，访注计事，斩其首，兵皆溃去。注妻兄魏逢尤佻险，赞注为奸，数顾赇，为率更令、凤翔少尹。遣逢至京师与训约，被诛。可复等及亲卒千余人皆族矣。擢仲清内常侍，辽咸阳令，叔和检校太子宾客，赐钱千万，畅凤翔行军司马。②

---

① 《通鉴》卷二四六文宗开成三年（838）三月条，第8055页。
② 《新唐书》卷一七九《郑注传》，第5316页。

郑注至凤翔后，与李训的联络从未间断，《开成改元赦》有"魏逢驿骑来往"之句，充当信使的即是郑注妻兄魏逢。李训举事时郑注亦自凤翔率五百亲兵前往策应，这说明二人早有约定。《讨凤翔郑注德音》称："诏旨既追，已离城邑，险谋且败，中途遽回，又迤逦使人迎接逆贼李训，稽之国宪，岂诬常刑。"[①]郑注退归凤翔后，曾主动遣人迎接李训，李训、李孝本等人逃出城后皆奔凤翔，这也从侧面印证李训与郑注之间的合作关系。既然郑注出镇凤翔出自李训、郑注预谋，那么浐水护丧也应是二人的约定。我们注意到，所谓浐水之计，《新唐书》仅含糊其词地说"欲以镇兵悉禽诛之"，《通鉴》则进一步细述云"仍奏令内臣中尉以下尽集浐水送葬，注因阖门，令亲兵斧之"。《通鉴》此段记载问题颇多。浐水之原是一片开阔的墓地，根本不具备"阖门"的条件，郑注动手的地点应该仍在殿上。如以郑注亲兵代替动摇不定的王璠，事情或许完全是另一结局。郑注此行目的极为隐蔽，且其妻兄魏逢已至长安，为什么最后愆期不至呢？《郑注传》有个非常关键却常被忽视的小人物，那就是闻风而逃的扶风令韩辽。韩辽擅自逃避，事后反因功擢为咸阳令。所谓的功劳可能是由于他的逃跑，郑注沿途供顿困难，最终未能如期赶往长安。郑注之兵失约不至，对李训等人是个严重打击，王璠、韩约等人临阵畏缩皆与此有直接关系。

为发动甘露之变，李训、郑注作了长久的准备。大和九年(835)八月炮制了紫宸殿樱树降甘露的瑞兆，诓骗宦官。同月，又借助王守澄之力，将宦官田全操、刘行深、周元稹、薛士幹、似先义逸、刘汉渊[②]等六人遣往巡边，以分散削弱京城宦官实力。甘露之变前夕，宦官或被诛杀，或被遣

---

① 《唐大诏令集》卷一二〇《讨凤翔郑注德音》，第636页。
② 《通鉴》作刘英诲，《唐代墓志汇编续集》会昌〇〇八《刘汉渊墓志》作刘汉渊，《唐代墓志汇编》大和〇〇三《刘汉渊妻杨珽墓志》有宦官刘汉润，渊、润连名，俱为枢密使刘光琦之子，今据改。另据《刘汉渊墓志》，大和九年八月，刘汉渊加牛羊使，"便蕃左右，走侍龙楼，供亿有常，宣索靡阙"，刘汉渊非为巡边，而是至边地宣索牛羊供顿，其他五使疑也各有具体使名。

巡边,或忙于兴建宫殿,是防范最松懈的时期。但是韩辽的逃跑,导致郑注意外愆期,功亏一篑。李训不能了解郑注之行程,只得勉强如期举事。《册府》卷九三五《总录部·构患门》云:

> 帝乘软舆出自紫宸门,内官两中尉、枢密使已下翼侍而进,由含元殿东阶升殿。宰相、供奉官分列于副阶之上,南班官两列于殿下渠北。帝曰:“宰相及两省官且往树下观之。”于是宰相领两省官东入金吾仗将军厅事同看甘露,曰:“此非真甘露也。”训谓两省官曰:“公等子(仔)细视之,帝令辨验,不可容易。”良久,归班。训奏曰:“臣与两省官细视其状,恐非甘露,此事不可轻言。言出之后四方须有称贺,臣恐未是真瑞。”帝曰:“岂当有如此事?”顾左右军中尉及内官等曰:“尔等往验之。”皆罗拜而去。①

关于甘露之变,两《唐书》《通鉴》文字皆略于《册府》,《册府》所载或即《实录》等原始史料。李训语“公等子(仔)细视之,帝令辨验,不可容易”,意在故意拖延时间,同时转移官员注意力,金吾伏兵非为预先埋伏,而是趁朝官察看甘露时秘密布置。宦官至时,金吾卫兵已布置稳妥,这时只需关锁外门,韩约一声令下,即可举事。问题在于,金吾仗距大殿尚有一段距离,究竟何时举兵,必须得到文宗的敕旨才行,大殿何时发出行动指令是成败的关键。

宦官离去之后大殿上的情形如何呢? 由于凤翔镇兵不至,王璠、郭行余两镇兵成为护卫文宗的主力。《新唐书》卷一七九《郑注传》:“旧制,节度使受命,戎服诣兵部谒,后寖废,注请复之,而王璠、郭行余皆踵为常。”②郑注恢复节帅戎服入兵部谒见之礼,也是为王、郭二人聚兵殿下预作的铺垫。《册府》卷九三五《总录部·构患门》继云:

> 时新除太原节度使王璠、邠宁节度使郭行余并在本班,训皆

---

① 《册府》卷九三五《总录部·构患门》,第636页。
② 《新唐书》卷一七九《郑注传》,第5316页。

相约曰："有急，须相就，共张形势。"于是训急召王璠、郭行余曰："来受敕旨！"时邠宁兵士来迎行余，数百人皆执弓刀立于丹凤门外。训复遍呼之曰："两镇军将官健悉入，圣上欲亲有处分。"王璠恐悚不前，行余独拜殿下，邠宁兵士竟亦不至。[①]

《旧唐书·李训传》作"两镇官健，皆执兵在丹凤门外，训已令召之，唯璠从兵人，邠宁兵竟不至"，《新唐书》《通鉴》等略同。两《唐书》等较《册府》多出"唯璠从兵人"的内容。按，王璠以河东兵自守私第，被左军以宰相之位诱捕，若河东兵曾突入殿内，王璠岂敢滞留京师？两《唐书》《通鉴》等所记必有讹误。唐代藩镇兵只听命于主帅，王、郭二人在朝班，军士在殿外。李训呼二人来受敕旨，意即借文宗之口令二人率军护驾。王璠临阵畏缩，仅郭行余上前听命，这时只要文宗下敕旨令郭行余将兵上殿，则邠宁兵当上殿护驾。但是文宗本性怯懦，因郑注未至，关键时刻并没有对郭行余下达这样的圣旨。史官唯书"邠宁兵士竟亦不至"，未提及文宗，盖为尊者讳耳。

正殿上两镇兵皆未按约定上前护驾。韩约得不到大殿的敕令，进退失据，金吾帐厅事内形势也非常被动。《册府》继云：

> 内官至甘露下，回旋良久，韩约气慑汗流，不能举首。左右军中尉曰："将军何故如此？"后风吹厅幕，内见执兵仗者甚众，内官惊恐走出。阍者执关，欲锁其外门，为众所叱，执关而不能举。内官回，或持树枝及以小瓷碗盛甘露以进。训见如此，连声呼金吾兵仗，令上殿护卫乘舆，每人赏钱一百贯文。内官以事势非常，众扶辇舆，决破罘罳，自含元殿北下殿疾趋。训攀辇连呼曰："陛下不得入内！"金吾兵仗数十人亦随训而入。京兆少尹知府事罗立言领其徒自东来，御史中丞李孝本领其徒自西来，各二百余人，皆上殿纵击。但闻有叫呼冤枉之声，内官或有被血罗拽出者数人。

---

① 《册府》卷九三五《总录部·构患门》，第11020页。

训持𦟼愈急，逶迤入宣政门。帝叱之，内官郤志荣以手击其胸，训仆于地。𦟼入东上阁门，阁门既闭，闻呼万岁者数四，百官错愕，莫知所为。①

韩约气慑汗流不能举首是在宦官"回旋良久"之后。流汗并非完全是因为怯懦，而是预感到事情已经泄露。韩约犹且如此，守门者更不敢擅自锁定关门，在仇士良等人的叱责下任由宦官原路返回。"内官回，或持树枝及以小瓷碗盛甘露以进。"李训见宦官返回，知阁门诛宦官的计划失败，只能孤注一掷，用赏钱激励金吾卫兵上殿护驾，会同京兆逻卒及御史台狱卒等，试图抢回文宗。可惜的是文宗生性懦弱，关键时刻再度倒向宦官，致使李训夺取文宗的努力失败。

宦官控制文宗后，深怨南衙朝官，大肆屠杀官僚。被灭门者号为十余家，无辜遇害者不计其数。田全操等更是扬言要尽屠长安城内儒生，一时人心恐慌。近年也有一些亲历者墓志出土言及当日情势。《李德余墓志》：

> 又得太子内直，公嗜学乐静，事亲以孝闻。当大和九年贼注贼□十有余辈，以金吾卫士指诣乘舆，事未就诛，朝野震慄。公亲邢夫人，故凤翔节度君牙之女，□□抱悉，惝恍若狂。公使堙其外户，入与童稚戏弄于前，曰："事止矣，不止当大喧呼，今且无闻，可以验也。"逮乎底宁，讫无忧患，公之色养悉如是。②

李德余，祖父即中唐名将李元谅，曾为宦官骆奉仙养子。其父李莘官宦不显，所娶邢氏即神策大将邢君牙之女。邢君牙代李晟为凤翔节度使。李德余家族与宦官集团和郑注集团多有交集，很可能某种程度上卷入事变。甘露之变后，李德余母邢夫人，竟惊悸过度，几至疯癫。此

①《册府》卷九三五《总录部·构患门》，第11021页。"阁门"，原作"阁门"，唐有阁门使，今径改。
②《洛阳新获墓志二〇一五》三二二《李德余墓志》，第322页。

后官僚集团引以为戒,数十年内对宦官擅政噤若寒蝉。

李训等死后,郑注所在的凤翔镇成为宦官的心腹大患。"郑注初到镇,日闻有优赏"[1],初步站稳阵脚。郑注退回本镇后,部属魏弘节等建议诛大将贾克中等十余人,全面掌管凤翔镇兵。其谋得成,下一步举动很可能是正式起兵勤王,这也是仇士良等最为担心的。是时神策军分屯诸门,长安城内人心惶惶。郑注被李训之败吓破了胆,对监军张仲清等疏于防范,反被诱杀,属下亲兵及僚佐千余口也被诛灭。

李训、郑注遇害后,作为外围的昭义镇已经无力回天。为了自保,节度使刘从谏先发制人,上表请王涯等罪名。声言"内为陛下心腹,外为陛下藩垣。如奸臣难制,誓以死清君侧!"[2]时仇士良骄横,刘从谏屡上表暴扬其罪恶。文宗未遭废黜,多赖刘从谏之力。

李训、郑注自被文宗起用之后,即以除宦官、清朋党为最终目标。二人在大和八年、九年的活动是前后连贯的整体:先利用牛李党争,清除外朝朋党,使宦官集团陷入孤立,然后利用左右军矛盾,扶持左军中尉仇士良,诛除王守澄等元和权宦。最后借助金吾卫等南衙卫军消灭仇士良等新进用宦官,从而彻底剥夺宦官禁军权,达成重振皇权的政治目标。但是在元和以后宦官干政已成为政治常态,仅仅依赖一个没有实权的皇帝,通过捭阖之术是不可能从根本上撼动宦官政治的。同王叔文集团一样,不管其曾经取得多么大的成功,最终还是会走向失败。

即使如此,甘露之变仍有不少经验教训值得后人总结:

其一,李训、郑注集团未能真正掌握军队,与宦官集团相比,实力过于悬殊。

在南衙卫军名存实亡的情况下,李训、郑注要诛两军中尉,只能用

---

[1]《唐大诏令集》卷一二〇《讨凤翔郑注德音》,第636页。
[2]《通鉴》卷二四五文宗开成元年(836)二月条,第8045页。

金吾卫仪仗、京兆府逻卒、御史台狱卒及新任节度使临时召募的亲兵等拼凑军队。韩约、罗立言、李孝本三人皆为临时除授，同当司无深厚的渊源关系。王璠、郭行余所募河东、邠宁兵也属乌合之众，以此军队与神策军抗衡，无异于驱羊入虎口。李德裕曾作《奇才论》论之。其论云：

> 夫举大事，非北门无以成功，此所谓天下之常势也。李训因守澄得幸，虽职在近密，而日夕游于禁中，出入无碍。此时挟守澄之势，与天子契若鱼水，北军诸将，望其顾眄，与目睹天颜无异。若以中旨谕之，购以爵赏，即诸将从之，势如风靡矣。训舍此不用，而欲以神州灵台游徼搏击之吏，抱关拥彗之徒，以当精甲利兵，亦犹霜蓬之御烈火矣。赖中人觉其变，未及其乱……自前代以来，禁军唯畏伏中官，宰臣焉能使其效死？……既经李训猖獗，则天下大势，亦不可用也。[①]

李德裕所论亦有不确之处。王叔文集团谋夺宦官京西兵权，神策兵尚且不服，纷纷牒告中尉，李训所处的时代，两军中尉与宦官早已合为一体，非是李训不用神策军，而是神策军已断不能用。正因如此，李训、郑注才不得不谋求方镇兵的支持。一方面郑注出为凤翔节度使，以凤翔兵策应李训，另一方面又密结昭义节度使刘从谏为外援。凤翔、昭义二镇卷入内廷斗争，昭示出方镇兵开始对中央朝政产生影响。

其二，文宗关键时刻的动摇背叛，直接导致计划失败。

恩幸集团对皇权的依附性很强。李训、郑注集团的成败与文宗的态度有着非常直接的关系。文宗虽然耻为凡主，但是性格懦弱，为了保住皇位随时会改变主意。宋申锡本奉密诏，因事涉漳王，文宗竟不顾先前密诏，反信王守澄之言。甘露之变时文宗令权宦前往察看也是

---

①《李德裕文集校笺》外集卷三《奇才论》，第814—815页。

与李训预先约定的。但是宦官离开后,因郑注凤翔兵愆期不至,事态不明,文宗迟疑,没有令郭行余率兵上殿护驾。宦官返回后,李训孤注一掷,指挥京兆逻卒等争夺文宗,在被李训阻止入宫时,文宗又"斥之"。由于文宗一贯明哲保身,透过臣下,没有留下敕旨等确切把柄,故能全身而退,保住了皇位①。但文宗是真正的幕后主使却是不言而喻的,仇士良"知上豫其谋,怨愤,出不逊语,上惭惧不复言"②。开成年间,文宗于内殿看牡丹,吟咏舒元舆《牡丹赋》,"不觉叹息良久,泣下沾臆(衣)"③,又对郑覃等三相说:"训禀五常性、服人伦之教,不如公等,然天下奇才,公等弗及也。"④李孝本二女配没右军,文宗怜之,收养宫中,遭魏謩疏谏后不得已出之。文宗对李训、舒元舆、李孝本等人是有愧的。

其三,李训、郑注集团本身多贪名冒功之人,品行缺陷很大。

李训为李逢吉心腹,收受贿赂,陷害李程,郑注初依李愬,后投靠王守澄,二人皆士行有亏,郑注甚至可称得上声名狼藉。这一集团的其他成员多为锐意进用的孤寒,在品行上也存有一定缺陷。例如,舒

①雷巧玲《"甘露之变"发微》(《陕西师范大学学报》,1995 年第 3 期)认为文宗未被废杀的根本原因在于对刘弘逸、薛季稜等宦官的重用。其论据是大和九年(835)六月两枢密杨承和、王践言伏诛后,文宗起用自己宠信的刘、薛为枢密使,对仇士良一派起到制约作用。黄日初《唐文宗与甘露之变的关系问题再探》(《宜春学院学报》,2012 年第 1 期)又作进一步阐述,认为文宗既重用自己信赖的刘、薛为枢密使,则当日目标仅及两军中尉,此二人与李训、郑注存有矛盾,导致文宗最后倒向宦官。今按,甘露之变时两枢密使姓名诸史不载。但是甘露之变前夕刘弘逸官职不详,仅知其敬宗时为宣徽副使(《旧唐书》卷一七《文宗纪》),薛季稜大和七年为五坊使,因出使功被赐通天带(《通鉴》卷二四四,第 8016 页),二人虽有一定地位,却非炙手可热。《通鉴》卷二四五载甘露之变后的开成元年(836)十一月,宰相李石谏言:"方今内外之臣,其间小人尚多疑阻,愿陛下更以宽御之。彼有公清奉法如刘弘逸、薛季稜者,陛下亦宜褒赏以劝为善。"(第 8049 页)若此前二人早已贵为枢密使,何需李石再作举荐?又将如何进一步擢用?仇士良大肆屠杀朝臣之时,刘、薛若已为枢密使,属其帮凶,李石又岂会声称二人"公清奉法"?此一观点推测过多,且时间先后顺序皆与史不合,不足取信。
②《通鉴》卷二四五文宗大和九年(835)十一月壬戌条,第 8034 页。
③《杜阳杂编》卷中,第 18 页。
④《新唐书》卷一七九《李训传·论赞》,第 5326 页。

元舆锐意轻进,舞文弄法,陷李繁于死地。王璠虽有吏才,却是贪婪投机之徒,宋申锡事件中出卖宋申锡,甘露之变时又首鼠两端,甚至幻想再度投靠宦官,谋求宰相。而与李训关系密切的王涯也借榷茶大肆聚敛,遇害时"以榷茶事,百姓怨恨,诟骂之,投瓦砾以击之"①。

李训、郑注为代表的文人近幸集团在皇权的庇护下,运用密谋等手段打击朋党和宦官,是顺宗朝王叔文集团政治活动的延续。后人以成败论人,将王涯、贾餗等人的枉死迁怒于二人,称之为蠹乱朝政的奸邪小人,但也有鸣不平者。清王鸣盛《十七史商榷》卷九一"训、注皆奇士"条云:

> 李愬目郑注为奇士,其实训、注皆奇士,特奇功不成耳……训传言训本挟奇进,及权在己,锐意去恶,欲先诛宦竖,乃复河湟,攘却回鹘、吐蕃,归河朔诸镇,志大如此,非奇士乎? 注传言日日议论帝前,谋锄中官,亦忠于为国者。即使本欲揽权,假公济私,脱令具功得成,乱本拔矣。天不祚唐,俾王叔文一不成,训、注再不成,以至于不可救,而训、注固未可深责。传中讥其诡谲贪沓,皆空底无指实……安知非沿当日史官曲笔? 千载而下读史者,于训、注但当惜之,不当复恶之。②

王鸣盛不是第一个为李训、郑注翻案的学者。宋葛立方《韵语阳秋》卷九云:"唐太(大)和末阉尹恣横,天子以拥虚器为耻,而元和逆党未讨,帝欲夷绝其类。李训谓在位操权者皆碌碌,独郑注可共事,遂同心以谋……世以成败论人物,故训、注不得为忠。"③所论与王鸣盛略同。清人李慈铭也将李训、郑注与王叔文并举,认为:"王叔文、李训一谋夺宦官兵权,不遂而窜死,一谋诛宦官,事垂成而被祸尤酷,此皆唐之陈

---

① 《旧唐书》卷一六九《王涯传》,第 4405 页。
② 〔清〕王鸣盛:《十七史商榷》卷九一,上海:上海书店,2005 年,第 829 页。
③ 〔宋〕葛立方:《韵语阳秋》卷九,见〔清〕何文焕辑:《历代诗话》,北京:中华书局,2004 年,第 553—554 页。

蕃、窦武也。"①同宋人相比，王鸣盛、李慈铭等注意到王叔文集团与李训、郑注集团之间的相承关系，指出"王叔文一不成，训、注再不成，以至于不可救"，眼光更为深邃。

第十二章　内外大臣共治天下格局的形成

第一节　李德裕之相业

甘露之变后，皇帝近幸文士集团遭到沉重打击，普通庶族士人通过依托皇权实现政治抱负的途径被堵死。近幸集团依托皇权对抗宦官，往往是在君相关系紧张的情况下才能发生。当革新集团失败后，皇帝不得不重新依靠宰相，君相协力，政局反而有所好转。王叔文集团失败后，宪宗调整君相关系，出现元和中兴，李训、郑注失败后，武宗政事一委宰相李德裕，会昌年间再度出现少许中兴气象。

在李训、郑注用权时期，不论内朝宦官，还是外朝宰相，双方都受到沉重打击。牛党官员先遭李训、郑注贬逐，开成末又遭仇士良镇压，元气大伤。李德裕一派虽然也遭李训、郑注打击，但是开成末渐获进用。从皇权的角度来看，甘露之变后统治秩序遭到严重破坏，皇帝最急需的是能够收拾残局的大臣。富有实干精神的李党自然比朋比营私、苟且偷安的牛党更受垂青。甘露之变后，禁军暴横，京兆尹为牛党张元方，懦弱不敢任职，朝廷改用李党薛元赏，禁军才有所收敛。开成年间，杨嗣复等牛党成员结交杨妃及两枢密而位至宰相，但是李德裕

①〔清〕李慈铭：《越缦堂读书记》杂家类《居易录》，上海：上海书店，2000年，第712页。

朝中亦有政治靠山。大和三年（829），李德裕离任浙西，朝廷为立德政碑，监军田全操等"继以事闻，恩诏嘉许"[1]，田全操等权宦与李德裕为旧识。开成四年（839），李德裕代牛僧孺为淮南节度使，王绩、魏謩、韦有翼、令狐绚、韦楚老、樊宗仁等连章论德裕倾轧牛僧孺，文宗皆舍而不问。究其根源，在于李德裕在内朝亦有田全操等宦官为奥援。

开成年间，宦官内部存有政治派别。两军中尉仇士良等属元和老宦，因甘露之变而敌视外朝宰相。枢密使薛季稜与杨妃、宰相杨嗣复为一党，支持安王，另一枢密使刘弘逸和宰相李珏为一党，支持文宗所立的太子陈王。两枢密与牛党相善，故杨嗣复、李珏拜相用事，李德裕、郑覃等李党官僚不得大用。开成末皇位之争中，仇士良、鱼弘志发兵迎立武宗，薛季稜、刘弘逸两枢密素不党于武宗，这种情况下淮南监军使杨钦义被征入为枢密使。《通鉴》卷二四六文宗开成五年八月条：

> 初，德裕在淮南，敕召监军杨钦义，人皆言必知枢密，德裕待之无加礼，钦义心衔之。一旦，独延钦义，置酒中堂，情礼极厚；陈珍玩数床，罢酒，皆以赠之，钦义大喜过望。行至汴州，敕复还淮南，钦义尽以所饷归之。德裕曰："此何直！"卒以与之。其后钦义竟知枢密；德裕柄用，钦义颇有力焉。[2]

杨钦义出自显赫的宦官世家，其父即是贞元末左军中尉杨志廉，仇士良出自左军，与之有一定的渊源。故其征入之初，外界已风言"必知枢密"。杨钦义行至汴州，复敕其返回淮南。笔者推测，很可能与刘氏宦官家族有关。刘氏也是一个显赫的宦官世家，元和时有枢密使刘弘规。仇士良与刘弘逸交恶，而武宗阴恶仇士良，欲用刘弘规子刘行深为枢密使，在选用枢密使人选上仇士良与武宗存有分歧。当然，最终的结果是相互妥协，刘行深、杨钦义俱入为枢密使。刘行深父刘弘规

---

[1]《全唐文》卷七三一贾𫗧《赞皇公李德裕德政碑》，第7543页。
[2]《通鉴》卷二四六文宗开成五年八月条，第8068页。

与李德裕父李吉甫为故识,李德裕数临大镇,与王践言、田全操、杨钦义等监军亦私交甚好。就枢密使的人选来看,刘行深、杨钦义分别代表不同的宦官家族,但是李德裕左右逢源,与双方关系都不一般。会昌三年(843),崔铉命相,两枢密不知,老宦称为"堕败旧风",可知开成末李德裕拜相必是经过两枢密同意的。李德裕得以再度入相,并且独揽大权,不仅是因为武宗的赏识,更主要的是得到宦官当权派的支持,具有浓厚的宦官背景,这是我们理解会昌之政的立足点。

会昌初,仇士良追恨开成末杨嗣复、李珏不附己,奏请武宗杀此二人。李德裕往复论救,始免于死罪。甘露之变后禁军骄横,左右神策军将吏改转,不经中书检勘,直接行牒中书门下。会昌元年二月,敕令左右神策军正员官大将请授官,宜依官资改转,无正员官,需奏其功绩。这一改革取消了神策军的特权,进一步激化了宰相同仇士良之间的矛盾。《通鉴》卷二四六武宗会昌二年四月甲申条:

> 上信任李德裕,观军容使仇士良恶之。会上将受尊号,御丹凤楼宣赦。或告士良,宰相与度支议草制减禁军衣粮及马刍粟,士良扬言于众曰:"如此,至日,军士必于楼前喧哗!"德裕闻之,乙酉,乞开延英自诉。上怒,遽遣中使宣谕两军:"赦书初无此事。且赦书皆出朕意,非由宰相,尔安得此言!"士良乃惶愧称谢。①

李德裕同度支在南衙议赦书事,告密者或为仇视李德裕的牛党朝官。为避免事态扩大,李德裕主动奏请武宗,请求开延英当面对质。这一做法其实沿自文宗开成年间,时宰相李石等奏事中谢,外间讹传文宗欲夺宦官兵权交于宰相,文宗召集宰相与仇士良等当面宣谕解释,化解双方误会。李德裕乞开延英,说明李德裕对宦官仍然畏惧三分。武宗不喜仇士良,这一事件中全力支持李德裕,但是削减禁军衣粮之议也就无疾而终了。

---

① 《通鉴》卷二四六武宗会昌二年四月甲申条,第8083页。

　　会昌初李德裕和仇士良之间类似的较量还有多次。《续谈助》卷三引李德裕《文武两朝献替记》：

　　　　会昌二年四月，宰臣奏曰："河阳切要得人，侧近惟陈许王茂元堪，且于河阳用之。但比来会有微累，用后不免议论。"上云："不然，但得才堪，些些已过之事，岂足更言。"及授茂元河阳，仇士良甚怒。枢密使至中书，面如土色，谓德裕曰："缘相公用茂元，适军容于浴堂诟怒，称枢密使与宰臣相连，令大和中罪人领重镇，近东都，来欲有何意？"德裕对曰："茂元若当时受文宗意旨，便合诛翦。闻茂元江陵有一宅，南中所得犀象货物尽在宅中，此时全家送出与军容，既受他物，岂得更有此说。"于是谤讟遂止。①

王茂元为大将王栖曜之子，少从父征战，勇略知名，深得李德裕委任，历来被视为"李党"成员。文学家李商隐本令狐楚门生，因娶王茂元之女，竟被牛党视为背叛，一生仕途坎坷。王茂元早年结交郑注，求为泾原节度使。甘露之变后，献家资饷军，未被治罪。仇士良等以郑注事诋毁王茂元，李德裕没有正面冲撞，而是以仇士良已接受王茂元家产贿赂为由进行开脱。可见李德裕老于世故，处事灵活。

　　会昌三年（843），陇西李膠，恃年少才俊，以仇士良书从判度支卢商处求官，李德裕不许，借他过将其出为峡内郡丞②。仇士良致仕，死后被告发私藏军器而籍没抄家，此后用权者杨钦义、刘行深并与李德裕有故，牛僧孺、杨嗣复等人又悉遭贬斥，不论是内廷还是外朝，李德裕皆无掣肘势力，始得以充分按照自己的政治意愿处置朝政。

　　李德裕之相业，主要有二，其一是回鹘政权瓦解后，李德裕统筹指挥幽州、河东、振武等镇，化解南下回鹘对边境的侵扰；其二是讨平昭义刘稹之叛。尤其是昭义一役，更是朝廷削藩战争中少有的完胜，其

---

①《续谈助》卷三引《文武两朝献替记》，第50页。
②《唐语林校证》卷七《补遗》，第620页。

功绩不下元和伐叛。

昭义一军地跨河北、河东两道，是朝廷与河朔三镇抗衡的重要藩镇，自李抱玉、李抱真创置以来，素称忠义。元和时讨淄青李师道，李师道将刘悟杀李师道降，淄青遂平。朝廷赏刘悟之功，遂以其为昭义节度使，许率郓州旧部移镇。刘悟移镇昭义后，昭义军逐渐发生变化。一方面，郓州军士久染河北习气，刘悟卒，军中仿河朔故事，以其子刘从谏为节度使，刘悟、刘从谏父子经营昭义二十余年，昭义有河朔化的倾向。另一方面，刘从谏父子为巩固地位，积极结交王守澄等内廷宦官，多署朝臣公卿子弟为僚佐，例如，原宰相李石从兄李恬被署为洺州刺史，王宰所生子王晏实，其父王智兴爱而养以为子，被署为磁州刺史。朝中动静一一知之，其同朝廷的密切度远非一般藩镇所比。

文宗大和年间，昭义镇为李训、郑注外援。甘露之变后，王涯、贾餗等人子孙未被族灭者皆投奔昭义。刘从谏更是屡次表请王涯等罪名，仇士良深忌之。旧史家对此赞誉极高，甚至认为李石等宰相赖此才能粗得秉政。事实上，刘从谏本与训、注结交，所谓求罪名，不过是其先声夺人的自保方式，不宜过分拔高。客观上看，昭义镇公开挟制朝廷，收纳各种政治势力，已经对朝廷权威构成严重威胁，任何一个有远见的政治家都不能允许其跋扈下去。

武宗即位后不受昭义所献名马，刘从谏以为仇士良作梗，怒杀其马，遂招纳亡命，缮完兵械，拥众十万，四境藩镇皆潜为防备。会昌二年（842）十一月，朝廷诏河东、幽州、振武、天德出兵进讨回鹘，时河东、幽州固称岁寒不可进兵，刘从谏请出部兵五千讨回鹘，诏不许。李德裕拒用昭义兵，意在担心昭义立功，无以制之，已有图去刘从谏之意。刘从谏对其妻裴氏说："吾以忠直事朝廷，而朝廷不明我志，诸道皆不我与。我死，他人主此军，则吾家无炊火矣！"①刘从谏卒，其侄刘稹冒

①《通鉴》卷二四七武宗会昌三年四月条，第8101页。

充其子,欲效刘从谏故事,自请旄节。自刘从谏起,昭义镇擅署官吏、收纳亡命,跋扈二十余年,朝臣惧昭义兵强,多以国力不支为由,支持姑息昭义。独李德裕以昭义深居腹心,一军素称忠勇,不同河朔三镇,坚请讨伐。武宗也赞同李德裕的意见。昭义镇刘从谏是参与甘露之变而未受惩处的人,仇士良等对其恨之入骨。讨伐刘稹时,仇士良已薨,用权的是杨钦义、刘行深,前线监军为似先义逸、马国亮①。大和九年(835),李训借宦官内部矛盾,出田全操、刘行深、似先义逸等六宦官巡边,密令边将杀之。刘行深、似先义逸等对刘从谏自然是分外眼红。刘稹也深知昭义为宦官忌恨,上表自辩称:"亡父从谏为李训雪冤,言仇士良罪恶,由此为权幸所疾,谓臣父潜怀异志,臣所以不敢举族归朝。乞陛下稍垂宽察,活臣一方!"②从某种意义上说,对昭义用兵是甘露之变的延续。

虽然外朝文臣官僚多不支持对昭义用兵,但是李德裕得到武宗及宦官集团的一致支持,故而在平叛过程中得到宦官的全力配合,诸将得专其武力。《通鉴》卷二四八武宗会昌四年(844)八月戊申条:

> 初,李德裕以"韩全义以来,将帅出征屡败,其弊有三:一者,诏令下军前者,日有三四,宰相多不预闻。二者,监军各以意见指挥军事,将帅不得专进退。三者,每军各有宦者为监使,悉选军中骁勇数百为牙队,其在陈(阵)战斗者,皆怯弱之士……"德裕乃与枢密使杨钦义、刘行深议,约敕监军不得预军政,每兵千人听监使取十人自卫,有功随例沾赏。二枢密皆以为然,白上行之。自御回鹘至泽潞罢兵,皆守此制。自非中书进诏意,更无它诏自中出者。号令既简,将帅得以施其谋略,故所向有功。③

---

① 《李德裕文集校笺》文集卷一六《论赤头赤心健儿等状》云"诏王宰、石雄、义逸、国亮,许其自相纠出",王宰、石雄为节帅,义逸指似先义逸,国亮指马国亮,二人分为二镇监军。

② 《通鉴》卷二四七武宗会昌三年七月乙巳条,第8109—8110页。

③ 《通鉴》卷二四八武宗会昌四年八月戊申条,第8131—8132页。

李德裕不是简单地罢废监军,而是用约定限制监军对军政的干扰,并许以有功赏均沾,换取宦官的配合。而且德裕每拟诏敕,必节帅、监军并称,提高监军的地位,故宦官亦乐为其用。王宰私纳刘稹降状后,李德裕奏请"缘内养寻常充使,恐节将未便承禀。伏望降供奉官,今日便赴行营,自看进军"①。可见,李德裕将宦官视为朝廷的左膀右臂,适当提高中使规格来增加朝廷对节帅的威慑。在调度藩镇方面,李德裕也非常注意策略。忠武军节度使王宰出自将门,其父王智兴。王智兴在镇贪暴,任徐泗节度使时"务积财贿,以赂权势"②,同宦官关系非同一般。李德裕重用王宰,自然也会得到宦官的鼎力支持。李德裕不仅善于运筹帷幄,调兵遣将,还善于调动宦官,配合朝廷用兵,这是讨伐昭义得以完胜的重要原因。

李德裕力主用兵昭义,不是为了取媚宦官,而是着眼于强化中央的控制。刘从谏收纳亡命,聚兵十万,已对朝廷构成严重威胁。刘稹平后,李德裕命令王宰、石雄诛"郓州父兄子弟及从谏处招到凶恶将健"③,对淄青旧卒以外的赤头、赤心健儿等胁从将士则多加宽宥,又遣使劝止成德节度使王元逵等擅杀降将。昭义平后,李德裕对昭义镇进行改造。泽州自昭义割隶河阳,此举意在增强河阳军事实力,削弱昭义对东都的威胁。刘从谏时期昭义军驻军强占邢州州所,邢州刺史移于龙罡县办公,李德裕以其僭越,亦恢复旧制。为一劳永逸地解决昭义镇问题,李德裕又依横海军之例,将节度使之兵分隶刺史。《李德裕文集校笺》卷一六《奏磁邢州诸镇县兵马状》云:

> 右件镇县兵马,并准江淮诸道例,割属本州收管,所有解补,并委刺史自处置讫。申使如镇遏十将已上,是军中旧将,兼有宪

---

①《李德裕文集校笺》文集卷一七《论刘稹状》,第 391 页。
②《旧唐书》卷一五六《王智兴传》,第 4140 页。
③《李德裕文集校笺》文集卷一六《论赤头赤心健儿等状》,第 371 页。

官,不愿属刺史者,并委卢钧追上驱使。①

元和十三年(818),昭义大将乌重胤为沧州刺史、横海军节度使,至镇后上言:"臣以河朔能拒朝命者,其大略可见。盖刺史失其职,反使镇将领兵事。若刺史各得职分,又有镇兵,则节将虽有禄山、思明之奸,岂能据一州为叛哉?"②次年二月朝廷下诏,命天下藩镇"所管支郡,除本军州外,别置镇遏、守捉兵马者,并合属刺史等"③。这一诏敕最初是针对淄青、沧景等新收复地区。文宗大和中,刘茂复为濠州刺史,与廉使约定:"诏条节度团练兵镇巡内州者,悉以隶州,今濠州未如诏条,请如诏条。"④李德裕所云"准江淮诸道例",盖至会昌时期江淮诸镇大体完成割属。在将节度使之兵割隶州县的同时,李德裕还奏请吏部恢复对昭义除授官吏,"望委吏部于今年选人中,拣干济曾有绩效人,稍优一两任注拟"⑤,从而在根本上消除昭义割据的社会基础。

　　在李德裕的默许下,宦官集团特别是监军使,作为皇权的代表,对地方事务的干涉在某些情况下还有所强化。《唐代墓志汇编续集》大中〇〇六《高克从墓志》:

　　　　会昌四年,上党拒命。邻军讨伐,散发相系。尤藉名能,以当抚御。其年七月十日,诏公监义昌军。自到河隍,夙夜匪懈。与元戎叶力勤恳茸绥。才及数月,而元戎改镇。公受诏旨权军务。州人咸相谓曰:自立义昌,未有护戎亲执军柄,自此为始。⑥

义昌镇地处河朔,与幽州、成德二镇渊源甚深,义昌节度使刘约为幽州节度使刘总之弟,会昌初幽州军乱,李德裕一度欲举刘约为幽州节度

---

①《李德裕文集校笺》文集卷一六《奏磁邢州诸镇县兵马状》,第 373 页。

②《旧唐书》卷一六一《乌重胤传》,第 4223 页。

③《唐会要》卷七八"诸使中"条,第 1691 页。

④《全唐文》卷七四六卢子骏《濠州刺史刘公善政述》,第 7729 页。

⑤《李德裕文集校笺》文集卷一六《潞磁等四州县令录事参军状》,第 374 页。

⑥《唐代墓志汇编续集》大中〇〇六《高克从墓志》,第 973 页。

使。会昌四年（844）七月，高克从监义昌军，不久刘约徙镇天平，新任节度使崔蠡到镇之前，义昌遂由监军代掌军政。河北地区监军亲掌军政，比较少见，此事发生在平刘稹之后，应是朝廷强化对义昌军直接控制的重要手段。

会昌四年讨昭义一役，从决策到用兵直至善后，李德裕都表现出过人的指挥才能。对此牛党文人仍不断横加诋毁，他们重要的口实就是所谓李德裕下诏宣告诛王涯、贾餗子孙事。刘从谏本与李训、郑注有约定，甘露之变后，李训兄李仲京、王涯孙王羽、贾餗侄贾庠等皆奔于昭义。《通鉴》卷二四八武宗会昌四年九月条：

> 王羽、贾庠等已为谊所杀，李德裕复下诏称"逆贼王涯、贾餗等已就昭义诛其子孙"，宣告中外，识者非之。[1]

《大事记续编》卷六六会昌四年八月条引《武宗实录》云："甘露之变，王涯、贾餗等横罹大祸，至会昌已易代矣，朝廷不能因事洗涤，明其无罪。羽、庠非投迹强臣，莫全其躯，至是不幸已为潞卒所杀，而复声其罪以逆为名，识者知德裕之及祸矣。"[2]《通鉴》本条即据牛党《武宗实录》所修。诏敕皆以皇帝名义所下，《通鉴》径书"德裕下诏"，其"抑李"之态度可见一斑。今按，光化四年（901）四月昭宗《改元天复赦》始为王涯、贾餗等人昭雪，此前王涯等在官方文书中自然被视为"逆党"。《唐代墓志汇编续集》会昌〇一八《梁元翰墓志》等墓志提及王涯、贾餗等仍皆以"逆党"称之，李德裕称王涯等"逆贼"并无大错。李德裕所下之诏即《唐大诏令集》卷一二七所收《诛张谷等告示中外》[3]，当日昭义所诛者尚有李训兄李仲京，韩约子韩茂章、茂实，郭行余之子郭台等人，《通鉴》独以王羽、贾庠为辞，盖王涯助李训进用，贾餗与牛

---

①《通鉴》卷二四八武宗会昌四年九月条，第 8133 页。
②《大事记续编》卷六六会昌四年八月条，第 297 页。
③岑仲勉《通鉴隋唐纪比事质疑》"宣告诛张谷等罪状"条对《通鉴》本条曾有驳论，可参看。

僧俗相善，二人与李德裕有过节，以此坐实李德裕挟私报复之过。

李德裕自淮南征入时即对武宗建言："陛下诚能慎择贤才以为宰相，有奸罔者立黜去，常令政事皆出中书，推心委任，坚定不移，则天下何忧不理哉！"①会昌时期，朝廷连续讨平回鹘，平定昭义刘稹，幽州、魏博、成德三镇悉听朝廷号令。昭义平后，李德裕对武宗说："向者寇逆暴横，固宜以威制之；今天下既平，愿陛下以宽理之。"②鉴于威令已行，李德裕将注意力由边疆、藩镇转向朝内，开始推行其"政归中书"的政治理想。

其一，恢复中书舍人言事之权。天宝以前，中书舍人有六员，除机密迁授外，一般政事皆得商量。张说改政事堂会议为中书门下，中书舍人议政之权遂废。会昌五年（845）十二月，李德裕奏请："今日以后，除机密及诸镇奏请戎事、有司支遣钱谷等外，其他台阁常务，关于沿革，州县奏请，系于典章及刑狱等，并令中书舍人依故事商量。"③安史之乱后，中书舍人职权逐渐被翰林学士所取代，李德裕恢复中书舍人议政之权，不仅对相权是个抑制，对翰林学士也是一个重大冲击。

其二，以侍御史分治边疆诸族。文宗大和时回鹘连年灾荒，已有崩溃之迹，李训遣田全操、刘行深等六宦巡边，或已有所察觉。武宗即位后，屡次遣使巡边，交好黠嘎斯，谋复河湟及西域之地。李德裕建议以亲王为元帅，遣侍御史判党项事，从而将处置少数民族事务的权限从边将手中收归朝廷。此举无疑触及边将及神策军利益。

其三，置备边库。回鹘崩溃之后，武宗君相有经营河陇之意。为筹集用兵经费，李德裕创置备边库，令户部每岁入钱帛十二万匹，度支、盐铁岁入钱帛十二万匹缗，凡诸道所进助军财货皆存入备边库，以度支郎中判之。户部、度支、盐铁分掌国家正赋，三司皆有定额，李德

①《通鉴》卷二四六文宗开成五年（840）九月庚辰条，第 8067 页。
②《通鉴》卷二四八武宗会昌五年九月条，第 8142 页。
③《李德裕文集校笺》文集卷一一《请复中书舍人故事》，第 240 页。

裕不增税额,径令每年输钱帛入备边库,说明三司每年有大量羡余。又诸道进奉过去主要由宦官把持的内库收掌,李德裕以备边为名,将宦官集团的部分财权收归户部。

其四,毁弃佛寺,令僧尼还俗。会昌灭佛原因比较复杂,同武宗崇信道教有直接关系。中唐以后,百姓为躲避赋役,纷纷伪度僧尼。一些节度使甚至用度僧尼聚敛财赋。长庆四年(824),李德裕作《王智兴度僧尼状》,对此有深刻的揭示。会昌灭佛,李德裕在其中也起到非常重要的作用。文宗大和八年(834),李训主政期间,亦奏请沙汰僧尼,但是没有足够威望推行。会昌灭佛起到了增加赋税人口,简括田地,增强朝廷财政实力的作用。

其五,裁省官吏。《旧唐书·武宗纪》载会昌三年(843)十一月敕:"中外官员,过为繁冗,量宜减省,以便军民。宜令吏部条疏合减员数以闻。"①会昌三年十一月朝廷正用兵昭义,此次省吏,直接目的是"以便军民"。又《唐会要》卷六九"州府及县加减官"条载会昌四年六月,吏部奏"以州府申阙解内户税多少,及州府官员闲剧,类会合减官员一千二百一十四员"②。会昌五年,武宗下诏削紧望县以下僚佐③。裁省官吏目的是节省朝廷支出,但是触犯地方利益,遭到诸道的抵制。

其六,强化中书门下对神策军官员的管理。李训、郑注谋夺宦官兵权,采取广修殿堂,为禁军修建鞠场,遣宦官巡边等手段分化神策军。会昌五年七月,对神策军十员定额官进行重新审定。《唐会要》卷七二"京城诸军"条:

(会昌)五年七月敕:"左右神策军定额官各十员:判官三员,

①《旧唐书》卷一八上《武宗纪》,第598页。
②所减官员数,《旧唐书·武宗纪》作一千一百一十四,《旧唐书·柳仲郢传》作一千二百员。《唐会要》同卷所录会昌四年十二月敕所省官亦作一千二百一十四,《旧纪》误。
③此事诸史失载。《大唐西市博物馆藏墓志》四一六《王埕墓志》:"会昌三年,自崇文生选补(梁)王府参军。来年,梁王薨,状□□□□□,听废其曹属,吏部还本资官,得虔州玉城县尉。会昌五年,武皇帝诏削紧望以下□员,玉城则县尉在数,既罢,归京师。"(第897页)

勾覆官、支计官、表奏官各一员，孔目官二员，驱使官二员。改转止于中下州司马，并不拟登朝官。其驱使官从使挟名敕下，各从补后，计四年优放选。其十员官，如官满及用阙，本军与奏，仍由中书门下依资拟注官判以下员。如老弱不任道途，事须停解者，终身不许更有参选。如有殿犯，即据官判以下，或谪官覆资，或罪轻停解者，亦须终身不许更有参选。仍永为常式。其元和二年十员定额官敕，不在行用之限。[①]

会昌五年（845）重定神策军十员官敕，最大的特点是对神策军定额官的迁转进行限定，老弱或因罪贬谪者，终身不许参选。这一改动强化了中书门下拟注禁军的权力。除此之外，李德裕还命天下方镇简择官健补入两军，晚唐名将高骈、周宝皆在此时选入两军。

其七，索取两军中尉军印归中书。圆仁《入唐求法巡礼行记》卷四会昌五年四月条云："今年四月初，有敕索两军印。中尉不肯纳印。有敕再三索。敕意：索护军印付中书门下，令宰相收管。两军事，一切拟令取（宰）相处分也。左军中尉即许纳印，而右军中尉不肯纳印……人君怕，且纵不索。"[②]中书门下索两军印事不见他书，会昌五年李德裕整顿禁军，重定十员定额官，索取两军军印或有其事。

李德裕上述改革，涉及内政、边防、财政、禁军等若干方面。其核心精神就是"政出中书"，若完全实现其主张，在中书门下体系外以两军中尉及两枢密为核心的宦官体系则丧失职掌，成为有名无实的闲职。这些政治主张同宦官集团格格不入，双方关系迅速恶化。

最早对李德裕发难的是李德裕亲手拔擢的翰林承旨白敏中。《通鉴》卷二四八武宗会昌五年十月条：

> 李德裕秉政日久，好徇爱憎，人多怨之。自杜悰、崔铉罢相，

①《唐会要》卷七二"京城诸军"条，第1536页。
②《入唐求法巡礼行记校注》卷四会昌五年四月条，461页。

宦官左右言其太专，上亦不悦。给事中韦弘质上疏，言宰相权重，不应更领三司钱谷。德裕奏称："制置职业，人主之柄。弘质受人教导，所谓贱人图柄臣，非所宜言。"十二月，弘质坐贬官，由是众怒愈甚。[1]

给事中乃门下省清望官，非为卑官，李德裕斥其"贱人"，盖韦弘质上书系"受人教导"，非出于公心。《旧唐书·武宗纪》称"白敏中之徒教弘质论之，故有此奏"[2]。宰相兼钱谷自开元时即已出现，杨国忠、元载、皇甫镈等皆以宰相兼领国赋，文宗大和三年（829），路隋奏称宰相不宜兼钱谷琐务，裴度辞罢度支。但是，其后王涯、李石、杨嗣复、崔珙等相继以宰相判钱谷。韦弘质上书时，三司使分为度支使卢钧、盐铁使薛元赏、判户部李回，其中薛、李二人被视为"李党"。李德裕并没有判三司，诸相中仅李回以宰相判户部。牛党不甘心"李党"大盛，只能从李回等人身上下手。韦弘质论奏"宰相不当判钱谷"，就是针对李回判户部的使职。白敏中此时以户部侍郎充翰林承旨。若李回罢使，白敏中判本司的概率很高，是韦弘质事件的幕后推手。《旧唐书·武宗纪》在宰相不宜判钱谷前还有四字，即"中书权重"，《通鉴》臆改成"宰相权重"，似为直接攻击李德裕，模糊了事件的本质。韦弘质贬官之后，为平息物议，李回迁户部尚书，同时罢判户部之职，御史中丞郑朗迁户部侍郎，接判户部，白敏中则由户部侍郎改兵部侍郎，并没有达到目的。其后不久，李德裕又奏称"今后除机密公事外，诸侯表疏、百僚奏事、钱谷刑狱等事，望令中书舍人六人，依故事先参详可否，臣等议而奏闻"[3]。如此一来，牛党再也无法借用"宰相权重"之由抨击李德裕。李德裕有进有退，迅速平息了这场政治风波。

白敏中虽未得逞，自此结怨于李德裕。因翰林承旨身份，除与其

---

①《通鉴》卷二四八武宗会昌五年十月条，第8143页。
②《旧唐书》卷一八《武宗纪》，第608页。
③《旧唐书》卷一八《武宗纪》，第608页。

他牛党沆瀣一气外，他与宫内宦官也多有结交。会昌末白敏中投靠光王（宣宗）密谋集团，并充当迫害李德裕的干将。在韦弘质上书的前几月，李德裕与宦官的矛盾已趋于公开化。《通鉴》卷二四八武宗会昌五年（845）八月条下《考异》引《献替记》云：

> 上信任宰臣，无不先访问，无独断之事。唯诛讨泽潞，不肯舍赴振武官健及诛鬻党项，此二事并禁中发诏处分，更不顾问。振武官健回旗，不肯进发，先害监军僚一人，监军王惟直自出晓谕，又被伤痍，旬日而卒。禁中两军枢密已下，恨其不杀节将，唯害中人，所以激上之怒，尽须剿戮。上问宰臣曰："我送石雄领兵至泽潞，令卢钧不诛讨罪人，如何？"德裕曰："卢钧已失律，性又宽愞，必恐自诛不得。若便替却卢钧，乱卒罪恶转大，须兴兵讨伐。恐不如先除替，令新帅诛鬻。"上谓德裕曰："勿惜卢钧！本非材将。救泽潞叛兵，疑李丕报嫌。往刘稹平后，处置泽潞与刘稹同恶，仅五千余人，皆是取得高文端、王钊状，通姓名，勘李丕状同，然后处分。其间有三两人或王钊状无名，并不更问，足明是李丕不能逞其憾。"又云："惟务苟安、因循为政。凡方镇发兵，只合不出军城，严兵自卫，于城门阅过部伍，更令军将慰安。岂有自出送兵马，又令家口纵观！事同儿戏，实不足惜！""缘大兵之后，须有防虞，臣不敢隐默。"由是中诏处分，不复顾问。①

因刘从谏之故，宦官集团深怨昭义，多行杀戮。会昌五年（845）七月，诏发昭义步骑二千北戍振武，潞卒惮于远戍，乘醉回旗入城。卢钧临变逃往潞州，监军王惟直以州兵拒之，为乱兵所伤，寻卒。中尉、枢密极为恼怒，不依不饶，坚持派军进剿。时卢钧已被迎回城内，进剿恐置卢钧于死地，李德裕主张暂时容忍，先以新帅代回卢钧，后命新帅除乱卒。武宗已听信宦官之言，不再咨询李德裕的意见。《考异》称："卢

①《通鉴》卷二四八武宗会昌五年八月条，第8141—8142页。

钧还入潞州,谕戍兵使赴振武,寻遣兵追击,尽杀之,非上不肯舍也。"此语为自欺欺人。滥杀昭义官健,明明是"中诏处分",卢钧得以入朝且为度支使,盖赏杀乱卒之功。李德裕并没有参与最后的处分。

中诏处分的第二事为诛剪党项事,此事也发生在武宗晚期,李德裕失去宦官支持之后。会昌三年,党项入寇。李德裕以为骚乱根源在于党项分隶诸镇,边将利其羊马,不为擒送,请以皇子兼统缘边诸道,专判党项事务,并置巡院监护,这一建议为武宗采纳。会昌六年正月,党项攻陷邠宁、盐州界城堡,进屯叱利寨。李德裕坚持先招抚后镇压的政策,而宦官权贵则怂恿武宗用兵。盐州等京西北是宦官的势力范围,神策行营散布其中,盐州监军薛士幹正是文宗大和末被遣巡边的六宦官之一[①]。由于宦官势力的阻挠,此事"中诏处分",二月以夏州刺史米暨为东北道招讨党项使。因武宗随后病薨,事遂中寝。

李德裕欲借平定昭义,四夷震服,河朔顺命之机,强化中书门下权威,做到"政出中书",这同中唐以来宦官政治的演进轨迹是背道而驰的。会昌初李德裕相业卓著是在顺从宦官集团利益的基础上取得的,一旦其真正实施"政出中书",不可避免地同宦官集团发生冲突。会昌后期,在一些重大问题上其主张未被采纳。王夫之云:"唐之相臣能大有作为者,狄仁杰而外,德裕而已。武宗不夭,德裕不窜,唐其可以复兴乎!"[②]即使武宗继续在位,在宦官集团的掣肘下,李德裕已难以继续施展其政治才能,会昌之治注定是昙花一现,难以完成复兴唐朝的历史任务。

第二节　牛李党争的终结

开成末皇位之争沉重地打击了牛党官僚,新进用的宦官与李德裕

---

①《李德裕文集校笺》文集卷一六《论盐州屯集党项状》,第382页。
②《读通鉴论》卷二六《武宗六》,第937页。

关系相对友善,武宗更是对李德裕委任不疑。不论内廷还是外朝,李德裕都具有得天独厚的施政条件。

　　武宗一朝被认为是李党全盛时期。受甘露之变影响,宦官集团和外朝官僚集团群类意识增强,官僚集团不得不减少摩擦,以应对宦官集团的压力。牛党看好的安王、陈王皆不得立,牛党的失势在仇士良迎立武宗时就已决定,并非党争的直接结果。会昌元年(841),武宗遣中使杀杨嗣复、李珏等,李德裕连上三状论救,杨嗣复等始免死罪。会昌之政是在牛李双方相互退让的环境中开始的。

　　屡次与李德裕争夺相位,因之结隙的牛党领袖牛僧孺,会昌时为东都留守,对李德裕已无直接威胁。与牛僧孺相善者,李德裕也加以擢用,如柳仲郢与牛僧孺善,李德裕不以为嫌,委以裁省官吏的重任,开成末白敏中联合其他牛党表奏李德裕排挤牛僧孺,李德裕荐其为翰林学士。在对待牛党问题上,李德裕表现出政治家应有的胸怀。会昌时期,具有党争色彩的,主要是会昌四年平昭义后,牛僧孺、李宗闵等牛党要员得罪远贬。《通鉴》卷二四八武宗会昌四年九月条:

　　　　李德裕怨太子太傅东都留守牛僧孺、湖州刺史李宗闵,言于上曰:“刘从谏据上党十年,太(大)和中入朝,僧孺、宗闵执政,不留之,加宰相纵去,以成今日之患,竭天下力乃能取之,皆二人之罪也。”德裕又使人于潞州求僧孺、宗闵与从谏交通书疏,无所得,乃令孔目官郑庆言从谏每得僧孺、宗闵书疏,皆自焚毁。诏追庆下御史台按问,中丞李回、知杂郑亚以为信然。河南少尹吕述与德裕书,言积破报至,僧孺出声叹恨。德裕奏述书,上大怒,以僧孺为太子少保、分司,宗闵为漳州刺史。戊子,再贬僧孺汀州刺史,宗闵漳州长史。[1]

据岑仲勉先生所考,刘从谏入朝时牛僧孺已罢相,《通鉴》关于李德裕

_____

[1]《通鉴》卷二四八武宗会昌四年九月条,第8134—8135页。

排揎牛僧孺等人言论有失实之嫌。在昭义问题上,牛党官僚与李德裕长期对立。敬宗宝历中昭义节度使刘悟卒,其子刘从谏求袭父位,李逢吉、王守澄受其贿赂,遂得嗣立。文宗大和中,刘从谏入朝,李宗闵加同平章事放归。大和七年(833),宣武节度使杨元卿有疾,李德裕请徙刘从谏于宣武。在李宗闵等人的作梗下,此议未被采纳。自中唐以来,朝廷每破一藩镇,都要仔细审查其往来文书信函。宪宗正是平淄青后见刘悟所献文书,始知刺杀武元衡者为李师道所遣。刘悟父子亲历其事,自然更加慎重。李宗闵与刘从谏之关系朝野尽知,不见二人来往书信显然是欲盖弥彰,孔目官称其阅后即焚未必全出于构陷。又牛僧孺与昭义镇也颇有渊源,其岳父即前昭义节度使辛秘,与刘从谏也有来往。昭义平后,牛僧孺东山再起的可能性更加渺茫,其闻听昭义告破及故旧王涯、郭行余遗子遇害时出声叹息也是人之常情。以上二事与李德裕并无直接关系。《通鉴》所论有失公正。

在会昌辅政期间,李德裕尽量避免与宦官发生正面冲突,但是仍然与部分宦官世家结下仇怨。仇士良家族被籍没,仇氏宦官及其亲党与李德裕有隙自不待言。讨昭义期间,河东杨弁兵变,中使马元实受杨弁贿赂,归朝后极言杨弁兵强,宜授旌节,被李德裕当众识破。马元实与马存亮诸子连名,出于马氏家族无疑。仇氏、马氏世掌左神策军,与李德裕皆有私憾。会昌末,李德裕推行"政出中书"以及"会昌灭佛"之政,杨钦义、刘行深等也多有不满。李德裕失去内廷的支持,是其会昌末没能再有作为的重要原因。

宣宗之立,多赖宦官之力,左军中尉马元贽军权在握,有定策之功。二人皆忌惮李德裕,必欲除之而后快。会昌六年(846)四月宣宗始听政,月内即将李德裕罢知政事,出镇荆南。"德裕秉权日久,位重有功,众不谓其遽罢,闻之莫不惊骇。"[1]在罗织李德裕罪名的过程中,

---

[1]《通鉴》卷二四八会昌六年四月壬申条,第8146页。

牛党白敏中最为卖力。《旧唐书·李德裕传》云："大中初,敏中复荐
铉在中书,乃相与掎摭构致,令其党人李咸者,讼德裕辅政时阴事。"①
白敏中不过是个被利用的反复小人,幕后操纵者仍然是宣宗及宦官集
团。大中初牛李两党的进退,正是陈寅恪先生"外朝士大夫是内廷阉
党附属品"的最好注脚。

　　宣宗之立为内廷密谋,宰相不预其事者皆不为宣宗所信。会昌六
年七月李让夷罢政事,八月李回罢政事,九月郑肃罢政事,而不被李德
裕重用的崔铉、马植、魏謩等相继拜宰相。会昌六年(846)八月,牛僧
孺、李宗闵、崔珙、杨嗣复、李珏等为武宗所贬逐的牛党要员同日量移
北迁。牛李党争以牛党的全面胜利而结束。

　　李德裕贬窜崖州后,其"政出中书"的改革举措多被白敏中等废
黜。藩镇、科举和朋党等党争的焦点问题,再次复归到牛党执政时期
的状态。

　　其一,在藩镇问题上,恢复至牛党姑息苟安之政。

　　以幽州为例。会昌初,幽州军乱,李德裕斟酌再三,将旌节授予张
仲武,此举赢得幽州镇的归心,在平回鹘、讨泽潞等军事行动中卒得其
效。宣宗大中二年(848)张仲武卒,其子张直方袭位。不久,张氏家族
内部发生流血冲突,张直方惧为军士所图,举族归朝。白敏中等继续
奉行牛党姑息政策,既不指责幽州军士犯上作乱,也不追究张直方御
军失律之罪,对幽州军士所推周綝,朝廷亦授其节钺。大中时期,河湟
三州七关之地为吐蕃主动归还,时吐蕃政权早已分崩离析,若唐朝主
动出击,或能收复更多的失地。

　　其二,在朋党问题上,官僚集团内部相互倾轧,朋党之风日盛。

　　李德裕性孤峭,嫉朋党如仇雠。《北梦琐言》云："唐相国李太尉
德裕,抑退浮薄,奖拔孤寒。于时朝贵朋党,掌武破之,由是结怨。"②

---

①《旧唐书》卷一七四《李德裕传》,第 4527 页。
②《北梦琐言》卷三,第 41 页。

李德裕所用李绅、李回、薛元赏等皆是不畏权贵，勇于任事之人。大中朝先后执政的白敏中、崔铉、令狐绹皆李宗闵旧党，三人以私利而各为朋党。崔铉秉政，郑鲁、杨绍复、段瓌、薛蒙为其心腹，时人语云："炙手可热，杨、郑、段、薛；欲得命通，鲁、绍、瓌、蒙。"①

其三，在科举制度上，废黜会昌时期限制子弟应举的政策，复归浮华。

李德裕出自赵郡李氏，鼓励公卿子弟以门荫入仕，而以科举为朝廷选拔寒素俊才②，故而会昌时期，对公卿子弟应举限制尤为严格③。但是李德裕不反对科举，还向有司举荐卢肇、黄颇等孤寒，当时评论说"卢虽受知于掌武，无妨主司之公道也"④。会昌时期废除进士曲江宴、雁塔题名等浮华习气，这些改革得到寒素士人的支持。宣宗即位后，尽黜武宗之政，科举非但不抑制权贵，反而大开绿灯，科举制很大程度上沦为士族权贵维持特权的工具。李宗闵二子琨、瓒，郑颢二弟就、晦，皆在大中时中举。举人邓敞为了中举，竟隐瞒自己已婚并有二

①《东观奏记》卷中，第 106 页。

②《旧唐书·武宗本纪》载李德裕之言曰："……然朝廷显官，须是公卿子弟。何者？自小便习举业，自熟朝廷间事，台阁仪范，班行准则，不教而自成。寒士纵有出人之才，登第之后，始得一班一级，固不能熟习也。则子弟成名，不可轻矣。"论者常断章取义，将此话作为德裕代表旧士族反对科举的证据。今按，从当时的语境来看，武宗对德裕抑制子弟过甚提出质疑，因此，德裕此语是为自己奖擢孤寒、抑制子弟之政所作的辩护，本意在于否定子弟应举的合理性和必要性。意思是说朝廷公卿子弟自幼谙熟朝廷典章制度，由门荫入仕即可求名，没有必要由科举，抑制子弟应举并不妨碍子弟求名。《北梦琐言》卷六"杜荀鹤入翰林"条载："朱崖李太尉奖拔寒俊，至于掌诰，率用子弟，乃曰：'以其谙练故事，以济缓急也。'"所记与李德裕论抑制子弟的精神是完全一致。

③《唐代墓志汇编》大中一〇五《高瀚墓志》："二十从乡赋，凡六就春官试，属时宰有薄进士者，尤恶公卿子弟用是进，亟言于武宗皇帝，主司慴不敢第……府君意上暨执政者或不悦此，因舍去筮仕，起家拜秘书省校书郎。"同书大中一〇七《吕让墓志》云："时故相国赵国李公德裕以公孤介，欲授文柄者数矣，寒苦道艺之士，引领而望。"《樊川文集》卷一二《上宣州高大夫书》云："自去岁前五年，执事者上言，云科第之选，宜与寒士，凡为子弟，议不可进。'"《云溪友议校笺》卷中"赞皇勋"条称会昌时王起知举，"凡有亲戚在朝者不得应举，远人得路，皆相庆贺"（〔唐〕范摅撰，唐雯校笺，北京：中华书局，2017 年）。可见，当时科场确实弥漫着压抑子弟的空气。

④《北梦琐言》卷三"卢肇为进士状元"条，第 41 页。

女之事，再娶牛僧孺女为妻。裴坦主文柄，二子裴勋、裴质每日议榜于私室，所与"不过权豪子弟，未尝以一平人艺士议之"①。

其四，在裁省官吏问题上，牛党废黜李德裕省官之举，执政后广添属官，遍增俸额。

会昌四年（844），在李德裕的主持下，武宗敕令天下诸州县按户税量裁佐官，罢州县吏二千余员。会昌五年六月，规定方镇使府幕佐需有朝廷出身，不得奏请乡贡进士入幕，不得"更置摄职"②，对方镇幕府规模及任人权加以限制。大中元年（847）会昌所减州县官内复增三百八十三员，各地使府肆意添置幕僚。诸州司马等闲官亦普增俸钱。河东、振武、易定等使府新收阙官俸禄不再上交户部，用以添给本府官吏③。

其五，在律令条文上，废止李德裕时期严惩贪官污吏之重法，主张维持官员特权。

中唐以后法制弛坏，官僚士大夫贪赃枉法往往只受到贬官、罚俸等轻微的惩罚。会昌元年正月诏云："朝廷典刑，理当画一，官、吏赃坐，不宜有殊。内外文武犯入己赃绢三十匹，尽处极法。"④此制得到李绅等人的支持，会昌五年吴湘坐赃准死，即是一例。吴湘之死对牛党官僚集团震动很大，白敏中等为吴湘翻案，也就在事实上废黜了官员准死之敕。大中六年五月御史台复奏："诸色刑狱有关连朝官者，尚书省四品已上，诸司三品已上官宜先奏取进止。如取诸色官状，即申中书取裁。"⑤公然维护官僚士大夫在刑狱上的特权。大中时期虽然颁行一系列刑律法典，但这些酷法主要是针对普通百姓，官僚士大夫

---

①分见《旧唐书》卷一七六《李宗闵传》；《洛阳新获墓志》一一一《唐故范阳卢氏荥阳郑夫人墓志铭》；《玉泉子》。

②《唐会要》卷七九《诸使杂录》，第1716页。

③《英华》卷四三〇《大中元年正月十七日赦文》，第2179页。

④《册府》卷六一三《刑法部·定律令门五》，第7355页。

⑤《旧唐书》卷一八《宣宗纪》，第631页。

则多有宽宥,吏治紊坏。

　　牛李党争以李党的失败而告终,使得李党子孙在仕途上长期受到禁锢。郑亚与李德裕相善,其子郑畋亦遭牵连。"宣宗时,白敏中、令狐绹继当国,皆怨德裕,其宾客并废斥,故畋不调几十年。"[1]直至懿宗咸通初令狐绹去相位,李德裕平反,郑畋始得入朝为官。因此,学界常以咸通初令狐绹罢相作为牛李党争结束的标志性事件。从穆宗长庆元年科场案至懿宗咸通初令狐绹罢相,这场夹杂个人恩怨的官僚集团党争前后延续了近四十年。

　　牛党本多苟且偷安,政治上对内廷宦官集团更易于妥协,更容易被宦官集团所接受,其获胜的权力根源即来自内廷。从宦官政治的角度来说,牛党的胜利进一步巩固了宦官政治,促使大中以后内外大臣"共治天下"政治格局的形成。

第三节　内外大臣共治天下的形成

　　中唐历史发展的整体趋势是内廷宦官权势日益扩大,不断侵夺外朝官僚权利。宪宗元和以后,官僚集团同宦官集团之间的矛盾冲突加剧,南衙、北司的群体意识逐渐强化。甘露之变中,仇士良族灭王涯等四相,朝臣及金吾卫兵等株连者一千余人。田全操等宦官巡边回,在道扬言"我入城,凡儒服者,无贵贱当尽杀之"[2]。会昌初,仇士良欲杀不服己的杨嗣复、李珏、裴夷直等牛党要员,李德裕坚请武宗开延英论救。尽管官僚集团及宦官集团,各自内部仍然矛盾重重,但在涉及南衙北司问题上,各自归属已十分鲜明。

　　《通鉴》卷二四五文宗大和九年(835)十二月丁亥条载:

---

①《新唐书》卷一八五《郑畋传》,第 5401 页。
②《通鉴》卷二四五文宗大和九年十一月条,第 8042 页。

时禁军暴横，京兆尹张仲方不敢诘，宰相以其不胜任，出为华州刺史，以司农卿薛元赏代之。元赏常诣李石第，闻石方坐听事与一人争辩甚喧，元赏使觇之，云有神策军将诉事。元赏趋入，责石曰："相公辅佐天子，纪纲四海。今近不能制一军将，使无礼如此，何以镇服四夷！"即趋出上马，命左右擒军将，俟于下马桥，元赏至，则已解衣跣之矣。其党诉于仇士良，士良遣宦者召之曰："中尉屈大尹。"元赏曰："属有公事，行当继至。"遂杖杀之。乃白服见士良，士良曰："痴书生何敢杖杀禁军大将！"元赏曰："中尉大臣也，宰相亦大臣也，宰相之人若无礼于中尉，如之何？中尉之人无礼于宰相，庸可恕乎！中尉与国同体，当为国惜法，元赏已囚服而来，惟中尉死生之！"士良知军将已死，无可如何，乃呼酒与元赏欢饮而罢。①

京兆尹薛元赏将"宰相之人"、"中尉之人"对举，朝官属宰相之人，神策军将则为"中尉之人"，实际上承认中尉是与宰相地位相当的内大臣。仇士良最后没有怪罪薛元赏，说明薛元赏关于中尉与国同体的说法也被仇士良所接受。武宗虽为仇士良所立，但也忌其专横，政事专委宰相李德裕。会昌时期基本上政令出自中书，文宗朝被严重破坏的外朝权力逐渐恢复，这一时期，尚未称得上内外大臣共天下。会昌六年，武宗崩，继立的宣宗本为武宗皇叔，通过勾结宦官等阴谋手段夺得皇位，在他统治期间，虽然也运用权术，采取一些遏止宦官的措施，但是整体上看倾向改革的李党官僚贬斥一空，宦官权势得到进一步强化，最终形成内外大臣共治天下的政治格局。

中晚唐宦官擅政的根源在于宦官控制左右神策军，元和以后，宦官内部形成以梁守谦、王守澄为核心的右军势力和以吐突承璀、马存亮、仇士良为核心的左军势力。穆、敬、文、武诸朝，宦官内部左右军势

_____

①《通鉴》卷二四五文宗大和九年十二月丁亥条，第8043页。

力潜相敌对,并且每次皇位更迭都会引起宦官内部的相互残杀。与官僚集团党争类似,宦官亦非铁板一块。甘露之变后,左军重新恢复至位在右军之上的状态,右军无力与之抗衡。甘露之变进一步激起宦官的群体意识,武宗以后宦官之间的矛盾也走向缓和。宣宗篡立,宦官家族多预其事。仇氏、马氏宦官定策迎立宣宗,左军中尉马元赟更是权倾一时。与此前仇士良杀薛季棱、刘弘逸不同,武宗朝旧宦官杨钦义、刘行深并没有受到大的冲击。杨钦义也参与迎立,二子杨玄略、杨玄价在宣宗朝颇受重用,大中初杨玄略两任总监使之职①。刘行深第五子刘遵礼宣宗即位后拜为宣徽北院使②。这证明宦官集团趋向于合为一体。大中时这一趋势更为明显。《通鉴》卷二四九宣宗大中八年(854)十月条载:

> 上召翰林学士韦澳,托以论诗,屏左右与之语曰:“近日外间谓内侍权势何如?”对曰:“陛下威断,非前朝之比。”上闭目摇首曰:“全未,全未! 尚畏之在。卿谓策将安在!”对曰:“若与外廷议之,恐有太和之变,不若就其中择有才识者与之谋。”上曰:“此乃末策。朕已试之矣,自衣黄、衣绿至衣绯,皆感恩,才衣紫则相与为一矣!”③

甘露之变后,文宗深为宦官所怨,即便如此,尚能从宦官中择薛季棱、刘弘逸等用之。至宣宗时,这种以宦制宦的做法已行不通。宦官集团合为一体,外朝官僚之争也以牛党全胜而结束。统治阶级内部的矛盾得以缓和,进入内外大臣共治天下的新局面。

内外大臣共治天下,首先是在经济上的。唐后期财政不同于前期的突出特点就是宦官以赡军为由,攫取大量财赋资源。安史之乱后,

---

①《唐代墓志汇编续集》咸通〇二〇《杨玄略墓志》,第1049页。
②《唐代墓志汇编》咸通〇二七《刘遵礼墓志》,第2398页。
③《通鉴》卷二四九宣宗大中八年十月条,第8177页。

第五琦、刘晏曾将国家财赋悉移内库,杨炎两税法改革时复归隶左藏库。但是内库依然存在。宦官所掌财赋多非国家两税正赋所入,除了皇帝的宣索外,主要就是地方藩镇各种名目的助寿钱、助军钱、羡余等私人进献。进奉本为方镇两税外的非法聚敛,由于国家财力有限,德宗、宪宗有意识地收纳进奉,储于内库,作为应付跋扈藩镇的不时之需。德宗以纵容宦官聚敛而知名,贞元末杨志廉为左军中尉,"悉心委积,式瞻资储。府有青緡廿万缗,廪有红粟卅万庾"①。元和初宪宗屡次动用神策军出讨,屡次从内库支用绢帛。这一政治传统一直延续到武宗朝,会昌中平昭义刘稹之乱时仍然多由内库支用②。宣宗大中初有党项之乱,大中末东南诸镇军乱相继,大中中又从吐蕃手中接收河湟三州七关之地,所用多为户部钱物,罕有从内库补给的记载,内库丧失其补充国用的功能。当然,这并不是因为宣宗朝抑制宦官,内库财赋枯竭造成的。大中时期,宦官不仅在京畿肆意攫取经济利益,还将势力延及富庶的江淮地区。《新唐书》卷一八二《李珏传》载:"及（李珏）疾亟,官属见卧内,惟以州有税酒直而神策军常为豪商占利,方论奏,未见报为恨,一不及家事。"③通过攫取江淮富庶地区州县的榷酤之利,宦官集团极大地扩充了自己的经济实力。宣宗崩后,农民起义风起云涌,国用不支,但是懿、僖二宗却极度荒淫豪奢,滥赏无度,根源即在于其支用的多非朝廷正赋,而是宦官把持的内库财物。

宦官集团大肆攫取经济权益的同时,外朝宰相也强化了对财政的直接控制。自开元末裴耀卿、杨国忠等以宰相掌钱谷后,宰相兼判国计成为一种历史趋势。宪宗时期,朝廷以皇甫镈、程异等聚敛之臣为相,遭到官僚集团的抵制。文、武二朝虽有宰相不宜兼判钱谷的舆论,但杨嗣复、崔铉、杜悰等人皆以宰相判三司使。至宣宗大中时期,由计

①《唐代墓志汇编续集》元和○○二《杨志廉墓志》,第 800 页。
②《李德裕文集校笺》文集卷一六《天井冀氏行营状》,第 365 页。
③《新唐书》卷一八二《李珏传》,第 5362 页。

臣入相最终普遍化。宋代洪迈《容斋续笔》卷一四"用计臣为相"
条云：

> 唐自正(贞)观定制，以省台寺监理天下之务，官修其方，未之
> 或改……肃宗以后，兵兴费广，第五琦、刘晏始以户部侍郎判诸
> 使，因之拜相，于是盐铁有使，度支有判。元琇、班宏、裴延龄、李
> 巽之徒踵相蹑，遂浸浸以他官主之，权任益重。宪宗季年，皇甫镈
> 由判度支，程异由卫尉卿、盐铁使，并命为相，公论沸腾，不恤也。
> 逮于宣宗，率由此涂大用，马植、裴休、夏侯孜以盐铁，卢商、崔元
> 式、周墀、崔龟从、萧邺、刘瑑以度支，魏扶、魏謩、崔谨(慎)由、蒋
> 伸以户部，自是计相不可胜书矣。惟裴度判度支，上言调兵食非
> 宰相事，请以归有司，其识量宏正，不可同日语也。[1]

宣宗朝新除宰相共十八人，而由财政三司使入相者高达十三人，占到
总数的72.1%。武宗时期政归中书，李德裕大权独揽，由三司入相的
崔铉、杜悰、李回等相仅陪位而已。宣宗朝由三司入相者不掌实权，且
相位极不稳定，时常因一言一行不合旨意而遭罢黜。例如，卢商因误
判死狱、周墀因言收河湟事，马植因宦官赠玉带事，裴休、崔慎由因言
立储之事等。宣宗以令狐绹等独掌大权，其他计相陪位，这种宰相布
局大体上延续武宗朝的政治传统，可视为李德裕"政归中书"的影响。
大中四年(850)，因收复河湟三州七关之地，西北军费激增，遂将武宗
君相所置备边库更名延资库，改由宰相直接收管。延资库属于二次分
配，最初收入完全仰仗三司率送。从性质上看，延资库同户部比较接
近，不同之处在于延资库由首辅宰相直接任使，而户部时常由他司长
官充使[2]。

---

①〔宋〕洪迈：《容斋随笔》续笔卷一四"用计臣为相"条，北京：中华书局，2015年，第388页。
②唐代延资库问题，参见李锦绣：《唐代财政史稿》下卷，北京：北京大学出版社，2001年；葛
　承雍：《唐代国库制度》，西安：三秦出版社，1990年。

宣宗以后懿、僖、昭诸朝，曹确、路岩、崔彦昭、刘邺、张濬、杜让能、崔胤等当权宰相几乎都兼判三司，这与宣宗朝计相仅作陪位又有很大不同。这种变化同国运艰难有直接关系。懿宗以后，战乱频仍，国家财力不赡，宰相不知钱谷，是无法统筹军国大事的。特别是懿、僖二朝战争频仍，粮赋筹措转输是朝廷燃眉之急，盐铁转运使直接关涉资粮馈运，地位最为关键，由兵部侍郎判盐铁入相者甚众，《中朝故事》卷上称："懿皇朝，多自夏官侍郎判盐铁，即秉钧轴。"[1]僖宗以后，朝廷权威不振，财赋多为地方擅自截用，三司定额多阙，为筹集国赋，宰相往往同时兼判度支、盐铁二使。户部和延资库钱物仰仗节余和率送，也时常阙额，昭宗时宰相崔胤等判三司，仅指度支、盐铁，不及户部、延资二使，即缘于此。

唐末以宰相、中尉为核心，各自主掌一套财赋系统。外朝三司所入为国家正赋，较为稳定，而内廷宦官所掌，很大部分来自宣索、方镇进奉等，起伏较大。黄巢起义后，僖宗两度播迁，长安府库劫掠一空，其后藩镇正赋不入，也不乐"贡献"，直接导致内库财赋匮乏。僖宗乾符二年（875），田令孜居中用权，游说僖宗籍两市商旅宝货输于内库，有陈诉者，送京兆杖杀。昭宗《改元天复赦》云"盐铁司及两神策军，先有两市杂税，并令停罢"[2]。直到此时，这一暴政方被废除。又僖宗幸蜀，田令孜募置神策十军，军旅既众，三司支给不充。河中旧有两池盐，因黄巢起义，节度使王重荣兼领榷务。田令孜举广明前旧事，请以两池榷务归盐铁使，而自兼两池榷盐使。王重荣不服，向河东李克用求援，双方发生战争，导致僖宗二次播迁，最后以朝廷的妥协而结束。昭宗时神策中尉杨复恭借度支卖麹一年之利赡两军，自此不肯归还。昭宗末中尉韩全诲指使李继筠诉军中匮甚，请求割三司隶神策。相对于外朝宰相而言，宦官集团在军事、政治上更具有强势地位，神策军直

---

[1]《中朝故事》卷上，第 218 页。
[2]《唐大诏令集》卷五《改元天复赦》，第 31 页。

接攸关朝廷存亡,故得以屡次侵夺财赋之权。

在政治上,元和后中枢决策也分别以枢密使和宰相为中心形成两套行政机构。《北梦琐言》卷六载安史乱后朝廷"置左右军、十二卫,观军容、处置、枢密、宣徽四院使,拟于四相也。十六宫使,皆宦者为之,分卿寺之职,朝廷班行,备员而已"[①]。元和以后,枢密使权重,梁守谦等号为"内相"[②],虽然陆贽等个别学士也被称为"内相",权势显不足以与枢密使相匹敌。延英议政本为中晚唐宰相议政的重要形式,宪宗后两军中尉、枢密使逐渐参与延英议政。甘露之变后,南衙宰相不敢触犯宦官,多曲从其意。李德裕努力做到"政出中书",但凡涉及宦官相关问题,则奏开延英,同仇士良等当面对质。宣宗即位后对延英议事进行改革。《通鉴》卷二六二昭宗天复元年(901)正月条:

> 丙午,敕:"近年宰臣延英奏事,枢密使侍侧,争论纷然;既出,又称上旨未允,复有改易,挠权乱政。自今并依大中旧制,俟宰臣奏事毕,方得升殿承受公事。"[③]

《通鉴》本条下胡注云:"大中故事,凡宰相对延英,两中尉先降,枢密使候旨殿西,宰相奏事已毕,枢密使案前受事。"另据《通鉴》,是年十月癸卯中尉韩全诲等迫使昭宗追寝正月丙午敕,"悉如咸通以来近例",宦官不预延英议政仅在宣宗及昭宗末短暂实行过。需要指出的是,即使在大中时期,也仅限于延英议政,在其他场合,宦官仍有很大议政空间。宣宗舅郑光除河中节度使,宣宗询问此前镇凤翔时判官为谁,郑光答称"冯三",枢密使从旁奏云"冯兖,臣曾充使至彼,知之"[④]。这是宣宗朝枢密使仍得以侍侧议政的一个事例。宣宗延英议政令宦

---

①《北梦琐言》卷六"内官改创职事"条,第141页。"朝廷班行",标点本原作"以权为班行",此从四库本。

②《唐代墓志汇编》大和〇一二《梁守谦墓志》,第2103页。

③《通鉴》卷二六二昭宗天复元年正月条,第8665页。

④〔唐〕阙名撰,夏婧点校:《新辑玉泉子》,北京:中华书局,2014年,第41页。

官殿西候旨,目的是为了保障政令畅通。但是在节帅、刺史授官中谢等政治场合,则是宰相回避,宦官仍侍左右参议政事。

宣宗以后,宦官不预延英之制被废,枢密使继续参与中书决策之权,至于咸通年间枢密使如何参与决策,在唐人墓志里曾有一个较为详细的记载。《唐代墓志汇编续集》咸通〇三二《何弘敬墓志》:

> 圣人再三赏异,犹重言故卫州姓名。枢密使亦以知名为对。此时测知圣旨不日降旄节,宠异大魏,使万方知公身殁道存,由令嗣昭焯懿行也。告再拜贺谢讫,退至中书,尽以所奏言于四相国。上台仆射杨公因称公始授大魏,欲以四事归朝廷。惜哉,当其时以无人听受其谋,使夺于所习。[①]

此墓志由何弘敬册使卢告所撰。咸通六年(865),魏博何弘敬薨,懿宗以谏议大夫卢告册赠太师,同时窥查魏博军情,以便决定授予何人节度使。据卢告所记,卢告归朝述职时在场者仅卢告、枢密使二人。在魏博置帅问题上,宰相杨收实际上被排斥在决策圈之外。当内廷已议定以何弘敬长子何全皞为魏博节度使后,宰相杨收只得接受这个决策,又以何全皞深受儒家教育熏染,试图培植成第二个田弘正,提出魏博申官吏、供赋税、输铜盐之利等条件,这一主张也因得不到枢密的响应而最终作罢。

从《何弘敬墓志》来看,懿宗朝枢密使之权已渐在宰相之上。僖、昭二朝,相权遭到宦官的进一步蚕食。大权阉杨复恭创堂状后帖黄之制,即在宰相处理四方之务的堂状上,帖上小黄纸条,上附对宰相处理意见的批示,以此来"指挥公事"[②]。《通鉴》卷二五三僖宗乾符四年(877)十月条:"郑畋与王铎、卢携争论用兵于上前,畋不胜,退……畋

---

①《唐代墓志汇编续集》咸通〇三二《何弘敬墓志》,第1057—1058页。
②《文献通考》卷五八《职官考》"枢密院"条,考五二三。

复上言：'……不应复典兵权，愿与内大臣参酌，早行罢黜。'"①当时军国大事宰相须同"内大臣"商议后才能施行。僖宗幸蜀，宰相百官皆不知之。僖宗在蜀，"日夕专与宦者同处，议天下事，待外臣殊疏薄"②。僖宗末，杨复恭代田令孜为神策中尉，"时行在制置，内外经略，皆出于复恭"③。昭宗朝，中尉刘季述幽禁昭宗，宰相崔胤等不敢违，率百官署状。

除枢密使分宰相之权外，宦官集团还陆续以使职差遣的方式侵夺外朝官署的职权。阁门使侵中书通事舍人之权，鸿胪礼宾使侵鸿胪寺之权，如京使侵司农之权，军器使侵军器监之权，内作使侵将作监之权等。内诸司使置官印、有固定的署衙、僚属，职掌范围涉及政治、军事、经济、外交等各个方面，最终形成一套与南衙诸官署相对应的行政系统，唐人泛称为"二十四内司"。

唐代宦官集团具有高度官僚化的特点，在品、阶、勋、爵上与外朝士人官僚并无重大差别，甚至也享有休沐、丁忧、致仕、追赠父母、封妻荫子、赠官、追谥等方面的待遇及特权。德宗贞元十二年（796），窦文场、霍仙鸣出任神策中尉，窦文场讽宰相除拜中尉时用白麻降制，遭到草制人郑纲的拒绝。僖宗广明元年（880），任命枢密使西门思恭为凤翔监军，宣徽使李顺融为枢密使，"皆降白麻，于阁门出案，与将相同"④。唐昭宗谒郊庙，中尉、枢密等"四贵"皆朝服助祭。唐代宦官的上述特征与其"内大臣"的身份相吻合，与其说宦官是皇权的附庸，倒不如称其为"特殊"的官僚。余华青先生在《中国宦官制度史》中对唐代宦官这一性质上的转变也有专门论述，认为"虽然隋唐时期的宦官在一定程度上仍然具有君主家奴的身份，但就整体而言，宦官队伍已

---

①《通鉴》卷二五三僖宗乾符四年十月条，第 8315 页。
②《通鉴》卷二五四僖宗中和元年（881）七月条，第 8376 页。
③《旧唐书》卷一八四《杨复恭传》，第 4775 页。
④《通鉴》卷二五三僖宗广明元年五月丙子条，第 8347 页。

经成为整个官僚集团的一个特殊组成部分"①,唐代宦官的官僚化是在政治上摆脱了皇权束缚而相对独立的一种典型表现。

因宦官权势已在宰相之上,唐末不少士人开始直接投谒宦官,谋求功名。开成二年(837),裴思谦以仇士良关节,被署为状元②。咸通十年(869),刘允章知举,"初,进士有'十哲'之号,皆通连中官,郭缋、罗虬,皆其徒也。每岁,有司无不为其干挠,根蒂牢固,坚不可破"③。广明初,广德公主为夫婿驸马于琮从侄于棁求进士,竟不可得,于棁遂投靠田令孜,广明中于蜀中及第。又秦韬玉出于单素,受宰相路岩牵连,屡为有司所斥,出入田令孜之门,被特赐及第④。黄郁、李端亦游于田令孜门,擢进士第。唐末吴行鲁"少年事内官西门军容,小心畏慎,每夜常温溲溺器,以奉之"⑤,后赖西门思恭之力,历东、西川、山南三镇节度使。

宦官集团在政治上属于既得利益的保守集团,与苟且姑息的牛党官僚容易达成妥协。宣宗以后,官僚之间结党朋比及个人争权夺利之事仍时有发生。这一时期官僚贬黜主要是个人权势之争,与牛李党争时候的情形有很大不同。宦官集团内部田令孜与杨复恭、杨复光兄弟之间也有矛盾。但是,宦官集团内部斗争比官僚集团温和,没有出现路岩、杨收那样动辄赐死的情况。原因在于宦官内部形成若干个累世联姻的宦官世家,关系错综复杂,矛盾和内耗不如外朝官僚那样激烈。

总之,中晚唐时期逐步成形的内外大臣同为一体的政治格局,其特点是,宦官独掌军事,宦官、朝官分掌经济、朝政,形成内廷和外朝两套行政系统。外朝以宰相为首,下置三省六部诸省司;内廷以中尉、枢

①余华青:《中国宦官制度史》第五章第三节,上海:上海人民出版社,2006年,第294页。
②《唐摭言》卷三"恶得及第"条,第139页。
③《唐语林校证》卷三《方正》,第214页。
④《唐语林校证》卷七《补遗》,第678页。
⑤《北梦琐言》卷三"吴行鲁温溲器"条,第56页。

密使等"四贵"为首，下置二十四内诸使司。在内外大臣共治天下的格局下，试图重振唐朝的改革派遭到排斥，再也没有能够发起有影响的政治革新运动。这种格局在唐末农民起义和藩镇混战的打击下又延续了数十年。在风雨飘摇中若无田令孜等创建神策十军，及杨复光等在强藩镇斡旋，李唐统治早已难以为继。昭宗初立，以为废黜宦官可致太平，一度与翰林学士等谋去宦官。几经播迁后，不从崔胤之请，仍将神策军权交给宦官，可见昭宗对宦官的态度最后还是有变化的。宰相崔胤为个人权位，依附朱全忠，借藩镇之力尽诛宦官。宦官政治终结后，唐朝旋即为朱全忠所篡代。

本编总论：中晚唐外廷政治之演进

中晚唐时期是个社会秩序剧烈变动的时期，从整体上看，中晚唐官僚统治集团并非一个完整的整体，内部分属不同的社会阶层。有西魏北周以来的旧士族，有科举入仕的新士族，还有新兴的普通庶族。不同阶层的政治诉求也各不相同，官僚集团内部的党争始终未能断绝。这为宦官集团向外廷扩张势力提供了有利条件。宦官集团掌握神策军后，在皇权的支持下不断向外廷渗透势力，最终形成内外大臣共掌朝政的格局。中晚唐外廷官僚政治的演变可分为三个阶段。

第一阶段：肃宗至德宗时期。这一时期，官僚内部党争较为激烈，宦官集团对官僚集团的党争未有太大的影响。

安史乱后，唐前期所创立的各种制度陷于崩溃。特别是租庸调制崩溃后，国家财赋出现严重的危机。官僚集团党争，主要是围绕经济问题展开。这一时期基本上延续了开元天宝时期的政治传统，相权过重问题十分突出，先后出现元载、杨炎、卢杞等权相。一方面，宰相可以利用手中的政治资源，大刀阔斧地推行两税法等制度改革。另一方面，宰相权重，直接导致君相矛盾尖锐。代宗诛元载，德宗诛杨炎、窦参等，皆是双方矛盾不可调和的产物。建中大动荡后，德宗猜忌心重，"自是除拜命令，不专委于中书。凡奏拟用人，十阻其七……宰相备位而已"①。这导致很多决策在内廷形成，翰林学士参决政事。

肃、代时期出现了李辅国、程元振、鱼朝恩等权宦，宦官集团没有对禁军形成稳定的控制权，在外廷上也无法形成持续稳定的影响力，大历中代宗诛鱼朝恩，夺宦官神策兵权，宦官势力一度从外朝销声匿迹。

第二阶段：顺宗至武宗时期。这一时期官僚集团分为牛、李两党，斗争异常激烈。

贞元十二年神策两军中尉制度确立以后，宦官集团获得稳固的武力支持，初步显露出向外廷发展的趋向。宪宗力主武力伐叛，枢密使与宰相、翰林承旨共同参知机密，成为决策中枢的一员。

围绕和战等问题，官僚集团内部的分歧进一步扩大。牛李党争是官僚集团政治斗争的集中体现。牛李党争的起始时间，学界有宪宗元和三年（808）对策案和穆宗长庆元年（821）科场案等不同的观点。我们认为，元和三年所谓李吉甫泣诉说已被证明是牛党文人移花接木的谰言，不应作为党争的开始。穆宗长庆以后，宦官权重，牛李两党都需要宦官集团居中援引。若以宦官政治的角度来看，以穆宗长庆元年为党争起点有其合理性：元和十五年宪宗遇弑案导致内廷政治局势产生分化，宦官跋扈，皇权不振。内廷的变化又延及外朝。皇权不振滋生官僚党争，宦官跋扈诱使党争双方竞相引宦官为奥援。所谓牛李党争就是宦官政治作用于内廷，内廷又反作用于外廷的产物。

①《唐语林校证》卷六《补遗》，第 540 页。

关于牛李党争，一方面我们认为牛李党争是元和党争的延续，确实是两种不同政见之间的争论。另一方面，我们也必须认识到，牛李党争明显带有宦官政治的烙印。正如陈寅恪先生所指出的那样，"外朝士大夫之党争为内廷阉寺竞争之反影"。牛李双方的进退是内廷宦官斗争形势的折射。李德裕维护朝廷权威，最初得到宦官的支持，但其"政出中书"等改革主张与宦官集团产生深刻矛盾。政治上宦官集团更容易与苟且偷安的牛党达成一致，牛党最终胜利有其必然性。

这一时期，发生两次激烈反对宦官的政治运动，顺宗朝王叔文、王伾集团的"永贞革新"和文宗朝李训、郑注诛除宦官的活动。过去常视之为官僚集团反对宦官集团的政治斗争，亦即南衙北司之争。事实上二王集团和李训、郑注集团所代表的不是南衙官僚士大夫阶层，而是依附皇权的文人近幸集团。文人近幸集团兼跨内外廷，核心成员是棋、书、医等伎术进用的幸臣，同时又与锐意进取的中下层文士结交。文人近幸集团在政治上是皇权的附庸，反对宦官干政这一集团既缺少武力支持，更得不到牛李为首的官僚士大夫的支持。尽管初期取得一定的成功，一旦触及宦官军权等实质问题，立刻招致失败。

第三阶段：宣宗朝至唐末。官僚集团大范围党争结束，形成内外大臣共治天下的阶段。

宣宗即位后，元和系老宦官从政治舞台退出，宦官开始"合而为一"，外廷官僚本为宦官集团的附庸，也以牛党官僚的胜利而告终。牛党与宦官同声共气，中枢政治走向"内外大臣共治天下"的局面。唐末宦官内部存在杨复恭家族与田令孜家族之间的争斗。杨、田相继败亡之后，宦官集团丧失强有力的神策军作为后盾，已无跋扈之资，宦官与宰相各自党附不同的强藩，所谓南衙、北司的对立，实际上是李茂贞、朱全忠等藩镇间的权力争斗。昭宗天复三年，宰相崔胤勾结朱全忠，尽诛宦官，唐朝也随之灭亡。

从中晚唐官僚政治的演变轨迹来看，以枢密使为核心的宦官逐渐在外廷扩展自己的政治势力，形成内外大臣共治天下的局面，这在中国历史上是一种非常独特的政治现象。

第四编

宦官集团与
地方政局

中晚唐宦官政治在中枢政治中的核心表现是形成以两枢密使为首的内诸司使系统。宦官势力不可能仅局限于朝廷中枢，在侵夺南衙权势的同时，势必向地方辐射。安史之乱爆发后，藩镇体制从边疆向内地普遍推行，也同步形成一套以宦官充使的监军使体系。宦官监军使体系是唐代"宦官典兵"制度在地方上的一种变形，也是中晚唐"宦官政治"的重要组成部分。从理论上说，藩镇监军使与节度使对应设置，二者人数应略相当。但是传世文献中，关于监军使的记载极为匮乏，有姓名可考者不过数十人。受此影响，学界对宦官监军使虽有研究，但是多属粗线条的勾勒，难以深入阐述①。幸运的是，近年新出宦官墓志中有不少监军使材料，使我们重新审视唐代宦官监军之制成为可能。本编诸章主要从监军之制入手，围绕"宦官政治"在地方政局的影响展开讨论。

①唐代监军使问题，前人已有一定的关注。张国刚《唐代监军制度考论》（《南开史学》1980 年第 2 期）是这方面的力作，近年赵晨昕在其博士论文《唐代宦官权力的制度解析——以宦官墓志及敦煌本〈记室备要〉为中心》中对监军的等级问题等也有较为深入的探讨。

第十三章　宦官监军制度的确立

第一节　唐前期的御史监军制及其崩溃

　　古代大军出征，"将在外，君命有所不受"，为了保证对军队的控制，君主往往在大将之外，另择亲信随军出征，是为监军。春秋时期已有监军的记载。齐景公曾命司马穰苴帅军抵捍燕、晋之师，以宠臣庄贾为监军。秦始皇焚书坑儒后，以公子扶苏"北监蒙恬于上郡"①。但是这些监军多临事而置，且无定制，无定员。汉承秦制，出现"监军使者"、"监军御史"等名。西汉武帝征和二年（前91）戾太子谋反，"太子召监北军使者任安发北军兵"②，《汉书·胡建传》也载武帝时有"监军御史为奸，穿北军垒垣，以为贾区"③。东汉光武帝刘秀时期因征战之需，时常遣武将赴军监战。建武九年（33）八月，"遣中郎将来歙监征西大将军冯异等五将军讨隗纯于天水"④。建武二十四年，马援率兵四万镇压武陵五溪蛮，"谒者"宋均为诸军监军，马援病死，宋均代掌其权，矫诏收降叛蛮，得到朝廷的嘉奖。

　　秦汉时期的监军多由皇帝亲任的武将或士人充当。东汉末年，桓帝以冯绲为车骑将军，领十万大军讨伐"武陵夷"。冯绲恐宦官陷害，

①分见〔汉〕司马迁：《史记》卷六四《司马穰苴列传》，北京：中华书局，2014年修订本，第2625页；《史记》卷六《秦始皇本纪》，第329页。
②〔汉〕班固：《汉书》卷六六《刘屈氂传》，北京：中华书局，1964年，第2881页。
③《汉书》卷六七《胡建传》，第2910页。
④〔刘宋〕范晔：《后汉书》卷一《光武帝纪下》，北京：中华书局，1965年，第55页。

请另遣中常侍监军，被弹劾"失大臣之节"①。可见，即便是宦官跋扈的东汉末年，宦官监军亦不被朝野认可。那么，唐代宦官监军之制是如何发展出来的呢？

关于唐代监军制度的起源，杜佑在《通典》中曾有简要的概括。《通典》卷二九"监军"条：

> 周代，齐景公使穰苴将兵捍燕晋之师，穰苴愿得君之宠臣以监军。公使庄贾往，贾不时至，苴斩之。是其始也。汉武帝置监军使者。光武以来歇监诸将。后汉末，刘焉以监军使者领益州牧，魏、晋皆有之。初，隗嚣军中尝置军师，至魏武帝，又置师官四人，晋避景帝讳，改为军司，凡诸军皆置之，以为常员，所以节量诸宜，亦监军之职也。而太尉军司尤重，故山公启事曰"太尉军司缺，当选上宰监，宜得宿有资重者"也。宋齐以来此官颇废。至梁大通四年元法僧北讨，复以羊侃为大军司，后代多不置。至隋末，或以御史监军事，大唐亦然。时有其职，非常官也。开元二十年后，并以中官为之，谓之监军使。②

杜佑对监军的理解比较宽泛，凡从朝廷派出，驻于军队的使臣皆为监军。由此论之，曹魏时期的军师祭酒，也具有监军性质。魏晋南北朝时期监军威制一方，甚至可以单独领兵。曹魏高贵乡公甘露二年（257），诸葛诞联结东吴，起兵反对司马氏。青州监军石苞统青州及兖、徐之兵防范东吴应援。魏晋禅代后，石苞为扬州都督。西晋泰始五年（269，东吴建衡元年），淮北监军王琛密表石苞与吴人交通，石苞因之罢官③。泰始中，东吴交趾郡吏杀太守孙谞内附。晋南中监军霍

---

①《后汉书》卷三八《冯绲传》，第 1283 页。

②《通典》卷二九《职官典·监军》，第 804—805 页。

③《册府》卷七一《帝王部·命相门》，第 1974 页。

弋署杨稷为太守。东吴则以薛珝为大都督,虞汜为监军,讨伐杨稷①。太康元年(280),益州刺史王濬率巴东监军唐彬伐吴,攻占东吴丹阳②。从"淮北监军""南中监军""巴东监军"等名号来看,西晋的监军同时监护几个州郡,约相当于大军区监察制,而且监军有权署派太守,权力很大。永嘉南渡后,监军制度被东晋、南朝沿袭。梁武帝大通中,军主胡智达等八将与监军阎次洪北伐,结果被北齐豫州刺史源子恭击破③。陈宣帝太建九年(577),大都督吴明彻率诸军北伐,都官尚书裴忌以本官监其军,占领淮南数十州地④。

相对南朝而言,北朝政权多由胡族建立,军事制度上南北存有很多差异。北魏太武帝神䴥元年(428),宜城王奚斤为元帅,讨伐大夏国皇帝赫连昌,"监军、侍御史安颉击(赫连)昌,擒之……(奚)斤自以元帅而擒昌之功不在己,深耻之"⑤。又《魏书》卷七九《鹿悆传》:"庄帝为御史中尉,悆兼殿中侍御史,监临淮王彧军。"⑥这是北魏实行御史监军的确证。但在当时,御史监军非为定制,受皇帝信赖的朝官也可奉旨监军。北魏孝明帝孝昌初,幽州被北镇起义军围困,给事黄门侍郎杨昱"兼侍中、持节、催西北道大都督、北海王颢,仍随军监察",而且"诏以昱受旨催督,而颢军稽缓,遂免昱官"⑦。杨昱即是名副其实的监军。华阴杨氏为北魏望族,深受信赖,其家族成员常被委任监军。1985年陕西华县出土《杨舒墓志》,杨舒为杨播之弟,曾以监军、军事都督等身份参与征讨。墓志称其"监别将田益宗军事,破伪钓城而还,

---

① 〔唐〕房玄龄等:《晋书》卷五七《陶璜传》,北京:中华书局,1974年,第1558页。
② 《册府》卷三五〇《将帅部·立功门三》,第4147页。
③ 〔北齐〕魏收:《魏书》卷四一《源子恭》,北京:中华书局,2017年,第1037页。
④ 《册府》卷一九九《闰位部·选将门》,第2400页。
⑤ 《册府》卷四四二《将帅部·败衄门二》,第5248页。
⑥ 《魏书》卷七九《鹿悆传》,第1901页。
⑦ 〔唐〕李延寿:《北史》卷四一《杨昱传》,北京:中华书局,1974年,第1492页。《南北朝墓志集成》五七〇《杨昱墓志》(王连龙主编,上海:上海人民出版社,2021年)作"兼侍中、持节、催关右诸军大使"。

俘虏二千,收甲万计"①。北魏末期,天下大乱,武将跋扈,监军地位有所下降。近年新刊《冯景之墓志》载志主冯景之,"时海内多艰,关中尤甚。征讨略阳,复为监军"②,冯景之为秦州刺史麾下录事参军,品秩不高。约同一时期另一方《郭钦墓志》则称:"君时为都监军,被坚执锐,沐雨水栉风。"③郭钦入仕不久,即由奉朝请出任都监军,可见魏末监军地位已大不如前。

北魏分裂后,北周、北齐统治集团征伐不止,军队将领去就未定,人心浮动。为加强对军权的控制,皇帝往往以自己信赖的军事勋贵出监军队。这些勋贵精通军事,多可直接领兵作战,相当于监视主将的副将。《南北朝墓志集成》收录北周军事贵族李贤的墓志,志云:

> 略叙一门之中,为柱国者二,大将军者三,开府者七,仪同者九,孤卿者六,方伯者十有五焉。至于常侍、侍中之任,武卫、武率之职,总管、监军之名,车骑、骠骑之号,冠盖交错,剑佩陆离,胡可称矣。④

志中总管与监军并举,盖出战时,领兵者为总管,总管之外,另置一将为监军,监护其军。桓贤本人"拥节巴湘,作监军于江外",曾经担任过监军。总管和监军搭配的行军模式传世文献中多有其例。《册府》卷七七《帝王部·委任门》:"叱罗协初从窦泰成潼关,协为监军,泰死,协亦见获。"⑤《隋书》卷五六《宇文弼传》:"宣帝嗣位,迁左守庙大夫。时突厥寇甘州,帝令侯莫陈昶率兵击之,弼为监军。"⑥《册府》卷三八三《将帅部·褒异门九》:"(宇文弼)宣帝时为监军,从梁士彦攻拔寿

---

①《西安碑林博物馆新藏墓志汇编》〇〇四《杨舒墓志》,第 13 页。
②陕西历史博物馆:《风引薤歌:陕西历史博物馆藏墓志萃编》〇〇五《冯景之墓志》,西安:陕西师范大学出版社,2017 年,第 12 页。
③《南北朝墓志集成》七六四《郭钦墓志》,第 585 页。
④《南北朝墓志集成》一一六二《李贤墓志》,第 891 页。
⑤《册府》卷七七《帝王部·委任门》,第 891 页。
⑥〔唐〕魏徵、令狐德棻:《隋书》卷五六《宇文弼传》,北京:中华书局,2019 年修订本,第 1566 页。

阳。"类似的例子在出土碑志文献中也可得到印证。如《北齐梁伽耶墓志》:"以君才兼文武,望重闾□,爰降敕旨,召往汾晋。虽军书狎至,羽檄交驰,君应接监部,陴有余暇,勤书王绩,简在帝心。"[1]整体上看,北周、北齐由于征战不已,北魏的御史监军传统没有得到很好的继承,皇帝更倾向启用文武兼备的信臣监军。不过,当时军事贵族看重总管等实职,出任监军是资历稍浅者历练军事才能的途径,往往含糊地称为从某某将军出征某地,"监军"一词在各类文献中出现的频率不是很高。

隋朝禅代自北周,因其为外戚夺权,对武将防范甚严,监军又成要职。隋文帝以外戚篡周,相州总管尉迟迥起兵反抗。朝廷诸将本宇文氏旧部,多有同情、支持尉迟迥者。文帝以名将韦孝宽为元帅,另遣阴寿监军。《隋书·阴寿传》:"尉迥作乱,高祖以韦孝宽为元帅击之,令寿监军。时孝宽有疾,不能亲总戎事,每卧帐中,遣妇人传教命。三军纲纪,皆取决于寿。"[2]其后,文帝恐军心不稳,急遣心腹、相府司录高颎前往监军[3]。开皇二年(582),隋朝以长孙览为元帅,水陆俱进,大举伐陈。战事进展迅速,突遇陈宣帝暴死,高颎以"礼不伐丧",退兵而还。

隋灭陈以后,天下归一,各项规章制度逐步恢复。炀帝大业以后,北魏时期的御史监军、文臣监军,重新成为普遍现象。大业末隋军镇压李密,以王世充为将,朝请大夫王德备为监军。大业十四年(618)正月王世充战败,王德备死于阵[4]。四月,张须陀旧部裴仁基杀监军御史萧怀静,投降李密[5]。御史夏侯端、监察御史孔绍安先后出监太原李渊

---

①《南北朝墓志集成》九六三《梁伽耶墓志》,第727页。

②《隋书》卷三九《阴寿传》,第1302页。

③《隋书》卷四一《高颎传》,第1336页。

④《唐代墓志汇编续集》贞观〇三八《王德备墓志》,第30页。

⑤《隋书》卷七〇《裴仁基传》,第1832页。

军，李渊起兵反隋，二人相继归附李唐①。

唐承隋制，"大唐自贞观初以法理天下，尤重宪官，故御史复为雄要"②，御史监军因袭未改。例如高宗时邕、岩二州獠人反叛，高宗发兵讨伐，监察御史李峤为监军，入洞喻降，双方由是罢兵③。太宗贞观十四年（640）平高昌后，于其地设置西州。今吐鲁番出土文书中仍然存有当时御史监军的痕迹。阿斯塔那 61 号墓所出《唐西州高昌县上安西都护府牒稿为录上讯问曹禄山诉李绍谨两造辩辞事》片六：

（前缺）

　　1　人，从安西来，其人为突厥劫夺弓箭鞍马□□□□□□

　　2　逢绍谨，若有胡共相逐，即合知见。二囚□□□□□□

　　3　敕函向玉河军，二人为向刘监军□□□□□□□□

　　4　是二月内发安西。请牒安西检去囝□□□□□□
　　　　人

　　5　使向刘监萧乡军使人问有圙□□□□□□□

（后缺）④

该件文书是高宗咸亨年间文书。玉河军、萧乡军皆当时军镇名，据陈国灿先生研究，萧乡军可能位于于阗境内⑤。这件文书残片，证明西域稍大的军镇置有朝廷派遣的监军。朝廷直接向监军发送敕令，掌控军镇动向。文书中"刘监军"职官没有明确记载。新出《王神授墓志》："第四子勤止，即御史者，受制监紫蒙军。"⑥推知刘监军当亦属御史。

武则天当权早期，打压关陇武臣，监军御史往往选任新兴的文辞

①《旧唐书》卷一九〇《孔绍安传》，第 4983 页。
②《通典》卷二四《职官典·侍御史》，第 670 页。
③《新唐书》卷一二三《李峤传》，第 4367 页。
④唐长孺：《吐鲁番出土文书》图录本，第叁册，北京：文物出版社，1996 年，第 245 页。
⑤陈国灿：《唐安西四镇中"镇"的变化》，《西域研究》，2008 年第 4 期。
⑥《新出唐墓志百种》，第 80 页。

进士之科。垂拱元年(685)十月,武则天派李孝逸征讨徐敬业,以殿中侍御史魏元忠"监其军事"①。垂拱二年,左豹卫将军刘敬周讨伐叛乱的金微都督,"特敕左补阙乔知之摄侍御史,护其军事"②。不过,文官监军往往难以称旨,武则天对监军的态度很快也有新的变化。《唐会要》卷六五"内侍省·监军"条称"自垂拱三年十二月停御史监军,事在御史台卷,神龙元年以后,始用中官为之"③。垂拱三年停御史监军,详见《通鉴》卷二〇四武则天垂拱三年条:

> 太后欲遣韦待价将兵击吐蕃。凤阁侍郎韦方质奏,请如旧制遣御史监军。太后曰:"古者明君遣将,阃外之事悉以委之。比闻御史监军,军中事无大小皆须承禀。以下制上,非令典也。且何以责其有功!"遂罢之。④

据《唐会要》《通鉴》,似垂拱三年武则天罢废御史监军制度。实际上,武则天拜韦待价为安息道行军大总管,有特殊的历史背景。韦待价之父为贞观重臣韦挺,其妻为江夏王李道宗之女,其妹为太宗第五子齐王李祐之妃。韦挺因辽东延误军粮,贬谪而死,李祐贞观中因谋反被赐死,李道宗高宗时卷入房遗爱谋反案也被贬死。韦待价虽出自关陇集团,实际上对李唐多有怨望,故被武则天拉拢,深得宠信,垂拱元年擢任宰相。韦待价本是武人,不懂铨选,遭到时论的鄙薄非议。武则天本意是借机让其树立威望,便于日后为己所用。此外,此次行军主战场远在西域,确实不便遥制,韦待价不置监军只是当时的特例,不能作为御史监军制度废除的依据。垂拱三年以后,御史监军的例子文献中比比皆是。例如,万岁通天元年(696),王孝杰为吐刺军总管讨吐

---

① 《旧唐书》卷九二《魏元忠传》,第 2951 页。
② 《全唐文》卷二一四陈子昂《燕然军人画像铭》,第 2168 页。
③ 另见《唐会要》卷六二《杂录》,第 1280 页。"十一月",《唐会要》作"十二月",另《唐会要》"恐亏失节度"下脱"武太后曰"四字,句意较混乱。
④ 《通鉴》卷二〇四武则天垂拱三年十一月条,第 6561—6562 页。

蕃,以殿中侍御史张仁愿为监军①,万岁通天二年,监察御史孙承景监清边军②。万岁通天中,突厥入寇河北,左卫将军薛讷从海路出击,以御史范玄成为监军③。

高祖、太宗时期,累岁征战,却罕有御史监军的记载。当时行军总管等仍以关陇军事贵族为主,实行兵将分离的府兵制,士兵来自各个军府,兵罢将归于朝,兵归于府,御史监军多属例行公事,故其地位不高。武则天时代则大不相同。关陇贵族成为打压的对象,特别是徐敬业起兵之后,武则天更是重用监军,掣肘领兵大将。以张仁愿为例。《旧唐书》卷九三《张仁愿传》:

> 夏官尚书王孝杰为吐剌军总管,统众以御吐蕃,诏仁愿往监之。仁愿与孝杰不协,因入奏事,称孝杰军败诬罔之状。孝杰由是免为庶人,仁愿遽迁侍御史。万岁通天二年,监察御史孙承景监清边军,战还,画战图以奏。每阵必画承景躬当矢石、先锋御贼之状,则天叹曰:"御史乃能尽诚如此!"擢拜右肃政台中丞,令仁愿叙录承景下立功人。仁愿未发都,先问承景对阵胜负之状。承景身实不行,问之皆不能对。又虚增功状。仁愿廷奏承景罔上之罪,于是左迁崇仁令,擢仁愿为肃政台中丞、检校幽州都督。④

在武则天的支持下,御史权威性在重要的军事行动中得到增强。王孝杰本官夏官尚书,即兵部尚书,品秩为三品。而张仁愿为御史,品秩七八品,二人高下悬殊,但是张仁愿一封奏状即可致王孝杰贬为庶民。张仁愿精通军政,揭穿孙承景的欺妄,因功以肃政台中丞(即御史中

---

① 《新唐书》卷一一一《张仁愿传》,第4151页。
② 《册府》卷五二〇《宪官部·弹劾门上》,第6212页。
③ 《唐代墓志汇编》开元一三四《王庆墓志》:"万岁通天元年,白虏趑趄,锋交碣石,青林失律,火照甘泉。天子诏左卫将军薛讷绝海长驱,掩其巢穴,飞刍挽粟,雾集登莱。监军御史范玄成与公素游,揖公清干,且以元佐务简,得兼统押,乃密表驰奏,朝廷许焉。"
④ 《旧唐书》卷九三《张仁愿传》,第2981页。

丞)检校幽州都督,开了地方军政长官带宪衔的先河。

　　武则天时期是御史监军制度发生重大变化的时期。从韦待价不置监军一事看,武则天只是把御史监军作为监视不信任大臣的一种权谋手段,而不是基本的军事制度。当不信任的大将出征时,监军的作用可以很大,但是信赖的大将出征,御史监军则可有可无。统治者的这种态度,显然不利于御史监军制度的长期维持。与此同时,御史群体本身也在发生剧烈变化,也为御史监军的衰落埋下了伏笔。

　　武则天时期,御史制度最显著的变化就是御史机构的调整。《唐大诏令集》卷三《改元光宅元年诏》:

　　　　可置右肃政御史台一司,其职员一准御史台,专知诸州按察。
　　其旧御史台改左肃政御史台,专知在京百司及监诸军旅并出使。[1]

肃政台即御史台。武则天把旧的御史台增改为左、右两台。“左以察朝廷,右以澄郡县。时议以右多名流,左多寒刻,其迁登南省者,右殆倍焉。”[2]武则天铁腕镇压反武势力,大量告密、罗织起家的酷吏被署为御史,当时有“櫂推侍御史,盌脱校书郎”之说[3]。所谓“左多寒刻”,负责监军的御史与监视京城百官的御史都属此类。这些靠告密而上位的御史碌碌无能,以其监军,势必导致御史权威的下降。

　　由于武则天时期两京政治斗争异常残酷,御史日益猥滥的同时,御史群体对外出监军或出使也有很大的抵触情绪。《大唐新语》卷二:

　　　　宋璟,则天朝以频论得失,内不能容,而惮其公正,乃敕璟往扬州推按。奏曰:“臣以不才,叨居宪府,按州县乃监察御史事耳,今非意差臣,不识其所由,请不奉制。”无何,复令按幽州都督屈突

---

① 《唐大诏令集》卷三《改元光宅元年诏》,第16页。
② 《通典》卷二四《职官典·御史台》,第660页。
③ 《通鉴》卷二〇五武则天长寿元年(692)正月丁卯条,第6593页。

仲翔，璟复奏曰："御史中丞非军国大事不当出使，且仲翔所犯赃污耳，今高品有侍御史，卑品有监察御史。今敕臣，恐非陛下之意，当有危臣，请不奉制。"月余，优诏令副李峤使蜀。峤喜，召璟曰："叨奉渥恩，与公同谢。"璟曰："恩制示礼数，不以礼遣璟，璟不当行，谨不谢。"乃上言曰："臣以宪司，位居独坐。今陇蜀无变，不测圣意令臣副峤，何也？恐乖朝廷故事，请不奉制。"易之等冀璟出使，当别以事诛之。既不果，伺璟家有婚礼，将刺杀之。有密以告者，璟乘事舍于他所，乃免。易之寻伏诛。[1]

宋璟担任御史（肃政）中丞期间，多次坚拒奉使地方，作为自保的手段固然无可厚非。但是，卑品秩的御史权威不足，以之处理军国大事，显然又无法胜任。武则天以后，出任监军甚至成为御史得罪以后的贬惩措施。垂拱四年（688），琅琊王冲、越王贞起兵失败，武则天欲悉诛韩、鲁等宗王，诏监察御史苏珦按验。苏珦奏据状无征，则天不悦，"乃命珦于河西监军"[2]。中宗景云初，监察御史韩琬上书言事，书入不报，"出监河北军"[3]。御史缺乏监军的积极性，这也是制度危机的重要表现之一。

　　针对御史懒于监军的困境，武则天也做了一些调整。从本质上说，监军是一种特殊的监察，既然御史不乐监军，那么把监军之权下放给地方长官或者采访使、巡察使等，不失为一种变通办法。万岁通天二年（697），张仁愿拜肃政台中丞检校幽州都督，这是地方军政长官兼有宪衔的实例。后人论唐代藩镇带宪衔，常追溯至玄宗开元时期，如柳宗元即称"开元以来，其制愈重，故取御史之名而加焉"[4]。今天看来，这种做法早在武则天时期便已初见端倪。2007年，河北省邯郸市出土《宋庆礼墓志》，志主宋庆礼以大理评事充岭南采访使，归朝后，

---

①〔唐〕刘肃撰，许德楠、李鼎霞点校：《大唐新语》，北京：中华书局，1984年，第32—33页。
②《通鉴》卷二〇四武则天垂拱四年八月条，第6567页。
③《新唐书》卷一一二《韩琬传》，第4166页。
④《柳宗元集》卷二六《诸使兼御史中丞壁记》，第701页。

"拜右台监察御史,河□□监军访察使"①。睿宗景云二年(711),左台大夫窦怀贞表请罢废右台,宋庆礼以右台御史出任河□□监军访察使,当在中宗神龙、景龙中。所谓"监军访察使",即把御史的监军职权,"挂靠"在采访使的职掌范围内。从吐鲁番出土官府文书来看,开元中西州高层军政人员呼为御史、中丞者已较为普遍。诸道军政人员所带宪衔虽属兼衔,名义上却是京城御史们的同僚或者上级,继续派遣御史前往监军已无实际意义。

御史地位的中衰是宦官监军制度成立的重要历史背景。关于此点,唐人自己也有清楚的认识。陕西历史博物馆藏有德宗贞元中宣武、浙东监军使孟介墓志,墓志云:"监郡之职,汉以御史,今以中使,其故何也? 国家以风宪权轻(下阙)□□特授之。"②推而论之,唐前期御史地位下降,以及御史监军之制的崩溃,必有新的监军制度取而代之。但此新兴之制未必一定是宦官监军,中晚唐宦官监军制度得以形成,还应考虑其他特殊的历史条件,即玄宗开元天宝年间在政治经济等方面的各种剧变以及由此导致的制度危机。

第二节　宦官充使边疆与宦官监军的起源

御史监军之制,从北魏算起,前后延续了两三百年。武则天时代,御史猥滥,不愿奉使,御史监军逐渐难以推行。监军之权开始"挂靠"在诸道访察使、节度使名下。皇帝不可能完全信任地方大员,更不会放弃对军队的直接监控。当御史监军无以为继的时候,皇帝必须重新物色新的亲信人选,来取代御史的角色。由于特殊的历史机缘,这个

①《宋庆礼墓志》,录文见乔登云:《唐工部尚书宋庆礼墓志铭考辨》,《唐史论丛》第 16 辑,2013 年。又宋庆礼,卒于玄宗开元七年,事见《旧唐书》卷一八五《宋庆礼传》、《新唐书》卷一三〇《宋庆礼传》、《册府》卷六五六《帝王部·招抚门》。
②《风引薤歌:陕西历史博物馆藏墓志萃编》〇五三《孟君暨妻孙氏墓志》,第 146 页。

新的人选不是新的官职，而是皇帝的家奴宦官。

关于宦官监军的开始时间，《唐会要》卷六五"内侍省"条称"神龙元年以后，始用中官为之"。高承《事物纪原》卷六云"唐中宗始以中官监押兵马"，盖沿袭王溥旧说。杜佑《通典》卷二九《职官典》"监军"条则云"开元二十年后，并以中官为之"。杜佑是德宗时人，生活于宦官监军形成的年代，其说得到更广泛的认可。不过，神龙元年（705）说、开元二十年（732）说的依据皆已失载，关于宦官监军的源头还需作进一步的研究。

在讨论宦官监军之前，我们还应该明确一点，唐代没有明文废止御史监军，直至玄宗开元年间仍然可以找到一些御史监军的例子。《唐代墓志汇编》开元二五八《郑温球墓志》："时蛮方作梗，王师出诛，监军御史元公钦君器能，相邀入幕。"[①]郑温球卒于开元十四年，"蛮方作乱"为开元初事。近年新公布的《张承嗣墓志》："属夷丑作鲠，帝用忧之，命公监伺师律。天威赫临，清廓边祲"[②]。张承嗣卒于开元二十三年三月，其以御史监军在此前不久。盛唐文学家孙逖《送赵评事摄御史监军岭南》诗："议狱持邦典，临戎假宪威……明年拜真月，南斗使星归。"[③]御史赵某赴岭南监军也在玄宗开元、天宝年间。从上面的事例来看，玄宗朝依然是御史监军、宦官监军并行的时代。《唐会要》等以中宗神龙时以宦官监军的说法不能令人信服。

监军没有品秩，本质上是一种使职差遣，宦官监军的出现与宦官使职系统的兴起密不可分。唐初，太宗惩于前代宦官之祸，注意抑制宦官权势，"内侍省不置三品官……但在阁门守御，黄衣廪食而已"[④]，

①《唐代墓志汇编》开元二五八《郑温球墓志》，第 1334 页。
②洛阳市文物考古研究院：《宦官张承嗣墓发掘简报》，《洛阳考古》，2013 年 7 月 31 日。
③《全唐诗》卷一一八孙逖《送赵评事摄御史监军岭南》，第 1191 页。
④《旧唐书·宦官传序》，第 4754 页。

偶尔也有宦官充使的特例①。高宗、武周时期,宦官地位逐渐提升,奉使边疆的仍不多见②。今新疆吐鲁番地区出土大量唐代文书,太宗至中宗、睿宗时期的官私文书几乎没有宦官的踪迹,大致在玄宗开元、天宝之际,有关宦官出使西域的文书突然激增。这一变化与《通典》中监军使始于开元二十年的记载高度吻合。宦官奉使边疆是我们探讨宦官监军制起源的切入点。

　　开元天宝时期,内地海晏河清、歌舞升平,边疆地区并不太平。突厥、吐蕃、南诏、大食、契丹等纷纷崛起,严重威胁了边疆的稳定。如所周知,这一时期,唐代军事制度发生重大变革。开元二十五年(737)前后,边疆镇戍体系由府兵番上为主转向召募健儿长镇,逐渐形成安西、北庭、陇右、朔方、幽州、河东、剑南等十大节度。边疆战争的规模也空前扩大。高仙芝、哥舒翰等节帅,动辄发起数万人的军事远征。旧的御史监军制度已经式微,新形势下朝廷如何驭制边帅,如何洞察边疆军情? 毫无疑问,军事格局的剧变必然诱发朝廷与边疆讯息沟通方式

①《李愍墓志》云:"太宗文皇帝以公勋旧功臣,爪牙心膂,遂令询访蛮蜀之风,抚慰南夷之使。公每念庄舄执珪,由思越俗,余虽衣锦,岂忘故里……父老蒙冬日之恩,吏豪惧秋霜之令。廉平者则接手交劝,滥由者则绳之以法。遂得公私两济,威福遐行。"(《全唐文补遗》第一辑,第17—19页)李愍卒于贞观二十三年,其出使当在贞观中。按李愍曾祖良周,南宁州同起县令,祖朗,南宁州刺史,父钦,隋郎州刺史,世为当地豪酋。李愍出身与高力士类似,或以父罪没官。太宗以其出使,有笼络安抚南夷的用意,只一种特例。
②《西安碑林博物馆新藏墓志汇编》一七八《李元则墓志》:"高宗闻而嘉□,特授文林郎直内侍省。而后或以大礼景从,或以远使勤劳。"则高宗时期宦官李元则曾奉命出使远方,《唐代墓志汇编》长寿〇二六《苏永墓志》记宦官苏永"征翠羽于炎洲,收明珠于涨海……龙朔中,奉使岭南",苏永至岭南货买珍宝,其职与后来的岭南市舶使类似。《唐代墓志汇编续集》开元一二一《王晛墓志》载宦官王晛唐隆元年(710)"往聘西境,军戎不伐,兵将安和",又称其睿宗朝充"东北军和国使"。此志疑点颇多,《隋唐五代墓志汇编》陕西卷第一册、《唐代墓志汇编续集》录志题"唐故泾州长史赐紫太原王府君墓志铭",宦官不可能出任泾州长史一职,《唐代墓志汇编续集》等必误。据碑林博物馆王庆卫查证,志盖实作"大唐故王府君墓志铭",载高峡等主编《西安碑林全集》卷九七(广东经济出版社、海天出版社,1999年,第2728页)。志中称王晛晚年皈依佛教,"频以表启,请入不二之门",唐代宦官除皇帝恩旨外,例不出家为僧;又"中使"墓志讹作"忠使"。此志若非后人伪改,则是唐前期宦官充使边疆的又一例证。

发生相应的调整。

在边疆屯有重兵处，皇帝既要掌握军情动态，又要提防节帅生事叛乱，只能通过派遣使者来实现。同样，节度使为了免除皇帝的猜疑，也需派遣使者把边情向朝廷奏报。从现存诏敕来看，玄宗对西域边疆军政的介入很深，几乎所有重要决策，都由其宸断，然后以制书或口敕的方式下达给军镇①。一时间双方表奏往来，相望于道。在节度使方面，负责传递信息的，是节度使的心腹亲信，称之为"傔人"。封常清即是由高仙芝傔人而成长为一代名将的。同样，在朝廷方面，玄宗直接发号施令，传宣密旨，也必须是可信之人。最为称心顺手的自然是日夜服侍身旁的宦官，而不可能是品秩低微的御史。客观上说，重外轻内的军事格局导致宦官充使边疆具有了现实的客观需求。

除去边疆形势外，长安深宫里的宦官势力自身也发生了显著的变化。李唐立国之初，便有宦官张阿难等随太宗征讨四方，受封将军，死后陪葬昭陵。高宗以后宫廷军事政变频仍，导致北门禁军膨胀，出现百骑、千骑、万骑等名号。皇帝对禁军将领典重兵并不放心，为防范"五王逼宫"事件的重演，最贴身的宿卫禁兵逐渐交给宦官掌控。开元中高力士等心腹宦官开始出任飞龙使、内闲厩使、弓箭库使、内射生使等军事性使职。虽然所掌禁兵人数较少，但是也逐渐获得一定的军事经验。高力士曾指挥飞龙兵平定邢𪩘等人的叛乱，另一宦官杨思勖甚至直接率领几十万军队远征岭南叛蛮。染指军事对于高力士、杨思勖等宦官来说，已经不再是不可触及的事情。

在内、外因素的共同促成下，玄宗身边宠信的宦官取代御史，代表皇帝出使边疆，传宣圣旨、刺探军情等，逐渐成为惯例。开元十八年，林胡寇幽州，玄宗遣宦官刘思贤前往监军，开元二十二年，刘思贤又往

①参陈明光、王敏：《唐朝开元、天宝时期节度使权力状况析论》，《厦门大学学报》，2006 年第3 期。

饶乐等城,宣慰熟奚,与幽州长史张守珪大破契丹部落[1]。开元二十五年(737),玄宗命河西节度使崔希逸袭破吐蕃,以内给事赵惠琮监其军。天宝六载(747),高仙芝深入万里讨小勃律,随军行动的有监军中使边令诚[2]。《张九龄集校注》卷一〇《敕瀚海使盖嘉运书》:"今故令内谒者监王尚客往,一一口具。"[3]同书卷一四《贺盖嘉运破贼状》:"右高力士宣奉敕示臣等王尚客奏状。"[4]王尚客把玄宗口头圣旨带给瀚海军使盖嘉运,返京后又把前线情况汇报给玄宗。宰相张说等人习以为常,并没有觉得有何不妥。

《旧唐书·高力士传》又云:"孙六、韩庄、杨八、牛仙童、刘奉廷、王承恩、张道斌、李大宜、朱光辉、郭全、边令诚等,殿头供奉、监军、入蕃、教坊、功德主当,皆为委任之务。"[5]涉及的宦官出使地方的有监军、入蕃两种。从吐鲁番出土文书及其他文献记载来看,这一时期出现在西域、东北等边疆的宦官使职主要有以下五种:

一、和蕃使

和蕃使,即进入周边诸国通和的使者。开元、天宝时期,除了以朝官为首的正式报聘大使外,随使团一起出发的,还有一个以宫廷宦官为使主的使团,代表皇帝本人前往蕃国通和。开元时期,唐朝盛极一时,藩属众多,宦官入蕃极为普遍,在当时的诏敕中可以得到印证。《册府》卷六三《帝王部·发号令门二》收玄宗天宝十一载十二月诏:

---

①《大唐西市博物馆藏墓志》二五二《刘思贤玄堂记》,第 553 页。
②《通鉴》卷二一四玄宗开元二十五年二月己亥条,卷二一五天宝六载十二月条,第 6947 页、7004 页。
③〔唐〕张九龄撰,熊飞校注:《张九龄集校注》卷一〇《敕瀚海使盖嘉运书》,北京:中华书局,2008 年,第 613 页。
④《张九龄集校注》卷一四《贺盖嘉运破贼状》,第 761 页。
⑤《旧唐书》卷一八四《高力士传》,第 4757 页。刘奉廷,《唐代墓志汇编》天宝二七四《刘奉智墓志》有宦官内侍刘奉进。《续集》贞元〇四〇《刘昇朝墓志》有奉天定难功臣刘昇朝,志称其父刘奉进为"皇骠骑大将军开府仪同三司"。疑"廷"为"进"(繁体作"進")的形讹。

王者制军诘禁，师旅惟贞；饮至劳旋，赏罚必信……且古者士农异处，军国殊容……岂有家袭弓裘，身参卒伍。斯乃假名取进，其理昭然。皆因主将有私，遂乃公行嘱托……自今已后，朝要并监军中使子弟，一切不得将行，先在军者，亦即勒还。[①]

"朝要并监军中使"携带子弟聘使是一种不正常的求官途径，朝廷专门降诏禁止，恰好从反面证明这种情况的普遍性。我们可以用崔琳奉使吐蕃之例加以说明。

玄宗开元前期，唐蕃之间征战不已，十七年（729），唐军攻拔吐蕃石堡城，取得战略优势。开元十八年十月，吐蕃重臣名悉猎入朝请和。十九年二月，玄宗以鸿胪卿崔琳为御史大夫，报聘吐蕃。使团途经河州小积石山灵岩寺（今甘肃省永靖县炳灵寺），留下含有使团成员题名的摩崖题记《灵岩寺记》[②]。其题名部分如下：

　　1　使御史大夫上柱国魏县开国侯崔琳　判官鸿胪寺丞王攸判官鸿胪寺主簿□□　判官晋州参军李浑

　　2　判官胜州参军崔颙　别奏左卫率府长上折冲景游营　右清道率府中侯茹真　□□鸿胪典客令贺忠庆

　　3　鄀州兵曹参军陆玄昭　吏部选任齐参　吏部选王承先吏部选张谦　兵部选□□芝　吏部选许庭国

　　4　吏部选唐慈　吏部选李淡然　吏部选裴惟谟　吏部选王鉴　吏部选何献鼎　□□□州沁□府折冲

　　5　毗楼　河南府巩洛府别将郑国庭　泾州泾阳府别将卢嚣殿中尚药直长郄金□　□州金□府别将康

　　6　思暕　傔四品孙金修礼　五品孙乔迁寻　四品子权儒

---

①《册府》卷六三《帝王部·发号令门二》，第712页。
②录文见王万青：《炳灵寺石窟摩崖碑刻题记考释》，《敦煌学辑刊》，1989年第1期。张思温：《积石录》，兰州：甘肃民族出版社，1989年。《全唐文补编》，第384页，《全唐文补编》题名部分八百余字未录。录文择优而从。

品子赵子琪 云骑尉□□俊 一品孙长孙元

7 适 五品孙宋思钦 进士张茂琪 五品孙姚日迁 五品孙李如玉 国子监□□□少通 品子裴忠晦

8 品子康胡子 品子赵全望 品子乐崇晖 轻车都尉孟耀之 品子吕芳琛 品子莫光国 四品子马骡

9 品子杨聿 上柱国吕孝琼 品子张嘉慎 御史台令史杨庭海 司勋令史赵□祥 都官令史□宾王

10 将作监府史王昇进 鸿胪寺府史卫如琳 鸿胪寺府史王曰訰 鸿胪寺府史贾昂□ 鸿胪寺府史王兰

11 鸿胪寺府史巨承贵 太常寺府贾昂 常可意 张如玉 王□子 □伏宝

12 和蕃使正议大夫行内侍上柱国涂玄琛 判官朝议郎行内省官闱局令上柱国□□□ 云骑尉绯鱼袋

13 康承献 飞骑尉杜意 傔霍顺义 上柱国陈思问 品子王凤伕 三卫□守□□上柱国史元信

14 奏事送使和蕃使游骑将军上柱国赵仁堪 陇右支度营田副使经略军司马王允

15 陇右节都支度营田副大使云麾将军右羽林将军□御史中丞检校鄯州都督上柱国张守珪

16 朝散大夫使持节河州诸军使事河州刺史兼知平夷五门守捉及当州营田使上柱国王谞

17 检校大夫功德僧灵岩寺主无量 都检校大夫功德官权知河州安乡县令上柱国□□ 行尉王謍献

题名由四部分组成。第1—11行是聘使崔琳及其僚佐,计六十人,副使缮部郎中魏季随是撰文者,已见于题记首行,故文末没有出现,崔琳的使团实为六十一人。第12—13行是和蕃使涂玄琛及其僚佐,计八人。第14行是送使和蕃使,计二人。第15行是送行的地方官、僧侣等,计五人。整个题名层次分明,等级森严。七十五人中,出使吐蕃者六十九人,各种品子竟多达十八人。所谓一品孙、五品孙,皆"假名取进"的朝官子弟,如"一品孙长孙元适",即长孙无忌的曾孙①。品子的题名位置介于官、吏之间,身份非常微妙。炳灵寺摩崖题记对玄宗天宝十载诏敕的历史背景做了最典型的诠释。

虽然文献中仅记载崔琳奉使,不载宦官,但摩崖石刻清楚地表明,同行的确实还有一个宦官使团。充使者为"和蕃使、正议大夫,行内侍上柱国涂玄琛",判官"朝议郎,行内省宫闱局令、上柱国□□□"。宦官担任和蕃使并非仅此一例。《唐代墓志汇编》会昌〇三七《王文幹墓志》:"皇朝中散大夫、内侍省内侍、赐紫金鱼袋、奉诏和蕃使兼安西北庭使讳奉忠,公之曾王父也。"②王文幹卒于会昌年间,其曾祖父王奉忠为和蕃使约当玄宗开元天宝年间。

天宝年间,宦官奉使西域在佛教典籍中也有不少记载。玄宗天宝九载(750),中天竺范围内的罽宾国遣使归附,玄宗遣宦官张韬光通使。京兆人车奉朝(法号悟空),随使者一同抵达罽宾,归国后重新翻译佛教经典《十力经》。圆照在其序言《佛说十力经大唐贞元新译十地等经记》(又名《悟空入竺记》)中叙其事云:

> 玄宗至道大圣大明孝皇帝,孝理天下,万国欢心,八表称臣,四夷钦化。时罽宾国,愿附圣唐,使大首领萨波达干,与本国三藏舍利越魔,天宝九载庚寅之岁,来诣阙庭,献欵求和,请使巡按。次于明年辛卯之祀,玄宗皇帝敕中使内侍省内寺伯、赐绯鱼袋张

①《西安碑林博物馆新藏墓志续编》一三三《郭晞妻长孙璀墓志》:"高祖无忌……曾祖冲……祖绚……考元适,通州刺史、赠兵部侍郎。"《洛阳新获七朝墓志》三三〇《郭夫人长孙氏墓志》云:"……皇朝太尉赵公无忌,高宗之元舅……太父讳元适,皇任通州刺史。"《元和姓纂》卷七长孙无忌曾孙辈有"元翼,宣州刺史"(〔唐〕林宝撰,岑仲勉校注:《元和姓纂四校记》,北京:中华书局,1994 年,第 1076 页),长孙元翼墓志已出土,二人为同祖兄弟。

②《唐代墓志汇编》会昌〇三七《王文幹墓志》,第 2237—2238 页。

韬光,将国信物,行官、奉[奏]傔四十余人,蒙恩授奉朝左卫泾州四门府别将员外置同正员,令随使臣取安西路,次踈[疎]勒国,次度葱山,至杨兴岭及播蜜川、五赤匿国。次护蜜国,次拘纬国,次葛蓝国,次蓝婆国,次孽和国,次乌伏那国,茫誐勃国,及高头城。次摩但国,次信度城,至十二载癸巳二月二十一日,至乾陀罗国,此即罽宾东都城也。①

张韬光一行,途经十余国家,历时两年才抵达目的地,可谓长途跋涉。使团规模不大,随行者除行官、傔人外,还有僧侣。罽宾内附时,所遣使者即有本国高僧,故唐朝报聘时亦遣僧侣同行。可见在当时唐与西域、中亚诸国交往中,宗教外交也起着非常重要的作用。张韬光奉使罽宾,反映了宦官作为皇权的代表已被西域诸国普遍认可,同时也开了贞元中宦官杨良瑶奉使黑衣大食的先河。

中唐以后,由朝官和宦官分别充使,同行入蕃已成惯例。德宗贞元九年(793)南诏王异牟寻派使者请求归唐,次年御史中丞袁滋为册南诏使,宦官俱文珍为宣慰使,一同前往,今云南盐津县豆沙关袁滋摩崖题记依然可见。与炳灵寺摩崖题记相比,豆沙关摩崖题记中规模庞大的"品子"群体消失了。不过,随使入蕃仍是擢用的捷径。元和权宦吐突承璀正是以"小使"的身份随俱文珍奉使南诏,其后大获擢用,与此段经历不无关系。

二、市马使

宦官充当市马使,至西域市马,在出土唐代墓志中曾有记载。《唐代墓志汇编》天宝二五三《刘元尚墓志》云:

> 君讳元尚,字元尚,彭城人也……弱冠从仕,于□卫而超功。简在帝心,于斯为美,解褐拜掖庭监作、大食市马使。燕王市于骏骨,伯乐顾之龙马,遂使三军迎送,万里循环,荣宠是加,超公内寺

①《大正藏》第十七册《佛说十力经》,第715页。

伯也。复为骨利幹市马，崎岖百国，来往三春，追风跃而奔腾，逐
日回而来献，遂加公谒者监。奚首领屈突于侵扰候亭，搅乱军旅，
公密奉纶诰，勒公讨之，则知圣泽推贤，军容得士，公有坐帷之策，
克日摧锋，立计之谋，应时瓦解。特拜内侍，答公之德也。北庭使
刘涣躬行勃逆，委公斩之。又瀚海监临，宣慰四镇，兵士畏爱，将
帅威慑，无何迁云麾将军、左监门卫将军、摄省事，宠恩极也。[1]

刘元尚初任大食市马使，远赴阿拉伯地区市马。因此被超授内侍伯。
后又任骨利幹市马使。此次出使时间非常长，"来往三春"。因为成效
斐然，加授谒者监。天宝中奚首领屈突于反叛时，刘元尚遂为监军，讨
平叛乱。

在吐鲁番出土文书中我们还见到同时期另外一位市马使活动的
痕迹。吐鲁番阿斯塔那506号墓所出《唐开元十九年（731）虞候镇副
杨礼宪请预付马麸价状》（73TAM506:4/10）：

1　进马坊　　状上
2　　供进囯囗（麸）价大练叁拾匹杨宪领
3　　右囗囗令于诸步铠坊料麸贮纳，待赵内侍
4　　囗囗马者。其马今见欲到，其麸并不送价直。
5　　囷不预付，即恐临时阙饲，请处分。谨状。
6　牒　件　状　如　前，囗　牒
7　　　开元十九年六月　日虞候、镇副杨礼宪　牒
8　　　　虞　候　府　家
9　　　　取卅匹练，分付
10　　　诸铠家，即收麸
11　　　纳。　　兴示　　十二日[2]

_____

① 《唐代墓志汇编》天宝二五三《刘元尚墓志》，第1707—1708页。
② 唐长孺：《吐鲁番出土文书》图录本，第肆册，北京：文物出版社，1996年，第401页。

文书第 1 行题有"进马坊",第 2 行复有"供进马"字样,其后为"待赵内侍□□马这(过)"。所谓"进马坊"应该是军镇饲喂上供马匹的专门机构。又"内侍",据《旧唐书·职官志》:"唐初旧制,内侍省无三品官,内侍四员,秩四品。天宝十三年(754)十二月,玄宗以中官高力士、袁思艺承恩遇,特置内侍监两员,秩三品,以授之。"[①]赵内侍为宦官无疑,而且是深受宠遇的高品宦官。文书 1—5 行为进马坊所上状文,大意是赵内侍所市马即将经过某军镇,军镇此前已命进马坊到铠坊各位铠户收购麸料,供马匹食用。这批麸子价值大练三十匹,却迟迟未送到,进马坊恐怕会出现供缺,状上军镇,镇副杨礼宪又牒报都督府,最后名叫"兴"的长官在十二日作出批示,虞候府家取三十匹练付铠家,收纳所需麸料。

宦官充使市马,路途遥远,奉使一次,往往迁延数年。前引《刘元尚墓志》中,刘元尚充任大食市马使等,前后有三年之久。赵内侍在西域市马,时间也比较长。阿斯塔那 506 号墓另有一件文书《唐开元二十年(732)李钦领练抄》(73TAM506:4/20)也提及"赵内侍",文书残片云:

1　李钦于正库领取赵内侍感文案
2　贷直大练三匹,开元廿年正月廿一日[②]

前件文书中市马使赵内侍抵达时间是开元十九年六月,本件文书的时间为开元廿年正月,两件文书同墓所出,且年代相连,赵内侍所指显为同一人。据文书,"赵内侍"名为"赵感",当然,文书中名字常有省写的情况,也可能"感"只是赵内侍名字中的一个字。文书中提及"正库",或即西州都督府的府库。李钦领取大练三匹,数额较少,或许为日常支用。此时赵内侍已在西州活动近半年时间。

①《旧唐书》卷四二《职官志一》,第 1792 页。
②唐长孺:《吐鲁番出土文书》图录本,第肆册,第 415 页。

赵感完成市马使命，离开西州的时间，我们也可从附近 358 号墓所出一组文书《唐开元某年西州前庭府牒为申府史氾嘉庆诉迎送赵内侍事》〔66TAM358；9/1～9/4，9/5（a）〕加以推测。文书残片[①]：

（一）

1　　　　　　囲□□二年二月廿九日典□□

2　前庭府　　为申府史氾嘉庆诉东□□迎送赵内侍事
3　　囷史　氾嘉庆
4　　　右　得　田　件　人
　　（后缺）

本组文书残为五片，均前后缺。片（一）行 1、2 间有粘接缝。本件盖有"左玉钤卫前庭府之印"一方，正文有前庭府府史氾嘉庆，应属西州前庭府文案。文书年份残缺，"开二年二月年九日"，整理者出于谨慎，标题作开元某年。据前件文书，开元二十年正月末西州有赵内侍领取三匹大练，补足或作"开元二十二年"。文书大意是前庭府府史氾嘉庆迎送赵内侍，可能是招待不周，遭到责罚，氾嘉庆不服，提请申诉。赵内侍在西域居留了两年半左右，大概此时回朝。

宦官挟天子之威，出使所需一切皆由地方供顿。当道官府招待稍有懈怠，就要横加责罚。《旧唐书·高力士传》云"出使则列郡辟易，其郡县丰赡，中官一至军，则所冀千万计"[②]。吐鲁番所出赵内侍相关文书证明史官所言非虚。

三、押弓箭甲仗等使

开元、天宝时期，唐朝在军队装备上较前期也有较大变革，陌刀等重武器开始更广泛地装备军队。府兵番上之制废止后，边疆士兵主体

---

① 唐长孺：《吐鲁番出土文书》图录本，第肆册，第 180—181 页。
② 《旧唐书》卷一八四《高力士传》，第 4757 页。

由卫士转为长镇健儿,对劲弩、铠甲、陌刀等重型武器的需求大增。在新形势下,朝廷势必要加强对重型武器的管控。在节度使率大军出征时押领兵甲是宦官充使的重要内容。唐代后半期两个宦官军事使职内弓箭库使、武器库使大概都萌生于这一时期。

天宝十载(751),唐与大食在怛罗斯爆发战争,为策应这场战役,唐王朝征调天威军等军镇健儿奔赴碎叶。《新获吐鲁番出土文献》收录一组 2006 年征集的吐鲁番文书《唐天宝十载交河郡客使文书》[1],文书中频繁往来的人员有迎兵官、押突骑施生官、押天威健儿官、奏事使、宁远国首领等,还有数量较多的内廷宦官。与往来官健一样,这些充使宦官沿途也在驿馆住宿休整。文书中所留下的就是他们到达、离开时间及行程去向的记录。现将相关文书摘录如下:

(一)

2　使迎兵官果毅骆怀文一人,七月卅日困▢▢▢▢▢

3　内侍判官霍义泉等三人,八月七日▢▢▢▢▢

(五)

14　内侍索▢▢▢▢▢▢▢▢▢等四人乘马七匹,九月一日

15　西到,至▢▢▢▢▢▢▢东。

(六)

8　囙侍大夫骆玄表并判官圐▢▢▢▢

9　使行官果毅▢▢囯一人▢▢▢▢

15　内侍王下判官▢▢判官▢▢▢▢▢▢▢▢▢廿八日发向东。

送弓弩甲仗回使　魏仲规　　赵▢▢▢▢差使

17　押军资甲仗官内侍大夫王献朝并将官、行官等四人,

①荣新江、李肖、孟宪实:《新获吐鲁番出土文献》,北京:中华书局,2008 年,第 331—342 页。相关研究参见毕波:《怛逻斯之战和天威健儿赴碎叶》,《历史研究》,2007 年第 2 期。

九月

18　廿九日从西到,至十月一日发囻东。

21　使内侍判官囻☐☐☐☐☐☐☐十月一日

22　从北庭到,☐☐☐☐☐

在交河郡客使馆文书中出现的宦官,不少仅注"内侍"二字,使名不详。根据时间及行程方向,大体上可分为五批,约占所存客使条目总数的十分之一。

第一批为片（一）第3行"内侍判官霍义泉",时间是天宝十载（751）八月七日。霍义泉为某宦官的判官。该宦官使职不明,文书第2行有"迎兵官果毅骆怀文",如果该内使方向与迎兵官一致,很可能是随军监押军队的宦官。

第二批为片（五）、片（六）提及的内侍判官索某。片（五）第14行提及内侍索☐☐,四人七马,九月一日从西方抵客馆,某日发向东。片（六）第21行有内侍判官索☐☐十月一日从北庭到。此两处提及的索某很可能为同一人。索某九月一日从西方返至交河郡时,四人七马,即有一匹为换乘的兼马,使命相当紧急,日夜兼程。

第三批为片（六）第8行提及的内侍大夫骆玄表并判官等。时间在九月二十日至二十五日之间。骆玄表前有"大夫"二字,当为银青光禄大夫、金紫光禄大夫之类散官。骆玄表前后所过客使为果毅安北山、安西长史王奇光、押领内将官果毅等,多与行军调兵有关,其出使任务很可能是押送健儿或兵仗。

第四批为片（六）第15—18行的押军资甲仗官内侍大夫王献朝及其判官、将官、行官等。抵馆时间是九月二十九日。文书第15行"内侍王下判官☐☐"中"内侍王"即内侍王献朝的简写。"内侍王"三字旁注"送弓弩甲仗回使",盖帐历作者恐日后遗忘"内侍王"为何人,故补此注脚。"弓弩甲仗回使"、"押军资甲仗官"者实为一使。与骆玄表类似,王献朝亦有"大夫"兼衔,品级很高,随行僚佐也非常庞大。此一行人行程匆忙,并非同日到达,判官先行一日,负责打前站,王献朝一行随后就到,十月一日东返。

第五批为片(六)第21—22行的使内侍判官索某。索某抵馆的时间在十月一日。前文九月一日曾有某内侍判官索某,若二者为同一人,则索判官九月一日自西方抵达本馆,向东出发,又转抵天山以北的北庭,十月一日再次抵达本馆,其使主可能是常驻北庭的宦官。

从宦官行程来看,天宝十载宦官广泛参与了军事行动。其中弓弩甲仗回使、押军资甲仗官第一次在文书中出现。我们知道,掌控军队最直接的方法是控制其武器。唐代有着比较完备的甲仗管理制度。在府兵制下,弓、刀等轻武器由府兵自备,弩、甲、陌刀、攻城器具等重武器则由官府配发。平时甲仗入库,战时授甲而行①。天宝时期,兵部已停府兵上下鱼书,旧的府库管理体制也遭到严重破坏。当然,朝廷不会拱手将武器调配权让给节度使,在这种情况下,宦官作为皇权的代表,在重大军事行动时,由其押领、调拨武库也就是一种新的变通措施。

开元天宝时期,宦官在河陇及西域地区地位尊崇。崔希逸、高仙芝、封常清等大将对边令诚等监军都毕恭毕敬,言听计从,应该与宦官押领武库有很大关系。而在远离长安的河北道,则呈现另外一种态势。开元末、天宝初,幽州每有重要军事行动,玄宗常遣宦官刘思贤前往监军②,天宝四载(745),刘思贤病死。其后,宦官对幽州的监控日渐懈怠。天宝十二载朝中已盛传安禄山将反,玄宗仅遣一宦官辅璆琳前往查看③,其弓弩甲仗等恐早已不受宦官押领。安史之乱爆发后,东北、西北节度使对朝廷的不同态度与开元天宝时期的军事传统或有一

①贾志刚:《唐代军费问题研究》,北京:中国社会科学出版社,2006年,第85页、第97—98页。孙继民:《敦煌吐鲁番所出唐代军事文书初探》,北京:中国社会科学出版社,2000年,第14—22页。

②《大唐西市博物馆藏墓志》二五二《刘思贤玄堂记》,第553页。

③《旧唐书》卷二〇〇《安禄山传》,第5369页。

定的关系。

中唐以后,朝廷权归节度使,监军大体丧失了武库的直接掌控。但是在某些朝廷控制的藩镇,藩镇移代时,武器囤积在监军使院,由宦官监押。《旧唐书》卷一七七《崔彦曾传》:

> 旧三年一代,至是戍卒求代,尹戡以军帑匮乏,难以发兵,且留旧戍一年。其戍卒家人飞书桂林,戍卒怒,牙官……杀都头王仲甫,立粮料判官庞勋为都将。群伍突入监军院取兵甲,乃剽湘潭、衡山两县,虏其丁壮。[①]

岭南是唐代控制比较严密的藩镇,庞勋率徐州戍卒起事时,手无寸铁可用,在“突入监军院取兵甲”后才获得武器。这证明当时武器主要由监军使押领。唐代后期,监军使有时能平定作乱的藩镇,很大程度上与其掌控兵甲有直接关系。

四、送旌节使

天宝十载交河郡客使文书为我们展示了战争期间西域边疆宦官的活动情况。除此之外,阿斯塔那506号墓所出二十二件天宝十四载交河郡长行坊文卷,这组文卷逐日记录了天宝十三载(754)交河郡某些馆接待客使所用马匹及踏料情况,展示了和平时期宦官出使西域的情形。

天宝十三载安西四镇节度使封常清入朝,不久北庭都护程千里入为右金吾大将军,封常清遂返回西域,权知北庭、伊西两镇节度。天宝十三载封常清返回西域后,曾遍巡管内军镇。朱雷先生曾有专文研究,此不赘述[②]。在封常清四处巡查奔波的过程中,除了其家口、扈从判官将佐,出现次数最多的就是送旌节使了。二十二件文卷中多次提

---

①《旧唐书》卷一七七《崔彦曾传》,第4581页。
②朱雷:《吐鲁番出土天宝年间马料文卷中所见封常清之碛西北庭行》,《魏晋南北朝隋唐史资料》第15辑,1997年;另收入氏著《敦煌吐鲁番文书论丛》,兰州:甘肃人民出版社,2000年。

及送旌节使。今聊举数条如下：

(一)《唐天宝十四载某馆申十三载四至六月郡坊帖马食豏历状》(73TAM506:4/32-17)①:

30　五月一日,郡坊马十三匹,帖馆过旌节使,食麦粟一石三斗。付健儿党起。【五月一日】

(二)《唐天宝十四载某馆申十三载七至十二月郡坊帖马食豏历牒》(73TAM506:4/32-16)②:

35　▢▢▢匹,送　封大夫旌节到,食麦▢▢▢▢【约七月二十日】

(三)《唐天宝十三载礌石馆具七至闰十一月帖马食历上郡长行坊状》(73TAM506:4/32-4)③:

78　十七日郡坊帖天山马三匹,送米昇幹判官王进朝到,食麦一斗五升,付天山馆王兴。【八月十七日】

92　同日郡坊帖马银山廿二匹,送旌节使到,并全料,食麦一石七斗六升。付杨秘。【八月二十八日】

96　同日,郡坊帖银山马六匹,送内使王进朝到,食麦四斗八升,付赵璀。【八月三十日】

(四)《唐天宝十四载某馆申十三载七至十二月郡坊帖马食豏历牒》(73TAM506:4/32-16)④

124　同日,旌节乘帖马十七匹,食青麦八斗五升,付健儿陈怀金。【十一月十七日】

---

①唐长孺:《吐鲁番出土文书》图录本,第肆册,第528页。

②唐长孺:《吐鲁番出土文书》图录本,第肆册,第515页。

③唐长孺:《吐鲁番出土文书》图录本,第肆册,第451—452页。

④唐长孺:《吐鲁番出土文书》图录本,第肆册,第521页。

送旌节使姓名未直接出现，但是我们能根据文书加以推测。前引文书第三件《唐天宝十三载（754）礌石馆具七至闰十一月帖马食历上郡长行坊状》①78 行提及天宝十三载八月十七日"郡坊帖天山马三匹，送米昇幹判官王进朝到"，96 行又云八月三十日"郡坊帖银山马六匹，送内使王进朝到"。王进朝系"内使"，身份为宦官，同时也是判官，其使主必也是宦官。92 行载八月二十八日"郡坊帖马银山廿二匹，送旌节使到"。王进朝在十七日、三十日两次在礌石馆出现，活动时段正好与送旌节使吻合。由此推测，米昇幹极可能就是送旌节使。

　　节度使之号出现于睿宗景云年间，普遍设置则在玄宗开元年间。节度使之名，因受职之始，朝廷赐以旌节得名。以此论之，送旌节使应该是开元天宝时期新兴的使职，这一使职例由宦官充任。《五代会要》记："旧制，巡抚、黜陟、册命、吊赠、入番等使，选朝臣为之。其宣慰、加官、送旌节，即以中官为之。"②传世文献中宦官送旌节之例比比皆是。宪宗平西川刘辟之乱后，刘辟诡称不反，宪宗诘之云："朕遣中使送旌节官告，何故不受？"辟乃伏罪③。昭宗朝宰相张濬担心朱温占据昭义，急令孙揆分兵赴镇，遣中使韩归范送旌节④。送旌节是节度使获得合法权力的象征，有一套专门的仪式。敦煌文书 P. 3773v《凡节度使新受旌节仪》详细地记录了宦官（天使）代表唐廷颁赐旌节的仪式过程：

　　　　凡节度使新受旌节仪：天使押节到界，节度使出，先引五方旗，后鼓角、六纛，但有旗幡，不得欠少弓箭，衙官三十，银刀官三十，已上六十人，并须衣服鲜净，锦落（洛）缝褶子。卢白（帕）头

①唐长孺：《吐鲁番出土文书》图录本，第肆册，第 451 页。
②〔宋〕王溥：《五代会要》卷二四"诸使杂录"后梁乾化元年十月条下注文，上海：上海古籍出版社，2006 年，第 389 页。
③《旧唐书》卷一四〇《韦皋传附刘辟传》，第 3828 页。
④《旧唐书》卷一七九《张濬传》，第 4658 页。

五十。大将引马,主兵十将,并须裤奴(帑)、袜额、玲珑、缨弗
(拂)、金鞍鞯,鲜净门枪、豹尾、彭排、鼓架。马骑、射鹿子人,悉须
帑袜、缨弗(缨拂)、玲珑、珂佩。州府伎乐队舞,临时随州府见有,
排比一切,像出军迎候。①

敦煌文书描述的虽是归义军时期的礼仪,开元天宝年间应该也是极为
隆重的大事。我们注意到,虽然送旌节使与封常清一行等前后相继,
却并不同行,驿馆也是分别接待。送旌节使的独立性,反映朝廷客使
的尊崇。

五、宣慰使

除送旌节使外,《唐天宝十四载交河郡某馆具上载(十三载)帖马
食醋历上郡长行坊状》(73TAM506:4/32-1)也提及一位出使西域的
宦官,其身份为宣慰使②。

> 35. 郡坊迎宣慰符判官帖马陆匹,四月十一日,食麦叁蚪,付
> 马子常子昂。
> 36. 十二日,迎符判官马叁匹,食麦壹蚪五胜,付马子常子昂。
> 37. 十三日,迎符判官马两匹,食麦壹蚪贰胜,付马子常子昂。
> 38. 同日帖马□匹,使乘,食麦粟陆蚪,付马子常子昂。

此宣慰使姓名不详,但其麾下有一符姓判官。宣慰使及符判官出现于
天宝十三载(754)四月十一日至十三日。同墓所出《天宝十四载某馆
申十三载四至六月郡坊帖马食醋历状》(73TAM506:4/32—17)8行载
天宝十三载四月十四日:"郡坊帖天山馆上官下马四匹,送符判官到,
便腾向银山,食麦粟四斗。"③故可知十一日至十三日宣慰使及符判官

---

① 黄永武主编:《敦煌宝藏》,台北:新文丰出版公司,第130册,1985年,第542页。暨远志
《张议潮出行图研究——兼论唐代节度使旌节制度》,《敦煌研究》,1991年第3期,第28—
40页。
② 唐长孺:《吐鲁番出土文书》图录本,第肆册,第423页。
③ 唐长孺:《吐鲁番出土文书》图录本,第肆册,第526—527页。

所在的馆为天山馆。宣慰使所乘马匹数残缺，按十三日，迎苻判官马食醋，每匹食醋六升，同日宣慰使乘马食醋六斗，合六十升，依此推算，迎宣慰使所乘马为拾匹，文书所缺字当即"拾"字。送旌节使迎送马匹有二十多匹，宣慰使马仅十匹，等级比送旌节使要低。

顾名思义，宣慰使即代表朝廷宣传诏旨、慰劳诸军。宣慰使由中央派出，带有一定的监察性质，最初由御史充当。《明恪墓志》提及武则天时期有"敕宣慰使、侍御史李恒"①，开元二十一年（733）四月，玄宗"遣宣慰使黜陟官吏，决系囚"②。这些由御史充任的宣慰使，略相当于采访使或黜陟使，权限很大。开元天宝之际，宦官充使兴起后，也多以宣慰之名出使西域，但是宦官主要是宣慰军旅，而非黜陟官吏，与御史宣慰有明显差别。本件文书时代是天宝末，迎送规模小，当为宦官充使。

每当节度使有大规模军事行动时，朝廷都会派出宦官前往宣慰、监督。开元二十一年，幽州长史薛楚玉奉敕出讨契丹。《英华》卷六四七樊衡《为幽州长史薛楚玉破契丹露布》：

> 都统王中权、裴旻领三千骑与宣慰计会。发兵马使、内给事蓟（刘）思贤，副使、内寺伯李安达，右领军卫翊府郎将李良玉，军前讨击副使、大将军钥高等为先锋。中郎、内供奉李先寿领马步五千，与宣慰、内供奉、奚官局令王尚客，内供奉、中郎李延光，长上折冲史直臣，右骁卫左郎将王抱一，经略军副使、左卫率府右郎将李永定，咸宁府军李车蒙，领马步五千，与宣慰使内谒者监刘玄向，供奉、长上折冲康太和，供奉、长上折冲白延宗，长上果毅高处谋，永宁府果毅阎鼎臣，副将布折等为右翼……宣慰使、内谒者监普心寂与判官、掖庭局监潘进忠，别敕行人李如意等衔命至，便申

---

①《洛阳新获七朝墓志》二二三《明琰墓志》，第 223 页。
②《新唐书》卷五《玄宗纪》，第 137 页。

慰谕,三军蹈舞,呼声动天。①

露布中提及的充使宦官有四人,刘思贤、王尚客、刘玄向、普心寂。《刘思贤玄堂记》云:"廿载,奉使马平卢等军。截黄河而东注,凌黑山而北走,大破契丹三部落,制又加公内给事、上柱国。"②则刘思贤并非兵马使,而应为押兵马使,或者宣慰使,其副使李安达也是宦官。王尚客不仅宣慰幽州,据前引《张九龄集校注》,此后不久又被派往西域瀚海军奉宣玄宗口谕。文末提及的宣慰使普心寂负责战后赏赐慰问将士,与中唐时期的宣慰使职责相同,但是战前提及的两位宣慰使王尚客、刘玄向名为宣慰,实则随军出战,此正是后来监军使的职掌。据《通鉴》等记载,哥舒翰拔石城堡时即有监军中使边令诚随军行动。以此论之,王尚客、刘玄向实际上就是后世的监阵宦官。

如前所述,玄宗开元天宝时期,是唐代宦官监军的开始。我们依据吐鲁番文书、摩崖石刻等文献材料,发现了和蕃使、市马使、押兵甲使、送旌节使、宣慰使等宦官充任的使职,独没有发现宦官充任"监军使"的字样。据薛楚玉破契丹露布,宦官监军是客观存在的,但是不称"监军",在官文书中称作"宣慰使"。前引《刘元尚墓志》载刘元尚升为内侍后,"北庭使刘涣躬行勃逆,委公斩之。又瀚海监临,宣慰四镇,兵士畏爱",刘元尚可以斩杀节帅,但是墓志中也不径作"监军"。上述事例似乎皆可证明,开元天宝时期虽然已有宦官监军之制,但是并没有专门的"监军使"称谓,宦官监军多以"宣慰使"名义随军行动。即便是学界公认的监军使边令诚,除《新唐书·高仙芝传》径称"监军"外,《旧唐书》《通鉴》皆作"中使"。《新唐书》常常追改文字,此条孤证不具说服力。换句话说,开元天宝时期的监军使,多以宣慰使为

---

① 《英华》卷六四七樊衡《为幽州长史薛楚玉破契丹露布》,第 3332 页。其中"内给事蓟思贤",据《大唐西市博物馆藏墓志》二五二《刘思贤玄堂记》,"蓟"即"劉"(刘)的形讹。
② 《大唐西市博物馆藏墓志》二五二《刘思贤玄堂记》,第 553 页。

名,职掌则包括监军和宣慰两层含义。安史之乱以后,宣慰使之名无法突出监军之职能,"监军"便作为独立的使职从宣慰使中剥离出来。宣慰使的名号依然沿袭不废,变成单纯的慰安、犒赏藩镇的使职而已。

第三节　宦官监军的普遍化

在府兵制下,镇戍以番上士兵为主,兵将分离,没有常驻监军的迫切需要。边疆大军区制形成以后,"监军中使"主要以"宣慰使"等名目出现,仍为非正式的、临时性的差遣。玄宗时期能够充使边疆的都是玄宗信赖的高品宦官。有些经验丰富的宦官奏对称旨,可能会固定地派遣监视某军,与主帅构成某种程度上的搭档关系,例如,边令诚监高仙芝军,李大宜监哥舒翰军等。不过,边、李二人没有陇右监军使、四镇监军使之类的使名,这与后来常驻藩镇的监军使仍有很大的不同。宦官监军与藩镇挂钩,并从边疆推广至内地,导致社会剧变的安史之乱是一个非常重要的原因。

天宝十四载(755),安史之乱爆发。叛乱波及大半个中国,唐朝极盛而衰。那么,安禄山在准备叛乱之前,为什么朝廷没有丝毫察觉?御史监军被停废后,朝廷对幽州数十万军队的监控是否产生重大失误? 如果存有失误,是否与新兴的宦官监军有关?

从一些文献记载来看,开元时期,河北道也是宦官频繁出使的区域。幽州节度使张说、薛楚玉、张守珪等皆为汉将,玄宗多有提防,前举薛楚玉破契丹露布,一次战斗中提及的监阵宦官就多达四五位,宦官监押幽州军情形与西域应大致相同。不过,这种情况在李林甫上台以后发生显著变化。李林甫为防止边将入朝拜相,威胁自己权位,向玄宗建议以胡将代汉将。重用高仙芝、哥舒翰、安思顺等忠谨者尚可无事,但是遇到安禄山这样的居心叵测者,则会犯下致命性错误。安禄山奸诈多谋,长于窥伺情报。曾令麾下将领刘骆谷长驻长安,专门伺察朝廷①，同时又遍贿百官，以杨贵妃为首的嫔妃都收其好处，故而宫内动静，了如指掌。谙熟此道之人，对朝廷派往监视他的人必然多有戒心。不论是采访使、巡按御史，还是监军宦官，安禄山要么糊弄欺骗，要么以种种理由加以拒斥，宦官监军形同虚设。至安禄山举兵前夕，幽州已成为事实上的独立王国。

《安禄山事迹》又云：

> 十四载五月，禄山遣副将何千年奏表陈事，请以蕃将三十二人以代汉将。遣中使袁思艺宣付中书门下，即日进画，便写告身付千年……及国忠见，无不恳论其事，国忠曰："臣画得一计，可镇其难，伏望以禄山带左仆射平章事，追赴朝廷，以贾循为范阳节度使，吕知诲为平卢节度使，杨光翙为河东节度使。"上许草制，未行。上潜遣中使辅璆琳送甘子于范阳，私候其状。璆琳受赂而还，固称无他，其制遂寝……七月，禄山又请献马三千匹，鞍辔百副，每匹牵马夫二人，令蕃将二十二人部送，载物长行，车三百乘，每乘夫三人。河南尹达奚珣奏："禄山所进鞍马不少，又自将兵来，复与甲杖库同行，臣所未会，伏望特敕，禄山所进马，官给人夫，不烦本军远劳。将健所进车马，令待至冬即先后遥远，计赚矣。"玄宗稍悟。乃遣中使冯承威赍玺书召禄山曰："与卿修得一汤，故令召卿至，十月朕御于华清宫。"兼宣如达奚珣之策。禄山闻命曰："马不进，亦得十月灼然入京。"承威复命，奏泣曰："臣几不得生还，禄山闻臣宣先奏旨，踞床上不起，但云圣人安稳。遽令左右送臣于别馆，居数日，然后得免难。"②

安禄山大规模以蕃将代汉将，常于军中穿梭往返的宣慰宦官更不可能在军中逗留。西域行军作战时，军器甲仗例由宦官押送，安禄山献马

---

① 〔唐〕姚汝能撰，曾贻芬点校：《安禄山事迹》卷中，北京：中华书局，2006 年，第 77 页。
② 《安禄山事迹》卷中，第 91—94 页。

则甲仗同行,可见宦官押弓弩甲仗的做法也没有贯彻。由于监军之制的弛废,安禄山反状渐露时,玄宗无法探知实情,仍心存侥幸,派遣宦官以送柑子为名,窥探究竟。而这个担负朝廷安危的宦官辅璆琳,竟然接受安禄山贿赂,蒙蔽朝廷,致使朝廷再一次延误时机。

安禄山的反叛标志着唐玄宗、李林甫擢任胡将政策的破产。在仓皇抵御叛军的过程中,高仙芝、哥舒翰等胡将已无法取得足够的信任。玄宗以违诏失律处死高仙芝、封常清等,自然是昏聩之举,但是也说明,大敌当前,朝廷能够控制军队,监军宦官起了很大作用。其后平叛战争中,玄宗越来越倚重宦官。潼关失守后,高适曾对玄宗痛陈宦官监军之弊。《旧唐书》卷一一一《高适传》:

> 及翰兵败,适自骆谷西驰,奔赴行在,及河池郡,谒见玄宗,因陈潼关败亡之势曰:"仆射哥舒翰忠义感激,臣颇知之,然疾病沉顿,智力将竭。监军李大宜与将士约为香火,使倡妇弹箜篌琵琶以相娱乐,樗蒲饮酒,不恤军务。蕃浑及秦陇武士,盛夏五六月于赤日之中,食仓米饭且犹不足,欲其勇战,安可得乎?故有望敌散亡,临阵翻动,万全之地,一朝而失。南阳之军,鲁炅、何履光、赵国珍各皆持节,监军等数人更相用事,宁有是,战而能必胜哉,臣与杨国忠争,终不见纳,陛下因此履巴山、剑阁之险,西幸蜀中,避其蚕毒,未足为耻也。"[1]

哥舒翰所统潼关守军为乌合之众,面对凶悍的安禄山叛军,人心惶惶。监军李大宜监抚无术,只会用宴饮声乐、结交香火等手段笼络军将。高适将潼关之败归于监军,有为玄宗推脱罪责,挽回颜面的托词。就当日情形而言,文武官员被裹挟投降安史叛军者极众,除了宦官,已没有可信赖的力量驭制勤王官军。玄宗奔蜀之际,一面放权给地方,鲁炅、何履光、赵国珍等皆授节度使,一面分派宦官监其军政。肃宗灵武

---

①《旧唐书》卷一一一《高适传》,第3328—3329页。

继位后,继续重用宦官监军,当此之时,孙知古为郭子仪监军①,杨万定监滑州令狐璋军②,邢延恩监房琯军③,第五玄昱监李抱玉军④,鲁炅、何履光、赵国珍屯兵南阳,"一二中人监军更用事"⑤。相州之战,唐廷以鱼朝恩为观军容使,押九节度之兵。鱼朝恩事实上相当于总监军使。宦官权重之势已成。

　　经过长达八年的艰苦鏖战,朝廷勉强平息了叛乱。入援内地的河西、陇右、四镇等行营兵,以及南方新组建的藩镇,陆续获得稳固的地盘。安史降将仍然占据了河北道、河南道的大片土地,只是名义上接受招抚,随时可能再度反叛。河朔四邻防遏的藩镇无法裁撤,负责监押的宦官长驻军中,呈现常态化的趋势。大历四年(769),河东大将王无纵、张奉璋密谋反叛,节度使王缙收捕王无纵等,"与监军及军将等面阙再拜,陈无纵等悖乱,军有常刑,乃斩之"⑥。安史之乱爆发后,第五玄昱在南阳为李抱玉监军,代宗朝又随李抱玉移镇凤翔,其墓志题作"大唐故河西陇右副元帅并怀泽潞监军使",监军主要盯防主帅个人,此正是天宝年间监军模式的遗风。

　　肃、代时期监军与节帅之间缺乏必要的制度规范,双方关系比较紧张。《英华》卷六四三于邵《奉投降回鹘大首领大将军安达干等状》云:"右臣得邠州节度使牒,上件人等背逆归顺……谨遣监军使徐钦令领赴阙庭者。"⑦从"遣"字来看,节度使自认为有指挥宦官的权力。而监军来自宫内,除了皇帝,不可能听命于节度使。即便是中兴名将郭子仪,与监军关系也多有不协。郭子仪入朝时,"部将李怀光与监军设谋,将代

---

①《通鉴》卷二一九肃宗至德二载(757)五月条,第7141页。

②《旧唐书》卷一二四《令狐璋传》,第3528页。

③《新唐书》卷一三九《房琯传》,第4627页。

④《唐代墓志汇编续集》大历〇三三《第五玄昱墓志》,第714页。

⑤《新唐书》卷一四三《高适传》,第4679页。

⑥《册府》卷四〇一《将帅部·行军法门》,第4773页。

⑦《英华》卷六四三于邵《奉投降回鹘大首领大将军安达干等状》,第3301页。

子仪，乃伪为诏书，欲诛大将温儒雅等"①，幸被从事杜黄裳阻止。襄阳节度使来瑱、同华节度使李怀让因遭宦官程元振谗毁被杀，几乎引起天下藩镇的共愤。当然，由于朝廷实力偏弱，监军也不能完全得到最强有力的支持。代宗永泰二年（766），同华节度使周智光与陕州节度使皇甫温不协，虐杀路经其地的陕州监军张志斌，"脔其肉以饲从者"②，朝廷竟不敢加罪。大历八年晋州男子郇谟，冒死上书三十字，请求罢诸道监军使、诸州团练使③。代宗虽然接受上书，也没有撤改监军宦官。

德宗继位之初裁抑宦官，各地监军可能受到某种削弱。建中初泾州刘文喜之乱，泾师之变，以及建中大动荡期间朔方节度使李怀光反叛，浙东西节度使韩滉擅劫朝廷两税财赋，淮南节度使陈少游暗受李希烈伪敕等事件中，都不见有监军活动的记载。兴元元年（784），神策将李晟收复长安，所献《收西京露布》云"谨差监军使王敬、亲牙官御史大夫符郡、王邵、张少引，谨奉露布以闻"④。监军使名义上仍受节帅差遣，与肃、代时没有大的差别。

总体上看，肃、代宗至德宗建中年间，宦官监军处于从临时差遣到常置化的过渡阶段。朝廷自身没有直辖的野战军队，完全仰仗藩镇，宦官监军只是一种权宜之制。真正把宦官监军作为一项基本制度，始于德宗贞元年间。

建中四年（783），朝廷与安史叛军余部再度爆发激战。战争蔓延半个中国，是前期各种矛盾的总爆发，神策军东征之后，关中空虚，接连发生"泾师之乱"及"李怀光之叛"两次几乎倾覆李唐社稷的叛乱，继之以吐蕃大规模的内犯。饱尝颠沛流离之苦的德宗很难相信藩镇

---

①《册府》卷七一七《幕府部·知识》，第 8544 页。
②《旧唐书》卷一一四《周智光传》，第 3369 页。
③《旧唐书》卷一一八《元载传》，第 3415 页。
④《英华》卷六四八于公异《西平王李晟收西京露布》，第 3338 页。"符郡"，《全唐文》卷五一三作"符群"。

节帅的忠诚。反正之后,在如何重建军事体系问题上,德宗做了制度上的规划。一方面下决心重组、扩大朝廷直属的神策军,做到有兵可用。另一方面,无法直接控制的藩镇,设法强化朝廷的驭制能力。此时藩镇跋扈之势已成,朝廷只能采用迂回的方式渗透。监军使尽管一直遭到藩镇抵制,却是藩镇唯一没有理由拒绝的人选。如果说玄宗至代宗时期,宦官染指军政还是一种权宜之策,那么德宗时期则是在制度层面上,有意识地赋予宦官更为重要的角色。《册府》卷六六五《内臣部·总序》:

> 贞元十二年,立左右神策中尉二员、中护军二员。时天下军镇节度诸使皆以内臣一人监之,谓之监军使。[1]

在乱后军事制度的顶层设计中,德宗忌惮武将,不肯把军权委与他人,只能重用身边的"家奴"宦官,回归宦官典兵的老路。朝廷能直接控制的神策军,由宦官直接统领,朝廷无法或不方便直接控制的藩镇军和神策城镇,也由宦官以监军身份押领。《唐代墓志汇编》元和一一九《西门珍墓志》记贞元元年(785)秋西门珍为濠寿观察监军判官,监送张建封赴任,这是观察使也置监军的明确记载。《陆贽集》卷一八《请减京东水运收脚价于缘边州镇储蓄军粮事宜状》云:"至有一城之将、一旅之兵,各降中使监临,皆承别诏委任。"[2]所谓"一城之将"主要指京西北神策城镇。宦官监军作为一种基本的政治制度,全面确立起来。此点在出土墓志中也可得到证明。在现存文献及出土碑志材料中所见的监军有百十余人(详见本书附录三),诸道监军普遍出现大约在德宗贞元以后。

德宗既然有意让监军使常态化,那么在藩镇当道应有相应的办公场所,即监军使院。贞元十一年(795),德宗赐河东监军使李辅光

---

①《册府》卷六六五《内臣部·总序》,第7955页。
②《陆贽集》卷一八《请减京东水运收脚价于缘边州镇储蓄军粮事宜状》,第586页。

监军使印。代宗大历十二年五月敕，厘定诸道观察使、团练使等月俸钱中尚无监军俸料，或亦于贞元中定俸。宦官监军有使有院有印有俸，正式成为与节度使等分庭抗礼的合法机构。

德宗贞元年间只是监镇监军普遍设置的开始。南方个别偏远藩镇，监军使时断时续。宪宗元和初，王国清为桂管监军使，观察使颜证特意上表谢恩。穆宗长庆中，李渤为桂管观察使，仍云"未有监军"①，可知桂管的监军使曾有间断。《唐代墓志汇编续集》乾符〇二二《王公操墓志》："（咸通）六年季夏，皇帝以黔中地连外蕃，不专信节察，而创监军。公即首任也。"②黔中直至懿宗咸通中，才正式创置监军。

从上面的分析来看，宦官监军之制得以确立，安史之乱及其以后的藩镇战乱是直接诱因，根本原因则是隋唐时期国家制度剧变导致的监察体制缺陷。监军使由临时差遣到常置藩镇，对中晚唐地方行政产生非常直接的冲击。透过安史之乱后历代皇帝遗诏中的相关用语，我们可以清楚地看到监军地位的前后变化情况③：

1.《代宗遗诏》：天下节度、观察、团练使、刺史等，并不须赴哀。

2.《德宗遗诏》：诸道节度使、观察防御等使及诸州刺史等……不须赴哀。

3.《顺宗遗诏》：方镇岳牧，不得离任赴哀。

4.《宪宗遗诏》：诸道节度、观察、防御等使及诸州刺史，寄任尤切，并不须赴哀。

5.《穆宗遗诏》：诸道节度、观察、防御等使及诸州刺史，守镇任重，戎旅事殷，并不须赴哀。

①《太平广记》卷四九七"吴武陵"条引《本事诗》，第4080页。
②《唐代墓志汇编续集》乾符〇二二《王公操墓志》，第1134页。
③韩国学者柳浚炯最早注意到这一现象，参〔韩〕柳浚炯：《唐代지방감군제도의변화와의의—宦官监军과황제권의관계를중심으로—》，《东洋史学研究》（韩国），第123辑，2013年。

6.《文宗遗诏》：天下节度、观察、防御等使及监军、诸州刺史，职守非轻，并不得离任赴哀。

7.《武宗遗诏》：天下节度、观察、防御使、监军、诸州刺史，职守非轻，并不得离任赴哀。

8.《宣宗遗诏》：天下节度、观察、防御等使及监军、诸州刺史，职守非轻，并不得离任赴哀。

9.《懿宗遗诏》：诸道节度、观察、防御、团练等使及监军、诸州刺史，委寄至重，并不得离任赴哀。

10.《僖宗遗诏》：天下节度、观察、防御等使及监军、诸州刺史，守职非轻，并不得离任赴哀。

德宗时期藩镇普遍设置监军使，但是《德宗遗诏》中，监军尚未与节度、观察、防御等使相提并论。甘露之变以后，宦官嚣张跋扈，地位进一步拔高。在文宗遗诏中，监军位置在节度使之下、州刺史之上，俨然已是地方使职系统的正式一员。文宗以后，历代皇帝遗诏无一例外，皆把监军使置于藩镇节帅之后，同样认为"职守非轻"，不得离任赴哀。监军使已同地方使职完全融为一体。类似的监军位置排序，在晚唐其他史料中也较为常见。如僖宗乾符二年（875）正月南郊赦文云："义仓斛斗，本防灾年，所贮积岁多，翻成侵害……凡节察及监军使刺史县令到任，仍须一一毫量。"[1]卢颀《祷聪明山记》："自公及监军使、幕客、郡守、列将等咸载名氏云。"[2]此类事例较多，兹不赘举。

从前文对唐代监军历史的梳理来看，宦官监军并非某位皇帝一时兴起，而是同其他差遣使职一样，存在着由临时差遣到常态化、制度化的演变过程。由于监军形态复杂，文献记载中提及的"监军"宦官含义也不尽相同。根据监护对象的不同，大体上可分为以下四种类型：

---

[1]《唐大诏令集》卷七二《乾符二年正月七日南郊赦》，第 403 页。
[2]《全唐文》卷七一七卢颀《祷聪明山记》，第 7372 页。

一、军队出征时的行营监军使

行营监军使，是军队外出讨伐时，朝廷临时派遣的监军。这类宦官监军，可直接追溯至玄宗开元天宝时期的随军行动的宣慰使。中晚唐时期，朝廷讨伐拒命藩镇，或镇压农民起义军时，常从顺命藩镇抽调镇兵组成行营，任命一将为都统，同时任命一宦官充任都监，以总监军之责①。德宗贞元中，韩全义为都统讨淮西，以宦官贾英秀为都监军使②。宪宗元和二年（807），浙西李锜叛，宪宗征宣武、义宁、武昌等镇兵进讨，以薛尚衍为都监、招讨、宣慰等使③。元和十五年，吐蕃寇泾州，穆宗以梁守谦为左右神策京西京北行营都监，统神策兵四千人救援。穆宗长庆元年（821），镇州军乱，以宦官杨承和为深州诸道兵马都监。懿宗咸通中徐州庞勋起义，刘中礼为魏博兵马讨徐州西北面行营都监④。僖宗镇压黄巢起义期间，宦官西门思恭、杨复光、杨复恭等先后为天下兵马都监⑤。唐末都统名号猥滥，特置都都统，统领诸多都统。相应亦置都都监，西门思恭曾任都都监之职⑥。

行营监军使是皇帝的代表，权力很大。将帅有违谬乖法之举，玩寇不进之迹等，监军皆可弹纠。贞元中段子璋反于东川，剑南节度使崔光远奉旨讨平之，"然不能禁士卒剽掠士女，至断腕取金者，夷杀数千人。帝诏监军按其罪，以忧卒"⑦。元和初高崇文讨西川刘辟之乱，都监俱文珍以东川节度使李康失地，斩之⑧。唐末杨复光在镇压黄巢起义的过程中，以天下兵马行营都监的身份号令藩镇。

---

①中晚唐时期，个别大镇监军使往往还兼有其他使职，有时也称都监。如《唐代墓志汇编续集》大中〇七八《李敬实墓志》记李敬实"大中四年，除广州都监兼市舶使"。

②《旧唐书》卷一四五《吴少诚传》，第3946页。

③《册府》卷一二二《帝王部·征讨门二》，第1463页。

④《西安碑林博物馆新藏墓志汇编》三三一《刘中礼墓志》，第861页。

⑤《册府》卷一二〇《帝王部·选将门》，第1436页。

⑥《通鉴》卷二五五僖宗中和三年（882）正月，第8409页。

⑦《新唐书》卷一四一《崔光远传》，第4655页。

⑧《旧唐书·高崇文传》云杀李康者为高崇文。

二、藩镇常置的监镇监军使

监镇监军由行营监军演化而来。玄宗开元天宝时期的宣慰使尚不与藩镇挂钩,安史乱后,平叛诸道行营军获得固定的地盘,逐渐地著,行营监军逐渐常置。德宗贞元以后为监控藩镇,有意推行"一镇一监军"之制。诸道监军成为固定的使职。通常情况下,每一藩镇节帅驻地,派驻一位监军。方镇在支郡驻有镇兵处,监军使可遣手下副使、判官等僚佐监押。但是个别屯有重兵处,镇将带镇遏使、都团练使头衔的,也可专置监军押领。例如,宣宗大中初,寿州亦置监军,梁守谦养子梁承义曾充任寿州监军一职。

监军使监押的是军队兵马,例如,湖南监军,全称为"湖南都团练兵马监军使"[1],那么,监军使对节度、观察使的日常事务,没有法理上的监察关系。李商隐《樊南文集》卷一《代安平公遗表》:"臣当道三军将士准前使李文悦例,差监军使元顺通勾当讫……其团练、观察两使事,差都团练巡官卢泾勾当讫。"同卷《代彭阳公遗表》:"当道兵马已差监军使窦千乘勾当,其节度留务差行军司马赵祝、观察留务差节度判官杜胜讫。"[2]安平公即兖海观察使崔戎,大和八年(834)罢镇,彭阳公即山南西道节度使令狐楚,开成元年(836)致仕。从职权分工来看,监军使对地方节帅日常事务的合理介入,程度比较有限。而监军使自恃皇帝的支持,越权干涉藩镇内部事务,往往激起藩镇节帅与监军之间的矛盾。

三、神策城镇监军使

贞元初,德宗重建神策军体系时在京西北地区形成大小数十个神策城镇。这些神策城镇遥统于两军中尉,镇遏使或城使外,亦置监军领之。西北防遏吐蕃的城镇多属人迹罕至的据点。例如崇信镇,"是

---

① 《唐代墓志汇编续集》大中〇三五《孟秀荣墓志》,第994页。

② 〔唐〕李商隐撰,〔清〕冯浩详注,钱振伦、钱振常笺注:《樊南文集》卷一《代安平公遗表》《代彭阳公遗表》,上海:上海古籍出版社,2015年,第22页、第31页。

镇虽南卫封畿,而北界蕃漠,郡邑之理,所不能至。由是军民悉镇"①。这些城镇的监军与外界隔绝,对地方事务影响有限。京畿富庶州县的神策城镇,生活安逸,军士多市井虚挂诡隶,所谓的监军是小宦官历练的阶梯,迁转较为频繁。梁守谦亲弟梁守志任左神策富平镇镇将十年,其间"监军六人,县令七迁"②。除神策城镇外,长安城内残存的南衙军威远军,亦属天子禁兵,只是位置在长安城内罢了。威远军也由监军押领。《秦晋豫墓志蒐佚续编》九三五《杨景球墓志》志主杨景球即任威远军监军使③。

四、战场督战的监阵宦官

严格地说,此类监军正式的名称不是"监军",只能称为"监使"。《通鉴》载李德裕追击回鹘及讨伐泽潞刘稹之叛时,抨击官军弊端云:"一者,诏令下军前者,日有三四,宰相多不预闻。二者,监军各以意见指挥军事,将帅不得专进退。三者,每军各有宦者为监使,悉选军中骁勇数百为牙队,其在陈战斗者,皆怯弱之士。每战,监使自有信旗,乘高立马,以牙队自卫,视军势小却,辄引旗先走,陈从而溃。"④《通鉴》其下又云:"德裕乃与枢密使杨钦义、刘行深议,约敕监军不得预军政,每兵千人听监使取十人自卫,有功随例沾赏。二枢密皆以为然,白上行之。自御回鹘至泽潞罢兵,皆守此制。"不过,即便在唐人笔下,大大小小的监阵使常被称为"监军"。穆宗长庆二年(822),成德复叛,白居易上书论前线形势:"今既只留东西二帅,请各置都监一人。诸道兵马监军,伏请一时停罢。如此则众齐令一,必有成功。"所谓"诸道兵马监军"⑤,实际上就是诸道兵马的监阵使。监阵的监军人数较多,每军

①《西安碑林博物馆新藏墓志汇编》三三九《马国诚墓志》,第886页。

②《西安碑林博物馆新藏墓志续编》一七八《梁守志墓志》,第545页。

③《秦晋豫新出土墓志蒐佚续编》九三五《杨景球墓志》,第1296页。其下录文首题"威远军"作"威远将军",据图版可知"将"字衍。

④《通鉴》卷二四八武宗会昌四年(844)八月条,第8131—8132页。

⑤《白居易集笺校》卷六〇《请抽拣魏博泽潞易定沧州四道兵马分付光颜事》,第3405页。

皆有,其品秩、地位都要比行营监军或都监低很多。

李德裕奏表中"监军"、"监使"对举,表明二者之间本有明确区分,后人以二者皆为宦官,常相混淆。《通鉴》卷二二一上元元年十一月条下胡三省注云:"唐中人出监方镇军,品秩高者为监军使,其下为监军。"大量墓志文献材料早已证明这一观点无法成立。盖胡三省将"监军"、"监使"混为一谈,遂致此误。又《通鉴》卷二三七宪宗元和元年(806)正月条:

> 上欲讨辟而重于用兵,公卿议者亦以为蜀险固难取。杜黄裳独曰:"辟狂戆书生,取之如拾芥耳。臣知神策军使高崇文勇略可用,愿陛下专以军事委之,勿置监军,辟必可擒。"上从之。[1]

据此,似乎宪宗听取杜黄裳意见,罢除监军。但《两唐书》俱文珍本传皆载平刘辟之乱后,高崇文部监军俱文珍擅杀东川节度使李康。《册府》卷六四《帝王部·发号令门三》云"委崇文与都监军使俱文珍条疏"[2],《大唐西市博物馆藏墓志》三五二《宋公夫人张氏墓志》中有"剑南东西两川、山南西道东道都监,行营招讨、宣慰等使,银青光禄大夫,行内侍省少监知省事俱文珍"[3]。当日进川神策军实有两支,"高崇文之师由斜谷路,李元奕之师由骆谷路,俱会于梓潼"[4]。《刘弘规神道碑》云"属刘辟逆命,禁旅徂征,护汧陇枭骑之锋,平井络鸱张之虏"[5],则李元奕部也有监军刘弘规。又郑宗经《德阳龟胜山道场记》:"公(高崇文)乃开玉帐以建牙旗……与都监使刘公、监军使徐公观变御敌,分营守要。自是凶徒居则魄悸魂落……请命辕门。"[6]都监使刘

---

①《通鉴》卷二三七宪宗元和元年正月条,第7748页。
②《册府》卷六四《帝王部·发号令门三》,第720页。
③《大唐西市博物馆藏墓志》三五二《宋公夫人张氏墓志》,第761页。
④《旧唐书》卷一五《宪宗纪》,第415页。
⑤《李德裕文集校笺》别集卷六《刘弘规神道碑》,第632页。
⑥《全唐文》卷七一六郑宗经《德阳龟胜山道场记》,第7363页。

公,即俱文珍,俱文珍又名刘贞亮。则除俱文珍、刘弘规二人外,当日至少还有一监军使徐某。《通鉴》所记似乎乖违史实。实际上,杜黄裳请"不置监军",是为了"专以军事委之(高崇文)",此种语境下,"监军"偏重于在军事上指手画脚的监阵使,而都监有传宣诏旨、协调关系、论功赏罚等职责,仍然是不可罢废的。宪宗所行,实际上是罢除监阵监军,但是两路官军仍置监军(都监)监护。这一做法与穆宗长庆二年(822)白居易奏请罢废诸道兵马监军并无二致。

最后要指出的是,中晚唐时期,除了朝廷委派的宦官监军使外,藩镇节帅自身也有监控军队动向的需要,在其押衙中有一种称为"监军押衙"的佐职。《大唐西市博物馆藏墓志》三五八《王杰墓志》:"次适昭义监军押衙兼马军兵马副使、试殿中监、上柱国、清河郡崔公宇。"[1]又《秦晋豫新出墓志搜佚续编》八四三《李国清墓志》:"有子三人,长曰　前忠武军经略使兼监军押衙。"[2]监军押衙由马军兵马副使、经略使等兼任,地位较高。此类监军押衙,皆属武将,与宦官无涉。

简言之,唐代"监军"一词含义比较复杂。以往学者多未详细区分,致使相关研究多无法深入展开。四种监军使中,行营监军和监阵监军为临时差遣,皆非常制。本书主旨在于讨论宦官监军对地方政局的影响,重点讨论的是常驻地方的藩镇监军使和神策城镇监军使。

第十四章　监军使及其组织结构

德宗贞元以后,监军使置印,普遍设置于各地藩镇。唐代大小藩镇四五十个,神策城镇亦有数十。如此众多的监军,其给授、迁转等日

---

[1]《大唐西市博物馆藏墓志》三五八《王杰墓志》,第773页。
[2]《秦晋豫新出墓志搜佚续编》八四三《李国清墓志》,第1169页。

常管理错综复杂,旧的内侍监显然无法胜任,诸道监军使源源不断上奏而来的各类奏表,也远远超出皇帝一人裁决的能力。宦官使职的发展,客观上需要在内朝设一专门的机构来协助皇帝进行管理。这一机构就是人所详知的枢密院。在藩镇体系下,诸道节度使、观察使奉宰相为长官,同理,有“内相”之称的枢密使自然也就成为诸道监军使的长官。此点在敦煌文书《记室备要》中有非常直观的记载。《记室备要》详细记载了监军使入朝时所要拜贺的宦官。所列宦官使职依次为:

> 中尉　军容　长官　两军副使　飞龙使　飞龙副使　内园
> 使　庄宅使　宣徽使　辟仗使　仗内使(令)　翰林使　西院直
> 公　总监使　省令　琼林等使　牛羊使　诸司使　监军使①

在这份名单中,神策中尉、观军容使、中尉副使、飞龙使、宣徽使等无一缺漏,作为“四贵”之一的枢密使却没有出现,而在其位置上用“长官”两字代替。我们不难推知这里的“长官”即为枢密使。《记室备要》下卷《贺长官》书仪中描述“长官”的职掌,称“今者秉握璇枢,调和玉烛”、“九有戴动天之德,万邦瞻捧日之荣”,这与枢密使“内相”的身份完全吻合。在宦官诸使序列中又有“西院直公”,“西院”即枢密院西院。“西院直公”指在枢密西院当值的宦官,监军使奏报等皆需经其引见,因而受到监军使特别礼遇,位在总监使之前,翰林使之后。

　　根据本书前章对枢密使和枢密院的讨论,唐代枢密院有一个从仅有屋三五楹到东西两大使院的过程。枢密使成为诸道监军使的长官并非一开始即是如此,也有一个发展过程。玄宗遣中使前往军中监军,宦官人选皆由其直接委派。其后,这些宦官使者的奏报渐渐都转至高力士,由高力士视情况禀报玄宗。高力士的角色大约相当于后来的枢密使。代宗永泰二年(766),首以董秀知枢密,所掌机密,应有不

---

①赵和平:《〈记室备要〉的初步研究》,《赵和平敦煌书仪研究》,第243页。

少来自监军的密报。德宗贞元以后，重用宦官，枢密使权势迅速膨胀，至穆宗时枢密使增置为两员，枢密院分为东、西两院，诸道监军事务遂归隶西院掌管。这样，诸道监军使院形式上就成为枢密院的派出机构和耳目，枢密使自然成为监军使的"长官"。监军使"长官"的出现，意味着诸道监军直接受枢密使指挥，逐渐脱离皇帝家奴的色彩，向"国家大臣"靠拢。那么，作为中晚唐宦官政治的重要组成部分，监军使在僚佐、等级、考课、迁转、俸禄、职掌等方面有哪些具体内容？这些问题，对讨论中晚唐宦官政治至关重要，前人虽然已有一定的讨论，但是仍有进一步研究的空间。

第一节　监军院组织结构

监军使常驻藩镇后，在当地需要办公的公廨，称为监军使院。圆仁《入唐求法巡礼行记》中记载节度使李德裕、监军使杨钦义分别接见圆仁，可证二人平时各有公廨，遇到事情时才共同商议①。《全唐文》卷七五三杜牧《淮南监军使院厅壁记》、卷八二一吴蜕《镇东军监军使院记》分别记录当时监军院的基本情况。据吴蜕所记，监军院"东厢西序，窈窕深邃，前庑后轩，栉比星连"②，颇具规模。依此推论，监军使麾下僚佐人数不可小觑。今钩稽相关史料，把监军使及其幕僚的基本构成条列如下：

（一）监军副使（副监）

唐代宦官诸使职例置副使为其副贰，监军使亦然。德宗贞元十二年（796）王行先《为李尚书谢恩表》："监军副使回，伏奉敕书手诏，宣

①《入唐求法巡礼行记校注》，第44、68页。
②《全唐文》卷八二一吴蜕《镇东军监军使院记》，第8652页。

慰臣及将士黎庶等。”[1]此监军副使，略相当于监军的副手，监军不便离镇时代为入朝表奏。在重要藩镇，监军副使亦可出监属州。新出《卫巨论墓志》首行书志主卫巨论官衔为“唐故陈许监军副使、中散大夫、行内侍省掖庭令”[2]，其下正文又云“乾符六年十月，拜陈许护戎副使、兼蔡州龙陂监牧使”。陈许监军使驻陈州，卫巨论分驻蔡州，与监军使不在一处。“监军副使”在文献中出现频率不高，原因在于“副使”一词不够尊崇，在多数场合被称为“副监”。如《杨居实墓志》云：“会昌五年敕授泾原副监兼护临泾镇□监。”[3]《梁承政墓志》：“大中十年十二月十二日，除太原副监……亚旅师氏，职贰护戎。”[4]《旧唐书》卷一七七《崔胤传》：“胤与全忠奏罢左右神策内诸司等使及诸道监军、副监、小使。”朱温尽诛宦官时，这些副监亦随诸道监军使一同被杀。

（二）判官

唐代使职差遣制中，诸使例设判官一职，监军使判官多由宦官充任[5]。早在开元、天宝时期，奉使西域的宦官诸使已普遍置有判官一职。天宝中边令诚监高仙芝军，遣“中使判官王廷芳告捷”[6]，毛凤枝《关中金石文字存逸考》录代宗大历六年华岳题名中有“监军判官尹怀□、监军判官刘□”。监军判官无固定员额，一些强藩巨镇，判官员数较多，存有高下等级之分。《唐代墓志汇编续集》大中〇三〇《吕氏墓志》载其女“娉于东川监军都判官王公”，此王公为“监军都判官”，与神策军都判官类似，为东川监军诸判官之首。墓志材料中监军使麾

①《英华》卷五九〇王行先《为李尚书谢恩表》，第 3055 页。据墓志，李元淳河阳节度使任上加“检校工部尚书”衔，故称“李尚书”。

②《西安碑林博物馆新藏墓志汇编续编》二一六《卫巨论墓志》，第 675 页。

③《唐代墓志汇编续集》咸通〇〇九《杨居实墓志》，第 1039 页。

④石衎：《朝请大夫行内侍省宫闱局令员外置同正员上柱国赐紫金鱼袋梁公（承政）墓志》，《全唐文补遗》第八辑，第 214 页。

⑤宪宗元和初，浙西李锜反叛，命兵士数百人持办杀判官王澹。监军闻乱后，遣衙官赵琦慰谕，亦一并遇害。此衙官身份不详，或即判官的异称。

⑥《旧唐书》卷一〇四《高仙芝传》，第 3205 页。

下还有一种"小判官"。《唐代墓志汇编续集》大中〇三五《孟秀荣墓志》记宦官孟秀荣"元和三年正月六日授凤翔府仇将军小判官"。《西安碑林博物馆新获墓志汇编》三四四《周孟瑶墓志》记周孟瑶次子宦官周鲁晦为"凤翔监军使小判官"。新出《柏玄楚墓志》记志主柏玄楚大和七年被岭南都监齐某奏为"小判官"，开成中又被荆南监军吕某（吕令琮）奏为"小判官"①，《北梦琐言》逸文卷一"向隐射覆"条："后果密敕诛北司，（监军）张特进与副监、小判官同日就戮。"②"小判官"应是监军使奏请的低等阶判官。此外，还有一种专由宦官充任的"别敕判官"，《金石萃编》卷七三《大唐北岳府君之碑》碑侧题名除监军使仇文义外，还有内养充易定别敕判官辛广佑。前引《孟秀荣墓志》有"皇任襄州别敕判官"孟光礼③。"别敕判官"意指虽为监军使僚佐，但并非本使奏授，而是皇帝以"别敕"的形式直接任命。《新唐书·食货志》载节度使官俸时，别敕判官与节度判官、观察判官并列，月俸均为五十贯。别敕判官一职反映了皇帝牵制、监督监军的某种努力。

（三）小使

小使，无官品，例由宦官充任。《唐代墓志汇编续集》咸通〇二〇《杨玄略墓志》载其次子杨复璪，"白身为左神策军副使小使"。《酉阳杂俎》记河阳从事李涿于高力士故宅得张萱所画《石桥图》，鬻画人宗牧言于左军中尉，"寻有小使领军卒数十人至宅，宣敕取之"。《金石萃编》卷五三《东岳观修醮题记》修功德中使内侍魏成信名后，有"小使文林郎守掖庭丞魏贵珍"。可见在宦官诸使职中，小使设置较为普遍。小使相当于宦官中的杂吏，在《新唐书》《通鉴》里也被比附为

①新出《唐代宦官柏玄楚墓志》，录文见杜文玉《唐代宦官柏玄楚墓志考释》，《唐史论丛》第28辑，2019年。

②《北梦琐言》逸文卷一"向隐射覆"条，第376页。

③《孟秀荣墓志》图版见于《西安碑林博物馆新藏墓志汇编》二九七《孟秀荣墓志》。据图版可知墓志在"别敕"前有两字空格，此为表示尊崇的平阙格式，《唐代墓志汇编》释为两字漫漶，误。

"仆"、"傔"。监军使名下的小使,归监军使差遣,约相当于节度使的"驱使官"。《册府》卷四〇一《将帅部·行军法门》:"吴仲方为荆南监军小使,文宗大和四年仲方奏:'先赴西川行营兵马一千人,令本道到。续得官吏状称副兵马李元直等先在西川构扇军情,已于衙门外处斩讫。'"①《唐会要》卷八六"关市":"大中三年七月……邠宁监军小使张文锐奏:'当道兵马今月十三日收萧关。'"《旧唐书》卷一六三《杜元颖传》:"监军小使张士谦至,备言元颖之咎,坐贬循州司马。"②小使相当于监军的爪牙、心腹,因而多遭藩镇节帅忌恨。穆宗长庆中昭义节度使刘悟与监军使不睦,讽军士作乱,"杀大将磁州刺史张汶,因劫监军刘承阶(偕),尽杀其下小使"③。文宗大和中杨汉公出为荆南节度使,其墓志称"监军使段归文小使取索无节,公悉禁绝之"④,结果遭到宦官报复。昭宗末,崔胤诛宦官,诸道小使多与监军使一同被杀。

(四)监军院孔目官、要籍等文官僚佐

监军院作为一个机构,除去判官、小使等宦官僚佐外,还有一些普通士人充任的僚佐。《太平广记》"宋柔"条:"中和辛丑岁。诏丞相晋国公王铎为诸道行营都统……又诏军容使西门季玄为都监……尝一日,汝州监军使董弘赟令孔目官宋柔奉启于都监。"⑤又圆仁《入唐求法巡礼行记》载其在扬州时,"斋后监军院要籍薰廿一郎,来语州里多少"⑥。这里孔目、要籍等职掌与节度使府的孔目官、要籍职掌类似,主要处理基本文案工作,身份都是士人。

(五)监军院十将等将佐

监军使有使院,必然有护卫士兵,因此监军使一般都会掌握少量

①《册府》卷四〇一《将帅部·行军法门》,第 4776 页。
②《旧唐书》卷一六三《杜元颖传》,第 4264 页。
③《樊川文集》卷一一《上李司徒相公论用兵书》,第 166 页。
④《唐代墓志汇编续集》咸通〇〇八《杨汉公墓志》,第 1038 页。
⑤《太平广记》卷一二三"宋柔"条,第 870 页。
⑥《入唐求法巡礼行记校注》卷一文宗开成三年(838)九月十三日条,第 44 页。

军队。唐代节度使换镇，皆以信赖的衙军扈从。宦官出镇，也可以神策军自随。杜牧《淮南监军使院厅壁记》："内侍旧部将校，多禁兵子弟，京师少侠，出入闾里间，俛首唯唯，受吏约束。"①除了神策军外，监军使也可从当道募兵。肃宗时岭南中使吕太一矫诏募兵作乱。德宗贞元中俱文珍"出监宣武军，自置亲兵千人"②。监军使无财政权，养兵所费来自两税之外的巧取豪夺。不过，监军使掌控一定的武力，有利于震慑藩帅，确立威权。贞元中义成节度使李复疾笃，监军薛盈珍惧发生军乱，"入其麾下五百人于使牙"③。唐末荆南监军使朱敬玫"别选壮士三千人，号忠勇军，自将之"④。个别藩镇监军使所领之兵甚至比节帅还多。僖宗乾符中，"桂管有兵八百人，防御使才得百人，余皆属监军"⑤。监军使既可典兵，除去判官、小使外，还应有兵马使、十将等武职僚佐。宣宗大中元年（847），杨汉公自桂管迁任浙东观察使，墓志云"始至之日，按监军使部将取受事，正其重刑，宦竖屏息"⑥。当日监军使麾下是有部将的。又《五代墓志汇考》二二《张康墓志》云："考讳愿，淮南监军院十将。"⑦张康卒于天祐十二年（915），年五十岁，其父任监军院十将在唐末。

（六）门客、元随

中晚唐时期，监军使行为多拟于节度使。除了制度规定的僚佐外，还延引各色技能之士，充当自己的门人部吏。例如，俱文珍为宣武监军时，文士程安投充其门客⑧。不少唐代宦官家族的墓志由其"门人"撰写。除去门客之外，晚唐时期监军使还豢养一定数量具有私属

①《樊川文集》卷一〇《淮南监军使院厅壁记》，第160页。

②《新唐书》卷二〇七《刘贞亮传》，第5868页。

③《旧唐书》卷一五三《卢坦传》，第4091页。

④《通鉴》卷二五五中和二年（882）六月条，第8394页。

⑤《通鉴》卷二五二乾符三年（876）十二月条，第8309页。

⑥《唐代墓志汇编续集》咸通〇〇八《杨汉公墓志》，第1038页。

⑦周阿根：《五代墓志汇考》二二《张康墓志》，合肥：黄山书社，2012年，第51页。

⑧《西安碑林博物馆新藏墓志汇编》二六二《程安墓志》，第673页。

性质的"元随"。"元随",犹开元天宝时期节度使名下的"傔人",是投充节度使、刺史等地方长官的依附人口。樊绰《蛮书》载咸通四年正月,安南经略使蔡袭"四度中矢石,家口并元随七十余人,悉殒于贼所"①。"元随"之名肇始于晚唐藩镇使府,五代至宋成为定制②,而晚唐监军使麾下也有"元随"的存在。《北梦琐言》逸文卷一"向隐射覆"条:"唐天复中,成汭镇江陵,监军使张特进元随温克修司药库,在坊郭税舍止焉……密敕诛北司……克修失主,流落渚宫。收得名方,仍善修合,卖药自给,亦便行医。"③温克修为荆南监军张某的元随,负责主掌张某的药库。唐末藩镇尽诛宦官,温克修因掌握监军使的药方,竟以行医为业。

　　监军使僚佐主要由监军使从亲故门吏中自行聘举,一般仍以宦官为主。规模庞杂的内诸司使系统及盘根错节的宦官世家,为其选聘僚佐提供了充足的人选。除去别敕判官外,监军使奏授僚佐一般不受朝廷干涉。宦官僚佐随监军使赴任,监军使离任,则"府罢归朝",回归内侍省。其形式与节度使幕府近乎一致。中晚唐时期,宦官在擢居要职之前,与科举士人一样,多有在藩镇监军使麾下仕宦历练的过程。例如,德宗贞元中,吐突承璀早年以小使身份随俱文珍奉使南诏,其后又随俱文珍出镇宣武军。俱文珍入朝,吐突承璀被擢入东宫,服侍太子(宪宗),宪宗即位后,擢为左军中尉,自此权倾天下。从出土唐代墓志来看,此类事例非常普遍。今以普通中层宦官李令崇为例。《唐代墓志汇编》光化〇〇一《李令崇墓志》:

　　　　韬光未仕,已播嘉名,时薛将军董护浮阳,自怀世誉,兼抱雄

<hr>

① 〔唐〕樊绰撰,赵吕甫校释:《云南志校释》,北京:中国社会科学出版社,1985年,第344页。
② 后周定制,防御使、团练使元随三十人,刺史元随二十人。宋承其制,《宋史》卷一七二《职官志十二》:"凡任宰相执政有随身,太尉至刺史有元随,余止傔人。"(〔元〕脱脱等撰,北京:中华书局,1978年,第4143页)
③ 《北梦琐言》逸文卷一"向隐射覆"条,第376页。

才，精选宾僚，慎择幕画，仲宣始依刘表，独步推能；千里初值王戎，三言见录。携笔砚即陈琳走檄，陪樽俎即阮瑀从军。谠言嘉谋，当时称许。罢职未几，富春孙公内侍，重分忧寄，出护中山，辟礼迎书，交驰道路。公至于再四推让不获，俊逸参军，游去而不辞萧绎；酒狂别驾，醉来而旨怕桓温。寻被殊恩，擢居清列，雍容朝右，纲纪班行。在公以洁白知名，立事以清通莅职。中和五年，朝廷以师劳蔡水，跸驻龟城，欲选使乎，远颁帝诰，乃命故内相濮阳公充许蔡通和使，公乃副之[1]。

浮阳为浮阳郡，指代义昌，中山为中山郡，指代义武，二镇都是河北道的顺命藩镇。据墓志，李令崇生于宣宗大中九年（855），出自宦官世家，曾祖李清为德宗朝兴元元从定难功臣，在宦官集团中具有一定的地位。李令崇颇通文墨，首从义昌监军薛某之聘，充其僚佐。薛某秩满罢归，李令崇也随之归朝。不久，宦官孙某出任义武监军使，因李令崇熟悉河北军府，再次被奏监军僚佐。中和五年（885），僖宗令枢密使吴承泌为许蔡通和使，奏其为副使。奉使归来后，又被吴承泌荐入枢密院，充枢密院端公。如果不考虑其宦官身份，李令崇仕宦经历和晚唐普通士子并无区别。监军使僚佐体系高度使职化、官僚化，使他们看起来更像是"国家大臣"，而不是皇帝的家奴私宠。

　　从监军使使院的组织结构来看，监军使仅置副使、判官，其下虽有孔目、要籍等僚佐，但与节度使名下庞大的幕僚体系不可同日而语，暗示监军使对地方事务的实质介入比较有限。有些学者认为中晚唐地方政局形成"节度使—监军使"的二元权力结构，这种提法对监军使的作用过于夸大，似不足信。

---

[1]《唐代墓志汇编》光化〇〇一《李令崇墓志》，第 2536—2537 页。"重分忧寄"，"忧"字原阙，据拓片补。

第二节　监军使的等级、迁转、俸禄

监军使口含天宪,是皇帝在藩镇的代表,同时还担负监护藩镇的重任,对充使者具有较高的要求。早在玄宗开元、天宝时期,前往西域监军或充使者,必为玄宗信赖的高品宦官。藩镇遍置监军后,监军使有数十人,其任免、迁转是一个庞大的管理系统,逐步制度化、官僚化,远非皇帝个人所能随意指派。

作为使职差遣,得任监军者,首先其身份必须是"官",没有内侍省官职的白身宦官不可能担任监军。唐初定制,内侍省不置三品以上官,宦官本官品秩普遍偏低。玄宗时增置内侍二人,将其官品由四品升为三品,仍无法满足需要。高层宦官提高品秩,主要通过加带高阶散官的手段。在内侍省本品职事官外,多带"左右监门卫将军"等三品以上将军号或"银青光禄大夫"等三品以上文散官。神策城镇的监军使仅监一城之兵,地位较低,本官多是八、九品的小官。如富平镇监军朱士俊,本官内侍省掖庭局监作,从九品下,监军吴希晏,本官内府局令,正八品下。普通的藩镇监军,本官一般在七品以上。以浙西监军为例,刘溇溮本官内常侍,正五品下;王进兴内侍伯,正七品下;杨玄略掖庭局令,从七品下。从文献资料来看,诸道监军使散阶品级都在五品以上,且比职事官高出二至三阶。也就是说,一个宦官要获得出任藩镇监军使的资格,职事官或散阶官至少有一个达到五品以上。正常情况下,宦官从白身起家,积累官秩至五品是一个非常漫长的过程,故宦官出任监军使时年龄一般都在四五十岁以上,卒于监军任上的更是比比皆是。

监军使所监军队多寡以及军镇的重要性各不相同,故其地位高下不尽相同,呈现出较为明显的等级性。

地位最高的监军使为西川、淮南、河东三镇监军。三镇节度使罢镇后入为宰相,宰相罢职后或出任此三镇的节度使,号为宰相回翔之地。宦官监军系统中，西川、淮南、河东三镇同样也是神策中尉、枢密使的回翔之地。曾任淮南监军的吐突承璀、刘弘规、马存亮、杨钦义、王茂玄、李维周，曾任河东监军的魏弘简、王践言、刘弘规，曾任西川监军的王践言、杨承和、田令孜，都是枢密使或两军中尉。杜牧《淮南监军使院厅壁记》云："故命节度使……来罢宰相，去登宰相，命监军使……来自禁军中尉、枢密使，去为禁军中尉、枢密使。"[1]稍次一等的监军使为昭义、宣武、义昌、天平、浙西等强藩雄镇的监军。此类藩镇或为财赋重镇，或为军事要地，监军多用品秩稍高的中上层宦官，但是迁为枢密使或两军中尉的较少。再次一等的监军使为天德军、寿州等都防御使、都团练使处所置监军。都防御使、都团练使地位低于藩镇，兵员少于藩镇，其监军地位低于藩镇监军。最低一级的监军即前文提及的神策军城镇及威远军监军使等，此类监军属禁军监军，且受两军中尉控制，权势不可与藩镇监军者相提并论。神策城镇的监军多由八、九品刚入仕的小宦官充任。

　　监军使的等级与所监军镇军事长官大体对应，可用图表示意如下：

表 4—1　唐代藩镇节度使、监军使等级示意表

	藩镇	军政长官	监军使
第一等	西川、淮南、河东	宰相等中央高层文官	枢密使、神策中尉等高层宦官
第二等	荆南、浙西、宣武等藩镇	节度使、观察使	中高层宦官
第三等	天德军、寿州等州级驻军单位	都防御使、都团练使	稍低层宦官
第四等	神策城镇	神策城镇镇遏使	低品阶宦官

　　监军使成为固定使职后，逐渐淡化皇帝家奴色彩，向"国家大臣"

---

[1]《樊川文集》卷一〇《淮南监军使院厅壁记》，第 159 页。

方向发展,迁转也出现相对固定的任期。宣宗大中中内常侍袁某“自汉南更命荆门,岁满入觐,复领军器使”①。昭宗天复元年(901),浙东西监军周某“及考秩向满,连帅惜其去,拜表乞留”②。近年新出《张居翰墓志》:“考限将满,汹汹军情,皆曰:来者难量,岂舍我慈惠之师。”③“岁满”、“考秩向满”、“考限将满”等词皆表明监军使和其他官员一样,有定期迁转考课之制。宣宗大中中梁承乂为寿州监军,“三年而人无犯,于今朝阙有期,再欲陈乞,保留周岁,以副群心”④,张国刚先生据此认为监军使任期为三年⑤。如果从官制上来说,监军使属于灵活的差遣制,不必像职事官那样严格遵守考课之制,所谓“期限”本质上只是相对于刺史等地方官的一种比拟。今以《吴德鄘墓志》为例稍加考察。吴德鄘出自宦官吴氏家族,在宣、懿二朝历任岭南、西川、荆南、宣武四镇监军,比较有代表性。其墓志略云:

> 大中元年,改宫闱丞。其年,迁内仆令……四年十二月迁通议大夫……迁掖庭令。六年七月拜阁门使……七年五月,蒙赐紫绶金龟,除监岭南节度兵马兼市舶使……九年二月,增封开国子。岁满来朝,其年七月拜毡坊使,八月转教坊使,十二月拜大盈库使……明年正月加供奉官,迁内弓箭库使……十三年,加银青阶,增封侯邑……超拜内常侍。十四年五月,除监剑南西川节度兵马……进封濮阳县开国公,食邑一千五百户。咸通四年正月,改监荆南节度兵马……奉特制封濮阳县开国公、食邑二千户……七年正月,移监宣武军节度兵马……八年二月三日,奄然薨于来庭

①《唐代墓志汇编》大中一六二《军器使袁公夫人王氏墓志》,第2377页。
②《全唐文》卷八二一吴蜕《镇东军监军使院记》,第8652页。
③《西安碑林博物馆新藏墓志汇编》三六二《张居翰墓志》,第945页。
④《英华》卷八三一刘恭伯《寿州护军大夫梁公创制功绩记》,第4386页。
⑤张国刚:《唐代监军制度考论》,《中国史研究》,1981年第2期。

里之私第,享年六十有九。①

志文中"岁满来朝"之句表明其任岭南监军时间恰为监军迁转的考限。《东观奏记》云"广州监军使吴德郾离阙日病足,已蹒跚矣。三载,监广师归阙,足疾却平"②。则其任岭南监军为三年,后任荆南监军使在咸通四年至咸通六年(863—865),也是三年。但是任西川监军使为大中十四年至咸通三年,时间为四年。杜牧《淮南监军使院厅壁记》中的监军宋某"监军四年,如始至日"③。从已出土宦官监军使墓志来看,监军使少则数月,多则十余年,但仍以三、四年者居多。德宗贞元末姑息藩镇,不生除节度使,监军使也不轻易轮替。河东监军李辅光在河东十五年,直到德宗病死,才得以入朝。

监军使比拟地方官,征还之日,还有相应的奖惩制度。对监军的考课由枢密使主持。从敦煌写本《记室备要》来看,监军使进京,除枢密使外,对西院直公等枢密院当直僚佐也需专门打点。监军使奖惩的依据主要是所监藩镇是否安稳。宣宗大中九年(855),浙东军乱,逐观察使李讷,宣宗贬李讷为朗州刺史,监军王宗景杖四十,配恭陵。并下诏严申:"自今戎臣失律,并坐监军。"④大中十四年,樊仲文出任邕南监军,"遇溪洞凭凌,雕题纷扰,方征师旅,剪拂凶顽,未暇投戈,诏命归阙"⑤。当然,此制并非宣宗首创,宪宗元和八年(813)振武军乱,逐节度使李进贤,宪宗贬李进贤通州刺史,监军骆朝宽杖八十,配定陵⑥。宪宗以后,宦官跋扈,废而不行,至宣宗大中中又恢复元和旧制。

---

①《西安碑林博物馆新藏墓志汇编》三二二《吴德郾墓志》,第 836—837 页。吴德郾墓志所记官历与其子吴全缵墓志略有不同。《吴全缵墓志》记吴德郾:"咸通三年二月廿日,转拜荆南监军使……至五年正月十九日,改授汴州监军使。"则其转荆南监军在咸通三年,改宣武监军在咸通五年,当以本人墓志为正。

②《东观奏记》卷下,第 128 页。

③《樊川文集》卷一〇《淮南监军使院厅壁记》,第 160 页。

④《通鉴》卷二四九宣宗大中九年九月乙亥条,第 8179 页。

⑤《樊仲文墓志》,收西安市长安博物馆编《长安新出墓志》,第 301 页。

⑥《通鉴》卷二三九宪宗元和九年正月条,第 7825 页。

　　从本质上说,使职差遣制是维持皇权政治的工具。但是,监军使权势的扩大,使唐代宦官权势具有一定的独立性。对宦官而言,陪侍皇帝身边,权势显赫,恩宠不衰。而藩镇监军远离宦官权力中心,如果年事已高,多不乐出为监军。《庆唐观纪圣铭碑》碑阴题名有长庆三年晋慈监军吴再和,但在其子吴德应墓志中仅云其为"染坊使",只字不提其曾为晋慈监军,盖监军地位犹不及染坊使。即便是淮南、西川等富庶大镇监军,虽然多授予高阶宦官,时常也带有贬谪意味。以淮南监军使为例。宪宗元和中,吐突承璀失势,在朝臣压力下,由左军中尉出为淮南监军。文宗大和五年(831),内侍宋某出为淮南监军,"诸开府将军皆以内侍贤良有材,不宜使居外"①。宦官多贪"晨昏之恋",总体而言,能够安心于监军事务者不多。

　　下面,我们再来探讨一下监军使的俸料问题。文宗大和九年,浙东观察使李绅撰《龙宫寺碑》:"余以俸钱三百贯口口,监军使毛公承泰亦施焉,以月俸俾。"②可知中晚唐时期监军使同其他官员一样,每月有固定的俸料。《新唐书》卷五五《食货五》记会昌后百官俸钱,称节度使三十万,都防御使、节度副使、监军十五万,观察使十万,上州刺史八万。当然,这一数据较为笼统,没有考虑到监军体系的复杂性。《册府》卷五〇八载宣宗会昌六年八月敕,其文云:

　　　　夏州等四道土无丝蚕,地绝征赋,自节度使以下俸料赏设皆
　　　　尅官健衣粮……须有商量,用革前弊。夏州、灵武、振武节度使宜
　　　　每月各给料钱、厨钱共三百贯文,监军每月一百五十贯文,别敕判
　　　　官每月五十贯文,节度副使每月七十贯文,判官、掌书记、观察判
　　　　官每月各五十贯文,推官四十贯文,赏设每道每年给五千贯文,修
　　　　器械每道给二千贯文。天德军使料钱厨钱每月共给二百贯文,监

①《樊川文集》卷一〇《淮南监军使院厅壁记》,第160页。
②〔唐〕李绅撰,卢燕平校注:《李绅集校注》,北京:中华书局,2009年,第289页。

军每月一百贯文①，都防御副使每月五十贯文，判官每月四十贯文，巡官每月三十贯文，赏设每年给三千贯文，修器仗每年一千贯文。②

此敕专为针对西北四节度及天德军所下，与《新唐书》所记数字略有出入。其中夏州等四镇节度使月料三百贯文，监军一百五十贯文，地位稍低的天德军，防御使料钱二百贯文，监军一百贯文。通常情况下，监军使俸料为藩镇节帅的一半是给俸惯例。即便如此，监军使仍是节度副使的二倍以上。俸料分配额度是监军在藩镇地位的直观体现。

监军俸料来自何处，史无明文记载。德宗建中元年定两税法时，监军使尚未置印，其俸料似不在预算之内。德宗以后，监军俸料皆由藩镇节帅从当道赋税中筹集。《册府》卷五二〇下《宪官部·弹劾门四》：“（温）造为御史大夫，大和九年劾天平军节度使殷侑不由制旨，增监军俸入，赋敛于人。帝不问，以庾丞宣代还。”③同书卷五〇八《邦计部·俸禄门四》：“哀帝天祐元年八月，四镇节度使朱全忠进汴滑监军使俸料绢四千匹，充百官八月九日俸钱。”④这两条史料均可证明诸道监军俸料例由节度使供给。

除去固定的俸料外，监军使还从藩镇节帅那里支领各种名目的宴设、馈赠。唐代官员上任或离任，会得到一笔特殊馈赠，称为“下担钱”、“资送钱”。薛尚衍出监襄阳，节度使于頔初不为礼，十几天后，趁其出游，“帘幕、茵榻、什器一以新矣，又列犊车五十乘，实以绫彩”⑤。于頔所为即补赠下担钱。中晚唐时期，官员离任时的资送钱

①“一”，中华书局影明本《册府元龟》原作“二”，宋本《册府元龟》作“一”。按，灵夏等镇监军每月料钱一百五十贯文，天德军规制较小，监军使反为二百贯文，不合情理，今据宋本改。
②《册府》卷五〇八《邦计部·俸禄门四》，第6095页。
③《册府》卷五二〇下《宪官部·弹劾门四》，第6216页。
④《册府》卷五〇八《邦计部·俸禄门四》，第6095页。
⑤《唐国史补》卷中，第37页。

也非常丰赡。甚至连吉州这样的小州，"每太守更代，官辄供铜缗五百万，资其行费"①。监军被征入朝，其毁誉直接关系到节帅的政治前途，诸道贿赂的所谓"行费"尤为慷慨，甚至相互攀比。文宗大和中，李德裕为西川节度使，王践言为监军使。王践言被征入朝，牛党指控李德裕加征疲民三十万贯，为践言送行。开成中，李德裕为淮南节度使，监军使杨钦义入朝，李德裕陈设宝器图画数床，皆以赠之。杨钦义中道返镇，以前赠财物归之，李德裕坚拒，后杨钦义果入为枢密使，遂引李德裕为相。这些故事牵涉牛李党争，所言或有虚妄，从中也可看出监军入朝时，节帅以资助行费为名，厚贿监军是一种普遍的官场现象。

监军使从藩镇节帅手里领取的俸料，虽然数额不菲，但是，宦官要在藩镇有所作为，时常会收养门吏，召募士卒，所费甚广。咸通四年（863）吴德鄜为荆南监军，"适值征蛮之际，张展谋猷，淬练师旅，运储遣卒，备楫制艘。或自方圆，或出己俸。绥怀所至，人方告劳"②。监军使非治民之官，不可直接向百姓征税，其"自方圆"的途径主要是利用特殊身份，影庇操纵商户，以回易赢利的形式聚敛财富。前文论及神策军时已经指出神策军多有挂籍虚隶，实则从事贸易的市井之人。在藩镇，监军使也时常插手商业活动营利。《英华》卷八三一刘恭伯《寿州护军大夫梁公创制功绩纪》：

> 大中戊辰岁，帝命侍臣梁公承乂护军戎于寿阳郡……忖度日深，乃得其画曰："废寺之材，年久而腐，用无所堪，我将析而为薪以货之。"于是得钱六十万，置楼邸于旗亭之冲，岁收其利以助用。摭拾其余货，以创军营二所。③

此文作于大中五年（851），值武宗灭佛之后。寿州监军梁承乂将武宗

①《唐代墓志汇编》大中〇五四《孙公乂墓志》，第 2290 页。
②《西安碑林博物馆新藏墓志汇编》三二二《吴德鄜墓志》，第 837 页。
③《英华》卷八三一刘恭伯《寿州护军大夫梁公创制功绩纪》，第 4385 页。

灭佛时拆出的木材变卖,得钱六十万,创置楼邸营利。在获得丰厚利润的同时,还利用余钱"创军营二所",即召募属于监军的卫军。这不由得让我们联想到俱文珍为汴州监军时创置一千亲兵。汴州当南北要冲,百货毕集,俱文珍筹集养兵经费的办法很可能与梁承义类似。

　　根据上面的分析来看,监军使收入与普通官僚使职情况大体相同。正式的合法的收入之外,还有诸多杂色收入,正俸甚至只是非常次要的部分。从某种程度上说,这种混乱状态也是中晚唐地方财政制度紊乱的一种表现。

第三节　监军使职掌

　　监军使主要的使命就是监护军队,维持藩镇的稳定。我们知道,唐代藩镇体系是在朝廷与安史叛军妥协下促成的,不同的藩镇,监军所能发挥的作用也不尽相同。

　　安史之乱以后,河朔藩镇世袭节度使,自行任免官吏,处于半独立状态。在这些割据型藩镇中,监军使为朝廷派驻的代表,仅有象征意义。不过,割据藩镇的节帅想稳固自己的政治地位,必须获得朝廷正式授予的旌节,因此,每当节帅更替时,不管新任藩帅以何种手段上台,都必须争取监军的支持。今以成德军为例,略加说明。自德宗建中时期王武俊割据成德开始,王士真、王承宗三代世袭节度使,至王承宗尤为跋扈,宪宗以吐突承璀率神策军讨伐犹不能胜。元和末宪宗相继扫平淮西、淄青,王承宗迫于压力,不得不谢罪献地。《旧唐书》卷一四二《王承元传》:

　　　　元和十五年冬,承宗卒,秘不发丧,大将谋取帅于旁郡。时参谋崔燧密与握兵者谋,乃以祖母凉国夫人之命,告亲兵及诸将,使拜承元。承元拜泣不受,诸将请之不已。承元曰:"天子使中贵人监军,有事盍先与议。"及监军至,因以诸将意赞之。承元谓诸将曰:"诸公未忘先德,不以承元齿幼,欲使领事。承元欲效忠于国,以奉先志,诸公能从之乎?"诸将许诺。遂于衙门都将所理视事,约左右不得呼留后,事无巨细,决之参佐。密疏请帅,天子嘉之,授银青光禄大夫、检校工部尚书,兼滑州刺史、义成军节度、郑滑观察等使。[①]

王承元最初坚持不受推戴,其后监军"以诸将意赞之",得到监军的支持才临时主掌军政。在河朔藩镇,尊重监军,形式上征求监军意见,便可视为忠臣。王承元归顺朝廷,对监军毕恭毕敬只是短暂的特例。在其改任郑滑节度使后,成德军再度反叛,大将王庭凑杀害节度使田弘正,重回割据状态。此后成德节度使不由朝廷除授,但其获得合法身份,仍须由监军使代为呈请旌节。僖宗中和二年(882),成德节度使王景崇卒,军中立其子年方十岁的王镕为留后,行军司马窦权夷进奏曰:"臣等有状诣监军院,请故使男节度副使镕权知军府事。寻蒙监军使李彦融列镕所请勾当讫。"[②]僖宗因授旄钺。在河朔藩镇,监军使多数情况下仅是一种象征性存在,无法正常履行所谓的监军职能。

　　在朝廷足以控制的顺命藩镇,情形则大不相同。在监军人选上,表现出明显的官僚化特征。在河东、河阳等防遏型藩镇,监军多为曾担任过飞龙使、弓箭库使等军事使职的宦官。而浙西、宣歙等东南财源型藩镇,监军多由大盈库使、内园使等有经济型使职经历的宦官担任。淮南、西川、河东等作为宰相回翔之地,监军往往是神策中尉、枢密使。尽管监军使权势来源不同,但是这些顺命藩镇,尚在朝廷控制范围之内,监军使权威不容挑战,基本职掌大体能正常实现。作为中央的代表,监军使的职掌主要有以下几个方面:

　　其一,宣慰、监视藩镇节帅,纠其违谬。

　　玄宗开元天宝之际,监军中使设置的最初目的即是监视牵制节

①《旧唐书》卷一四二《王承元传》,第 3883 页。
②《册府》卷四三六《将帅部·继袭门》,第 5180 页。

帅。协调朝廷与节帅关系无疑是监军使的重要职责，包括宣慰和监视两层含义。中唐以后，朝廷笼络藩镇，可以直接派中使赴镇宣慰，也可由监军使代表皇帝宣慰。贞元二十年（804），为表彰韦皋治西川功绩，西川监军使李先寿带回德宗御制、太子（即顺宗）手书的纪功碑碑文，即著名的《韦南康纪功碑》，德宗父子这一超规格的赏赐令韦皋大为感动。如果朝廷派遣中使，往往也由本道监军提前晓谕。《全唐文》卷五四一《为人谢问疾兼赐医药等状》："今月十八日，本道监军使李某至，奉宣口敕，问臣所疾。十九日，中使张良祐至，伏奉诏书，赐臣乌药，蓼子各一合，药方两纸，并借供奉医官两人医臣疾者。"[1]节度使如在任上病逝，其在当道的葬礼由监军使代为主持。当然，不少监军趁机向节帅家属索取事例钱，成为宦官敛财的手段[2]。

　　监军使长驻藩镇，"监视刑赏，奏察违谬"，防止节度使专断独行。在顺命藩镇中，监军使参与藩镇重大军务的决策。德宗贞元八年十月，德宗敕："诸军镇河籴贮备，共三十三万石……其所籴粟等，委本道节度使、监军同勾当别贮，非承特诏，不得给用。"[3]敬宗宝历中湖南监军王某，"届彼潭府，连帅每询于政事，郡寮获奉于纪纲。自裨将至于部伍，龙韬虎畅，感其惠而畏其严"[4]。武宗会昌二年（842）《上尊号赦文》："如闻逃亡浸广，营垒多虚……委本道节度使与监军使躬亲点阅，据逃死欠阙人数便，取军中少壮有武艺子弟填替。"[5]在军事性较强的藩镇，遇到重大军事行动，监军使可与节帅共同指挥。元和八年

---

[1]《全唐文》卷五四一令狐楚《为人谢问疾兼赐医药等状》，第 5493 页。
[2]《北梦琐言》卷十二"卢藩神俊"条："唐卢尚书藩，以文学登进士第，以英雄自许。历数镇，薨于灵武。连帅恩赐吊祭，内臣厚希例觊，其家事力不充，未办归装，而天使所求无厌，家人苦之。亲表中有官人，于灵前告曰：'家贫如此，将何遵副！尚书平生奇杰，岂无威灵及此宦者乎？'俄而馆中天使中恶，以至于卒。是知精魂强俊者，可不畏之哉！八座从孙，尚在江陵，尝闻此说，故纪之，以儆贪货者。"（第 248 页）
[3]《唐会要》卷八八《仓及常平仓》，第 1915 页。
[4]《唐代墓志汇编续集》大和〇二五《王明哲墓志》，第 900 页。
[5]《英华》卷四二三《会昌二年四月二十三日上尊号赦文》，第 2144 页。

(814),振武兵乱,宪宗诏河东监军刘弘规领步骑五千助讨。刘弘规"乃以宣劳之名,俾其少长皆会。然后擒执魁首,置之典刑,戮三百余人"[1],平定了这次兵乱。大中四年(850)党项反叛,宣宗遣中使至河东,"宣节度使及监军取沙陀军一千骑救接淮安镇"[2]。客观上说,监军使一定程度上牵制了节帅的权力,减少节帅借口迁延、阳奉阴违等现象的发生。

监军能够对节帅"奏察违谬",在于其背后有皇帝的支持。皇权衰弱时,监军对节度使的牵制形同虚设,德宗贞元中姑息藩镇,出现"襄样"节度使于頔这样的跋扈藩帅,监军能像薛尚衍那样宠辱不惊已属难能可贵。皇权强硬或者宦官强势时,监军使凌驾节度使之上,甚至发生监军使诬奏、擅杀帅帅的事情。

其二,节度使入朝或代换之时,监军使代掌军务。

节度使离任或入朝时,藩镇群龙无首,是军乱频发的危险时期。监军使代为主持军政,有利于军权的平稳交接。文宗开成二年(837),牛僧孺自淮南罢归东都,"夏五月,以兵付监军使,拜疏讫,就道"[3]。监军使这一使命在墓志中也有很多例证。李辅光为河中监军,"自元和四年至九年,元戎四换,交代之际,人心如一"[4]。元和十二年(817),杨志廉为郑滑监军,"旋属连率卢公群薨。诏公权处置军府事"[5]。会昌四年(844),高克从监义昌军,"自到河隍,夙夜匪懈。与元戎叶力勤恳葺绥。才及数月,而元戎改镇。公受诏旨权军务。州人咸相谓曰:自立义昌,未有护戎亲执军柄,自此为始。得为难乎"[6]。义昌即横海军,治沧州,为河北藩镇,因其地理位置特殊,朝廷多有优容,武宗

---

①《李德裕文集校笺》别集卷六《刘弘规神道碑》,第633页。

②《唐代墓志汇编续集》乾符〇一九《吴全缋墓志》,第1132页。

③《樊川文集》卷七《唐故太子少师奇章郡开国公赠太尉牛公墓志铭》,第116页。

④《唐代墓志汇编》元和〇八三《李辅光墓志》,第2007页。

⑤《唐代墓志汇编续集》元和〇〇二《杨志廉墓志》,第800页。

⑥《唐代墓志汇编续集》大中〇〇六《高克从墓志》,第973页。

会昌时期，为强化朝廷的直接控制，节帅改镇也由监军权掌军务。

其三，藩镇骚乱时，监军使临机处理。

监军使在藩镇的主要任务就是消弭兵乱。藩镇发生军乱时，监军的态度直接影响朝廷的决策。如果处置得当，有时可以达到弭乱的效果。以宣武军为例，宣武军地处漕运要道，兵卒素骄，屡有兵乱。贞元中节度使李万荣病重，其子李迺谋袭位，监军俱文珍与大将邓惟恭"同谋缚迺，送归朝廷"①。穆宗长庆二年（822），宣武军乱，逐节度使李愿，牙将李齐擅为留后，朝廷用兵无功，监军使姚文寿与兵马使李质同谋斩乱者，稳定局势②。又如陈许节度使上官说薨，其婿田偶欲胁其子袭军政，监军范日用与牙将王沛合作，尽擒其党，平息叛乱③。监军使平日体察军情，结交部分藩镇大将，往往可以分化藩镇力量，平息叛乱。当然，也有监军处置不当，激起军变的例子。但是整体而言，设置监军后，藩镇军乱，朝廷的处置要更积极、主动一些。

其四，藩镇出征时，监军使可直接领兵作战。

唐代监军常以将军自称，遇有征战也常领兵作战。早在玄宗时杨思勖领军讨伐岭南叛蛮，而哥舒翰远征勃律时，监军边令诚也自领一支军队负责留守。中晚唐监军直接领兵者也不乏其例。元和十一年（816）六月讨淮西时，唐邓节度使高霞寓大败于铁城，被围新兴栅，几

---

① 《旧唐书》卷一四五《董晋传》，第3936页。

② 姚文寿，墓志作姚存古。《新中国出土墓志·陕西（贰）》二三二《姚存古墓志》叙其事云："穆宗初，入侍奏课，擢为银青光禄大夫、右监门卫将军，出护大梁兵。元年，复加冠军大将军。无何，汴人鼓噪起帐下，帅念军律不可整，夜缒亡去。于是军中士倅立部将，赏僭令杂，以中群凶，血入齿牙，声倡万和。公曰：'我持诏来，以临视诸侯。况今逐帅乱行，安得若平居深视，以防危辱。'乃叩军门曰：'惟大梁四战地，地迥无表里可恃。自贞元来，连狂未醒，习熟枭音，用为宜。然人心尚愧耻，义士岂无愤怒乎？倪雷霆示威，兵厌境上，波血横道，无徒为他人功。'于是十万无声，抑首低听，曰：'唯公死生之。'乃引伪将语曰：'自章武皇帝观衅四方，公皆预戒。虽蜀夏淮蔡，以势胜地睑，而皆故侯王子孙，藉旧国邑，一朝背诞，鬼神黜辱。况其身乎？今公猝然起伍中，恃诈自负，当奔走闾阎，委身听罪，以免万死可矣。'其后事变戏下，机合彀中。皆出公之明智全略。揖让而成义旅，人用信伏。"

③ 《通鉴》卷二三六德宗贞元十九年（803）六月条，第7724页。

致倾覆。监军李义诚突围入唐州,取兵解新兴之围①。唐末,宦官领军应援的例子很多,《通鉴》一般写作"监阵救使",以与监军使相区别。如高骈讨安南叛乱时,"监陈(阵)救使韦仲宰将七千人至峰州,高骈得以益其军"②。当然,监军使单独典兵的机会不多,且宦官军事才能有限,领兵多会挠败军政,倍遭后人诟病。

其五,进献方物,举荐奇人异士。

宦官本为皇帝的家奴,出为监军使后,时常向皇帝进贡当道奇珍异宝。敬宗继位时大赦天下,诏"天下常贡之外,更不得别有进献。纵节度观察使入朝亦不得进奉。诸道监军自今以后,在本道并入奏,并不得进献"③。这不过是做做样子的空文。宝历元年(825)十月,"昭义监军使进貀三头"④。文宗开成元年(836)二月,"敕诸道应以禽鸟畋犬等上献者,依旧节例权停三年所进。监军尝进者如例"⑤。咸通八年(867),樊仲文为宣歙监军,"旧以年贡御服,皆不勤瘁,染绘黼绖乏色,不功其庸。公遂条制,无不精丽"⑥。唐代皇帝多崇信佛道。除了进献奇物珍兽外,监军使还寻访方外之人,举荐给皇帝。宋陈田夫《南岳总胜集》卷下"刘元靖"条:"宝历初,敬宗求方士。监军吕令琮邀至潭州。"《五灯会元》卷三《南泉普愿禅师传》:"大和初,宣城廉使陆公亘向师道风,遂与监军同请下山。"⑦武宗会昌中,"有女巫郭者攻符术厌胜之道,有监军携至京师,因缘出入宫掖"⑧。武宗又"诏扬州

---

① 《册府》卷四四三《将帅部·败衄门三》,第 5261 页。李诚义,另见《英华》卷六一六王计《代王仆射谏伐淮西表》、卷八七二段文昌《平淮西碑》,《册府》倒作"李义诚"。
② 《通鉴》卷二五〇懿宗咸通七年(866)六月条,第 8237 页。
③ 《册府》卷一六八《帝王部·却贡献门》,第 2027 页。
④ 《册府》卷一六九《帝王部·纳贡献门》,第 2034 页。
⑤ 《册府》卷一六八《帝王部·却贡献门》,第 2028 页。
⑥ 《樊仲文墓志》,收西安市长安博物馆编《长安新出墓志》,第 301 页。
⑦ 〔宋〕普济著,苏渊雷点校:《五灯会元》卷三《南泉普愿禅师传》,北京:中华书局,1984 年,第 137 页。
⑧ 《唐语林校证》卷一,第 76 页。

监军取解酒令妓女十人进入，监军得诏，诣节度使杜悰，请同于管内选择"[1]。扬州都虞候卢行立、刘群，妄称监军使处分，要阿颜进奉，不得嫁人，兼擅令人监守[2]，引发了轰动朝野的吴湘狱。

其六，出席地方祭祀庆典等礼法活动。

监军使虽为刑余之人，却是皇权在地方的代表。州县举办祭典、祈神降雨等活动时自然不可或缺。唐代后期国忌行香时，诸道行香之礼由节度使和监军使共同主持。日僧圆仁在其《入唐求法巡礼行记》中详细记载了国忌行香的仪式。滑州濒河有何侯庙，会昌六年久旱不雨，监军使阎某与节度使共同求神卜雨[3]。汴州灌溉农田的水门建成后，"大合乐，设水嬉。会监军、司马、宾佐僚属……监军是咨，司马是谋，乃作水门"[4]。《金石萃编》卷七三收录《大唐北岳府君之碑》，碑侧记录文宗大和八年（834）十月七日祭祀北岳官员的题名。其中就有监军使仇文义、内养充易定别敕判官辛广佑。《山右石刻丛编》卷六《庆唐观纪圣铭》碑阴题名首行为晋绛观察使李寰，次行即监军吴再和[5]。需注意的是，一些碑志把监军出席此类活动美化为督劝农耕。如咸通中宣歙监军使樊仲文在宣州任上，"宣民多以土地依江，味利鱼鳖，畲锸耘亩，皆堕农桑，夏乏其饫，冬阙温纩。公以勉之，不日官庶咸陟，冻馁无虞，大赉于民，今受其赐"[6]。监军使手下没有僚佐去处置农桑之事，墓志所云都是浮泛的套话。

其七，代表朝廷处理边疆事务。

唐代缘边诸道，时常与边境各部族发生各种联系。边镇节度使往

---

①《唐语林校证》卷三，第 209 页。

②《全唐文》卷九六八《据三司推勘吴湘狱罪状奏（大中三年十一月御史台）》，第 10049 页。

③《全唐文》卷七五七裴处权《祷何侯庙记》，第 7859 页。

④《韩昌黎文集校注》卷三《汴州东西水门记》，第 80—81 页。

⑤〔清〕胡聘之：《山右石刻丛编（一）》卷六，太原：山西人民出版社，1988 年影印本，第 13—14 页。

⑥《樊仲文墓志》，收《长安新出墓志》，第 301—302 页。

往带有押蕃落使等头衔,但在处理朝贡、和战等事务时仍权威不足,这时监军使作为皇权代表,往往可以起到重要作用。除遣宦官担任巡边使外,边镇监军使也承担安抚蕃落等职责。会昌中,高克从为夏绥监军,"自党项三百年来,互相劫杀,寇雠不息,劳扰边军。公与元戎敷法导诱,而威以典刑。特表上闻,悉与和断。遂得各舍雠隙,逐性便安"①。咸通六年(865),朝廷以黔中地连外蕃,创置监军,以王公操为首任监军使,在王公操的招诱下,咸通九年"牂牁、昆明并诸部落共献章,而达于阙下。上悦其事,便加朝散大夫"②。

其八,兼领其他使职。

监军使除去监抚军镇外,有时还兼有其他使职,职权更为宽泛。唐代岭南监军例兼岭南市舶使一职,西安出银铤刻字有"岭南监军、市舶使、朝散大夫,行内侍省内给事,员外置同正员,上柱国,赐金鱼袋,臣刘楚江进"③。元和四年至九年(809—814),李辅光任"河中监军兼绛州铜冶使"④。开成三年(838),文宗以刺史贡茶不力,以浙西监军判官王士玫充湖州造茶使⑤。僖宗乾符六年(879)陈许监军副使卫巨论兼蔡州龙陂监牧使⑥。

监军使是朝廷的耳目,保障其与朝廷之间联络通畅尤为重要。京西神策诸城镇与长安之间设有专门的京西步驿使,诸道监军使与朝廷的沟通,主要与巡察御史及诸道进奏官等共用官府驿馆系统。宦官与朝官分属两个系统,时常因驿站争馆发生冲突,不过宦官有皇权撑腰,多居于强势地位。宪宗元和四年,元稹为监察御史,徐州监军孟升卒,

①《唐代墓志汇编续集》大中〇〇六《高克从墓志》,第 973 页。
②《唐代墓志汇编续集》乾符〇二二《王公操墓志》,第 1134 页。
③李锦绣:《从波斯胡伊婆郝银铤看唐代海外贸易管理》,《暨南史学》第 8 辑,2013 年。
④《唐代墓志汇编》元和〇八三《李辅光墓志》,第 2007 页。
⑤《册府》卷四九四《邦计部·山泽门》,第 5906 页。
⑥《西安碑林博物馆新藏墓志汇编续编》二一六《卫巨论墓志》,第 675 页。

节度使王绍给券乘驿，传送丧枢还京，遭到元稹弹劾①。元和五年，元稹回京途经华州敷水驿，逢宦官仇士良、刘士元等人也在此驿。双方争住上厅，结果元稹遭到仇士良等人的谩骂殴击，赶出上厅。遇战争等特殊情况，皇帝还会仿照神策军京西步驿使的模式，本由御史充任的馆驿使改由宦官充任。

《旧唐书》卷一七一《裴潾传》：

> 元和中，两河用兵。初，宪宗宠任内官，有至专兵柄者，又以内官充馆驿使。有曹进玉者，恃恩暴戾，遇四方使多倨，有至捽辱者，宰相李吉甫奏罢之。十二年，淮西用兵，复以内官为使。潾上疏曰："馆驿之务，每驿皆有专知官。畿内有京兆尹，外道有观察使、刺史迭相监临；台中又有御史充馆驿使，专察过阙。伏知近有败事，上闻圣聪……"言虽不用，帝意嘉之，迁起居舍人。②

宦官为馆驿使或粮料使，本是战争期间平叛时期的临时举措，宪宗以宋惟澄为河南陕西河阳已来馆驿使，曹进玉为京畿华州河中晋州太原已来馆驿使，虽然遭到李吉甫、裴潾等人的抵制，但类似做法并没有彻底废止。懿宗咸通四年（863），南诏内寇，西川军情紧急。"敕以阁门使吴德应等为馆驿使，台谏上言，'故事，御史巡驿，不应忽以内人代之'。上谕以敕命已行，不可复改。"③

监军使通过馆驿构成一个庞大的信息网。各种军情动态，源源不断汇集至枢密院，枢密使根据奏报，做出相应处置，这正是监军使皆奉枢密使为长官的理由。由于宦官在使用馆驿上具有优先权，监军使得到消息的时间往往早于藩镇节帅。《英华》卷五五三于公异《代崔冀公贺登极表》："臣某言今月五日寅时，大理少卿马炫至未时，监军使判

---

①《册府》卷五二〇下《宪官部·弹劾门三》，第6217页。
②《旧唐书》卷一七一《裴潾传》，第4446页。
③《通鉴》卷二五〇懿宗咸通四年八月条，第8229页。

官奚官局丞程仙望至,累承恩命,宣慰臣及军府将吏僧道百姓等。"①甘露之变时,仇士良已遣使者至凤翔,密令监军张仲清诛郑注。郑注接应李训不及,返回凤翔后,浑然不知,遂被诱捕杀害。

宦官监军是中晚唐使职差遣兴盛的产物。监军使派驻地方的目的就是及时遏止反叛的发生。其监控的对象同时还包括一切有反叛倾向的人。在固有的职官体系中,审理谋逆大案为御史台职掌。御史监军虽被废除,但是御史巡按地方之制依然正常运行。监军使与以御史为核心的监察体系机构上难免有架屋叠床之感,二者之间时有摩擦发生。

《旧唐书》卷一五四《孔戣传》:

> 九年,信州刺史李位为州将韦岳谮谮于本使监军高重谦,言位结聚术士,以图不轨。追位至京师,鞫于禁中。戣奏曰:"刺史得罪,合归法司按问,不合劾于内仗。"乃出付御史台。戣与三司讯鞫,得其状。位好黄老道,时修斋篆,与山人王恭合炼药物,别无逆状。以岳诬告,决杀。贬位建州司马。时非戣论谏,罪在不测,人士称之。愈为中官所恶,寻出为华州刺史、潼关防御等使。②

李位与道士合炼药物,被州将诬告为图谋不轨。但是州将并没有向观察使或御史台举报,而是直接向监军使举报,监军使则直接奏报皇帝,"鞫于禁中"。德宗屡经背叛,猜忌心重,宫内设有宦官主掌的监狱,审理谋反等重案。监军使的重要职责就是调查谋逆之人,此事若因循成为惯例,则意味着自此之后,监军使可以越过法司,直接监察诸州刺史。除孔戣外,御史中丞薛存诚也高度重视,一日三上表,请求转交御

---

①《英华》卷五五三于公异《代崔冀公贺登极表》,第 2824 页。

②《旧唐书》卷一五四《孔戣传》,第 4097—4098 页。此事另见《旧唐书》卷一五三《薛存诚传》、《册府》卷四六〇《台省部·正直门》、卷一五三《帝王部·明罚门二》。高重谦,《旧唐书·薛存诚传》《册府》并作"高重昌",疑作"昌"是。

史台审理。在朝臣的极力争取下，李位之狱移交御史台，冤案得到昭
雪。据《册府》卷六七〇《内臣部·诬构门》，高重昌也因诬奏遭到严
惩，被决杖四十，剥邑配役建陵，籍没其家。通过这个案件，宦官不得
擅自审理诸州刺史的原则也得到确认。

　　甘露之变后，宦官气焰嚣张，监军使越权处置地方官员的案例时
有发生。藩镇忌惮宦官权势，对此类事情多有姑息纵容。《册府》卷五
二〇下《宪官部·弹劾门四》：

　　　　魏謩为右补阙。开成二年，荆南观察使韦长以监军使吕令琮
　　下官健入江陵县凌辱县令韩忠，事申西院，院即内枢密院也。謩
　　上疏曰："臣见诸司杂报，韦长送状西院，分折监军下凌毁江陵县
　　令事。伏以州县侵屈，祗合上闻。中外关连，须遵旧制。韦长任
　　膺观察，体合精详公事，都不奏论，私情擅为踰越。况事无大小，
　　不可将迎。傥县官官业有乖，便宜理罪，监军职司侵轶，即合闻
　　天。或以虑烦圣聪，何不但申门下，今则首紊常典，理合纠绳。伏
　　望陛下宣示宰臣，速加惩戒。"疏奏不报，中书门下、御史台并无弹
　　奏，其事遂寝，时论惜之。①

按照旧例，县令有过错，观察使作为行政长官，可以处置。但是事件牵
涉的另一方是监军使的手下，案情就变得较为棘手。韦长大和中曾任
京兆尹，京畿地区是宦官控制最为严密的地区，涉及宦官及神策军的
案子，京兆尹无权直接审理，小事移牒，大事奏取处分。开成二年
（837）正值甘露之变后，宦官权势正盛。韦长惧怕惹怒宦官，援据京兆
尹时的经验，将案件移交给枢密院。魏謩的弹劾虽然持论甚正，但无
奈中书门下、御史台都不支持他的弹劾，最终不了了之。韦长事件标
志当日藩镇形成新的处理规则，即地方上与宦官有关的事情，藩镇节
帅及御史台无权处置，皆转牒枢密使处置。这一新规是中晚唐时期

---

① 《册府》卷五二〇下《宪官部·弹劾门三》，第 6219 页。

"内外大臣共治天下"格局的形象阐释。宣宗大中十二年（858），盐州监军使杨玄价擅杀盐州刺史刘皋，朝臣也不敢过问。

第十五章　监军使与地方政局

　　唐代宦官监军之制可追溯至开元天宝时期的奉使宦官，安史乱后与边疆藩镇体制一同推行至内地。经历建中大动荡，德宗重建藩镇秩序时，有意识启用宦官监控藩镇，设监军院，置使印，宦官监军正式成为藩镇制度的组成部分。宪宗削平河朔，皇权复振，监军使的地位得到巩固，至穆宗时期，枢密使被视为诸道监军使的"长官"，这样从中央到地方，形成一套以"枢密使—监军使"的宦官使职体系，这一体系与由官僚组成的"宰相—节度使（观察使）"体系并行不悖，共同构成中晚唐地方统治秩序的运作模式。本章具体讨论监军使在地方政局中的作用与地位。

第一节　贞元年间监军使与藩镇节帅的冲突

　　中晚唐时期，监军与藩镇节帅冲突的事例颇多，在历史记载和前人的研究中常把这些冲突描述成监军横行不法，挠败军政所致。仔细推敲起来，这种认识恐怕并未触及问题的本质：其一，从时间上看，监军与节帅冲突的实例绝大多数都集中在德宗时期，宦官权势最跋扈的晚唐时期反而较为少见。其二，与监军激烈冲突的节帅，不少属于文臣，并非武将。武将出身者反倒对监军多有优容。文臣对军事的熟稔程度未必赶得上久驻藩镇的监军。所谓"挠败军政"，多大程度上符合历史真实，也值得进一步思考。其三，就个人利害关系而言，节帅迁转需借助监军美言，故意刁难监军的可能性极小，而监军使只身深入军营，激起事端，轻则困辱，重则丧命。两者水火不容恐怕并非完全出于个人恩怨。如果我们换一思路，讨论为什么冲突集中爆发于德宗贞元年间，或许能得出更符合历史实际的认识。

肃、代时期，监军与藩镇的矛盾已经相当尖锐。德宗贞元年间，宦官监军正式作为一项制度在藩镇普遍推行，实属史无前例的新变局。监军使本为皇帝耳目，直接奉皇帝密诏行事，其在藩镇所作所为，多半代表了皇帝的旨意。此种情形下，史官或者文臣不敢把矛头指向皇帝，往往把恶果归于监军名下。因此，讨论监军使问题，必须从唐德宗的藩镇政策谈起。

德宗是唐代颇具戏剧性的皇帝。即位之初，疏远宦官，委任宰臣，雄心勃勃地想彻底解决藩镇问题，甚至不惜付诸战争。但紧随其后的大动荡中，朝廷连遭挫败，泾原士卒哗变，面对区区五千乱卒，竟无兵御敌。德宗狼狈出奔奉天后，赋闲在京的朱泚公然称帝，朔方节度使李怀光为德宗亲自奖擢，千里赴难，解奉天之围，但其后转与朱泚连和，德宗被迫再次播迁梁州。经历多次磨难之后，德宗治国理念发生重大转变。一是泾原、朔方等功勋藩镇叛乱屡起，不可完全依赖，必须建立皇帝或朝廷直接掌控的野战军队。二是危难之时，武将、文臣皆不可完全信赖，唯有宦官最为忠诚。乱后政治秩序重建过程中，德宗殚思竭虑，扩建神策军，同时重用宦官，以宦官典神策军，追根溯源，都是这一认识的产物。《册府》卷三一七《宰辅部·正直门二》：

> 萧复，字履初，德宗建中四年拜吏部尚书平章事。尝奏言宦官为监军，岂可参军机政事之间，德宗不悦。[1]

文士于邵曾上书萧复，提出"每道皆有客军，本在同心平难。侧闻将校谋胜，监军争长，节度敛手……为今之计，莫若监军一切且停，客军权

---

[1]《册府》卷三一七《宰辅部·正直门二》，第3742页。

属节使,申明本管,无得相干"①。萧复奏罢监军,应是采纳于邵的建议。如果德宗听从其谋,宦官倒可一罢了之,节度使失去掣肘,权势进一步坐大,朝廷更无力制之。更何况,藩镇也不可能把外出征戍军队指挥权拱手让人。萧复不谙时务,议论迂阔,自然难为德宗接受。从"德宗不悦"来看,应是已有主见。

德宗出奔梁州时,中外数日不通音讯,河东、浙东西、淮南等都有动摇失控的迹象。德宗被迫下罪己诏,曲赦河朔,天下罢兵。利用暂时罢兵的机会,强化对顺命藩镇的驭制是朝廷的当务之急。德宗播迁时授扈从宦官奉天定难功臣、兴元元从定难功臣号。这些宦官与德宗经历生死考验,派往藩镇监军,忠诚度毋庸置疑。其赴镇后的所作所为,很可能是奉密旨而为。从此意义上说,贞元年间监军使与藩镇节帅之间的矛盾与冲突,就是德宗与藩镇之间政治角力的延续。

贞元年间,德宗在重构藩镇体系时,实力雄厚的朔方军是德宗处置的重点。朔方军对李唐有再造之功,势力煊盛,西北诸藩镇多源于此军。朔方军虽素称忠勇,但邻近关辅,备受猜忌,郭子仪去职后变乱频出。代宗时节度使仆固怀恩引吐蕃入寇,朝廷重新启用郭子仪后才得以稳定局势。奉天之难时,节度使李怀光本有匡复之功,却因奸相挑唆,竟与朱泚连合,图谋不轨,德宗被逼南幸梁州。动荡结束后,为根除威胁,在分赏大将的名义下,朔方军遭到肢解,主力被一分为二,一居邠宁,一居河中。而与朔方军曾有统属关系的振武、夏绥、鄜坊等纷纷建节独立,朔方所辖仅剩灵武一镇②。贞元初,因朔方精锐被李怀光带至河中,邠宁等地守备空虚,吐蕃趁机大举寇掠,诸镇无力抵挡,只能闭城坚守。德宗君臣抓住这一机遇,打着防秋的旗号,在京西北创置若干神策城镇,直接把神策势力嵌入西北藩镇。就当日情势而

---

① 《英华》卷六六八于邵《与萧相公书》,第3434页。

② 李鸿宾:《唐朝朔方军研究——兼论唐廷与西北诸族的关系及其演变》第七章第二节《李怀光反叛与邠宁、河中的分立》,长春:吉林人民出版社,2000年,第222—224页。

言,朔方军本有救驾之功,却因李怀光的短视而功败垂成,这一时期双方关系颇为紧张。贞元四年(788)七月,神策将张献甫代邠宁节度使韩游瓌为帅。张献甫与邠宁素无渊源,本为山南西道大将,因扈从功改隶神策。韩游瓌惧军士哗变,轻骑遁归长安。其夜,衙军果然叛掠宁州,监军使杨明义请以大将范希朝为帅,都虞候杨朝晟诈云道贺,入军斩二百余人始定①。杨明义的奏请为朝廷赢得斡旋空间,有利于事件的解决。当日也有监军使处置失当,加剧局势震荡的,其中以夏州监军贾英秀诬杀大将冯翊最为典型。《册府》卷五二一《宪官部·希旨门》:

> 贾全为御史中丞,德宗贞元中夏州节度使韩潭朝京师。其监军贾英秀在镇,挟诬捕州人冯翊。节度推官王游顺、典李缙朝以枷拉杀翊。翊子琪以冤上诉,兼告英秀赃状。下御史台按之,全希旨以附中人,奏请留免英秀于内侍省,余党于台推得实。故游顺等坐死,英秀独削一阶。②

贾英秀炙手可热,为什么要诬陷普通的"州人"冯翊?此案《册府》无片字涉及。巧合的是,冯翊之子的墓志今已出土,为我们探究这一冤案提供了新的线索。《唐代墓志汇编》开成〇三六《冯殖墓志》:

> 有唐□冯殖……皇考横,任湿州长史,而□为节□神将。建中累战有功,大为节度使韩潭升用,致之心膂。前后诏授勋爵重叠,□赐累万。□□冯即长史次子也……年十八,长史居职,方为韩公潭宠倚。无何,□□节西觐,长史崄直,□□□□而已,不复他交附。监军使贾英秀欲□之不□,英秀因怒君仇潭,及离于镇,英秀得殿军事,讽邪人诬之,兼命节度□官王游顺、军胥李缙朝□窍,终曲杀之。公籍薰长号,一声几绝。居二三日□□泣□膺曰:

①《旧唐书》卷一二二《杨朝晟传》,第 3504 页。
②《册府》卷五二一《宪官部·希旨门》,第 6226 页。

我先人忠心贯神明，而受冤且死，我虽糜粉以从而无益，其冤□□又何人也。乃不葬舍去，徒跣诉乎帝阍，果闻乎天。诏下悉持付御史府，□验皆如所诉，虽中贵人金虎几成，无得绝孝子至诚之感矣。狱具，天子□之，尽□英秀爵，游顺、缙朝皆报死焉。公卿大夫莫不叹曰：冯真子矣。[1]

冯翊，墓志中"翊"写作"横"字。冯琪，墓志作冯殖，"殖"或为"琪"之形讹。据墓志，冯翊并非普通的"州人"，而是夏绥节度使韩潭麾下大将。韩潭，两唐书无传，事见《旧唐书》卷一○七《崔宁传》。建中初，西川节度使崔宁入朝后曾短暂出任朔方节度使，韩潭为其麾下大将。泾师之变时，崔宁后至奉天，德宗疑其观望，命中使将其缢死。贞元中，韩潭因功位至夏州节度使，上表请让己官，以雪崔宁之罪。德宗是冤案的始作俑者，表面上优诏应允，内心则深恶之。贞元十三年（797），德宗征韩潭入朝，以神策行营节度使韩全义代为节度使。韩全义接替韩潭，与张献甫接替韩游瓌类似，都是德宗用神策势力取代朔方旧将的手段。监军使贾英秀为迎接韩全义，前期作了大量铺垫。许多夏州将佐都被拉拢。冯翊，夏州本地人，为韩潭死党，"方为韩公潭宠倚……不复他交附"，是韩全义上位的障碍。贾英秀指使亲信诬杀冯翊，并非普通的私人恩怨，而是一种"政治需要"。冯翊之死，初无敢言者，其子冯琪诣阙诉冤，德宗被迫表态彻查。参与者王游顺、李缙朝成为替罪羊，贾英秀仅象征性"削一阶爵"（墓志夸张为"尽□英秀爵"）。我们还注意到，贞元十六年朝廷讨淮西吴少诚，韩全义为都统，贾英秀为都监。贾英秀不仅没受牵连，反而更受重用。盖其滥杀大将，保障神策势力顺利接管夏州，对德宗而言是有大功之人。深究起来，贾英秀只是前台的工具，幕后主谋即神策中尉或德宗本人，史官不敢明言，只能把冯翊模糊为"州人"。

---

[1]《唐代墓志汇编》开成○三六《冯殖墓志》，第 2194 页。

　　朔方军外，诸道藩镇实力最强，构成巨大隐患的，还有拥兵十万的河东军。建中末，河东节度使马燧颇有韬略，屡次大败田悦，名震天下，实际上是官军河北魏县行营的军事主官。泾师之变后，魏县行营解体。马燧急于勤王，"遣行军司马王权统锐骑五千，与监军使者赴行在"①。德宗被李怀光逼迫，再幸梁州，国运命悬一线，马燧非但不发兵救驾，反将王权等抽归本镇，在太原加固城池，修兵缮甲，静观时变。当此之时，若德宗为叛军所害，马燧即可自为一方诸侯。德宗碍于时局，隐忍不发。归京之后，明为优待宿将，实则处处设防拘制。先命马燧全军讨李怀光，复命其西渡黄河，抵御吐蕃，又将河东大将符璘等征入宿卫，改隶神策。这些举措无不暗含削弱河东之意。马燧对此心知肚明，其力主与吐蕃结盟，实则出自消极避战，保存河东实力的私心。贞元三年（787），吐蕃劫盟，德宗以此为由，罢其兵权。为稳定军心，马燧罢镇时，德宗许其本军择帅，以大将李自良代掌军政。这一人事安排，与德宗罢李晟凤翔节度使兵权，许其举邢君牙自代类似，名为优待勋臣，实则是一种变相妥协。

　　贞元十一年，李自良卒。此时神策军已重组完毕，吐蕃无力内寇，河朔平稳无事，德宗可以从容抽出精力应对内部藩镇问题。对暂无军事压力的河东军，德宗倾向偃武修文，择文臣为帅，以改变其军事特质。但是让身经百战的骁勇之将服膺文臣指麾，必须假借文臣足够的威权。在河东最能代表皇帝权威的只能是监军使王定远。李自良的病逝为监军王定远的上位提供了历史契机。《旧唐书》卷一四六《李说传》：

　　　贞元十一年五月，自良病，凡六日而卒，匿丧，阳言病甚，数日发丧。先是，都虞侯张瑶久在军，素得士心，尝请假迁葬，自良未许。至是，说与监军王定远谋，乃给瑶假，以大将毛朝阳代瑶，然

---

①《权德舆诗文集》卷一九《马燧行状》，第302页。

后遣使告自良病。中使第五国珍自云、朔使还，过太原，闻自良病，中使迟留信宿。自良卒，国珍急驰至京，先说使至，乃下制以通王领河东节度大使，以说为行军司马充节度留后、北都副留守。仍令国珍赍说官告及军府将吏部内刺史等敕书三十余通往太原宣赐，军中始定。

定远恃立说之功，颇恣纵横，军政皆自专决，仍请赐印。监军有印自定远始也。定远既得印，益暴，将吏辄自补授，说寝不欢，遂成嫌隙。是岁七月，定远署虞候田宏为列将，以代彭令苴。令苴不伏，扬言曰："超补列将，非功不可，宏有何功，敢代予任？"定远闻而含怒，召令苴斩之，埋于马粪之中，家人请尸，不与，三军皆怨。说具以事闻，德宗以定远有奉天扈从之功，恕死停任。制未至，定远怒说奏闻，趋府谋杀说，升堂未坐，抽刀刺说，说走而获免。定远驰至府门，召集将吏，于箱中陈敕牒官告二十余轴，示诸将曰："有敕，令李景略知留后，遣说赴京，公等皆有恩命。"指箱中示之，诸将方拜抃，大将马良辅呼而麾众曰："箱中皆监军旧官告，非恩命也，不可受。但备急变尔。"定远知事败，走登乾阳楼，召其部下，将卒多不之应。比夜，定远坠城下槎柉伤而不死。寻有诏削夺，长流崖州。大将高迪等同其谋，说皆斩之。[1]

依循马燧、李晟等人先例，李自良可以本军择帅，举荐继任者。若从此法，大将张瑶依次当立，李自良不许张瑶假期，暗有身死以其自代之意。但从朝廷角度来看，德宗迫切需要打破河东军的权力结构，由武人主政换成文官主政。太原少尹李说为淮安王李神通之后，马燧为河阳、河东节度使，皆辟为从事，李自良复奏为太原少尹，是一理想人选。在命帅程序上，德宗首先祭出亲王遥领的把戏，以通王为河东节度大

---

[1]《旧唐书·李说传》云王定远"槎柉伤而不死"，《通鉴》据《实录》作"为枯柉所伤而死"（第7691页），《唐代墓志汇编》元和〇八三《李辅光墓志》作"为乱兵所害"，则《通鉴》是。

使,拜李说为行军司马兼充留后。同时,遣中使第五国珍"赍说官告及军府将吏部内刺史等敕书三十余通往太原宣赐"。张瑶等大将功勋卓著,多有人望,监军使故意支开张瑶,为李说清除障碍。中使带来三十余通官告后,大势已定,这批官告成为李说收买人心的资本。为实现平稳交接,德宗可谓煞费苦心。

李说借监军之力,取得节帅之位,要巩固地位,就必须继续与代表皇帝的监军使合作。不过王定远的使命并非配合李说,而是在河东清除潜在异己,培植亲朝廷势力。德宗赐其监军使之印,正是方便补授将吏所用。王定远越过节度使,擅自署任将吏,打乱诸将迁转秩序,激起彭令茵等大将的严重不满。王定远虐杀彭令茵,与贾英秀冤杀冯翃类似,都有深刻的宫廷背景。区别在于,贾英秀威慑住多数将领,而王定远目空一切,亵渎尸首,犯了众怒。最后节度使李说也不堪忍受,与之分道扬镳。整个事件中有一细节值得关注,即王定远在众叛亲离时拿出官告二十余轴,企图收买人心。大将马良辅云"非恩命也,不可受,但备急变尔"。也就是说,这些官告并非伪造,德宗实际上赐给王定远两批官告,一批公开颁赏,以获取诸将对李说的支持。另一批则秘而不宣,以备非常之时启用。王定远又对诸将称:"有敕令李景略知留后,遣说赴京,公等皆有恩命。"那么,这个以李景略为留后的敕令是否为王定远凭空捏造呢?

检《旧唐书》卷一五二《李景略传》:

> 时河东李说有疾,诏以景略为太原少尹、节度行军司马。时方镇节度使少征入换代者,皆死亡乃命焉,行军司马尽简自上意。受命之日,人心以属。景略居疑帅之地,势已难处。回纥使梅录将军入朝,说置宴会,梅录争上下坐,说不能遏,景略叱之。梅录,前过丰州者也,识景略语音,疾趋前拜曰:"非丰州李端公耶? 不拜麾下久矣,何其瘠也。"又拜,遂命之居次坐。将吏宾客顾景略,悉加严惮。说心不平,厚赂中尉窦文场,将去景略,使为内应。岁

余,风言回纥将南下阴山,丰州宜得其人。上素知景略在边时事。上方轸虑,文场在旁,言景略堪为边任,乃以景略为丰州刺史、兼御史大夫、天德军西受降城都防御使。①

贞元时德宗明面上不生除节度使,暗中则拔擢亲信之人为行军司马,一旦节度使病故,即由其代为节帅。之所以选择行军司马为储帅,不仅因为其总判使衙文案,谙熟军情,更重要的原因是行军司马多由文臣充任,朝廷可以在"本军择帅"的名义下,实现"文臣代武将"的目的。史称王定远失败后,李说追斩同谋大将高迪等人,则王定远以李景略代李说的密谋已谋划多时。德宗未必有明诏送李说入朝,但是王定远扶植李景略,应是奉了德宗密旨。二十余轴空白告身,即为预备应付突发事件所准备的。因此,可以说德宗才是河东局势的幕后操纵者。

李说敢于同王定远反目,是因为他攀上左军中尉窦文场,得其奥援。故王定远虽败,但河东原有的军将系统遭到严重破坏。继任监军使李辅光懂兵法,贞元中前往邕管招谕溪洞蛮,奏于海口置五镇守捉。河东监军强势的局面没有丝毫的改变。《唐代墓志汇编》元和〇八三《李辅光墓志》:

> 又属太原军师李自良薨于镇,监军使王定远为乱兵所害,甲士十万,露刃相守。公驰命安抚,下车乃定。便充监军使。前后三易节制,军府晏如。十五年间,去由始至。遂特恩遥授内给事,又有金章紫绶之赐。②

贞元十六年(800)十月李说卒,行军司马郑儋代为节度使,贞元十七年八月郑儋卒,行军司马严绶代为节度使。十五年内,节度使换了三任,监军使始终都是李辅光。马燧时代河东军甲士十万,叱咤风云,宦官

---

①《旧唐书》卷一五二《李景略传》,第 4073—4074 页。
②《唐代墓志汇编》元和〇八三《李辅光墓志》,第 2007 页。

监军之后,俨然判若两军。史称:"严绶在太原,其政事一出监军李辅光,绶但拱手而已。"①元和初,宪宗意欲对河朔用兵,忧李辅光年事已高,遂以刘弘规代为监军。直至唐末李克用时代,河东军监军使一直都保持着很高的政治地位。

建中大动荡之后,朝廷虚弱,武臣恣横。德宗惮武人作乱,喜欢以儒臣代掌藩镇。但是,儒臣自朝堂出发,仅凭三数僚佐赴任,难以在藩镇立足。李说、严绶等人顺利履职,实则离不开监军的策应、支持。但是,中国传统政治文化中,文士对宦官存有天然的鄙视,监军对不懂军务的文士也多轻蔑之心,当两者都很强势时,就会产生激烈对抗。夏绥、河东是监军强势介入藩镇的突出案例,背后体现的是德宗的强力支持,在义成、宣武等镇,朝廷有时鞭长莫及,对监军的支持力度稍弱,很容易出现文官节度使与宦官监军使权力摩擦的问题。轰动一时的姚南仲案即非常典型。

姚南仲,肃宗乾元初制举进士,累迁右补阙,建中初,坐与宰相常衮相善,出为海盐令,被浙西观察使韩滉表为推官,归朝后历迁御史中丞,改陕虢观察使。贞元十五年(799),义成节度使李复卒,德宗以姚南仲代为节帅。义成军为新置藩镇,下辖郑、滑两州,分置自永平军。代宗初,朝廷以滑州安置安禄山降将令狐彰,赐号永平军,李勉为节度使时,永平军移治所于汴州。德宗奉天之难时,李希烈陷汴州,河南都统、永平节度使李勉溃奔宋州,滑州守将李澄投降李希烈,暗中奉表德宗。其后官军复盛,李澄誓师反正,并说降李希烈伪署郑州守将孙液,德宗遂合郑州、滑州为一镇,以李澄为节度使,赐号义成军。义成军地狭兵寡,但地理位置非常重要。既可阻隔淮西、淄青两镇合势,又可南下应援宣武,拱卫漕运畅通。如此重要的一个藩镇,其士兵成分却非常复杂,本身包含不少安史旧兵,新又接纳大量李希烈旧部。贞元二

①《旧唐书》卷一四八《裴垍传》,第3990—3991页。

年,节度使李澄卒,其子李克宁杀行军司马马铉,谋袭父位,惮宣武节度使刘洽而止。贞元十年,节度使李融卒,义成军乱,德宗以文武兼备的李复为帅,以权宦薛盈珍为监军。薛盈珍与义成军早有渊源。兴元中薛盈珍奉使滑州,促成李澄誓师反正,属于义成军的老资历。薛、李共事五年,李复唯唯而已,情形与河东相类。贞元十五年,李复卒,德宗以姚南仲忠直,自陕虢移镇义成,不料姚、薛二人存在严重的性格冲突,很快就成水火之势。

《旧唐书》卷一五三《姚南仲传》:

> 贞元十五年,代李复为郑滑节度使。监军薛盈珍恃势夺军政。南仲数为盈珍谮毁,德宗颇疑之。十六年,盈珍遣小使程务盈驰驿奉表,诬奏南仲阴事。南仲裨将曹文洽亦入奏事京师。伺知盈珍表中语,文洽私怀愤怒,遂晨夜兼道追务盈,至长乐驿及之。与同舍宿,中夜杀务盈,沉盈珍表于厕中,乃自杀。日旰,驿吏辟门,见血流涂地旁得文洽二缄,一告于南仲,一表理南仲之冤,且陈首杀务盈。上闻其事,颇骇异之。南仲虑衅深,遂乞入朝。德宗曰:"盈珍扰军政耶?"南仲对曰:"盈珍不扰军政,臣自隳陛下法耳。如盈珍辈所在有之,虽羊、杜复生,抚百姓,御三军,必不能成恺悌父母之政、师律善阵之制矣。"上默然久之,授尚书右仆射。[①]

《旧唐书》没有记载二人交恶的具体情节。姚南仲前任李复从事卢坦颇知其事。卢坦卒后,李翱为其撰写行状中曾有披露。李翱《故东川节度使卢公(坦)传》:

> 薛盈珍为监军使,累侵军政,坦每据理以拒之。盈珍尝言曰:"卢侍御所言皆公,我故不违也。"……李复病甚,盈珍以甲士五百

---

① 《旧唐书》卷一五三《姚南仲传》,第4083页。

> 人入州城，人皆恐骇，坦遽止之，盈珍不敢违。复卒，盈珍主兵事，制以姚南仲代，盈珍方会客，言曰："姚大夫书生，岂将材也？"坦私谓人曰："姚大夫外虽柔，中甚刚，又能断，监军若侵，必不受，祸自此萌矣。若从公丧而西，必遇姚大夫，吾惧为所留以及祸。"遂潜去。姚果以牒来请，终以不逢得解。及盈珍与姚隙，从事多黜死者。[1]

《通鉴》《新唐书·卢坦传》与李翱《行状》文字略同，行状当即其史源。李翱为岭南节度使杨於陵幕僚，曾被监军诬奏"惑乱军政"，自此深恶宦官。即便如此，据其所记，节度判官卢坦等"据理拒之"，也被采纳。李复病危，薛盈珍听到风声，即刻封闭府库，预纳五百士兵，应对可能出现的士兵哗变。可见薛盈珍经验丰富，并非颟顸无能之辈。薛、姚矛盾主要是职务上的摩擦。姚南仲为浙东西观察使韩滉故吏，韩滉强毅，贞元初被征入朝，恃功桀骜，朝廷为之旰食。薛盈珍或因此对姚南仲多有偏见，同时又轻视其为没有军事经验的书生，完全不以为意。姚南仲偏偏"外柔中刚"，不甘受其指画。物以类聚，姚南仲所聘幕僚也多性格耿直。从事扶风人马总，"少孤贫，好学，性刚直，不妄交游"[2]。以死上谏的衙将曹文洽，同样也行事极端。德宗猜忌义成，命文臣为帅，配以强干的监军使，没想到却出现一山不容二虎的局面。姚南仲不从薛盈珍的种种"恶政"，被薛盈珍当作"不臣"之举，源源不断地密奏德宗。姚南仲衙将曹文洽愤恨不已，引发了这场骇人听闻的血案。曹文洽以死明姚南仲不反，德宗自然不会置之不理。姚、薛双双被征入朝。姚南仲入为尚书右仆射，品秩虽高，实为闲职，薛盈珍则入掌枢密，更受重用。由此看来，薛盈珍"干军政"的种种做法，实际上代表德宗意志。姚南仲无法与薛盈珍共事，即是无法贯彻德宗意图，

---

① 《李翱文集校注》卷一二《故东川节度使卢公（坦）传》，第 191 页。
② 《册府》卷九四〇《总录部·患难门》，第 11077 页。

必然是自此边缘化。这种看似奇怪的处置结果,其合理性唯有从宦官政治的角度才能得到解释。

姚南仲入朝后,德宗先后以义成军行军司马卢群、尚书右丞李元素为节度使,义成军节帅文官化的策略并没有改变。姚南仲虽因曹文洽之死证得清白,但其僚佐多被猜忌,相继遭到贬黜,见诸记载的有前文提及的马总。《册府》卷七一九《幕府部·公正门》:

> 薛戎少有学术,不求闻达,居阳羡山……柳冕为福建观察,表戎为从事。会泉州阙刺史,冕署戎权领州事。是时姚南仲节制郑滑,从事马总以其直道,为监军使诬奏,贬泉州别驾。冕附会权势,将构成总罪,使戎案问,曲成之。戎以总无辜,不从冕意,别白其状。戎还自泉州,冕盛气据衙,令引戎入。戎叱引者曰:“安有观察使据衙而见宾客哉?”遂历东厢从容而入,冕度势未可屈,徐起以见,一揖而退。又构其罪,具以状闻。置戎于佛寺,环以武夫,恣其侵辱,如是累月,诱令成总之罪。戎操心如一,竟不动摇。①

《册府》卷九四〇《总录部·患难门》:“福建观察使柳冕希旨,欲杀总。遣从事穆赞鞫总,赞称无状,总方免死,后量移恩王傅。”②柳冕派遣从事穆质亲自处置,之前必有人借他事诬告马总。在穆赞、薛戎等人的竭力回护下,马总方得解脱③。另一从事卢坦早见灾祸,预先辞归,入朝迁御史中丞。一次仆射裴均因上朝班位问题,语及姚南仲。“均曰:

---

① 《册府》卷七一九《幕府部·公正门》,第 8562 页。
② 《册府》卷九四〇《总录部·患难门》,第 11077 页。
③ 《新唐书·姚南仲传》末云:“初,崔位、马少微者,俱在南仲幕府。盈珍之潜也,出位为遂州别驾。东川观察使王叔邕希旨奏位,杀之。复出少微补外,使宦官护送,度江,投之水云。”《通鉴》卷二三五德宗贞元十六年正月条:“盈珍又言于上曰:‘南仲恶政,皆幕僚马少微赞之也。’诏贬少微江南官,遣中使送之,推坠江中而死。”《新唐书》此段记载不见于《旧唐书》,恐亦出于小说家言。按此马少微,当即马总。然马总得至泉州,并受穆赞等人的案问,所谓宦官推其坠江之说,应属讹传或小说家虚构,今不取。

'南仲何人？'曰：'守正而不交权幸者。'均怒，遂罢为左庶子。"①裴均结交宦官，父事左军中尉窦文场②，卢坦无心之言即遭谗毁，足见当时官场的黑暗。

　　义成军之南，是建中之乱中发展壮大的雄藩宣武军。宣武军辖甲兵十万，是河南道实力最为强大的藩镇。宣武军与义成军同源，都自永平军演化而来。代宗朝李勉为永平军节度使时，将治所自滑州移至汴州。建中二年（781），为保障运河畅通，德宗分永平军所辖之宋州置宣武军。建中之乱中，汴州被李希烈攻破，李勉奔宋州，宣武节度使刘洽收合余众，收复汴州。战争结束后，原永平军军号取消，汴州遂为宣武治所。宣武军成分复杂，前身溯及降将令狐彰，颇染河朔旧俗。令狐彰卒，军士欲立其子令狐建，令狐建"誓死不从"，李勉才得以赴任。建中之乱中，淄青伪署濮州刺史高彦昭等以军归国，宣武军中也杂有淄青旧卒。德宗对宣武军虽然并不信任，但缺乏有效的掣肘手段。贞元年间宣武军局势也是一波三折，极不平静。

　　贞元八年（792），宣武节度使刘玄佐（即刘洽）卒，军士拥立玄佐子刘士宁为留后。德宗初以陕虢观察使吴凑代之。监军奏淄青节度使李纳煽动士卒叛投淄青，德宗惧生变，不得不允其袭任。贞元九年十二月，宣武再度军乱，都知兵马使李万荣驱逐"忍暴淫乱"的刘士宁。消息传至朝廷，德宗遣中使谓宰相陆贽云"万荣安抚有功，闻亦忠义，甚得众心"③，意图承认既成事实。盖刘士宁属于"父死子继"，一旦因

---

①《旧唐书》卷一五三《卢坦传》，第 4092 页。

②裴均结交宦官，见《册府》卷六九七《牧守部·邪佞门》："裴均德宗时为山南东道节度使。均素与内官左神策护军中尉窦文场善。有崔太素，亦得幸于文场。太素一日晨省文场，文场卧帐中，宾客填门，独引太素入卧内。太素自谓文场之眷极深，徐观后床一人寝方醒，乃均也。太素大惭而出。"《新唐书》卷一〇八《裴均传》："均与崔太素俱事中人窦文场，太素尝晨省文场，入卧内，自谓待已至厚，徐观后榻有频伸者，乃均也。德宗以均任方镇，欲遂相之，谏官李约上疏斥均为文场养子，不可污台辅，乃止。"《新唐书》与《册府》同源，唯唐代宦官收养子皆改从宦官之姓，谓裴均为窦文场养子，恐为厚诬之语。

③《陆贽集》卷二〇《请不与李万荣汴州节度使状》，第 646 页。

循成习,宣武军很可能走上河朔藩镇的老路,李万荣虽属作乱,竟无意间避免宣武军出现河朔化的问题。

对于宣武军这种政治上、军事上高度独立的藩镇,孱弱的中央朝廷缺乏有效的手段加以威制,唯有把希望寄托在监军身上。德宗虽然承认李万荣节度使之位,但在派遣监军问题上,却玩了一个假途灭虢的小伎俩。贞元十年九月,德宗以宦官俱文珍为云南宣慰使,与册南诏使袁滋一同出使南诏。今云南昭通仍留有当年出使南诏的摩崖题记。自南诏返回途中,俱文珍一行路经汴州时,随即驻留为宣武监军使。俱文珍在汴州的僚佐,多为其奉使南诏的原班人马,最著名的就是后来官至左军中尉的吐突承璀。德宗作此人事安排,显然是为解决宣武军问题预作铺垫。如果监军从长安直接带大批神策军赴任,必然会引起宣武军的警觉和反对,俱文珍出使南诏,返回时携有大量珍宝钱帛,也有一定的护从军队。对于他们的到来,李万荣是没有理由拒绝接纳的。史书记载俱文珍在汴州置亲兵数千人,没有雄厚的财力是无法养兵的。这些亲兵,有些是汴州召募,当有一些为云南归来的军士。除了召募亲兵,俱文珍也积极招延门客,培植个人势力。《西安碑林博物馆新藏墓志汇编》二六二《程安墓志》:

> 入大梁夷门,鹤顾鹗视,欲择木而息。乃先扣宣武军监使、内侍省上护军俱文珍之权门,称布衣请见。初,文珍以常客待之。公酒酣,词藻不屈,谈广野君郦生之辩,借汉留侯子房之筋。文珍膝过前席,以公才实白大梁主,请留而任之。……遇左中尉吐突承璀,曾是文珍故吏,与公倾盖有旧。元和中,承璀领神策、羽林诸军巡塞,师渡盟津,以公为河阳三城使押衙。[①]

俱文珍在汴州不是饱食终日,碌碌无为,而是积极延揽人才,并把这些人才举荐给节度使李万荣。被举荐的文士得恩惠于监军,自然多能为

[①]《西安碑林博物馆新藏墓志汇编》二六二《程安墓志》,第 673 页。

其所用。与俱文珍结交的，不仅有程安这种普通的白衣士人，甚至还包括韩愈等文学名士，俱文珍离任时韩愈曾专门撰文为之饯行。当然，宣武军将士是俱文珍争取的重点，大将邓惟恭等相继被俱文珍拉拢，军中虚实尽在掌握之中。俱文珍至汴州后，一个强硬的监军使及其势力已悄然形成。

贞元十二年（796）六月，节度使李万荣病危，其子兵马使李迺欲袭父位，擅杀伊娄说、张丕等大将。神策中尉霍仙鸣荐神策押衙刘沐为行军司马，欲代为帅。宣武军骄横，不受外军之将，刘沐几被斫伤，假装风病复发才狼狈逃离汴州。俱文珍联合大将邓惟恭，驱除李迺。德宗又任命东都留守董晋为节度使。邓惟恭既执李迺，自谓当代为帅，不遣人迎候。董晋既入，怏怏失权，因受制于俱文珍，终未能为乱。贞元十五年二月，董晋死，朝廷以行军司马陆长源接任。陆长源"性刻急，恃才傲物"，轻慢军人，激起兵变，被乱军所害。俱文珍审时度势，退回"本军择帅"的路线，认为宋州刺史刘逸准久为大将，甚得众心，密召其率军入汴。刘逸准很快平定叛乱，因功授任宣武节度使，并赐名全谅。刘全谅上任数日而亡。汴卒怀刘玄佐之惠，共请其甥都知兵马使韩弘为帅，俱文珍表奏其请。韩弘斩乱卒刘锷等三百余人，宣武局势始得稳定。

宣武军屡有换帅，局势动荡，朝廷无力从外部施压，终得有惊无险，与俱文珍处置得力有很大关系。俱文珍，包括其小使吐突承璀等，都因宣武之功获得政治资本，相继成为宦官集团的领袖人物。

贞元年间，同为朝廷心腹巨患者为淮西镇，淮西觊觎对象是汴州和襄阳。原襄阳节度使梁崇义旧部被淮西李希烈兼并，襄阳节度使暗弱或遭到淮西煽惑，都可能发生骚乱。襄阳节度使于頔专虐跋扈，驭下严酷，但通晓兵事，贞元十四年数次击败吴少诚，"广募战士，储良械，扪然有专汉南意"。正因为如此，德宗不敢轻易换帅，凡所奏请，无不应允。于頔诬劾邓州刺史元洪，朝廷为流端州，頔又遣兵劫还，表责洪太重,朝廷复改吉州长史,后终擅以兵取邓州。襄州先有漆器为天下法,因于頔骄蹇不法,时跋扈节度使号"襄样节度"。于頔终未为乱,襄阳监军薛尚衍起到重要作用。李肇《唐国史补》卷中:

> 于司空頔方炽于襄阳,朝廷以大阉薛尚衍监其军。尚衍至,頔用数不厚待,尚衍晏如也。后旬日,请出游,及暮而归,帘幕茵榻什器一以新矣,又列犊车五十乘,实以绫彩。尚衍领之而已,亦不形言。頔叹曰:"是何祥也。"[1]

朝廷无力钳制襄州,监军太软弱无能,则助长其气焰。但如李辅光、俱文珍等强硬,则恐激化矛盾,促成军乱。薛尚衍性格稳健,既不畏威诣事于頔,又不与之同流。虽然没有更多的史料记载薛尚衍在襄阳的举动,但是朝廷对薛尚衍的表现是非常满意的。元和初,宪宗讨浙西李锜之叛,以薛尚衍为诸军都监。李锜被擒入朝后,于頔心怀不安,表请其子尚主。翰林学士李绛认为于頔虏姓,门户不当,不足以辱帝女。宪宗则称"此非卿所知"[2]。若无宫中之人居中牵线,于頔不敢贸然提出尚主之议,而宪宗也不会贸然应允。以此来看,为宪宗出此谋划者,必是襄阳监军薛尚衍。朝廷先震慑以武力,然后以国婚为名,诓骗于頔入朝,不费一兵一卒解决襄阳问题。可见薛尚衍也颇有谋略,在襄阳以静制动,既不如李辅光那样事事专行,也不如俱文珍那样大张旗鼓,而是以暂时的妥协和退让来稳住对方,积蓄力量,一旦时机成熟,则奋起作为,发挥作用。

由于经济、军事上的孱弱,许多藩镇朝廷都是鞭长莫及,李辅光、薛盈珍、俱文珍那样有权势者毕竟有限,不少藩镇监军使日常行事与薛尚衍类似。至于临事时能否做到当机立断,则主要取决于监军使的政治才干。德宗姑息藩镇,为避免发生动荡,一些藩镇甚至不生除节

---

①《唐国史补》卷中,第37页。
②《通鉴》卷二三七宪宗元和二年(807)十二月条,第7769页。

度使。功勋节帅病故后，其子试图效法河朔藩镇，谋袭父位。如果监军不称职，务行姑息，则会埋下隐患。这方面，山南西道就是一个典型例子。

德宗出奔梁州时，山南西道观察使严震有迎驾之功。为畴其功，十余年朝廷未予代换。贞元十五年（799），严震病重，表请宗人严砺为留后。严震这一做法严重违背了当时的政治规则。为避免梁州河朔化，德宗命监军使暗中在当道文臣中物色合适人选。被监军选中的就是严震的判官郑敬。《唐代墓志汇编》元和〇八八《郑敬墓志》：

> 　　寻而山南观察使相国严公辟公为支使，授大理评事，俄迁监察御史、观察判官，寻授殿中兼祠部员外郎充行军司马，且授金印紫绶，超居上介，上德也。公体中和以接物，守寻度以立政，大洽人心。时使府有疾，朝廷阴诏监军察人心归者，屡微讽于公，公自以为山东布衣，以文学自进，不愿苟于际会，别有所授，深拒之，遂拔兵马使严励（砺）为之。群情不悦。公深惧悔，起不敢赴朝廷，遂尽室沿汉而至渚官。静居四年，不妄交接。[1]

郑敬出任行军司马，"上德也"，即由朝廷擢用。按照惯例，行军司马为储帅之位。严震病危，监军使多次暗示，支持其继为节帅。但是，郑敬本性懦弱，不敢应允。严砺人望轻浮，袭位后贪残暴虐，士民苦弊。郑敬既失德宗之旨，不敢入朝求官，避居江淮数年。这一过程中，梁州监军缺乏俱文珍的处事魄力，导致朝廷用人失当。

与山南西道情况类似的还有与河朔藩镇毗邻的昭义军。昭义军，又称泽潞镇，"泽潞五州，据山东要害，河北连结，唯此制之。磁邢洺三州，入其腹内，国纪所在，实系安危"[2]。昭义军地跨河北、河东两道，

---

①《唐代墓志汇编》元和〇八八《郑敬墓志》，第 2011 页。
②《李相国论事集》卷三《泽潞事宜》，第 21 页。

被视为中原藩镇的边缘①。实际缔造者李抱玉、李抱真兄弟本出河陇，后来合并安史降将相卫节度使薛嵩的部分辖地，内部存有一定的分离倾向。鉴于泽潞镇的特殊性，自代宗起，李抱玉、李抱真兄弟相继为节度使，数十年间不曾改易他人。贞元十年（794）六月，李抱真卒，其子李缄匿丧不发，谋袭父位。德宗闻讯，命宦官第五守进驰入军中，口诏以大将王延贵为留后，稍后赐名王虔休，正授旄节，挫败了这场阴谋②。行军司马元谊素得士心，但当时权摄磁州刺史，不在潞州。朝廷的这一人事安排遭到元谊的强烈抵触。为争节帅之位，昭义军诸将互不相容，自相残杀，元谊失败后率万余精锐出奔魏博镇，德宗舍而不问。元谊事件说明昭义镇军情复杂，同时也暴露朝廷对昭义的控制力非常有限。

　　贞元十五年，王虔休卒。此时天下局势稳定，德宗不再姑息纵容，以河阳节度使李元淳为新任昭义节度使。李元淳，原名李长荣，浙西韩滉大将，贞元初征入为神策将军，赐名李元淳，出为河阳节度使。李元淳与昭义军素无渊源，为保障其顺利赴任，德宗作了大量准备工作。《英华》收录李元淳到任后写给朝廷的谢恩表。其文略云："监军副使回，伏奉敕书手诏，宣慰臣及将士黎庶等，并赐幕府大将已下改官告身二百八十七通……顷以戎臣殒丧，军国忧惶，将校叶心，佐寮奉职。皆能奖忠守义，俟命于天。"③此前河东节度使李自良卒，德宗赐给监军王定远大量官告，以笼络人心，控制局势。王定远所携官告仅三十余通，而赐给昭义的官告多达二百七十余通，德宗在昭义投入的政治资源远远超过河东军。

　　李元淳的到任，打破了昭义军内部的权力结构，一定程度上加剧

<hr />

①参张正田：《中原边缘——唐代昭义军研究》，台北：稻香出版社，1996年。
②《旧唐书》卷一三二《李抱真传》，第3649—3650页。
③《英华》卷五九〇王行先《为李尚书谢恩表》，第3055页。

了军镇内部的对立①。贞元二十年（804），李元淳病逝。围绕节度使之位，昭义军展开新一轮权力争夺。杜牧《樊川文集》卷一一《上李司徒相公论用兵书》：

> 贞元中，节度使李长策（荣）卒，中使提诏授与本军大将，但军士附者即授之。其时大将来希皓为众所服，中使将以手诏付之，希皓言于众曰："此军取人，合是希皓，但作节度使不得，若朝廷以一束草来，希皓亦必敬事。"中使言："面奉进旨，只令此军取大将授与节钺，朝廷不别除人。"希皓固辞。押衙卢从史其位居四，潜与监军相结，超出伍曰："若来大夫不肯受诏，某请且勾当此军。"监军曰："卢中丞若肯如此，此亦固合圣旨。"中使因探怀取诏以授之，从史捧诏再拜舞蹈，希皓回捴同列，使北面称贺，军士毕集，更无一言。②

节度使为朝廷重臣，任免程序上需由翰林学士拟旨，降朱麻纸，规格很高。这次却是不署人名的空白诏书，由中使自行决定人选。此前德宗赐河东监军王定远空白告身，许其补署将校。李抱真卒时，中使第五守进"口诏"命王延贵为留后，也属临机决断。宋人范祖禹议云："废置爵赏，人主之柄也，德宗不有而推以与人，失其所以为君矣。"③但从时效性来说，监军使熟悉当道即时情况，只要确定"本军择帅"的原则，监军的意见比长安君臣更为稳便。不过，如本军择帅，监军使要提前做好应接工作，但是昭义监军接受卢从史贿赂，故意冷落希皓，没有作出任何暗示或沟通。离开监军的支持，空名敕书就是一烫手山芋，来希皓不敢贸然接受。昭义监军没有贯彻德宗旨意，反而帮助卢从史诈

---

① 参见拙著：《〈祁连郡王李公（元淳）墓志铭〉考释——兼论唐德宗贞元年间昭义军三次择帅问题》，载《碑志与唐代政治史论稿》，北京：科学出版社，2017年。
② 《樊川文集》卷一一《上李司徒相公论用兵书》，第165页。李长荣，原文误作李长策。
③ 《唐鉴》卷八"德宗"，第240页。

取旌节,为日后卢从史首鼠两端埋下祸根。

过去论及德宗藩镇政策,常视为姑息藩镇的典型。这一论断虽有一定的合理性,却没有注意到贞元年间藩镇内部权力结构上的显著变化。在姑息藩镇的表象下,德宗一直以派遣监军的形式向藩镇渗透势力,德宗贞元年间是唐代宦官监军之制成立的关键时期。

贞元初朝廷实力跌至谷底。经济上,国库积蓄漂荡一空,连年旱蝗灾害,入不敷出。政治上,德宗下罪己诏,曲赦河朔藩镇,皇权威望严重受损。军事上,朔方军元气大伤,且与朝廷新生嫌隙,朝廷直接控制的仅数万神策军而已。对外关系上,吐蕃连年入寇,西北藩镇军力空虚,无力抵御。就当日情形而言,朝廷根本无力承受一场战胜叛乱藩镇的战争,最稳妥的办法只能是韬光养晦,以待将来。为减少军乱的发生,一些重要藩镇,节度使可以无限期任职下去,直至病死,即所谓的"不生除节度使"。在此前提下,节度使病逝后,新任节度使以什么方式产生对藩镇的走向至关重要。在享有"不生除节度使"特权的藩镇里,主要有父死子继、本军除帅、文臣代帅等三种产生方式。

这三种方式,对统一王朝权威性的影响各不一样。最不能为唐廷容忍的是割据型藩镇的家族世袭。贞元年间,也有不少顺命藩镇诸如李抱真、刘玄佐、张建封、李澄、严震等,子弟多想效法河朔,只是先后被朝廷挫败瓦解。危害稍轻一点的是本军除帅。本军除帅在形式上维护了朝廷的权威,同时新帅无法世袭,对朝廷暂时构不成根本性挑战。最后一种是文臣代帅,基本上可与以科举制为核心的官僚体系对接,同普通藩镇没有太大区别。贞元年间,介于本军除帅和文臣代帅之间还有一过渡方式,即择取信赖的文臣为行军司马,旧帅去世,即以行军司马为新帅。朝廷所能认可的两种除帅方式中,文臣为帅,让跋扈之武将受其指麾,需要监军的鼎力支持。本军择帅,更是离不开监军的举荐。监军在贞元年间藩镇制度中的作用由此可见一斑。

监军之制虽饱受诟病,却帮助唐王朝度过危机,对元和初期的政治局势也有深刻影响。贞元中，西川节度使韦皋镇蜀二十余年不改，也在"不生除节度使"之列。德宗向西川派送了大批朝官充当僚佐，行军司马刘辟正是德宗和监军选中的节帅人选。明了此点，我们就能理解为什么韦皋病死后，刘辟以一介书生，能够顺利执掌军政大权。也正是如此，刘辟兵变后仍自信罪不至死[①]，而朝廷却赫然震怒，称之为"狂悖"之徒。某种意义上说，刘辟之乱正是德宗用人失察的恶果。

第二节 监军使与内廷宦官政治的联动

德宗经历播迁之后，对藩镇推行不同层次的"姑息"之政，与此同时，监军使作为一种新的藩镇建制加以普遍推行。经历二十多年的磨合，至宪宗元和时期，藩镇节帅与监军使之间的关系趋于稳定。元和平叛过程中，宦官监军已经被朝廷文武大臣们所普遍接受。在宦官政治下，宦官经历多年历练，得以出任监军时年龄多半是四五十岁以上的老宦官，他们行事经验丰富，与节度使容易达成默契。

中晚唐时期，监军使以枢密使为长官，形成一套相对独立的体系，其信息上传下达，藩镇官吏无法涉足。一般而言，藩镇节帅惧其挠政诬奏，甚至希望其归京后美言举荐，除馈赠金玉珠宝外，还时常邀请监军参加各种宴饮社交活动，以笼络感情。节度使与监军使共同宴饮或出游的情形屡见于唐人诗文，在唐人碑志或摩崖题记中也屡有体现。文宗开成末似先义逸为荆南监军使，"唯以俸钞备丝竹、笾豆，选胜命客，日宴醉之，崔、韦二丞相已下名士咸预焉"[②]。《孟秀荣墓志》以"元

---

① 《酉阳杂俎》续集卷七："后辟逆节渐露，诏以袁公滋为节度使。成式再从叔少从军，知左营事，惧及祸，与监军定计，以蜡丸帛书通谋于袁。事旋发，悉为鱼肉。"（〔唐〕段成式撰，许逸民校笺，北京：中华书局，2015 年）若所记属实，朝廷讨刘辟时，监军仍在刘辟军中，盖刘辟意在求三川之地，不害监军。直至监军使串联左营大将，谋应官军，始罹于难。

② 《西安碑林博物馆新藏墓志汇编》二九三《似先义逸墓志》，第 754。

戎情同伯仲,宴语球赏不时"来夸耀监军、节帅关系融洽①。唐末钱镠割据两浙,耗巨资重修监军院,"方塘曲沼,游鱼浴鸟,异竹奇花,蓝梢粉苊"②,本身就是一个游宴园。

　　监军使在藩镇参与各种游宴风雅活动,时常接触当地各色人物。中晚唐科举盛行干谒行卷之风。不少著名文士在游幕藩镇时与监军使结识,甚至唱和往来。士人与监军关系最为紧张的贞元年间,文士对宦官的态度就有明显分歧。李翱、马总等僚佐追随府主,旗帜鲜明地贬斥宦官,但也有文士秉承府主之意,撰文恭颂宦官。贞元中令狐楚为河东从事,撰有《为监军贺赦表》③。俱文珍自宣武监军入朝,韩愈作《送汴州监军俱文珍序》。如果说令狐楚、韩愈等属于应酬,那么程安等人则是赤裸裸的游于宦官之门。中晚唐科举浮华,士人需要权要荐举,监军使为节度使的座上宾,通过监军接近藩帅,甚至被举荐给长安权要,是普通文士入仕的重要途径。除程安外,自称宦官门吏或故吏的士人尚有不少,如《李辅光墓志》墓志书者称"门吏晋州司法参军巨雅"。元和中李绛抨击吐突承璀云:"承璀受殊常恩私,当非次委任,威振内外,权倾朝廷,无有贤愚,望风畏伏……党类相托,无复振起。"④所谓"党类",应包括赇求官位的大小官吏。明代顾炎武已有"唐时士人而出于内侍之门者盖不少矣"的感慨⑤。

　　唐代科举尤重文学,监军使出于职务需要,多能识文断字,不乏爱好诗文,与文士关系良好者。文宗时期荆南监军使崔潭峻喜好结交文士,元稹官至宰相,即是走了崔潭峻的门路。《旧唐书》卷一六六《元稹传》:

---

①《唐代墓志汇编续集》大中〇三五《孟秀荣墓志》,第994页。

②《全唐文》卷八二一吴蜕《镇东军监军使院记》,第8652页。

③《英华》卷五五九令狐楚《为监军贺赦表》,第2861页。

④《李相国论事集》卷五《上言承璀事》,第35—36页。

⑤〔清〕顾炎武:《金石文字记》卷四"内侍李辅光墓志"条,《顾炎武全集》册五,上海:上海古籍出版社,2011年,第356页。

　　　　贬为江陵府士曹参军……荆南监军崔潭峻甚礼接稹，不以掾
　　吏遇之，常征其诗什讽诵之。长庆初，潭峻归朝，出稹《连昌宫辞》
　　等百余篇奏御，穆宗大悦，问稹安在？对曰："今为南宫散郎。"即
　　日转祠部郎中、知制诰。朝廷以书命不由相府，甚鄙之……居无
　　何，召入翰林，为中书舍人、承旨学士。中人以潭峻之故，争与稹
　　交。而知枢密魏弘简尤与稹相善，穆宗愈深知重。河东节度使裴
　　度三上疏，言稹与弘简为刎颈之交，谋乱朝政，言甚激讦。穆宗顾
　　中外人情，乃罢稹内职，授工部侍郎。上恩顾未衰，长庆二年，拜
　　平章事。诏下之日，朝野无不轻笑之。①

元稹为御史时意气风发，屡次不畏强权，纠弹非法。元和五年（810）与
仇士良等馆驿争厅，被贬江陵，七年量移通州司马。其与荆南监军崔
潭峻结交当在元和五年至七年之间。崔潭峻自藩镇入朝，以《连昌宫
辞》向穆宗举荐，宰相段文昌也极力荐用，元稹遂得进居翰职，直至拜
相。元稹为御史时曾弹劾武宁节度使违制送监军灵柩，长庆元年给河
南令薛戎作神道碑时，盛赞薛戎拒绝诬陷姚南仲故吏马总。主观上元
稹未必有阿谀奉承宦官之意，盖用诗篇干谒监军，求取举荐，在元稹等
人看来，并不是耻辱之事。与元稹罪名相近的还有御史大夫崔元略。
崔元略多征畿甸经赦免放缗钱万七千贯，结果反升户部侍郎，"时谏官
有疏指言内常侍崔潭峻方有权宠，元略以诸父事之，故虽被弹劾而遽
迁显要"②。因崔潭峻引荐而进用的还有陈许节度使李逊。杜牧《樊
川文集》卷八《唐故处州刺史李君墓志铭》：

　　　　君讳方玄，字景业，刑部尚书、赠司空贞公长子。贞公事宪宗
　　皇帝，兄弟受寄四镇。在汉南时，战淮西未利，监军使崔谈峻逸言

①《旧唐书》卷一六六《元稹传》，第4331—4333页。
②《旧唐书》卷一六三《崔元略传》，第4261页。按，崔元略子崔铉为武宗、宣宗朝宰相，《崔
　玄略墓志》（洛阳市第二文物工作队：《唐崔元略妇女合葬墓》，《文物》2005年2期）对其
　与崔潭峻关系讳而不谈。

中,入为太子宾客。后淮西平,李光颜移郑滑,陈许无帅,帝闲宴
独言曰:"劲兵三万,谁可付者?"谈峻侍侧,曰:"有大臣,家不三
十口,俸钱委库不取,小僮跣足市薪,此可乎?"帝曰:"谁为者?"
谈峻进,即以贞公言,帝即日起贞公为陈许帅。[①]

贞公即李方玄父李逊,历浙东、山南东道、陈许节度使等,《旧唐书》卷
一五五有传。淮西之役开始时,山南东道节度使李逊作战不力,监军
崔潭峻奏言,罢为太子宾客。其后陈许节度使李光颜移镇郑滑,李逊
又因崔潭峻被起用。二人之真实关系值得思考。淮南节度使李䣛征
拜宰相,出自吐突承璀的举荐,李䣛深以为耻,不愿预闻政事。此墓志
作于武宗会昌五年,时崔潭峻已被文宗开棺鞭尸,杜牧不忌言李逊因
崔潭峻进用,仍视作美谈,可见当时文士以宦官引荐为常事。

　　上文对崔潭峻结交士人的分析,意在指出监军在中上层官僚仕进
中具有独特的作用。使职差遣制体制下,朝官与地方官频繁调动,许
多官僚士人都与当道监军使存有交集。这些官僚迁入朝中任职时,更
容易接受宦官在中枢政治中的存在。

　　监军使接受请托,暗通关节,干扰了正常的官员仕进秩序。对此
丑恶现象拍案而起的,往往是尚未步入仕途、血气方刚的年轻士子,身
居庙堂的官僚集团并非对抗宦官的主体。不仅如此,高度官僚化的宦
官集团,娴熟权术。在官僚党争中,胜利的一方,往往不会对失势者斩
尽杀绝,而是远贬至非政治核心地域。宦官集团对异己者的报复同样
如此。其一般做法是先外放至地方,然后借助当道监军之力,慢慢加
以迫害,手法与官僚集团同出一辙。

　　宪宗即位后,连续平定西川刘辟、浙西李锜的反叛,唐王朝的政治
自信迅速回升。元和三年(808),应试举人皇甫湜、牛僧孺制举策文中
猛烈抨击宦官之弊,结果多位主考官遭到贬斥,这就是轰动一时的元和

---

① 《樊川文集》卷八《唐故处州刺史李君墓志铭》,第 130 页。

三年对策案。对策案中受打击的焦点人物并非牛僧孺，而是主考官杨於陵。《李翱文集》卷一四《杨於陵墓志》：

> 公讳於陵，字达夫，年十八举进士第……复为户部侍郎，人望益重，金以公遂为宰相。会考制举人，奖直言策为第一，中贵人大怒，宰相有欲因而出之者，由是为岭南节度使。是时得考策者凡四人，公既得岭南，吏部员外郎韦贯之再贬巴州刺史，而李益、郑敬皆抵于患……监军许遂振，好货戾强，而小人有阴附之者，故遂振密表谮公，直言韦词、李翱惑乱军政，于是除替罢归。遂振既领后事，捶挞吏人，求公之非，吏人大声呼曰："杨尚书他方所遗尚不收去，岂有侵用官钱乎？"遂振遽令取他方所遗。及其至，封印不启，遂振惭而止。①

杨於陵为德宗朝权臣韩滉之婿，牛党成员杨嗣复之父，为官清正，颇有治绩。墓志撰者李翱为其故吏，许遂振构陷杨於陵当实有其事。许遂振宪宗时炙手可热，其后默默无闻，敬宗朝以扈从不及被削秩。从其政治起落轨迹来看，大略属吐突承璀之党。李翱称"宰相有欲因而出之者"，时宰为郑絪、李吉甫二人，所指应即李吉甫。岭南节度使有市舶之利，本为肥差，李翱却视为政治排挤，原因在于宦官集团同时安排了专门敌对的监军使许遂振，使其不得专掌政务。德宗时，宰相杨炎与刘晏不协，将刘晏贬至随州，又任命与刘晏有隙的庾准为荆南节度使，日夜伺其过失。许遂振所为，与庾准类似。事实上，杨於陵与宦官交恶远非始于科场案。元和二年杨於陵自浙东观察使入为京兆尹，"先是，编民多窜北军籍中，倚以横闾里。於陵请限丁，制减三丁者不得著籍。奸人无所影赖，京师豪右大震"②。众所周知，神策军虚挂军

---

① 《李翱文集校注》卷一四《杨於陵墓志》，第221—223页。
② 《新唐书》卷一六三《杨於陵传》，第5032页。点校本"制减三丁者不得著籍"，"制"从上读，今不改从下读。

籍,在京畿影庇大量民户。杨於陵清查户口,受损最大就是神策两军中尉。吐突承璀、许遂振内外连接,有借制举案除去杨於陵之意。杨於陵为官清廉,无衅可击,宰相裴垍也在宪宗面前力辩其事,最终获得保全,元和五年(810)征入为吏部员外郎。

元和之时,宪宗权威很高,宦官尚处于可控状态。李绛、白居易等人主要针对吐突承璀、俱文珍等个别权宦,对同样深度介入国政的梁守谦则罕有抨击。元和十一年,裴度往淮西前线督战时,韩愈为行军司马,吴武陵作《上韩舍人行军书》,献其策云,"宜奏取中人尝所不快者为监军以一之,即归素所快者于内为吾地"①。还在幻想把宦官作为自己的政治工具。官僚文士对政局的未来走向依然判断不清。

元和十五年,宪宗被宦官陈弘志等所弑,穆宗在位四年中风早故,继立者敬宗不到一年亦被宦官所弑。连续两位皇帝都死于非命,朝野反对宦官的舆论再次高涨。文宗大和二年(828)正月,爆发刘蕡对策案。刘蕡痛陈"臣非不知言发而祸应,计行而身戮,盖所以痛社稷之危,哀生人之困"②。但是,掌权的裴度、韦处厚、窦易直等都不敢触动宦官。诸道使府也不敢留用刘蕡,大和九年,山南西道节度使令狐楚、山南东道节度牛僧孺始表其为幕府,不久刘蕡又遭监军使诬奏,贬柳州司户。晚唐李商隐有《哭刘蕡》诗:"上帝深宫闭九阍,巫咸不下问衔冤……平生风义兼师友,不敢同君哭寝门。"③描述了士林噤若寒蝉的情态。

刘蕡对策案的矛头直接指向皇帝接连遇弑之事。这时掌权宦官已由谨慎老道的梁守谦换成手段毒辣的王守澄。为杀一儆百,宦官集团选择对一向敌视宦官的李绛下手。大和二年,李绛由太常卿出为山南西道节度使。同年冬,南诏入寇西川,监军使杨叔元策划一场军乱,

---

借乱军之手将李绛杀害。《旧唐书》卷一六四《李绛传》：

> 三年冬，南蛮寇西蜀，诏征赴援。绛于本道募兵千人赴蜀，及中路，蛮军已退，所募皆还。兴元兵额素定，募卒悉令罢归。四年二月十日，绛晨兴视事，召募卒，以诏旨喻而遣之，仍给以廪麦。皆怏怏而退。监军使杨叔元贪财怙宠，怨绛不奉已，乃因募卒赏薄，众辞之际以言激之，欲其为乱，以逞私憾。募卒因监军之言，怒气益甚，乃噪聚趋府，劫库兵以入使衙。绛方与宾僚会宴，不及设备，闻乱北走登陴。衙将王景延力战以御之。兵折矢穷，景延死，绛乃为乱兵所害，时年六十七。绛初登陴，左右请绛缒城，可以避免，绛不从。乃并从事赵存约、薛齐俱死焉。[1]

《新唐书》卷一五二《李绛传》：

> 四年，南蛮寇蜀道，诏绛募兵千人往赴，不半道，蛮已去，兵还。监军使杨叔元者，素疾绛，遣人迎说军曰："将收募直而还为民"，士皆怒，乃噪而入，劫库兵。绛方宴，不设备，遂握节登陴。或言缒城可以免，绛不从。牙将王景延力战殁，绛遂遇害，年六十七。幕府赵存约、薛齐皆死。[2]

两书在李绛遇害的细节上记述存有明显差异。《新唐书》称监军使杨叔元遣人从小路散布流言，蛊惑归镇军士骚乱，如此则是监军使主动构陷李绛。《旧唐书》则记李绛颁布解散募兵的敕令，激起公愤，如此则军乱主要责任在李绛本人，监军仅有次要责任。检明王祎《大事记续编》卷六五唐文宗大和四年三月乙卯条下"解题"：

> 裴度撰绛神道碑：益部为蛮寇掠，有诏发兵赴救。既行而贼去，不远而军回。监军杨叔元者，惮公守正不可寄私，因是遣间者

---

①《旧唐书》卷一六四《李绛传》，第 4291 页。
②《新唐书》卷一五二《李绛传》，第 4843—4844 页。

迎劳回军,言公将收责所募之帛,令占着田亩。瓦合之众信然,遂相惊噪,疾入为乱,部校请公且避凶锋之逼,由他门止近县。彼无宿恶,偶为所哄,少顷自定当可行。公巋然不受,遂握节登城,以至薨落。新史取以传绛,《实录》则云绛召诸卒以诏书谕而遣之,发廪麦以赏,众皆怏怏而退,出垒门有请辞监军者,而监军使杨叔元贪财怙宠,素与绛隙,至是因以赏薄激之,散卒遂作乱。似不如新史之有据。①

由《解题》可知,《新唐书》所据为裴度所撰《李绛神道碑》,《旧唐书》所据为《文宗实录》。《文宗实录》撰成于宣宗大中八年三月,监修魏謩、史官卢耽、蒋偕、王沨、卢告、牛丛等多属牛党,修史多挟私见。《李绛神道碑》为裴度所撰,属当时人书当时事,可信度自然要高出许多。王祎称《实录》"似不如《新史》之有据",甚是。

李绛之死的可疑处较多。其一,山南西道兵员素有定额,驰援西川依例应先征发旧有镇兵。《旧唐书·温造传》记后任节度使温造赴时"兴元都将卫志忠征蛮回"②,旧镇兵早已赴西川。朝廷明知无兵可遣,为何命其继续派兵?其二,反戈者为临时拼凑的乌合之众,却行动有素。据《旧唐书·温造传》,乱军首领为都教练使丘铸。都教练使是负责训练新兵的军事长官。温造给李绛复仇时,"其亲刃绛者斩一百断,号令者斩三断"。乱军有长官有军令,所谓军乱,实为有组织的军事行动。李绛本可以不死,而是故意加害。其三,李绛遇害后,乱军既没有劫掠府库,一哄而散,也没有擅立新帅,而是大摇大摆等候新节度使。如果丘铸等没有与监军使杨叔元达成默契,这一切显然不可能出现。其四,李绛遇害日,左右僚佐皆死,独从事杨汉公得以免死。杨汉公以贪赂著名,却因有宦官奥援,宣宗朝一路高升。杨汉

---

① 《大事记续编》卷六五唐文宗大和四年三月乙卯条,第281页。
② 《旧唐书》卷一六五《温造传》,第4317页。

公本人墓志今已出土，志中竭力为其行为进行辩护，但是真实性非常值得怀疑。

安史乱后，在东西川、山南等道失地、少地的流民很多，为了生计，不少人乐于投军取赏。元和初西川刘辟拒命时，召募亡命围攻东川，"令下之日，妖气坌兴，下愚沸腾，贪冒奸赏，奔走叛命，肩摩毂击，争先恐后"①。西川有战争，朝廷不在西川或者东川募兵，却令远离战场的山南西道募兵赴援？所谓应援，恐怕从开始就是一个精心谋划的陷阱。在原计划中，杨叔元安辑乱卒有功，估计还会得到厚赏。但是宦官集团却算错一步，文宗看似柔弱，内心深恶宦官。在谏官崔戎、孔敏行等极言论谏之下，文宗特意派"气豪嫉恶"的温造去处理后事。温造至镇后，大开杀戒，诛从乱者千余人，杨叔元被流配康州。当然，杨叔元终得免死，甚至官方的《文宗实录》都为其开脱，终究还是得到宦官权贵的庇护。

刘蕡之斥、李绛之死，对士人的心理打击非常明显。文宗谋诛宦官，满朝文武竟无可信任者。宰相宋申锡贬死后，文宗只得秘密启用李训、郑注这些近幸。甘露之变失败后，宦官大开杀戒，王涯等南衙官僚十余家被灭门，恐怖气氛达到极致。武宗时期，即便富有政治经验的李德裕，也只得小心翼翼地寻求宦官集团的配合。

武宗会昌末，宣宗勾结仇氏等宦官世家夺得帝位，大中年间宦官权势进一步膨胀，内外大臣互相妥协，共治天下的特征更为明显。如果说翰林学士郑薰为仇士良撰写《仇士良神道碑》尚属屈从宣宗旨意②，大中

①《唐会要》卷八〇"谥法"下，第 1744 页。
②〔宋〕王应麟《困学纪闻》卷一四"考史"：《郑薰传》云：'宦人用阶请荫子，薰却之不肯叙。'亦庶几有守矣。《文苑英华》有薰所撰《仇士良神道碑》云：'孰称全德，其仇公乎？'其叙甘露之事，谓'克歼巨擘，乃建殊庸'，以七松处士而秉此笔，乃得佳传于《新史》。岂作史者未之考欤？碑云：'大中五年，念功录旧，诏词臣撰述，不敢虚美。'以元恶为忠贤，犹曰不虚美乎？宣宗所褒表者若此，唐之不竞有以哉！"（〔清〕翁元圻等注，栾保群、田松青、吕宗力校点，上海：上海古籍出版社，2008 年，第 1597—1598 页）

七年(853)柳公权为河东监军康约言撰著并书写《康约言碑》,很能说明当时士人与宦官之间的关系。名士犹且如此,更不用说那些没有科名的普通士子了。今以出土宦官墓志为例。目前已出土宦官或宦官妻子墓志近二百方,由乡贡进士撰写的宦官墓志大多出现于宣宗大中后。如《唐代墓志汇编》大中〇六三《右神策军副使间某墓志》撰者"乡贡进士郑晦"、咸通〇八六《宫教博士张某墓志》撰者"乡贡进士杨璠",《蒐佚》七八九《何贞裕墓志》撰者"乡贡进士戴聿"①。宦官妻子的墓志撰者也多为大中以后的"乡贡进士"。如《唐代墓志汇编》大中〇一〇《乐辅政夫人成氏墓志》撰者"乡贡进士王融"、大中〇三六《刘氏墓志》撰者"乡贡进士崔愿"、大中〇四二《王夫人墓志》撰者"乡贡进士刘玄休"、咸通〇一八《吴德廊妻赵氏墓志》撰者"乡贡进士柳凤"、乾符〇〇五《左氏墓志》撰者"乡贡进士袁标"等。这些充满阿谀之辞的志文或许出自宦官出钱雇买,考虑到大中以后牛党执政,科举浮华,这些墓志可视为乡贡进士向宦官示好的一种表现。

懿、僖时期,科举考试已无公平可言。及第者或是权贵子弟,或走拜谒宦官等旁门左道。咸通年间著名文士沈云翔、林绚、郑玘、刘业、唐珣、吴商叟、秦韬玉、郭缋、罗虬等都交通中贵,号称"芳林十哲"②。宰相于琮尚宣宗女广德公主,贵盛一时,广明初,公主为其兄子于棁求一科名,竟不可得。僖宗奔蜀时,于棁改依田令孜,遂于川中及第。三衢人黄郁、曲江人李瑞受知于令孜,二人皆进士擢第③。秦韬玉出入田令孜之门,被僖宗敕赐及第。

宦官集团介入科举取士是一种普遍的社会现象。权势子弟取得科名并不依赖宦官,对部分由宦官门路的寒门士子存在一种天然的优

---

①《秦晋豫新出土墓志蒐佚续编》七八九《何贞裕墓志》,第 1017 页。

②《唐摭言》卷九:"咸通中,自云翔辈凡十人,今所记者有八,皆交通中贵,号芳林十哲。"《唐语林》卷三:"初,进士有十哲之号,皆通连中官,郭缋、罗虬皆其徒也。"则罗虬亦为十哲。

③《唐摭言》卷九"恶得及第"条,第 139 页。

越感。在这种浮华的科场环境中，那些被证明因宦官门路仕进者，多会遭到同年的唾弃。《通鉴》卷二五〇咸通二年（861）二月条：

> 是时士大夫深疾宦官。事有小相涉，则众共弃之。建州进士叶京尝预宣武军宴，识监军之面，既而及第，在长安与同年出游，遇之于涂，马上相揖，因之谤议喧然。遂沉废终身，其不相悦如此。①

《通鉴》本条采自王定保笔记小说《唐摭言》卷九"误掇恶名"条。检《唐摭言》原文：

> 华（叶）京，建州人也。极有赋名，向游大梁，尝预公宴，因与监军使面熟。及至京师，时已登科，与同年连镳而行，逢其人于通衢，马上相揖，因之谤议喧然，后颇至沉弃，终太学博士。②

两相比较可知，《通鉴》"是时士大夫深疾宦官。事有小相涉，则众共弃之"，并非《唐摭言》原文，而是宋人的借题发挥。按，叶京，建州第一位进士，《福建通志》卷五一《文苑·建宁府》有其小传："叶京，字垂孙，建安人，咸通二年进士。州人登进士，自京始。京词赋典赡，为廉访使所知，号其居曰茂才里，官至太常博士。"③太常博士官阶为从七品上，虽不显达，也不能算"沉废终身"。叶京同年进士中，裴延鲁为宰相裴休兄子，牛征为牛僧孺之孙，周慎辞为杨汉公之婿。叶京以蛮荒之人，中第尤属不易。时寒人子弟多游于宦官之门。唐代宦官多出自闽岭进献。叶京为福建人，曾游幕宣武，与监军相熟。此时该监军已被征入朝。"马上相揖"这一动作，让同年们联想到叶京科名是交通监军而来。如同元稹被武儒衡耻笑一样，叶京被同年"谤议喧然"也在意

---

① 《通鉴》卷二五〇懿宗咸通二年二月条，第8216页。
② 《唐摭言》卷九"误掇恶名"条，第131页。
③ 〔清〕《福建通志》（乾隆二年）卷五一《文苑·建宁府》，影印文渊阁《四库全书》本第529册，第741页。

料之中,但从中引申出"士大夫深疾宦官",恐未得实。

黄巢农民大起义之后,风雨飘摇中的唐王朝逐渐丧失对全局的控制,全国陷入军阀割据混战的局面。自恃门第的"清流"们没有治国良策,只能迁怒掌权的两军中尉和枢密使,所谓"深疾宦官"更是一种空谈。崔昭纬、崔胤等竞相挟藩镇以自重。崔胤为泄被宦官罢相的私愤,引朱全忠入关中,尽诛宦官,此举既没有得到其他士大夫的支持,更是违背昭宗之意,直接导致了唐朝的最终灭亡。

如果我们把唐代士人对宦官的态度,与东汉或明代相比,就会发现三者存有显著的差异。在汉有党锢之祸,在明有东林党人,官僚集团内部都存在声势浩大的反对宦官的斗争。唐代除去顺宗、文宗所仰仗的近幸集团曾有昙花一现的反抗外,官僚体制内的士人普遍缺乏反抗宦官的行动。汪篯先生曾注意到这一现象,他认为宦官的恶劣影响(对地方来说)没有东汉和明末那样严重,宦官贪横引起阶级矛盾激化的问题还不十分明显①。汪篯先生所论非常精要。除此之外,更根本的原因是宦官势力在中央和地方逐渐形成一套官僚集团无法撼动的权力运作机制,这种机制与安史之乱后重建的统治秩序融为一体。监军使与长安宦官政治的联动,进一步表明宦官监军使制度除了军事上的意义之外,本身就是当时政治制度的重要组成部分,扩大了宦官政治的支撑面。

第三节　晚唐地方政局之一瞥

中晚唐时期,中央宦官政治的色彩越来越明显,诸道监军也日益官僚化、制度化。监军是宦官利益在地方的延伸。诸道监军使奉枢密使为长官,与朝中宦官势力的进退也休戚相关。晚唐时期,枢密使、两

---

①汪篯:《隋唐史杂记》之"关于宦官专权",收《汪篯汉唐史论稿》,第 320 页。

军中尉权势几在宰相之上，宦官势力通过监军使在地方政局中有着越来越重要的影响。

自中尉制度形成之后，神策军将与宦官结成了特殊利益共同体。一般而言，起自藩镇的武人节帅多桀骜难制，而自朝中委任的文士官僚不谙军机，缓急不能为用。相比较而言，在宦官羽翼下成长起来的神策军将不失为藩镇节帅的理想人选。德宗创置神策城镇，一个潜在的功用就是以神策城镇为基地，历练武将，培养亲朝廷的藩镇节帅。中晚唐时期在神策军内部形成一套由神策城镇镇遏使迁为藩镇节度使的升迁机制。《碑林博物馆新藏墓志汇编》三三九《马国诚墓志》：

> 累授押先锋兵马使，兼征马使、右卫将军，迁东渭桥镇遏使，寻加御史中丞，岁余就加御史大夫。于时众情期公，自是镇，不再历职，当节制方面。无何，权右以党类疑忌，遂罢镇。久之乃复旧职，旋充崇信镇遏使。是镇虽南卫封畿，而北界蕃漠，郡邑之理，所不能至。由是军民悉镇。使之奖卒伍，则百姓苦其见侵；优百姓，则军用患其不给，前后病之。公至则设策，先安百姓而次励将卒，不一年而公给充羡，百姓安葺（缉）……乾符三年四月十日终于崇信之解（廨）室。[1]

马国诚历神策先锋兵马使、征马使，出为神策军东渭桥镇遏使，加御史大夫衔，"自是镇，不再历职，当节制方面"，表明神策军系统内有一个由神策城镇迁转藩镇节度使的循资升迁体系，马国诚按资历当迁为方镇节帅，却卷入宦官内部党争，"以党类疑忌"，被罢镇，后被发配到更偏远的崇信镇。按东渭桥、崇信镇皆隶左神策。乾符三年（876），左神策军护军中尉刘行深，此前为王宗实、杨玄价。疑马国诚为王宗实亲

---

[1]《西安碑林博物馆新藏墓志汇编》三三九《马国诚墓志》，第885页。"策"字，原识作"荣"。"葺"，《唐代墓志汇编》整理者未识读。图版原作"𦸅"，即"葺"的异体字。"葺"通"缉"，"安葺"即"安缉"。此二字皆据图版径改。

信。宣宗病危,王宗实杀枢密使王归长、马公儒,拥立懿宗。咸通三年(862),杨玄价代王宗实为左军中尉。杨玄价为杨钦义之子,对王宗实势力进行清洗。《马国诚墓志》证实藩镇节度使的人选很大程度上受到宦官内部党争的支配。

朝廷以神策镇将出为藩镇节帅本来是培植亲朝廷势力的重要举措,但是由于神策城镇受两军中尉遥控,镇将多依附宦官,甚至为了能顺利升迁为藩镇节帅,不惜以重金贿赂宦官,由此产生中晚唐时期所谓的"债帅"问题。"自大历已来,节制之除拜,多出禁军中尉。凡命一帅,必广输重赂。禁军将校当为帅者,自无家财,必取资于人;得镇之后,则膏血疲民以偿之。"①大历时期尚无两军中尉,所谓"债帅"问题,实则出现于德宗贞元中。左神策军健儿朱华善于按摩,得幸左军中尉窦文场,军中补署多出其手,贞元十一年(795)贬流岭南,"得赃数万贯,其诸道节度、观察使略遗累百巨万,本军隐匿,不敢悉奏"②。两军中尉是神策军最高军事长官,请托中尉成为一种惯例。"自神策两军出为方镇者,军中多资其行装,至镇三倍偿之。"③大和九年(835)八月,左神策大将军赵儃出为鄜坊节度,资钱未偿而卒,左军中尉仇士良征钱于新任鄜坊节度萧洪,萧洪不与所偿,仇士良等又征于赵儃之子。左神策军将军李泳本是纳资隶籍的市井之徒,大和元年,货贿两军中尉,得为振武节度使,不久转河阳节度使,"所至以贪残为务,特(恃)所交结,不果(禀)宪章。犒宴所陈果实,以木刻彩缋之,聚敛无已,人不堪命"④。河阳节度使罗元杲,"本神策将,状短陋,倚中官势,剽财输京师,凡巨万,人怨之"⑤。"债帅"问题由神策军将出为节度使衍生

①《旧唐书》卷一六二《高瑀传》,第 4250 页。
②《册府》卷一五三《帝王部·明罚门二》,第 1850 页
③《旧唐书》卷五二《萧洪传》,第 2201 页。
④《册府》卷四五五《将帅部·贪黩门》,第 5395 页。"特",四库本《册府》作"恃";"果",四库本作"禀"。四库本是。
⑤《新唐书》卷一八七《诸葛爽传》,第 5441 页。

而来。后来,宦官干脆直接收养神策军将为义子,杨复恭、杨复光等各有义子数十百人。"债帅"与"义子",虽然名目不同,本质上则是一样的。

在宦官政治格局下,神策军将厚贿两军中尉,得其庇护,双方不仅是单纯的债务关系。当朝廷遇到必须武力才能解决的问题时,当权宦官常举荐自己亲信的神策军将。德宗时神策将韩全义以巧佞贿结窦文场,被命为夏绥节度使。贞元十四年(798),淮西节度使吴少诚拒命,窦文场荐韩全义为蔡州四面行营诏讨使,结果官军屡遭溃败,宦官讳败为胜,最终不得不以曲赦吴少诚收场。班师回朝后韩全义竟以"招安"有功,获得丰厚赏赐。宦官为了固宠,需要一批武将为自己卖命。而神策武将需要宦官的照应提携。韩全义就是宦官与神策军结成利益共同体的典型例子。宪宗以后,宦官逐渐产生一些宦官世家,神策军将多世代从军营生,一些军将也会累世依附某一宦官家族,或某一派宦官,充当其爪牙。宦官集团与神策军将互相勾结,互相利用,对中晚唐政局影响甚巨。今以唐末神策名将高骈为例,略加阐释。

《新唐书》卷二二四下《高骈传》:

> 高骈字千里,南平郡王崇文孙也。家世禁卫,幼颇修饬,折节为文学,与诸儒交,硁硁谭治道,两军中人更称誉之。①

高骈之祖即元和初率神策军讨平西川刘辟之乱的神策将高崇文。高崇文治军长武城,得以行营节度使出讨西川,源自宰相杜黄裳的举荐。此人为典型的武人,目不识丁,为人谦逊,行营都监俱文珍擅杀东川节度使李康,高崇文亦无异同。高骈出身禁军世家,很早为宦官所知,"两军中人更称誉之"。高骈本人却自恃清高,喜欢研究治世之道,不屑低附宦官。朝中缺少奥援,故其建功立业的历程尤为曲折。

懿宗咸通初,西北党项反叛,边境不宁。高骈率神策军戍长武城,

---

① 《新唐书》卷二二四下《高骈传》,第 6391 页。

借祖父余威,屡次大破党项。《新唐书》卷二二四下《高骈传》：

> 党项叛,率禁兵万人戍长武。是时诸将无功,唯骈数用奇,杀
> 获甚多。懿宗嘉之,徙屯秦州,即拜刺史兼防御使。取河、渭二
> 州,略定凤林关,降虏万余人。[1]

高骈收复河、渭二州事另见同书卷二一六《吐蕃传》：

> 明年,沙州首领张义潮奉瓜、沙、伊、肃、甘等十一州地图以
> 献……擢义潮沙州防御使,俄号归义军,遂为节度使。其后河、渭
> 州虏将尚延心以国破亡,亦献款。秦州刺史高骈诱降延心及浑末
> 部万帐,遂收二州,拜延心武卫将军。骈收凤林关,以延心为河、
> 渭等州都游弈使。[2]

《新唐书》书尚延心归降时高骈官职为秦州刺史,《新唐书·懿宗纪》：
"(咸通四年二月)秦州经略使高骈为安南经略招讨使。"[3]则当时秦州
的正式建制为秦、成两州经略使,治所在秦州,经略使同时兼秦州刺
史,故也称秦州经略使或秦州刺史。咸通四年(863),因安南反叛,很
快即调任安南经略诏讨使。恰好的是,就在高骈离任之时,秦州的政
治地位发生重大变化。同年同月秦州经略使正式建节,升格为天雄军
节度使。

《通鉴》卷二五〇懿宗咸通四年二月条：

> 置天雄军于秦州,以成、河、渭三州隶焉;以前左金吾将军王
> 晏实为天雄观察使。[4]

《英华》卷四五三《授王安(晏)实天雄军节度使制》录其衔为"秦州刺
史,御史大夫,充天雄军节度、秦城(成)河渭等州营田、观察、处置押蕃

---

①《新唐书》卷二二四下《高骈传》,第6391页。
②《新唐书》卷二一六《吐蕃传》,第6107—6108页。
③《新唐书》卷九《懿宗纪》,第258页。
④《通鉴》卷二五〇懿宗咸通四年二月条,第8226页。

落等使"①。《新唐书·方镇表》陇右节度使条在咸通五年（864）下云"升秦成两州经略、天雄军使为天雄军节度、观察、处置、营田、押蕃落等使，增领阶州"②。天雄军节度使设置之初，领有秦、成、河、渭四州，盖咸通五年增领阶州，《新表》并二事书于一处，作天雄军设置于咸通五年。

在诸将久而无功的情况下，高骈诱降尚延心部落万余帐，收复河、渭二州，秦成经略使辖境扩大，这是其升级为节度使的主要原因。朝廷论功行赏，尚延心犹得封河渭都游弈使，从常理来说，首任节度使非高骈莫属。但是高骈却被调往唐朝最南端的安南，天雄军与其再无瓜葛。朝廷不用高骈，也不用秦州其他边将，而是派遣一个前金吾将军王晏实坐享其成，出任天雄军首任节度使。这种安排是巧合，还是另有深意？

与高骈类似，王晏实身世也非同一般。王晏实本宪宗朝徐州节度使王智兴之孙，深得王智兴喜爱，养以为子。其父王宰，本名王晏宰，王晏实被王智兴收为养子后，遂去"晏"字。武宗平泽潞时王宰立有首功，拜河东节度使。《新唐书》卷一七二《王智兴传附王晏实传》云：

> 晏实幼机警，智兴自养之，故名与诸父齿。稹平，擢淄州刺史，终天雄节度使。③

王智兴三代皆为武将，颇有战功，但均因与宦官勾结而声名狼藉。王智兴年少时骁勇果敢，元和朝以军功迁至武宁大将。长庆元年（821），率军讨伐成德王庭凑。班师时强夺武宁军节度使崔群之权，朝廷无力征讨，只得正授节度使。此后，王智兴广积财赂，结交权贵，擅于泗口收税助军。大和中又厚诬素得众心的大将石雄，杀将士百余人。王智

---

①《英华》卷四五三《授王安（晏）实天雄军节度使制》，第2301页。
②《新唐书》卷六七《方镇表四》，第1886页。
③《新唐书》卷一七二《王智兴传附王晏实传》，第5204页。

兴贪暴之名闻于天下,却不吝以财货贿赂宦官,邻道藩镇有乱时,往往能出兵平定,故颇得宦官青睐,竟得步步升迁。其子王宰亦勇武,会昌初为忠武军节度使,武宗朝李德裕讨泽潞刘稹之乱,以王宰为诏讨使。时王晏实为磁州刺史,一度被刘稹扣为人质。王宰也深交宦官,平泽潞后迁河东节度使。宣宗初,擅自入朝,求为宰相,被周墀弹劾后始归河东。大中四年(850)朝廷以王宰为诸道行营招讨党项使,结果党项愈演愈烈,王宰有宦官助掩败绩,仅徙镇河阳而已[1]。从王晏实的家族背景,我们可以体会到这次不合常理的人事安排,其意图非常明确,就是要攘夺高骈功劳,作为王晏实仕进之资。

王晏实也不是孤身上任,与其一同赴任的,还有其亲外甥张谅。《全唐文补遗》第一辑收录《张谅墓志》云:

> 烈考讳经,皇黎州刺史,充本州诏讨使。尊夫人太原王氏,封太原郡君。公即使君长子也……后以选部有期,将荣结绶。未几,丁使君丧,服除之后……彩衣之庆,以悦朝昏。至咸通岁直辛未,属公之亲舅大夫太原公建节秦州,宠于起复,公姑务拜祝,疾届雄藩。……寻授宪衔殿中侍御史,充天雄军节度九军都知兵马使。橐鞬辉然,出入全盛,大为军府之所爱慕。其奉职多酬元戎内举之意,甚有裨益……即以五年甲申五月廿六日,终于秦州私第。享年卅六。[2]

张谅出身普通官宦人家,其母王氏,即出自王氏家族,为王晏实亲妹,受封太原郡君。咸通四年,张谅无效力疆场的经历,甚至无仕宦经历。王晏实得为天雄军节度使,遂将外甥拔擢为心腹要职,出任天雄军都知兵马使。实可谓"一人得道,鸡犬升天"。

或许高骈出征秦州之初,就已决定了将来"为他人作嫁衣"的角

---

①《英华》卷四五六蒋伸《授王宰河阳节度使李㧑河东节度使制》,第2316页。
②《全唐文补遗》第一辑,第390—391页。

色。收复河、渭二州后,西北大局已定,宦官集团需要利用高骈在其他地方继续为自己谋利。高骈从大西北调至千里之外的安南,与其说是战场需要,倒不如说是新一轮的巧取豪夺。这一次宦官攘夺高骈战功更加无耻,更加赤裸裸。《新唐书》卷二二四《高骈传》:

> 咸通中,帝将复安南,拜骈为都护,召还京师,见灵台殿。于是容管经略使张茵不讨贼,更以茵兵授骈。骈过江,约监军李维周继进。维周拥众壁海门,骈次峰州,大破南诏蛮,收所获赡军,维周忌之,匿捷书不奏。朝廷不知骈问百余日,诏问状,维周劾骈玩敌不进,更命右武卫将军王晏权往代骈。①

王晏权与王智兴诸子联名,应为王晏实从叔。王智兴家族与宦官素有勾结,除前面提到的王(晏)宰、王晏实外,王晏平也较著名。文宗时王晏平为灵武节度使,离任时擅取官马四百匹、军器数万,事发贬康州司户。王晏平贿赂贵幸,不旬日即改抚州司马②。王氏家族同宦官集团在利益上是深度契合的。王晏权并非将才,史称"晏权阘懦,动禀李维周之命",单凭王晏权无法收复安南,当权宦官故伎重演,利用高骈为王氏家族扫清障碍。高骈大破蛮军,收复安南指日可待。监军李维周故意壁军海门,隐匿捷书长达百余日,目的就是拖延时日,坐实高骈玩寇不进的"罪名",如此一来,朝廷不信任高骈,势必换将,就可以趁机举荐王晏权,从而将收复安南之功囊入名下。宦官的伎俩激起前线将士的愤怒,此番算计没有秦州那么顺利。《通鉴》卷二五○懿宗咸通七年(866)十月条:

> 高骈围交趾十余日,蛮困蹙甚,城且下,会得王晏权牒,已与李维周将大军发海门。骈即以军事授韦仲宰,与麾下百余人北归。先是,仲宰遣小使王惠赞,骈遣小校曾衮入告交趾之捷,至海

---

① 《新唐书》卷二二四《高骈传》,第6391—6392页。
② 《樊川文集》卷八《唐故宣州观察使御史大夫韦公(温)墓志铭》,第129页。

中,望见旌旗东来,问游船,云新经略使与监军也。二人谋曰:"维周必夺表留我。"乃匿于岛间,维周过,即驰诣京师,上得奏,大喜,即加骈检校工部尚书,复镇安南。骈至海门而还。王晏权阘懦,动禀李维周之命,维周凶贪,诸将不为之用,遂解重围,蛮遁去者大半,骈至复督励将士攻城,遂克之。①

韦仲宰的身份为"监阵敕使",仅负责监峰州之军。李维周的监军略相当于都监,级别韦仲宰要高。高骈至峰州时,以麾下八千兵马与高骈指挥,高骈之功,亦有韦仲宰的功劳。李维周诬陷高骈玩寇不进,同时也会抹杀韦仲宰监军之功。韦仲宰与李维周属于宦官中对立的两个派系。韦仲宰所遣小使与高骈所遣小校齐心协力,躲过李维周,顺利把捷报上奏朝廷。如果没有宦官内部的矛盾,高骈奏报即便侥幸被懿宗看到,也未必信服。王晏权本为窃取战功而来,却触犯临阵换帅的大忌,导致军心涣散,收复交趾几乎功败垂成。

高骈被宦官用同样的伎俩连续暗算两次,心中十分不满,在自海门重返安南时曾作诗《赴安南却寄台司》。诗云:

曾驱万马上天山,风去云回顷刻间。
今日海门南面事,莫教还似凤林关。②

时高骈身在海门,"今日海门南面事"即指安南战事。末句"莫教还似凤林关"意有暗指。凤林关为河州险要之地,是唐蕃双方在河陇地区争夺的重要关防,代宗大历二年(767),吐蕃赞普曾遣使"请以凤林关为界"③。高骈戍秦州,屡次出凤林关与吐蕃交战,最终收复河、渭二州。结果朝廷功高不赏,战果被王晏实所抢。王晏权为王晏实从叔,"莫教还似凤林关",实为讽谏台司,此番南征,别再像凤林关之事那样

---

① 《通鉴》卷二五〇懿宗咸通七年十月条,第 8238 页。
② 《全唐诗》卷五九八,第 6919 页。
③ 《册府》卷九九七《外臣部·悖慢门》,第 11704 页。

对待自己。

高骈世代隶于神策，颇受赏识。那么，连续攘夺军功，抑塞高骈的宦官究竟何人？两次事件中的受益人王晏实、王晏权都出自王智兴家族。与王智兴家族关系密切者是杨氏宦官世家。自德宗贞元中左军中尉杨志廉开始，杨氏家族长期掌握军政大权。武宗朝杨志廉之子杨钦义为枢密使。平泽潞之叛时，李德裕不专委石雄，同时重用王宰，一个重要的考虑就是王宰为王智兴之子，与杨氏家族结交，重用王宰，可以减少宦官掣肘。宣宗朝务反武宗之政，杨氏势力稍有衰减，懿宗咸通中杨钦义子杨玄翼为枢密使，咸通十年（869），杨玄翼卒，其子杨复恭继掌枢密。咸通朝杨氏权倾天下，高骈屡次在几近成功之时被王晏实、王晏权"摘桃子"，其幕后操纵者即杨氏宦官家族。

懿宗崩，僖宗立。僖宗即位时年仅十四岁，政事悉委心腹宦官田令孜，呼田令孜为"阿父"。田令孜家世诸史不载，陈仲安先生疑文宗朝权宦田全操或与之出于同一家族，但其家世背景仍然无法与杨氏相抗衡。田令孜由小马坊使骤升为神策中尉，与此前把持军政机密的杨复光、杨复恭兄弟之间发生权力争斗。高骈被杨氏宦官所恶，却成为田令孜确立权势的工具。

田令孜入宫前本姓陈，有兄陈敬瑄，怯懦无闻，田令孜向陈许节度使崔安潜为其求兵马使之职，遭到拒绝。时天下渐乱，田令孜预为僖宗幸蜀之计，谋以兄陈敬瑄为西川节度使。但西川局势也不容乐观。除屡遭南诏及吐蕃侵扰外，西川内部骄兵极难驭制。陈敬瑄贸然赴镇，不外亡于南诏，则内亡于骄兵。因此，在陈敬瑄之前，田令孜需要一个强有力的武将出镇西川，为陈敬瑄预扫障碍。这个人选自然非高骈莫属。乾符二年（875），高骈遂自安南移镇西川。

《通鉴》卷二五二僖宗乾符二年三月条：

> 初，南诏围成都，杨庆复以右职优给募突将以御之，成都由是获全。及高骈至，悉令纳牒，又托以蜀中屡遭蛮寇，人未复业，停

其稟给,突将皆忿怨……夏四月,突将作乱,大噪突入府廷,骈走匿于厕间,突将索之不获……监军使人招谕,许以复职名稟给,久之乃肯还营……辛未,高骈阴籍突将之名,使人夜掩捕之,围其家,挑墙坏户而入,老幼孕病悉驱去杀之。婴儿或扑于阶,或击于柱,流血成渠,号哭震天,死者数千人。①

高骈治军号为名将,在秦州、安南皆无嗜杀的举动,滥杀突将家口不似一贯做法。高骈违背监军承诺,滥杀无辜,监军也未降罪阻挠。虐杀事件中得利最大的其实是田令孜,背后很可能出自监军的授意。为了让陈敬瑄顺利当上西川节度使,田令孜作了两手准备。一方面,在京城巧作安排,引诱僖宗将西川旄节授予陈敬瑄。参与赌球的杨师立等皆田令孜心腹,输赢早已前定,所谓赌球赢西川节度使之说,不过是田令孜布下的一个局。另一方面,在西川利用名将高骈,诛杀桀骜不驯的突将,为陈敬瑄到任清扫障碍。当然,事后高骈也得到回报,转任荆南节度使。凤林关之事再次重演。

黄巢起义爆发后,田令孜与宰相卢携一起,力挺高骈,黄巢假意投降时,为让高骈立功,竟然不许黄巢投降。高骈完全沦为宦官集团的政治棋子,在屡遭玩弄之后,即慑于黄巢威势,又恐再度被宦官攘夺军功,干脆拥兵自重,静观时变。此后,高骈以十余万众坐守扬州,作壁上观。黄巢渡淮北上,高骈亦不阻击,长安被攻占后,又拒绝发兵勤王。唐之灭亡,高骈负有很大的责任。其事众所周知,此不赘述。

宦官内部的派系利益之争,直接导致社会政治的黑暗,加速了唐朝的灭亡。高骈的境遇,就是晚唐地方政局的一个缩影。

黄巢起义被镇压后,李唐统治摇摇欲坠,宦官集团内部的倾轧仍未停止,主要体现为杨复光、杨复恭兄弟与田令孜之间的矛盾与争斗。

《册府》卷六六七《内臣部·监军门》:

---

① 《通鉴》卷二五二僖宗乾符二年三月条,第 8299—8300 页。

　　　　杨复光为小黄门，累监诸镇征讨。乾符中，王仙芝起曹濮，诏
　　　遣齐克让讨之，复光监其军。后仙芝陷荆襄，以宋威为招抚使，复
　　　光又监其军。宋威败，诏以荆南节度使王铎代宋威，复光监光武
　　　军屯于邓州。中和初，复光赴援京师，会河中王重荣入屯武功，朝
　　　廷初以观军容使西门思恭为天下兵马都监军，时老疾不行，诏令
　　　复光代之。①

宦官直接典兵早在盛唐时期即已存在，安史之乱中更有李辅国、鱼朝
恩等先例，唐末也有不少监军直接领军镇压农民起义的典型事例。都
统宋威在荆襄镇压王仙芝失败后，被征入朝，其军由杨复光直接控制，
驻于邓州。杨复光名为忠武监军，实际上与节度使周岌各领一军。黄
巢攻占长安，杨复光率忠武八都入关勤王，任天下兵马都监，指挥藩镇
兵收复长安。《册府》卷六六九《内臣部·恣横门》：

　　　　田令孜僖宗时为观军容使，中和三年，天下兵马都监杨复光
　　　卒于河中，其部下忠武八都都头鹿晏弘、晋晖、王建、韩建等各以
　　　其众散去。复光兄复恭知内枢密，令孜以复光立破贼功，惮而恶
　　　之，故贼平赏薄。及闻复光死，甚悦，复摈复恭，罢枢密为飞
　　　龙使。②

杨复光、杨复恭兄弟累世经营，有养子数十百人，兴元节度使杨守亮、
武定军节度使杨守忠、龙剑节度使杨守贞等皆为养子。这些人依附宦
官，同时又受宦官倾轧之害，具有一定实力后，相继走向割据之路。杨
复光病死，田令孜趁机罢杨复恭为飞龙使，以养子田匡礼代掌枢密。
僖宗奔蜀后，田令孜在西川重建神策军，网罗杨复光旧部王建、韩建等
人为亲信，许以节度使之位。割据凤翔的李茂贞本名宋文通，亦为田
令孜养子。杨复恭诸武将养子和田令孜诸武将养子都是在镇压黄巢

①《册府》卷六六七《内臣部·监军门》，第7978页。
②《册府》卷六六九《内臣部·恣横门》，第7995页。

起义中崛起的猛将，是唐朝所能掌握的最后武力。新继位的昭宗昧于形势，以诛宦官为要务，先诛田令孜兄弟，王建以讨伐为名，强占西川，朝廷痛失回旋之地，后又诛杨复恭，诸杨势力并灭，李茂贞趁势做大，最后崔胤又勾结朱温，尽诛诸宦。宦官亡，唐亦亡。

朱温篡唐之时，诏诸道藩镇尽诛宦官，唯有河东监军张承业、幽州监军张居翰、浙西监军杨恽等被藩镇保护起来。这些劫后余生的宦官犹如丧家之犬，不为士人所礼。严遵美号称内谒中最良者，唐亡后入蜀，病死于西川。前蜀王建册赠，给事中窦雍坚不从命①，这也反映出唐亡后士人对前朝宦官的一种态度。

本编总论：宦官政治在地方政局的发展及其异化

唐代宦官获得权势，与其染指军事有极大关系。在中央，表现为宦官典兵，直接掌控十余万神策军。在地方，则主要表现为普遍性的宦官监军之制。唐代宦官监军制度发轫于玄宗开元、天宝年间的边疆地区，并不始于安史乱后。

唐初沿袭隋代御史监军之制，玄宗开元末，府兵番上之制被健儿长镇取代，形成以十节度使为代表的大军区制。军事体制的变革，必然导致朝廷监控边军的方式发生改变。为直接掌控局势，玄宗开始频繁地派遣宦官前往边疆传宣密诏，慰劳军队，直至监护军阵。在吐鲁番出土文书中，开元二十年（732）前后，官府文书里开始频繁地出现各种宦官使职。目前已知的宦官使职有市马使、宣慰使、送旌节使、押弓弩甲仗使等。在边疆的军事行动中，宦官常以宣慰使之名随军行动，

---

① 《北梦琐言》卷六"内官改创职事"条，第141页。

其职掌即为后来的监军使。安史之乱爆发后，玄宗、肃宗没有更好的办法驭制节将，只能继续沿用开元、天宝年间宦官监军的做法，鱼朝恩、程元振、骆奉仙等皆权侔将帅，监军之职自此滥觞。

经过数年的拉锯战后，朝廷无力彻底击败叛军，只得妥协，委以节度之任，与此同时，河南、河东等地纷纷增置节度、防御、团练等使。战乱结束后，藩镇既不能废，监军宦官亦不可罢。德宗贞元年间是宦官监军成为常制的关键时期。经历建中、兴元年间的狼狈播迁，德宗猜疑武将，在战后秩序重建过程中，有意识地用宦官掌控军队。在其制度设计中，宦官掌握军事分为三个层次：其一，在天子禁军方面，新组建的神策军由宦官直接掌握。其二，在长安周边，创置若干神策城镇，遥隶两军中尉，由宦官监军。其三，在朝廷无力直接触及的藩镇，派遣宦官监军使监护。肃、代时期，监军使称某节帅监军使，如郭子仪监军使等，很少直接与藩镇连称，贞元以后，河东监军使、昭义监军使等称谓大量出现。这种称谓的变化，证明宦官监军虽然出现较早，但是正式成为藩镇制度的组成部分，则确立于德宗贞元时期，这与神策军两军中尉制度略约相当。

宦官常驻藩镇是中国历史上从没出现过的大变局，在其推行之初，招致藩镇的激烈对抗。据初步统计，大部分节度使与监军使冲突的事例都爆发于贞元年间。这种对抗和冲突是宦官监军制度确立之初，官僚集团无法适应新的政治规则所造成的。从本质上说，文臣为帅和宦官监军都是朝廷抑制武人的重要手段，二者实际上是一种相辅相成的关系。以河东、昭义镇为例。河东军经历了王定远、李辅光等强势宦官的改造后，不仅实现了节帅文官化，也确立了尊崇监军的政治传统，即便至唐末李克用时代，监军使张承业依然炙手可热。相比之下，昭义军监军碌碌无为，举荐非人，致使卢从史诈取旌节。穆宗长庆初，军士哗乱，劫囚监军刘承偕。直至武宗平泽潞，昭义才得以实现文臣治镇。

监军使在藩镇有监军使院，其僚佐相对简单，仅有副监（副使）、判官、小使等，这和节度使庞大的僚佐体系不可同日而语。监军使主要是监护军队，对民政并无监察之权，对地方事务的干涉能力比较有限。监军使口含天宪，作为皇权代表，经常参与节度使的宴饮游猎等活动。唐代游幕之风盛行，仕进无门的寒士为了进士及第，也纷纷选择拜谒监军，投充门客。宣宗以后这种现象尤为常见，咸通年间所谓"芳门十哲"，都与宦官结交。故唐代即便有皇甫湜等士子激烈抨击宦官，在地方上始终无法形成激烈反对宦官（监军）的局面。宦官监军制度扩大并稳固了宦官政治的统治根基。

官僚集团把持行政资源，形成世家和高门。宦官世家化以后，与皇权的关系发生某种程度的异化。监军使以枢密使为"长官"，其与枢密使之关系，犹如节度使之与宰相。高度官僚化的宦官集团，对官僚集团结党倾轧的套路也炉火纯青。昭宗时期宦官恃党援已成，视昭宗如木偶。"上或出之使监军，或黜守诸陵，皆不行，上无如之何。"[1]僖宗中和中，荆南监军朱敬玫杀节度使段彦谟，自募兵三千，新任监军似先元锡惧不敢代[2]。昭宗以杨复恭为凤翔监军，杨复恭拒不赴任，公然联络义子私党，抗拒朝命。宦官集团与皇权的矛盾在唐末体现得更为明显。

从宦官监军制度演变过程来看，监军使与封建皇权也存在一个逐渐发生异化的过程。尽管维护皇权没有彻底改变，但从中游离出宦官集团自身的政治利益。这与"四贵"等内廷宦官诸司诸使与皇权关系演进的轨迹大体一致。

---

①《通鉴》卷二六二昭宗天复元年（901）八月条，第8677页。
②《新唐书》卷一八六《陈儒传》，第5423页。

宦官政治与
唐宋社会转型

总论:宦官政治与唐宋社会转型

中国历史上曾发生数次通过战争达到改朝换代的事件,每次改朝换代都意味着政治社会秩序大规模的推倒重建。但是,由于中国复杂的地理环境、民族关系及区域发展不平衡等因素制约,有些大规模战争只进行到一半就戛然而止,旧的封建王朝虽然遭受沉重打击,往往仍能占据半壁江山或维持形式上的统一。这种情况下,劫后余生的王朝统治力量特别是军事力量会元气大伤,那么,掌握军权的特定政治势力就会强势崛起,导致政治格局产生变革,甚至诱发"皇权政治"的异化。例如,晋室南渡之后,皇权衰落,门阀士族在政治、军事上占据强势地位,直接促成东晋"门阀政治"的产生①。历史总有惊人的相似,中国古代历史上,与西晋末年战乱类似的情形还有一次,即唐代蔓延半个中国,持续八年之久的安史之乱。安史乱后,维护皇权权威的中央军队几乎丧失殆尽,皇权政治遭到沉重打击,这与南渡之初的东晋王朝极为类似。如所周知,东晋门阀政治的根源在于皇权衰弱,门阀士族趁势而起。以此类推,安史乱后的政治秩序重建过程中,皇权的积弱也可能会产生一种类似门阀士族的政治势力来弥补皇权衰弱后的政治空间。这个新兴起的政治势力就是掌控神策军权、屡行废立乃至弑逆的宦官集团。中晚唐政治格局中最鲜明的变化就是宦官权

---

① 田余庆:《东晋门阀政治》,第328页。关于"门阀政治",学界有不同的界定。由于大土地庄园制的发展,以及选官制度的改变,两晋南北朝时期,一些大土地所有者聚族而居,世代为官,拥有大量政治、经济、文化特权,形成士庶相隔的门阀、士族。广义的"门阀政治"即指两晋南北朝时期,国家大政由士族、门阀垄断、操纵的政治格局。狭义的门阀政治,为田余庆所提出,仅指东晋时期士族与皇权共治天下的政治格局,乃特定历史条件下皇权政治的一种变态存在。本书所用"门阀政治"一词,含义与田余庆相同。

势在政治、经济、军事等领域全面膨胀，直至凌驾于皇权之上。比照东晋"门阀政治"，我们将中晚唐宦官集团全面参与军事、政治、经济等领域的政治格局用"宦官政治"一词加以概括似不致大误①。

宦官全面干预政治、军事、经济，是历史的偶然，还是必然？如果是偶然，为什么能前后延续一百余年？如果是必然，为什么五代以后再也没有出现类似的政治局面？中唐以后，君主受到宦官的钳制，几成政治傀儡。相对于日本学者唐宋之际君主专制独裁强化的理论假说，中晚唐宦官政治似乎又是一个历史悖论。也正因为如此，唐宋社会变革论者对中晚唐宦官政治这段历史多语焉不详，没有给出较为合理的解说。宦官政治的出现与唐宋社会转型之间有没有内在关系？如何正确认识宦官政治在唐宋社会变迁中的地位和作用？本书试图对此略加讨论。

一、神策军与宦官政治的产生

宦官权力来自于皇帝。隋唐时期，天下重归一统，皇权得到强化。但是皇权强化未必一定会导致宦官在军事、政治、经济等领域的擅政。宦官集团要主导中晚唐政治，必须满足两个条件：其一，武将遭到君主的疏远和排斥；其二，宰相也被君主疏忌。专制君主既不信任文臣，又不信任武将，表明统治集团存在严重的统治危机。这种统治危机与学界讨论较多的唐宋社会转型时段大体相当，二者之间具有非常密切的关系。

经历了唐前期一百多年的发展，开元天宝时期，唐朝社会经济繁荣，国力强盛，声威远被，呈现出一派盛世气象。但是，天宝后期，玄宗

---

①关于唐代宦官政治，国内外学者相关研究成果颇丰，可参王寿南《唐代的宦官》、王守栋《唐代宦官政治》。需要指出的是，前人所论之"宦官政治"，多指宦官参与政治，与本文所讨论的"宦官政治"，在概念上并不等同。

骄奢淫逸,荒怠政事,在太平盛世之下潜伏着一场深刻的社会危机。

唐前期继续推行北魏以来的均田制。由于自耕农经济的脆弱性和不稳定性,均田制自建立之日就不断遭到破坏。大抵自武后以降,土地兼并日益盛行,玄宗几次修订均田法令,实际上徒为具文,"开元之季,天宝以来,法令弛坏,兼并之弊,有逾于汉成、哀之间"①。均田制崩溃的直接结果是以租佃关系为基础的地主土地所有制快速发展。租佃制是我国宋代以后最基本的封建剥削方式。均田制崩溃与历史发展的趋势一致,势必引起其他相关制度的连锁反应,由此产生一系列的统治危机。

这种危机首先集中体现在军事制度上。唐前期施行的是普遍征发的府兵制(包括"兵募")。普遍征发制是建立在国家直接控制大量人丁的基础之上,这也是中国封建社会前期的基本军事制度。府兵制得以维持的经济基础是均田制。由于土地兼并和土地私有制的发展,玄宗时期国家户口大量逃亡,"年月渐久,逃死者不补"②,府兵制无以为继。这种情况下,长征健儿、圹骑等募兵制兴起。

与募兵制相伴而生的是世袭的职业雇佣兵,职业兵父兄子弟世代为兵,长镇一地,于是出现军队的"地方化"问题。高宗至玄宗初为统一边防指挥而设置名称不一的边境长官在开元中统称为节度使。边疆屯聚重兵的同时,"中原乃包其戈甲,示不复用"③。传统上军府云集、居重驭轻的关中地区由于承平岁久,府兵番上已无兵可交,仅行文书而已。开元十一年(723),玄宗欲东封泰山,以禁军寡弱,命宰相张说召募长从宿卫十二万人,十三年改称圹骑。此时关中军事力量寡弱的弊端,已经有所暴露,但是并未引起统治者的重视,玄宗君臣继续在籍账上玩弄府兵交代的文字游戏。天宝八载(749),李林甫直接停掉

①《通典》卷二《食货典·田制》,第32页。"弛坏",北宋本《通典》作"弛宽"。
②《唐会要》卷七二"府兵"条,第1538页。
③《唐会要》卷七二"军杂录"条,第1539页。

府兵交代的上下鱼书，至于停鱼书后如何解决关中空虚的问题，朝廷并无有效的措施。军事体制变革的极度滞后是开元天宝时期最为严重的统治危机。

在中央权力组织上，唐前期运行的三省制也发生了重要变化。太宗时期，于门下省置政事堂，作为三省宰相议政之所。武后时期宰相裴炎将政事堂移至中书省。开元中张说改政事堂为中书门下，中书门下置吏房、枢机房、户房、兵房、刑礼房等五房，五房拟于尚书六部，皆直接统于宰相。政事堂会议改为中书门下后，虽然行政效率有所提高，却导致中书权力过重。张说之后秉政的李林甫、杨国忠等都是历史上著名的奸相，安史乱后，元载、杨炎等专擅一时，权侔君上。中晚唐时期权相辈出，其根源即在于失去有效制约宰相的制度。

军事制度和官僚制度是封建皇朝的两个统治基石，玄宗开元天宝时期根据时局的需要，作了适当调整。这些调整解决了部分时弊，却又在更深层次上制造了新的危机。节度使权重与相权膨胀都是与皇权强化的历史趋势背道而驰的。整个中晚唐时期，皇帝处心积虑解决的问题主要有两个，一是重建并控制军队，尤其是对禁军的控制，二是抑制过度膨胀的相权。武将和宰相都是皇帝猜忌提防之人，君主只得转而依靠自己身边的亲信之人，为宦官干政创造了极为有利的政治空间。

以上所论指出，开元天宝时期，社会矛盾的发展为宦官干政创造了必要的历史条件，下面我们再来具体讨论一下安史乱后宦官政治如何产生的问题。

安史乱后，朝廷痛定思痛，尤其留意组建直属于朝廷的禁军。起自边军的神策军因缘际会，成为直属朝廷的禁军。神策军兵员由不同方镇的士兵以各种理由改隶朝廷而来，除神策行营兵外，还有陕州兵、幽州兵，甚至包括部分北门禁军。神策将李晟、阳惠元、尚可孤等也分别征自不同藩镇。神策军既没有共同的渊源，也没有凝聚全军的核心人物，更没有自立一方的地盘，这些都是朝廷建立直属军队所必需的条件。当然，神策军来源过于复杂，与皇帝关系稍微疏远，很长一段时间内主要用于外出征伐，地位和北门六军不可同日而语。

神策军的组织结构和指挥体系都属于新兴的边防军体系，入屯长安后，与唐前期的禁卫体系难以完全兼容。尚书六部中的兵部本是因府兵制而设，不可能对神策军进行有效的管辖。如果继续沿用藩镇军的管理体制，势必导致军权集中于某一军事长官之手。对皇帝而言，禁军之权操于他人之手是极度危险的。为直属的禁军选择一个值得信赖，永远不会背叛自己的"特殊节度使"至关重要。而当时对皇帝最忠诚、最可靠的莫过于宦官。

李唐以武立国。开国之初，便有宦官随军征伐。陪葬太宗昭陵的开国功臣中，便有王波利、张阿难两位宦官将军①。太宗在军事上有雄略，注意稍加抑塞，宦官不可独立掌兵。至玄宗开元天宝时期，这一惯例被突破，宫内内射生使、飞龙使等军事长官已由宦官充当。开元中，宦官杨思勖更是屡率大军出讨岭南。从皇帝的角度来看，宦官典兵确实是个不错的尝试。相州之役，肃宗弃郭子仪、李光弼等名将不用，而以宦官鱼朝恩为观军容使，统九节度使兵与安庆绪决战，原因即在于鱼朝恩的宦官身份。

神策军自入屯禁苑之日起便统于鱼朝恩，但此时神策军内部组织结构与普通藩镇军无异，仅最高长官为宦官而已，神策军与宦官之间尚无必然联系。大历中，代宗诛鱼朝恩，以其将王驾鹤代为都知兵马使。王驾鹤为武臣，因其权重，十余年不代换，德宗即位后，以文臣白志贞代之。其后不久，朝廷与魏博、成德、幽州、淄青、淮西等割据藩镇爆发大规模的削藩战争。

在削藩战争中，德宗采用以"制将"助讨的用兵方式。"制将"出

---

① 参拙作：《陪葬昭陵的两位宦官将军考略——兼论初唐宦官的来源及其影响》，载中国文化遗产研究院编：《出土文献研究》，第 20 辑，2021 年。

讨是在非宦官典兵的情况下，朝廷对神策军作战能力的一次检阅。德宗以制敕的方式直接指挥千里之外的制将领兵打仗，其实就是德宗自己充当"神策节度使"的角色。战场局势瞬息万变，这种千里之外的盲目指挥，实际效果也就可想而知了。虽有李晟、曲环、尚可孤等浴血奋战，终究未能战胜河朔藩镇，反而先后爆发泾师之乱和李怀光之叛，德宗狼狈出奔奉天、梁州。李怀光等德宗亲自拔擢的藩帅相继背叛，对德宗刺激很大。"禁兵操于宦寺，而天子危于内；禁兵授之帅臣，而天子危于外。外之危，篡夺因之。"[①]连续经历朱泚、李怀光变乱，德宗对武臣篡夺社稷的危害尤为忌惮，不肯信任武将，李晟、浑瑊、马燧等功勋之臣相继罢去兵权。与武臣叛乱相继形成对比的是，在播迁过程中，窦文场等宦官忠心耿耿，扈从左右。返回长安后，德宗认为只有宦官才是真正可靠的。既然武将不受信赖，那么重组后的神策军只有交给宦官才能使德宗获得安全感。贞元十二年（796），德宗正式创立神策两军中尉制度，将宦官典禁军制度化、合法化。

　　德宗时期重建的神策军体系，不是简单地重复鱼朝恩典禁兵的老路，代宗时宦官无专门的领军使职，可随时罢去，德宗时专置左右神策中尉，罢一中尉则另一中尉起，宦官势力遂不可去。除神策中尉外，中尉副使、都判官等高阶僚佐也都由宦官充当，神策军上层为宦官牢牢掌控。另外，京西北拱卫长安的诸神策城镇，镇将之外，例置一监军宦官，一切调动皆遥取神策中尉处分。德宗播迁时，扈从宦官与神策军军士共享"元从奉天定难功臣"之号，二者同属功勋特权阶级，许多扈从神策军士或其子嗣与宦官结成养父子关系[②]。在组织结构上，宦官势力与神策军合而一体，密不可分。宦官获得神策军的武力支持后，

---

①《读通鉴论》卷二四《德宗二三》，第 856 页。

②例如《风引薤歌：陕西历史博物馆藏墓志萃编》〇四三《高仙墓志》志主奉天元从定难功臣高仙，以左神威监军高振为父，墓志以高振之父为先祖。相关研究参拙作《唐德宗"奉天定难功臣"、"元从奉天定难功臣"杂考》，载《魏晋南北朝隋唐史资料》第 24 辑，2008 年。

权势不可遏止，迅速向内廷、外廷渗透，逐渐在内、外廷都居于主导地位。我们认为，神策两军中尉制度的确立是中晚唐宦官政治开始的标志性事件。

德宗重建神策军，目的是用于行军野战，威慑藩镇，其规模迅速扩充至十余万人。但是，这支从藩镇兵、防秋兵等拼凑而来的军队，屯驻在长安及京畿地区，是否完全受宦官掌控？万一祸起腋肘，再次发生类似泾师之乱类似的哗变，朝廷又何以制之？饱受流离之苦的德宗也有所考虑。安史之乱以后，保护皇帝的亲卫军是起自内廷的射生军。在出奔期间，扈从德宗的将士多被编为左右射生军。返京之后，德宗仿神策军的结构，重建左右射生军，并更名为左右神威军。神威军的长官称中护军，也由宦官充任。神威军的规模较小，但与皇帝关系更为亲近，主要负责宫禁守卫，在职能上与神策稍有区别，以便于相互制衡。神策、神威都统于宦官，结构类似，当宦官牢牢掌控神策之后，必然进一步挤压神威的发展空间。左右神威军先是被缩编为一军，宪宗元和中，改称天威军，不久直接并入神策军。神策军吞并天威（神威）军后，继承其殿前宿卫等职能，有更多的机会接近皇帝，势力进一步向内廷渗透，这是中晚唐神策军得以废立皇帝、左右政局的关键所在。从这个意义上说，天威军的并入对神策军的发展具有划时代的意义，追溯神策军历史时，起自内廷的射生军也是一个不可忽视的重要源头。

宦官集团全面控制京城内外朝廷所能直接调动的所有禁军，这是唐代宦官在权势上与汉、明两代迥然不同的地方，也导致唐代宦官与皇权关系发生异化，最终形成宦官政治。中晚唐宦官权力的来源有两个，一个是皇权，宦官对皇权始终具有一定的依附性；另一个就是神策军军权，表现为宦官控制京城内外的所用禁军，以及监军使监控藩镇。宦官作为家奴，最初是以皇权的维护者而存在，这也是德宗对文武大臣失望之后，把军权交给宦官的重要原因。但是，获得军权以后，宦官对皇权的依赖性逐渐弱化，甚至独立地运用军权来维持政治权势。甘露之变即是典型的例证。这一事件中，宦官调动神策军，前后屠戮朝臣及其家口两千余人，文宗亦不敢有所违背。当此之时，宦官的权威显然不是来自皇权，而是来自神策军权。

自古以来，论者对宦官典兵多持否定态度。但是，宦官典兵作为特定历史条件下的特殊产物，具有一定的必然性和历史合理性。宦官典兵对中晚唐政局的积极影响主要表现在两方面：

其一，避免了武将、外戚、权相等对皇位的篡夺。由于生理缺陷，宦官集团只能从皇室内迎立新君，而不能自为皇帝，无法对李唐皇室"家天下"构成实质性威胁。

其二，使朝廷保持一支对藩镇构成威慑的神策军，这是唐朝维持统治唯一的武力支柱。另外宦官监军制度的普遍推行，客观上强化朝廷对藩镇的控制，遏止藩镇割据态势的蔓延。

宦官典兵的消极影响也非常明显：

其一，导致神策军战力低下，加速神策军腐化。宦官多非将帅之才，收受贿赂，以两京市井虚隶军籍，不堪战阵，稍有战斗力的神策城镇兵力分散，往往受其遥制而贻误战机。元和以后朝廷基本上不再以神策军大规模讨伐藩镇。

其二，挟制皇权，促使宦官政治形成。中国古代历来是成王败寇，皇帝的治权是凭借武力攫取的，军权是维护皇权的根本保障。宦官典兵杜绝了武臣篡夺社稷的可能性，但与宋以后皇帝通过各种制度控制军权存有很大的差别。宦官借助军权，左右朝政，甚至废立君主，凌驾君主之上，导致中晚唐皇帝几乎无法指定皇位继承人，多数皇帝都由宦官定策迎立，这是中国皇权政治发展历史中前所未有的大变局。

二、宦官政治视域下的宫廷政治

隋唐承魏晋南北朝之后，虽然士族已经逐渐衰退，但是门阀观念在社会上仍有强大的影响力，唐代宦官不可避免地被打上时代的烙印。同汉、明两代相比，唐代宦官最突出的特点就如同门阀一样，在宦官上层形成了若干个绵亘数十年甚至上百年的宦官世家。

宦官世家大体上出现在唐中叶之后，根据有关文献及墓志材料，目前已经知道的有仇氏、杨氏、王氏、梁氏、孙氏等大小不等的二三十个宦官家族①。今以杨志廉家族和仇士良家族为例，略加说明。杨志廉家族是唐代著名的宦官世家，从其父杨延祚开始，直至五代后唐，这个家族一直地位显赫，前后延续了一百余年，号称"世为权家"。四代之中，杨志廉、杨钦义、杨玄实、杨复恭出任神策中尉，杨钦义、杨玄价、杨复恭出任枢密使，黄巢起义爆发后，杨复光更是充天下兵马都监，监领天下藩镇兵马。仇士良家族也是一个绵亘至唐末的大家族。大中年间，仇士良养子五人，除第五子年幼尚未入仕外，其余四子皆"承恩入仕"。仇士良叔父仇文义共有四子六女，四子中二为宦官，二为武人，六女中有五个嫁给其他宦官，用"枝派蝉联"形容仇氏家族，确非虚言。

汉、明两代宦官不能娶妻，多与宫女结成"对食"关系，或者直接抢掠民女，汉代宦官可以收养义子，但不养于宫内，不可能形成连续不断的世家。唐代则不然，宦官同普通士人一样，可以正式礼聘婚娶，收养养子、养女，拥有自己的家庭。唐前期宦官养子尚受一定限制，德宗以

①〔日〕矢野主税：《唐代宦官権势获得因由考》，《史学杂志》，第63卷第10号，1954年；陈仲安：《唐代后期的宦官世家》，《唐史学会论文集（1986）》；杜文玉：《唐代宦官世家述考》，《陕西师范大学学报（哲社版）》，1998年第2期；杜文玉：《唐代宦官婚姻及其内部结构》，《学术月刊》，2000年第6期。

后收蓄养子蔚然成风，一些权宦往往收养数个养子，至唐末甚至高达数百个。宦官收养其他宦官或军人为子嗣，主观上是为了能够更好地维护自己的势力，所以宦官之间的婚嫁，同世人一样，门户观点强烈。通常情况下都是高品之间相互联姻，以求通过联姻获得政治上的相互提携。此点在出土宦官家族墓志中可以得到充分的证明。《唐代墓志汇编续集》会昌〇一九《焦仙芝墓志》云："有女一人，适阴山吐突氏……长自盛门，嫔于高族。"①德宗时首任右神威中护军焦希望，元和时左军中尉吐突承璀宠冠一时，焦氏和吐突氏也是宦官中"高族"，其联姻正可谓门当户对。又《唐代墓志汇编续集》大中〇二四《仇文义妻王氏墓志》云"惟仇氏、王氏，家声赫奕，枝派蝉联，世嗣忠贞，共建勋绩"②，仇文义为仇士良叔父，其妻兄王元宥时任枢密使，墓志称仇氏、王氏"家声赫奕"、"共建勋绩"，评价恰如其分。杨复恭所撰《王彦真墓志》记染坊使王彦真临终之前，把堂兄王彦由"付托同门貂蝉杨公，冀得他时举荐"③，同门即同为一家之婿的意思，"宋时人谓之连袂，又呼连襟，闽人谓之同门"④，杨氏等宦官多来自闽岭，故亦称"同门"。王氏、杨氏都是著名的宦官世家，盖各娶韦氏姐妹，故得私相请托。

　　唐前期也存在宦官养子的现象，玄宗时期权宦高力士、杨思勖等都有养子。宦官收养养子未必一定会产生宦官世家。出现宦官世家，必须始祖宦官既能掌控显赫的权力，又能传于诸养子养孙。高品宦官之间的相互联姻，形成枝派蝉联，亲党胶固的局面，在玄宗及肃、代时期尚处于萌芽状态，德宗神策中尉体制确立以后，开始普遍化。宦官使职差遣系统则是宦官世家形成的制度保障。杨氏、仇氏、王氏等宦

①《唐代墓志汇编续集》会昌〇一九《焦仙芝墓志》，第 957 页。
②《唐代墓志汇编续集》大中〇二四《仇文义妻王氏墓志》，第 986 页。
③《大唐西市博物馆藏墓志》四四七《王彦真墓志》，第 961 页。
④〔明〕谢肇淛撰，韩梅、韩锡铎点校：《五杂组》卷八"人部"，北京：中华书局，2021 年，第 241 页。

官世家互为引援，一荣俱荣，甚至长期把持神策中尉、枢密使等重要使职，相当于"新门阀"。不仅如此，这些宦官世家还与外朝同姓的宰相或文士联宗提携，如崔元略之与崔潭峻，杨收之与杨玄价，马植之与马元贽，王建之与王守澄等。正因为如此，唐代皇帝彻底消灭某姓宦官极为困难。会昌中仇士良死后，武宗籍没其家，但是会昌末仇氏与光王（宣宗）勾结，将其扶上皇位，家族迅速恢复元气。昭宗天复三年（903）犹有右神策中尉仇承坦。

　　宦官世家的产生，弥补了宦官无子嗣，权力无法像豪门士族那样延续的问题，在宦官集团的权势分配上，也出现家族化的趋势。例如，杨志廉家族的势力主要在神策军左军。杨志廉、杨钦义、杨玄价三代同为左军中尉，杨玄价、杨复光父子相继为忠武监军，杨玄价、杨复恭又同为河阳监军。西门季玄家族的势力在神策军右军，为中尉则多右军中尉，为监军则多在凤翔。其他的宦官家族也有类似的情况。德宗贞元中兴元元从吴守恭出任西川监军，懿宗咸通初，吴守恭曾孙吴德郿又除西川监军。咸通五年（864），南诏入寇西川，朝廷遣神策兵五千及诸道兵前往应援，复以吴德郿弟吴德应为行营都监，次年兼任西川监军。黄巢起义后，吴德郿之孙吴承泌"便充西川宣谕使，不到阙者数载"①，吴氏虽非顶级宦官，但其家族长期在西川活动。田令孜扶植其兄陈敬瑄为西川节度使，应得到吴氏家族的配合。吴承泌后来官至枢密使，自有其缘由。

　　中国的皇权政治，从本质上是"家天下"，能在皇权之外对皇权造成持续压力的政治势力客观上也需要以家族的形式存在，否则容易被皇权所击败。唐代以前，对皇权造成持续压力的东晋门阀士族即是以家族势力与皇帝共治天下。中晚唐宦官世家的出现，对宦官政治也具有同样的作用。

---

① 《唐代墓志汇编》乾宁〇〇五《吴承泌墓志》，第 2533 页。

　　唐代宦官既握有军权，又有雄厚的经济基础，政治上更是以家族的面貌出现。此时再将宦官仅视为皇权的延伸显然是不合时宜的。中晚唐宦官与皇权的关系与东晋时期门阀与皇权的关系比较接近：一方面唐代宦官离不开皇权提供的合法性，对皇权有依赖性，另一方面，与君主之间合作不融洽时，宦官集团就会动用手中的武力迫使君主就范，从而凌驾于君主之上。

　　在讳莫如深的宫廷政治中，对于宦官来说，获得或保持权势最有效的手段莫过于在皇位继承中立下定策之功。德宗重建神策军体系后，宦官胁持皇权，屡行立君、废君、弑君之事，君主反而"畏之若乘虎狼而挟蛇虺"[1]。宦官废君、弑君的恶性事件发端于元和末的宪宗遇弑案。所谓元和"逆党"问题，是我们理解中晚唐宫廷政变的一把钥匙。

　　元和六年（811），惠昭太子薨，翰林学士崔群等人请立宪宗第三子遂王（穆宗）为太子，但宫内有一批宦官则谋立宪宗次子澧王。因对成德用兵失利，宪宗正委信朝士，在崔群等人的坚持下，遂王被立为太子。遂王虽立，但澧王之党从未停止活动，元和末宪宗吞食丹药，性情反复无常，内官陈弘志等不堪其虐，将宪宗杀害。宪宗乃中兴之主，此时再行废立已绝无可能，为掩人耳目，澧王之党迫不得已，杀死澧王，拥太子即位。

　　穆宗并非英主，太子之位本有动摇，从结果上看，是弑逆事件的受益者，而且穆宗处于被胁立的状态，也没有能力惩治弑逆之罪。宪宗之弑开了极为恶劣的先例，自宪宗遇弑至宣宗即位，皇帝走马灯似的换了四位，其间层出不穷的废立事件，无不与元和逆党有直接或间接关系。

　　长庆四年（824），穆宗崩，敬宗以太子即位，时年十六岁。敬宗年少轻狂，昵近群小，无君王之象，从年龄推算，还将统治国家相当长的

————————
[1]《通鉴》卷二六三昭宗天复三年（903）正月庚午条，第8716页。

时期,很可能会葬送国家的基业。更择新君恐怕是很多人的想法。这种情况下,前有元和"逆党"的示范作用,不轨者企图再次弑旧立新,搏取权势。敬宗仅做了两年少年天子,就遭到两次公开的谋害,最终被宦官刘克明所弑。刘克明是敬宗新进用的宦官,迎立宪宗第六子、穆宗之弟绛王李悟。梁守谦等元和朝宦官大为不满,联合裴度等,废黜绛王,以兵迎立敬宗之弟江王,是为文宗。敬宗遇弑是元和宦官和新进宦官之间的权势争夺,敬宗和绛王都成为牺牲品。

文宗亲见敬宗之事,深知弑逆之党不除,皇位就无法稳固。先后起用宋申锡、李训、郑注等人,诛除元和逆党这一毒瘤。穆宗诸子中,漳王年长且贤,对文宗威胁最大。宋申锡行事不密,事泄后被王守澄反诬与漳王谋反,遭到远贬。文宗起用李训、郑注诛除宦官,最终也功亏一篑,反罹甘露之祸,但是元和逆党除亡故者外,陈弘志、王守澄等皆受到应有的惩罚,客观上打击了元和朝宦官的嚣张气焰。甘露之变后,因担心重蹈顺宗逊位的覆辙,文宗又听信谗言,害死自己的儿子太子李永。宋申锡之狱,太子之废死,看似匪夷所思,实则与当日皇位争夺密切相关。

开成五年(840),文宗以敬宗之子陈王成美托于宰相及两枢密使。左军中尉仇士良以功不由己,发兵迎立文宗之弟颖王,是为武宗。仇士良为宪宗东宫旧臣,亦是元和老宦。武宗虽为其所立,内实恶之,仇士良死后武宗籍没其家,另一中尉鱼弘志也被治罪。武宗得以从容除去仇士良、鱼弘志,很大程度上是因为元和宦官在文宗朝几被消灭殆尽。仇士良的致仕及被抄家,标志着宦官政治"后元和时代"的结束。

武宗是穆宗存世的最后一个儿子,会昌六年(846)武宗崩,诸子年少,宪宗第十三子光王勾结仇氏、马氏、杨氏等宦官家族势力登上皇位,是为宣宗。宣宗生母本为浙西叛臣李锜侍妾,唐代诸帝中以宣宗即位最为名分不正。为了获取正统性,宣宗围绕元和"逆党"大做文章,把穆宗诬为"逆党"党首,并以此为借口,进行政治清洗。所谓宣宗诛元和"逆党"，是赤裸裸的政治迫害，但也说明元和弑逆案对历史的直接影响一直波及四十年后的宣宗时期。

元和系宦官操纵皇位废立二三十年，根源在于神策军受其控制。神策军左军实力在右军之上。宪宗时，左军尊于右军。宪宗遇弑之夜，左军中尉吐突承璀被杀，左军元气大伤，故穆、敬、文三朝，右军反居左军之上。敬宗遇染署张韶之乱，危急时刻赖左军发兵相救，但是在右军梁守谦、王守澄等人的排挤下，左军中尉马存亮反被出为淮南监军。文宗为牵制王守澄，擢用仇士良为左军中尉，左右两军才恢复至左军位尊的正常状态。

在中晚唐皇位之争中，我们看到宦官世家在宫廷政治中的强大影响力。杨志廉、马存亮、刘弘规等权宦，事隔几十年后，其养子养孙仍得把持宦官权要高位，其中杨氏家族至唐末杨复光、杨复恭时更为煊赫。仇士良家族在武宗朝被籍没，宣宗朝立刻恢复至"家声赫奕"了。皇帝欲去宦官一姓犹不可得，更不用说消灭整个宦官集团了。

最后，我们对中晚唐宦官政治中宦官与皇权的关系略作讨论。吴晗先生在《论皇权》一文中指出皇权是建立在武力基础上的治权，"不但就被治者说是片面强制的，即就治者集团说，也是独占的，片面的"[1]，这决定了皇帝不与其家族成员分享治权，只能与无血统关系的外姓士大夫共治天下。历史上曾出现东晋"王与马共天下"及宋代皇帝"与士大夫共天下"等政治格局[2]，中晚唐时期因社会政治转型，皇帝对驭制外朝文武官僚信心不足，只得转而委任"家奴"宦官，这一特殊政局亦可用"与宦官共天下"来加以概括。需要指出的是，任何取得"共天下"资格的政治集团，其权力合法性都来自于皇权，但是与皇权

---

[1] 吴晗：《论皇权》，载费孝通、吴晗：《皇权与绅权》，上海：华东师范大学出版社，2015年，第31页。

[2] 分见《通鉴》卷九一晋元帝大兴三年（320）十月丙辰条时人语，第2934页；〔宋〕李焘：《续资治通鉴长编》卷二二一宋神宗熙宁四年（1071）三月戊子条文彦博语，北京：中华书局，2004年，第5370页。

的关系不尽相同。依附皇权、无法对皇权构成实质威胁的士大夫官僚被视为常态，在外朝胁迫皇权的东晋门阀被视为变态，进一步直接挟制皇权的中晚唐宦官集团更属变态之列。有些研究者坚持宦官始终属于皇权的延伸，把宦官挟制皇帝为皇权内部的权力分配问题。这种意见实质上没有注意到中晚唐宦官政治的特殊性。中晚唐宦官挟制皇帝是一个持续的政治现象，必有其制度上的根源，用皇帝与权宦之间的个人权力之争加以解释是没有说服力的。

其一，皇权以家天下为特征，皇帝要延续这种至高无上的权威，最基本是保证自己的直系血缘子孙能够继承皇位。但是在中晚唐时期，皇帝已不能指定自己子嗣为继承人，皇位继承几乎完全受宦官集团操纵。一方面，皇帝血缘较近者或皇帝指定的继承者无法顺利继位，宣宗等皇室内身份卑贱者得以荣登大宝。另一方面，宦官还往往直接动用神策军，杀死皇位之争中失败的李氏子孙，甚至弑逆皇帝本人。中晚唐诸帝中，宪宗、敬宗为宦官所弑，昭宗为宦官幽禁，皇帝的个人安全尚不足以自保，在宫廷皇位问题上，君主的至高无上性遭到宦官集团的践踏。

其二，就皇权对天下的治权而言，皇帝对全国的人民、土地、财富等拥有最后生杀予夺的权力。中晚唐时期，宦官干政为应付安史之乱而生，最初为皇权的补充和延伸，但是在神策军的支持下，权势迅速膨胀，在南衙官僚之外形成一套以两军中尉、枢密使为核心的权力体系。宦官权势取代相权，对皇权的权威构成新的挑战。当违背宦官集团意志时，皇帝诏令甚至不再具有最高权威。例如，顺宗以范希朝为京西神策行营节度使，宦官嘱边将不以兵属希朝。文宗大和末，宦官族灭朝官家十余家，文宗不敢过问。刘季述幽禁昭宗，以银槌画地，数落昭宗曰"某时某事，汝不从我言，其罪一也"[1]。类似的事例还有不少。

①《通鉴》卷二六二昭宗光化三年（900）十一月庚寅条，第8659页。

可以说,宦官政治形成以后,皇权、相权、宦官三者之间的相互关系发生变化,皇权与相权的矛盾退居次要地位,甚至谋求联合相权来压制宦官。

不论是皇帝自身至高无上的权力,还是皇帝对天下的治权,宦官集团都表现出凌驾君主之上的特点,事实上成为一个相对独立的政治集团。秦汉以后中国政治的主流传统是皇权政治,同门阀政治一样,宦官集团也不得不维持一定权威的皇权。当皇权摇摇欲坠时,宦官集团最终站在皇权一边,唐末乱世的历史也充分证明,宦官集团仍是李唐王朝最后的藩篱。概而言之,在军权的支持下,宦官集团虽然相对独立,但是与皇权的关系仍未摆脱既依赖又矛盾的框架,是除东晋门阀政治之外,皇权政治的又一变态形式。

三、宦官政治视域下的外廷政治

自两军中尉体制创立以后,宦官势力逐渐向外廷渗透,主要表现为以枢密使为首的宦官势力对宰相权力的侵夺。

古代政务运作的核心是官文书运作。宦官通常出身卑贱,被视为皇帝的家奴、贱隶,司马光称"此属大抵不知仁义,不分枉直,惟利是嗜",似乎不具备成为官僚的条件。在讨论外廷官僚政治之前,我们必须对宦官的文化水准有一个初步认识①。

唐前期,宦官地位低下,主要为服侍皇帝起居,没有专门的文化教育机构。不过,唐人崇尚文学,自高祖武德年间起就有教习宫女嫔妃的内文学馆。武则天猜忌外臣,有意识地选拔年少的宦官跟着宫女一起学习文学,其中最著名的一个宦官便是高力士。《高力士墓志》云"年未十岁,入于宫闱,武后期壮而将之,别令女徒鞠育,将复公侯之

---

① 参见杜文玉:《唐代宦官的文化素质与思维观念》,《河南师范大学学报（社会科学版）》,1997 年第 6 期。

庆,俾加括羽之深。令受教于内翰林"①。"内翰林"即翰林内教坊,又称习艺馆。《新唐书》卷四七《百官志》宫教博士下注云：

> 初,内文学馆隶中书省,以儒学者一人为学士,掌教宫人。武后如意元年,改曰习艺馆,又改曰翰林内教坊②,寻复旧。有内教博士十八人,经学五人,史、子、集缀文三人,楷书二人,庄老、太一、篆书、律令、吟咏、飞白书、算、棋各一人。开元末,馆废,以内教博士以下隶内侍省,中官为之。③

《新唐书》把内教博士等同于宫教博士,显然是混淆了二者的差别。宫教博士隶掖庭局,由宦官充当,主要教授宫人掖庭劳作技能。内教博士主要教授文学、书法等相关文化知识,与宫教博士并非一职。唐前期内教博士多由著名文士充当,武则天曾召宋之问、杨炯分直习艺馆。中宗景龙元年(707)习艺馆内教苏安恒卷入太子李重俊起兵事被杀。开元末宦官奉使日益频繁,对通晓文翰的宦官需求量越来越大。宦官与宫女一起学习文学,名号不正,习艺馆遂被罢废,相关职吏改隶内侍省④。至于隶属内侍省什么部门,是否存在类似明代专供宦官学习儒家经典的"内书堂"⑤,虽无明确记载,但一些史料可以证明中晚唐内廷曾存在名为"内庠"的学校。《唐代墓志汇编续集》元和〇〇二《杨志廉墓志》：

> 公讳志廉……考府君讳延祚,皇朝内常侍,判飞龙事,赠右监

①《高力士墓志》,1999 年出土,图版及录文首刊于陕西省考古所《唐高力士墓发掘简报》,《考古与文物》,2002 年第 6 期。另见《新出唐墓志百种》,第 218—219 页。

②翰林内教坊,《新唐书》中华书局标点本作"万林内教坊"。按"万"字不可解。《旧唐书》卷四三《职官志二》："习艺馆,本名内文学馆,选宫人有儒学者一人为学士,教习宫人。则天改为习艺馆,又改为翰林内教坊,以事在禁中故也。"故知"万"为"翰"字之讹,今径改。

③《新唐书》卷四七《百官志》,第 1222 页。

④《新唐书》卷七七《宋若昭传》载其父宋廷芬德宗时被授习艺馆内教,似德宗朝一度复置。

⑤明代内书堂情况,参晚明宦官刘若愚所著《酌中志》卷一六"内府衙门职掌",冯宝琳点校,北京：北京出版社,2018 年。

门卫大将军……公即将军第六子也。幼无童心，早有大观。弱龄
补内庠生，阅史见忠臣义士扶危持颠，未尝不慨而慕焉。睹乱臣
贼子背恩干纪，必攘袂叱咤，恨不得醢其肉，饮其头。故为将军刘
公清潭许以国器，引在左右。①

杨志廉养父杨延祚位至内常侍、飞龙使，位高权重，故杨志廉得以"弱
龄补内庠生"。内庠，从名称判断应位于大内，并非国子监，或即专门
供高品阶宦官养子读书的学校。《唐代墓志汇编续集》大中〇六三
《阎知诚墓志》记宦官阎知诚诸养子，"幼曰令寮。未登贵仕，尚在□
庠"。所缺字应即"内"字。明代内书堂选十岁上下宦官二三百人入
堂读书，唐代内庠规模不详，从墓志材料看，不少权宦养子，自幼受到
良好教育，当为内庠生徒。如王守琦被酒坊使王意通收养，"早期禁
掖……实遇慈昊，训以文艺，卓以诗笔，教以温常"。李从证"多艺不
群，聪明夭折，博读经书，偏精左氏春秋传，学晋右将军书，墨妙笔功，
时称能者"。神策中尉王茂玄之子王彦真"七岁掣笔，已有能名；九岁
属文，悬知聪悟"。振武监军孟秀荣"幼习诗礼之教，夙彰忠孝之名"，
并历任东头承旨、宫教博士、神策军都判官等职位，其三个养子也"饰
身文学，妙略风儒"②。毫无疑问，只有通晓文墨的宦官才能满足宦官
政治的需求，具有较好的上升空间。唐代宦官世家得以延续，与宦官
养子的教育水平有很大关系。

在宦官政治体制下，两军中尉、两枢密使及二十四内使司大小宦
官、诸道监军使及其判官等，这些具有官僚化特征的宦官无疑具有识
文断字的能力。高力士可以参决四方表奏，《全唐诗》卷七三二存录高
力士诗二首。李辅国"知书计，事高力士，令掌闲厩中簿籍"，鱼朝恩
"善宣答，通书计……讲授经籍，作为文章，粗能把笔释义……尝释奠

---

① 《唐代墓志汇编续集》元和〇〇二《杨志廉墓志》，第800页。
② 分见《唐代墓志汇编》大中〇三二《王守琦墓志》、大中〇三五《孟秀荣墓志》、大中〇五二
《李从证墓志》，《大唐西市博物馆藏墓志》四四七《王彦真墓志》。

于国子监,宰臣百僚皆会,朝恩讲《易》,徵《鼎》卦'覆餗'之意",吐突承璀"察察有才",田令孜"颇知书,有谋略",杨复恭"知书,有学术"①。所谓"知书计"、"知书"之语盖文人史官的有意贬低,鱼朝恩既能判国子监事,升堂讲学,自然具有相当的儒学功底。元和中西川监军使王良会善诗,《唐诗纪事》存其中秋与武元衡唱和之诗②。近年西安碑林博物馆新藏杨复恭所撰《王彦真墓志》,洋洋洒洒一千七百余言,文辞典雅,非一般士子所能企及。内教博士有专人讲授楷书、篆书、飞白等技法,宦官中更是不乏善书者。枢密使杨承和,本身即是一个书法家,唐代宦官碑志多遭宋人磨毁,独其所书碑石爱不忍废。僖宗末浙西监军使杨恽,"手写九经三史百家,用蒲薄纸,字如蝇头"③,堪为一绝。严遵美家传《北司治乱记》,这是宦官自己编撰的书籍,可惜今已不传。我们应该摆脱偏见,把宦官当成一个特殊的具有较高文化素养的官僚群体。

开元中张说中书门下体制改革造成中书权重,相权因缺乏制约而膨胀。相权中至关重要的一个权力就是拟诏之权。肃、代时期,元载、崔祐甫、常衮、杨炎等皆因善草制书而超擢拜相。为分割相权,在中书体系外逐渐发展出两套直接服务于皇帝的文书顾问机构。一个是由翰林学士充使的翰林学士院,另一个就是枢密使所在的枢密院。枢密使最初仅置一员,负责在皇帝与宰相之间传宣诏旨,宪宗时期战事频繁,枢密使与翰林承旨、宰相一起参决军国枢密,成为决策中枢中的一员。其后枢密使发展为两员,枢密院也发展成上、下两院,形成非常庞大的权力机构。

宦官侵夺相权,参与外廷政治,一个重要的结果就是宦官集团具

①分见《册府》卷四二《内臣部·干事门》,《新唐书》卷二〇七《李辅国传》,《旧唐书》卷一八四《鱼朝恩传》《吐突承璀传》《田令孜传》《杨复恭传》。
②〔宋〕计有功撰,王仲镛校笺:《唐诗纪事校笺》卷四五"王良会"条,成都:巴蜀书社,1989年,第1215—1216页。
③《南部新书》癸部,第176—177页。

有鲜明的官僚化特征。唐代宦官入内侍省同样被称为"入仕"、"释褐"。各级官僚所享有的使、阶、职、勋、爵、赠等宦官同样也可享有，甚至还有神策中尉、枢密使等专由宦官充任的使职。中晚唐在外朝已有一个官僚集团，之所以又产生宦官这一特殊的"官僚集团"，根源在于中国封建社会由前期向后期过渡时，受安史之乱的冲击，皇帝部分丧失了对文臣武将的控制。两军中尉由家奴升格为特殊的武臣，两枢密、两宣徽则由家奴升格为特殊的文臣。宦官集团登上舞台最初完全仰仗封建皇权，但是家奴毕竟不等于皇权本身，除去因生理原因无法造反外，宦官集团也具有区别于皇帝和官僚的群体利益。宦官集团的官僚化是我们理解这一时期宦官集团与外朝官僚关系的切入点。

　　如前所述，相权过重是唐宋社会转型时期产生的政治问题，枢密使参决机密，对相权构成牵制，符合抑制相权的历史趋势。但是枢密使地居近密，且有神策军为武力支持，权势扩展很快，外朝宰相反而依附于枢密使。梁守谦等枢密使居中预决军国大事，左右宰相人选，不论牛党还是李党都需要宦官居中援引。李宗闵以枢密使韦元素为奥援，李德裕两次拜相分别受到枢密使王践言、杨钦义的引荐。牛、李两党欲在政治上有所作为，不可能真正的反对宦官。陈寅恪先生指出"士大夫之党乃阉寺党之附属品"，又言"外朝士大夫朋党之动态即内廷阉寺党派之反影。内廷阉寺为主动，外朝士大夫为被动"[1]。这一论断，用宦官政治的角度去考察，无疑是精确的。不过，陈先生认为牛、李党争性质上是新兴的文辞进士之科与门阀旧族之间的斗争，这一观点争议颇大，曾遭到岑仲勉先生的批驳[2]。就出身而言，直至唐末，高阶官僚仍以士族为主。据毛汉光先生统计，唐代宰相总数三百六十六人，崔、卢、李、郑、王、韦、杜、薛、柳等十八家大士族产生宰相一

---

[1]陈寅恪：《唐代政治史述论稿》，第304页。
[2]岑仲勉：《隋唐史》第四十五节，第392页。

百八十六人,占到总数的一半以上①。唐代科举以文学取士,且盛行请托拜谒之风,士族子弟在家学、人脉等方面仍有显著优势,崔、卢、李、郑等士族高门并不会因为科举而招致毁灭性打击。但是,面对日益严峻的统治危机,士族内部也发生分化,有些从朝廷长远利益出发,主张改革,有些因循守旧,固守既得利益。从牛李双方的政治实践来看,尽管夹杂个人恩怨,党争更主要的还是体现了改革一派与保守一派的争论。

中唐以后,普通庶族士人及其他富裕民户子弟作为新兴阶层开始登上历史舞台,陈先生所论“新兴阶级”应该是客观存在的,但是中晚唐操纵外朝政局的牛、李双方仍然以士族为主,这说明尽管庶族地主在经济上已经兴起,但是他们并没有完全取得相应的政治地位。不论牛党还是李党,都不能代表新兴庶族的利益。那么,究竟什么势力可以视为“新兴阶级”政治利益的代表呢?

我们可以做个逻辑推论,当皇权对文臣和武将都不信任的时候,就会把军权和行政权交给身边亲信之人,这是宦官政治出现的条件。但是当宦官挟制皇权的时候,宦官也不被信任,那么皇帝就会继续从身边人群中寻找新的政治代言人。除宦官之外,皇帝周围还存在一群以医、棋、书、僧道、术数等以伎术见幸的侍臣,中唐顺宗时期的王叔文集团和文宗时期的李训、郑注集团都属于这样的集团。唐代伎术之士社会地位很低,当皇权在宫内外陷入孤立的时候,与宦官一样,近幸之臣也被卷入政事之中。

王叔文集团的核心人物王叔文为棋待诏,王伾为书待诏,李训、郑注集团的核心人物李训善《易经》,郑注善医术,身份上与二王类似,都是以伎术被皇帝恩幸的人。加入此两个政治集团的成员,几乎没有公

---

① 毛汉光:《中国中古社会史论》第九篇《唐代大士族的进士第》,上海:上海书店,2002年,第336页。

卿士族子弟,主要是锐意进取的庶族文士。二王集团和李训、郑注集团成员实际上是兼跨内廷、外朝,由内廷近幸和外朝文士组成的政治集团,故称之为"文人近幸集团"。这一集团主张重振皇权,抑制藩镇,削弱宦官,实行仁政,刘禹锡、柳宗元等作为"八司马"之一,他们才是新兴普通地主阶级政治意愿的代表。

在中晚唐宦官政治条件下,宦官集团的权势并非完全直接来自皇权,对皇权的依附性大为弱化。出现以反对宦官为政治目标的文人近幸集团是中晚唐宦官集团成为相对独立的政治势力的有力证明。当然,文人近幸政治集团形成的形成与皇权暗弱、不足以驭制时局有很大关系。例如,宪宗是强有力的英武之主,元和朝张宿以口辩,皇甫镈、程异以敛财得幸于宪宗,此数人未能形成政治集团。

二王集团和李训、郑注集团绝大多数成员都是进士出身,李训本身即是进士。牛李两党进士多为士族或公卿子弟,文人近幸集团亦多进士,但主要是庶族文士。在尊崇皇室、打击宦官、遏止朋党等问题上,近幸集团所代表的正是庶族士人的政治主张。大多数科举进士,出于功利主义心态,不敢公开反对宦官政治,文人近幸集团能团结在皇权周围,拼力一搏,这不正好表明文人近幸集团属于陈先生等所说的"新兴阶级"吗？而且还是"新兴阶级"中最有变革动力的激进力量。

当然,近幸集团两次反对宦官政治的失败,说明在宦官政治中,留给新兴阶级的政治空间极其有限。宦官政治事实上阻碍了新兴庶族在政治上的发展,此点应为治史者所重视。

四、宦官政治视域下的地方政局

唐代宦官政治作为特殊条件下皇权政治的变态形式,不可能仅局限于都城之内。如果宦官在诸道没有自己的势力,不仅意味着藩镇奉行和中央截然不同的政治体制，还意味着藩镇不在宦官监控之下，内廷随时都有被倾覆的危险。地方政局是考察中晚唐宦官政治的最后一个逻辑层面。

正如本书一直强调的，中晚唐宦官政治产生的根源在于军事问题。藩镇宦官监军制度的产生与神策军的产生颇有相通之处，二者都与开元天宝时期军事制度的变革有关。唐代前期奉行的是北朝至隋以来的御史监军制度。玄宗开元后期，以十节度为代表的大军区制形成，精兵猛将皆在边地。此时派遣御史宣慰，其权威不足以监抚，玄宗开始频繁选派亲信宦官奉使边疆。宦官取代御史，代表皇帝宣慰军队成为一种趋势。当然，边疆地区有宦官监军并不意味着宦官监军一定能发展为普遍推行的政治制度。促使宦官监军制度化的契机就是改变唐朝国运的安史之乱。

安史之乱爆发前，宦官奉使边疆已与大军区制相伴而生。安史之乱爆发后，为与叛军进行军事对抗，节度使制度被移植到内地。在节帅辖区内，节度使手握重兵，可请授官吏，自征粮赋，集节度使、采访使职权于一身。军中能体现朝廷权威，并代表朝廷掣肘节帅的不是品秩卑微的御史，而是直接来自皇帝身边的监军宦官。这一时期，监军者鱼朝恩、骆奉仙等权倾一时。监军宦官能够威服节将，并不是其军事才能，而是背后代表的皇权。我们既要承认某些监军的诬奏导致将士离心，对官军的溃败负有责任，也应看到，没有这些监军宦官，诸将毫无忌惮之心，恐怕早已进入群雄割据时代。

肃、代时期勤王诸军地盘尚未稳定，宦官监军也带有战时特征。至德宗即位时，藩镇格局已大致成型。安史叛将控制魏博、成德、幽州、淄青等区域，节度使自署将吏，不输贡赋。处于半独立状态，河东、昭义、河阳、永平、淮南等镇，多处于防遏河朔的前线，节帅权重，藩镇或忠或叛，完全取决于节帅个人意愿。即便对李唐有再造之功，素称忠勇的朔方军，先后有仆固怀恩之叛、李怀光之乱等，几至社稷倾覆。

德宗播迁期间，这一问题暴露更为充分。韩滉、马燧等封疆大吏一度误判形势，认为唐朝气象已尽，各自抽兵归镇，甚至劫掠敕使，预筹割据之事。德宗转危为安后，他们才审时度势，发兵勤王，得以保全名节。当此之时，德宗手里连一支像样的扈从禁军都没有，只能假装不知。饱尝颠簸之苦，甚至几度命悬一线的德宗皇帝，对拥有一支强大直辖军队的迫切愿望远比其他皇帝更为强烈。返回长安后，德宗一方面以收复长安的神策军为基础，扩编神策军规模，改组其构造，创置神策军两军中尉制及京西神策诸城镇体系，确保长安的安全。另一方面，对朝廷无法直接控制的藩镇，更是殚精竭虑阻止其趁机做大。柏良器、李长荣等藩镇大将被征入朝。大的藩镇被分割为几个大小不等的藩镇。仅仅这些还是不够的，控制藩镇，还必须在藩镇内部安插朝廷的耳目，随时汇报藩镇的动向。德宗内心已经确定让宦官掌控军队的方针，这一艰巨的任务自然落在监军宦官身上。宦官监军虽然出现较早，但是作为藩镇的基本制度，实际上却确立于德宗贞元时期。

　　宦官作为正式使职常驻藩镇，是史无前例的第一次，藩镇节帅与监军使之间存在一个磨合期。绝大多数监军使与节帅的矛盾与冲突集中爆发于德宗贞元年间，带有很大的必然性。建中大动荡后，德宗忌惮武将节帅再生反叛，表面上"不生除节度使"，极度姑息纵容，暗中却悄悄推行文臣取代武将，逐步实现节帅文官化的政策。藩镇文官化主要有两种途径。一是在藩镇内部预选文士僚佐为行军司马，一旦旧帅亡故，便以行军司马代之。二则是在条件稍好的藩镇，朝廷自择有威望的文臣出为节帅。文官不谙军事，难以令骄躁的武人畏服。新旧帅交接过程中，监军的作用相当重要。宦官拉拢部分将佐，诬陷甚至擅杀不服自己的大将，在史书中常被描述成宦官作威作福。这些专横之举未必不是奉旨行事，目的就是铲除异己，为文臣出镇扫除障碍。

　　德宗利用天下共主的身份，派遣监军改变藩镇的权力结构，是一种隐晦的君王之术。能力强的监军，诸如俱文珍，妥善处理藩镇事务，稳定了局势。行为跋扈者，诸如王定远，激起公愤，身死名裂。德宗二十余年的"姑息之政"，藩镇终未能分崩离析。从经济层面来说，两税法的推行，稳定了经济秩序，确立了中央的绝对优势地位。从制度层面来说，宦官监军尽管弊端颇多，积极作用也不容忽视。元和初，出现问题的昭义、西川等藩镇，多是监军使碌碌无为的藩镇。宪宗讨西川和浙西，两次战争的都监军使俱文珍、薛尚衍都是贞元年间著名的监军。贞元中锤炼出来的宦官在元和平叛中贡献颇巨，唯不为史官详述罢了。

监军使常驻藩镇后，在地方上有两套使职差遣体系。一套是由"宰相—节度使、观察使—刺史—州县"构成的官僚体系。这套体系是使职差遣和地方职事官共同构成的混合行政体系。另外一套则是由"枢密使（神策中尉）—监军使"构成的宦官使职系统。监军使虽有使院，但僚佐仅有副使（副监）、判官、小使等，不可能对藩镇政务进行全面的监察或干涉。也就是说，监军使最主要的职能仍然是监护军队，对州县具体民政的干涉能力较为有限。

有唐一代，立国的基本格局始终都是关中本位政策，即朝廷据关中而驭制天下，中晚唐时期依然勉力维持这一格局。军事上，以神策军及神策城镇震慑各个藩镇，在官僚组织上，中高层官僚多数出自关内两京一带。同样，如果将宦官政治体系视为一个整体，仍然具有明显的"关中本位"特征。宦官势力控制力最严密的地方是长安城及京畿地区，京西北凤翔、鄜坊、夏绥等藩镇控制力次之，由散布其间的神策城镇间接控制，而藩镇区没有神策军的军事存在，只能通过监军使加以监护。从中央到地方，宦官的控制逐次松散，这种格局与关中本位的精神非常契合。只要关中本位不破，唐朝的根基就不会动摇。这也是安史乱后唐朝没有土崩瓦解的深层原因。

使职差遣制本质上属于一种流官制度，通过差遣，实现了中央与地方官员之间的正常流动。单纯官僚集团的使职差遣制下，地方节度使、观察使权力过大，容易滋生割据势力。宦官监军使使职差遣系统，从皇宫中央直接深入藩镇，以保证官僚集团的使职差遣系统不偏离方向。就像给摇摇欲坠的病人从头到四肢都加固了支架。即便宦官集团产生异化，有自己的政治诉求，但在维护唐朝统治这一问题上，与皇帝始终保持一致。只要此两个使职系统能正常运作，唐朝的统治就难以受到根本性挑战。

地方政治是中央政治的延伸。中晚唐藩镇也是牛、李官僚集团斗争的重要环节。党争中失势者被出为节度使，得势者提携同党入为朝官，一损俱损，一荣俱荣。诸道监军使之与枢密使、两军中尉，正如藩镇节帅之与宰相。宦官集团内部也存在激烈的政治倾轧。从梁守谦到仇士良，再到杨复恭、田令孜，这些权宦的权术较外朝宰相有过之而无不及。从宦官集团对高骈战功的利用与攘夺等一系列事件中，我们可以清楚地看到，宦官集团为了自己的私利，对唐朝的统治造成严重的伤害。监军使体系可以帮唐王朝续命，但不能让唐王朝重新振兴。

唐末农民大起义之后，监军使与外朝官僚集团类似，为了争夺权势，多依附于强藩为外援，甚至成为当道节帅谋求权势的工具，如凤翔监军被李茂贞推荐为两军中尉。但仍有不少监军竭力为唐廷效力。朱全忠尽诛宦官，幽州监军张居翰、河东监军张承业等被节帅藏匿得免。李克用等保护监军与其继续沿用昭宗年号类似，有自身的政治考虑。但是，张承业始终以唐朝监军自居，拒绝李存勖的加官进爵，在梁晋争霸时期，他留守太原，尽心辅佐李存勖，为后唐灭梁立下赫赫功勋。龙德元年（921），李存勖执意称帝，张承业忧愤得病，不食而卒。李唐王朝最后的忠臣竟然是一位宦官，不知这是一种讽刺，还是一种宿命。

五、宦官政治的终结及其遗产

宦官政治中,宦官牢牢控制住军权,在内廷以神策军挟制君主,在外廷牛李等士大夫皆不同程度地依附于宦官,因此,宦官政治是不可能从内部突破瓦解的。宦官政治的终结只能借助外力的作用,这个外力就是唐末农民大起义和藩镇割据。僖宗广明元年(880),黄巢率起义军攻入潼关。神策军军士多是市井之徒窜名军籍,闻风溃散,存在近百年的神策军体系崩溃。在镇压农民起义过程中藩镇形成尾大不掉之势,在强藩的逼迫下,昭宗屡有播迁。天复三年(903)朱全忠尽屠宦官,标志着宦官政治的终结。

我们知道,唐代版图之内,社会生产力发展很不平衡,与南方大开发相伴而生的是,掠卖闽岭等南方落后地区人口的南口贸易一直都很兴盛。被掠卖的南口中,很大一部分属于被阉割的阉童,即所谓的"私白"。开元时期权宦杨思勖本姓苏,岭南罗州人,《唐代墓志汇编》长寿〇六二《苏永墓志》志主苏永为太宗贞观中入宫的宦官,也为罗州人。德宗、宪宗时期,皇帝有意识启用宦官参与国政,为改变宦官的卑贱身份,特意从长安中小官吏、禁军或平民子弟中选择聪悟者入充宦官,亦即所谓的"良胄入仕"。中晚唐以后,宦官世家高门多从始祖宦官的籍贯,自称京兆人。实际上这些世家收养养子仍以闽岭最为普遍,刘行深、杨复恭等权宦多属闽人。这正是墓志中宦官籍贯多为京兆一带,传世文献却称闽岭为权宦渊薮的由来。被掠卖内地的阉童,进贡入宫的人数毕竟有限,还有大量的私白流入官僚豪富之家。敬宗时曾试图用诏书对私人使用阉侍的人数进行限制,但是效果并不显著。唐代是一个阉人群体在官、私层面都有广泛存在的特殊时期,唐人对阉宦的理解同其他时代人自然有其不同之处。

通常而言,权贵阶层的喜好对社会文化风尚具有明显的引导和塑造作用。中唐以后，文武大臣久受宦官政治的侵染，宦官集团不仅不会被歧视，某些习尚还会被其他群体所效仿。这种效仿可以是宦官服饰发型等方面，诸如鱼朝恩的"军容头"、西门季玄的双色酒；也可以是政治制度方面，如唐朝有宦官干政，在世袭节度使的割据藩镇，家庭"后宫"同样也大量使用阉宦，甚至允许其参决军政。在成德等镇，也发生过阉侍干政，甚至废立储帅的事件。我们可以断言，唐代宦官可以在肉体上被集中消灭，但是宦官政治的某些方面会被新兴政治势力所效仿，其政治影响力仍将会延续一段时间。

　　安史乱后，军事是唐王朝的软肋，宦官干政，即因军事需求而起。在唐末农民起义的打击下，宦官主掌军政的方式发生很大变化，除以监押身份继续监护军队外，为凝聚战斗力，宦官更普遍的做法是直接把军队将领认为义子。宦官收养假子的办法被唐末军阀原封不动地移用。朱全忠有养子朱友文、朱友谦、朱友恭、朱汉宾等，李克用有养子李嗣源、李嗣昭、李嗣本、李存孝、李存进、李存璋、李存贤、李存审等。王建为田令孜养子，割据西川后复有养子王宗佶、王宗弼、王宗侃、王宗瑶、王宗播、王宗涤等。我国历史上经历数次割据混战时期，为什么唯独唐末五代时期形成大规模出于政治、军事意图的蓄养假子之风？推其源头，盖唐末杨复光、杨复恭以节将为养子，成功镇压黄巢起义军，这对朱全忠、李克用、王建、李茂贞等藩帅产生巨大的吸引力和示范作用。军队规模急剧膨胀的藩镇节帅，超出旧有藩镇管理体制的容纳能力。当其短期内无法找到解决办法时，直接借用宦官控制军队的手法就在情理之中①。

　　宦官收养武将为养子，不论麾下多么强悍，宦官本人不会直接称帝造反，这是德宗愿意让宦官典兵的原因。即便如此，唐末宦官大肆

---

①关于唐五代收养义子问题，学界多将之归于胡族传统。参见戴显群：《唐五代假子制度的历史根源》，《人文杂志》，1989 年第 6 期；《唐五代假子制度的类型及其相关的问题》，《福建师范大学学报》，2000 年第 3 期。

扩张养子,仍与皇权发生冲突。

《通鉴》卷二五八昭宗龙纪元年(889)十一月条:

> 他日,上与宰相言及四方反者,孔纬曰:"陛下左右有将反者,况四方乎!"上瞿然问之,纬指复恭曰:"复恭陛下家奴,乃肩舆造前殿,多养壮士为假子,使典禁兵,或为方镇,非反而何!"复恭曰:"子壮士,欲以收士心,卫国家,岂反邪!"上曰:"卿欲卫国家,何不使姓李而姓杨乎?"复恭无以对。①

杨复恭以禁军将领、藩镇节帅为养子,引起昭宗的不满。那么,如昭宗所言,昭宗会以这些节将为养子,让其与皇子称兄道弟吗? 恐怕并不可能。昭宗拉拢杨复恭养子杨守立,赐名李顺节,但除去杨复恭后,昭宗即以李顺节跋扈为由,设计将其除去。李顺节之例说明大规模收养养子并不适合皇帝本人。唐末权宦田令孜死于养子王建之手,五代诸帝争天下时以养子收拢军心,一旦其登基称帝,这些养子具有某种染指皇权的合法性,对皇帝亲生子嗣直接构成威胁。后唐明宗嗣源(李克用养子)、后唐末帝李从珂(李嗣源养子)、后周世宗柴荣(周太祖郭威养子)皆以养子而位登大宝。欧阳修《新五代史》特立《义儿传》一传,"开平、显德五十年间,天下五代而实八姓,其三出丐养"②。制造皇权这种混乱局面的根源即在于五代统治者把原本仅适合于宦官政治的养子制度直接移植到本国的政治制度中去,却没有顾及其适用性问题。当宋代统治者找到驾驭军队的方法后,养子制度才被正式抛弃。

　　除了养子制度外,宦官政治对五代及宋代的官制也有深刻的影响。中晚唐宦官擅政者的职权,几乎都来自新增设的宦官使职。庞大的宦官使职系统是唐代使职差遣制的重要组成部分。下面我们来具

---

① 《通鉴》卷二五八昭宗龙纪元年十一月条,第 8510 页。
② 〔宋〕欧阳修等:《新五代史》卷三六《义儿传序》,北京:中华书局,2015 年,第 433 页。

体分析宦官政治在职官制度上的历史遗产。

众所周知,唐、宋都盛行使职差遣制。但是,宋代使职差遣制有强大的军事为后盾。宋代禁军分驻京师及各地,足以保障皇权得以畅行无阻。唐代神策军只能屯守长安,在京西北仅以神策城镇的形式存在,函谷关以东广大统治区域,甚至连神策城镇也不得见。这种情况下,起自皇权的宦官使职系统,就像一种补丁或支架,支撑着李唐皇权不至立刻仆倒。经过近百年的发展,最终形成内外大臣共治天下的权力格局。朱全忠尽屠宦官,但是许多宦官诸使职,已与官僚集团浑然一体,不可骤除,朱梁所能做到的,只是把这些使职充任者由宦官改为心腹士人而已。因此,宦官政治对后世最主要的政治遗产就是各种宦官使职职名的长期存在。

关于宦官诸司诸使,前人已有较多研究,详见本书附录四《唐代宦官诸司诸使表》,此不赘述。为简明起见,现将主要使名罗列如下:

表 总论—1　唐代宦官诸司使分类简表

	主要使职
军事型宦官诸司使	神策中尉、内飞龙使、武器库使、内弓箭使、辟仗使、威远军监军使、神策军宴设使、京西神策诸城镇监军使、京西步驿使等。
政事型宦官诸司使	内枢密使、阁门使、学士院使、鸿胪礼宾使、内外客省使等。
财政经济型宦官诸司使	大盈库使、琼林库使、文思院使、宣徽内库使、丰德库使、内庄宅使、总监使、洛苑使、市舶使、诸宫宫市使等。
宫廷服侍型宦官诸司使	宣徽使、皇城使、留后使、内外五坊使、小马坊使、内园使、武德使、内中尚使、染坊使、酒坊使、牛羊使、御食使、营幕使、教坊使、翰林使、十六王宅使、诸宫院使、诸陵使等。

宦官政治虽属畸形政治形态,但宦官诸使职却曲折地符合历史进程的趋势。这些宦官使职,有些是侵夺或模拟外朝官僚体系而置,有些为宦官所专设。随着宦官政治的终结,侵夺官僚体系之使,职掌还

归官僚体系，专设之使的情况则比较复杂。因宦官不再典兵，军事型诸使司多被罢废，但某些政事型、服侍型使职使名与职掌则被沿袭下来，仅充任者换为大臣而已。宦官政治对皇权政治的发展，我们可以通过五代及宋代官制中相关使职来加以说明。

其一，枢密院成为最高军政机构。

唐代枢密使与神策中尉并称四贵，但是与皇帝的亲疏差别显著。两军中尉握有兵权，操纵废立，因而与皇帝互生猜嫌，枢密使传宣诏旨，出赞皇谋，同皇权更为密切。元和时已置有枢密院，后又发展为上下两院，神策军势微后，枢密使作为天下监军使的"长官"，对各地藩镇事务有处置之权，枢密使及枢密院很大程度上充当着军事决策者和军事决策机构的角色。昭宗景福二年（893），李茂贞、王行瑜称兵犯阙，杀枢密使李周潼、段诩及中尉西门重遂。乾宁二年（895），王行瑜、李茂贞、韩建三帅再次犯阙，杀枢密使康尚弼。枢密使遭强藩忌恨，盖出神策军讨伐凤翔等决策皆发自枢密使。在宦官政治后期，枢密院已经体现出最高军政机构的迹象①。

朱全忠篡唐，敕罢宦官诸使。天祐二年（905）二月十六日，以权知枢密事王殷为宣徽使，枢密使及宣徽南院使并罢，"所司勒归中书。宣徽院人吏不得私出本院，与人交通。诸道勾当事人，亦不得到院。凡有公事，并于中书论请"②。朱全忠罢枢密使目的是阻断其他藩镇与皇帝的联系，而非这一机构冗余无用，故后梁立国后，很快便复置枢密院，唯改称崇政院，以士人充使而已。后唐郭崇韬以宰臣兼枢密使，始有枢密使带相印者。庄宗以李唐正统自居，稍复唐代旧制，枢密使参用宦官张居翰等。明宗天成中，废诸道监军并内勾司，复专用士人。

---

① 李全德：《从宦官到文臣：唐宋时期枢密院的职能演变与长官人选》（《唐研究》第 11 卷，2005 年）一文认为唐代枢密院没有发展为军政机构的迹象，并认为后世枢密院与唐代枢密院无渊源关系，可参看。
② 《唐会要》卷七九"诸使杂录"，第 1720 页。

枢密使在庄宗时代的反复，证明五代枢密院与唐代枢密院之间具有直接的渊源关系。后晋天福四年（939）四月罢枢密院，开运元年（944）六月复置。后周显德末魏仁浦、吴廷祚为枢密使。北宋枢密院机构进一步完善，除复置枢密副使外，增置签书、同知院、同签书等职。神宗熙宁三年（1070），朝廷在掖城之南修建"二府"官邸，任枢密使者号为西府。《汴京遗迹志》卷一五录时人陈绎所撰《新修西府记》，文中叙枢密使历代沿革云：

> 唐初，典兵禁中，出于帷幄之议，故以机密名官。开元中，设堂后五房，而机密自为一司，其职秘，独宰相得知，舍人官属无得预也。贞元之后，藩镇旅拒，重以兵属人，乃中官分领左右神策军，而枢密之职归于北司。然尝寄治省寺庑下，延英会议，则屏立殿西，势犹厌厌，传道宫省语而已。至其盛时，其贵者号中尉，次则枢密使，皆得贴黄除吏。唐末既除北司，并南北军于枢密使，遂总天下之兵。五代以来，多以武人领使，而宰相知院事。国朝复置副贰、签书、直学士之名。大略文武参用，间以宰相兼领之，故得进退大吏，预闻机政，其任职盖重矣。①

陈绎以枢密使源自唐玄宗开元年间中书门下会议五房的机密房。宦官枢密使始置代宗永泰二年（766），与机密房无直接继承关系。宪宗初，枢密使刘光琦与"堂后主书"滑涣结交，"宰相议事，有与光琦异者，令涣达意，常得所欲"②，这证明宰相机密房议政时，枢密使不得在场，犹需他人传达私意。枢密院兴起后，宰相议政多为延英奏对，机密房地位式微，宋人遂误机密房为枢密院前身，但其下叙五代及宋时枢密院沿革，因时代较近，大体精当。

---

① 〔明〕李濂：《汴京遗迹志》卷一五，北京：中华书局，1999 年，第 268—269 页。《玉海》卷一六七"宋朝枢密院"条有节引，但删去"至其盛时"等语，给人唐时枢密使没有使院的错觉，亦请读者注意。
② 《通鉴》卷二三七宪宗元和元年（806）八月条，第 7757 页。

其二,中枢体制由三省六部制向中书、枢密院并掌文、武二府过渡。

从经济基础决定上层建筑的经典论断出发,中枢体制属于上层建筑,必须同经济基础相适应。唐前期,在均田制下,实行兵农合一,轮番宿卫的府兵制,使得地方驻军不具备反叛的条件,此时,军权、财权分离并不十分迫切。户部、兵部仅是六部下面的两个职能部门而已。均田制破坏后,民户逃亡,军制变为召募常镇。为避免藩镇形成割据势力,必须做到军权、财权和行政权的三权分离。但是唐人对此没有清晰的认识,只是根据局势的变化,以使职差遣的形式进行局部调整。中晚唐时期,安史之乱打乱了历史进程,在宦官政治这一皇权变态形式下,两军中尉独掌军权,枢密使与中书门下共掌行政权,度支、户部、盐铁三司使掌握财政权,实际上体现出现军权、财权、行政权相分离的历史趋势。经过五代时期错综复杂的演变,宋代最终定型为中书、枢密院对掌文、武二柄的政府组织形式。中晚唐宦官政治在唐宋政府权力结构转型中的过渡作用,我们可以用图表表示如下:

唐前期政府行政权、军权、财权结构示意图:

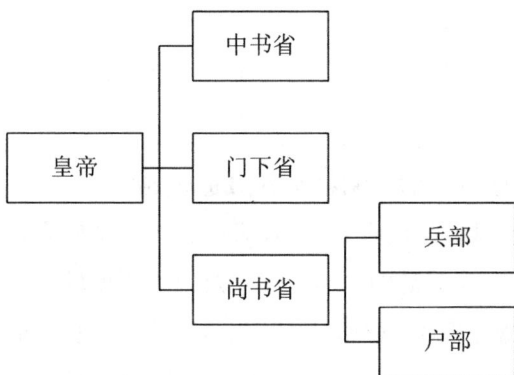

中晚唐时期政府行政权、军权、财权结构示意图(阴影方框表示宦官机构):

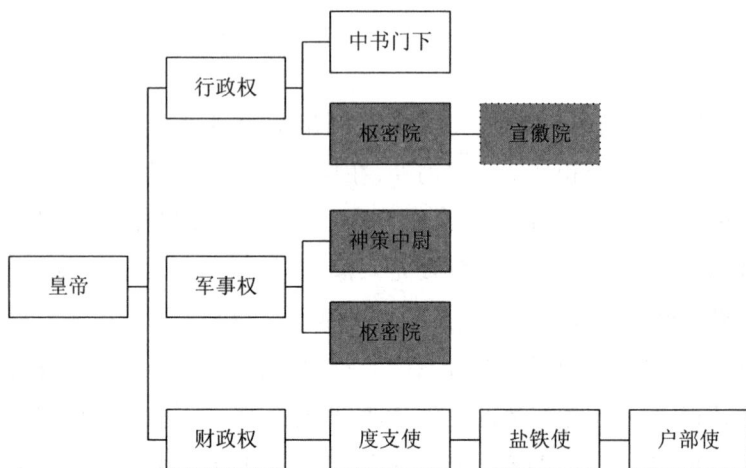

北宋前期政府行政权、军权、财权结构示意图：

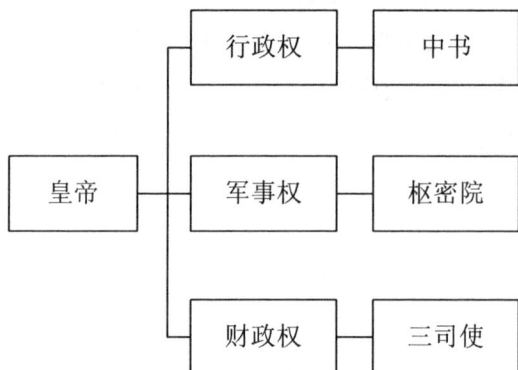

图 总论—1　唐宋政府权力结构演进示意图

从上图中，我们可以清楚地看到，中晚唐宦官政治是唐宋转型中政府组织结构变化中至为关键的一步。五代及宋人所做的不过是除去不合时宜的两军中尉，然后将枢密使由宦官改为士人而已。同唐前期三省制相比，借助宦官政治，皇帝对军权、对行政权的影响更为直接，一旦皇权从宦官政治的病态中解脱出来，君主独裁政治得到强化的本来面目就会立刻展现给世人。

　　同时，从图表中我们也可以看到，在军事权、行政权、财政权三种权力当中，宦官集团对财政权的染指较少。虽然宦官控制有大盈库、琼林库，后期有宣徽内库、丰德库等，但是没有征收管理赋税的权力。这与宦官的性质、人数规模等因素都有直接关系。宦官政治的致命弱点在财政权上。唐末农民大起义之后，藩镇擅自截留贡赋，朝廷及内库财赋枯竭，无力赡养神策军，宦官政治的格局遂无力继续维持。

　　其三，宣徽使、宣徽院成为五代、宋、辽、西夏等朝的重要官制。

　　唐代宣徽院所辖虽为宦官，但居高位者多加供奉官，即所谓宣徽供奉者。晚唐在供奉官外，进一步衍生出小供奉官。顾名思义，这些供奉宦官与皇帝私人关系较为密切。宦官政治成为皇权政治的变态形式后，按照皇权政治发展的一般规律，必在皇权侧近有新的职官兴起。晚唐兴起的宣徽使大致相当于这一历史角色。

　　宣徽使始置于安史乱后，盖最初职权卑微，有姓名可考者已至敬宗宝历年间，而宣徽分南北两院，则始见于宣宗大中后。大中初刘遵礼由宣徽北院使迁大盈库使，此时地位犹低于大盈库使。但是在宦官政治的大环境下，发展极为迅速。懿宗初宣徽使杨公庆传宣密旨，权侔枢密使。宣徽使供奉皇帝左右，皇帝考察信任后，可升迁为枢密使。杨复恭、李顺融、刘景宣、仇承坦等皆由宣徽使转为枢密使。宣徽院管理众多供奉官，相当于皇帝培养、考察亲信宦官人选的"蓄水池"，宣徽使之于枢密使，犹翰林学士之于宰相。唐代枢密使不置副使，宣徽使就相当于枢密使的副手。唐末，两宣徽使更是与两枢密并称，比拟外朝四相。

　　后梁承唐末之制，置宣徽使、副使各一人，后唐复置南北院使，省副使，后晋、后汉、后周皆因之。南方十国甚至辽、西夏等少数民族政权也多置此使。除后唐、前后蜀参用宦官外，其余以皇帝信任的武官为主。五代宣徽使与唐代多有相通之处。例如，唐代宣徽院有宣徽供奉官,属加衔性质,宦官加供奉之号后,地位尊于普通宦官,传达皇帝重要军事使命时,中使不加供奉则无以服众①。五代时,供奉官成为属于武人的专有官名,日常在皇帝身边充当武官侍从,遇事则奉命出使,使命多与军事有关。唐末宣徽使骤贵,一个重要原因是宣徽使掌管着贮藏军国财帛的内库,在正库衰竭的情况下保障了国家的运作。五代宣徽使常兼判三司,后唐以宣徽使裁遣全国簿书,号为"内勾"②,这也是唐制的一种发展。只是这一职掌与三司使重合,在三司使步入正轨后,这一发展趋势就戛然而止了。

北宋置南北宣徽院,各有使一人,不设副使。宣徽使"品秩亚二府"、"故事,与参知政事、枢密副使、同知枢密事以先后入叙位",略同于二府的副长官。宣徽院分掌四案:兵案、骑案、仓案、胄案。这些职掌具有鲜明的军事性,略相当于是枢密院的预科。关于唐宋宣徽院的传承关系,宋人也有明确的论述。徐度《却扫编》卷下云:

> 宣徽使本唐宦者之官,故其所掌皆琐细之事。本朝更用士人,品秩亚二府,有南北院。南院资望比北院尤优,然其职犹多因唐之旧……武臣多以节度使或两使留后为之,又或兼枢密,文臣则前二府及侍从之官高久次有勋劳者方得之。其居藩府则称判,其重如此。元丰官制行,罢宣徽使不置。③

宋代与五代时期不同。五代承宦官政治之后,新的皇权政治还在形成之中,需要宣徽院这样的机构培植皇权信任的武臣,然后再把他们外放至枢密院和地方。宣徽院地位和作用非常重要。北宋初年,一套全

---

①《李德裕文集校笺》卷一七《论刘稹状》:"必不可以太原小扰,失此事机。缘内养寻常充使,恐节将未便承禀,伏望降供奉官今日便赴行营,自看进军,掩其无备。"可见内供奉出使身份远尊于普通宦官。
②《旧五代史》卷七二《马绍宏传》,第1113页。
③〔宋〕徐度:《却扫编》卷下,上海:上海古籍出版社,2012年,第152—153页。

新的皇权政治体系已经确立。皇帝通过宣徽使名下的各种供奉官培植亲信势力的必要性大为降低。特别是贵族子弟充任的三班院①剥离以后，宣徽使就成为没有多少实际职权的冗职。《文献通考》卷五八《职官十二·宣徽院》："宣徽位尊而事简，故常以枢密院官兼之，或以待勋旧大臣之罢政者。及官制行，而事各有所隶，则愈觉赘疣，故遂废罢云。"神宗元丰改制时宣徽院最终被废止②。

其四，宦官诸司使职名成为宋代武臣的借职。

唐末朝廷权威衰落，中央一些专用使职名号被一些藩镇僭越。例如，枢密使为唐代"四贵"之一，唐末这一使职也出现在幽州等强势藩镇。《集古录跋尾》卷九"唐梁公儒碑"条：

> 《唐梁公儒碑》（天祐中），右《梁公儒碑》，于广撰，王说书。公儒者，世为成德军将，公儒当王镕时，为冀州刺史以卒，其碑首题云"唐故成德军内中门枢密使、特进、检校太保、使持节冀州诸军事、冀州刺史、团练守捉等使、军器作坊使"，其余所领事职甚多，皆当时方镇常事，不足书。惟枢密使，唐之末年内官之职，其后方镇遂亦僭置，于此见之。军器、作坊，五代之际号内诸司使，皆朝廷官，然不见其始置时，而今见于此，岂方镇之职，朝廷因而用之耶？将方镇之盛，亦僭置也。公儒事迹无所取，特以此录之。治平元年五月十八日书③。

唐末藩镇迅速膨胀，军务藩镇，需有专人负责藩镇机密大事，晚唐时期藩镇普遍置有作坊将，铸造军器。"作坊判官"在晚唐墓志中屡见，

①《续资治通鉴长编》卷二二太平兴国六年二月丁酉条："国初以供奉官、殿直、承旨为三班，隶宣徽院。三班多贵族子弟，豪纵侥幸，未立程准。"（第490页）
②神宗元丰改制，废宣徽院，现任宣徽使仍存名号，唯不新除官员而已。哲宗元祐六年（1091）冯京为宣徽南院使，次年冯京以宣徽南院使名义致仕，宣徽使最终退出历史舞台。
③〔宋〕欧阳修：《集古录跋尾》卷九"唐梁公儒碑"条，收于《欧阳修全集》，北京：中国书店，1986年，第1204—1205页。

《严密墓志》称志主严密大中七年为寿州"团练押衙管右一（缺。）军
（缺。）等将（缺。）作坊修造使"①。"枢密使"、"作坊使"等名目的出
现，是藩镇使职差遣发展的体现。不过，原则上藩镇可以称知某某事，
无权称某某使，武将借用这些本属于内诸司使的职名，事实上构成僭
越。朱温篡唐成功后，尽诛宦官，更是系统地把内诸司使职名作为恩
赏，分赐给立功武将。后唐庄宗时为表示正统，恢复宦官政治，"复以
中人居枢密使、副使、宣徽、内客省等使之任，增置内勾之目，以主天下
钱谷"②。明宗时再次罢废宦官。几经反复后，至宋代，内诸司使固定
成为武臣三班的"借职"，而且还有比较严格的迁转序列。《宋史》卷
一六九《职官志九》：

> ……
>
> | 西染院使 | 转如京使，有战功转内园使 |
> | 东染院使 | 转洛苑使，有战功转六宅使 |
> | 西京作坊使 | 转文思使，有战功转庄宅使 |
> | 西京左藏库使 | 转六宅使，有战功转西作坊使 |
> | 崇仪使 | 转六宅使，有战功转西作坊使 |
> | 如京使 | 转庄宅使，有战功转东作坊使 |
> | 洛苑使 | 转西作坊使，有战功转左藏库使 |
> | 内园使 | 转东作坊使，有战功转内藏库使 |
> | 文思使 | 转左藏库使，有战功转右骐骥使 |
> | 六宅使 | 转内藏库使，有战功转右骐骥使 |
> | 庄宅使 | 转右骐骥使，有战功转宫苑使 |
> | 西作坊使 | 转左骐骥使，有战功转宫苑使 |
> | 东作坊使 | 转宫苑使 |

---

① 《唐代墓志汇编》咸通〇三六《严密墓志》，第 2406 页。
② 《册府》卷六六五《内臣部·总序》，第 7956 页。

左藏内藏左右骐骥官苑使　　　　　并转皇城使
……

据宋人高承《事物纪原》所考，染院使即唐染坊使，崇仪使即唐闲厩使，六宅使即唐十六宅使，骐骥使即唐飞龙使，文思使即唐文思院使，其余如京使、内园使、庄宅使、作坊使、官苑使等都是唐旧名。这些使职，除崇仪使、左藏库使、皇城使等个别使职外，多数都源自唐代内诸司诸使。《事物纪原》所列借职诸使比《宋史》更详尽，多出翰林、尚食、御厨、军器、仪鸾（唐营幕使）、弓箭、绫锦、八作、牛羊、毡毯、酒坊、医官等使。

内诸司使成为武官借职，与唐代内诸司使的发展趋势有直接关系。唐代诸司使自设立之后，一直向规范化发展。宫内服侍型使职逐渐归隶宣徽使，诸司职能逐渐整齐划一，发展为内二十四司使。诸司使之间的迁转也官僚化运作，带有一定的"循资"色彩。会昌末似先义逸"方将擢授枢务、二广，会以疾免。寻拜弓箭库使"[1]。可见此职距枢密、中尉仅一步之遥。朱全忠尽诛宦官后，这些等级化的宦官使职体系处于废止状态。五代时期是一个天子唯兵强马壮者为之的时代。征战频仍，有战则有功，有功必有赏，原有的官、爵、勋等已不足以赏赐立功将士。那么，内诸司使这一套废弃的使职系统正好可以借职给武将，作为迁转的依据。然而，唐末内诸司使资料极为匮乏，我们目前还无法考证内诸司使的等级是唐末宦官任使时便已存在，还是五代王朝混战过程中逐渐系统化产生的。

其五，监军使制度在宋代变成监押，正式成为地方使职。

五代从唐末藩镇发展演变而来，中晚唐宦官政治在藩镇的典型代表是宦官使制度。朱全忠篡唐时，令诸道藩镇尽诛监军使。除后唐外，宦官监军已不复存在。但是中晚唐长期形成的监军体制却沿袭下

_____

①《西安碑林博物馆新藏墓志汇编》二九三《似先义逸墓志》，第755页。

来,唯充使者由宦官变成皇帝信任的武官使臣而已。

高承《事物纪原》卷六"监押"条:

> 唐中宗始以中官监押兵马,宋朝诸州,亦有兵马监押。小使臣以下,即为监押,大使臣已上曰都监。张绪《续锦里耆旧传》曰:"端拱元年春,供奉官宿翰充成都府兵马监押,宋朝之置监押,自此始。"①

宋代地方监军,主要有两种,大使臣以上称都监,小使臣以下称监押。此两种使名,都可追溯至唐代的宦官监军之制。都监一词由"都统监军使"简并而来,顾名思义为出征行营负总责的监军,德宗、宪宗时期的贾英秀、俱文珍、梁守谦等都担任此职。唐末战争频繁,行营都监更多使用"都监押"一词。如杨承和充深冀行营都监押,陈景思为代州北面行营都监押,袁季贞充邠宁四面行营兵马都监押等(详参本书附录三《唐代宦官监军使年表》)。黄巢起义时期,西门思恭、杨复光等先后充任的"天下兵马都监",有些史籍便写作"天下兵马都监押"。当时都监、都监押可以混用。

五代时期,虽然宦官监军不复存在,但是朝廷派遣心腹之臣监领军队的做法很好地继承下来。时都监押权重,比较少见。监押,常被称为兵马监押,屡见史料记载。五代监押多用于行军作战。至北宋初年,强化对诸州的直接控制,每州皆置监押。从五代至宋初,监押经历一个从战时体制到地方常置的演变过程。这一过程同唐代监军使从战时体制到地方常置的演变过程,有惊人的类似之处。只是充使者一为宦官,一为供奉官而已。

通过探究宦官政治对后一历史时期的"政治遗产",我们可以进一步看清其历史作用。在安史之乱的冲击下,李唐王朝丧失了对全国军

---

① 〔宋〕高承撰,李果订:《事物纪原》卷六"监押",《丛书集成初编》本,北京:中华书局,1985年,第222页。

队的直接控制，只能依靠宦官政治来延续生命。换句话说，李唐政权最大的软肋在于军事，而宦官诸使最重要的意义在于军事性。直接领兵的军事使职，诸如神策中尉、飞龙使等，随着唐朝的崩溃而终结，但仍有不少宦官使职对后世产生影响。例如，唐末主掌藩镇军政的枢密院到了宋代成为主掌全国军政的最高机构。宣徽使，宋代秩比二府，也属武官。弓箭库使等成为武职的借职。监军使、都监演变为武人充任的监押、都监押。这种现象直观地证明，宦官政治的产生并非某个皇帝的昏聩，而是具有一定的历史合理性，只是在安史之乱的冲击下，以某种变态的形式展现出来。一旦这种畸形的历史条件被打破，宦官政治必然会向皇权政治回归。

六、中晚唐宦官政治的历史定位

唐代宦官政治从贞元十二年（796）创立神策两军中尉制开始，至天复三年（903）朱全忠尽屠宦官结束，前后延续一百余年，这一百余年是唐宋社会转型的过渡时期，宦官政治为封建社会由前期向后期转变提供了缓冲。没有两军中尉制度，朝廷难以建立并控制如此庞大的神策军。没有枢密使分割相权，类似杨国忠、李林甫、元载那样的权相必将层出不穷。李唐或亡于乘虚而入的外族，或亡于手握强兵的武将，或亡于窃取高位的权相。中国历史极可能直接进入五代十国的乱世局面。

旧史家从封建正统观点出发，斥为"宦官之祸"。近年来虽有研究者承认唐代宦官专权在维护国家统一等方面的积极作用，但是仍将宦官简单地视为皇权的附庸，对其历史定位有失偏颇。中晚唐宦官既有军队，又有财赋，还形成世家，因此唐代宦官不应简单地看作皇权的附庸，而应视为一种相对独立的政治势力。

宦官政治最初权力来源来自封建皇权，其权力得以成立主要源自神策中尉、枢密使、宣徽使为核心的诸使职体系。东晋门阀政治最初的权力同样也来自封建皇权，其权力得以成立主要源自尚书令等职官。因此，二者本质上都是皇权政治的畸形表现。对此两次皇权的变态形式，我们可以用一个表格加以直观描述：

表 总论—2　东晋门阀政治、中晚唐宦官政治比较表

		东晋门阀政治	中晚唐宦官政治
背景		大规模叛乱，半壁江山	大规模叛乱，东南半壁波及较小
		皇权削弱，但仍维持一定实力	皇权削弱，但仍维持一定实力
政治主体		等级森严的门阀士族	绵亘不绝的宦官世家
权力场所		外朝	内廷
权力基础		豪族部曲、私兵	神策军
与皇帝关系		既依赖又抗衡，有篡位之虞。	既依赖又抗衡，无篡代威胁
结局		丧失兵权，衰落。	丧失兵权，被诛灭。
		地方势力雄厚，门第观念至唐代仍有影响。	枢密使、宣徽使、监军使等使职体系对宋代官制有直接影响。
结论		从皇权政治中来，回归到皇权政治中去。	从皇权政治中来，回归到皇权政治中去。

从这两次封建皇权的变态形式的对比，我们认为中国的皇权政治并非是一贯直线型发展的，在某些特定的历史条件下，会以特殊的形式曲折前行。

所谓的皇权变态形式，也就是说宦官政治只是一种畸形的皇权政治，因此并非完全不可避免。如果没有八王之乱和所谓"五胡乱华"，门阀的权力可能会比较大，但不可能有"王与马共治天下"的格局。玄宗开元时期国力强盛，号为盛世，如果没有安禄山的突然反叛，宦官可能会更为骄横，但也不至于达到"内外大臣共治天下"的程度。玄宗或

其继承者仍有足够的时间，按照使职差遣的惯性，慢慢孕育出一套和宋代类似的差遣官制是完全可以做到的。但是，历史不能假设。

皇权政治出现变异，多发生在新旧社会变革的转型时期。在社会大变革时期，上层建筑往往具有滞后性，不能及时适应新的经济基础。如果皇权依然强而有力，可以通过变法和改良，克服危机。如果阶级矛盾不可调和，就可能爆发大规模农民起义，摧枯拉朽，推翻旧王朝，重建新的皇权政治。但是历史是异常复杂多变的。如果在将变未变之际，出现一些异变，导致变革进行一半即戛然而止，一方面无法回到旧的统治状态，另一方面又无法建立新的政治秩序。这时候，封建王朝为延续生命，不得不借助外力，并让渡某些权力，这一外力做大之后，又反过来威胁皇权。由此，皇权政治的变态形式便获得了足够的生存空间。东晋门阀政治的背景是东汉末年大地主庄园制兴起，劳动者人身依附关系加强，地方大族崛起。同样，中晚唐宦官政治也处于社会剧变的前夕，均田制崩溃，民户大量逃亡，租佃制土地所有制开始兴起。

在社会剧变时期，能够发生异化，并威胁皇权的政治力量，必须具备两个条件。其一，掌控军队。唯有控制军队，才能挟制皇权。在东晋是士族掌控世兵世将，在中晚唐则是宦官典神策军。其二，能够延续权力。在东晋是世代相袭的门阀士族，中晚唐宦官则用收养假子的方式形成了宦官世家。中国具有悠久的"家天下"政治传统，同时具备这两个条件的概率很小，在东晋和中晚唐恰好都得到了满足。

当宦官政治发生异化时，皇权必然与之发生矛盾与斗争，文宗大和年间"甘露之变"正是这种矛盾的集中表现。但是，皇权不操纵军权，无法根本上扭转这一局面。当皇帝意识到无法摆脱宦官政治后，还会采取在宦官中扶植亲信的办法，试图去掌控宦官。皇帝笼络宦官的政治手段主要有以下几种：其一，赐绯紫、赐金鱼袋等服饰。通过给担任使职的宦官"赐绿"、"赐绯"、"赐紫"，提高宦官地位，以私恩换取宦官的效忠。其二,设置别敕判官。宦官充使,判官可以自行聘用,但是皇帝可以用别敕的方式,指定判官僚佐,以达到牵制的目的。其三,创置内养院与高品院。内养又称殿前内养,主要为低品宦官。内养是一种比较特殊的宦官使职。内养之与皇帝,犹如小使之与神策中尉、监军使等使主。高品指品秩高的宦官,罢使归京后可以单独行用这一名号。内养和高品的实质,就是在承认宦官世家特权的同时,皇帝在宦官内部择用一批更为亲信的宦官,以供自己驱使。其四,扶植宣徽供奉官。用服侍型宦官接替关系疏远的政事型宦官。唐末宣徽使的强势崛起,本质上说,正是封建皇权对抗宦官政治的结果。其五,拉拢枢密使,对抗神策护军中尉。在皇帝托付嗣君时,神策中尉与枢密使常不一心,甚至多有杀戮。在文宗、宣宗等朝皆有典型例证。上述五种举措,可以用四个字概括,就是"以宦制宦"。

在宦官政治的格局下,宦官盘根错节,有自己的特定利益。以宦制宦,就如同东晋时期,皇帝以门阀对抗门阀一样,效果并不理想。宣宗曾有意识赐宦官服色,赐时皆感恩,至衣绯衣紫,则相与为一。懿、僖以后,赐服色作为例行性的授予,成为宦官集团宣扬自己权威的手段。名义上皇帝选擢宦官内养为亲信,实际上这些内养多出自宦官世家,甚至直接由神策中尉、枢密使推荐,成为宦官集团窥伺皇帝的耳目。唯一比较有影响的成果就是宣徽使及宣徽院在唐末兴起。作为培养皇权亲信势力的机构,直至五代,宣徽使仍然发挥重要的作用。

自从秦朝建立高度集中的中央集权政治体制以来,皇权政治一直在不断强化,不断完善。就政治格局而言,最为皇帝亲近的近臣往往有机会成为中枢政局的成员。章太炎先生曾论中国宰相制度变迁规律云:"古之宰相,皆以仆从小臣得人主信任。其始权藉虽崇,阶位犹下,最后乃直取名以号公辅。"[①]如果我们将宦官视为特殊的"官僚",

---

①章太炎:《章太炎全集·太炎文录初编》卷一《官制索隐》,上海:上海人民出版社,2014年,第89页。

那么,宦官充任的枢密使,至北宋发展为"二府"之一,其演进过程同样也遵循中国古代宰相制度由内朝转向外朝的一般规律。

这种皇帝身边近臣发展为新官僚体制的政治现象又被称为侧近政治。从侧近政治的角度来理解宦官政治,也可以解释其"变态"问题。

中晚唐时期中国社会处于由封建社会前期向后期转变的特殊时期。在经济、军事、文化上都有一系列的显著变化。但是文、武官僚集团都没有适应社会变化的潮流。文臣方面,科举制是一种新型的选官制度,但是科举内容主要以诗词歌赋为主,崔、卢、李、郑等旧族文化优势依然存在。科场浮华,旧的门第观点影响很大。韩愈、柳宗元等倡导的"尊王"思想并非主流社会意识。武将方面,军权、财权、行政权合而为一的藩镇体制,导致节帅权势膨胀,士卒唯知有节帅,不知有皇帝。安史之乱后,皇权不振,官僚集团的表现不如人意。文臣则朋党纷争,武将则叛乱相继。在这种情况下,宦官作为皇帝身边的侧近势力,开始登上历史舞台。宦官典兵之后,异化成独立的政治势力,皇帝又继续寻找新的侧近势力来对抗宦官,这一政治势力即以棋、书、医术等技艺服侍皇帝身边的文人近幸集团。王叔文、李训等虽长于计谋,但得不到军队和官僚集团的支持,故而先后遭到失败,并引起宦官集团的血腥报复。因此,唐代的"侧近政治",相对于其他朝代而言,由于宦官典禁兵,所表现出来的也是一种"变态"的"侧近政治"。此后,"内外大臣共治天下"成为政治潜规则,皇帝无力挑战宦官,只得偏重"以宦制宦",擢用亲信宦官,取代疏远的政事型宦官。可以说,中晚唐政治史,本质上就是皇权身边的侧近势力不断被推上历史舞台的过程。

宦官的权力来自皇权政治,最终还要回到皇权政治之中去。唐末农民大起义,虽未能最终推翻唐朝,却瓦解了貌似稳固的神策军体系,破坏了宦官政治的基础。但黄巢以孟楷、盖洪为左右军中尉,费传古为枢密使①,事实上承袭了唐朝的宦官政治体制,只是用武将替换了宦官。朱梁以禅代的方式取得政权,仍无法完全摆脱宦官政治的各种影响,经历五代混战之后,直至北宋时期,更为强大的皇权政治才最终确立起来。

中国古代皇权政治的两次异化,东晋门阀势力主要是外朝,中晚唐宦官集团则移至内廷。经历这种由外而内的演进之后,皇权政治已日臻成熟,不可能再有其他"变态"形式产生的政治空间。毋庸讳言,明代仍然会有宦官擅政,在某些领域甚至比唐代更为跋扈。但是自始至终,明代宦官只是皇权的政治附庸,与操控军权的唐代宦官不可同日而语。从此意义上说,中晚唐毫无疑问是中国古代宦官干政的最高峰,这就是本书的最后结论。

---

① 《旧唐书》卷二〇〇下《黄巢传》,第 5393 页。

附录一　中晚唐（肃宗至德元载后）宰相年表

　　《宰相年表》和《宰相世系表》是《新唐书》的一大创举，是研究唐代宰相问题的必备工具。但是在体例上不够周密，且有少量讹误。故后世学者在其基础上多有编订。如万斯同《唐将相大臣年表》[①]、周道济《唐宰相年表》[②]、袁刚《唐宰相表》[③]等。中晚唐时期，宰相名号繁多，有些是真宰相，有的仅为名誉性使相，极易混淆。另唐代实行多相制，宰相满额为四员，但常有缺员，唐末又时常突破四员之限。同一时期究竟哪几位宰相同朝辅政，并不十分容易确定。我们知道，由于牛李党争，不少史料都挟有私嫌，移花接木，把不是某人宰相期间发生之事归于其名下，给研究者带来极大的困扰。如能制作一宰相年表，将同时为相者非常直观地显示出来，对掌握中晚唐政治演进脉络，无疑有事半功倍之效。有鉴于此，本书针对讨论的时段，在前贤基础上，将中晚唐宰相年表重新整理如下：

时间		宰相	备注
肃宗	至德元载六月	韦见素（玄）、崔圆（玄）	④
	至德元载七月甲子	韦见素（玄）、崔圆（玄）、房绾（玄）、裴冕	

---

①万斯同：《唐将相大臣年表》，二十五史补编委员会编：《隋唐五代史补编》第三册，北京：北京图书馆出版社，2005 年，第 1—48 页。

②周道济：《汉唐宰相制度》附录《唐宰相年表》，台北：大化书局，1978 年，附录第 46—121 页。

③袁刚：《隋唐中枢体制的发展演变》附录《唐宰相表》，第 251—253 页。

④天宝十四载六月马嵬驿兵变后，玄宗奔蜀，太子李亨分兵北上灵武，七月甲子即皇帝位，改元至德，是为肃宗。时玄宗在蜀，尚不知肃宗称帝事，双方各自除授宰相，玄宗所任命的宰相用"（玄）"注明。

时间	宰相	备注
七月庚午	韦见素（玄）、崔圆（玄）、房绾（玄）、裴冕、崔涣（玄）	
十一月甲寅	韦见素、崔圆（玄）、房绾、裴冕、崔涣、李麟（玄）	
至德二载正月甲寅	韦见素、房绾、崔涣、李麟、崔圆	
三月辛酉	房管、崔涣、李麟、崔圆、苗晋卿	
五月丁巳	崔涣、李麟、崔圆、苗晋卿、张镐	
八月甲申	李麟、崔圆、苗晋卿、张镐	
乾元元年五月戊子	李麟、崔圆、苗晋卿	
五月乙未	苗晋卿、王屿	①
乾元二年三月甲午	苗晋卿、王屿、吕𬤇	
三月乙未	吕𬤇、李见、李揆、第五琦	
五月辛巳	吕𬤇、李揆、第五琦	
七月辛卯	李揆、第五琦	
十月壬戌	吕𬤇、李揆、第五琦	
十一月庚午	吕𬤇、李揆	
上元元年五月丙午	吕𬤇、李揆、苗晋卿	
五月壬子	苗晋卿、李揆	
上元二年二月癸未	苗晋卿、萧华	
四月己未	苗晋卿、萧华、裴遵庆	
宝应元年建辰月戊申	苗晋卿、裴遵庆、元载	②

（左侧纵向）肃宗

---

①李麟罢相日，据《旧唐书·肃宗纪》补。

②《旧唐书·肃宗纪》载肃宗崩于宝应元年建巳月（四月）丁卯，《新唐书·肃宗纪》作建巳月丙寅。

续表

时间		宰相	备注
代宗	广德元年正月癸未	苗晋卿、裴遵庆、元载、刘晏	
	十二月乙未	元载、刘晏、李岘	
	广德二年正月癸亥	元载、王缙、杜鸿渐	
	广德四年十一月壬申	元载、王缙	
	十一月丙子	元载、王缙、裴冕	
	十二月戊戌	元载、王缙	
	大历十二年三月辛巳		
	四月壬午	杨绾、常衮	
	七月乙巳	常衮	①
德宗	大历十四年闰五月甲戌	崔祐甫	
	八月甲辰	崔祐甫、乔琳、杨炎	
	十一月壬午	崔祐甫、杨炎	
	建中元年六月	杨炎	
	建中二年二月乙巳	杨炎、卢杞	
	七月庚申	卢杞、张镒	
	建中三年四月戊寅	卢杞	
	十月丙辰	卢杞、关播	
	建中四年十月丁巳	卢杞、关播、萧复、刘从一、姜公辅	
	二月壬戌	关播、萧复、刘从一、姜公辅	
	兴元元年正月癸酉	萧复、刘从一、姜公辅	
	正月丙戌	萧复、刘从一、姜公辅、卢翰	
	四月甲寅	萧复、刘从一、卢翰	
	十月辛丑	萧复、刘从一、卢翰、李勉	

①大历十四年五月辛酉代宗崩。

续表

时间	宰相	备注
十一月乙丑	刘从一、卢翰、李勉	
贞元元年六月辛卯	刘从一、卢翰、李勉、张延赏	
八月己卯	刘从一、卢翰、李勉	
九月辛亥	卢翰、李勉	
贞元二年正月壬寅	李勉、刘滋、崔造、齐映	
十二月庚申	李勉、刘滋	
贞元三年正月壬寅	李勉、刘滋、齐映、张延赏	
正月壬子	李勉、张延赏、柳浑	
六月丙戌	张延赏、柳浑、李泌	①
七月壬申	柳浑、李泌	
八月己丑	李泌	
贞元五年二月庚子	李泌、窦参、董晋	
三月甲辰	窦参、董晋	
贞元八年四月乙未	董晋、赵憬、陆贽	
贞元九年五月甲辰	董晋、赵憬、陆贽、贾耽、卢迈	
五月丙午	陆贽、赵憬、贾耽、卢迈	
贞元十年十二月壬戌	赵憬、贾耽、卢迈	
贞元十二年八月丙戌	贾耽、卢迈	
十月甲戌	贾耽、卢迈、崔损、赵宗儒	
贞元十三年九月己丑	贾耽、崔损、赵宗儒	
贞元十四年七月壬申	贾耽、崔损、郑余庆	
贞元十六年九月庚戌	贾耽、崔损	

（德宗）

①李勉失载罢相日。

续表

	时间	宰相	备注
	九月庚申	贾耽、崔损、齐抗	
	贞元十九年三月壬子	贾耽、崔损、齐抗、杜佑	
	七月己未	贾耽、崔损、杜佑	
	闰十一月丁巳	贾耽、杜佑	
	十二月庚申	贾耽、杜佑、高郢、郑珣瑜	①
顺宗	永贞元年二月辛亥	贾耽、杜佑、高郢、郑珣瑜、韦执谊	
	三月丙戌	贾耽、高郢、郑珣瑜、韦执谊	
	七月乙未	贾耽、韦执谊、杜黄裳、袁滋	②
宪宗	八月辛亥	贾耽、韦执谊、杜黄裳、袁滋、郑余庆	③
	十月丁酉	韦执谊、杜黄裳、袁滋、郑余庆	
	十月戊戌	韦执谊、杜黄裳、郑余庆	
	十一月壬申	杜黄裳、郑余庆	
	十二月壬戌	杜黄裳、郑余庆、郑絪	
	元和元年十一月	杜黄裳、郑絪	
	元和二年正月乙巳	郑絪	
	正月己酉	郑絪、武元衡、李吉甫	
	十月丁卯	郑絪、李吉甫	
	元和三年九月丙申	郑絪、李吉甫、裴垍	
	九月戊戌	郑絪、裴垍	
	元和四年二月丁卯	裴垍、李藩	
	元和五年九月丙寅	裴垍、李藩、权德舆	

①贞元二十一年正月癸巳德宗崩。
②永贞元年八月庚子，顺宗禅位，乙巳，宪宗即皇帝位。
③《新唐书·宪宗纪》辛亥作癸亥。

	时间	宰相	备注
宪宗	十一月庚申	李藩、权德舆	
	元和六年正月庚申	李藩、权德舆、李吉甫	
	二月壬申	权德舆、李吉甫	
	十一月己丑	权德舆、李吉甫、李绛	
	元和八年正月辛未	李吉甫、李绛	
	三月甲子	李吉甫、李绛、武元衡	
	元和九年二月癸卯	李吉甫、武元衡	
	六月壬寅	李吉甫、武元衡、张弘靖	
	十月丙午	武元衡、张弘靖	
	十二月戊辰	武元衡、张弘靖、韦贯之	
	元和十年六月癸卯	张弘靖、韦贯之	
	六月乙丑	张弘靖、韦贯之、裴度	
	元和十一年正月己巳	韦贯之、裴度	
	二月乙巳	韦贯之、裴度、李逢吉	
	八月壬寅	裴度、李逢吉	
	十二月丁未	裴度、李逢吉、王涯	
	元和十二年七月丙辰	裴度、李逢吉、王涯、崔群	
	九月丁未	裴度、王涯、崔群	
	十月甲戌	裴度、王涯、崔群、李鄘	
	元和十三年三月	裴度、王涯、崔群、李夷简	
	七月辛丑	裴度、王涯、崔群	
	八月壬子	裴度、崔群	
	九月甲辰	裴度、崔群、皇甫镈、程异	
	元和十四年四月辛未	裴度、崔群、皇甫镈	
	四月丙子	崔群、皇甫镈	

续表

	时间	宰相	备注
	七月丁酉	崔群、皇甫镈、令狐楚	
	十二月己卯	皇甫镈、令狐楚	①
穆宗	元和十五年闰正月丁未	令狐楚	
	闰月辛亥	令狐楚、萧俛、段文昌	
	七月丁卯	萧俛、段文昌	
	八月戊戌	萧俛、段文昌、崔植	
	长庆元年正月壬戌	段文昌、崔植	
	二月壬午	崔植、杜元颖	
	十月丙寅	崔植、杜元颖、王播	
	长庆二年二月辛巳	杜元颖、王播、元稹	
	三月戊午	杜元颖、元稹、裴度	
	六月甲子	杜元颖、李逢吉	
	长庆三年三月壬戌	杜元颖、李逢吉、牛僧孺	
	十月己丑	李逢吉、牛僧孺	②
敬宗	长庆四年五月乙卯	李逢吉、牛僧孺、李程、窦易直	
	长庆四年六月丙申	李逢吉、牛僧孺、李程、窦易直、裴度	
	宝历元年正月乙卯	李逢吉、李程、窦易直、裴度	
	宝历二年九月壬午	李逢吉、窦易直、裴度	
	十一月甲申	窦易直、裴度	③
文宗	十二月庚戌	窦易直、裴度、韦处厚	
	大和元年十月丙寅	窦易直、韦处厚	
	大和二年十月癸酉	韦处厚	

---

①元和十五年正月庚子，宪宗遇弑。
②长庆四年正月壬申，穆宗崩。
③宝历二年十二月辛丑，敬宗遇弑。

续表

	时间	宰相	备注
文宗	十二月壬申		①
	十二月戊寅	路隋	
	大和三年八月甲戌	路隋、李宗闵	
	大和四年正月辛卯	路隋、李宗闵、牛僧孺	
	大和四年六月丁未	路隋、李宗闵、牛僧孺、裴度	
	大和四年七月癸未	路隋、李宗闵、牛僧孺、裴度、宋申锡	
	大和四年九月壬午	路隋、李宗闵、牛僧孺、宋申锡	
	大和五年三月庚子	路隋、李宗闵、牛僧孺	
	大和六年十二月乙丑	路隋、李宗闵	
	大和七年二月丙戌	路隋、李宗闵、李德裕	
	六月乙亥	路隋、李德裕	
	七月壬寅	路隋、李德裕、王涯	
	大和八年十月庚寅	路隋、李德裕、王涯、李宗闵	
	十月甲午	路隋、王涯、李宗闵	
	大和九年四月丙申	王涯、李宗闵	
	四月戊戌	王涯、李宗闵、贾餗	
	六月壬寅	王涯、贾餗	
	七月辛亥	王涯、贾餗、李固言	
	九月丁卯	王涯、贾餗	
	九月己巳	王涯、贾餗、舒元舆、李训	
	十一月乙丑	郑覃、李石	
	开成元年四月甲午	郑覃、李石、李固言	
	开成二年四月戊戌	郑覃、李石、李固言、陈夷行	

①是日中书无宰相。

续表

时间	宰相	备注
十月戊申	郑覃、李石、陈夷行	
开成三年正月戊辰	郑覃、李石、陈夷行、杨嗣复、李珏	
正月丙子	郑覃、陈夷行、杨嗣复、李珏	
开成四年五月丙申	杨嗣复、李珏	
七月甲辰	杨嗣复、李珏、崔郸	①
武宗 开成五年五月乙卯	李珏、崔郸、崔珙	
八月庚午	崔郸、崔珙	
九月丁丑	崔郸、崔珙、李德裕	
会昌元年三月甲戌	崔郸、崔珙、李德裕、陈夷行	
十一月癸亥	崔珙、李德裕、陈夷行	
会昌二年二月丁丑	崔珙、李德裕、陈夷行、李绅	
六月	崔珙、李德裕、李绅	
七月	崔珙、李德裕、李绅、李让夷	
会昌三年二月辛未	李德裕、李绅、李让夷	
五月戊申	李德裕、李绅、李让夷、崔铉	
会昌四年闰七月壬戌	李德裕、李让夷、崔铉、杜悰	
会昌五年五月壬戌	李德裕、李让夷	
五月乙丑	李德裕、李让夷、李回	
七月	李德裕、李让夷、李回、郑肃	②
宣宗 会昌六年四月丙子	李让夷、李回、郑肃	
五月乙巳	李让夷、李回、郑肃、白敏中	
七月	李回、郑肃、白敏中、	

①开成五年正月辛巳，文宗崩。
②会昌六年三月甲子，武宗崩。

续表

	时间	宰相	备注
宣宗	九月	李回、白敏中、卢商	
	大中元年三月	李回、白敏中、韦琮、崔元式	
	八月丙申	白敏中、韦琮、崔元式	
	大中二年正月己卯	白敏中、韦琮、马植、周墀	
	十一月壬午	白敏中、马植、周墀	
	大中三年四月乙酉	白敏中、马植、崔铉、魏扶	
	四月	白敏中、崔铉、魏扶	
	大中四年六月戊申	白敏中、崔铉、崔龟从	
	十一月	白敏中、崔铉、崔龟从、令狐绹	
	大中五年三月甲申	崔铉、崔龟从、令狐绹	
	十月戊辰	崔铉、崔龟从、令狐绹、魏謩	
	十一月庚寅	崔铉、令狐绹、魏謩	
	大中六年八月	崔铉、令狐绹、魏謩、裴休	
	大中九年七月丙辰	令狐绹、魏謩、裴休	
	大中十年正月丁巳	令狐绹、魏謩、裴休、郑朗	
	十月戊子	令狐绹、魏謩、郑朗	
	十二月壬辰	令狐绹、魏謩、郑朗、崔慎由	
	大中十一年二月辛巳	令狐绹、郑朗、崔慎由	
	七月庚子	令狐绹、郑朗、崔慎由、萧邺	
	十月壬申	令狐绹、崔慎由、萧邺	
	大中十二年正月戊戌	令狐绹、崔慎由、萧邺、刘瑑	
	二月壬申	令狐绹、萧邺、刘瑑	
	四月戊申	令狐绹、萧邺、刘瑑、夏侯孜	
	五月丙寅	令狐绹、萧邺、夏侯孜	

续表

	时间	宰相	备注
	十二月甲申	**令狐绹、萧邺、夏侯孜、蒋伸**	①
懿宗	大中十三年十一月戊午	令狐绹、夏侯孜、蒋伸	
	十二月甲申	令狐绹、夏侯孜、蒋伸、杜审权	
	十二月丁酉	夏侯孜、蒋伸、杜审权、白敏中	
	咸通元年十月己亥	蒋伸、杜审权、白敏中、毕诚	
	咸通二年二月	杜悰、蒋伸、杜审权、毕诚	
	二月庚戌	杜悰、蒋伸、杜审权、毕诚	
	咸通三年正月己酉	杜悰、杜审权、毕诚	
	七月	杜悰、杜审权、毕诚、夏侯孜	
	咸通四年四月癸巳	杜悰、杜审权、夏侯孜	
	五月己巳	杜悰、杜审权、夏侯孜、杨收	
	五月戊子	杜悰、夏侯孜、杨收	
	闰六月	夏侯孜、杨收、曹确	
	咸通五年四月	夏侯孜、杨收、曹确、萧寘	
	十一月戊戌	杨收、曹确、萧寘	
	十一月壬寅	杨收、曹确、萧寘、路岩	
	咸通六年三月	杨收、曹确、路岩	
	四月	杨收、曹确、路岩、高璩	
	六月庚戌	杨收、曹确、路岩、徐商	
	咸通七年十月壬申	曹确、路岩、徐商	
	咸通八年七月甲子	曹确、路岩、徐商、于琮	
	咸通十年六月癸卯	曹确、路岩、于琮、刘瞻	
	咸通十一年三月	路岩、于琮、刘瞻	

---

①大中十三年八月癸巳，宣宗崩。

续表

时间		宰相	备注
懿宗	四月丙午	路岩、于琮、刘瞻、韦保衡	
	九月丙辰	路岩、于琮、韦保衡	
	十一月辛亥	路岩、于琮、韦保衡、王铎	
	咸通十二年四月癸卯	于琮、韦保衡、王铎	
	十月	于琮、韦保衡、王铎、刘邺	
	咸通十三年二月丁巳	韦保衡、王铎、刘邺、赵隐	
	六月	韦保衡、刘邺、赵隐	①
僖宗	咸通十四年九月	刘邺、赵隐	
	咸通十四年十月乙未	刘邺、赵隐、萧倣	
	乾符元年二月癸丑	刘邺、萧倣、裴坦	
	五月乙未	刘邺、萧倣、刘瞻	
	八月辛未	刘邺、萧倣、崔彦昭	
	十月丙辰	萧倣、崔彦昭、郑畋、卢携	
	乾符二年五月	崔彦昭、郑畋、卢携	
	六月	崔彦昭、郑畋、卢携、李蔚	
	乾符四年闰二月	郑畋、卢携、李蔚、王铎	
	乾符五年五月丁酉	李蔚、豆卢瑑、王铎、崔沆	
	六月癸酉	李蔚、豆卢瑑、崔沆	
	九月	豆卢瑑、崔沆、郑从谠	
	乾符六年四月	豆卢瑑、崔沆、郑从谠	
	十二月	豆卢瑑、崔沆、郑从谠、卢携	
	广明元年二月	豆卢瑑、崔沆、卢携	
	十二月甲申	豆卢瑑、崔沆、王徽、裴澈	

①咸通十四年七月辛巳，懿宗崩。

续表

	时间	宰相	备注
僖宗	十二月庚子	王徽、裴澈	
	中和元年正月	王徽、裴澈、萧遘	
	二月己卯	王徽、裴澈、萧遘、王铎	
	三月	裴澈、萧遘、王铎	
	六月	裴澈、萧遘、郑畋	
	七月	裴澈、萧遘、郑畋、韦昭度	
	十一月	萧遘、郑畋、韦昭度	
	中和三年五月	萧遘、郑畋、韦昭度、郑从谠	
	七月	萧遘、韦昭度、郑从谠、裴澈	
	中和四年四月	萧遘、韦昭度、郑从谠、裴澈、郑昌图	①
	光启二年二月	韦昭度、郑从谠、[萧遘]、[裴澈]、[郑昌图]	②
	三月戊戌	韦昭度、郑从谠、孔纬、杜让能	③
	光启三年三月	韦昭度、孔纬、杜让能	
	九月	韦昭度、孔纬、杜让能、张濬	④
昭宗	文德元年六月	孔纬、杜让能、张濬	
	龙纪元年正月	孔纬、杜让能、张濬、刘崇望	

①郑昌图光启二年襄王僭帝期间为伪宰相。《旧唐书·僖宗纪》载中和四年四月，僖宗在蜀时，"以兵部侍郎、判度支郑昌图以本官同平章事"。但《通鉴》《新表》皆不载其曾为宰相。中和四年九月《西川青羊宫碑铭》记当时宰相为萧遘、韦昭度、裴澈，无郑从谠、郑昌图之名。

②光启二年二月，田令孜挟僖宗出奔兴元，避邠宁军侵逼。时无百官扈从，萧遘、裴澈、郑昌图等扈从不及，被迫参与朱玫拥立襄王之事，裴、郑二人还出任伪宰相。但诸史皆未记载韦昭度、郑从谠二人去向，疑其宰相之名仅为优待老臣虚名，非实际任事也。

③万《表》无韦昭度。

④文德元年三月癸卯，僖宗崩。

续表

	时间	宰相	备注
昭宗	大顺元年五月	孔纬、杜让能、刘崇望、张濬（统兵不在朝）	①
	十二月丙申	杜让能、刘崇望	
	大顺二年正月庚申	杜让能、刘崇望、崔昭纬、徐彦若	②
	景福元年二月	杜让能、崔昭纬、徐彦若	
	三月	杜让能、崔昭纬、徐彦若、郑延昌	
	景福二年七月	杜让能、崔昭纬、郑延昌	③
	九月壬辰	崔昭纬、郑延昌、韦昭度、崔胤	
	乾宁元年二月	崔昭纬、郑延昌、韦昭度、崔胤、郑綮	
	五月辛卯	崔昭纬、韦昭度、崔胤、郑綮	
	六月戊午	崔昭纬、韦昭度、崔胤、郑綮、李磎	
	六月庚申	崔昭纬、韦昭度、崔胤、郑綮	
	七月	崔昭纬、韦昭度、崔胤、徐彦若	
	乾宁二年正月己巳	崔昭纬、韦昭度、崔胤、徐彦若、陆希声	
	二月乙未	崔昭纬、徐彦若、韦昭度、崔胤、陆希声、李磎	
	三月	崔昭纬、徐彦若、韦昭度、陆希声、王抟	
	四月	崔昭纬、徐彦若、王抟	
	六月癸巳	崔昭纬、徐彦若、王抟、孔纬	

①大顺元年五月，张濬以特进、中书侍郎、平章事、太原四面行营都统身份率军讨伐河东李克用，十一月自晋州溃归。此期间不在朝，但仍为宰相，十二月始与孔纬一起罢相。

②《新唐书·昭宗纪》张濬、孔纬罢相系于大顺二年正月庚申，误。

③《新唐书·昭宗纪》附于景福二年正月，《旧唐书》本纪附于景福二年七月癸未。按昭宗罢禁军五将兵权，以杜让能及亲王典兵，完成于三月，正月尚未作好讨伐李茂贞的军事准备，必不贸然正月即下诏以徐彦若代李茂贞。《新唐书》"正月"为"七月"之形讹。

续表

	时间	宰相	备注
昭宗	七月庚申	崔昭纬、徐彦若、王抟、孔纬、李知柔	
	七月甲子	崔昭纬、徐彦若、王抟、孔纬、李知柔、崔胤	
	七月辛未	崔昭纬、徐彦若、王抟、孔纬、崔胤	
	八月壬子	徐彦若、王抟、孔纬、崔胤	①
	九月癸亥	徐彦若、王抟、崔胤	
	十月	徐彦若、王抟、崔胤、孙偓	
	乾宁三年七月乙巳	徐彦若、王抟、孙偓	
	七月丙午	徐彦若、王抟、孙偓、陆扆	
	八月乙丑	徐彦若、孙偓、陆扆、朱朴	
	九月乙未	徐彦若、孙偓、陆扆、朱朴、崔胤、崔远	
	九月丁酉	徐彦若、孙偓、朱朴、崔胤、崔远	
	十月壬子	徐彦若、朱朴、崔胤、崔远	
	十月戊午	徐彦若、朱朴、崔胤、崔远、王抟	
	乾宁四年正月	徐彦若、孙偓、朱朴、崔胤、崔远、王抟	
	二月乙亥	徐彦若、崔胤、崔远、王抟	
	光化二年正月丁未	徐彦若、崔远、王抟、陆扆	
	光化三年六月丁卯	徐彦若、崔远、陆扆、崔胤	
	九月乙巳	崔远、陆扆、崔胤	
	九月丙午	陆扆、崔胤	
	九月戊申	陆扆、崔胤、裴贽	
	天复元年正月	陆扆、裴贽、崔胤	

①《新唐书·宰相年表》作九月。

续表

时间		宰相	备注
昭宗	二月	陆扆、裴贽、崔胤、裴枢、王溥	
	十一月辛酉	陆扆、裴贽、崔胤、裴枢、王溥、卢光启	
	十一月甲戌	陆扆、裴贽、王溥、卢光启	
	天复二年正月丁卯	陆扆、裴贽、王溥、卢光启、韦贻范	
	四月	陆扆、裴贽、王溥、韦贻范	
	五月庚午	陆扆、裴贽、王溥	
	六月丙子	陆秋、裴贽、王溥、苏检	
	八月己亥	陆扆、裴贽、王溥、苏检、韦贻范	
	十一月丙辰	陆扆、裴贽、王溥、苏检	
	天复三年正月壬子	陆扆、裴贽、王溥、苏检、崔胤	
	二月甲戌	裴贽、王溥、苏检、崔胤	
	二月丙子	裴贽、崔胤	
	二月乙未	裴贽、崔胤、裴枢	
	十二月辛巳	崔胤、裴枢、独孤损	
	天祐元年正月乙巳	裴枢、独孤损、崔远、柳璨	①
哀帝	天祐二年三月甲子	独孤损、崔远、柳璨	
	三月戊寅	崔远、柳璨、张文蔚	
	三月甲申	柳璨、张文蔚、杨涉	②
	十二月癸卯	柳璨、张文蔚、杨涉	
	天祐三年	张文蔚、杨涉	
	天祐四年	张文蔚、杨涉	

①天祐元年八月壬寅,昭宗遇弑。
②《新唐书·宰相年表》作十月。

说明：

（1）本表主要据《新唐书》卷六三《宰相表下》，参考《旧纪》《通鉴》等所制，同时也参考了万斯同《唐将相大臣年表》、周道济《唐宰相年表》等学术成果。

（2）本表以时间点为序，而非时间段为序。故本表时间是指宰相人员发生变动时这一时间点上的情况，宰相离任时间在其名消失下一行即是。

（3）不同皇帝统治时期的宰相用两种底色加以区别。由于新皇帝即位不可能立即更换宰相，故考察某一朝宰相，还应包括前一格旧皇帝遗留下来的顾命宰辅。

附录二 唐代宦官两军中尉、枢密使、宣徽使年表

中晚唐庞大的内诸司使职官体系中,左右神策军护军中尉与上下院枢密使权势最盛,两军中尉、枢密使分为宦官集团军、政系统的领袖,并称"四贵"。除"四贵"外,唐末宣徽院勃兴,宣徽南北院使与两枢密使,共同比拟外朝"四相"(神策中尉虽然权重,但侧重于神策军方面,不在宦官"四相"数内),五代及宋初,宣徽使"秩亚二府",应即远承晚唐的余绪。

神策护军中尉制的形成有一个曲折的过程。神策军最初为入援内地的边军行营,本镇被吐蕃吞并,遂统于宦官观军容使鱼朝恩。代宗广德元年(763),吐蕃攻陷长安,代宗幸陕,神策军护驾返京,遂为禁军。时神策军最高军事长官称神策都知兵马使。代宗大历五年(770)三月,诛鱼朝恩,鱼朝恩旧将刘希暹、王驾鹤相继为都知兵马使。德宗立,以文臣白志贞代王驾鹤。建中大动荡中,旧的神策体系解体。德宗反正后,仿北门六军体制,重建神策军。神策军正式分为左右两军,分由宦官窦文场、王希迁分监勾当。贞元十二年(796)六月,德宗创置两军中尉制度,窦文场、霍仙鸣为首任左右神策中尉。神策军吸纳起自内廷的神威(射生)等军,并在京西北创置诸多神策城镇,是朝廷直辖禁军的主体。左右神策中尉各统控十余万众,不仅负责京师的安全防卫,还直接操控皇帝的废立,尤为显赫。

枢密使确立过程也比较漫长。代宗永泰二年(766),为分鱼朝恩之权,以宦官董秀掌枢密。大历十一年代宗诛董秀,以乔献德代掌枢密。宪宗元和伐叛,军务繁重,知枢密梁守谦、刘弘规等权势急剧膨

胀。穆宗以后枢密院分为上下两院，枢密使也为两员，分掌军国枢密，权侔宰相，诸道监军皆奉其为"长官"。

中唐以后又有宣徽使。宣徽南北院使掌总领内诸司及二班内侍之籍，统辖宣徽内库，相当于控制了宦官集团的财权，在唐末动荡的局势下，也参决枢机。宣徽院始见于安史乱后，同枢密使一样，最初权势卑微，最早可考的宣徽使见于敬宗宝历二年（826），而宣徽使分南北院使，则始见于宣宗大中年间。南院使地位略高于北院使。宣徽使参与皇帝关系亲密，常可迁为枢密使。唐代枢密使无副职，宣徽使大略可比附为枢密副使。

中晚唐可称为宦官领袖的，还有观军容使一职。肃宗乾元元年，九节度使讨伐安庆绪，不置统帅，以鱼朝恩为观军容宣慰处置使，此为观军容使之始。代宗大历五年罢观军容使。文宗以后，观军容使再度复置，作为王守澄、仇士良等神策中尉致仕后的荣誉加衔，黄巢起义后，此职又变成田令孜、杨复恭、刘季述等在职神策中尉的加衔。观军容使虽然尊崇，但长期没有实际职权，代宗以后基本不再单独除授，故不在本表讨论之列。

综上，神策中尉、枢密使、宣徽使可谓中晚唐宦官集团的领袖使职。清万斯同《唐将相大臣年表》①、今人牛志平《唐宦官年表》②、王寿南《左右神策军护军中尉表》③、袁刚《宦官"四贵"表》④、雷家骥《唐四贵年表》⑤、仝建平《唐代宣徽使（副使）在任一览表》⑥、何先成《神策

①万斯同：《唐将相大臣年表》，二十五史补编委员会编：《隋唐五代史补编》第三册，第1—48页。
②牛志平：《唐宦官年表》，《唐史论丛》第2辑，1987年。
③王寿南：《唐代的宦官》，第77—88页。
④袁刚：《隋唐中枢体制的发展演变》，第243—258页。
⑤雷家骥：《唐枢密使的创置与早期职掌》文末附表，《中正大学学报》第4卷第1期，1993年。
⑥仝建平：《唐宋宣徽使考述》，硕士学位论文，陕西师范大学，2005年，第84—85页。

中尉年表》①等曾对"四贵"和宣徽使任职情况加以梳理。限于历史条件，缺漏、讹误处尚多。今拟在前人基础之上，参据传世文献及新出碑志等，对"四贵"及宣徽使设立以来，历年任职者情况编年如下，以期对唐史研究者有所裨益。本表年限起于神策军入为禁军的代宗广德元年（763），止于神策军灭亡的天复三年（903）。

时间	观军容宣慰处置使知神策军兵马事		
广德元年	鱼朝恩		
永泰元年	鱼朝恩		
	观军容宣慰处置使知神策军兵马事	枢密使（知枢密）	宣徽使
永泰二年	鱼朝恩	董秀（延芳）②	
大历二年	鱼朝恩	董秀	
大历三年	鱼朝恩	董秀	
大历四年	鱼朝恩	董秀	
大历五年三月	鱼朝恩	董秀	
	神策都知兵马使	枢密使（知枢密）	宣徽使
大历五年四月	刘希暹	董秀	
大历六年	王驾鹤	董秀	

---

① 何先成：《唐代神策军与神策中尉研究》，北京：中国社会科学出版社，2021 年，第 82—86 页。

② 枢密使始置之年，学界存有较大争议。杜文玉等学者据《梁守谦墓志》及其他文献，认为董秀、梁守谦等人在墓志及功德铭等材料中多称"知枢密"、"掌枢密"，故当时没有"枢密使"一职，董、梁等人枢密之称乃后人修史时追改。今按，差遣使职非常灵活，使职名称的固定多有一发展过程，判断使职是否设立，应以其职掌之始为主，同时参据其是否连续设置。以梁守谦所任的翰林院使为例，白居易、李绛等时人皆作翰林使，这为当时称谓无疑。但文宗大和初所立《梁守谦墓志》径作"学士院使"。这是墓志撰者根据文宗时称谓所作的追附。如果据此认为元和中有翰林院使而无学士院使，恐亦难以成立。鉴于上述考虑，本表仍以永泰二年作为枢密使始置之年。

续表

	监勾当左厢神策军	监勾当右厢神策军	枢密使（知枢密）	宣徽使
大历七年	王驾鹤	董秀		
大历八年	王驾鹤	董秀		
大历九年	王驾鹤	董秀		
大历十年	王驾鹤	董秀		
大历十一年	王驾鹤	董秀		
大历十二年	王驾鹤	乔献德		
大历十三年	王驾鹤	乔献德		
大历十四年	王驾鹤			
建中元年	白志贞			
建中二年	白志贞			
建中三年	白志贞			
建中四年	白志贞			
兴元元年十月	窦文场	王希迁		
贞元元年	窦文场	王希迁		
贞元二年九月	窦文场	王希迁		
贞元三年	窦文场	王希迁		
贞元四年	窦文场	王希迁		
贞元五年	窦文场	王希迁		
贞元六年	窦文场	王希迁		
贞元七年	窦文场	王希迁		
贞元八年	窦文场	王希迁	朱希颜①	

---

①朱希颜，《陆贽集》《权德舆集》记二人贞元八年至贞元十四年为宰相期间，奏对的文章中屡次出现"右希颜奉宣进止""今日内侍朱希颜奉宣进止"等语，所议多军国大事。朱希颜固定在宰相和皇帝之间传递枢密信息，其身份与董秀类似，亦即"知枢密"者。

续表

	左军中尉	右军中尉	知枢密(枢密使)	宣徽使
贞元九年	窦文场	霍仙鸣①	朱希颜	
贞元十年	窦文场	霍仙鸣	朱希颜	
贞元十一年	窦文场	霍仙鸣	朱希颜	
贞元十二年六月	窦文场	霍仙鸣	朱希颜	
贞元十三年	窦文场	霍仙鸣	朱希颜	
贞元十四年七月	窦文场	第五守亮 (守进)	朱希颜	
贞元十五年	窦文场	第五守亮		
贞元十六年	窦文场	第五守亮	薛盈珍	
贞元十七年九月	杨志廉	第五守亮		
贞元十八年	杨志廉	第五守亮		
贞元十九年六月	杨志廉	孙荣义		
贞元二十年	杨志廉	孙荣义	俱文珍②	
永贞元年	杨志廉	孙荣义	俱文珍	

---

① 霍仙鸣代王希迁为监勾当右军,唯其具体时间诸史失载。今按,《旧唐书》卷一四四《韩游瓌传》载贞元三年王希迁率军讨平宫内李广弘之乱,《宋高僧传》卷二《唐洛京智慧传》载贞元八年六月右街功德使王希迁送梵经入西明寺翻译,可知王希迁贞元八年仍在任上。《碑林新藏续编》收录王希迁之妻那罗延墓志,志云:"适于监勾当右神策军事、左监门卫将军、知内省事、上柱国王公讳希迁……贞元中,将军薨逝。"墓志证明王希迁卒于贞元十二年德宗改监勾当左右军为左右神策中尉之前,故我们可以初步推定王希迁死于贞元八年至十二年之间。《册府》卷六六五《内臣部·总序》:"贞元六年南郊礼毕还宫,德宗以禁卫齐整,召文场、仙鸣劳勉。文场加骠骑大将军,仙鸣加监门卫将军,是岁仙鸣病。"德宗亲祀南郊共有四次,分为建中元年正月五日、贞元元年十一月十一日、六年十一月八日、九年十一月十日。贞元六年王希迁仍在世,霍仙鸣不可能已掌右军,此处贞元六年南郊为贞元九年的误植。盖王希迁贞元八年奉旨主持译经,其后不久病逝,次年十一月南郊时掌右军者已更换为霍仙鸣。

② 王叔文永贞革新时俱文珍之职诸书皆不载。按韩愈《顺宗实录》:"辛卯,以王叔文为户部侍郎,职如故,赐紫。初叔文欲依前带翰林学士,宦者俱文珍等恶其专权,削去翰林之职。叔文见制书大惊,谓人曰:'叔文日时至此商量公事,若不得此院职事,即无因而至矣。'王伾曰诺,即疏请,不从。再疏乃许三五日一入翰林。"唐代直接掌握大臣官爵任免的宦官使职唯有枢密使。而俱文珍唯有为枢密使方可召集外朝宰相,逼迫顺宗禅位。诸书不载枢密使之名,或此时枢密使名称尚未固定。

续表

元和元年十一月	吐突承璀	薛盈珍	刘光琦	
元和二年	吐突承璀	第五国珍	刘光琦	
元和三年	吐突承璀	第五国珍	刘光琦	
元和四年	吐突承璀	第五国珍	梁守谦	
元和五年九月	程文幹	第五从直①	梁守谦	
元和六年十月	彭献忠	第五从直	梁守谦	
元和七年	彭献忠	第五从直	梁守谦	
元和八年	彭献忠	第五从直	梁守谦	
元和九年正月	彭献忠	第五从直	梁守谦	
元和十年	彭献忠	第五从直	梁守谦	
元和十一年	彭献忠	第五从直	刘弘规②	
元和十二年二月	吐突承璀③	第五从直④	梁守谦	

①《通鉴》《旧唐书·宪宗纪》记元和五年十月右金吾大将军伊慎略右军中尉第五从直，求河中节度使。《新唐书·伊慎传》附其事于元和二年，误。

②《续集》大和〇五三《姚存古墓志》："上（宪宗）尝曰：吾以天下地大吏繁，悉付相臣，谋于庙堂，思得谨密近侍，衔我指意，可事于外朝。众皆以公忠默体大，遂拜内常侍，掌领机密。"陆扬疑姚存古在梁守谦淮西督战前后曾掌枢密。谨按，梁守谦督战前后代掌枢密者刘弘规。此处"领掌机密"是指"内常侍"一职而言，与枢密使无涉。姚存古即《两唐书》《通鉴》中所记长庆二年宣武军乱时的监军使姚文寿。据墓志，姚文寿元和末为行营都监防御吐蕃，穆宗立，擢监宣武、天平两镇，长庆四年入朝，擢司宾使、领内武库，敬宗崩后，改洛苑使。从其元和末以后所历官逆推，元和中已为枢密使的可能性微乎其微。故本表不列姚存古（文寿）。

③吐突承璀复任左军中尉时间诸书失考。《册府》卷六六五《内臣部·恩宠门》："八年，欲召承璀，乃罢绛相位，承璀复入为神策中尉。"《旧唐书》本传与之同，据此，似承璀元和八年征还后即官复中尉之职。按，《新唐书》本传云："召为内弓箭库使，复左神策中尉。"《通鉴》卷二三九宪宗元和九年（814）正月甲辰条云："承璀至京师，复以为弓箭库使、左神策中尉。"（第7825页）参据《新唐书》，可知承璀自淮南征入后，并未直接出任左军中尉，而是先以弓箭库使作为过渡。元和八年承璀征入时左军中尉为彭献忠。《英华》卷九三二张仲素《内侍护军中尉彭献忠神道碑》："十二年春，以勤瘁遘疾，上章请告宸眷，属赖令卧护，陈让恳切，累至再三，动于天心，方始得谢。二月乙巳，薨于翔善里之私第。"神道碑复云"加拜中尉，统兹六年"，自元和六年拜中尉至十二年致仕，恰合六年之数。故承璀代彭献忠，再次任左军中尉在元和十二年二月。

④据前揭《内侍护军中尉彭献忠神道碑》，元和十二年正月彭献忠辞中尉，二月卒。《册府》卷一四《帝王部·都邑门二》："（元和）十二年四月命右神策军护军中尉第五守进以众二千筑夹城。"同书卷六六五《内臣部·总序》："第五守进为内侍省内常侍，贞元十四年为右神策军护军中尉，仍赐名守亮。"《册府》所记元和十二年右军中尉第五守进，应为第五从直之误。

续表

	左军中尉	右军中尉	枢密使	枢密使	宣徽使
元和十三年	吐突承璀	梁守谦	刘弘规①		
元和十四年	吐突承璀	梁守谦	刘弘规		
元和十五年正月	马进潭	梁守谦	刘弘规	魏弘简	
长庆元年	马进潭	梁守谦	刘弘规	魏弘简	
长庆二年	马存亮	梁守谦	刘弘规	魏弘简	
长庆三年	马存亮	梁守谦	刘弘规	王守澄	
长庆四年	马存亮	梁守谦	刘弘规	王守澄	
宝历元年	马存亮	梁守谦	杨承和	王守澄	
宝历二年	魏弘简②	梁守谦	杨承和	王守澄	
十一月	刘弘规③	梁守谦	杨承和	王守澄	阎弘约
十二月	魏弘简④	梁守谦	杨承和	王守澄	冯志恩

---

①《册府》卷九四五《总录部·附势门》："李德裕宪宗时为太原府司录参军。时谓监军李国澄曰：'何不以近贵取事，而自滞于外阃乎？'国澄曰：'岂所不欲，其如贫何？'乃许借钱十万贯，促国澄赴阙。国澄初未为信，及至阙，咸如其诺，寻除中尉。遂为中人所称。"据《李德裕文集校笺》别集卷六《刘弘规神道碑》，河东监军李国澄即刘弘规，刘弘规入朝为飞龙使、神策副使，迁枢密使。《册府》所云中尉实为枢密使之误。

②《册府》卷六六七《内臣部·将兵门》："魏弘简为内弓箭库使，宝历二年迁右神策军护军中尉。"《梁守志墓志》载："（宝历）二年春，故护军魏公改署公为先锋兵马使。"时右军中尉为梁守谦，"右军"乃为"左军"之误。

③《续集》大和〇〇五《刘弘规墓志》记刘弘规在敬宗立为太子出为河东监军，敬宗立，入朝为内宅使、鸿胪礼宾使，迁左军中尉，宝历二年十一月二十八日卒于任。其为左军中尉仅数月。《大宋僧史略》"管属僧尼"条："代宗朝早置功德使。但内外与左右街异耳。元和中并司封祠部，而置左右街功德使。由吐突承璀累立军功故有此授。僧道属焉。宝历中，护军中尉刘规亦充此使。"刘规即刘弘规。

④《续集》大和〇二〇《何文哲墓志》载敬宗遇弑后，左神策大将军何文哲"与故开府中尉魏公弘简，创议协力，犄角相应，誓清逆党……然后与开府右军中尉梁公守谦同谋义始，选练精兵，册建我皇"。则宝历二年十二月八日敬宗遇弑时，左军中尉为魏弘简。盖十一月刘弘规卒后，魏弘简复为左军中尉。

续表

大和元年三月	韦元素	王守澄	杨承和	崔潭峻	
六月	韦元素	王守澄	杨承和	崔潭峻	
大和二年	韦元素	王守澄	杨承和	崔潭峻	
大和三年	韦元素	王守澄	杨承和	崔潭峻	
大和四年	韦元素	王守澄	杨承和	崔潭峻	
大和五年	韦元素	王守澄	杨承和	崔潭峻	
大和六年	韦元素	王守澄	杨承和	崔潭峻	
大和七年二月	韦元素	王守澄	王践言（士政）①	崔潭峻	
八月	韦元素	王守澄	王践言	崔潭峻	
大和八年	韦元素	王守澄	王践言	崔潭峻	梁承度?②
大和九年五月	仇士良	王守澄			
大和九年九月	仇士良	鱼弘志			
开成元年	仇士良	鱼弘志	刘弘逸	薛季稜	

①《续谈助》卷三引录李德裕《文武两朝献替记》云："大和七年二月二十八日蒙恩守本官平章事。时枢机不密，二十六日，京师已盛传明日有麻。二十七日，寂然无事，皆言留中不行矣。余对回，枢密使崔谈（潭）峻、王士政至中书，以文宗与枢密使手诏示诸相。其词曰：'命相绝是重事，适看历日，明日日辰非佳，且封麻，二十八日放下。'"（第49页）据两《唐书》李德裕本传，大和六年，西川监军王践言入为枢密使，大和七年李德裕拜相即王践言援引，故李德裕《两朝献替记》中王士政与王践言实为一人。《英华》卷九九七韦处厚《翰林院厅壁记》云："内给事李常晖、内谒者监王士政并掌院事，延于十年。"王士政（践言）与梁守谦、刘弘规类似，亦由学士院使转为枢密使。

②《陕西省考古研究新入藏墓志》一三一《唐故宣徽使梁公妻刘氏夫人墓志》中提及梁守谦一子曾任宣徽使。按《西安碑林博物馆新藏墓志续编》一七八《梁守志墓志》有"内侍仁叔，开府令弟"之语，开成三年梁守志入葬时用赠宣相称，则其人必死于文宗开成三年前。大和二年梁守谦卒时，仅次子梁承度任沂海监军，稍有资历，疑即其人。唯不知其死是否与文宗诛宦官有关，姑暂附于甘露事变前夕。

续表

开成二年	仇士良	鱼弘志	刘弘逸	薛季稜
开成三年	仇士良	鱼弘志	刘弘逸	薛季稜
开成四年①	仇士良	鱼弘志	刘弘逸	薛季稜
开成五年八月	仇士良	鱼弘志	刘行深	杨钦义
会昌元年	仇士良	鱼弘志	刘行深	杨钦义
会昌二年	仇士良	鱼弘志	刘行深	杨钦义
会昌三年六月	杨钦义②	鱼弘志?	刘行深	
会昌四年	马元贽	鱼弘志?	刘行深	杨钦义
会昌五年	马元贽	刘行深?		
会昌六年③	马元贽	刘行深④	杨钦义		刘遵礼

①《汇编》开成〇三三《陈士栋墓志》记右神策军正将陈士栋元和九年至开成四年"历事九将
军五中尉",元和九年至开成四年,右军中尉依次为第五从直、梁守谦、王守澄、鱼弘志,其
数止四位,谓五中尉,盖将天威军使视为中尉,或有一位中尉失考。

②《入唐求法巡礼行记》卷四:"会昌三年六月三日,敕除新中尉:以内长官、特进杨钦义任左
神策护军中尉、左街功德使,当日便上任。"但据《通鉴》,会昌四年讨泽潞时,杨钦义、刘行
深为二枢密使。盖是年杨钦义复为枢密使,其位由马元贽接替。

③宣徽使分南北二院的时间史书无明确记载。《旧唐书》卷一七上《敬宗纪》载敬宗宝历二
年:"宣徽使闾弘约、副使刘弘逸各杖二十二。"《册府》卷一五三《帝王部·明罚门三》载文
宗大和初诛刘克明之党,云"前宣徽使冯志恩,勒随灵驾赴河内",时宣徽使唯一员甚明,
宣徽院分为南北两院必在其后。现存最早提及宣徽南北院的史料是《刘遵礼墓志》。墓志
载会昌六年六月刘遵礼迁宣徽北院使,时在位者为唐宣宗。又欧阳修《集古录跋尾》卷九
《康约言碑》(大中七年):"约言在大和开成间尝为鸿胪礼宾使,又为内外客省使,以此见
今之使名自枢密、宣徽而下,皆唐宦官职也。又以见鸿胪卿寺亦以宦者为使于其间。约言
又为宣徽北院副使,又见当时南北院宣徽皆有副使也。"康约言碑其文今不传,约言卒于宣
宗大中七年,从欧阳修描述文字来看,其为北院副使很可能在大中初。宣宗勾结宦官而擅
立,即位初,顺从宦官之请,扩张宣徽院为两院也是可以理解的。因文、武两朝宣徽使资料
全失,无一人姓名可考,本表暂将宣徽使分两使置于会昌六年(宣宗)。李心传《建炎以来
朝野杂记》卷一二"宣徽副使"条:"欧阳公《集古录》跋康约言碑云约言尝为宣徽北院副
使,以此见唐时南北院宣徽各有副也。按唐德宗末年赵殷衡为宣徽院副使已见于史中,不
待康碑而可知也。"今按,李心传大误,赵殷衡为唐末哀帝时的宣徽北院副使,其身份是朱
全忠监视哀帝的心腹,非为宦官。

④会昌六年右军中尉,万斯年《唐将相大臣年表》无考,牛志平《唐宦官年表》作西门季玄。
《旧唐书》卷一六五《柳公绰传附柳公权传》载大中初宣宗命观军容使西门季(转下页注)

续表

	左军中尉	右军中尉	枢密使	枢密使	宣徽南院使	宣徽北院使
大中元年	马元贽	刘行深	杨钦义	崔巨源		刘遵礼
大中二年	马元贽	刘行深	杨钦义			刘遵礼
大中三年	杨钦义①	刘行深	王元宥	严季实		刘遵礼
大中四年	杨钦义	刘行深	王元宥②	严季实		刘遵礼
大中五年	宋叔康	刘行深	王元宥	严季实	刘遵礼	仇从广③
大中六年	宋叔康④	王元宥⑤		严季实		

（接上页注）玄为柳公权捧砚事。今按，两唐书《曹确传》及《通鉴》俱言懿宗时季玄为中尉，军容使位高于两军中尉，不可能大中初西门季玄为军容使而咸通时为右军中尉，《柳公权传》所记之事当为后人比附高力士为李白脱靴之事而伪撰。《太平广记》卷一三二"宋柔"条引皇甫枚《三水小牍》称黄巢起义时僖宗"诏军容使西门季玄为都监"，故知季玄懿宗朝为中尉，僖宗朝迁军容使。牛《表》以会昌时季玄已任右军中尉恐于史不合，故不取。陈仲安《唐代后期的宦官世家》据《金石萃编》卷一一四《霍夫人墓志》、卷一一七《刘遵礼墓志》等考知刘行深大中年间（大中九年以前）任右神策中尉。今按，《汇编》大中〇五二《李从证墓志》记宦官李从证"学晋右将军书，墨妙笔功，时称能者……右神策护军中尉刘公慕而取之，置之于肘腋……管洒刀翰，立书奏牓，点划无缺"。刘公亦即刘行深，盖因新君登基，由枢密使迁神策中尉。

① 《册府》卷六六七《内臣部·将兵门》："杨钦义，宣宗大中时为神策中尉。"今按，大中三年四月宰相马植因受马元贽玉带被罢相，马元贽盖此时罢去中尉，由杨钦义接任。

② 《唐代墓志汇编续集》大中〇二四《忠武军监军仇文义妻王氏墓志》："兄特进公元宥，累更重寄，今为内枢密使。"王氏葬于大中四年正月。《金石萃编》卷一一四《定慧禅师碑》碑末题记有大中七年正月右军中尉王元宥。山西五台山佛光寺为现存唐代木构佛寺，大殿北木梁上有题记："（上）功德主故右军中尉王；（下）佛殿主上都送供女弟子宁公遇"。东大殿所立石幢佛经刻文末云"女弟子佛殿主宁公遇，大中十一年十月建造"。此"右军中尉王"即王元宥。大中七年正月王元宥已在任上，其由枢密使改右军中尉，约在大中六年。

③ 《仇士良神道碑》："有男五人，长宣徽使、银青光禄大夫、行内侍省内给事、赐紫金鱼袋曰从广。"仇士良葬于武宗会昌四年，但此碑作于宣宗大中五年，所书官为何时之官尚待考订。按神道碑下云"次邠宁监军使、中散大夫、行内侍省内侍局丞赐绯鱼袋曰从渭"，据《续集》会昌〇二九《李升荣墓志》，李升荣会昌四年正月为邠宁监军，会昌五年十一月卒于任。故知神道碑所书之官不可能为会昌时官，只能是大中五年立碑时所充之使职。大中五年，刘遵礼由宣徽北院迁南院，仇文广代为北院使。

④ 据《樊川文集》卷二〇《宋叔康妻封邑号制》，此制作于大中五年九月至大中六年底之间。

⑤ 据《樊川文集》卷二〇《王元宥除右神策军护军中尉制》，此制作于大中五年九月至大中六年底之间。

续表

大中七年		王元宥		严季实		
大中八年		王元宥①				
大中九年						
大中十年			王归长②	马公儒		
大中十一年 七月	王宗实	吐突士晔③	王归长	马公儒		
大中十二年	王宗实		王归长	马公儒		
大中十三年	王宗实	王茂玄	王归长	马公儒	王居方	齐元简
大中十三年	王宗实	王茂玄④	王归长	马公儒		
咸通元年	王宗实					
咸通二年	王宗实				杨公庆⑤	
咸通三年	杨玄价				杨公庆	

---

① 〔宋〕赞宁：《大宋僧史略》卷中"左右街僧录"条，《大正藏》第五十四册，第 244 页。

② 《旧唐书》卷一八《宣宗纪》："（大中十一年）七月，以飞龙使、宫闱局令王归长，守内侍省内常侍，知省事，充内枢密使。"然《通鉴》卷二四九宣宗大中十年十一月壬辰条记宣宗欲拜萧邺为相，"枢密使王归长、马公儒覆奏邺所判度支应罢否，上以为归长等佑之，即手书慎由名，及新命付学士院"。以此论之，早在大中十年王归长已为枢密使，若萧邺、崔慎由之事无误，《旧唐书·宣宗纪》系年当误，今暂附于大中十年条下。

③ 吐突士晔，诸表列于大中六年。据前注可知大中六年右军中尉应为王元宥，另据《樊川文集》卷二〇《吐突士晔妻封邑号制》，大中五年、六年时士晔为弓箭军器使，时右军中尉为王元宥，又大中末右军中尉有王茂玄，吐突士晔在二者之间。据佛光寺题名，大中十一年王元宥已卒，新任者当即吐突士晔，故附于大中十一年。

④ 《大唐西市博物馆藏墓志》收录王茂玄之子王彦真墓志，王彦真卒于咸通六年，书其父王茂玄官爵为"淮南监军使、特进、右骁卫上将军、知内侍省事"，墓志不书右军中尉之衔。按王茂玄与两枢密使王归长、马公儒皆宣宗所厚，独左军中尉王宗实不同心。王归长等受遗诏立夔王，恐王宗实为变，矫诏出其为淮南监军。事泄，三宦被杀，王茂玄未直接参与矫诏事件，虽身免于死，亦由此被斥为淮南监军。咸通元年，右军中尉当另有其人。

⑤ 《通鉴》卷二五〇懿宗咸通二年（681）二月条："一日，两枢密使诣中书，宣徽使杨公庆继至，独揖悰受宣，三相起避之西轩。公庆出斜封文书以授悰，发之，乃宣宗大渐时请郓王监国奏也。且曰：'当时宰相无名者，当以反法处之。'"（第 8215 页）未明确何院宣徽使。按此为极机密事，又咸通七年十月，宰相杨收败，杨公庆坐其党被贬配领表，以此论之，杨公庆与皇帝极为接近，当为上院宣徽使。

续表

咸通四年	杨玄价	西门季玄?①			杨公庆
咸通五年	杨玄价	西门季玄?			杨公庆
咸通六年	杨玄价	西门季玄?			杨公庆
咸通七年	杨玄价	西门季玄?			杨公庆
咸通八年	杨玄价	薛某?②	杨玄翼		
咸通九年		薛某?	杨玄翼		杨复恭?③	刘从实④
咸通十年		薛某?	杨复恭		刘从实
咸通十一年	刘行深	杨玄实⑤	杨复恭		刘从实
咸通十二年	刘行深	杨玄实	杨复恭		刘从实
咸通十三年	刘行深	韩文约	杨复恭		刘从实
咸通十四年	刘行深	韩文约	杨复恭		刘从实
乾符元年	刘行深	韩文约	杨复恭	田令孜	
乾符二年	刘行深	田令孜	杨复恭	西门思恭	

①咸通年间，懿宗宠幸优人李可及，右军中尉西门季玄与宰相曹确屡论之。曹确任宰相在咸通四年到咸通十一年间。

②《续集》广明○○一《陈讽墓志》："方属右广阅艺之秋，公果膺其搜罗……时护广军容薛公好为人则……遂委以功德巡务。"此右军中尉薛公不见其他文献记载，陈讽卒于僖宗乾符六年，据墓志推算，薛公为右军中尉当在咸通中，今姑附于此。

③《旧唐书》卷一八四《杨复恭传》："庞勋之乱，监阵有功自河南监军入为宣徽使，咸通十年玄翼卒起复为枢密使。"则其为宣徽使在咸通九年至咸通十年，未明言其何院宣徽使。按《大唐西市墓志》四四七《王彦真墓志》为杨复恭咸通三年所撰，时为宣徽南院供奉官，故疑其为南院宣徽使，姑附于此。

④《石墨镌华：关中民俗艺术博物院收藏碑志集释》五〇《刘从实墓志》记其咸通中为宣徽北院使，后迁南院使，僖宗即位，迁弓箭库使，其年代不详，因其与杨复恭相善，疑杨复恭迁枢密使后，刘从实由北院迁为南院，姑附于此。

⑤杨玄实，牛《表》附在咸通十一年、十二年，未知所据。《新唐书》卷一八七《王重荣传》有中尉杨玄实，年代不详。按，杨玄实同辈兄弟杨玄价、杨玄翼皆大用于咸通年间，牛《表》疑是，今从。《册府》卷六六七《内臣部·将兵门》："杨玄实，僖宗乾符中为左神策军中尉。"恐误。

续表

乾符三年	刘行深	田令孜	杨复恭	西门思恭	韩处恭①	
乾符四年	田令孜	王彦甫	杨复恭	西门思恭		
乾符五年	田令孜	王彦甫	杨复恭	西门思恭		
乾符六年	田令孜	王彦甫	杨复恭	西门思恭	李顺融?②	
广明元年五月	田令孜	西门思恭（匡范）③	杨复恭	李顺融		
中和元年	田令孜	西门思恭	杨复恭	李顺融		
中和二年	田令孜	西门思恭	杨复恭	李顺融		
中和三年六月	田令孜	西门思恭	田匡礼④	李顺融		
中和四年	田令孜	西门思恭⑤	田匡礼	李顺融		

①《西市墓志》四六六《韩处章墓志》记其有弟韩处恭，"南院使，右威卫上将军、颖川县开国公、食邑一千一百五户、赐紫金鱼袋"。

②《通鉴》卷二五三僖宗广明元年（880）五月丙子条："以宣徽使李顺融为枢密使，皆降白麻于阁门，出案与将相同。"（第 8347 页）未言其南北院，姑附宣徽南院使。

③西门思恭，陈仲安疑即西门匡范。唯其资格较老，故田令孜常推之，与杨复恭、杨复光兄弟抗衡。广明元年五月枢密使西门思恭出为凤翔监军。《册府》卷六六七《内臣部·将兵门》："王彦甫，广明中，与田令孜为左右观军容使，率禁军从幸兴元。"《续集》广明〇〇一《陈讽墓志》："上广王公，始抚师旅……特奏兼宁州刺史。"盖僖宗出奔时右军中尉王彦甫。在兴元时，西门思恭至自凤翔，田令孜遂引为右军中尉。

④宋黄休复《益州名画录》卷上"常重胤"条、元陶宗仪《说郛》卷九〇"常重胤"条载中和四年僖宗自西川返京日画匠常重胤在大圣慈寺寺壁为随驾诸功臣画像，所题两枢密分为田匡礼、李顺融。田匡礼，田令孜有养子田匡祐与之连名，当为田令孜养子。《全唐文》卷八一四乐朋龟《西川青羊宫碑铭》作"苗允礼"、《道藏》作"田胤礼"，并后人避讳改。中和三年六月，杨复光卒，田令孜趁机罢杨复恭为飞龙使，以养子田匡礼代掌枢密。光启二年，田令孜失势，田匡礼盖此年罢。

⑤中和元年七月，朝廷以西门思恭为天下行营兵马都监押，老病不行，二年以杨复光代。中和三年正月，思恭为右神策中尉充诸道租庸兼催促诸道进军等使。中和四年，西川画匠常重胤在成都大圣慈寺壁为随驾诸功臣画像，诸功臣有右军中尉西门思恭。（转下页注）

续表

光启元年	田令孜		田匡礼	李顺融	刘景宣	田献铢
光启二年正月	田令孜		杨复恭	李顺融		
二月	杨复恭		杨恽①	刘季述		
三月	杨复恭		杨恽	刘季述		
光启三年	杨复恭		杨恽	刘季述		
文德元年	杨复恭		杨恽	刘季述②		吴承泌
龙纪元年	杨复恭		杨恽	刘季述		吴承泌
大顺元年	杨复恭		杨恽	刘季述		吴承泌
大顺二年九月	刘景宣	西门重遂	李周潼	段诩		吴承泌
景福元年	刘景宣	西门重遂	李周潼	段诩		吴承泌
景福二年九月	刘景宣	骆全瓘	吴承泌	康尚弼		
乾宁元年	刘景宣	骆全瓘	吴承泌	康尚弼		
乾宁元年正月	刘景宣	骆全瓘	吴承泌	康尚弼		
乾宁二年五月	刘季述	严遵美	刘光裕	康尚弼		

（接上页注）但中和四年九月乐朋龟《西川青羊宫碑铭》中无思恭之名，或此时甫卒，未及任命新的右军中尉。

① 《南部新书》卷癸："杨恽内侍，字道济。僖宗末，权枢密，出为浙西监军。"中和年间枢密使李顺融为田令孜同党。光化二年杨复恭得势，斥逐田氏同党，杨恽出自杨氏宦官世家，当为杨复恭引为枢密使。大顺二年，杨复恭失势被杀，杨恽也受牵连，出为浙西监军。

② 《新唐书》卷二〇八《刘季述传》："刘季述者，本微单，稍显于僖、昭间，擢累枢密使。"（第5892页）刘季述当为杨复恭拔擢，大概与杨恽同为枢密使。《通鉴》卷二五七僖宗文德元年（888）三月乙亥条："右军中尉刘季述遣兵迎杰于六王宅。"（第8497页）遣兵迎立者杨复恭，疑《通鉴》有误。大顺二年，杨复恭被杀，刘季述盖亦此年罢知枢密。乾宁二年危难之时昭宗不得不启用杨复恭旧部，始出任左军中尉。

续表

乾宁三年	刘季述	严遵美	宋道弼①	景务修	元公讯?②	
乾宁四年	刘季述③	严遵美	宋道弼	景务修		
光化元年	刘季述	严遵美	宋道弼	景务修		
光化二年	刘季述	王仲先	宋道弼	景务修		
光化三年六月	刘季述	王仲先	王彦范	薛齐偓		
天复元年正月	韩全诲	张弘彦	袁易简	周敬容		
天复二年	韩全诲	张弘彦	袁易简	周敬容	仇承坦	
天复三年正月	第五可范	仇承坦	王知古	杨虔郎		
天复三年正月朱全忠于内侍省尽杀宦官数百人						

①牛《表》以宋道弼、景务修为两军中尉,按此特承《新唐书》之讹。据《全唐文补遗》第一辑《唐重修内侍省碑》,此二人实皆枢密使。光化二年左右军观军容使分为刘季述、严遵美。

②《通鉴》卷二六〇昭宗乾宁三年(896)七月癸巳条载:昭宗"至富平遣宣徽使元公讯召建,面议去留"(第8611页)。未名言南院或北院。此事至关重大,当为南院宣徽使,姑附于此。

③《通鉴》卷二六一昭宗乾宁四年八月条:"建乃与知枢密刘季述矫制发兵围十六宅,诸王被发,或缘垣,或升屋呼曰:'宅家救儿。'"(第8626页)按,此"知枢密"当为左军中尉的讹误。

附录三　唐代宦官监军使表

宦官监军之制是唐代重要的政治制度。唐代前期实行御史监军制度。玄宗开元、天宝之际，节度使拥兵权重，为加强对边疆的控制，朝廷始以宣慰使、市马使、押弓弩甲仗使等名目派遣宦官往安西、幽州等边镇监抚军队。高仙芝、哥舒翰等边将重大军事行动多以边令诚、李大宜等宦官监之。安史之乱爆发后，勤王诸行营军和新置镇军皆置宦官监护。叛乱平息后，这些军队逐渐地著，成为新的藩镇，负责监押的监军使渐渐以"某镇监军"相称。此时监军使无官印，名义上受节度使的节制。德宗建中播迁之后，疑忌武将，重回宦官典兵的老路，在军事制度上进行了一系列的创置活动。在中央层面，创立神策军两军中尉制和京西北神策城镇体系，两军中尉例由宦官充任，每一神策城镇皆由宦官监押，宦官掌禁兵制度化、合法化。地方层面，每一藩镇例置监军使，监军使有院有官印，藩镇宦官监军之制也得以制度化、常态化。在皇帝诏书中，监军使位在节度使之下，州刺史之上，俨然成为地方使职系统中不可或缺的一员。

从宦官典兵之制的发展历程来看，唐代宦官监军之制，并非某个皇帝心血来潮的偶然性产物，具有一定的连续性和阶段性。玄宗开元天宝时期是萌芽时期。此时宦官监军已经出现，但主要集中于安西、河西、幽州等边疆重兵之地。从安史之乱爆发至德宗建中、兴元之际是形成时期。监军使表现出一定的过渡性，宦官监军被引入内地，但因时局混乱，尚未上升到国家制度的层面。德宗贞元以后是监军之制的定型阶段。随着宦官典兵的制度化，有一藩镇则必置一监军，形成中国历史上独一无二的宦官监军制度。

　　由于唐代宦官监军之制的形成具有阶段性，在不同时段、不同场合，"监军使"会有不同的含义。总体来说，被称为"监军使"的宦官主要有三种：第一种是藩镇常置之监军使。德宗之后，每一藩镇例置一监军使，监军使有使有院有官印，且以枢密使为"长官"，制度化特征明显。德宗贞元以后所见监军使绝大多数都属此类。第二种是南北衙禁军系统的监军使。安史乱后，河陇诸州被吐蕃蚕食吞并，为抵御吐蕃，拱卫长安，唐廷在京西北设置诸多神策城镇，每一城镇置镇遏使或城使作为军事主将，同时例置监军使押领。神策城镇直辖于两军中尉，故诸城监军皆两军中尉的爪牙。神策军性质上属北衙禁军，此时长安城内以十六卫为代表的南衙诸军已经式微，唯有威远军名号尚存，宦官亦置监军押领之。威远军监军使性质与神策城镇监军相同，唯驻地在长安城内而已。第三种是行军作战时临时设置的行营监军使。此类监军使贯穿于整个中晚唐时期。中唐以后，朝廷常征发诸道兵组成讨伐行营，对拒命藩镇环而攻之。行营置都监一人，总护其军。另置若干监军使，各委以方面监押之任。唐末，都监又称都监押。此外，两军对阵时，往往还有宦官监阵，此类宦官人数众多，地位不如监军使尊贵，准确的称谓应该是监阵使，因其宦官身份，一些文献中也习惯性称之为监军。

　　藩镇常置之监军使，三四年一代换，理论上其人数与同时期节度使大约相当。事实上，《旧唐书》、《资治通鉴》（表中简称《通鉴》）、《册府元龟》（表中简称《册府》）、《文苑英华》（表中简称《英华》）等传世文献中有记载的监军使寥寥无几。关于唐代节度使，吴廷燮《唐代方镇年表》已有较为清晰的梳理。唐代监军使的整理工作，牛志平《唐宦官年表》、柳浚炯《唐代宦官监军使、判官、小使表》①中曾有论及，但对近年新出宦官墓志没有进行充分利用，且三种监军使未作区分，利

━━━━━━━━━━━━━━━

① 〔韩〕柳浚炯：《唐代宦官与皇权关系运作研究》附录一《唐代宦官监军使、判官、小使表》，北京大学博士学位论文，2010 年。

用较为不便。有鉴于此,本文拟在牛《表》的基础上,搜罗《唐代墓志汇编》(表中简称《汇编》)、《唐代墓志汇编续集》(简称《续集》)、《西安碑林博物馆新藏墓志汇编》(简称《碑林汇编》)、《西安碑林博物馆新藏墓志续编》(简称《碑林续编》)、《秦晋豫新出墓志蒐佚续编》(简称《蒐佚续编》)、《大唐西市博物馆藏墓志》(简称《西市墓志》)、《凤引薤歌:陕西历史博物馆藏墓志萃编》(简称《陕博墓志萃编》)、《洛阳流散唐代墓志汇编续集》、《陕西省考古研究院新入藏墓志》、《陕西新见唐朝墓志》、《新中国出土墓志》等新出墓志,以及部分佛道文献,对三种类别的监军使分别进行梳理,草制《唐代宦官监军使表》(表1、表2、表3),以期能抛砖引玉,推动唐代宦官监军使问题的研究。

表1　唐代藩镇监军使表

监军使	藩镇	时间	出处
骆奉仙(先)	凤翔	大历中	《新唐书》二〇七《骆奉先传》
西门去奢	凤翔	贞元十四年	《新唐书》卷七《德宗纪》
张仲清	凤翔	大和九年	《新唐书》卷八《文宗纪》;《通鉴》卷二四五
仇将军	凤翔	元和三年正月	《续集》大中〇三五《孟秀荣墓志》
仇士良	凤翔	长庆二年至宝历二年	《英华》卷九三二《仇士良神道碑》
刘德训	凤翔	大中四年至六年	《刘德训墓志》①
周元植	凤翔	大中五年	《樊川文集》卷二〇《周元植除凤翔监军制》

①录文见杜文玉、赵水静:《从新出〈刘德训墓志〉看晚唐历史的几个问题》,《山西大学学报》(哲社版),2019年第5期。据墓志,大中四年刘德训丁忧,未终制起复为凤翔监军。杜牧《樊川文集》有《周元植除凤翔监军制》,时间在大中五年九月至六年之间,疑为丁忧期间代之者。

续表

监军使	藩镇	时间	出处
张仲群	凤翔	大中十四年至咸通四年	《张仲群墓志》①
杨玄翼	凤翔	咸通中	《通鉴》卷二五一《考异》引《玉泉子闻见录》②
马公度	凤翔	乾符二年	《续集》乾符〇〇一《马公度妻王氏墓志》
韩全诲	凤翔	唐末昭宗天复元年前	《通鉴》卷二六二
张弘彦	凤翔	光化三年	《通鉴》卷二六二③
西门思恭	凤翔	广明元年五月至十二月	《通鉴》卷二五三
袁敬柔	凤翔	广明元年十二月僖宗出奔后	《通鉴》卷二五四
杨复恭	凤翔	大顺二年	《新唐书》卷二〇八《杨复恭传》
第五玄昱	陇右	大历初	《续集》大历〇三三《第五玄昱墓志》
徐钦令④	邠宁	永泰元年	《英华》卷六四三《奏投降回鹘大首领大将军安达干等状》

①录文见裴书研、杨双榕:《新出唐张仲群墓志考释》,《古文献整理研究》第6辑,2021年。

②《通鉴》卷二五一懿宗咸通十年(869)六月条下附《考异》:"《玉泉子闻见录》曰:'徐公商判鹾,以(刘)瞻为从事。商拜相,命官曾不及瞻。瞻出于羁旅,以杨玄翼枢密权重,可倚以图事,而密啖阍者谒焉。瞻有仪表,加之词辩俊利,玄翼一见悦之。每玄翼归第,瞻辄候之,由是日加亲熟,遂许以内廷之拜……'……《闻见录》又云:'玄翼为凤翔监军,瞻即出为太原亚尹,郑从谠为节度使,殊不礼焉。洎复入翰林而作相也,常谓人曰:"吾在北门,为郑尚书冷将息,不复病热矣。"从谠南海之命,瞻所致也。'按《旧传》,瞻自户部侍郎承旨出为太原尹、河东节度使,瞻为学士,若非以罪谪,恐不为少尹。又《旧纪》,咸通十二年十二月,郑从谠自宣武节度使为广州,在瞻驩州后,故知《玉泉子》所记皆虚,今不从。"(第8267页)今按,检郁贤皓《唐刺史考全编》,刘瞻未曾为太原尹、河东节度使。《旧唐书》卷一七七《刘瞻传》所记不实,《通鉴》亦受其误导,则《玉泉子》所记未必全是空穴来风。盖杨玄翼出为凤翔监军,刘瞻内失奥援,被排挤为太原少尹。

③张弘彦,《通鉴》误作"张彦弘",《旧唐书》《旧五代史》《册府》等并作"张弘彦",今据改。

④《英华》卷六四三于邵《奏投降回鹘大首领大将军安达干等状》云:"右臣得邠(转下页注)

续表

监军使	藩镇	时间	出处
翟文秀	邠宁	大历十四年至建中四年（十二月死）	《通鉴》卷二二六、卷二二八
杨明义	邠宁	贞元四年至十二年	《通鉴》卷二三三、卷二三五
孙荣义	庆州	贞元五年	《英华》卷九三一于邵《孙常楷神道碑》
刘英倩	邠宁庆	贞元十七年	《通鉴》卷二三六
李昇荣	邠宁庆	会昌四年正月至五年十一月卒于任	《续集》会昌○二九《李昇荣墓志》
仇从渭	邠宁	大中五年	《英华》卷九三二《仇士良神道碑》
刘遵礼	邠宁	咸通五年至咸通七年	《汇编》咸通○七二《刘遵礼墓志》
段归文①	泾原	大中二年	《陇右金石录》卷二《高公佛堂碣》
李孝温	鄜坊	约元和中	新出《李好古墓志》
杜英琦	鄜坊	元和十五年	《碑林续编》一六九《杜英琦墓志》
张仲群	鄜坊	会昌五年	新出《张仲群墓志》

（接上页注）州节度使牒，上件人等背逆归顺……谨遣监军使徐钦令领赴阙庭者。"监军使徐钦令受节度使差遣，性质上恐怕与德宗以后的监镇监军不同。肃、代时期是"某道监军使"形成的过渡阶段，类似的例子还有上元元年（674）淮西节度使王仲昇遣监军使邢延恩入朝请诛刘展，兴元元年（784）神策节度使李晟遣监军刘敬传送收城露布等。为便于查阅，姑附于此。

①《陇右金石录》卷二《高公佛堂碣》（大中二年）题名有"四镇北庭行军兼泾原等州监军使银青光禄大夫行内侍省□□□令员外置同正员上柱国武威县开国□食邑七百户赐紫鱼袋□归"。清《古今图书集成》平凉府部祠庙考："（泾州）高峰寺，在州南五里，笔峰山顶，魏永平年泾平二州刺史高乘造，唐开国伯段归文重修。"唐武宗会昌灭佛，宣宗即位后，敕天下各州府修复佛寺，泾原节度康季荣奉旨创修高公佛堂，堂在北魏嵩显寺（即高峰寺）。故题名中的监军使"□归"，即段归文。

续表

监军使	藩镇	时间	出处
杨献庭	朔方	大历初	《陕西新见唐朝墓志》一〇七《杨献庭墓志》
贾英秀	夏绥	贞元十三年	《册府》卷五二一《宪官部·希旨门》;《汇编》开成〇三六《冯殖墓志》
高克从	灵夏	开成二年至会昌元年冬	《续集》大中〇〇六《高克从墓志》
李好古	夏绥	大中初	新出《李好古墓志》
田嗣周	夏台	大中十四年至咸通四年	《田嗣周墓志》①
李唯诚	盐州	大中元年至七年	《李唯诚墓志》②
杨玄价	盐州	大中十二年	《新唐书》卷八《宣宗纪》、卷二〇七《杨复光传》
李好古	灵武	大中十二年至咸通三年	新出《李好古墓志》
刘从实	灵武	咸通中	《石墨镌华:关中民俗艺术博物院收藏碑志集释》五〇《刘从实墓志》
吴全绩	灵盐	咸通十三年七月十日	《续集》乾符〇一九《吴全绩墓志》
吴全绩	秦州	咸通八年	《续集》乾符〇一九《吴全绩墓志》
刘惠光	振武	建中二年(二月死)	两唐书《德宗纪》;《通鉴》卷二二六
骆朝宽③	振武	元和八至九年	《通鉴》卷二三九;《册府》卷一二二《帝王部·征讨门二》
孟秀荣	振武	大中三年四月至六年正月卒于任	《续集》大中〇三五《孟秀荣墓志》

---

①录文见贾俊侠、王一浩:《大唐故田府君田嗣周墓志考释》,《长安学研究》第6辑,2021年。
②录文见刘光帅、马国良:《〈唯诚墓志〉考略》,《大学书法》,2022年第4期。
③"骆朝宽",《旧唐书》卷一五《宪宗纪》作"路朝见",第449页。

监军使	藩镇	时间	出处
杨某	振武	约咸通中	《全唐文补遗》第八辑《曹延美墓志》
韦仲平	天德军	会昌元年	《通鉴》卷二四六
孟介	宣武	贞元八年	《旧唐书》卷一四五《刘玄佐传》;《通鉴》卷二三四
俱文珍	宣武	贞元十二年至十三年①	《旧唐书》卷一四《德宗纪》;《通鉴》卷二三五
姚存古②	宣武	长庆元年至四年	《续集》大和〇五三《姚存古墓志》
马存亮	宣武	长庆四年	《通鉴》卷二四三,《李德裕文集》别集卷六《马存亮神道碑》
刘渶洌	宣武	大和五年二月至九年五月	《续集》会昌〇〇八《刘渶洌墓志》
李忠义	宣武	约武宗会昌前后	《汇编》大中〇五二《李从证墓志》
杨茂寔	宣武	约大中朝	《蒐佚续编》九三五《杨景球墓志》
吴德郦	宣武	咸通七年正月,未易月发病归京	《碑林汇编》三二二《吴德郦墓志》③
刘重楚	宣武	昭宗光化中	《册府》卷七二一《幕府部·谋画门二》
杨万定	滑州	肃宗上元二年	《旧唐书》卷一二四《令狐彰传》
薛盈珍	义成	贞元元年至十六年	《册府》卷六六七、卷六七〇;《通鉴》卷二三四、卷二三五;《旧唐书》卷一五三《姚南仲传》

①牛《表》以俱文珍元和八年(813)宣武监军,误。
②姚存古,《旧唐书》卷一六《穆宗纪》长庆二年(822)条下作"姚文寿",第499页。
③《续集》乾符〇一九《吴全缋墓志》作咸通五年(864)正月十九日,与《吴德郦墓志》不同。

续表

监军使	藩镇	时间	出处
杨志廉	义成	贞元十六年至十七年九月	《续集》元和〇〇二《杨志廉墓志》
宋守义	义成	长庆中至大和元年	《全唐文》卷七二四《高承简德政碑》、卷六二三《李听德政碑》
田全操	义成	大和四年	《全唐文》卷七三一《李德裕德政碑》
阎某	义成	会昌六年	《英华》卷八一五《祷河侯庙记》
范日用	忠武	贞元十九年	《通鉴》卷二三六;《旧唐书》卷一六一《王沛传》
崔潭峻	忠武	元和九年	《通鉴》卷二三九
朱孝诚①	忠武	元和十一年至十五年七月卒于任	《金石萃编》卷一〇七《朱孝诚神道碑》
仇文义	忠武	约会昌中	《续集》大中〇二四《仇文义妻王氏墓志》
杨玄价	忠武	大中八年	《新唐书》卷二〇七《杨复光传》;《杨玄价妻党氏墓志》②
杨复光	忠武	中和元年	两唐书《杨复光传》;《通鉴》卷二五四
田从异	忠武	中和四年	《旧唐书》卷一九下《僖宗纪》;《通鉴》卷二五五
梁归朝	淮西	宝应初	《风引薤歌:陕西历史博物馆藏墓志萃编》三八《刘镐澄墓志》
许遂忠	天平	长庆二年	《续集》大和〇二四《许遂忠墓志》

---

①牛《表》引《金石萃编》卷一〇七作"宋孝诚",宋孝诚乃朱孝诚之讹。

②录文见杜文玉:《唐代权阉杨玄价夫人党氏墓志考略》,《唐史论丛》第14辑,2012年。志中唯作"杨公",杜文玉考得杨公即杨玄价。

续表

监军使	藩镇	时间	出处
姚存古	天平	长庆四年（未赴任）	《续集》大和○五三《姚存古墓志》
刘遵礼	天平	大中十二年至十三年	《汇编》咸通○七二《刘遵礼墓志》
梁承度	沂海	大和元年	《汇编》大和○一二《梁守谦墓志》
元顺通	兖海	大和八年	《英华》卷六二六李商隐《代安平公遗表》
李行邑	兖海	长庆二年	新出《李行邑墓志》
刘遵礼	兖海	大中九年至十二年	《汇编》咸通○七二《刘遵礼墓志》
王某	兖海	咸通七年	敦煌文书伯 3723 号写卷《记室备要》
梁承政	兖州	咸通十年	《全唐文补遗》第八辑《梁承政墓志》
孟昇	武宁	元和中	《册府》卷五二○下《宪官部·弹劾门三下》；《元镇集》卷三八《论转牒事》
王守澄	武宁	元和十四年	《通鉴》卷二三四
王守涓	武宁	大和二年至四年	《册府》卷六六七《内臣部·监军门》；两唐书《文宗纪》《王守澄传》
吕某①	武宁	大和四年至九年	《续集》咸通○○九《杨居实墓志》

---

①《杨居实墓志》："以是特进吕公大和四年监抚彭门，辟为赞佐……五年之内，九对敷扬。万里穷边，四监防卒。"故可知大和四年至大和九年（830—835）徐州监军为吕某。《新唐书》卷八《文宗纪》："（大和九年）十一月乙巳，杀武宁军监军使王守涓。"卷二○八《王守澄传》"其弟守涓自徐州监军召还，死于中牟"，似王守涓大和九年在徐州任上。唯《旧唐书》卷一七下《文宗纪》作"乙巳，令内养冯叔良杀前徐州监军王守涓于中牟县"。今据《杨居实墓志》可知《新唐书》误，当以《旧唐书》作"前徐州监军"为是。

续表

监军使	藩镇	时间	出处
张仲群	武宁	大中中	新出《张仲群墓志》
杨玄质	武宁	咸通三年	《通鉴》卷二五〇
张道谨	武宁	咸通九年至十年四月	《旧唐书》卷一九上《懿宗纪》；《通鉴》卷二五一
刘敬和	武宁	约懿、僖时期	《续集》天复〇〇一《郭顺祐夫人刘氏墓志》
宋某	平卢	约贞元中	《西市墓志》三五二《宋某夫人张氏墓志》
仇士良	平卢	元和十年至十一年	《英华》卷九三二《仇士良神道碑》
闾知诚	平卢	大中七年至十年	《续集》大中〇六三《闾知诚墓志》
杨玄略	平卢	大中十二年九月至十四年四月乞骸骨	《续集》咸通〇二〇《杨玄略墓志》
景务修	平卢	光化三年（旋被杀）	《通鉴》卷二四五
田公远	平卢	咸通二年至三年	《新中国出土墓志·陕西（肆）》二四五《田公远墓志》
冉庭兰①	河阳	大历十年至十一年	《旧唐书》卷一一《代宗纪》；《通鉴》卷二二五
韩朝献（宪）	河阳	约元和初	《陕博墓志萃编》〇四九《韩国信墓志》、《蒐佚续编》七六四《韩义方墓志》
马存亮②	河阳	大和六年	《李德裕文集》别集卷六《马存亮神道碑》

---

① 牛《表》误附贞元十年（794）。

② 《马存亮神道碑》："旋以股肱近地，河关要津，爰辍信臣，再监戎旅……既而以疾告老，乞还京师。"大和六年（832）马存亮致仕，则其此前尚有一任监军，唯其镇名未有明言，从"股肱近地，河关要津"等语来看，所指当为河阳，故附于此。

续表

监军使	藩镇	时间	出处
杨玄价	河阳	咸通元年至九年	《册府》卷六六七《内臣部·监军门》;《旧唐书》卷一九上《懿宗纪》
杨复恭	河阳	咸通九年	两唐书《杨复恭传》;《册府》卷六六七《内臣部·监军门》
张志斌	陕州	大历元年	《旧唐书》卷一一《代宗纪》;《通鉴》卷二二四
王守志	陕虢	会昌初	《陕西新见唐朝墓志》一八二《王守志墓志》
师全介	陕府	会昌四年至大中六年	《续集》咸通〇一九《师全介墓志》
梁匡仁	陕虢	大中元年	《全唐文补遗》第八辑《梁匡仁墓志》
韩彝范	陕州	光化三年	《旧五代史》卷一八《李振传》
杨良瑶	东都畿汝州	贞元十五年	《杨良瑶神道碑》①
周元穆	汝州	大中、咸通年间	《碑林汇编》三四四《周孟瑶墓志》
董弘赞	汝州	中和元年	《太平广记》卷一二三"宋柔"条
董重彦	同华	乾宁元年	《全唐文》卷八一〇《华帅许国公德政碑》
王定远	河东	贞元中至贞元十一年五月	《汇编》元和〇八三《李辅光墓志》;《旧唐书》卷一二《德宗纪》
李辅光	河东	贞元十一年至元和四年	《汇编》元和〇八三《李辅光墓志》;《通鉴》卷二三七

①北京大学图书馆金石组胡海帆、汤燕编:《1996—2017 北京大学图书馆新藏金石拓本菁华（续编）》,北京:北京大学出版社,2018 年,第 245 页。

续表

监军使	藩镇	时间	出处
刘弘规（李国澄）	河东	元和五年至十二年	《李德裕文集》别集卷六《刘弘规神道碑》
魏弘简	河东	元和十三年	《历代名画记》卷一《叙画之兴废》①
刘弘规	河东	长庆四年	《李德裕文集》别集卷六《刘弘规神道碑》
许遂忠	河东	宝历元年至大和元年	《续集》大和〇二四《许遂忠墓志》
王践言	河东	大和九年六月（旋赐死）	《通鉴》卷二四五
吕义忠	河东	会昌三年至四年	《通鉴》卷二四七；《旧唐书》卷一八上《武宗纪》
康约言	河东	约大中初	《宝刻丛编》卷八"唐内常侍康约言碑"下解题；《集古录跋尾》卷九"唐康约言碑"
刘中礼	河东	咸通十三年五月卒于任	《碑林汇编》三三一《刘中礼墓志》
李奉皋	河东	乾符六年	《通鉴》卷二五三
周从寓	河东	广明元年	《旧唐书》卷一九下《僖宗纪》；《通鉴》卷二五三
陈景思	河东	广明元年	《旧唐书》卷一九下《僖宗纪》
张承业	河东	乾宁二年至天复三年	《通鉴》卷二六〇、卷二六三
段嘉贞	天德军	宝历中	《陕西省考古研究院新入藏墓志》一〇九《段嘉贞墓志》

---

① 〔唐〕张彦远《历代名画记》卷一《叙画之兴废》："元和十三年，高平公镇太原，不能承奉中贵，为监军使内官魏弘简所忌。"（上海：上海人民美术出版社，1964年，第14页）《李德裕文集校笺》别集卷六《刘弘规神道碑》云："司徒既殁，承乏总戎，而高平公奕叶相门，一时盛德，与公虚舟相待，朱瑟谐音，淡然而成，去如始至。"（第524页）元和十年（815）河东节度使王锷死于任，元和十一年正月张弘靖代为节度使。刘弘规盖张弘靖至镇后入朝，魏弘简代为监军。

续表

监军使	藩镇	时间	出处
刘长彝	天德军	约咸通中	《刘从兆墓志》(浙大图书馆藏拓片)
陈景思	代北	中和元年	《通鉴》卷二五四;《新唐书》卷二一八《沙陀传》
吴再和	晋慈	长庆三年	《庆唐观纪圣铭》碑阴①;《全唐文》卷七一六李夔《纪瑞》
毛宣伯	绛州	中和三年	《旧唐书》卷一九下《僖宗纪》;《全唐文》卷九九八杨复光《收复京城奏捷露布》
李辅光	河中	元和四年至十年	《汇编》元和〇八三《李辅光墓志》
丁门(文)雅	河中	贞元十五年	《续集》大和〇四七《丁承义墓志》②
杨明义	河中	元和中	《宝刻丛编》卷八《唐河中监军内常侍杨明义先庙碑》
李好古	河中	开成二年至三年	新出《李好古墓志》
刘荣璪	河中	约大中年间	新出《刘从实墓志》
袁季贞	河中	乾宁四年	《旧唐书》卷二〇上《昭宗纪》
第五玄昱	昭义	大历中	《续集》大历〇三三《第五玄昱墓志》
李朝正	昭义	元和中	《全唐文》卷九九八《重建禅门第一祖菩提达摩大师碑阴文》

---

①《山右石刻丛编》卷六《庆唐观纪圣铭》,第 13—14 页。

②《元稹集》外集卷六《莺莺传》:"是岁,浑瑊薨于蒲。有中人丁文雅,不善于军,军人因丧而扰,大掠蒲人。"(第 671 页)此"中人丁文雅"即河中监军,《丁承义墓志》作丁门雅,门、文音近,未知孰是。

监军使	藩镇	时间	出处
刘承偕	昭义	长庆二年	《新唐书》卷八《穆宗纪》；《通鉴》卷二四二；《册府》卷六六九《内臣部·谴责门》
田全操	昭义	宝历元年	《洛阳流散唐代墓志汇编续集》三〇六《刘悟墓志》
崔士康	昭义	会昌三年	《通鉴》卷二四七
王归厚	昭义	大中八年至十二年	《蒐佚续编》九三三《王归厚墓志》
吴全勖	昭义	中和二年	《通鉴》卷二五五
祁审海	昭义	中和三年	《通鉴》卷二五五
薛缋本	昭义	大顺元年	《旧唐书》卷二〇上《昭宗纪》
仇文义	义武	大和八年	《金石萃编》卷七三《大唐北岳府君之碑》碑侧题名
孙某	义武	中和中	《汇编》光化〇〇一《李令崇墓志》
谢良通	横海（义昌）	长庆元年	《通鉴》卷二四二
高克从	义昌	会昌四年七月至大中元年闰三月卒于任	《续集》大中〇〇六《高克从墓志》
吴（士）偘	义昌	约元和中	《续集》乾符〇一九《吴全缋墓志》；《碑林汇编》三二二《吴德郾墓志》
李好古	义昌	大中中	新出《李好古墓志》
薛某	义昌	僖宗初	《汇编》光化〇〇一《李令崇墓志》
董文尊	幽州	元和二年至十年	《续集》元和〇六二《董文尊墓志》
刘文幹	幽州	约大和中	新出《刘从实墓志》

续表

监军使	藩镇	时间	出处
彭希晟	幽州	元和末	《彭希晟墓志》①
元顺通	幽州	宝历二年	《续集》会昌〇〇七《武自和墓志》
李怀仵	幽州	大和八年	《旧唐书》卷一七下《文宗纪》;《通鉴》卷二四五
李克恭	幽州	大和八年至会昌二年	《新中国出土墓志·陕西（肆）》二二六《李克恭墓志》
马元实	幽州	会昌元年	《李德裕文集》别集卷六《马存亮神道碑》
刘中礼	幽州	大中中	《碑林汇编》三三一《刘中礼墓志》
张居翰	幽州	光化中至天复三年	《碑林汇编》三六二《张居翰墓志》;《通鉴》卷二六四
宋惟澄	成德	长庆元年	《通鉴》卷二四二
间知诚	成德	会昌六年三月至大中三年秋	《续集》大中〇六三《间知诚墓志》
李彦融	成德	中和三年	《册府》卷四三六《将帅部·继袭门》
谢良通	横海	长庆元年	《通鉴》卷二四二
吴守恭	魏博	约贞元中	《碑林汇编》三二二《吴德鄘墓志》
史良佐	魏博	大和三年	《新唐书》卷二一〇《史献诚传》
刘中礼	魏博	大中中	《碑林汇编》三三一《刘中礼墓志》
邵国朝	唐州	贞元十五年（三月被吴少诚杀）	《旧唐书》卷一三《德宗纪》;《通鉴》卷二三五

---

①录文见杨涛:《新见唐宦官"彭希晟墓志"及彭氏家族略考》,《大众考古》,2022 年第 10 期。

续表

监军使	藩镇	时间	出处
李诚义①	唐邓	元和十二年	《英华》卷八七二段文昌《平淮西碑》、卷六一六王计《代王仆射谏伐淮西表》
薛尚衍	山南东道	贞元末	《唐国史补》卷中
崔潭峻	山南东道	元和九年至十二年	《旧唐书》卷一五《宪宗纪》
陈弘志	山南东道	大和九年	《旧唐书》卷一七下《文宗纪》；《通鉴》卷二四五
袁义成	山南东道	开成二年至五年	《陕西新见唐朝墓志》一七三《袁义成妻禄氏墓志》
李好古	山南东道	会昌三年	新出《李好古墓志》
杨玄略	山南东道	大中七年至十二年九月	《续集》咸通〇二〇《杨玄略墓志》
梁文秀	山南西道	大历二年	《续集》大历〇〇七《张献诚墓志》
李进超	山南西道	约贞元中	《汇编》大中〇五二《李从证墓志》
李孝温	山南西道	约元和中	新出《李好古墓志》
彭希晟	山南西道	约元和中	前引《彭希晟墓志》
杨叔元	山南西道	大和二年至四年三月	《旧唐书》卷一七下《文宗纪》；《通鉴》卷二四四；《册府》卷六六七《内臣部·监军门》

①"李诚义"，《册府》卷四四三《将帅部·败衂门三》误作"李义诚"。

续表

监军使	藩镇	时间	出处
李荣成	山南西道	大和四年	《册府》卷六六七《内臣部·监军门》
窦千乘	山南西道	开成元年	《樊南文集》卷一《代彭阳公遗表》
李好古	山南西道	咸通三年,四月卒于任	新出《李好古墓志》
刘从实	山南西道	咸通中	新出《刘从实墓志》
骆全嗣	山南西道	广明二年	《道教灵验记》卷六《骆全嗣遇老君验》
严遵美	山南西道	光启二年	《通鉴》卷二五六
西门珍	荆南	兴元元年	《汇编》元和一一九《西门珍墓志》
吴守恭	荆南	约贞元中	《碑林汇编》三二二《吴德鄘墓志》
崔潭峻①	荆南	元和十二年至十五年	《通鉴》卷二四一;《册府》卷六六七《内臣部·监军门》
乐辅政	荆南	长庆元年至三年	《续集》长庆〇〇九《乐辅政墓志》、大和〇二三《赵爱墓志》
吕令琮	荆南	开成二年	《旧唐书》卷一七六《魏謩传》;《册府》卷五二〇下《宪官部·弹劾门四》;新出《柏玄楚墓志》
似先义逸	荆南	开成中	《碑林汇编》二九三《似先义逸墓志》

①牛《表》系于元和十五年(820)。按,元稹为江陵府士曹参军在元和五年,元和八年量移通州司马。据杜牧《唐故处州刺史李府君墓志铭》,元和十二年平吴元济时崔潭峻为山南东道监军,非在荆南。

续表

监军使	藩镇	时间	出处
乐某	荆南	大中元年	《续集》大中〇一〇《成氏墓志》
袁义成	荆南	大中中	《汇编》大中一六二《军器使袁公夫人王氏墓志》①
段归文	荆南	大中中	《续集》咸通〇〇八《杨汉公墓志》
吴德郦	荆南	咸通四年正月至七年正月	《碑林汇编》三二二《吴德郦墓志》②；《续集》咸通〇一八《吴德郦妻赵氏墓志》
杨复光	荆南	广明元年	《新唐书》卷九《僖宗纪》；《通鉴》卷二五三
朱敬玫	荆南	中和二年至光启元年正月（正月被杀）	《通鉴》卷二五五、卷二五六；《新唐书》卷九《僖宗纪》、卷一八六《陈儒传》
杨玄晦	荆南	光启元年	《通鉴》卷二五六
宋道弼	荆南	光化三年（旋被杀）	《通鉴》卷二四五
邢延恩	淮西	上元元年	《通鉴》卷二二一
米重耀	淮南	大历末	《旧唐书》卷一五二《张万福传》
郭某③	淮南	贞元中	《全唐文》卷九九〇阙名《重修东陵圣母宫碑》

①《王氏墓志》未提及其夫军器使袁公名字，据前引《袁义成妻禄氏墓志》，可知袁公即袁义成，王氏为其第二任妻子。

②《续集》乾符〇一九《吴全缵墓志》作"三年二月卅日至五年正月十九日"，与《吴德郦墓志》不同。

③《全唐文》卷九九〇阙名《重修东陵圣母宫碑》："从叔父淮南节度观察使、礼部尚书（阙），监军使太原郭公，道冠方隅。勋崇南服。"唐代淮南节度使中本官为礼部尚书者为杜佑。贞元五年（789），杜佑出任检校礼部尚书、淮南节度使。贞元九年怀素书《东陵圣母帖》，或与之有关。

续表

监军使	藩镇	时间	出处
樊某	淮南	贞元十九年	《英华》卷七八三《淮南节度使瀰陵公杜佑写真赞》
薛尚衍	淮南	元和二年	《旧唐书》卷一四《宪宗纪》
吐突承璀	淮南	元和六年至九年	《旧唐书》卷一八四《吐突承璀传》;《册府》卷六六七《内臣部·干事门》;《通鉴》卷二三八
刘弘规	淮南	元和十三年	《李德裕文集》别集卷六《刘弘规神道碑》
马存亮	淮南	长庆四年敬宗继位后	《通鉴》卷二四三
宋某	淮南	大和六年至九年	《樊川文集》卷一〇《淮南监军使院厅壁记》
韦元素	淮南	大和九年六月(未至任被诛)	《通鉴》卷二四五;《宝刻丛编》卷八《唐淮南监军韦元素碑》
杨钦义	淮南	开成二年	《通鉴》卷二四六
崔巨淙	淮南	大中十一年	《旧唐书》卷一八下《宣宗纪》
刘中礼	淮南	大中中	《碑林汇编》三三一《刘中礼墓志》
王茂玄	淮南	咸通初	《西市墓志》四四七《王彦真墓志》
郭(郤)厚本	淮南	咸通十年	《通鉴》卷二五一
李全皋	淮南	乾符中	《太平广记》卷二三八"李全皋"条
尹建峰	淮南	天复三年	《通鉴》卷二六四
王进兴	浙西	约宪宗朝	《续集》大中〇二四《仇文义妻王氏墓志》
郄志荣	浙西	大和中	《宋高僧传》卷三〇《唐上都大安国寺好直传》

续表

监军使	藩镇	时间	出处
宋常春	浙西	大和中	《宋高僧传》卷三〇《唐上都大安国寺好直传》
刘渶涮	浙西	开成二年十一月至会昌元年正月卒于任	《续集》会昌〇〇八《刘渶涮墓志》
杨玄略	浙西	大中元年三月至四年四月	《续集》咸通〇二〇《杨玄略墓志》
杨玄价	浙西	大中四年五月至大中八年前	《杨玄价妻党氏墓志》①
李好古	浙西	大中八年前后	新出《李好古墓志》
第五寻礼	浙西	中和三年	《普宁寺钟铭款》②
杨恽	浙西	僖宗末	《南部新书》卷癸
毛承泰	浙东	大和九年	《全唐文》卷六九四《龙宫寺碑》
吴元勉	浙东	会昌三年	《吴元勉墓志》③
王宗景	浙东	大中九年	《通鉴》卷二四九
王归厚	浙东	大中十二年至咸通二年卒于任	《蒐佚续编》九三三《王归厚墓志》
周某	浙东	天复元年	《全唐文》卷八二一吴蜕《镇东军监军使院记》
刘渶涮	宣歙	大和五年二月至七年春	《续集》会昌〇〇八《刘渶涮墓志》
苏道淙	宣歙	大中元年	《金石续编》卷一一《三天洞题记》

①录文见杜文玉：《唐代权阉杨玄价夫人党氏墓志考略》，《唐史论丛》第 14 辑，2012 年。墓志云杨玄价"自浙右监临，迁于忠武"，大中八年（854）杨玄价在忠武任上，其为浙西监军，当在杨玄略之后。
②录文见《江苏金石记》，收于〔清〕缪荃孙：《缪荃孙全集·金石》，南京：凤凰出版社，2014年，第 196 页。
③录文见杜文玉：《唐代吴氏宦官家族研究》，《唐史论丛》第 20 辑，2015 年。

续表

监军使	藩镇	时间	出处
刘重约	宣歙	大中七年至十年	《全唐文》卷九九八《再修敬亭府君庙宇记》
樊仲文	宣歙	咸通八年至咸通九年卒于任	《长安新出墓志》三〇一页《樊仲文墓志》
刘日荣	江南西道	元和三年	《续集》元和〇一三《骆夫人墓志》
高重昌①	江南西道	元和九年	《旧唐书》卷一五三《薛存诚传》;《册府》卷四六〇、卷六七〇、卷九三三
李昇荣	江南西道	大和七年春至九年冬	《续集》会昌〇二九《李昇荣墓志》
王守志	江南西道	开成年间	《陕西新见唐朝墓志》一八二《王守志墓志》
宋师锡	江南西道	光启二年	《大正藏》册五一《庐山记》卷五《古碑目七·广平公旧因记》
皇甫政②	福建	贞元中	《册府》卷六六七《内臣部·监军门》
鱼献	福建	贞元十五年	《金石萃编》卷一〇四庾承宣《无垢净光塔铭》
刘元弼	福建	元和八年	《淳熙三山志》卷二一录裴次元《毬场记》
段嘉贞	福建	大和至开成初	《陕西省考古研究院新入藏墓志》一〇九《段嘉贞墓志》
刘行立	福建	开成中	《旧唐书》卷一六一《刘从谏传》

---

①《旧唐书》卷一五四《孔戣传》作"监军高重谦",第 4097 页。

②牛《表》据《册府》卷六六七《内臣部·监军门》附贞元元年(785)福建监军皇甫政。按皇甫政为浙东观察使,《册府》误作"内臣",当删。

续表

监军使	藩镇	时间	出处
刘德训	福建	开成三年至会昌四年	新出《刘德训墓志》
孟彪	福建	大中三年	《淳熙三山志》卷三三"候官神光寺"条
李柔创	福建	天复二年	《淳熙三山志》卷三五"岩泉报恩院"条
仇士良	鄂岳	宝历二年至大和元年	《英华》卷九三二《仇士良神道碑》；《樊川文集》卷七《牛僧孺神道碑》
李行邕	鄂岳	大和四年	新出《李行邕墓志》①
袁某	汉南	大中中	《汇编》大中一六二《军器使袁公夫人王氏墓志》
王公操	黔中	咸通六年至乾符二年	《续集》乾符〇二二《王公操墓志》
吕令琮	湖南	宝历初	《南岳总胜集》卷下"刘元靖"条
王某	湖南	宝历元年八月至大和三年卒于任	《续集》大和〇二五《王某墓志》
孟秀荣	湖南	开成三年十月至会昌三年正月	《续集》大中〇三五《孟秀荣墓志》
王公素	湖南	大中八年至九年	《汇编》大中一四八《王公素墓志》
孟游仙	西川	大历中	《英华》卷五八四《为西川崔仆射谢却赴剑南表》、卷六〇九于邵《为剑南西川崔仆射再请入朝表》
吴守恭	西川	约贞元中	新出《吴德应墓志》②

---

① 录文见王庆昱：《新见李行邕墓志与唐朝后期史事考》，《唐史论丛》第 34 辑，2022 年。
② 录文见杜文玉：《唐代吴氏宦官家族研究》，《唐史论丛》第 20 辑，2015 年。

续表

监军使	藩镇	时间	出处
李先寿	西川	贞元二十年	《全唐文》卷四五三韦皋《谢赐御制纪功碑铭表》
贾某	西川	元和元年	《全唐文》卷六九〇符载《九日陪刘中丞贾常侍宴合江亭序》
王良会	西川	元和四年	《蜀汉丞相诸葛武侯祠堂碑》的碑阴题名;《唐诗纪事》卷四五"王良会"条
许进迕	西川	约元和中	《碑林汇编》二六三《许遂忠墓志》①
彭希晟	西川	长庆三年冬至宝历元年二月	新出《彭希晟墓志》
王践言	西川	大和四年	《册府》卷六六九《内臣部·贪货门》
田全操	西川	大和六年	《全唐文》卷七三一贾餗《赞皇公李德裕德政碑》
杨承和	西川	大和九年六月(旋赐死)	《通鉴》卷二四五
李朝成	西川	约开成、会昌中	《金石萃编》卷六七《李朝成经幢》(大中二年)
刘德训	西川	大中六年至八年	新出《刘德训墓志》
吴德鄘	西川	大中十四年五月至咸通四年正月	《续集》乾符〇一九《吴全绩墓志》;《碑林汇编》三二二《吴德鄘墓志》
吴德应	西川	咸通六年	前揭《吴德应墓志》
梁处厚	西川	广明元年	《新唐书》卷二二四下《陈敬瑄传》
刘景宣	西川	中和四年	《全唐文》卷八一四乐朋龟《西川青羊宫碑铭》

----

①《续集》大和〇二四《许遂忠墓志》"迕"讹作"迓"。

续表

监军使	藩镇	时间	出处
田令孜	西川	龙纪元年至景福二年四月被杀	《旧唐书》卷二〇上《昭宗纪》
鱼全禋	西川	天复三年	《通鉴》卷二六四
张允琼	定边军①	咸通十年	《通鉴》卷二五一
程山望②	东川	约贞元中	《宝刻丛编》卷一八
间从敏	东川	约大中中	《续集》咸通一〇四《间克积墓志》
骆全雍	东川	广明二年	《道教灵验记》卷六《骆全嗣遇老君验》
田绘	东川	中和四年（被杀）	《新唐书》卷一八九《高仁厚传》
孙某	东川	龙纪元年	《全唐文》卷九二〇《护圣寺钟铭》
吕太一	岭南东道	广德元年	《旧唐书》卷一一《代宗纪》
刘楚江	岭南东道	大历末建中初	波斯胡伊婆郝银铤铭文③

①定边军节度使，咸通九年（868）李师望奏置，咸通十一年窦滂兵败后废。《新唐书》卷二二二中《南蛮传》："初，李师望建言：'成都总制蛮事，旷日不能决，请析邛、蜀、嘉、眉、黎、雅、巂七州为定边军，建节度制机事，近且速。'天子谓然，即诏师望为节度使，治邛州。"（第6285页）

②《宝刻丛编》卷一八"唐东溪亭诗"条引《集古录目》云："唐剑州节度行军司马任侗撰序并诗，监军使程山望等和者九人，无书人名氏及刻石年。"任侗，《玉海》卷二三"地理·唐广德湖"条记贞元九年明州刺史任侗修建广德湖事。以此推之，其任东川行军司马约在贞元中。

③1989年西安西郊出土唐大历末建中初岭南节度使、监军使所进银铤三枚，其中一枚铭文云："岭南监军、市舶使、朝散大夫、行内侍省内给事员外置同正员、上柱国、赐金鱼袋、臣刘楚江进。"完整铭文见王长启、高曼：《西安西郊发现唐银铤》，《中国钱币》，2001年第1期。

续表

监军使	藩镇	时间	出处
许遂振	岭南东道	元和五年	《通鉴》卷二三八
齐某	岭南都监	大和七年	新出《柏玄楚墓志》①
李孝温	广州监军	约元和中	新出《李好古墓志》
刘德义	广州总管	会昌元年	《续集》会昌〇〇九《刘士环墓志》
李唯诚	南海监军	会昌二年至六年	前引《李唯诚墓志》
李敬实	岭南东道	大中四年	《续集》大中〇七八《李敬实墓志》
仇某	岭南东道	大中十年	《西市墓志》四四四《江师武墓志》
王国清	桂管	元和初	《白居易集》卷五七《与颜证诏》
刘某	桂管	开成四年	《英华》卷五九〇冯审《谢奖谕表》
梁元翰	桂管	会昌元年至四年卒	《续集》会昌〇一八《梁元翰墓志》
西门思恭	桂管	大中元年	《北梦琐言》卷一三
樊仲文	桂管	大中十四年	《长安新出墓志》三〇一页《樊仲文墓志》
田嗣周	邕管	大中三年至六年	前引《田嗣周墓志》
李维周	桂管	乾符三年	《通鉴》卷二五二
段士则	安南	会昌三年	《通鉴》卷二四七
程匡柔	清海	天复三年	《通鉴》卷二六四

---

① 录文见杜文玉:《唐代宦官柏玄楚墓志考释》,《唐史论丛》第 28 辑,2019 年。

续表

监军使	藩镇	时间	出处
吴士俋	安南	约元和中	《碑林汇编》三二二《吴德郦墓志》

表 2　唐代神策诸城镇、威远军等禁军监军使表

姓名	神策城镇	时间	出处
焦奉超	凤翔	大历十三年	《金石萃编》卷一〇一《大唐圣朝无忧王寺大圣真身宝塔碑铭》①
杨志廉	灵台	兴元初	《续集》元和一一九《杨志廉墓志》
王日政	灵台	大和七年	《陕西新见唐朝墓志》一九六《王日政墓志》
王公操	灵台	乾符二年至五年	《续集》乾符〇二二《王公操墓志》
宋重晏	长武城	元和六年	《西市墓志》三五二《宋公夫人张氏墓志》
李从义	临泾	约元和中	《续集》大中〇七八《李敬实墓志》
杨居实②	临泾	会昌五年至大中二年	《陇右金石录》卷二《高公佛堂碣》；《续集》咸通〇〇九《杨居实墓志》
李唯诚	定平	大中七年	新出《李唯诚墓志》
吕绪	平凉	大中二年	《陇右金石录》卷二《高公佛堂碣》

---

① 碑铭录文另见《全唐文》卷五一六，第 5245—5247 页。《全唐文》删"大历十三年岁次戊午，四月□丑朔，廿五日辛□建。刻字□秀"等字。

② 大中二年(848)《高公佛堂碣》残作杨□□，据《杨居实墓志》："会昌五年敕授泾原副监，兼护临泾镇兵马。"故知此杨某即杨居实。

续表

姓名	神策城镇	时间	出处
卫巨论	好畤	大中中	《碑林续编》二一六《卫巨论墓志》
王行质	良原	贞元中	《蒐佚续编》九三三《王归厚墓志》
骆明珣	东渭桥	元和初	《续集》大和○一七《骆明珣墓志》
卫巨论	良原	咸通中	《碑林续编》二一六《卫巨论墓志》
梁归朝	普润	大历中	《梁归朝墓志》①
祁宪直	奉天	长庆元年至三年	《续集》大和○三四《祁宪直墓志》
王怡政	奉天	大和五年	《全唐文补遗》第三辑《王怡政墓志》
假文政	归化、崇信	元和二年	《续集》元和○○四《假延信妻高氏墓志》②
刘幽岩	定远	贞元中	《续集》会昌○○九《刘士环墓志》
王日政	崇信	宝历元年	前揭《王日政墓志》
马国诚	崇信	乾符二年至三年	《碑林汇编》三三九《马国诚墓志》
王日政	永安	大和二年	前揭《王日政墓志》
仇师约	云阳	大中四年	《续集》大中○二四《仇文义妻王氏墓志》
朱士俒	富平	元和十五年	《全唐文》卷七三○苏遇《朱孝诚神道碑》

①录文见汪勃:《唐代两方墓志》,《陕西历史博物馆馆刊》第2辑,1995年。
②《汇编》原作"假"字,穆宗长庆元年(821)讨深州,有都监段文政,"假"当为"段"的形讹。

续表

姓名	神策城镇	时间	出处
吴(希)晏	富平	约元和中	《续集》乾符〇一九《吴全缋墓志》,前揭《吴德应墓志》
王文幹	同官	大和中	《汇编》会昌〇三七《王文幹墓志》
武自和	美原	大和四年至八年	《续集》会昌〇〇七《武自和墓志》
郭佐思	蓝田	大中十二年九月至十四年	《碑林汇编》三三三《郭佐思墓志》
西门珍	威远军	元和七年	《汇编》元和一一九《西门珍墓志》
吴元勉	威远军	会昌三年	前揭《吴元勉墓志》
刘德训	威远军	会昌五年	新出《刘德训墓志》
刘中礼	威远军	大中中	《碑林汇编》三三一《刘中礼墓志》
刘复礼	威远军	大中九年	《汇编》大中一〇四《霍夫人墓志》
杨景球	威远军	咸通中	《蒐佚续编》九三五《杨景球墓志》

表 3　唐代重要战争行营都监、监军使表

姓名	职务	时间	战争	出处
刘思贤	张守珪监军	开元二十二年	张守珪破契丹	《西市墓志》二五二《刘思贤玄堂记》
杨献庭	高仙芝监军	天宝六载	高仙芝攻大小勃律、播仙镇	《陕西新见唐朝墓志》一〇七《杨献庭墓志》
边令诚	高仙芝监军	天宝六载	高仙芝攻小勃律	《旧唐书》卷一〇四《高仙芝传》

姓名	职务	时间	战争	出处
李大宜	哥舒翰监军	天宝十三载	哥舒翰接应吐蕃苏毗王	《旧唐书》卷一一〇《哥舒翰传》
边令诚	高仙芝监军	天宝十五载	高仙芝守潼关	《旧唐书》卷一〇四《高仙芝传》
李大宜	哥舒翰监军	天宝十五载	哥舒翰守潼关	《旧唐书》卷一一一《高适传》
第五玄昱	李抱玉监军	天宝十五载	李抱玉屯守南阳	《续集》大历〇三三《第五玄昱墓志》
孙知古	朔方军郭子仪监军	至德二载	讨安史叛军	《册府》卷四四三《将帅部·败衄门三》
鱼朝恩	李光进监军	肃宗时	讨安史叛军	两唐书《鱼朝恩传》
邢延恩	房琯监军	乾元二年	讨安史叛军	《旧唐书》卷一〇一《房琯传》
梁归朝	监凤翔、镇西北庭行营等军	约肃宗时	讨安史叛军	前引《梁归朝墓志》
柏文达	河西节度使杨希烈监军	广德二年	讨仆固怀恩之叛	《通鉴》卷二二三
骆奉仙（先）	朔方军仆固怀恩监军	广德中	讨安史叛军	《新唐书》卷二〇七《骆奉先传》
窦文场	鱼朝恩将李忠诚监军	永泰元年	讨仆固怀恩子仆固场	《新唐书》卷二〇七《鱼朝恩传》
王希迁	鱼朝恩将王景岑监军	永泰元年	讨仆固怀恩将姚良	《新唐书》卷二〇七《鱼朝恩传》
窦文场	李晟监军	建中三年	援易定张孝忠	《旧唐书》卷一四一《张孝忠传》
韩某	淮西行营都监军使	建中四年	讨淮西李希烈	《蒐佚续编》七六四《韩义方墓志》

续表

姓名	职务	时间	战争	出处
王敬	神策军李晟监军	兴元元年	讨朱泚,收复长安	《英华》卷六四八李晟《收西京露布》
宋奉朝	都监	贞元三年	唐吐蕃清水会盟	《通鉴》卷二三二
贾英秀(国良)①	行营都监军使	贞元十六年	韩全义率诸道讨伐淮西吴少诚	《旧唐书》卷一六二《韩全义传》
俱文珍(刘贞亮)	剑南东西两川、山南西道东道都监,行营招讨、宣慰等使	元和元年	高崇文讨西川刘辟之乱	《西市墓志》三五二《宋公夫人张氏墓志》
刘弘规	监军	元和元年	高崇文讨西川刘辟之乱	《李德裕文集》别集卷六《刘弘规神道碑》
徐某	监军	元和元年	高崇文讨西川刘辟之乱	《全唐文》卷七一六郑宗经《德阳龟胜山道场记》
薛尚衍	诸道行营兵马都监招讨宣慰使	元和二年	讨浙西李锜之乱	《新唐书》卷二二四《叛臣传》
李行邕	魏博、昭义等行营宣抚使	元和十一年	讨成德王承宗	新出《李行邕墓志》
梁守谦	淮西行营都监	元和十二年	讨淮西吴元济	《通鉴》卷二三九
杜英琦	监魏博大将郑秀诚讨淄青李师道	元和十三年	讨淄青李师道	《碑林续编》一六九《杜英琦墓志》

①《旧唐书》卷一四五《吴少诚传》:"七月,全义顿军于五楼行营,为贼所乘,大溃,全义与都监军使贾秀英、贾国良等夜遁。""贾秀英",《旧唐书》卷一六二《韩全义传》、《册府》卷四四三《将帅部·败衄门三》、卷五二一《宪官部·希旨门》皆作"贾英秀",《旧唐书·吴少诚传》"秀英"乃"英秀"之倒讹。又《新唐书》卷一一九《白居易传》:"近年始以中人为都监,韩全义讨淮西,贾良国监之。""贾良国"亦为"贾国良"之倒讹。按,唐代行营都监仅为一员,贾英秀、贾国良可能分为正、副都监,也可能是同一宦官的前后异名,不同史源写法不同,史官修史时无法取舍,遂并置二名。

续表

姓名	职务	时间	战争	出处
姚存古（文寿）	都监行营招讨等使	元和末	抵御吐蕃入寇	《汇编》大和〇五三《姚存古墓志》
梁守谦①	左右神策京西京北行营都监	元和十五年十月	吐蕃寇逼泾州，率军救援	《旧唐书》卷一九六下《吐蕃传》
杨承和	深州诸道兵马都监②	长庆元年	讨成德王庭凑之乱	《册府》卷六六七《内臣部·监军门》
段文政	都监领郑滑、河阳、陈许三道兵	长庆元年	赴深州应援	《册府》卷六六七《内臣部·监军门》
王公素	深州行营监军使	长庆二年	讨成德王庭凑之乱	《汇编》大中一四八《王公素墓志》
似先义逸	河中潞州两道节度并行营攻讨监军使	会昌三年	讨昭义刘稹之乱	《碑林汇编》二九三《似先义逸墓志》
李敬实	监天井戍王宰军	会昌三年	讨昭义刘稹之乱	《续集》大中〇七八《李敬实墓志》
吴德应	李业幽郓行营都监	大中五年	讨河东沙陀等杂房反叛	前揭《吴德应墓志》
李维周	监高骈军	咸通六年	高骈收复安南之战	《通鉴》卷二五〇
郭厚本	都监	咸通九年	镇压庞勋起义	《旧唐书》卷一九上《懿宗纪》
似先义逸	监刘弘赟军	大中六年	镇压果州鸡山饥民起义	《通鉴》卷二四九
吴德应	剑南西川行营都监	咸通五年	抵御南诏对西川的寇掠	前揭《吴德应墓志》

---

① 牛《表》元和十一年(816)下有淮西监军梁守谦，按梁守谦为行营都监，不常驻淮西。今移于此。

② 《旧唐书》卷一六《穆宗纪》作"深冀行营都监押"，第493页。

续表

姓名	职务	时间	战争	出处
刘中礼	魏博兵马讨徐州西北面行营都监	咸通九年	镇压庞勋起义	《碑林汇编》三三一《刘中礼墓志》
杨玄价	监康承训军	咸通十年	镇压庞勋起义	《旧唐书》卷一九上《懿宗纪》
刘中礼	徐州西北面都监、诸道兵马招讨等使	咸通十年	镇压庞勋起义	《碑林汇编》三三一《刘中礼墓志》
杨复光	监齐克让军于曹、濮	乾符中	镇压王仙芝起义	《册府》卷六六七《内臣部·监军门》
杨复光	监宋威军于襄、邓	乾符中	镇压王仙芝起义	《册府》卷六六七《内臣部·监军门》
骆全瓘	会军都监	广明二年	僖宗入蜀,诸道会军	《道教灵验记》卷六《骆全嗣遇老君验》
陈景思	代州北面行营都监押	中和元年	镇压黄巢起义	《旧唐书》卷一九下《僖宗纪》
西门思恭（季玄）	天下行营兵马都监押	中和元年	镇压黄巢起义	《旧唐书》卷一九下《僖宗纪》;《太平广记》卷一二三"宋柔"条
杨复光	天下行营兵马都监①	中和元年至二年	镇压黄巢起义	《旧唐书》卷一九下《僖宗纪》

①《通鉴》卷二五五僖宗中和三年（883）正月条作"东面都统监军使"（第8409页）。按,《旧唐书》卷一八四《杨复光传》:"复光乘胜追贼,至蓝桥,丁母忧还。寻起复,受诏充天下兵马都监押。诸军入定关辅。王重荣为东面招讨使,复光以兵会之。二年七月,至河中。"（此处断句不尽从标点本）《新唐书》卷二〇七《杨复光传》作:"会母丧,班师。俄拜为天下兵马都监,总诸军,与东面招讨使王重荣并力定关中。"盖杨复光与王重荣合兵后,朝廷未给王重荣新派监军,杨复光以天下兵马都监兼领东面都监。《旧唐书》卷二〇〇下《黄巢传》正作:"天下兵马都监押杨复光露布献捷于行在。"

续表

姓名	职务	时间	战争	出处
西门思恭	诸道行营都都监	中和二年	镇压黄巢起义	《通鉴》卷二五四
杨复光	南面行营都监军使	中和二年	镇压黄巢起义	《通鉴》卷二五四
吴承泌	监易定节帅王处存兵屯东渭桥	中和二年	镇压黄巢起义	《汇编》乾宁〇〇五《吴承泌墓志》
陈景思	北面都统监军使	中和三年	镇压黄巢起义	《通鉴》卷二五五
袁季贞	邠宁四面行营兵马都监押	乾宁二年	讨邠宁王行瑜	《旧唐书》卷二〇上《昭宗纪》
骆全雍（瓘?）①	行营都监	大顺元年	宰相张濬讨河东李克用	《唐大诏令集》卷一二〇《削夺李罕之官爵制》

①骆全雍,《新唐书》卷二一八《沙陀传》作"枢密使骆全谲"。按骆全雍,另见于《道教灵验记》卷六《骆全嗣遇老君验》,与骆全瓘为兄弟。谲、雍音近,当为同一人。时任枢密使的是骆全瓘,非骆全雍,《新唐书》疑有误记。

附录四　唐代宦官诸司诸使表

　　唐代宦官诸司使是唐代使职差遣制的重要组成部分,唐长孺、杜文玉、李锦绣、宁志新、陈爽等先生都有较为深入的研究[①]。目前已知的唐代宦官使职名目繁剧,多达七八十种。对此数十种宦官使职,已有研究或胪列其名,不作分类,或虽有分类,但标准琐碎,至有多达九、十种者[②]。因此学界对诸使之间的内在关系缺乏足够的认识。唐代宦官诸司诸使的梳理与研究,还应包括内诸司使体系内部结构的梳理,相关研究仍有进一步深化的必要。

　　唐代宦官干政,主要体现在宦官势力染指甚至操纵唐代的军事权、行政权、财政权。已知宦官充任的使职多达数十种,如此众多的使职,不可能长期混乱无章,当有相应的统领机构或使职。如所周知,神

①唐长孺:《唐代的内诸司使》,原载《魏晋南北朝隋唐史资料》第5、6辑,1983年、1984年,另收《山居存稿》,2011年新版。杜文玉:《唐代内诸司使考略》,《陕西师范大学学报(哲学社会科学版)》,1999年第3期;《关于唐内诸司使与威远军使研究的几个问题》,《河北学刊》,2011年第3期。李锦绣:《唐代财政史稿》下卷第四章《理财的内诸司使》。尚民杰:《唐墓志中所见宦官诸使及相关问题的探讨》,《唐研究》第17卷,2011年。宁志新:《隋唐使职制度研究(农牧工商编)》,北京:中华书局,2005年。陈爽:《唐代内使诸司考》,硕士学位论文,北京大学,1990年。〔韩〕柳浚炯:《唐末五代的内诸司使》,硕士学位论文,北京大学,2003年。贺忠:《唐代的内使诸司》,硕士学位论文,中山大学,2003年。仲亚东:《唐代宦官诸使研究》,硕士学位论文,福建师范大学,2003年。

②张国刚《唐代官制》(西安:三秦出版社,1987年)一书把宦官使职分为两类:一类是外使,如监军使、馆驿使、市舶使等;另一类则是内诸司使。陈爽1990年硕士学位论文《唐代内使诸司考》将内司分为北军使司、监军使司、中枢使司、内廷使司。赵雨乐《唐宋变革期之军政制度——官僚机构与等级之编成)》(台北:文史哲出版社,1994年)分为宫廷守卫、掌诏令礼仪、掌诸作坊、管宫廷诸殿、掌宫廷财货、掌帝王饮食、掌技术待诏、掌皇子起居、掌俳优杂技等九类。仲亚东2003年硕士学位论文《唐代宦官诸使研究》则分为与皇室生活有关的财政型、牧政型、驿政型、军备型、军事型、地方政务型、中枢政务型、文化型、外交型等十类。

策中尉为神策军事长官，枢密使权侔宰相，宣徽使总掌皇宫事务。宦官诸使以神策中尉、枢密使、宣徽使等为核心，逐步整合为三四个较大的使职系统。从此点出发，本表根据宦官诸司诸使的性质，将其细分为军事型、政事型、财政型和内廷服侍型等四个使职子系统。

军事型宦官使职系统，以神策军两军中尉为核心，包括飞龙使、弓箭库使、军器使、左右三军辟仗使、威远军监军使、诸行营都监等，直接或间接统领南北衙禁军。政事型宦官使职系统，以两枢密使为核心，包括阁门使、学士院使、鸿胪礼宾使、内外客省使等。诸道监军使视枢密使为其"长官"，形成一张自中央至地方的网状控制。财政型使职系统，主要以大盈库使、琼林库使等内库使职为主，包括内庄宅使、宫市使、市舶使等。宦官集团通过宣索、进奉、庄宅经营、影庇民户等手段聚敛大量财赋，这是宦官政治维持的财政基础。内廷服侍型使职系统，以宣徽使为核心，包括武德使、营幕使、内园使、留后使、五坊使、教坊使、尚食使等。这些使职或为原内侍省职掌使职化，或为攫取原殿中省、少府监等省监职掌，主要负责皇帝日常起居服务，使名尤为庞杂。

当然，使职差遣具有很大的灵活性，不可能做到绝对的区分。例如两军中尉虽是军事型使职，但在除授节帅等重大问题上也具有很大的发言权。枢密使为政事型使职，所处理事务仍包括藩镇军政大事。宣徽使被归于服侍型使职，唐末为晋升枢密使的阶梯，也可参知朝政。又例如，同样名为监军使，神策城镇及威远军监军使隶于两军中尉，属军事型使职。但藩镇监军使以枢密使为长官，全面监护藩镇事务，可视为政事型使职。出现这些混淆，是因为中晚唐的使职体系本身是战争之后的产物，军事和政事难以截然分开。为便于研究，仍据其本职归入各自的使职子系统。

关于唐代内诸司使系统，以下几点值得关注：

一、宦官诸司使是一个不断变化的过程，大体可分为四个阶段。

第一阶段为玄宗开元、天宝时期，这是宦官诸司使的萌芽阶段，大量的宦官使职可上溯至这一时期。第二阶段为肃宗、代宗时期。在安史之乱的冲击下，内诸司使急速膨胀，但不稳定。李辅国、鱼朝恩等权宦身兼内外诸职，权倾天下，代宗诛鱼朝恩，罢宦官兵权，内诸司使暂时遭到遏制。鱼朝恩所领闲厩、宫苑等使最终没有发展为内职。第三阶段为德宗朝至黄巢起义。这一阶段宦官诸司使体系稳步发展并逐步达到顶峰。奉天之难后德宗把神策军交给宦官，其后宦官立君、废君、弑君，有如儿戏，形成内外大臣共治天下的格局。第四阶段为黄巢起义后至唐亡。在农民起义军的沉重打击下，唐王朝名存实亡。神策军体系崩坏，宦官诸司使也作了调整，宣徽使权势增强，出现文思院使等新兴使职。昭宗末，尽诛宦官，天祐元年（904）四月敕除宣徽两院、小马坊、丰德库、御厨、客省、阁门、飞龙、庄宅等九使外，余使并停废。次年二月，在朱全忠胁迫下，诛阁门、飞龙、客省等使，只置宣徽北院使，以朱全忠心腹王殷为使，枢密使、宣徽南院使并停，不久即正式被朱梁篡代。

　　二、内诸司使四大使职子系统中，财经型使职宦官在内诸司使系统中品秩稍低。宦官内库主要是各种巧立名目的宣索、进献，本身没有征税之权，对国家赋税干涉不深，很长一段时期内没有显赫的财政使职。肃宗至宪宗时期，大盈、琼林等库府藏充盈，屡被用作国家经费，在元和削藩战争中发挥重要作用。宣宗以后，财政收入锐减，皇帝挥霍无度，大盈、琼林等库财源枯竭。黄巢起义之后，大盈等已不见记载，出现宣徽内库使、文思院使等使名。这些使职与大盈、琼林等使关系不甚明朗，但内库逐步纳入宣徽使管辖则无疑议。宣徽使原本只是主掌宣徽殿之使，常伴皇帝左右，逐渐总领内侍诸使，特别是获得内库掌控权后，相当于控制了宦官集团的钱袋子，地位攀升，始染指政事。因此，四个使职子系统，唐末实际上为三个使职子系统，左右神策中尉、两枢密使、两宣徽使分别是三个使职系统的宦官领袖。只是唐代宣徽使权势兴起较晚，除个别唐末笔记小说外，一般仍以两军中尉和两枢密使为"四贵"。

三、宦官诸司使常带"内""外"二字。唐代大内有三，西内太极宫，东内大明宫，南内兴庆宫。"内"指大内之内，"外"指大内之外[①]。郑璘《唐重修内侍省碑》云："内则内园、客省、尚食、飞龙、弓箭、染房、武德、留后、大盈、琼林、如京、营幕等司……外则太仓、庄宅、左右三军、威远、教坊、鸿胪、牛羊等司。"[②]有些宦官使职职掌复杂，所辖署衙机构三内之外的坊里也有分布，如内外五坊使、内外五作使、内外客省使等；有些使院仅置大内，如"内枢密使"、"内飞龙使"、"内中尚使"等。这些宦官使职的"内"、"内外"等字常省略不提。我们常说的"内诸司使"更准确的提法应该是"内外宦官诸司、诸使"。

四、内诸司使系统具有一定的等级性。一些使职下可进一步分出其他支使，如五坊使之下有狗坊使、鹘坊使等。内园使下有冰井使、通掖使等。一人同时兼领数使，相近的使职也可合为一使，如大盈琼林库使、内园栽接使等。少量使职，如修功德使，基本上作为两军中尉的兼使，几乎不单独置使。个别使职还存在名同实异的问题。如翰林学士院本分置自翰林院，宪宗时代翰林待诏没有单独设使，梁守谦等学士院使皆称翰林院使或翰林使，文宗以后，翰林院设转使押领，翰林院使词义发生转移，学士院使皆不称翰林使。

五、并非所有宦官使职都属于内诸司使。内诸司使是宦官政治的核心内容，但逐渐异化后，皇帝与宦官之间存有矛盾，为控制宦官，皇

[①]使职中的"内外"约出现在玄宗时期，如内外五坊使、内外闲厩使等。按《唐六典》卷二三"将作大匠"条："凡西京之大内大明、兴庆宫，东都之大内上阳宫，其内外廊台殿楼阁并仗舍等苑内宫亭，中书门下、左右羽林军、左右万骑仗、十二闲厩屋宇等谓之内作。凡山陵及京都之太庙、郊社诸坛庙、京都诸城门、尚书、殿中、秘书、内侍省、御史台、九寺三监、十六卫、诸街使、弩坊、温汤、东宫诸司、王府官舍屋宇、诸街桥道等并谓之外作。"由此可知，内外的"内"主要指两京"大内"之内。"外"则指大内之外。

[②]《全唐文补编》卷九二，第 1121 页。

帝在宦官内部另外选择亲信宦官，供自己驱使。这些具有皇帝私属性质的宦官使职在唐人眼里并不在诸司范围之内。例如，郑璘《唐重修内侍省碑》碑中所列诸机构中，内养院、高品院属于内侍省，却不在诸司概念之中。"内养"指皇帝拣择供自己驱使的低品宦官，略相当于宦官诸使名下的"小使"。"高品"为皇帝安置品秩稍高的宦官，以便于委任，略相当于皇帝的"私臣"。内养和高品都单独作为官称，具有差遣性质，可视为特殊的使职。宣宗曾有意识在宦官中拔擢亲信势力，最初皆知感恩，得势后便于其他宦官相与为一，可见以宦制宦的策略并不十分成功。

六、宦官诸使司僚佐属吏不一定都是宦官。有些使司署衙位于大内之外，僚佐也大量参用普通士人。如庄宅使的都判官、都勾官等皆有士人充任。当然，宦官身份敏感，不可能受制于外朝朝官。凡宦官充任判官等僚佐者，其使主必是宦官。

七、宦官诸使司涉及的人口规模非常庞大。内诸使司控制大量的底层宦官。诸使辖下白身小宦官常被称为小儿，如内园小儿、五坊小儿等，李辅国曾为闲厩马家小儿，这些小儿动辄成百上千。此外，诸使还控制着巨大的依附人口。不仅神策军名下有大量托名隶军的市井之家。琼林使名下有作坊巧儿、染坊使有染工，教坊使有乐杂户，庄宅使、洛苑使等名下还有营田户、织造户等。《唐代墓志汇编续集》乾符〇二七《高公妻陈氏墓志》记陈氏诸子，长子高宗古，五坊外巡使；次子高宗璠，五坊使押衙；三子高宗晦，东上阁门使押衙。这一家族即为典型的宦官势力依附者。当日长安城内，数万计的诸色民户分属内诸司使的影庇人口。

总之，内诸司使系统是个非常复杂的使职差遣系统，如将其影庇的民户也包括在内，这一系统所牵涉的人群远超出后人的想象。从构成来看，此使职体系的短板在财政方面，这也是中晚唐宦官政治的致命弱点。黄巢起义之后，诸道截留财赋不入，宦官无力赡军，神策军崩坏,李茂贞、韩建等强藩起自肘腋,李唐无军御敌,遂被朱全忠所篡。宦官政治终结后,神策中尉被废除,枢密使、宣徽使被继续沿用,唯改由士人充使,弓箭库使等则成为武臣的借职,直至宋代仍在沿用。

本表主旨是全面理解宦官使职,查其流变,探其规律,将尽可能条列宦官曾担任的使职,并据军事型、政事型、财政经济型、内廷服侍型四大类目作出简要介绍。但是,宦官诸司使情况差别很大,有些长期设置,有些仅短暂存在;有些为宦官专任,有些则杂用士人;有些发轫于开元盛世,有些则创置于唐末乱世。限于体例,上述差别无法在图表中加以体现,还需读者仔细辨别。

军事型使职	职掌及沿革	资料出处
观军容使	肃宗乾元元年,九节度使讨伐安庆绪,不置统帅,以鱼朝恩为观军容宣慰处置使,此为观军容使之始。平仆固怀恩之叛后,骆奉仙也曾担任军容使一职。代宗大历五年罢观军容使,此后长期不置。文宗以后,观军容使复置,作为神策中尉致仕后的荣誉加衔,王守澄、仇士良、西门季玄、刘行深罢兵权后皆拜此使。黄巢起义后,此职又变成神策中尉的加衔。田令孜、王彦甫、杨复恭、西门君遂、刘季述等当权神策中尉皆带观军容使。	《旧唐书》卷四四《职官志》;《通鉴》卷二二〇乾元元年条;《旧唐书》卷二〇七《宦者传》
左、右神策中尉	德宗贞元八年创置两军中尉制,两军中尉成为神策左右军的最高军事长官。其下有神策中尉副使、都判官、军孔目、判官、小使等。神策中尉与两枢密并称"四贵"。	参本书附录二《神策中尉、枢密使年表》
内射生使	唐前期拣择骁勇或功勋子弟于禁苑陪侍皇帝射猎,称射生手。《通鉴》卷二二二胡注云:"以宦官领射生手,故曰内射生使。"射生使最早见于玄宗开元中。《高定方墓志》载高定方开元中"兼知射生使,监河东、河西道兵马使"。射生手善骑射,是禁卫诸军中最接近皇帝的侍卫武力。安史乱后,射生手扩充为射生军,有内射生、衙前射生之分。	《通鉴》卷二二二代宗宝应元年四月条;《汇编》开元〇四七《高定方墓志》

续表

军事型使职	职掌及沿革	资料出处
	宝应元年,内射生使程元振以兵诛张皇后,迎立代宗。内射生因功赐名宝应射生,也称宝应射生军。内射生使也称宝应军使。德宗后射生军改称神威军,此职遂不见记载。	
左、右神威军中护军	建中大动荡后,德宗重建射生军,分置左右军,直接由宦官勾监押。贞元中德宗改左右射生军为左右神威军,勾监押宦官为左右中护军。焦希望、张尚进分为左右中护军。神威军前身即原内射生,出自禁内,比源于边军的神策军更为亲近,因此遭到两军中尉的挤压。元和三年,左右神威军并为天威军,不久并入神策军,此职遂废。	《新唐书》卷五〇《兵志》
天威军使	宪宗元和三年,左右神威军合并为天威军,元和八年废军额,全军并入神策。天威军为北衙禁军,依例由宦官直接掌控。《刘弘规墓志》载刘弘规曾任天威军副使,《刘弘规神道碑》作天威军使。依此推知天威军军事长官称天威军使。天威军使名号前后仅存在五年时间。	《续集》大和〇〇五《刘弘规墓志》
左、右辟仗使	又称"左右三军辟仗使"。安史乱后北门诸军,除神策军外,还有左右羽林、左右龙武、左右神武等六军。此六军在肃宗前陆续创置,用来安置立功节将子弟,战斗力有限,主要协助神策军守卫宫城,负责皇帝上下朝等排仗仪卫。德宗重建禁卫体系时,六军各以本军大将军为帅,置左、右三军辟仗使监其军。元和十三年,龙武军无帅,宪宗赐辟仗使印,遂专其军。目前可考的辟仗使有杨良瑶(永贞元年)、许遂忠(元和十五年)、田全操(大和初)、刘汉洌(开成元年)、似先义逸(开成二年)、杨玄略(大中五年)、间知诚(大中十一年)等。	《唐会要》卷七二《京城诸军》;《册府》卷六六九《内臣部·恣横门》;《续集》大和〇二四《许遂忠墓志》、会昌〇〇八《刘汉洌墓志》、大中〇六三《间知诚墓志》、咸通〇二〇《杨玄略墓志》;《碑林汇编》二九三《似先义逸墓志》;《杨良瑶神道碑》

军事型使职	职掌及沿革	资料出处
内飞龙使	又称"飞龙厩使"、"飞龙使"。武则天万岁通天元年置仗内六厩，其中飞龙厩以宦官充使。飞龙使主掌禁中马政。《记室备要》卷中"贺飞龙使"条描述其职云"耀天驷于重霄，克由仁政；跃云龙于中禁，实惬宸心"。大和三年刘渶洌为飞龙副使，墓志云"恭承密命，调驭多方，厩苑无虞，屯垒丕变"。安史乱后飞龙使取代闲厩使，主掌内厩马匹。飞龙院是飞龙使的署衙，僚佐有飞龙副使，都判官、判官等。飞龙厩分左、中、右三厩，禁中另有囤积草料的飞龙草场。除此之外，飞龙使还领有部分地方监牧。如旧楼烦监牧，本隶陇右节度使，陇右陷没后，改隶飞龙。开成五年，宦官李昇荣任楼烦牧监。大和二年，文宗罢扬州海陵监牧，仍令度支每年供送飞龙使见钱八千贯文。大和四年，飞龙厩襄城群牧请置印。飞龙使有掌控马厩之便，同时有宿守军士，机动性强，是禁中重要的军事力量。开元十三年，玄宗封禅后，加高力士为内飞龙厩大使，天宝十一载高力士以飞龙兵平定京师邢𬙂之乱，其后飞龙兵多次参与宫廷政变。神策军入为禁军之前，飞龙使地位与射生使相当，宪宗以后，射生军并入神策，因掌马厩之故，飞龙使仍长期设置，且地位颇高。马存亮、杨复恭等以中尉、枢密使退职为飞龙使。可考的飞龙使有高力士（开元十三年）、鱼朝恩（广德元年）、马存亮（大和初）、彭献忠（元和元年）、王归长（大中十一年）、张仲群（大中十一年至十三年）、刘遵礼（咸通三年）、杨复恭（中和三年）、陈班（天复四年）等。	《旧唐书》卷一八下《宣宗纪》、卷一九下《僖宗纪》、卷二〇《昭宗纪》、卷三九《地理志二》；《新唐书》卷七四《百官志》；《册府》卷六二一《卿监部·监牧门》；《英华》卷九三二《彭献忠神道碑》；《全唐文新编》卷七四《罢海陵监牧敕》；《汇编》大和〇三三《杨珽墓志》，会昌〇〇八《刘渶洌墓志》；《续集》会昌〇二九《李昇荣墓志》、大中〇七八《李敬实墓志》；新出《张仲郡墓志》
飞龙骡坊使	《梁元翰墓志》："考大夫讳崇仙，薨飞龙骡坊使。"骡坊是飞龙使名下豢养骡子的小坊。	《续集》会昌〇一八《梁元翰墓志》

续表

军事型使职	职掌及沿革	资料出处
威远军监军使	威远军由安史乱后由诸杂号南衙军整合而成,性质上属南衙禁军,主要负责长安外围市坊的昼巡夜警。《李德裕文集》卷一〇《奉宣今以后百官不得于京城置庙状》:"自威远军向南三坊,俗称围外,地至闲僻,人鲜经过。"威远军属南衙军,与神策军等有别,故仍由朝臣充任军使,宦官以监军的形式间接掌控。郑璘《唐重修内侍省碑》载内诸司使云:"外则太仓、庄宅、左右三军、威远、教坊、鸿胪、牛羊等司。"威远军监军使院是一个重要的内诸司使。《蔓佚续集》九三五《杨景球墓志》记杨景球咸通中为威远军监军使。	《全唐文补编》卷九二郑璘《唐重修内侍省碑》;《碑林汇编》三三一《刘中礼墓志》;《蔓佚续集》九三五《杨景球墓志》
军器使	又称军器库使,主掌甲、弩、陌刀等重型武器的制造与库藏。《刘中礼墓志》叙其职云"饰组练,锻绿沉,缉削室之牢,补矢箙之阙"。唐前期,军器监、军器使变更频繁,军器使由武将充任,《事物纪原》卷六载唐天宝四载有军器使楚昭辅,肃宗乾元元年改军器监为军器使,其后遂为内职。《通鉴》卷二三八胡注引宋白《续通典》:"军器本属军器监,中世置军器使,贞元四年废武库,其器械隶于军器使。"甘露之变后,皇城留后郭皎奏诸司仪仗有锋刃者皆输军器使,则除铸造武器外,军器使还有收贮武器的职能。军器使僚佐有副使、判官、推官、监作等,多为宦官。可考的军器使有吐突承璀(元和五年)、彭希晟(元和末)、李好古(会昌末)、李敬实(大中十三年)、刘中礼(咸通末)。	《唐会要》卷六六"西京军器库"条;《旧唐书》卷一四《宪宗纪》;《续集》会昌〇〇七《武自和墓志》、会昌〇二七《赵文信墓志》、会昌〇二九《李昇荣墓志》、大中〇七八《李敬实墓志》;《碑林汇编》三三一《刘中礼墓志》;新出《李好古墓志》;新出《彭希晟墓志》
内武库使	宦官掌武库始自开元天宝时期。《新获吐鲁番出土文献》所收《唐天宝十载交河郡客使文书》中有宦官充任押弓弩甲仗等使。《姚存古墓志》载其敬宗朝曾掌内武库。内武库使或为武器使的异称,或为其下的支使。	《续集》大和〇五三《姚存古墓志》

续表

军事型使职	职掌及沿革	资料出处
内弓箭库使	又称"弓箭库使"。《事物纪原》卷六《东西使班部》"弓箭"条载："(《宋朝会要》)又曰：唐有内弓箭库使，宋朝因之，后去内字……《续事始》曰：唐明皇开元初年至天宝末，置内诸库使。"内弓箭库是玄宗所置内诸库之一，高力士曾充内弓箭库使。弓箭库使以弓箭为名，库藏大概以弓箭等轻武器为主，据《吴元勉墓志》，至迟敬宗时弓箭库又分置南、西二库。元和六年彭献忠充弓箭库使，"及董武库，程范庶工，弦木砥金，罔不犀利"，似有打造弓箭之职。弓箭库使僚佐有副使、判官、西库判官、南库判官、三库都勾官①、过益等②。弓箭是骑兵的主要装备，故弓箭库使地位很高，彭献忠、魏弘简、吐突承璀等都有从弓箭库使迁神策中尉的经历。可考的弓箭库使高力士（开元初）、王英进（约肃、代朝）、王日政（贞元中）、李辅光（元和初）、张克己（元和四年）、刘希先（元和五年）、彭献忠（元和六年）、吐突承璀（元和九年）、韦守宗（约宪朝）、魏弘简（长庆元年）、韦元素（大和元年）、杨某（大和九年）、似先义逸（大中初）、刘遵礼（大中七年、十三年）、吴德郿（大中十二年）等。	《旧唐书》卷一八四《吐突承璀传》；《唐会要》卷五三；《册府》卷六六七；《唐语林》卷六；《英华》卷九三二《彭献忠神道碑》；《汇编》元和〇八三《李辅光墓志》、会昌〇三七《王文幹墓志》、咸通〇七二《刘遵礼墓志》、乾宁〇〇五《吴承泌墓志》；《续集》会昌〇二九《李升荣墓志》、咸通〇五二《韦氏墓志》；《碑林汇编》二九三《似先义逸墓志》；《新出唐墓志百种·高力士墓志》；《吴元勉墓志》③；《王日政墓志》；《刘从实墓志》
宣徽弓箭使	主掌宣徽使名下的弓箭库，与内弓箭库使别为一使。据《刘从实墓志》，咸通中刘从实由宣徽南院供奉官，"改宣徽弓箭使，主斯武备，弥精彻札之能；染以文锋，不废观书之业"。其后又迁宣徽内库使，宣徽北院	《石墨镌华：关中民俗艺术博物院收藏碑志集释》五〇《刘从实墓志》

①《吴元勉墓志》载大和七年为弓箭库三库都勾官，九年被库使杨开府奏授南库判官，开成元年迁西库判官，会昌元年迁弓箭库副使。从南库判官低于西库判官来看，弓箭库三库地位或有不同。

②《续集》咸通〇六一《魏孝本墓志》："曾祖进诚，皇任弓箭库过益。"唯不知"过益"为何职。

③录文见杜文玉《唐代吴氏宦官家族研究》，《唐史论丛》第20辑，2015年。

续表

军事型使职	职掌及沿革	资料出处
	使、宣徽南院使等。僖宗初擢为内弓箭库使。从刘从实所历职来看，宣徽弓箭库大概隶属于宣徽内库，主掌守卫内库军士所需武器，地位低于弓箭库使	
神策军宴设使	宴设使本为藩镇军使职，神策军沿用。神策军系统《王文幹墓志》载王文幹大和中曾任左神策军宴设使，墓志叙其职云"庖厨有节，饔飧无遗，修馔必善于精华，宴饮实惭其醉饱。镇幕歌晚，坊局拖留"。《韦巨论墓志》载其历宣宗朝右神策宴设判官、御食使兼宴设副使、宴设使等职。从其历职看，宴设使有副使、判官等僚佐。	《汇编》会昌○三七《王文幹墓志》；《碑林续编》二一三《韦巨论墓志》
神策军征马使	征马使亦藩镇军使职，神策军沿用。征马指战马，与草马相对。征马是关键的战略资源，神策军征马使可为武将，但也可由宦官直接掌控。宪宗朝军器使监作武自和任右神策军征马使。	《续集》会昌○○七《武自和墓志》
神策城镇监军使	贞元中，为抵御吐蕃侵扰，德宗创置神策京西北诸城镇，每一城镇皆置监军使押领。神策城镇监军使品秩较低，受神策中尉管辖。	详参本书附录三《唐代宦官监军使年表》
京西步驿使	神策城镇散布各地，保障长安及诸城镇之间信息通畅至关重要。京西步驿使专掌长安与神策城镇交通，遇到吐蕃入寇等军情迅速汇报给当道节帅或临近神策城镇。大历中，神策军第一次出屯京西，防备吐蕃。《孙子成墓志》载孙子成出任京西步驿使，叙其职掌云："戎羌犷俗……伺我边隙。公密告连帅，潜发诸军。有征而左衽就擒，无战而穹庐遁迹。"此后遂为宦官使职。目前可考的京西步驿使有孙子成（大历末）、党□弁（大中二年）、魏文绍（咸通四年）等人。	《续集》咸通○四九《魏文绍墓志》；《蕝佚续编》七二九《孙子成墓志》；《陇右金石录》所收《高公佛堂碣》

续表

军事型使职	职掌及沿革	资料出处
京东步驿使	《孙子成墓志》载德宗兴元元年,讨河中李怀光之叛时孙子成曾兼任京东步驿使,事毕即罢,未能发展为常置之使。	《蒐佚续编》七二九《孙子成墓志》
馆驿使	驿馆使本非内职。唐代驿馆例由御史充馆驿使,专察过阙。但是在非常时期,也曾被宦官侵夺。宪宗讨王承宗,以内寺伯宋惟澄、曹进玉为馆驿使。咸通四年,南诏内寇,西川危急,懿宗敕以阎门使吴德应等为馆驿使。	《新唐书》卷二〇七《吐突承璀传》;《通鉴》卷二五〇懿宗咸通四年条
春衣使	唐代军服皆藩镇自办,春季青黄不接时军费紧张,为笼络藩镇,朝廷常令度支出绢布赐藩镇作春衣。春衣使是代表皇帝向藩镇士兵颁赐作春衣绢布的宦官使者。幽州节度使朱克融、杨志诚曾扣押过春衣使。可考的春衣使有杨文端、魏宝义。	《旧唐书》卷一〇一《韩思复附韩伙传》、卷一六七《段文昌传》、卷一七〇《裴度传》、卷一八〇《杨志诚传》
时服使	《陇右金石录》所收《高公佛堂碣》(大中二年)题名中有时服使,位在泾原监军、京西步驿使之下,品秩较低。	《陇右金石录·高公佛堂碣》
内粮料使	粮料使为藩镇使职,《新唐书·兵志》:“诸道讨贼兵在外者,度支给出界粮,每军以台省官一人为粮料使,主供亿。”粮料使本非内职,但中晚唐时常以宦官充任粮料使。元和中宪宗讨成德王承宗,诏内常侍刘国珍、马朝江分领易、定、幽、沧等州粮料使。穆宗长庆元年讨成德,以宦官李行谌“充镇州南路粮料使,供泽潞、义成等九道兵马”。僖宗讨代州李克用,以内常侍张存礼充都粮料使。《吴德应墓志》载咸通五年南诏入寇西川,西川行营都监吴德应“兼充内粮料使,制命既至,而专亲馈挽”。	《新唐书》卷二〇七《吐突承璀传》;《旧唐书》卷一九下《僖宗纪》;《吴德应墓志》[①];《李行谌墓志》

---

① 录文见杜文玉:《唐代吴氏宦官家族研究》,《唐史论丛》第 20 辑,2015 年,第 157—159 页。

续表

军事型使职	职掌及沿革	资料出处
给监使	《续集》元和○一九《李日荣墓志》载"凤翔陇右经原四镇北庭兼管内诸军兵马副元帅给监使李日荣。贞元二年玖月玖日□副元帅司徒兼中书上柱国西平郡王晟"。墓志极为简略,李日荣后来曾任琼林库作坊判官,给监使疑即贞元二年,李晟镇凤翔时提供行营诸军钱粮给养的宦官使职。	《续集》元和○一九《李日荣墓志》
巡边使	自开元时期起,朝廷不定期派遣朝臣充当巡边使,巡察边备及胡人形势。玄宗开元中有姜晦,德宗时胡证,武宗朝有刘濛、张贾,宣宗时有徐商等。巡边使本非内职,宦官取代御史监军后,常充此职。德宗贞元中,邕官溪蛮反叛,德宗命李辅光招慰,李辅光"素练兵机,具见腰领,巡视川谷,占其要害,奏请于海口置五镇守捉,至今帖然,人受其赐"。文宗大和九年李训、郑注欲诛宦官,遣宦官田全操、刘行深、周元稹、薛士幹、似先义逸、刘汉浰分诣盐州、灵武、泾原、夏州、振武、凤翔巡边,密令六道杀之。《似先义逸墓志》云"文宗有意南陲,命公巡按泾上,不数日而边备修。方欲行城堡、校斥候,会京城有变征还"。《吴全缋墓志》载咸通七年吴全缋"差随上枢元内侍充判官,往南山、盐、夏等一十余镇及七关等道,巡边制置"。	《通鉴》卷二四五大和九年十一月条;《汇编》元和○八三《李辅光墓志》;《续集》乾符○一九《吴全缋墓志》;《碑林汇编》二九三《似先义逸墓志》
京西京北巡边宣谕点阅等使	《刘德训墓志》载大中三年,刘德信与谏议大夫韦博、检校刑部尚书同往西北巡边,充"京西、京北巡边宣谕点阅等使"。此举与大中初收三州七关之地有关。	新出《刘德训墓志》
京西京北制置堡戍使	《刘遵礼墓志》载大中五年刘遵礼"改充宣徽南院使,寻兼充京西京北制置堡戍使"。此使职实为巡边使的一个变称。	《汇编》咸通○七二《刘遵礼墓志》
鄠县筑城使	《通鉴》卷二二三代宗广德元年十二月条:"筑城于鄠县及中渭桥,屯兵以备吐蕃。以骆奉仙为鄠县筑城使,遂将其兵。"	《通鉴》卷二二三代宗广德元年十二月条

军事型使职	职掌及沿革	资料出处
诏讨使	诏讨使为武官临时差遣使职,相当于行营统帅,并非内职。玄宗时杨思勖曾多次以招讨使身份统军征伐岭南叛蛮。元和初,宪宗以神策中尉吐突承璀为行营诏讨处置使讨伐成德王承宗。"行营诏讨处置使"相当于都统,此职遭到群臣激烈反对,宪宗不得已,改"诏讨处置使"为"诏讨宣慰使"。	《新唐书》卷二〇七《吐突承璀传》
都监军使	也称"都监"、"都监押"。中唐以后战争常征诸道兵组织行营,其军事长官称都统,相应的监军使称都监。都监僚佐有都判官、判官、小使等。此外,唐末一些重要藩镇,监军身兼数职,监护事众,也可称都监。例如李敬实曾任广州都监,袁季贞任河中都监。	详参本书附录三《唐代宦官监军使年表》
行营监军使	源于开元、天宝时期的宦官监军之制。平定安史之乱时期,朝廷以宦官监护诸军,权势扩大。	详参本书附录三《唐代宦官监军使年表》
排阵使	杨复光曾任过该使,"乾符中,贼渠黄巢之犯江西,复光为排阵使,遣判官吴彦弘入城喻朝旨"。杨复光时为监军,排阵使盖其兼衔。	《旧唐书》卷一八四《杨复恭传》
护驾使	《新唐书·田令孜传》称田令孜曾担任过十军十二卫观军容制置左右神策护驾使。此乃权置之使。	《新唐书》卷二〇八《田令孜传》
代北起军使	《旧五代史·武皇纪》载僖宗广明元年"黄巢寇潼关,天子令河东监军陈景思为代北起军使,收兵破贼"。起军使应是代表朝廷赴藩镇请求藩镇发兵的中使,身份与监军使不同。	《旧五代史》卷二五《武皇纪》
政事型使职	职掌及沿革	资料出处
枢密使	代宗永泰二年以董秀知枢密,掌国家机密。后发展为上下枢密院,有枢密使二员。唐代枢密使僚佐有枢密承旨、枢密端公等,但	参本书附录二《唐代宦官两军中尉、枢密使年表》

续表

政事型使职	职掌及沿革	资料出处
	无枢密副使。枢密副使最早见于朱梁的崇政院副使。中唐以后诸道监军使视枢密使为长官，与两军中尉并称"四贵"。	
延英知奏	《周孟瑶墓志》载僖宗乾符四年周孟瑶卒时其养子周恭晦为"延英知奏、登仕郎、行内侍省掖庭局宫教博士员外置同正员、上柱国"，并称其"耽诗悦礼，接士进身，必成国之梯航，作邦家之柱石"。延英知奏，顾名思义，为延英殿内掌百官奏对的使职。	《碑林汇编》三四四《周孟瑶墓志》
监右银台门进奏使	《张明进墓志》载其贞元十五年监右银台门进奏使，"奉诏右银台，监天下进奏事。监守应门，恭勤严肃"。	《续集》贞元〇七二《张明进墓志》
仗内令（使）	《记室备要》卷中标目有"仗内使"，正文作"仗内令"。"贺仗内令"条云："今者位崇令长，任重刑名；尽理而〔不〕贷奸豪，奉法而难容欺隐"。《何贞裕墓志》载何贞裕大中任内仆局令判仗内事，"推劾奸恶，投刃皆虚，无一漏网"。《孟秀荣墓志》载其"次子骁骑尉公浩，充仗内曹院"。《间克积墓志》："寻迁仗内学案。懿乎！总恭谨为莅职之柄，包仁义为周身之防，见善则迁，闻过则改，同列之上，翕然称之。又转迁使案，揖让悦随，导达不滞。至咸通十四年勾官，奸回屏迹，豪猾吞声。"如宣徽使所掌文书分兵案、骑案、仓案、胄案一样，间克积所历学案、使案或即仗内令下两类文案，勾官即仗内司勾官。仗内学案"见善则迁，闻过则改"，似指教授各种宫内礼仪技能。使案则"揖让悦随，导达不滞"，朝官上朝班位仗次由殿中御史引导，疑仗内使职掌与殿中御史相近。仗内使司略相当于内诸使司中的监察执法机构，约与南衙官中的御史台相比拟。	《记室备要》卷中"贺仗内令"条；《续集》大中〇三五《孟秀荣墓志》、咸通一〇四《间克积墓志》；《蒐佚续编》七八九《何贞裕墓志》

政事型使职	职掌及沿革	资料出处
阁门使	全称"上阁门使"，《通鉴》胡注"唐中世置阁门使，掌供奉朝会，赞引亲王、宰相、百官、蕃客朝见辞，唐初中书通事舍人之职也"。《吴德郿墓志》叙其职云"导公卿之进退，审朝见之威仪"。《刘中礼墓志》云"圣君朝群臣于正殿，延宰座于清晨。导扬威仪，绰有余裕"。唐宪宗元和八年宰相于顿行贿事泄，素服待罪于建福门，"门司不纳，退于街南，负墙而立，遣人进表。阁门使以无引不受，日没方归"。由于大臣奏状必须由阁门使才能被皇帝接纳，故具有一定的干政能力。唐末阁门使分为东、西上阁门使，《续集》乾符〇二七《陈氏墓志》有东上阁门使押衙高宗晦。可考的阁门使有彭希晟(元和中)、朱朝政(文宗)、马元赞(大和九年)、杨某(开成元年)、吴士俋(约武宗)、仇从源(武宗)、吴德郿(大中六年)、吴德应(大中十三年)、田献铦(咸通十三年)、吴全缋(咸通六年)、刘中礼(宣宗、懿宗时三次充使)、王建袭(天复四年)等。	《旧唐书》卷一九上《懿宗纪》、卷二〇上《昭宗纪》、卷一七一《张仲方传》；《汇编》大和〇七九《赵氏墓志》；柳公权书《玄秘塔碑》；《碑林汇编》三三一《刘中礼墓志》；《续集》乾符〇一九《吴全缋墓志》；《碑林汇编》三二二《吴德郿墓志》；《吴德应墓志》；新出《彭希晟墓志》
学士院使	据《雍录》及杜文玉所考，唐代有东西两学士院。玄宗开元二十六年于翰林院南首置学士院，翰林学士从翰林待诏中独立出来。德宗时又于金銮殿旁别置东学士院，并置两员院使。孙平仲《续世说》："昭宗在凤翔，韦贻范为相，多受人赂，许以官。既丁母忧，日为债家所噪，故急于起复。日遣人诣两中尉、枢密及李茂贞求之。命翰林学士韩渥草贻范起复制，渥曰：'吾腕可断，此制不可草。'……学士院二中使怒曰：'学士勿以死为戏。'渥以疏授之，解衣而寝。"由此可见即便播迁时期，学士院使仍置两员。翰林学士脱胎于翰林词学待诏，故学士院使初称翰林院使。李绛、白居易等称梁守谦为翰林院使，文宗初所立《梁守谦墓志》追改为"学士院使"，这暗示文宗时翰林院	《雍录》卷四"金銮坡"条；《英华》卷七九七杜元颖《翰林院使壁记》、卷四一八薛廷珪《授学士使郏文晏将军金紫光禄大夫制》；《汇编》乾宁〇〇五《吴承泌墓志》；《续集》大中〇六三《阎知诚墓志》；新出《彭希晟墓志》

政事型使职	职掌及沿革	资料出处
	使内涵发生变化,墓志撰者追改前官,以免混淆。此后翰林院使、学士院使为两不同使职。翰林学士是中晚唐宰相渊薮,学士院使地近机密,非常重要,穆宗朝《翰林院使壁记》叙其职云"进则承睿旨而宣于下,退则受嘉谟而达于上"。梁守谦、刘弘规皆由学士院使转为枢密使。宪宗以后稍有下降。据《翰林志》:"有高品使二人知院事⋯⋯小使衣绿黄青者,逮至十人,更番守曹。"可考的学士院使有梁守谦(德宗至宪宗元和)、吕如金(元和初)、彭希晟(元和中)、刘弘规(宪宗、文宗朝)、李常晖(穆宗朝)、王士政(穆宗朝)、间知诚(大中三年)、吴承泌(僖宗朝)、郗文晏(僖宗朝)等。	
功德使	又称左右街修功德中使、内功德使。下有判官、小使等。唐前期不同时期僧道隶属部门各不相同,或隶鸿胪寺,或隶祠部,功德使之名首现于玄宗朝。《高可方墓志》载其曾祖高力士曾任左街功德使,但并非宦官专任,代宗继位后以龙武将军李元琮为功德使。贞元初,德宗以监勾当左右厢神策军窦文场、王希迁为左右街功德使,以筹措军费。其后左右功德使例为左右神策中尉的兼职。中晚唐时期,佛教的译经工作,一般由右军中尉所兼的右街功德使主持完成。此外,东都洛阳亦置功德使,仍由宦官充任,咸通十二年吴全缋曾任东都功德使。	《续集》乾符〇一九《吴全缋墓志》;《金石萃编》卷五三《东岳观修醮题记》;《西安新获墓志集萃》六四《李元琮墓志》
迎真身使	《册府》卷五二《帝王部·崇释氏门二》载元和十三年十二月,宪宗遣高品杜英琦往凤翔迎佛骨。《杜英琦墓志》叙其事云:"国家按释氏传记,歧阳县有真身指节塔,每卅年一示,群有则岁丰稔。将选专使,实难其人⋯⋯命公为使⋯⋯与僧录惟应、法师端甫等宝释而返,遍示京邑,福利元元,为时所重。"墓志未明言其使名,唐人奉佛骨舍利	《碑林续编》一六九《杜英琦墓志》

续表

政事型使职	职掌及沿革	资料出处
	为"真身"，比照法门寺监送真身使，杜英琦使名当为迎真身使。	
监送真身使	1987年法门寺出土唐咸通十五年所立《地宫衣物帐碑》，碑文首行云"监送真身使应从重真寺随真身供养道具，及恩赐金银器物宝函等，并新恩赐到金银宝器衣物等如后"，碑末题名有"真身使小判官周重晦"等宦官僚佐。真身即指释迦牟尼真身指骨舍利。	《法门寺考古发掘报告》①
旌节官告使	又称"官告使"。始见于开元天宝时期，吐鲁番出土文书中称"送旌节使"。朝廷委任节度使，象征节度使合法性的旌节由宦官专程护送。如《旧唐书·刘辟传》载宪宗责刘辟语："朕遣中使送旌节官告，何故不受?"《旧唐书·昭宗纪》："时中使韩归范押揆旌节官告，送至行营。"昭宗抑制宦官，一度改用士人。光化中朱温兼四镇，昭宗遣李商隐子李廷珪为官告使，至汴授旌节。	《旧唐书》卷二〇上《昭宗纪》、卷一四〇《刘辟传》
鸿胪礼宾使	负责有关国内诸民族及外国君长使节相关事宜，《刘漢渐墓志》描述其职为"敷扬皇化，导劝续徒，异类向风，皆怀仁德"。唐代外交事务由鸿胪寺主掌，安史乱前有礼宾院，天宝十三载归隶鸿胪寺，是否由宦官充使，不明。永泰二年鱼朝恩所兼使职有鸿胪礼宾使，此后遂为内职。曾任此职者有鱼朝恩(永泰二年)、李辅光(元和初)、刘弘规(文宗前)、李行邕《大和三年》、刘漢渐(大和三年)、康约言(约文宗朝)、田绍宗、似先义逸(文宗末)、刘德训(会昌四年)、刘中礼(约会昌末)、田嗣周(大中初)。	《唐会要》卷六六"鸿胪寺"条；《续集》会昌〇〇八《刘漢渐墓志》；《金石萃编》卷一一四《敕内庄宅使牒》；《汇编》元和〇八三《李辅光墓志》；《刘弘规神道碑》；《碑林汇编》二九三《似先义逸墓志》；《集古录跋尾》卷九《唐康约言碑》；新出《李行邕墓志》《刘德训墓志》《田嗣周墓志》

---

① 《法门寺考古发掘报告》，北京：文物出版社，2007年，第227页。

续表

政事型使职	职掌及沿革	资料出处
司宾使	《姚存古墓志》:"(长庆)四年,诏监天平军……遂拜司宾使,迁领内武库。敬宗晏驾,掌理园庙。"《旧唐书·职官志》"内官尚仪"条:"司宾掌宾客朝见、宴会赏赐。"司宾使所掌与鸿胪礼宾使比较接近,或即"鸿胪礼宾使"的异称。	《续集》大和〇五三《姚存古墓志》
光禄使	代宗朝权宦鱼朝恩除典神策军外,加判国子监事、光禄、鸿胪礼宾、内飞龙、闲厩等使。唐代光禄寺掌祭祀、朝会、宴乡酒醴膳羞之事,下有太官、珍馐、良酝、掌醢等四署,其中良酝署部分职掌被酒坊使侵夺,但祭祀、朝会礼仪非宦官所宜,盖代宗以鱼朝恩通儒术,特置光禄使以宠之,非为常使。	《旧唐书》卷一八四《鱼朝恩传》
监护使	又称监葬使。唐代太子、公主等薨故,选五品以上南衙官为监护使。监护使本非内职,中晚唐时偶有宦官充使者。《彭献忠墓志》:"公讳献忠……(元和)六年迁知内侍省事,充弓箭库使。六(年)[月]充惠昭太子监护使,祗事既毕,加冠军大将军。"唐末后宫嫔妃及身份特殊的宫人等常由宦官为监护使。咸通五年一百零八岁的女道士贺幽净卒,有监葬使十六宅副使韦□、副使内养周从初。僖宗乾符六年,春宫宫女颖娘葬时有监护使段齐遂,监护副使张希阮,颖娘享有超出一般宫女的待遇,或与皇室有特殊渊源关系。	《英华》卷九三二《彭献忠墓志》;《续集》咸通〇二一《贺幽净墓志》、咸通〇二七《韩国夫人王氏墓志》;《颖娘墓志》[①]
客省使	又称"内外客省使",约置于肃、代时期。《通鉴》卷二二五代宗大历十四年条:"代宗之世,事多留滞,四夷使者及四方奏计,或连岁不遣,乃于右银台门置客省以处之;及	《全唐文》卷八三八《授刘处宏通议大夫内侍省监充客省副使制》;《全唐文补遗》第

---

①王其祎:《晚唐〈春宫颖娘墓志石〉小札——兼读晚唐相关墓志小品及其他》,《唐史论丛》第9辑,2007年,第253—258页。

续表

政事型使职	职掌及沿革	资料出处
	上书言事孟浪者、失职未叙者,亦置其中,动经十岁。"《唐两京城坊考》卷一"西京·宫城"条:"右延明门外为中书省,省内有内客省。"则内客省在中书省,外客省,位置不详,从名称看,应在宫城之外。内外客省安置的对象,一是居留长安的四夷使者,二是各地地方入京人员。中唐以后,留滞外国使者减少,客省侧重藩镇人员,承担处理中央与藩镇关系的职能。《佘元仙墓志》载代宗大历初"属方隅初定,奏请尤繁。诣阙奏章,留邸待报。冠盖相继,盈于宾馆。圣恩特以君为客省使,接以礼乐,等其饔饩。"《似先义逸墓志》载其大和中"拜内外客省使。傧赞戚里命妇,泊诸侯之使,能慎其仪。其□□□者疏达之,禀食者丰厚之,皆合上旨"。天复三年,昭宗幸朱全忠营,朱全忠素服待罪,昭宗"命客省使宣旨释罪"。可考的客省使有佘元仙(大历初)、柏惟贞(大历中)、刘奉礼(约贞元中)、似先义逸(大和中)、康约言(约文宗朝)、刘重约(大中四年)、刘中礼(约咸通初)、王建义(天复三年)。《全唐文》有客省副使刘处宏。	八辑《佘元仙墓志》《刘士准墓志》;《碑林汇编》二九三《似先义逸墓志》、三三一《刘中礼墓志》;《通鉴》卷二六三昭宗天复三年条;《集古录跋尾》卷九《唐康约言碑》;新出《柏玄楚墓志》《刘从实墓志》
诸道监军使	自德宗以后藩镇普遍置监军使监护藩镇。监军使有使有院,其下有副使(副)、别敕判官、小判官、小使等僚佐。监军使还有门吏,掌领少量扈从衙军。诸道监军奏表最初由翰林院代皇帝批示,枢密使兴起后,诸道监军使以枢密使为"长官"。	参本书附录三《唐代宦官监军表》
告哀使	唐代国君去世,遣使持节往诸道及邻国告哀,称告哀使。唐代告哀使一般由殿中侍御史或其他卿士充任。告哀使并非内职,宦官攘夺御史之权,告哀使也常有宦官充任者。《董文尊墓志》载贞元二十一年充回鹘告哀宣慰使。《武自和墓志》载武自和元和十五年新罗宣慰告哀等使。	《续集》元和〇六二《董文尊墓志》,会昌〇〇七《武自和墓志》;《汇编》会昌〇三七《王文幹墓志》

续表

政事型使职	职掌及沿革	资料出处
东北军和国使	《王昵墓志》："至唐元(隆)年六月廿四日，睿宗皇帝即位……改授中散大夫，便充东北军和国使。借紫金鱼袋，远承□□。天被凶丑自权，亦是人王之化。"景云元年十二月，依附于东突厥的奚族，攻掠渔阳、雍奴而去，幽州都督薛讷率军追击，不克而还。王昵此行或为招诱奚人。	《续集》开元一二一《王昵墓志》
和蕃使	玄宗开元十九年，御史大夫崔琳聘使吐蕃，在今甘肃临夏永靖县小积石山炳灵寺留下摩崖石刻《灵岩寺记》，题名有"和蕃使正议大夫行内侍上柱国涂玄琛"。《王文幹墓志》："皇朝中散大夫、内侍省内侍、赐紫金鱼袋、奉诏和蕃使兼安西北庭使讳奉忠，公之曾王父也。"王奉忠为和蕃使约玄宗开元天宝年间。	《汇编》会昌〇三七《王文幹墓志》
聘黑衣大食国使	《杨良瑶神道碑》载其贞元元年，"充聘国使于黑衣大食"，杨良瑶"备判官、内傔，受国信、诏书……届乎南海，舍陆登舟……挂帆凌汗漫之空，举棹乘颢淼之气。黑夜则神灯表路，白昼乃仙兽前驱。星霜再周，经过万国……往返如期，成命不坠"。贞元元年，吐蕃内寇，唐廷刚经历朱泚、李怀光之乱，元气大伤，杨良瑶由海路聘使黑衣大食，应与联络大食合击吐蕃，缓解边疆压力有关。	《1996—2017北京大学图书馆新藏金石拓本菁华(续编)》收录《杨良瑶神道碑》
入蕃回鹘使	《王怡政墓志》："宝历元年四月，充入蕃回鹘使。将我诚命，达于要荒。绝域之使，帝难其人。"	《全唐文补遗》第三辑《王怡政墓志》
新罗使	文宗大和五年，新罗王彦昇卒，子景徽立，文宗以源寂为册使，宫闱令朱朝政等为中使前往宣慰。《王文幹墓志》载其开成五年"诏充新罗使"。据《旧唐书·新罗传》开成四年新罗遣使朝贡，《新唐书·新罗传》载开成五年"鸿胪寺籍质子及学生满岁者百五人皆还之"。王文幹或为护送这批新罗人回国的使者。	《八琼室金石补正》卷七二崔锷《内寺伯朱夫人赵氏合附墓志》；《汇编》会昌〇三七《王文幹墓志》

政事型使职	职掌及沿革	资料出处
慰谕羌蛮使	《吴德应墓志》载咸通四年吴德应奉诏充剑南西川管内六州慰谕羌蛮使，"公谕以恩威，陈其逆顺，莫不归乎玄化"。	《吴德应墓志》
云南宣慰使	贞元十年，以袁滋为持节册南诏使，宦官俱文珍为云南宣慰使。	云南昭通豆沙关摩崖题记
南诏礼仪使	《吴承泌墓志》载黄巢起义解县盐利被河中王重荣侵占，吴承泌归朝后"改充南诏礼仪副使，中辍不行"。礼仪使盖代表朝廷与周边民族通和的使职。宪宗时俱文珍曾为南诏宣慰使奉使南诏。	《汇编》乾宁〇〇五《吴承泌墓志》
云南内使	僖宗时以宗室女为安化长公主，许婚云南，以嗣曹王龟年为云南使，内常侍刘光裕为云南内使。	《新唐书》卷二二二《南蛮传》
宣慰使	宣慰使始见于玄宗开元、天宝时期，最初并非宦官专职。开元末，奉使边疆的监军宦官时常以宣慰使为使名。安史乱后，监军使成为专门使职，宣慰使词义缩小，单独使用时主要用于临时出使宣慰的差遣宦官。宣慰的对象范围广泛，可以是藩镇以及民族政权，宣慰使异称很多，在墓志等材料中无明确使名者，不赘举。	参本书第四编第一节所考
许蔡通和使	全称"许蔡通和慰谕使"。中和五年，僖宗遣枢密使吴承泌为许蔡通和使，李令崇为副使，劝二镇罢兵和解。	《汇编》乾宁〇〇五《吴承泌墓志》、光化〇〇一《李令崇墓志》
汴岐通和使	昭宗被劫幸凤翔，朱温围攻不已。昭宗被迫诛宦官诸使，以姚洎为岐汴通和使，劝朱温罢兵。	《新唐书》卷二〇八《宦者传下》
财经型使职	职掌及沿革	资料出处
大盈库使	大盈库，中晚唐主要内库之一。约创置于玄宗朝。玄宗入蜀时，长安大乱，百姓入禁中剽掠左藏大盈库。据《咸通七年大赦》，	《新唐书》卷二〇七《仇士良传》；《英华》卷九三二《仇士良神

续表

财经型使职	职掌及沿革	资料出处
	大盈库主要收纳钱帛丝布。唐代绢布兼有货币和衣料功能。故大盈库使与染坊使关系密切,时常同时兼任染坊使。孟再荣、仇士良都同时兼任染坊使。会昌末似先义逸为大盈库使,"清废佛祠一所,新帑舍五百间",大盈库规模庞大。但是宣宗大中之后唐朝财赋枯竭,大盈库下降,新出《樊仲文墓志》载原大盈库副使樊仲文咸通七年为琼林库使,时大盈、琼林仍为两库,但《记室备要》中琼林大盈库使二使合称一处。唐末未见记载,或黄巢起义军占领长安后废弃。可考的大盈库使有刘仙鹤(约德、宪时期)、马存亮、孟再荣(元和三年)、仇士良(大和二年)、宋守义(大和九年)、李好古(会昌元年)、似先义逸(武宗末)、刘遵礼(大中五年)、吴德鄘(大中九年)等。	道碑》《马存亮神道碑》;《唐大诏令集》卷八六《咸通七年大赦》;《汇编》〇七二《刘遵礼墓志》;《金石萃编》卷一〇五《孟再荣造像》;《碑林汇编》二九三《似先义逸墓志》;《碑林续编》一八一《刘文遂墓志》;新出《李好古墓志》
琼林库使	又称"琼林使"。琼林库,约创置玄宗朝,德宗时已存在。据《咸通七年大赦》,琼林库主要收储金银珠宝及器皿。琼林库掌握大量金银,故琼林库下有金银加工作坊。《李日荣墓志》载贞元末李日荣为琼林库作坊判官。《唐会要》卷五四"给事中"条载元和七年琼林库使奏请增置"巧儿"(即工匠)一千三百四十六人,免其差役,事虽未行,亦可想见其规模。大中时李敬实为琼林使,"工巧获一,寮吏不欺",依然辖有大量工匠。其后金银作坊移至文思院。金银作坊从琼林库脱离出来后,琼林使遭到削弱,任使者品秩大幅降低,《樊仲文墓志》称樊仲文咸通七年为琼林库使,咸通六年《樊夫人墓志》有如京、琼林二司判官武周礼,但同年成书的《记室备要》卷中有"贺琼林大盈库使",疑此时琼林、大盈二司常由一使兼任。目前可考的琼林使有似先义逸(宝历初)、许遂忠(大和二年)、段归文(大和中)、马元某(会昌元年)、李敬实(大中四年)、樊仲文(咸通七年)等。	《唐大诏令集》卷八六《咸通七年大赦》;《唐会要》卷五四"给事中"条;《李德裕文集》别集卷六《马存亮神道碑》;《续集》大和〇二四《许遂忠墓志》、大中〇七八《李敬实墓志》、咸通〇三四《樊夫人墓志》;《长安新出墓志·樊仲文墓志》;《碑林汇编》二九三《似先义逸墓志》;《陕西省考古研究院新入藏墓志》一〇九《段嘉贞墓志》

续表

财经型使职	职掌及沿革	资料出处
宣徽内库使	大盈库、琼林库被宦官把持后，皇帝非时赏赐支用多有不便，晚唐时期又在总掌内侍之事的宣徽院别设宣徽库。《旧唐书》卷一九《懿宗纪》："宣赐宣徽库绫绢十万匹，助其晏（宴）犒。"宣徽殿本有乐工、球工，宣徽库盖专供皇帝私人赏赐之用。刘遵礼开成五年为"宣徽库家"，懿宗咸通中有宣徽内库使刘从实，《郭顺祐夫人刘氏墓志》载昭宗天复元年有宣徽内库使郭遵诲。1977 年西安东郊枣园村出土乾符六年内库银铤铭文中有"内库使臣王翱"①。宣徽库皇帝私属性很强，来源恐多为皇帝宣索，规模有限。	《续集》天复〇〇一《郭顺祐夫人刘氏墓志》；《石墨镌华：关中民俗艺术博物院收藏碑志集释》五〇《刘从实墓志》
内文思使	又称"文思使"、"文思院使"。宣宗大中八年改武宗望仙台为文思院，琼林库使下金银作坊移至文思院。望仙楼有廊舍五百余间，扩展潜力巨大。文思使下有副使、判官、作官、小都知等僚佐，判官以上例由宦官充任。文思使依前有加工内库金银，铸造金银器。今扶风法门寺、山西繁峙县出土大量文思院制作的金银器。咸通后杨复恭、王彦珪等宦官大族出任文思院使，地位日尊。昭宗末年，内库屡遭兵火，皇室钱物出纳等多由文思使执掌。英藏敦煌文书 S.8444 文书押缝处钤有"内文思使之印"。可考的文思使有能顺（咸通十年）、吴弘愍（咸通十三年）、杨复恭（咸通十五年）、王彦珪（乾符六年）等。	齐东方《唐代金银器研究》第二编第一节《皇室和中央官府金银作坊》②

---

① 李锦绣认为内库使为总领内库之使，大盈库使、琼林库使、文思院使皆为下级专使。参李锦绣：《唐代财政史稿》下卷第四章第一节第三小节《内库管理机构》，第 451—464 页。1977 年西安所出窖藏银铤中文思院使王彦珪在内库使臣王翱之下，这仅表明银铤为文思院使与内库使共同经办，并不足以说明文思院使隶属内库使。因此，称内库使为大盈库使、琼林库使、文思院使的上级使职，仍缺乏足够的证据。

② 齐东方：《唐代金银器研究》，北京：中国社会科学出版社，1999 年，第 278—282 页。

续表

财经型使职	职掌及沿革	资料出处
丰德库使	昭宗天祐元年闰四月戊申日敕:"今后除留宣徽两院,小马坊、丰德库、御厨、客省、阁门、飞龙、庄宅九使外,其余并停废。其内园、冰井公事委河南府。"时值昭宗迁洛之后,故不见大盈、琼林、文思之名。《旧唐书·哀帝纪》云:"丰德库使应顼、尚食使朱建武送河南府决杀。"李锦绣认为丰德库属东都内库,当是。	《旧唐书》卷二○上《昭宗纪》、卷二○下《哀帝纪》
如京使	全称"如京内仓使",得名于《诗经·甫田》"如坻如京"之句。《册府》卷一四《帝王部·都邑门》载大和元年八月诏"毁如京仓舍,以其地归门下"。其职当主管内廷粮仓,负责诸宦官宫女之廪俸食以及宫人所用帷幄什器等。《吴全缋墓志》称其为如京使,"供市无亏,清通辨事"。《续集》长庆○○一有《如京内仓使马府君墓志》。《刘从兆墓志》称"胥吏隐没钱谷,数逾十八万贯石。公检举征发,无漏略"。又载"宫人有请于如京者,多患于泥潦。公营构廊宇,进纳允宜,暨帷幄什器之积,罔不具备"。《重修内侍省碑》载乾宁三年修复内诸司官署中有"如京、营幕等司",如京司置有判官,亦由宦官充任。可考的如京使有马某(元和末)、王少华(开成中)、吴全缋(咸通十一年)、刘从兆(乾符元年至五年)等。	《旧唐书》卷一七五《庄恪太子传》;《续集》咸通○三四《武周礼妻樊氏墓志》、咸通○六一《魏孝本墓志》、乾符○一九《吴全缋墓志》;《刘从兆墓志》等
太仓使	全称"太仓出纳使",《新唐书》作"监太仓使"。唐制,司农寺有太仓署。太仓使实为侵夺太仓署令、丞之出纳之职。其名始见玄宗开元中,初由财臣充使。开元中董昭为太仓出纳使,贞元中,张滂、裴延龄相继专知太仓出纳。大和中,罗立言以司农少卿主太仓出纳物。咸通七年郁知言《记室备要》中总监使兼知太仓出纳,时宦官掌太仓还未为定制,昭宗乾宁三年《重修内侍省碑》二十四使司有太仓使司,是宦官重要使司之一。如京使居内,太仓使居外。	《汇编》天宝一○二《董昭墓志》、贞元一○三《张滂墓志》

续表

财经型使职	职掌及沿革	资料出处
岭南市舶使	高宗时宦官苏永，"征翠羽于炎洲，收明珠于涨海……龙朔中，奉使岭南"，开宦官至岭南货买珍宝的先河。玄宗开元二年置市舶使于广州，最初由士人担任。开元十年以宦官韦光闰为市舶使，其后遂为宦官使职①。中晚唐时期此职常由岭南监军兼领。唐代可考的宦官市舶使有韦光闰、李唯诚（会昌二年至四年）、李敬实（大中四年）等。	《汇编》长寿〇二六《苏永墓志》；《续集》大中〇七八《李敬实墓志》；《李唯诚墓志》
宫市使	宫市使，玄宗天宝中已有此名，本宰相杨国忠等所领兼衔。宦官充宫市使始于德宗贞元中。《旧唐书》卷一四〇《张建封传》："时宦者主宫中市买谓之宫市，抑买人物，稍不如本估。末年不复行文书，置白望数百人于两市及要闹坊曲，阅人所卖物，但称宫市，则敛手付与，真伪不复可辨，无敢问所从来。"宫市名目繁杂，临事发遣，未必有专人充当"宫市使"。史籍及出土墓志有十六王宅宫市使、三宫直市使，疑各宫院多有专人职掌本院所需市买之事。顺宗永贞革新时，因宫市扰民尤甚，将其罢废。但从白居易《卖炭翁》等诗来看，宫市使当旋又复旧。	《旧唐书》卷一四〇《张建封传》；韩愈《顺宗实录》卷二
闲厩使	唐代养御马的机构称"闲"、"厩"。闲厩使始置于武则天圣历二年，主要侵夺殿中省尚乘局的职掌。据宁志新先生统计，唐代可考闲厩使四十八位，时段从武则天圣历二年至僖宗乾符三年，除鱼朝恩外，其余都不是宦官，则闲厩使不是内使职甚明②。安	《旧唐书》卷一四一《张茂宗传》；《唐会要》卷六五"闲厩使"

---

① 参拙作《〈进岭南王馆市舶使院图表〉撰者及制作年代考——兼论唐代市舶使职掌及其演变等相关题》，《中山大学学报（社会科学版）》，2009 年第 2 期。

② 宁志新：《隋唐使职制度研究（农牧工商编）》第六章第一节《闲厩使》，第 158—167 页。《英华》卷四二七《宝历元年正月七日赦文》、卷四二八《大和三年十一月十八日赦文》："飞龙、闲厩、宫苑、典引、掌闲、内园、总监、栽接、少府、将作、内中尚、武德、军器、内外弓箭库等诸司诸使。"不少学者据此考证闲厩使为内职。今按，诏书所列诸司诸使有（转下页注）

续表

财经型使职	职掌及沿革	资料出处
	史乱前,河陇间国马数十万,自长安至陇右置七马坊,广占腴田,皆统于闲厩使。安史乱后,河陇陷蕃,国马尽散,闲厩使除收取地租外,还荫庇养马人丁、苜蓿丁等户口,控制一定的利钱户。闲厩使马政职能多被飞龙使攘夺,有名无实,常与宫苑使合为一使,由勋臣宗戚子弟充使。	
陇右群牧使	主掌陇右畜牧养殖事务的使职。早在高宗时期便有群牧使之号,此职亦非内职。据宁志新考证,自高宗至代宗时期,陇右群牧使为常设使职,前后三十一人,多由朝廷直接派大臣充任,仅李辅国一人为宦官①。至德二载至宝应元年李辅国以闲厩等使兼陇右群牧使是混乱局势下的权宜之计。后任二使彭体盈、乐子昂皆非宦官。其后河西、陇右被吐蕃蚕食殆尽,此使遂废。	《新唐书》卷二○八《李辅国传》
楼烦监牧使	《唐会要》载元和十一年正月,楼烦监牧使中官党文楚以供征马羸瘠,被罚没其家财,配隶南衙。《李昇荣墓志》载宦官李昇荣开成五年除楼烦监牧使。安史乱后,楼烦监遥隶飞龙使,故监牧使也由宦官充任。文宗大和四年六月飞龙厩襄城群牧置印。	《唐会要》卷六六《群牧使》;《续集》会昌○二九《李昇荣墓志》《册府》卷六六《帝王部·立制度门二》
沙苑监牧使	沙苑地近长安,唐置沙苑监。《旧唐收》卷四四《职官志三》:"沙苑监掌牧养陇右诸牧牛羊以供其宴会祭祀及尚食所用。"沙苑监置监一人,从六品下,中晚唐其职为宦官侵夺,所养马匹供飞龙厩所用。文宗大和四年,李克恭为飞龙沙苑监牧使,"葺廨宇、筑墙垣",加强对沙苑监的管理。	《新中国出土墓志·陕西(肆)》二二六《李克恭墓志》

(接上页注)少府、将作,二者并非内职。盖少府、将作二司职掌多被宦官使职侵夺,李辅国甚至带"勾当少府殿中二监都使"的头衔,故诏书以少府、将作指代相关宦官使职。同理,闲厩、宫苑二使始置很早,本由朝官充使,但其所带五坊等兼职多被宦官侵夺,诏书亦沿用成文,用以指代新置诸使。

①宁志新:《隋唐使职制度研究(农牧工商编)》第六章第四节《群牧使》,第181—187页。

续表

财经型使职	职掌及沿革	资料出处
汝州襄郏等城群牧使	《王志用墓志》记穆宗继位后，以王志用为汝州襄郏等城群牧使，"抚兹五载，龙驹一遍，圉子怡然；天马孕姿，飞黄袭庆。每岁阅于天厩，闻而上陈"。大和九年，王志用"再领旧务"，开成二年卒于"本郡使之官舍"。由此可见，襄郏等城群牧使为常置监牧。	《续集》开成〇一三《王志用墓志》
蔡州龙陂监牧使	监牧使出现于高宗时期，非宦官使职，宪宗元和十三年于蔡州牧地置龙陂监牧使，由蔡州刺史兼任。《卫巨论墓志》载乾符六年陈许监军副使卫巨论兼蔡州龙陂监牧使，盖唐末被宦官攘夺。	《碑林续编》二一六《卫巨论墓志》
市马使	藩镇军体制下诸镇皆有市马使，开元天宝时期，朝廷马匹需求激增，常派遣宦官派往西域诸国市易马匹。《刘元尚墓志》称其开元中"解褐拜掖庭监作、大食市马使。燕王市于骏骨，伯乐顾之龙马，遂使三军迎送，万里循环，荣宠是加，超公内寺伯也。复为骨利干市马，崎岖百国，来往三春，追风跃而奔腾，逐日回而来献，遂加公谒者监"。市马使路途遥远，充使周期很长。吐鲁番阿斯塔那古墓群出土文书中有一组开元十九年六月至开元二十二年二月赵内侍往返西州市马的文书。赵内侍充使时间长达两年半，与刘元尚相近①。安史乱后，西域陷蕃，未见有宦官充任市马使的记载。	《汇编》天宝二五三《刘元尚墓志》
印纳使	《李辅光墓志》载德宗兴元初，"时有北虏入觐，将以戎马充献，数盈累万。国朝故事，每一马皆酬以数十缣帛，拒之即立为边患，受之即玉府空竭。公承命为印纳使，迎之朔陲，谕以信实。交领之际，虏不敢欺，必以精良者□后充算，省费之校，亿兆相悬，生	《汇编》元和〇八三《李辅光墓志》

①参见本书第十三章第二节《宦官充使边疆与宦官监军的起源》，第347—349页。

续表

财经型使职	职掌及沿革	资料出处
	灵所资,安危是系"。按唐制,凡在牧之马皆有印,即主管者在马腿、髀、尾等部位打上不同印记,以相区别。回鹘卖马带有强卖性质,同市马使相比,印纳使缺少自愿性和主动性环节,属特殊的市马使。	
苑内营田使	玄宗天宝中王铁、安禄山曾兼先后充闲厩使及苑内营田、五坊、宫苑等使。代宗时权宦李辅国曾任此职,代宗忌其权盛,以左卫大将军彭体盈代之。此后苑内营田使未见设置,其职或并入宫苑使。	《新唐书》卷二〇八《李辅国传》
宫苑使	据唐长孺先生所考,开元天宝间士人充任闲厩使必兼领五坊、宫苑使。盖皇帝狩猎时,闲厩使供马,五坊使供雕、鹘、鹞、鹰、狗,宫苑使打理苑囿,此三使职掌密切相关。安史乱后,五坊使改任宦官,闲厩宫苑使常作一职,由贵戚重臣担任,李齐运、李愬、郭鏦、郭铦等皆任闲厩宫苑使。宫苑使本非内职,唯李辅国曾任此职,姑附于此表。	《英华》卷四二七《宝历元年正月七日赦文》、卷四二八《大和三年十一月十八日赦文》
洛苑使	洛苑使,负责东都诸宫苑的管理。文宗大和中冯宿为河南尹,"洛苑使姚文寿纵部曲夺民田,匿于军,吏不敢捕"。姚文寿又名姚存古,据其墓志,敬宗继位后由内武库使擢任洛苑使。又《续集》大中〇四七《姚中璠墓志》志盖有云"故飞龙洛苑判官"。姚文寿部曲"匿于军",其军当指飞龙。盖东都亦有飞龙兵,且掌于洛苑使名下。洛苑使影庇有营田部曲,颇有规模。姚中璠本人即卒于"洛牧公田之私第"。又《汇编》大中〇三〇《吴某墓志》记其会昌五年加职洛苑使巡官兼都押衙,综上可知洛苑使职掌相当复杂,僚佐有都押衙、判官、巡官等。《旧唐书·哀帝纪》载哀帝天祐二年,"洛苑使奏榖水屯地内嘉禾合颖",此在昭宗迁洛之后,洛苑使当非宦官,但其职当原洛苑使所掌。	《旧唐书》卷一六八《冯宿传》;《汇编》大中〇三〇《吴某墓志》;《续集》大中〇四七《姚中璠墓志》、大和〇五三《姚存古墓志》

财经型使职	职掌及沿革	资料出处
昆明池使	昆明池,位于长安西南角,汉武帝所凿,唐时为皇家宫苑。懿宗咸通初有昆明池使刘从兆,"重营汉宇,再缮尧舟,隐椎而堤固金汤,列树而岸环柳杞。稽功详费,咸自方圆,省邦计修葺之资,岁逾万五千贯,而又以植稻假舟之利,仅四千贯石。"僖宗奔蜀时,又有昆明池使骆全嗣奔行在,诏为山南西道监军。	新出《刘从兆墓志》、《道教灵验记》卷六《骆全嗣遇老君验》
总监使	又称"京苑总监使"。唐前期置总监管理皇家苑囿,有洛阳宫总监、西京苑总监、东都苑总监等,以朝臣任职。安史乱后,李辅国曾带总监使兼衔,但没有固定为宦官专使名。开成五年四月敕:"总监宜令内官司管,仍别置使,其总监及丞、簿共四员,并宜停。"这是总监使正式成为内职的开始。《旧唐书》卷三八《地理志》:"禁苑在皇城之北,苑城东西二十七里,南北三十里,至灞水,西连故长安城,南连京城,北枕渭水。苑内离宫亭观二十四所,汉长安故城东西十三里亦隶入苑中。苑置西南监及总监,以掌种植。"总监使职掌为管理长安禁苑花木种植。《杨玄略墓志》述其职云:"职居上林,官崇密□。□□天选,允称华资。留芳池蘖之司,以申园囿之美。"与之相近的使职为内园使。内园使主皇城,总监使主苑城,二者范围不同。与内园使类似,总监使廘下亦有部曲营种,营种便有粮仓,故总监使有时也兼太仓出纳使。《记室备要》"贺总监使兼知太仓出纳"条:"超处重司,仍临列署(署),导虹梁而以清御路,制巨廪而以备国储。唯兹重难,悉归权握。"可考的总监使有刘中礼、李昇荣(会昌三年)、杨玄略(会昌六年、大中四年)、王归厚(大中七年)等。	《续集》会昌〇二九《李昇荣墓志》、咸通〇二〇《杨玄略墓志》;《碑林汇编》三三一《刘中礼墓志》;《蒐佚续集》九三三《王归厚墓志》

续表

财经型使职	职掌及沿革	资料出处
东都总监使	大中六年《孟秀荣墓志》载其子孟再丰"行内侍省内府局令、上柱国、东都总监判官",由此可推断东都也曾有总监使。东都总监使职掌应与长安的总监使相似,负责洛阳苑城的园囿花木等,与主掌洛阳皇城的洛苑使权势相去甚远。	《续集》大中〇三五《孟秀荣墓志》
内庄宅使	又称"庄宅使"、"内宅使",庄宅使主掌官府特别是皇家的庄田、园宅、磨坊等产业①。《唐重修内侍省碑》称"外则太仓、庄宅",其使衙在宫城外。代宗十四年内庄宅使奏称州府没入之田有租万四千余斛,可见其规模之巨。《刘遵礼墓志》云"上田甲第,职夥吏繁,禁省之中,号为难理",庄宅使所管田宅遍布天下,名下甚至还隶有织造户等附属户口。《乾符二年南郊赦》有"内庄宅使巡官及人户"等,可见内庄宅使还有巡院,比较著名的是洛阳的东都院。会昌三年讨昭义刘稹,似先义逸"以庄宅使抚诸军之在平阳故绛者",平阳也有庄宅使的田产。庄宅使所管庄宅,常安置往来宾客,武宗初,似先义逸曾以庄宅使兼鸿胪礼宾使。庄宅使僚佐杂用士人,非常庞杂,有副使、判官、内孔目、都勾押官、都勾官、勾押官、勘覆官、巡官、押衙等。可考的庄宅使有吐突承璀(元和五年)、刘弘规(敬宗朝)、齐某(文宗)、似先义逸(武宗初)、刘德训(大中三年)、田绍宗(大中五年)、刘遵礼(大中八年、咸通七年)等。	《旧唐书》卷一四《宪宗纪》;《新唐书》卷二〇七《吐突承璀传》;《唐大诏令集》卷七二《乾符二年南郊赦》;《汇编》会昌〇四九《冉氏墓志》、大中〇〇八《刘氏墓志》、大中〇四〇《张汶墓志》、咸通〇七二《刘遵礼墓志》;《金石萃编》卷一一四《敕内庄宅使牒》;《碑林汇编》二九三《似先义逸墓志》;新出《刘德训墓志》
长春宫使	长春宫位于同州,北周宇文护所筑,不仅地势险要,而且周围有大量营田,附近有沙苑战马,可供长期据守。李唐起兵后曾以此为	《唐会要》卷五九"长春宫使"条、卷三〇"杂记"

---

① 〔日〕加藤繁:《内庄宅使考》,《东洋学报》第10号,1920年第2分册,另收入氏著《中国经济史考证》第一卷,吴杰译,北京:中华书局,2012年。

财经型使职	职掌及沿革	资料出处
	据点，经略关东。长春宫使最重要的职掌为营田。开元中皇甫惟明、王铁等曾兼长春宫使。肃宗上元元年，李辅国兼长春宫使。大历以后，长春宫使例由同州刺史兼任。《唐会要》载宝历元年"敕长春宫庄宅，宜令内庄宅使营建"，宦官虽未能把持长春宫使，但其利益多移至内庄宅使名下。	
京畿铸钱使	唐代少府监掌铸钱事，开元中杨慎矜曾任铸钱使，其后第五琦、刘晏相继担任此职。李辅国曾领京畿铸钱使，当为临时权置，并不长久。武宗时柳仲郢曾任京畿铸钱使。	《旧唐书》卷一六五《柳仲郢传》；《唐会要》卷五九"铸钱使"条
绛州铜冶使	《李辅光墓志》载李辅光元和初为河中监军兼绛州铜冶使。	《李辅光墓志》
监铁冶使	长庆三年晋州神山县龙角山庆唐纪经圣碑碑阴题名有"左神策军监铁冶使、朝议郎、行内侍省内府局丞张令绾"。	《全唐文》卷七一六《纪瑞》
湖州造茶使	开成三年，浙西监军判官王士玫充湖州造茶使。	《册府》卷四九四《邦计部·山泽门》
京西和籴使	和籴使安史乱后所置，杜佑曾担任过此职。元和末，宪宗命中官五人为京西和籴使，后被郑覃、高钺等人谏止。《玉海》卷一八六引《唐会要》："长庆元年三月戊申，以春农方兴，停京北京西和籴使。"据此可知罢宦官和籴使为穆宗朝事。	《新唐书》卷一六五《郑覃传》、卷一七七《高钺传》；《玉海》卷一八六
两池榷盐使	唐代安邑、解县两池盐皆隶盐铁，僖宗中和以来，河中节度使王重荣专之。光启元年，田令孜自表两池榷盐使，收其利以赡军。	《通鉴》卷二五六僖宗光启元年
解县榷盐催勘使	《吴承泌墓志》载吴承泌曾任解县榷盐催勘使。僖宗奔蜀时，"公则以榷利钱寄河中府，单车往河北、传檄诸道"[1]。《新唐书》	《汇编》乾宁〇〇五《吴承泌墓志》

[1] 参看冻国栋：《"解县榷盐催勘使"与"解县榷税使"》，《全唐文职官丛考》，武汉：武汉大学出版社，1997年。

续表

财经型使职	职掌及沿革	资料出处
	卷一八六《周宝传》有"度支催勘使、左庶子薛朗"，催勘使本度支使系统的使职，黄巢起义爆发后，因供军困难，宦官直接侵夺此职，催促军费。	
解县榷税使	《吴承泌墓志》载吴承泌曾任解县榷税使。《旧唐书》卷一八下《宣宗纪》有"度支乌池榷税使"陆耽。《唐会要》卷八八："乌池在盐州，置榷税使一员，推官一员，巡官两员，胥吏一百三十人，防池官健及池户四百四十人。"解县情况当与乌池类似。榷税使也属度支使系统，麾下有一整套池盐生产管理体系。在盐利争夺中，河中节帅王重荣得到李克用的支持，宦官虽一度夺得此职，最终遭到失败，吴承泌旋即被征入朝。	《汇编》乾宁〇〇五《吴承泌墓志》
催促使	唐末，局势动荡，两河、江淮赋不上供，国计繁总，边赐乏绝。皇帝不得不派遣宦官为催勘使，督促藩镇进贡财赋。《续集》乾符〇〇九《张氏墓志》载僖宗乾符中内官王公为南面催促副使，不一年又迁为催促使。	《续集》乾符〇〇九《张氏墓志》
服侍型使职	职掌及沿革	资料出处
宣徽使	宣徽使一词与宣徽院有关。宣徽院安史乱后始见记载。《西门珍墓志》谓其"大历之末，擢居宣徽"，《玉海》卷一六七"唐宣徽院"条载："贞元选乐工三十余人，号宣徽院长入供奉，元和八年四月乙未，罢宣徽院乐人所假官第。宝历中，以球工籍宣徽院。"最早可考的宣徽使即敬宗宝历二年的宣徽使阎弘约，但此前许遂忠、王公素等宦官墓志中已提及"宣徽供奉官"，故宣徽使始置年代当早于此。宣徽院有宣徽殿，周边是宫廷大型娱乐场所，德宗曾于此殿试御马，举行球宴，可见其空间宏大。由于宫内服侍型使职逐渐增多，关系繁杂，客观上需要一个较大的使职来统领诸多使职。宣徽使	《旧唐书》卷一七上《敬宗纪》、卷一八四《杨复恭传》；《通鉴》卷二五三、二六〇、二六三、二六四；《册府》卷一五三《帝王部·明门门》；《文献通考》卷五八《职官考·宣徽院》；《汇编》元和一一九《西门珍墓志》、大中一四八《王公素墓志》、咸通〇七二《刘遵礼墓志》、乾宁〇〇五《吴承泌墓

服侍型使职	职掌及沿革	资料出处
	名称不受专职使名限制，且空间扩展潜力巨大，大量内省人吏及供奉官逐渐隶名宣徽，并发展为南北两院。《文献通考》记其职权为"掌总领内诸司使及三班内侍之籍，郊祀、朝会、宴享、供帐之事，应内外进奉，悉检视其名物。分掌四案，曰兵案，曰骑案，曰仓案，曰胃案"。宣徽使相当于总管家，执掌宦官名籍及各种杂事。宣徽使分南北两院，始见于宣宗朝。两院中，南院又称上院，北院又称下院，"南院使资望比北院使稍优，然事皆通掌，只用南院印"，刘遵礼由北院使迁为南院使即是明例。宣徽使僚佐有副使、都判官、判官等。唐末宣徽使权势膨胀，染指朝政。杨复恭、李顺融等由宣徽使迁枢密使。枢密使、宣徽使比拟四相，此时宣徽使地位略相当于枢密副使。宋代常以枢密副使兼宣徽使，或与此有关。目前可考由宦官充任的宣徽使有阎弘约（宝历二年）、冯志恩（宝历二年）、仇从广（大中五年）、刘遵礼（会昌六年北院，大中五年南院）、王居方（南院，大中十三年）、齐元简（北院，大中十三年）、杨公庆（咸通二年）、杨复恭（咸通九年）、李顺融（广明元年）、刘景宣（南院，光启元年）、田献铢（北院，光启元年）、吴承泌（昭宗景福中，北院）、元公讯（乾宁三年）、仇承坦（南院，天复三年）等。	志》；《续集》大和○二四《许遂忠墓志》；《益州名画录》卷上；《西市墓志》四四七《王彦真墓志》
直金銮承旨	据《张绍墓志》，唐末河东监军张居翰养父张从曾任"直金銮承旨"。《王彦真墓志》称王彦真"垂绿绶而直金銮，绾银黄而归蓬岛。攀龙附凤，鹍化鹏飞，四海偃其仁风，九重规其礼乐……笔力劲于钟、张，诗情长于鲍、谢"。所云"直金銮"或即"直金銮承旨"。枢密使下有枢密承旨，此当别为一职。承旨为皇帝的贴身侍从，应归隶宣徽院管辖。宋初宣徽院下三班院，承旨与殿直、供奉官并为三班。	《西市墓志》四四七《王彦真墓志》、四九○《张绍墓志》

续表

服侍型使职	职掌及沿革	资料出处
留后使	《唐重修内侍省碑》记载了晚唐宦官诸使司中有留后司。唐代长安宫殿有西、东、南三内。太极宫为西内(北内)。大明宫为东内,兴庆宫为南内。三内皆置留后使,负责宫殿日常扫洒、建筑维护之事。《樊仲文墓志》载樊仲文宣宗大中为大明宫留后使,"洒扫宫宇,严肃殿庭,丹腹咸焕于墙廊,雉堞永坚于圮毁"。大明宫留后使即东内留后使。南内留后使也称南宫留后使,墓志所见充使者有李行邕(元和六年)、梁元翰(大和七年)、李令崇(乾宁三年),《祁宪直墓志》载祁宪直贞元中充北内留后使。《王日政墓志》载王日政元和二年为西内留后使,《魏文绍墓志》志主武宗、宣宗时任西内判官,正使即西内留后使。	《汇编》光化〇〇一《李令崇墓志》;《续集》大和〇三四《祁宪直墓志》、会昌〇一八《梁元翰墓志》、咸通〇四九《魏文绍墓志》;《长安新出墓志·樊仲文墓志》;新出《李行邕墓志》《田嗣周墓志》《王日政墓志》
东京大内留后使	唐置东西二京,东都洛阳大内指上阳宫。除西京留后司外,东京亦置留后使。《河洛墓刻拾零》二八六《来义晖墓志》:"(天宝)十四载,帝思西顾,遂择强能,擢为东京大内留后兼上阳宫等使。"	《河洛墓刻拾零》二八六《来义晖墓志》
三宫使	三宫,指西内太极宫、东内大明宫、南内兴庆宫,又称"三内"。三宫使始见玄宗朝,初由禁军将领充任。《王守节墓志》载天宝中禁军将领王守节曾任三宫使,盖此职有宫禁宿卫之职。自高力士任三宫使后,此职为宦官攘夺。《杨承奖墓志》载杨思勖养子曾任"骠骑大将军兼知三宫,判内侍省事"。	《新唐书》卷二〇七《鱼朝恩传》;《续集》天宝〇八七《王守节墓志》;《全唐文补遗》第七辑《高力士墓志》;《碑林续编》一二三《杨承奖墓志》
三宫检责使	代宗时期鱼朝恩曾任三宫检责使。盖三宫分为皇帝居住、议政和太后居住的重要宫殿,故特别置使,负责巡检。	《新唐书》卷二〇七《鱼朝恩传》
三宫直市使	顾名思义,负责三宫宫市之使。《吴德应墓志》:"(大中)十一年,恩赐绯银,擢授三宫直市使。直市之义,在乎中平,稽庶物之宜,以颁价直。备三宫之用,无使违阙。"	《吴德应墓志》

服侍型使职	职掌及沿革	资料出处
华清宫使	华清宫位于骊山，是唐代皇帝经常游幸的别宫。初名汤泉宫，后改温泉宫，玄宗天宝六载改华清宫。安史乱后，华清宫逐渐衰落。华清宫使侵夺了司农寺温泉监的职掌。王建《温泉宫行》："温泉决决出宫流，宫使年年修玉楼。"则华清宫使还有修造的职能。唐末昭宗时邠宁节度使李侃为养父华清宫使李道雅求赠官。除李道雅外，墓志材料中见到的华清宫使还有骆明珣（贞元末）、杨希旻（元和元年）、杨惟良（约元和中）、段嘉贞（约元和中）、许遂忠（大和初）、王日政（会昌元年）等。	《汇编》大和〇三三《杨珽墓志》；《续集》大和〇一七《骆明珣墓志》、大和〇二四《许遂忠墓志》；《陕西省考古研究院新入藏墓志》一〇九《段嘉贞墓志》；《通鉴》卷二五二；《杨良瑶神道碑》；新出《王日政墓志》
大明宫使	大明宫又称"东内"，自高宗起，是唐朝历代帝王处理朝政的地方。大明宫使，主掌大明宫事务。《祁宪直墓志》："贞元初，诏拜大明宫使，委知修造。绵历岁序，不啻廿余霜。"大明宫使也有修筑之职。颇疑大明宫使即大明宫留后使，亦即东内留后使①。宣宗大中十二年田嗣周为大明宫使。	《续集》大和〇三四《祁宪直墓志》；新出《田嗣周墓志》
上阳宫使	上阳宫为洛阳大内。《来义晖墓志》载天宝十四载来义晖为东京大内留后兼上阳宫等使。	《河洛墓刻拾零》二八六《来义晖墓志》
宣和殿使	宣和殿为大明宫便殿之一，皇帝常于此宴请内人亲属贵戚主婿。如《旧唐书》本纪，穆宗元和十五年，"以重阳节曲宴郭钊兄弟贵戚主婿等于宣和殿"，敬宗宝历二年五月，"御宣和殿，对内人亲属一千二百人，并于教坊赐食"。此殿规制宏大，为皇室家宴之处，置宦官专使掌管。《王文幹墓志》载王文幹元和中为宣和殿使："每候銮舆，晷刻无失。金石磨而不磷，璧玉琢而弥坚。"	《汇编》会昌〇三七《王文幹墓志》

①《旧唐书》卷一二九《韩皋传》："元和十一年三月，皇太后王氏崩，以皋充大明宫使。"（第3605页）按皇太后崩与大明宫使之间没有因果关系，用士人充当大明宫使比较突兀，此处或有讹误，疑韩皋当为山陵使或监护使。

续表

服侍型使职	职掌及沿革	资料出处
含光使	《孟秀荣墓志》载孟秀荣"开成二年二月十日,又除含光使"。唐长安有含光门,西内苑有含光殿。含光殿重修于文宗大和五年①,1956 年,此殿遗址处发现刻有"含光殿及球场等,大唐大和辛亥岁乙未月建"的石志。含光使当即含光殿使。唐代皇帝喜好马球运动,含光殿地近球场,常受皇帝临幸,故而专门置使。僖宗末李碟《授内官韩坤范等加恩制》有"宣徽含光使某,本于诚明,文以礼乐。止而不滞,行而不流"云云,盖含光使亦隶宣徽使。	《续集》大中〇三五《孟秀荣墓志》;《英华》卷四一八李碟《授内官韩坤范等加恩制》
子亭使	《杨珽墓志》载文宗大和四年刘滉润养子刘仕仟为子亭判官,内侍省内府局丞。故可知当时应有子亭使。所掌不明。	《汇编》大和〇三二《杨珽墓志》
内坊使	《间知诚墓志》:"(大中)十年六月入觐,充内坊使。"内坊本东宫所属宦官机构,长官为内府典内。开元二十七年,内坊改隶内侍省。据出土墓志,大和二年许遂振、会昌中刘中礼都曾担任内坊典内,疑内坊使为宣宗大中朝始设。	《续集》大中〇六三《间知诚墓志》
十六宅使	又作"十六王宅使"、"十王宅使",宋代省称"六宅使"。开元十五年玄宗为监视皇子,诏附苑城建十王宅,以居皇子,由宦官押之。十王宅后扩展为十六宅。十六宅使掌诸王饮食起居,职掌复杂,下有判官、都知、奏事、十六宅宫市使等僚吏。奏事一职不见记载,《李德义墓志》载李德义曾任十六宅奏事。可考的十六宅使有刘奉进(天宝三载)、韦光闰(天宝末)、西门珍(元和元年)、王公素(元和四年)、王日政(开成二年)、魏文绍(咸通三年)等。	《新唐书》卷八二《玄宗诸子传》;《汇编》大中一四八《王公素墓志》;《续集》开成〇二三《李德义墓志》、咸通〇四九《魏文绍墓志》;《西安碑林博物馆新藏墓志续编》一一五《马翌墓志》;新出《王日政墓志》

---

① 《增订唐两京城坊考(修订本)》卷二"增订",第 38 页。

服侍型使职	职掌及沿革	资料出处
十六宅宫市使	十六宅宫市使掌十六宅内所需物品的和市。文宗大和中宋申锡案中有十六宅宫市使典晏敬则。又《册府》卷五〇四《邦计部·关市门》载会昌元年七月敕："如闻十六宅置宫市已来，稍苦百姓……自今已后，所出市一物已上，宜并依三宫置市。"	《册府》卷五〇四《邦计部·关市门》、卷六七〇《内臣部·诬构门》
少阳院使	中晚唐诸王凡立太子，皆令居少阳院，置少阳院使监护。《长安志》卷六："东翰林院北有少阳院。"《西门珍墓志》载西门珍永贞时为少阳院五品。文宗朝李永未废太子时有少阳院使张克己、柏常心。	《旧唐书》卷一七五《文宗庄恪太子永传》
会仙院使	《西门珍墓志》："永贞元年，属今上龙飞，公以密近翼戴之绩，赐紫金鱼袋，充会仙院使。"会仙院之名见于大和七年《李行邕墓志》。《酉阳杂俎》续集卷六《寺塔记下》"永安坊永寿寺"条："三门东吴道子画，似不得意。佛殿名会仙，本是内中梳洗殿。贞元中，有证智禅师，往往著灵验。"会仙院或在会仙佛殿附近，疑其所掌与内中梳洗等事有关。	《汇编》元和一一九《西门珍墓志》
命妇院使	唐前期命妇院有内外命妇院，在大明宫宜春门外道西。命妇院使与内侍省关系密切。隋代内侍省有内谒者局，掌命妇名帐及朝谒等事。《新唐书·百官志二》"内侍省"条注云"唐废内谒者局，置内典引十八人，掌诸亲命妇朝参，出入导引"。中唐以后，当置专使押领其事。《英华》卷四二七《宝历元年正月七日赦文》、卷四二八《大和三年十一月十八日赦文》所列内诸司使中有"典引"，或即命妇院使的别称。《吴德郦墓志》载吴德郦会昌中为命妇院判官，宦官不可能为南衙朝臣使职的僚佐，故推知时命妇院使当为宦官。	《新唐书》卷四七《百官志二》；《碑林汇编》三二二《吴德郦墓志》

续表

服侍型使职	职掌及沿革	资料出处
诸陵使	唐代诸陵置陵令主掌。开元时期,其职掌渐被陵使取代。《汇编》开元三四七、天宝一一六、天宝一八三、《续集》乾元〇〇一等墓志中提及乔、恭、献、乾诸陵使皆非宦官。晚唐时期谪守帝陵成为惩罚宦官的重要手段,诸陵陵使也由宦官担任。《续集》乾符〇二二《王公操墓志》载宣宗大中王公操为端陵使。	《续集》乾符〇二二《王公操墓志》等
内山陵使	中晚唐皇帝崩,一般由宰相等德高望重的大臣主持修建皇陵、安葬皇帝,称山陵使。如宪宗崩,令狐楚为山陵使。宣宗崩,宰相夏侯孜为山陵使,同时宦官张仲群为内山陵使,"与今丞相仆射夏侯公同力迁座于贞陵"。	新出《张仲群墓志》
山陵修筑使	皇帝葬地所在称山陵。中晚唐修造山陵也可由宦官充使。据《刘德训墓志》,会昌六年四月,"敕兼充武宗皇帝山陵修筑使",大中二年七月,"敕兼充懿安太后山陵修筑使"。	新出《刘德训墓志》
内八作使	又称"内作使",始置玄宗时期。《事物纪原》卷六转引李肇《国史补》:"玄宗开元初至天宝末,所置内使有内八作使。"内作为侵夺将作监职掌,主要指土木建筑营造等工役。"内作"之义,《新唐书·百官志》将作监条:"大明、兴庆、上阳宫、中书门下、六军仗舍、闲厩,谓之内作。"《苗缜墓志》载苗晋卿之孙苗缜会昌中"尝权总监事,兼内作使,治疏纷瘀,督课工使,吏肃工劝,咸服其能"。《续集》咸通〇二三《金氏墓志》有翰林待诏将作监丞充内作判官李公亮。中晚唐时期常驱役神策军内作,内作使要求谙熟建造技艺,宦官未能堪此重任,今未见宦官充使或判官之例,疑非内职。《十国春秋》卷四八有后唐内八作使杨令芝,宋亦有内八作司,《景定建康志》卷一载建康有八作司,"八作司,二百五十人,专备修造工役"。	《事物纪原》卷六"八作"条

续表

服侍型使职	职掌及沿革	资料出处
修造使	又称"宣徽修造使"。修造使之名出现较早，《开元占经》卷一载景云三年修造使、检校将作少监杨务廉参与修造浑天仪。《金石萃编》卷一一七《武安君白公庙记》有"宣徽修造使"。	《金石萃编》卷一一七《武安君白公庙记》
武德使	武德使始置于玄宗开元末。《刘元尚墓志》载其开元末"迁云麾将军、左监门卫将军、摄省事……仍知武德、中尚、五作坊使"。武德使的得名或与武德殿有关。《刘中礼墓志》："改武德使。彩缋之神妙，雕刻之精玄，奇则误蝇难寻，异则棘猴近怪。"《吴全缋墓志》载吴全缋为武德副使，"公纬望宏才，藉能缉理，颇有条贯，改旧唯新"。《旧唐书·音乐志》："（开成）三年，武德司奉宣索《云韶乐悬图》二轴进之。"武德使应是负责彩绘、雕梁、修缮等美化宫殿的宦官。检《通典》卷二七《少府监·中尚署》条下注："中署掌宫内营造杂作，左署掌车辇伞扇胶漆画镂等作，右署掌皮毛胶墨杂作席荐等事。开元以后别置中尚使以监之。"中尚使盖与中尚署对应，武德使所掌实皆左尚署所掌，故此职必为开元中监左尚署而置。《通鉴》卷二七四胡注云："后唐武德使本掌宫中事，明宗时……诏武德司宫中无扫雪，是其证也。"武德为二十四内司之一，其下有副使、都判官、判官等僚佐。目前已知的有武德使韦楚璙[1]、焦仙晟（会昌三年）、刘	《汇编》天宝二五三《刘元尚墓志》；《续集》会昌〇一九《焦仙芝墓志》、乾符〇一九《吴全缋墓志》；《碑林汇编》三三一《刘中礼墓志》；《刘德训墓志》

---

[1]《英华》卷九三一于肃《内给事谏议大夫韦公神道碑》："公讳某，京兆人也，祖某，不仕。父楚，皇任朝散大夫、内给事中、武德使……"《续集》乾元〇〇四《韦光闰合祔墓志》："公讳光闰，字仲，姓韦氏，京兆人也……父楚璙，皇朝散大夫、内侍省内给事。"《英华》中的韦某即韦光闰（详考见拙作《〈进岭南王馆市舶使院图表〉撰者及制作年代考——兼论唐代市舶使职掌及其演变等相关问题》，《中山大学学报》，2009 年第 2 期），故知韦楚即韦楚璙的省书。韦楚璙曾任武德使，而韦光闰墓志中称其开元中"掌武德杂作"，应是其父提携的结果。

续表

服侍型使职	职掌及沿革	资料出处
	德训(会昌四年)、刘中礼(大中中),武德副使吴全缋,武德都判官王惟昇。	
中尚使	又称"内中尚使",始置于开元年间。宦官直接侵夺少府监中尚署职掌发展而来。《新唐书·百官志三》"中尚署"条:"掌供郊祀圭璧及天子器玩、后妃服饰雕文错彩之制。"中尚使下辖有作坊。《册府》卷一四四《帝王部·弭灾门二》记肃宗上元二年,曾"诏停此中尚、梨园等作坊,减少府监杂匠"。《唐会要》卷六六:"开元已来。别置中尚使。以检校进奉杂作。多以少府监及诸司高品为之。"此职对技巧等要求较高,并非单纯内职,故也可由少府监充任。如宪宗朝胡珦以少府监兼知内中尚,《金忠义墓志》载翰林待诏金忠义也曾任少府监、内中尚使。此二人皆非宦官。	《唐会要》卷六六"少府监中尚署"条;《韩昌黎文集》卷六《胡珦神道碑》;《全唐文补遗》第三辑《王忠义墓志》
五作坊使	亦称"作坊使",《汇编》天宝二五三《王元尚墓志》载其天宝中"迁云麾将军、左监门卫将军、摄省事……仍知武德、中尚、五作坊使"。《唐会要》卷三八"葬"条载:"如五作及工匠之徒,捉搦之后,自合准前后敕文科绳,所司不得更之。"《事物纪原》卷六"作坊使"条:"唐《百官志》曰:少府之属,有金银作坊院。《宋朝会要》曰:唐有作坊,五代置使,宋朝因之。"此处高承理解有误,唐金银作坊院与文思院使有渊源关系,与作坊使无关。五代及宋作坊使,源头可上溯至天宝年间的五作坊使。五作坊指代不明,目前可考的禁中作坊有酒坊、毡坊、毯坊、绫锦坊、染坊、金银作坊等。染坊、金银作坊分隶大盈、琼林库,同时隶五作坊使的可能性不大。故疑五作坊使与五坊使同出现在玄宗时期,但二使发展轨迹不同。由于各作坊之间地位悬隔,天宝以后各自置使,但其上未能形成能够总领诸作坊的五作坊使。直至唐末宦官趋于崩溃时才整合为作坊使。据《集古录》卷九"唐梁公儒碑"条,唐末内诸司使有作坊使,非始于五代。	《汇编》天宝二五三《王元尚墓志》;《集古录》卷九"唐梁公儒碑"条

服侍型使职	职掌及沿革	资料出处
毡坊使	《职官分纪》卷四四"毡毯使"条："唐有毡坊、毯坊使。"刘渶洌（大和九年）、李好古（大中中）、吴全缵（咸通十一年）曾担任过毡坊使。	《续集》会昌〇〇八《刘渶洌墓志》、乾符〇一九《吴全缵墓志》；新出《李好古墓志》
毯坊使	《职官分纪》卷四四"毡毯使"条："唐有毡坊、毯坊使。"《吴德郿墓志》载志主大中九年七月转毯坊使。	《碑林汇编》三二二《吴德郿墓志》
染坊使	染坊使，宦官直接侵夺少府监织染署职掌发展而来。染坊使初常由大盈库使兼任，后独立为使。其下有大量依附部曲、杂工，敬宗朝张韶之乱即为染工谋逆。已知染坊使有焦子昂（贞元中）、李行邕（元和年间）、孟再荣（元和三年）、田晟（长庆四年）、段政直（长庆四年）、杜英琦（文宗初）、仇士良（大和三年）、高克从（会昌三年）、间知诚（大中三年）、王彦真（咸通初）等。	《旧唐书》卷一七上《敬宗纪》；《英华》卷九三二《仇士良神道碑》；《续集》大中〇〇六《高克从墓志》、大中〇六三《间知诚墓志》；《金石萃编》卷一〇五《孟再荣造像》；《碑林汇编》一六九《杜英琦墓志》；《西市墓志》四四七《王彦真墓志》；《秦晋豫三编》五九一《焦子昂墓志》
芳游使	新出《李行邕墓志》记志主元和三年"再领染坊。月余，任芳游使"。元和七年出使南诏返京后，"再践芳游，九年，又除染坊"。芳游使职掌不明，因其与染坊地位相近，姑附于此。	新出《李行邕墓志》
酒坊使	又称"内酒坊使"。《王守琦墓志》："公讳守琦，父皇任朝散大夫充内酒坊使讳意通之第九子也。"据《新唐书》卷四七《百官志二》，内酒坊隶尚食局，有"司酝、典酝、掌酝各二人，掌酒醴醲饮，以时进御"。晚唐河东监军张承业曾任酒坊使。今陕西出土银器底部刻有"宣徽酒坊宇字号"、"宣徽酒坊……地字号"等字样，知酒坊使隶宣徽使。	《旧五代史》卷七二《张承业传》；《汇编》大中〇三二《王守琦墓志》

服侍型使职	职掌及沿革	资料出处
绫锦坊使	绫锦坊不见记载，《事物纪原》卷六"绫锦"条："《唐书·百官志》：少府所隶，武后垂拱元年有绫锦坊。《宋朝会要》曰：乾德年以平蜀所得锦工置绫锦院，疑自此始置使也。"宋代绫锦院使与唐无直接渊源，但唐代已置使。《新唐书·百官志》"少府监"条下有"绫锦坊巧儿三百六十五人"，"织染署令"条下复云"凡绫锦文织，禁不于外。高品一人专莅之"。此专掌精美丝织作坊的高品宦官即绫锦坊使。	《新唐书》卷四八《百官志》
尚食使	唐殿中省有尚食局，天宝以后，其职被宦官侵夺。《师全介墓志》载其父牛惠朝德宗时"皇任内外尚食知食使"，敬宗宝历二年敕鄠县汉陂，令尚食使收掌，禁杂人采捕，盖为食材采集地。《旧唐书·文宗纪》云："敕尚食使，自今每一日御食料分为十日。"《续集》咸通〇一六《牛维直墓志》中牛维直为尚食使，其养子牛存周为尚食司御进，也是宦官。《旧唐书·哀帝纪》记唐哀帝时有尚食使朱建武。值得注意的是，《全唐文补遗》第六辑《韩国信墓志》记其养子韩秀宽为"尚食内外副使"，"内、外"御食皆其职掌。尚食司为诸使司之一，盖尚食使为总使，其下有进食、御食、御厨、口味库等使。	《旧唐书》卷二〇下《哀帝纪》；《续集》咸通〇一九《师全介墓志》；《续集》咸通〇一六《牛维直墓志》
进食使	主掌宫外贵戚百官等所进献的美食。出现于玄宗天宝时期。《通鉴》卷二一六天宝九载二月条："时诸贵戚竞以进食相尚，上命宦官姚思艺为检校进食使。"	《通鉴》卷二一六天宝九载二月条
御食使	《通鉴》卷二六三天复三年正月条下胡注云"御食使，掌御膳"。咸通八年《刘仕俑墓志》撰者为御食使张豢，天复中昭宗被逼幸凤翔，衣食无着，御食使第五可范因筹措功升任中尉。《韦巨论墓志》载韦巨论咸通中为御食使兼右神策宴设副使，叙其职云"凤辇巡游，銮舆至止。御膳而每闻属餍，君羹	《通鉴》卷二六三天复三年正月条；《汇编》咸通〇五五《刘仕俑墓志》；《碑林续编》二一三《韦巨论墓志》

续表

服侍型使职	职掌及沿革	资料出处
	而皆喜充盈"。可知御食使主掌皇帝外出行幸时的御食，比较灵活，可由神策军宴设使副使、判官等宦官兼任。	
御厨使	御厨使，顾名思义，与御食使相对，主掌皇帝居宫时，御膳房事务。《旧唐书·昭宗纪》载天祐元年四月朱温尽诛宦官后所保留九使中有御厨使。	《旧唐书》卷二〇上《昭宗纪》
口味库使	《牛维直墓志》载其祖牛义曾"兼口味库使"。口味库，尚食的原料库，主掌天下诸道进贡之食物、方药等①。	《续集》咸通〇一六《牛维直墓志》
牛羊使	牛羊司是唐内诸司之一，主掌宫廷所需牛羊等肉畜的刍豢繁息。《记室备要》："今者荣加贵重，宠拜重司，刍豢既均，群类蕃息。"《刘漢涮墓志》："便蕃左右，趋侍龙楼，供亿有常，宣索靡阙。"据《重修内侍省碑》，牛羊司衙门在宫城外，《册府》卷七〇七载奉先、冯翊等县百姓被牛羊使占其田产，其中冯翊本太仆寺沙苑监所在地，牛羊使侵夺了沙苑监的职掌。牛羊司有使，有判官。《王公素墓志》有牛羊判官王惟赞。哀帝迁洛，牛羊司罢废，其职由河南府代替。可考的牛羊使有刘漢涮(大和九年)、彭希晟(元和末)、刘中礼(约会昌末)。	《记室备要》卷中"贺牛羊使"条;《册府》卷七〇七《令长部·黜责门》、卷六二一《卿监部·监牧门》;《汇编》大中一四八《王公素墓志》;《续集》会昌〇〇八《刘漢涮墓志》;《碑林汇编》三三一《刘中礼墓志》;新出《彭希晟墓志》
五坊使	始置于开元十九年，又称"五坊监"、"内外五坊使"，唐代禁苑有雕、鹘、鹞、鹰、狗等五坊。五坊使最初由朝士担任。《唐会要》载前期充使者有杨崇庆、来擢、牛仙客等十余人，仅李辅国一人为宦官。《旧唐书》卷一七〇《裴度传》："宣徽院五坊小使每岁秋按鹰犬于畿甸。"则元和时已归隶宣徽院，成为	《通鉴》卷二四〇、卷二四四;《唐会要》卷七八"五坊宫苑使"条;《碑林汇编》三三一《刘中礼墓志》;《册府》卷六六九;《续集》会昌〇〇八《刘漢涮

①李锦绣:《唐长安大明宫西夹城内出土封泥研究——兼论唐后期的口味贡》,《中华文史论丛》第59辑,1999年。

续表

服侍型使职	职掌及沿革	资料出处
	宦官内职。五坊按方位又分前后坊或内、外坊。刘渼涺由鹞坊使迁为后坊都知，又迁五坊副使。反映了五坊之间的层级关系。刘中礼曾任内外五坊使，似五坊唐末扩充为内外五坊。五坊使下隶属人员庞杂，《新唐书·裴度传》有宣徽五坊小使，《续集》乾符〇二七《陈氏墓志》有五坊外巡使高知古、五坊使押衙高宗璠，皆非宦官。五坊使声势显赫，可考的五坊使有李辅国（肃宗）、仇士良（元和三年、元和十五年、大和二年）、杨朝汶（元和十三年）、薛季棱（大和七年）、张仲群（大中三年）、刘中礼（咸通末）等。	墓志》;《英华》卷九三二《仇士良神道碑》;新出《张仲群墓志》
鹰坊使	五坊之一，宪宗朝段嘉贞"历鹰坊而经于鸡局，总西内而使于华清"。	《陕西省考古研究院新入藏墓志》一〇九《段嘉贞墓志》
鹞坊使	五坊之一，元和十二年刘渼涺曾任鹞坊使。	《续集》会昌〇〇八《刘渼涺墓志》
鹰鹞使	鹰鹞皆属猎禽，唐末单独设使。敬宗宝历二年，吐突士昕入新罗取鹰鹞。大中四年，李敬实为宣徽鹰鹞使。	《续集》大中〇七八《李敬实墓志》
鸡坊使	陈鸿《东城老父传》云:"玄宗在藩邸时，乐民间清明节斗鸡戏。及即位，治鸡坊于两宫间。"《册府》卷一五九《帝王部·革弊门》载玄宗开元二年四月丁酉诏:"朕闻鹅鸭坊比供米粟，恨不早知，久令虚费……其料宜即停，并鸡坊亦准此。"玄宗虽有停废之诏，其后复重新设置。《实宾录》卷八"神鸡童"条:"贾昌自言解鸟语音。明皇喜斗鸡，养数千于鸡坊，昌为五百小儿长，加以忠厚谨密，天子甚爱幸之……时人为之语曰:生儿不用识文字，斗鸡走马胜读书。贾家小儿年十三，昌盛荣华代不如。"见诸记载的鸡坊使有王承恩（开元初）、常无逸（开元中）、王文幹（元和中）、段嘉贞（约元和	《太平广记》卷四八五陈鸿《东城父老传》;《汇编》会昌〇三七《王文幹墓志》;《续集》天复〇〇一《郭顺祐夫人刘氏墓志》;《全唐文补遗》第三辑《常无逸神道碑》

服侍型使职	职掌及沿革	资料出处
	中）、郭顺祐（昭宗朝）等。唐末，诸使前多加宣徽二字，郭顺祐作宣徽鸡坊使，或隶宣徽使。	
小马坊使	《职官分纪》卷四四"左右骐骥院副使"条："唐有飞龙使及小马坊使，五代梁改小马坊使为天骥，后唐复为飞龙小马坊使。"《剧谈录》卷上"续坤蹶马"条载懿宗时小马坊使调教幽州贡进马，充懿宗打球之用事。疑小马坊所养为皇帝打球等御用良马，规模小，故称小马坊。田令孜任神策中尉前为小马坊使。僖宗末李磎《授内官韩坤范等加恩制》有"宣徽小马坊使某，絜矩操心，温润成器。刚而不暴，柔而不回"云云。	《新唐书》卷二〇八《田令孜传》；《英华》卷四一八李磎《授内官韩坤范等加恩制》
内园使	《事物纪原》"内园"条："李吉甫《百司举要》曰：则天分置园苑使，后改曰内园。又曰：司农别有园苑使。"由此推测，"内园使"盖"内园苑使"的省称。内园从宫苑分置而来，且以"内"为名，当指宫城之内的苑囿。内园使侵夺司农寺上林署部分职能。《记室备要》"贺内园使"条叙其职云："花囿之政既崇，桃李之阴斯布；独承天眷，大洽群情。"养花种草需要大量人工手力，内园使名下有依附人口，其聚居地称内园户坊。德宗时内园使在长安雇募百姓于当处营田种稻。据《金石萃编》卷六六《元惟清书幢》，元和十三年一次处置内园户坊五百余户，可见其规制非常庞大。陕西出土内园供奉银盒，内刻"内园供奉合，咸通七年十月十五日造，使臣田嗣莒，重一十五两五钱一字"，可证内园使财力十分雄厚。其下僚佐有副使、判官、巡官等。朱温尽诛宦官，逼昭宗东迁洛阳，随从唯打球供奉、内园小儿二百余人，寻亦遭坑杀，以朱全忠心腹将胡规为内园庄宅使。目前可考的宦官内园使有马存亮（元和中）、彭希晟（元和中）、杨某（元和十三年）、许遂忠（敬宗即位初）、李	《旧唐书》卷二〇上《昭宗纪》；《新唐书》卷一四六《李磎传》；《东观奏记》卷中；《续集》大和〇二四《许遂忠墓志》、大中〇七八《李敬实墓志》、天复〇〇一《郭顺祐夫人刘氏墓志》；《金石萃编》卷六六《韦清书幢》；新出《李好古墓志》；新出《彭希晟墓志》；齐东方《唐代金银器研究》

续表

服侍型使职	职掌及沿革	资料出处
	好古（开成中）、李敬实（大中十一年）、田嗣莒（咸通七年）、赫景全（昭宗）等。	
栽接使	掌宫内苑囿果树栽种管理。《唐六典》卷一二内侍省尚寝局下有司设、司舆、司苑、司灯四司，司苑"掌园囿种植蔬果之事"。栽接使侵夺司苑之职，最初并非宦官使职。近年新出《唐尹承恩墓志》载志主尹承恩在德宗奉天之难时苦战有功，"贞元中以旧勋特诏拜左卫长史，兼充栽接大使"。墓志又云"帝以园苑之职，控带宫掖，事亲寄重，非周密精审之臣不可，非勋旧信重之臣不可"，盖由此故，此使渐由皇帝信任的宦官充任。《王文幹墓志》："（文宗朝）改栽接使。公垦园树果，殖地生苗，供亿犹勤，庶事无阙。"《吴元勉墓志》载会昌元年吴元勉拜内园栽接副使，《李敬实墓志》载李敬实大中十一年为内园栽接使。此数人皆为宦官。武宗以后内园使与栽接使常合为一使。	《汇编》会昌〇三七《王文幹墓志》；《续集》大中〇七八《李敬实墓志》；《吴元勉墓志》；《洛阳新获墓志二〇一五》二七五《尹承恩墓志》
冰井使	《梁元翰墓志》载梁元翰元和中为冰井使，《魏文绍墓志》亦载其大中"迁内园及冰井判官"。《张仲群墓志》记其大中四年后"历内外尚食、内园、冰井、栽接等使"，魏文绍当即张仲群判官。司农寺上林署职掌冬季藏冰，这一职掌亦被宦官攘夺。冰井使职掌单一，属小使，可由内园使兼领。	《续集》会昌〇一八《梁元翰墓志》、咸通〇四九《魏文绍墓志》、新出《张仲群墓志》
通掖使	《李行邕墓志》记宪宗元和末，李行邕"累迁内园通掖及如京内仓等使"。《魏文绍墓志》载其大中末"改授内园及通掖副使"，通掖使内园使兼领，具体职掌诸史失载。《马存亮神道碑》："帝欲顺时巡以察风俗，先品实以奉园陵，公于是广灵囿以树农功。"《李敬实墓志》也载大中十三年内园使李敬实"备太皇太后游观之会"，则内园使有负责统筹导引皇室游幸之职。掖门指宫殿正门两旁的小门，通掖使大概是皇帝游幸时负责引路开导之使。	《续集》咸通〇四九《魏文绍墓志》、新出《李行邕墓志》

服侍型使职	职掌及沿革	资料出处
芙蓉园使	《唐会要》载贞元十四年，"（吴）凑论奏掌内厩、彍骑、飞龙、内园、芙蓉园及禁军诸司等使，杂供手力资课太多，量宜减省，从之"。	《唐会要》卷六七"京兆尹"条
浴堂园覆使	大明宫有浴堂殿，为皇帝寝殿之一，也是皇帝诏对宰相的议政场所，《雍录》卷四"浴堂殿"条："又别有浴堂院亦同一处。"《梁元翰墓志》："至元和九年，宪宗皇帝奖以政直恭密之用，改□内冰井兼浴堂园覆使。至元和十一年……转充梨园判官。"浴堂园覆使品秩低于梨园判官，属小使。但地近至尊，需"政直恭密"之人才能胜任。	《续集》会昌〇一八《梁元翰墓志》
营幕使	又称营幕置顿使，玄宗时已见记载。玄宗《亲谒太庙推恩制》中有"营幕使各赐物一百段，副使八十段"的记载。程知节孙程伯献墓志："上又亲谒五陵，以公为营幕置顿使，事毕……赐物二百匹。"则当时营幕使即程伯献，开元时此职由武将充任，盖安史乱后改用宦官。德宗贞元初，以权宦王希迁为营幕使。《唐重修内侍省碑》中有营幕司，官署在宫内。唐前期殿中省尚舍局掌宫内殿庭张设，营幕使侵夺尚舍局职掌。《翰林志》载翰林学士在麟德殿侯对时，"营幕使宿设帐幕、图褥，尚食供馔，酒坊供使美酒，是为敕设"。《王归厚墓志》叙其职云"郊天圆丘，翠銮云布"，营幕司下有副使、判官等僚佐，唐末改置为同和院。可考营幕使有王希迁（贞元四年）、彭希晟（元和中）、李好古（会昌中）、间知诚（会昌六年）、孟秀荣（大中元年）、王归厚（大中中）、刘遵礼（大中十三年）等。	《全唐文》卷二二玄宗《亲谒太庙推恩制》；《汇编》咸通〇七二《刘遵礼墓志》；《续集》会昌〇〇九《刘士环墓志》、大中〇三五《孟秀荣墓志》、大中〇六三《间知诚墓志》；《蒐佚续编》九三三《王归厚墓志》；《新出唐墓志百种》一六二《程伯献墓志》；新出《李好古墓志》；新出《彭希晟墓志》
同和院使	唐末改营幕使改置。《事物纪原》卷六"仪鸾"条："《宋朝会要》曰：唐置营幕使，后置同和院。梁开平初改仪鸾院使。"《旧五代史》卷三《梁太祖纪》载朱温称帝的开平元年改同和院使为仪鸾院使，则唐末必有同和院使，唯史传失载。	《事物纪原》卷六"仪鸾"条

续表

服侍型使职	职掌及沿革	资料出处
翰林院使	又称"翰林使"。玄宗开元初,置翰林院,安置琴、棋、书、画等翰林待诏。翰林学士最初只是诸多待诏中的一种。开元末玄宗创置学士院,翰林学士才最终从诸待诏中独立出来。元和中梁守谦等学士院使仍被时人称为翰林使,从没有产生歧义来看,当时翰林待诏可能未置专门使职押领。但文宗大和初所立《梁守谦墓志》里开始强调梁守谦为学士使,这一变化暗示翰林使已经存在,墓志撰者不得不加以区分。《闾知诚墓志》载志主"(大中)三年秋,拜染坊使,俄迁监学士院使……至十年六月入觐,充内坊使,累迁翰林院使"。学士院使与翰林院使显为二使。懿宗咸通中宦官王归厚任翰林副使,墓志撰者恐后人轻视,在翰林副使下特意注云:"旧制,翰林除副使则无大使。"受二王及训、注集团牵连,翰林待诏地位低下,翰林使甚至时常只有副使,没有正使,这与学士院使并置二人更是判若云泥。除副使外,陕西历史博物馆藏《王氏墓志》载咸通八年有翰林勾官张英敏,也为宦官,这暗示翰林使所管事务比较繁杂。目前可考的翰林使有彭希晟(元和中)、似先义逸(文宗末)、闾知诚(大中初)、李敬实(大中中)、王归厚(咸通中,同正使)。	《续集》大中〇六三《闾知诚墓志》、大中〇七八《李敬实墓志》;《全唐文补遗》第七辑《王氏墓志》(另收入《陕西历史博物馆藏墓志萃编》);《蒐佚续编》九三三《王归厚墓志》;新出《彭希晟墓志》
医官使	又称"监医官院使"、"宣徽医官使"。唐宫中医药本属殿中省尚药局,后归翰林院。翰林院诸待诏中有翰林医官,唐末置医官使押领之。会昌末刘遵礼曾任"监医官院使",《续集》咸〇〇九《杨居实墓志》载其子杨处纲,"大中八年入翰林监医官,十三年赐绿"。咸通六年《王彦真墓志》书者为宣徽医官使杨可权,《通鉴》卷二六四昭宗天祐元年载朱全忠诬杀医官使阎祐之等。	《通鉴》卷二六四昭宗天祐元年条;《汇编》咸通〇七二《刘遵礼墓志》;《西市墓志》四四七《王彦真墓志》

服侍型使职	职掌及沿革	资料出处
内教使	《韦光闰妻宋氏墓志》载天宝末韦光闰为内教使，"及乎内教使，咸惟齐非齐，日慎一日，视众星于丘上，慎四知于牖下"。内教使大概是教授宫人、宦官礼仪及相关技能的使职。	《续集》乾元〇〇四《韦光闰妻宋氏墓志》
云韶使	武德后置内教坊于禁中，武则天如意元年改曰云韶府，以中官为使。《苏思勖墓志》载其开元廿一年为"检校云韶使"，教坊使兴起后，云韶使或逐渐被其取代。	《新唐书》卷四八《百官志》；《续集》天宝〇二一《苏思勖墓志》
教坊使	开元二年，玄宗置左右教坊，掌俳优杂技等"俗乐"，以中官为教坊使。《乐府杂录·熊罴部》："开元中始别置左右教坊……以内官掌之。至元和中，只置一所，又于上都光化里、太平里各置乐官院一所。"教坊副使或以伶官充当，文宗朝教坊副使云朝霞为吹笛伶人，不尽用宦官。可考的教坊使有彭献忠（贞元二十年）、王盈（约武宗、宣宗时期）、吴德郿（大中九年）。	《新唐书》卷四八《百官志三》；《碑林汇编》三二二《吴德郿墓志》；《英华》卷九三二《彭献忠神道碑》；《续集》大中〇四二《王夫人墓志》
梨园使	又称"梨园教坊使"。开元二年，玄宗选乐工数百人，自教法曲于梨园，谓之"皇帝梨园弟子"。梨园使主掌梨园乐工。天宝六载李邕《窦天生神道碑》有梨园教坊使、内侍省内侍元某。《李元琼墓志》载代宗继位后以龙武将军李元琼为梨园使、京城修功德使。则梨园使尚未固定为内职。德宗继位，停梨园使及伶官之冗食者三百人，不久当复置，且为内职。元和九年有梨园判官李荣。可考的梨园使有元某（天宝六载）、梁元翰（元和十一年）、王文幹（约敬宗、文宗朝）等。	《汇编》会昌〇三七《王文幹墓志》；《续集》会昌〇一八《梁元翰墓志》、会昌〇二九《李昇荣墓志》；《西安新获墓志集萃》六四《李元琼墓志》
仙韶院使	《乐府杂录·熊罴部》载教坊使别置两乐官院，或即仙韶院、音声院。仙韶院为文宗特	《旧唐书》卷一六九《王涯传》；《唐大诏令

续表

服侍型使职	职掌及沿革	资料出处
	设的法曲机构①，开成三年，文宗改《法曲》为《仙韶曲》，同时以伶官所处院为仙韶院。仙韶院卷入宫廷斗争。仇士良迎立武宗，收捕仙韶院副使尉迟璋，屠其家。	集》卷一二《文宗遗诏》
音声院使	《蒐佚续集》九三三《王归厚墓志》记王归厚宣宗大中初为音声院使，"既而舞庭益妙，始作翕如，每抑倡优之徒，唯献云韶之奏"。音声院使除主掌音声院事外，还有向皇帝举荐乐工乐曲的职责。	《蒐佚续集》九三三《王归厚墓志》
东头法曲使	《孟秀荣墓志》："大和八年八月卅日，从承旨赐绯鱼袋、充东头高班；九年正月十日，除东头法曲使。"东头，即东内，指大明宫。大明宫宣徽殿本皇帝宴饮游乐之所，东头法曲使，应为大明宫主掌"法曲"的宦官使职。	《续集》大中○三五《孟秀荣墓志》
进宫使	《陕西新见唐朝墓志》二一九《夏侯公妻杨氏墓志》（乾符三年），杨氏之夫夏侯公为"进宫使、朝议大夫、行内侍省奚官局令"，《续集》咸通○一六《牛维直墓志》："大中三年进诣，授进宫判官。公先养育安人，而后鬼物。升降以事，损益以谋，与时消息之大体也。"牛维直为进宫使判官，其职掌为"先养育安人，而后鬼（轨）物"。宦官必须由宫外输入，初入宫时多为孩童少年，所谓"养育安人，而后鬼（轨）物"，似指"进宫使"是负责收养阉儿，传授宫廷规章礼仪，向宫内输送宦官的专门使职。	《陕西新见唐朝墓志》二一九《夏侯公妻杨氏墓志》、《续集》咸通○一六《牛维直幕志》
花鸟使	专为皇帝挑选妃嫔宫女的中使。元稹《上阳白发人》："天宝年中花鸟使，撩花狎鸟含春思。满怀墨诏求嫔御，走上高楼半酣醉。"自注云"天宝中，密号采取艳异者为花	元稹《上阳白发人》

---

① 任半塘《唐戏弄》对其建立、沿革与乐舞传承等问题有专门研究（上海：上海古籍出版社，1984 年，第 1125—1126 页），可参。

服侍型使职	职掌及沿革	资料出处
	鸟使"，既云"密号"，恐非正式使职。但是承担类似使职的宦官中晚唐或仍存在。武宗会昌中曾诏淮南监军取解酒令女妓入宫。	
采药使	专为皇帝寻访珍稀药材的中使。开元中，西川青城山常道观被飞赴寺侵夺，剑南节度使张敬忠上表其事，"谨附采药使内品官毛怀景奉状以闻"。	《金石续编》卷七《青城山常道观敕并阴》；《全唐文》卷二七七
诸道采访道流使	《李克恭墓志》："宝历二年，敬重修周穆、汉武故事，游心至道，以访真仙，乃授公上轻车都尉、赐绯鱼袋，充诸道采访道流使。"	《新中国出土墓志·陕西（肆）》二二六《李克恭墓志》

附录五　唐代宦官家族世系表

　　同汉、明等朝代宦官不同,唐代宦官可以娶妻养子,代代相袭,把持重要的宦官使职,形成数十个大小不等的宦官家族。如所周知,唐代仍然是一个重门第的社会,甚至存在崔、卢、李、郑等官宦世家,宦官世家即是对官僚集团门第的一种比附。某种程度上说,宦官世家的形成,弥补了宦官无法延续权力的缺陷,是中晚唐宦官政治得以形成的重要条件。由于传统史家对宦官存有偏见,相关记载极为简略。近几十年来,陆续出土一二百方宦官或宦官夫人墓志,陈仲安、王寿南、杜文玉等学者披沙拣金,初步恢复了若干宦官家族。宦官世家问题逐渐引起学者的关注。

　　那么,究竟什么样的宦官才能称为宦官世家? 陈仲安先生认为"所谓世家,无非指政治地位的延续与财产的继承"①。我们知道,唐代宦官疯狂聚敛财货,广置田舍、土地,可以自身享受,也可传诸子孙。财产继承是宦官世家的必要条件,但不足彰显宦官世家的特征。在宦官政治的背景下,所谓的世家主要从其政治地位的延续性加以判断。例如,该家族中曾出现中尉、枢密使等"四贵",或数代长期担任监军及诸使等中上层宦官等。宦官家族也有兴废轮替,但世家一般应绵亘数代。个别宦官家族目前仅可知二三代人,但实际历史要远长于此,只是暂时不为人知罢了。

　　宦官收养假子在唐前期既已存在,据《文苑英华》卷九三一裴士淹《内侍陈忠盛神道碑》,陈忠盛卒于玄宗开元中,其曾祖陈某、祖陈守

---

① 　陈仲安:《唐代的宦官世家》,《唐史学会论文集(1986)》,第223页。

节、父陈文叔都是宦官。当时宦官养子主要是为延续香火，并没有同政治权力相结合，自然不能称之为世家。汉代及唐以后的宦官养子多非宦官，且无庞大的内诸司使为依托，家族延续时间短暂。因此，我们可以说，宦官世家是中晚唐独有的政治现象。

宦官世家虽然号为世家，但是父子之间并非血缘传承关系。即使那些幼年收养，有家庭生活关系的宦官父子，父亲为京兆人，养子却是闽岭阉儿的情况比较多见。所以说，宦官世家的籍贯，和其出生地没有必然联系。宦官养子以宦官为主，也有不少非宦官身份的。宦官与禁军的密切结合是中晚唐宦官政治的突出特点。长安周边贫穷人家子弟，一人入宫为宦官，其他兄弟隶名神策的情况比较多见。非宦官身份的养子绝大多数都在禁军中供职。因此宦官家族男性成员不一定都是宦官，宦官世家更贴切的说法应该是"宦官—禁军"世家。当然，还有少量州刺史，甚至藩镇节帅为攀附富贵，认权宦为父的，这种情况在唐末比较常见。

与官僚世家一样，宦官世家也存在兴衰沉浮的问题。有些家族，比如杨复恭家族，几乎固定有成员担任左军中尉、枢密使，可谓家繁叶茂，也有一些家族因为在废立皇帝时站错队，家族遭到抑塞，难以再跻身上层。有些家族极盛于德宗、宪宗时期，有些家族则直到晚唐才问鼎"四贵"。鉴于宦官世家的上述特点，本表大体上以其代表性家族成员所处的时代先后为叙述顺序。

由于史料匮乏，已出土的墓志材料也是挂一漏万，唐末权宦韩全诲等出身已不可详考。可考的宦官家族，也仅为庞大家族中的一部分，如杨复恭有六百个宦官养子，此外还有数十个州刺史养子，称为"外宅郎君"，其兄杨复光为天下兵马都监押，有数十个节将为养子。这些养子的姓名难以考证。宦官家族中的女性成员，除聘娶的妻子外，还收养养女，唯这些女性成员多无姓名传世，故本表不列家族女性成员，特此说明。

一　高力士家族

据《高力士神道碑》等资料,高力士本名冯元一,潘州(今广东高州市)人,祖上为北燕冯氏皇族,北燕灭亡后,其中一支浮海至岭南繁衍,世为当地豪酋,高力士父冯君衡曾任潘州刺史。武则天圣历中镇压岭南獠人反抗,高力士家业倾覆,被岭南讨击使李千里献入宫中。后为宦官高延福收养,高力士及其兄弟遂以高为姓,号称渤海高氏。高力士妻为长安吏吕玄晤之女,养子高承悦、高承信,另有一养女。高承悦并非宦官,至其子樊景超时恢复本姓,唯宦官养子高承信等仍以高为姓。高承悦之例证明以非宦官为嗣子延续香火是不可靠的,其后宦官一般以宦官为嗣子。高力士事迹人所周知,此不赘述。其家族在肃宗时期遭到李辅国等人的打压,后人至晚唐宣宗大中时仍较活跃。

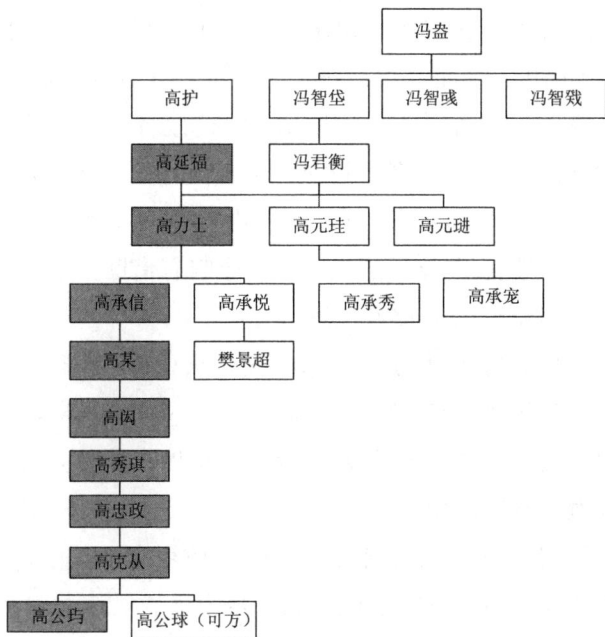

　　说明：灰色方框表示身份为宦官，白色方框表示身份为非宦官，本文下同。

　　资料来源：《全唐文补遗》第一辑《高力士神道碑》，《秦晋豫新出墓志蒐佚》五八九《高力士墓志》，《张燕公集》卷一七《唐故高内侍（延福）碑》、卷二五《为将军高力士祭父文》，《唐代墓志汇编》（下简称《汇编》）开元一八七《高延福墓志》，《唐代墓志汇编续集》（下简称《续集》）开元〇九二《冯君衡墓志》、天宝一一三《高元珪墓志》、大中〇〇五《高克从墓志》、大中〇二六《高可方墓志》等。

　　参考文献：黄惠贤《高力士亲友考》，《唐代的历史与社会》，武汉：武汉大学出版社，1997 年。杜文玉《高力士家族及其源流》，《唐研究》第 4 卷，1998 年。

二　骆奉仙家族

　　骆奉仙，肃、代时期著名权宦，两《唐书》、《通鉴》等或作骆奉先，"仙""先"混用，但佛经题名及出土墓志皆作"仙"字。骆奉仙在玄宗天宝末颇受重用，封常清请兵败临刑前奏表中云"中使骆奉仙至，奉宣口敕"。平叛期间，骆奉仙为朔方军监军，并与朔方节度使仆固怀恩约为兄弟，受封江国公，足见其炙手可热。骆奉仙有养子骆元光。骆元光本西域安息国人，德宗奉天之难时有大功于国，赐名李元谅。李元谅非宦官，被赐李姓后，与骆氏脱离关系。今唯有借助骆奉仙养子骆明珣墓志才能对骆奉仙家族略有了解。

　　墓志云骆氏本会稽人，此会稽非江南之会稽，而是指瓜州长乐郡。十六国时期，瓜州曾置有会稽郡。《通典》卷一七四《州郡典》瓜州条："苻坚徙江汉之人万余户于敦煌，凉武昭王遂以南人置会稽郡。"安史之乱后，安姓、史姓等西域九姓胡人为避免被误会为安禄山同族，多以会稽人自居。骆奉仙入宫之前为西域胡人，收养来自安息的骆元光为养子，以及与仆固怀恩约为兄弟，也就不足为奇了。

　　安史叛乱期间，朔方、四镇等官军中多有胡族将领，骆奉仙被重用与其族属有一定关系。德宗以后,骆氏逐渐边缘化。骆奉仙养子骆明珣为兴元元从,扈从德宗出奔梁州,贞元末为华清宫使,宪宗朝官东渭桥监军,长子骆朝宽,文宗大和初为飞龙副使。僖宗时,黄巢起义军攻入长安,有昆明池使骆全嗣从骆谷路入蜀,诏监兴元兵马,其弟骆全雍为东川监军,全瑾为会军都监[①]。唐末昭宗时有神策中尉骆全瓘,疑出自此家族。

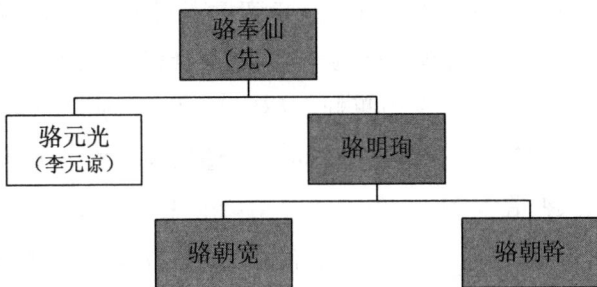

资料来源:《续集》大和〇一七《骆明珣墓志》。

三　鱼朝恩家族

鱼朝恩,泸州泸川人。玄宗天宝末入宫。肃宗至德初,监李光进军,转战河北,收复两京,深得肃宗信赖。乾元元年,九节度之兵与安史叛军在相州决战,官军不置统帅,以鱼朝恩为观军容使。官军溃败后,鱼朝恩退守陕州。代宗广德元年,吐蕃寇长安,代宗奔陕,鱼朝恩以神策军扈从代宗返京。神策军成为禁军主力后,鱼朝恩专典禁兵,与代宗发生矛盾。大历五年被代宗与宰相元载合谋所诛。

鱼朝恩有一宦官养子鱼令徽。另有武将养子尚可孤。尚可孤,鲜卑族宇文部人,世居松漠。安史之乱时,归顺朝廷。鱼朝恩养以为子,

[①]杜光庭撰:《道教灵验记》卷六《骆全嗣遇老君验》,罗争鸣辑校:《杜光庭记传十种辑校》,第213—214页。

改名鱼智德，率神策军驻守扶风、武功。鱼朝恩伏诛，朝廷赐名李嘉勋，德宗奉天之难时，尚可孤与李晟等人合军收复长安，朝廷复其旧名，封冯翊郡王。《宝刻丛编》卷八"万年县"引《京兆金石录》："唐内侍员外鱼智诚墓志，贞元六年。"鱼智诚与鱼智德（尚可孤）连名，疑也为鱼朝恩的宦官养子。

　　从尚可孤之例来看，代宗虽诛鱼朝恩，但罪止一身。《续集》大历○一九《孙希严妻刘氏墓志》，载鱼朝恩妻刘氏为内常侍孙希严妻之姐，鱼朝恩与大宦官孙希严为连襟，已呈盘根错节之势，诸养子虽受一时禁锢，仍有机会东山再起。德宗重回宦官典兵之路，用事者窦文场、焦奉超等皆鱼朝恩旧部，贞元中德宗高规格为鱼朝恩平反，为其立神道碑，命吴通玄、吴通微兄弟撰文书丹。鱼氏家族应得以逐渐复苏。文宗末与仇士良一同迎立武宗的右神策中尉鱼弘志，很可能就出自鱼朝恩家族。朱全忠尽诛宦官，西川监军鱼全裡被王建藏匿获免。

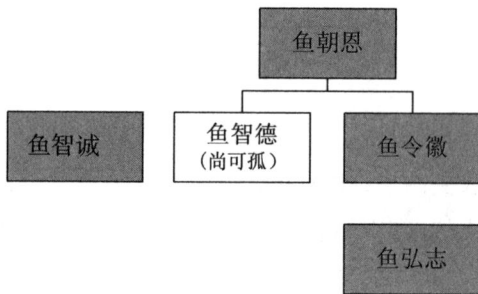

资料来源：《旧唐书》卷一四四《尚可孤传》，《新唐书》卷二○七《鱼朝恩传》，《宝刻丛编》卷八。

四　董秀家族

　　代宗永泰二年首置掌枢密一职，董秀为第一任枢密使，结交元载，权倾一时,大历中伏诛。董秀次子董文荨墓志今已出土。

　　董秀,河中宽鼎人。祖董思,父太子洗马董琳,皆非宦官。董秀为此家族的第一代宦官。董秀掌枢密后,拜左卫将军、知内侍省事、魏国公,食实封三百户。大历中董秀因结交元载伏诛,德宗即位后,念元载庇护之功,董秀后人复得进用。次子董文荨,建中初拜殿前内养,贞元中,参与唐蕃清水之盟。德宗崩,充入回鹘告哀使,元和初为幽州监军,元和十年卒。董文荨三子承悦、承忻、承怡,承忻、承怡先文荨而死,承悦颇受任用,为殿前内养,两度充入新罗、渤海使。墓志称其受承忻牵连,贬守桥陵,据此推论,承忻、承怡恐非善终。宪宗以后,此家族与皇权疏远,无居要职者。

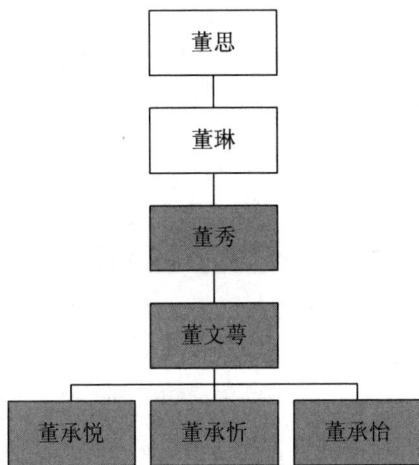

资料来源:《续集》元和〇六二《董文荨墓志》。

五　王希迁家族

　　王氏是唐代宦官中的大姓,玄宗时期的王尚客是较早见诸记载的大宦官。安史乱后,最为著名的权宦是王希迁。王希迁本鱼朝恩麾下。代宗永泰元年平定仆固怀恩之乱时,王希迁监神策军击败仆固𤾸大将姚良。德宗兴元元年，神策军始分左右厢，王希迁复与窦文场分监勾当神策左右厢兵马。王希迁是右神策军的奠基者，贞元中卒，霍仙鸣代为监勾当。王希迁妻陈岫先，是自幼入宫的宫女，德宗奉天之难时保护国玺有功，选配为婚。六位养子皆以国字连名。元和十一年，养子王国文官至内弓箭库使，因结交狂妄，与其弟国良、国成一并贬为白身。王希迁夫妇都虔诚奉佛，元和十四年宪宗迎佛骨时，陈氏出家为尼，法号那罗延。其现存史料中，王茂玄、王元宥等权宦皆未言及王希迁为其先祖，其直系后人或已中衰。《尼那罗延墓志》提及王希迁孙辈王英建等，也为宦官。

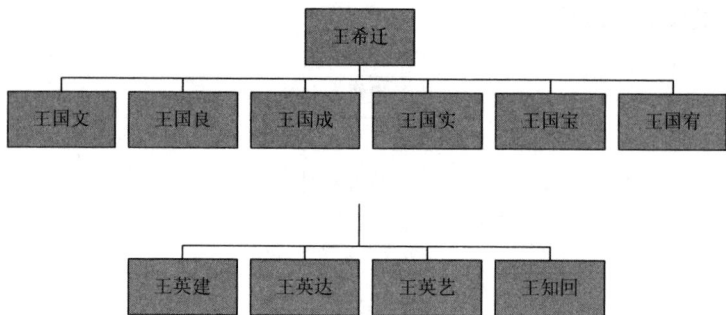

资料来源：《西安碑林博物馆新藏墓志续编》（下简称《碑林续编》）二〇〇《王希迁妻陈氏（尼那罗延）墓志》。

参考文献：杜文玉：《唐代王氏宦官家族世系考》，《敦煌吐鲁番文书与中古史研究——朱雷先生八秩荣诞祝寿集》，上海：上海古籍出版社，2016 年。

六 孙荣义家族

孙氏是唐代较早的宦官家族。据于邵《孙常楷神道碑》、权德舆《孙荣义神道碑》，孙荣义本吴郡人，后迁入长安，为京兆泾阳人。孙荣义曾祖孙晏，明经及第，祖孙庭玉，右金吾中候，皆非宦官。孙庭玉三子,除长子嘉宾外,余二子知古、常楷皆于玄宗开元天宝年间入宫为宦官,颇得委任。孙知古曾监郭子仪军,也曾奉使魏博,讽毁安史祠庙。朱泚之乱时,孙知古陷贼庭,曾谏止朱泚搜捕朝臣家人,德宗返京后这一家族没有受到打击。孙知古子孙荣义,德宗贞元十九年为右神策军护军中尉,宪宗元和初致仕。元和后孙氏无显宦者。

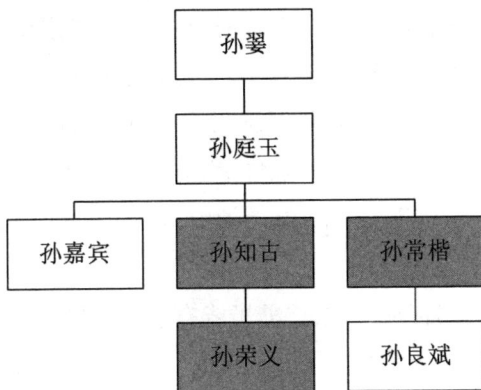

资料来源:《全唐文》卷二四九《孙常楷神道碑》,《权德舆诗文集》卷一八《孙荣义神道碑》。

七　焦希望家族

焦希望,京兆泾阳人。曾祖焦跃,参与太宗辽东之役,祖焦法满,绛州司马,父焦孝憬,不仕。焦希望出自没落下层官吏家庭,代宗时为陕州元从,德宗东宫旧臣,德宗即位后,深受信赖,命监射生军。贞元五年射生军改组为神威军,继领其军。贞元十二年,神威军置中护军,焦希望为左神威中护军。贞元末焦希望卒,吴通微为其撰写神道碑。

神威军(即射生军),也是宦官主掌的北门军,比源自边军的神策军更接近皇帝,是神策护军中尉扩张势力的绊脚石,发展空间遭到挤压。宪宗元和中神威军被缩编为天威军,最终被神策军吞并。焦氏家族与神策军系统缺乏渊源关系,其养子焦朝荣等不被重用。

　　《续集》会昌〇一九《焦仙芝墓志》，焦仙芝曾祖王大冲，房州刺史，祖焦奉超，兴元元从功臣，广平县开国公。不载其父名字及官历。《金石录》"鱼朝恩碑"条："右唐鱼朝恩碑，吴通玄撰，通微书。朝恩虽以谴死，然其徒如窦文场、焦奉超者，犹居中用事，故德宗朝诏为立碑。"贞元中与窦文场地位相当者即焦希望，故知焦奉超即焦希望，"希望"二字或为后来德宗赐名。文宗时幽州节度杨志诚怒不得仆射官号，扣留送春衣使焦奉鸾，此焦奉鸾当为奉超兄弟。焦仙芝有昆弟焦仙晟，穆宗初焦仙晟奉使幽州，赐幽州节度使刘总私宅寺额报恩寺，会昌中为武德使。焦仙芝有养子焦惟彦，另有一养女，嫁给阴山吐突氏，即吐突承璀后人。美国芝加哥富地博物馆藏大中九年《内仆令焦某妻王氏墓志》，此焦某位至内仆令，有两位养子，一名景宣，内飞龙使监勾官，一名景皋，内弓箭库供职，二养子皆有禁军背景，疑为焦希望后人。

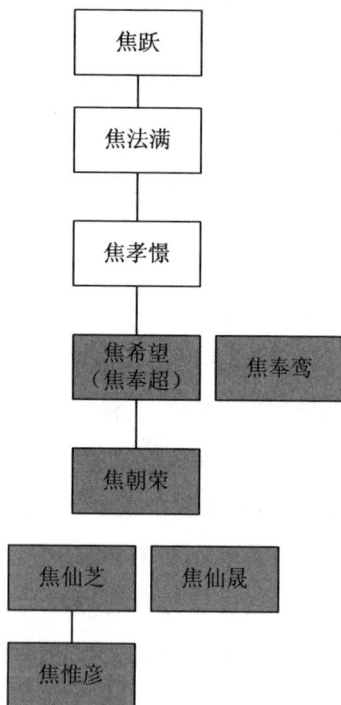

资料来源:《英华》卷九三一吴通微《内侍省内侍焦希望神道碑》,《续集》会昌〇一九《焦仙芝墓志》。

参考文献:程章灿:《拓本聚瑛:芝加哥富地博物馆藏中国石刻拓本述论》,《中国文化研究》,2012 年第 3 期。

八　张尚进家族

张尚进,德宗时兴元元从,右神威军中护军。张氏以清河为郡望,盖为虚托。其养孙张叔遵墓志已出土。据墓志,张尚进之子张元振为内弧矢官,敬宗朝染工张韶之乱时有射杀张韶之功。张元振养子张叔遵、张叔建,并无显宦。张叔遵为交趾人,养子张全杲,侄张全训、张全咏。

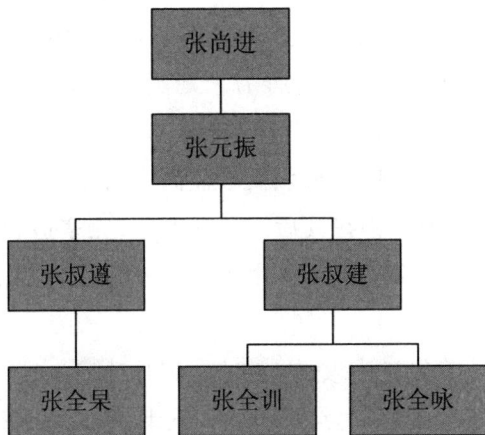

```
                    ┌─────────────┐
                    │   张尚进    │
                    └──────┬──────┘
                           │
                    ┌──────┴──────┐
                    │   张元振    │
                    └──────┬──────┘
                           │
            ┌──────────────┴──────────────┐
      ┌─────┴─────┐                 ┌─────┴─────┐
      │  张叔遵   │                 │  张叔建   │
      └─────┬─────┘                 └─────┬─────┘
            │                    ┌────────┴────────┐
      ┌─────┴─────┐        ┌─────┴─────┐    ┌─────┴─────┐
      │  张全杲   │        │  张全训   │    │  张全咏   │
      └───────────┘        └───────────┘    └───────────┘
```

资料来源:《续集》咸通〇八六《张叔遵墓志》。

九　俱慈顺家族

俱慈顺,京兆三原人,德宗时宦官。其墓志于西安出土。墓志撰者翰林学士吴通微。志云"嫡妻令子,克茂其清风;故吏门生,多升于贵列"。吴通微没有点名其子嗣姓名，但是人所周知，贞元时期最著名的俱姓权宦为俱文珍。

俱慈顺，开元中入宫，墓志称其"长于应机，敏于专对。故得以备侍臣之列，近天子之光……代宗之□有遐荒，今上之践登大祚，莫不任重喉舌，寄惟腹心。朝承睿谟，夕献归奏"，极可能其职即枢密使（掌枢密）。贞元初，唐蕃平凉会盟，吐蕃劫盟，会盟使崔汉衡及列将六十余人被吐蕃所劫，其中包括宦官俱文珍。崔汉衡、李国清（宦官）等长期被吐蕃扣留，仅以俱文珍、马宁、马弇归唐。马宁、马弇等为马燧子弟，俱文珍得释，或与俱慈顺有关。盖吐蕃劫盟突袭长安计划破灭，不想进一步激怒秉权者。

贞元中俱文珍为宣慰使出使云南，又为宣武监军使，平定宣武骚乱，入朝掌枢密。永贞革新时，俱文珍反对王叔文，扶持宪宗继位。宪宗讨刘辟之乱，又充高崇文监军，可谓权倾一时。元和中俱文珍被宪宗赐名刘贞亮。《新唐书·刘贞亮传》云："刘贞亮，本俱氏，名文珍，冒所养宦父故改焉。"又云："宪宗之立，贞亮为有功，然终身无所宠假。"按元和二年，俱文珍监高崇文军讨伐西川刘辟之乱时犹作俱文珍，其改名必在其后。元和九年，宪宗追念其功，命归登撰《知内侍省赠开府刘贞亮碑》，惜已失传，俱文珍"无所宠假"的内幕不可考。

俱文珍所认养父刘氏，史失其名。《碑林续编》一八一《刘文遂墓志》，志主刘文遂卒于武宗会昌元年，年五十，其父刘贞让，奚官局令，祖刘仙鹤，大盈库使，曾祖刘思贤也是宦官。刘贞亮与刘贞让连名，生活年代相近，刘文遂籍贯也是京兆三原。从这些迹象判断，俱文珍改名刘贞亮，与刘贞让为兄弟，其养父极可能就是大盈库使刘仙鹤。与俱文珍共同拥戴宪宗的枢密使刘光琦也是京兆三原人，元和初三原籍宦官可谓盛极一时。

```
┌─────────────────┐
│      俱智仙      │
└─────────────────┘
         │
┌─────────────────┐
│      俱宪章      │
└─────────────────┘
         │
┌─────────────────┐
│      俱慈顺      │
└─────────────────┘


┌─────────────────────────┐
│   俱文珍（刘贞亮）？     │
└─────────────────────────┘
```

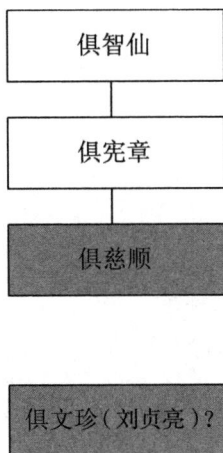

资料来源：《续集》贞元〇二〇《俱慈顺墓志》，《新唐书》卷二〇七《刘贞亮传》。

一〇　刘光琦家族

刘光琦，京兆三原人，墓志作刘光奇，两《唐书》《通鉴》等多作"刘光琦"。《宝刻丛编》卷七"长安县"引《京兆金石录》："唐内常侍刘光珍墓志，唐郭叔瑜撰，长庆元年。"刘光珍与刘光琦连名，当为兄弟。

《刘漠浰墓志》载刘光琦之祖刘思忠为普通百姓。《大唐西市博物馆藏墓志》（下简称《西市墓志》）二五二《刘思贤玄堂记》有宦官刘思贤，刘思贤籍贯也为京兆三原人，当为刘思忠的同辈兄弟。刘思贤为内常侍，属开元天宝之际的高级宦官，屡次往幽州等地监军宣慰。刘思贤曾祖刘演，徐州刺史，祖刘筠，弘农郡全节府左果毅都尉，父刘感，为普通百姓，无官宦。据近年西安新出会昌元年《刘文遂墓志》可知，刘思贤有养子刘仙鹤，官内给事、大盈库使；刘仙鹤养子刘贞让，刘贞让子刘文遂，并官宦不显。刘思忠子刘如珣明经及第后早死，家境衰败，或因刘思贤的引荐，其子刘光琦也入宫为宦官。从家世上看，刘

刘演

刘筠

刘感

刘思贤　刘文逯　刘本谦

刘仙鹤　　　　刘仕俑

刘贞让　刘汶涓　刘思忠

刘光珂　刘如珣

刘光珍

刘汶洌

刘仕仟　刘仕同　刘仕偒　刘仕份　刘仕倓　刘汶洌　刘仕偏　刘仕口　刘仕德　刘仕倍

资料来源：《汇编》大和〇三三《刘汶涓妻杨氏墓志》、咸通〇五五《刘仕俑墓志》、《续集》会昌〇〇八《刘汶洌墓志》、《西市墓志》二五二《刘思贤玄堂记》、《陕西新见唐朝墓志》一七五《刘文逯墓志》。

参考文献：杜文玉：《唐代宦官刘光琦家族考》，《陕西师范大学学报（哲社版）》，2000 年第 3 期。

光琦属于较为典型的"良胄入仕"。顺宗朝,刘光琦激烈反对王叔文新政,定策逼顺宗内禅,元和初,因功迁掌枢密。刘光琦约元和六年病故,因其去世稍早,权势被梁守谦取代,后人未能有居四贵者,但仍属上层宦官世家。刘光琦第四子刘渶洌,文宗大和中为巡边使。另一养子刘渶润,位至左神策中尉副使,其妻杨斑即权宦杨志廉侄养女。

一一　李辅光家族

李氏为宦官中的大族。李辅光,字君肃,京兆泾阳人。曾祖李望,京兆府华原县令,祖李万靖,泾王府长史,父李思翌,泾州仁贤府左果毅。李辅光出自中小官吏家庭,建中初,以良胄入侍。肃宗时有掌控禁军的权宦李辅国,李辅光与之连名,但活动年代稍晚,不知是否出自同一家族。李辅光晓兵法,勇于任事,深得德宗信赖。贞元中为河东监军十余年,节度使严绥唯诺而已。

德宗崩后,李辅光被征入朝,后出为河中监军。四位养子,除次子李仲昇为河东保宁军军使外,其余三子皆为宦官。

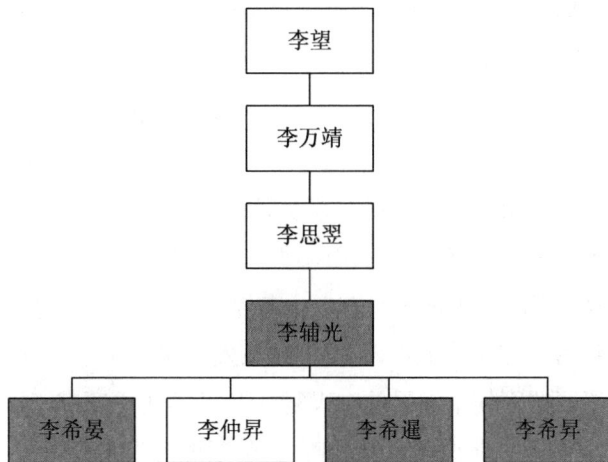

资料来源:《汇编》元和〇八三《李辅光墓志》。

一二　第五玄昱家族

第五家族是中晚唐时期的宦官大族。第五为京兆大姓，肃、代时期有著名的理财专家第五琦。第五琦天下租赋皆输内库，很可能得到宦官第五家族的支持。

德宗贞元十四年，第五守亮代霍仙鸣为右军中尉。宪宗元和二年第五国珍为右军中尉。元和中又有右军中尉第五从直，陈仲安先生认为第五从直即第五国珍的异名。第五国珍父第五玄昱墓志今已出土。第五玄昱为第五家族的第一代宦官，安史乱后，任河西陇右副元帅并怀泽潞监军使，长期监护李抱玉军，代宗大历十二年卒。墓志载第五玄昱有嗣子第五国进等，第五国进官太子左赞善大夫，应非宦官。早期权宦如高力士等常以非宦官为嗣子，但同时还有宦官身份的养子。第五国珍与第五国进连名，当即第五玄昱的宦官养子。传世文献中又有第五守进，也出自这一家族，惟其与第五国珍关系不可考。贞元八年昭义节度使李抱真卒，德宗闻讯后急遣中使第五守进驰入宣慰，刺探军情，即是利用第五家族与李抱玉兄弟的渊源关系。《册府》卷六六五《内臣部·恩宠门》："第五守进为内侍省内常侍，贞元十四年为神策护军中尉，赐名守亮。"第五守亮、第五国珍相继为右军中尉，荣宠一时。

元和中梁守谦由枢密使迁右军中尉，第五家族在右神策军中的势力遭到沉重打击，此家族几乎一蹶不振。近年陕西出土第五从直次子第五再襄墓志，第五再襄宣宗大中十年卒，生前仅得"监左神策军蒭圃"的差遣，有一养子第五淮讯，为左神策安塞军监军小判官。僖宗中和三年有浙西监军使第五寻礼。天复三年，朱全忠围昭宗于凤翔，昭宗杀两军中尉韩全诲、张彦弘后，以御食使第五可范为左军中尉。第五可范很可能来自第五家族，但此时已无任何实权，不久即被朱全忠所害。

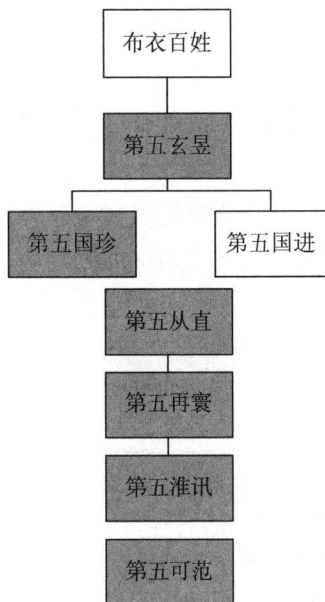

資料來源:《續集》大曆〇三三《第五玄昱墓誌》、《陝西新見唐朝墓誌》一九九《第五再寰墓誌》。

參考文獻:陳仲安:《唐代後期的宦官世家》,《唐史學會論文集(1986)》。

一三　吐突承璀家族

吐突承璀,字仁貞,《新唐書》本傳稱其閩人,也有學者疑其為閩嶺進獻的"私白",《元和姓纂》則稱其為代人。吐突氏為代北復姓,吐突承璀後人墓誌或爵號中皆以"陰山"為郡望,其族屬或為鮮卑人。當然,由於吐突承璀父祖名諱皆不可考,我們不能排除其本閩人,入宮後被吐突姓宦官收養的可能性。德宗貞元十年,南詔內附,吐突承璀為入南詔宣慰使俱文珍小使,後俱文珍為汴州監軍,承璀仍為僚佐。承璀喜好言兵,憲宗即位後,擢為左軍中尉,元和中率神策軍出討成德王承宗,久而无功,出为淮南监军,征入仍为左军中尉,元和末与宪宗一同遇害。

吐突承璀养子可考者有吐突士晓、吐突士昕、吐突士晔。吐突士晔宣宗朝任右神策中尉。《刘禹锡集》卷一四《谢中使送上表》记元和八年吐突仕(士)晓护送容管节度使窦群赴镇。《册府》卷六六九《内臣部·谴责门》载敬宗宝历中吐突士昕为入新罗取鹰鹞使,因藏匿贡物被流配恭陵。

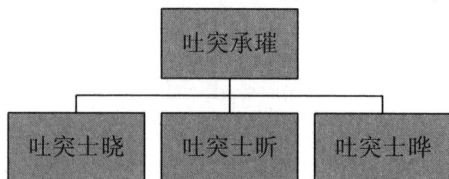

资料来源:两《唐书·吐突承璀传》、《刘禹锡集》卷一四《谢中使送上表》、《册府》卷六六九《内臣部·谴责门》。

一四 · 梁守谦家族

梁守谦,墓志称安定梁氏,据其弟梁守志墓志,本姓王氏,其父王庭因外家梁氏无嗣,过继梁希倩为子。梁庭无宦,盖因生活逼迫,二子皆入宫谋生。梁守谦入充宦官,梁守志则投充神策军。梁守谦贞元中十余岁时入宫,属于典型的"良胄入仕"。他幼年处于寄人篱下的生存环境,养成小心谨密的性格,故仕途迁升很快。宪宗元和朝历学士院使、枢密使、右神策中尉等职。任枢密使期间,参与指挥平淮西之役,任右军中尉期间,经历宪宗、敬宗遇弑案等。文宗大和初病卒,年四十五岁。

梁守谦主军期间,屡经弑逆之事,颇涉隐晦,两《唐书》不为立传。其家族墓地位于长安城东白鹿原,迄今出土《梁守谦墓志》《梁守志墓志》《梁守志妻赵氏墓志》《梁承政墓志》《梁守谦子妻刘氏墓志》《梁守

梁晟 — 梁希倩 — 梁庭

梁守谦 · 梁守志 · 梁宗师

梁承敏 · 梁承度 · 梁承乂 · 梁承汶 · 梁承政

梁全柔 · 梁全方 · 梁全略 · 梁全裕 · 梁全裕 · 梁全杨

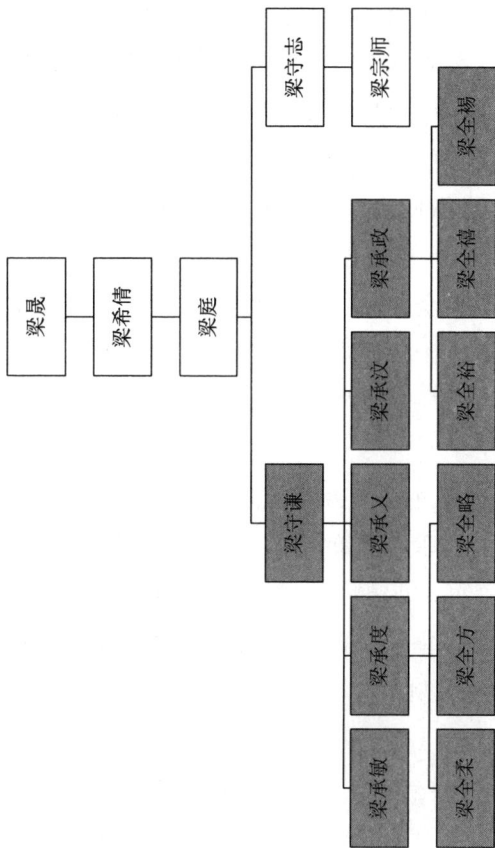

资料来源：《全唐文》卷九九八杨承和《邠国公功德铭》，《汇编》大和〇一二《梁守谦墓志》，《碑林续编》一七八《梁守志墓志》，《新中国出土墓志·陕西卷》（肆）一一〇一《梁守谦母梁氏（宝威德）墓志》一一一二《梁守谦墓志》，一二〇一《梁氏墓志》，《陕西省考古研究院新入藏墓志》一一二《梁守志妻赵氏墓志》，一一二四《郭文軝妻梁氏墓志》，一三一《宣徽使梁公妻刘氏墓志》，《全唐文补遗》第八辑《梁承政墓志》，《英华》卷八三一刘恭伯《寿州护军大夫梁公创功绩记》。

参考文献：黄楼《梁守谦与宪宗元和政局——梁守谦家族相关墓志的再考察》，见氏著《碑志与唐代政治史论稿》。

谦母梁宝威德墓志》等六方墓志,长安城南高阳原另出土有《梁守谦女郭文幹妻梁氏墓志》。通过这些地下史料,我们对梁守谦死后,其家族动向可有大致了解。梁守谦妻南阳韩氏,有养子梁承敏、梁承度、梁承义、梁承汶、梁承政等五人,养女二人。其弟梁守志,在梁守谦死后,出为富平镇将,十年不迁。开成三年所立《梁守志墓志》称其"内侍仁叔,开府令弟",则梁守谦有一子官至"内侍",地位颇尊。近年此"内侍"之妻刘氏墓志已出土。墓志题作"唐故宣徽使赠内侍梁公彭城郡刘氏夫人墓志铭",可知"内侍"为其赠官。开成三年已用赠官称之,其人必卒于此前。大和二年梁守谦葬时,养子中仅次子梁承度地位稍高,充任沂海监军,推测此宣徽使或即梁承度。梁承度短暂地享受梁守谦的余荫,旋卒于文宗朝,不知是否卷入李训、郑注诛除宦官的事件。梁承政卒后,三位养子梁全柔、梁全方、梁全略,直至三四十年后的咸通末年仍无显宦。梁守谦幼子梁承政,也长达一二十年未被授职,宣宗大中六年始被收为内养。盖梁守谦遭到皇帝或敌对宦官的阴忌,诸养子养孙多疏斥不用。

　　梁守谦势力范围在右神策军。一弟梁守志穆宗初被安插至左军,以监视其动向,梁守志子复供职右神策军。一子所娶刘氏,两妻兄分为右神策军南仓使、右神策军好時镇将。一女嫁右神策军散兵马使郭文幹,生二子亦皆供职右神策军。梁守谦家族结构是唐代宦官通过婚姻与神策军融为一体的典型案例。

一五　马存亮家族

　　马存亮,字季明,河中人,德宗贞元中入充宦官,祖、父皆无显宦,父马操为房州长史,也属"良胄入仕"之列。宪宗朝为左军副使,敬宗时为左军中尉。平定染工张韶之乱,因请雪吐突承璀之罪,遭到右军排挤,出为淮南监军,文宗朝入为飞龙使,大和六年卒,年六十三岁。

《新唐书》认为马存亮、西门季玄、严遵美三人为唐代宦官中的贤良者。妻王氏，也为宦官显赫家族，有养子四人，皆以元字连名。武宗会昌中马元实出使河东，受其贿赂，虚张贼势，被李德裕识破。马存亮神道碑中长子末字缺，宣宗即位时有左军中尉马元赞，马存亮为第一代宦官，有其他宦官兄弟的概率不大，马元赞或即其人。《西市墓志》四四四《江师武墓志》，书者为江师武外甥，内仆局丞马全绪，江师武伯姊为马元赞之妻，故可知马全绪为马存亮孙辈。宣宗朝有凤翔监军使马公度、枢密使马公儒，此二人地位显赫，疑也出自马存亮家族。

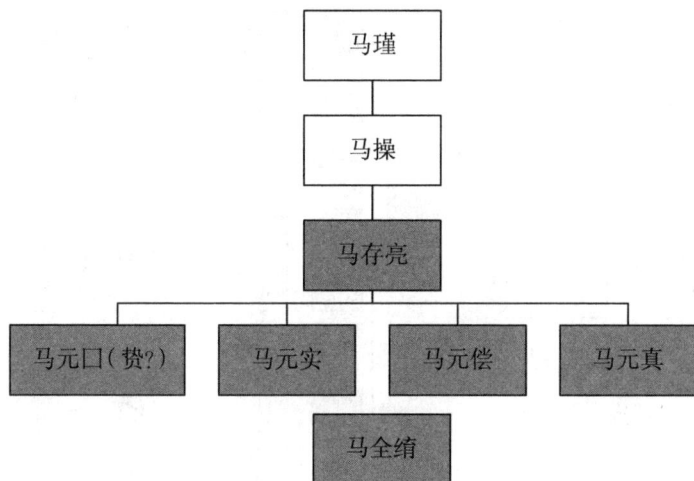

资料来源：《李德裕文集校笺》别集卷六《上柱国扶风马公（存亮）神道碑铭》，《大唐西市博物馆藏墓志》（下简称《西市墓志》）四四四《江师武墓志》。

一六　刘弘规家族

刘弘规，本名湛然，京兆云阳人，曾祖刘恩，同州白水县令，祖、父仅有武散职，属低级武官。从出身看，也属"良胄入仕"。其妻李氏，同官镇遏兵马使李文晧之女。刘弘规为宪宗元和年间重要宦官，历职丰

刘恩

刘信

刘英

刘弘规　　刘弘逸？

刘行立　　刘深　　刘行方　　刘行元　　刘行宣

刘全礼　　刘仲礼　　刘中礼　　刘□□　　刘□□　　刘□□　　刘遵礼

刘匡谕　　刘匡慈　　刘匡晖　　刘重论　　刘重颖　　刘重锐　　刘重易　　刘重允　　刘重益　　刘重则

刘友礼

刘季述　　刘希贞　　刘希度

参考资料：李德裕《刘弘规神道碑》，《汇编》大中一○四《唐故刘氏太原县君霍夫人墓志》，咸通○七二《刘遵礼墓志》，《西安碑林博物馆新藏墓志汇编》（下简称《碑林汇编》）三三一《刘中礼墓志》。

参考文献：陈仲安《唐代后期的宦官世家》，《唐史学会论文集（1986）》。杜文玉：《唐代宦官刘弘规家族世系考述》，《唐史论丛》第21辑，2015年。

富。墓志称其"两监河东、一护淮南，一内飞龙，再掌枢密。改内庄宅、鸿胪礼宾等使，迁左神策军护军中尉"。文宗开成末有枢密使刘弘逸，与刘弘规连名，唯所处时代较晚，不知是否其弟。

刘弘规家族植根左神策军。养子刘行深武宗朝为枢密使，宣宗朝为右神策中尉，懿宗末为左军中尉，定册迎立僖宗，僖宗乾符四年（877）致仕。

唐末囚禁昭宗的权宦刘季述，《旧五代史·李振传》记其兄为宣武监军刘重楚，据《刘中礼墓志》等出土文献，刘重楚为刘中礼养子，刘行深养孙，则刘季述也出自刘弘规家族。

一七　彭献忠家族

京兆三原人。其父彭令俊，内侍省内谒者监。彭献忠，德宗建中三年入宫，贞元末为教坊使，顺宗内禅时有拥戴之功，元和初迁飞龙使，历左神策军副使、弓箭库使，元和六年至元和十二年为左神策军中尉。彭献忠长期作为吐突承璀副手，吐突承璀被出为淮南节度使后，代吐突承璀执掌左军。吐突承璀遇害后，彭献忠养子彭希晟任左神策中尉副使，长庆三年出为西川监军使。敬宗宝历元年二月卒。彭希晟有二子，彭叔猷、彭叔端，并为掖庭局宫教博士，无显宦。

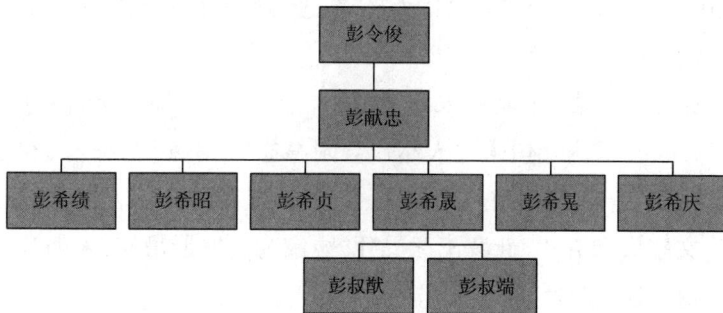

资料来源：《英华》卷九三二张仲素《彭献忠神道碑》，新出《彭希晟墓志》。

一八 朱孝诚家族

朱氏是唐代宦官集团中重要的家族。德宗奉天之难时，有宦官朱重曜，与朱泚同姓，被引为谋主。贞元中陆贽为相时，负责传宣密旨的是中使朱希颜。德宗、宪宗时期有屡次奉使监军的忠武监军使朱孝诚。唐末朱温篡唐时犹有尚食使朱建武，被朱温所害。

朱孝诚，祖父朱游仙、父朱珍□皆非宦官，朱孝诚弱冠入宫，与梁守谦等一样，属"良胄入仕"。朱氏郡望有时虚托江南吴郡，实为京兆三原人，与俱文珍、刘光琦等来自同一地方。贞元中朱孝诚为诸镇监军，元和初，招抚岭南溪洞蛮张伯靖，监北镇时请城天德军，讨李师道时复为监军，战事结束后充忠武监军使，元和十五年卒。朱孝诚官历与河东监军使李辅光颇为类似，累年在藩镇监军，二子朱仕俛、朱仕伦皆为宦官，仕途并不通显。

朱氏是一个典型的混合型家族，宫内并非高级世家，但宫外却有一规模庞大的非宦官亲族。《碑林续编》一九一《朱士幹墓志》，志主朱士(仕)幹虽非宦官，但志中明确记载内仆局令朱仕伦为其兄，则属朱孝诚家族成员之一。墓志记载，朱仕伦"辅翼禁闱，银章朱绶，或逯逯侍卫，或监抚远藩，其私计盈虚，实赖府君之恤备"，宦官当差出使，产业则由非宦官身份的兄弟代为打理，这为研究宦官家族生存形态提供具体实例。

《朱士幹墓志》记其祖朱霜，叔祖朱朝顺。《八琼室金石补正》卷七二收录崔锷《内寺伯朱夫人赵氏合附墓志》(另见《汇编》大和〇七九)，朱某有养子朱朝政。朱朝政、朱朝顺当为兄弟。据《金石补正》所考，文宗大和五年，新罗王彦昇死，源寂为新罗册吊使，朱朝政一同奉使，返朝迁阁门使。

朱游仙

朱朝顺　　朱朝政　　朱珍□　　朱霜

朱孝诚　　朱□

朱仕俛　　朱仕伦　　朱仕幹

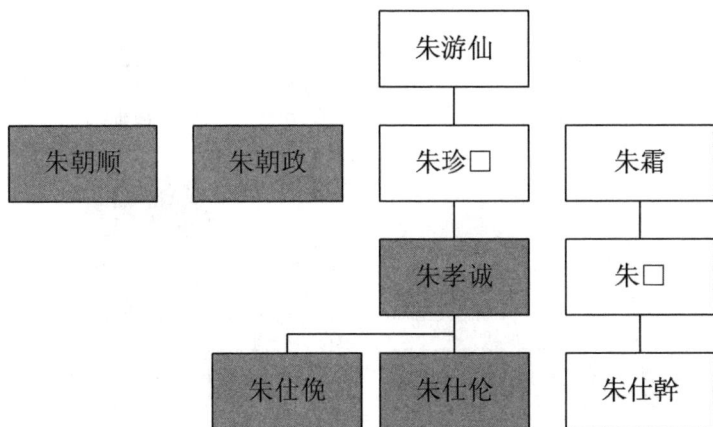

资料来源:《全唐文》卷七三〇苏遇《朱孝诚神道碑》,《汇编》大和〇七九《内寺伯朱夫人赵氏合附墓志》,《碑林续编》一九一《朱士幹墓志》。

一九　王守澄家族

王守澄,《新唐书》称史亡所来,唯知有一弟守涓,任武宁监军。《续集》大和〇二五有《湖南监军使王府君墓志》,墓志有错行,将志主"讳明哲"三字误植于"烈考朝进"之后,遂致后人不知王府君之名。王明哲卒于大和三年,有二养子。长子王守洪,次子王守润,二人与王守澄、王守涓连名,当为堂兄弟关系。王氏本京兆人,曾祖王玄爽、祖王游仙皆普通百姓,其父王朝进为第一代宦官,代宗或德宗初入宫,扈从德宗至梁州,获兴元元从功臣名号。王明哲为王朝进长子,即王守澄之伯父。另据《汇编》大中〇三二《王守琦墓志》,王守琦与王守澄等连名,时代相近,当为兄弟。墓志称王守琦为酒坊使王意通第九子,可见王守澄家族也是一个庞大的宦官家族。

王玄爽
王游仙
王朝进
王明哲
王意通
王守澄　王守涓　王守琦　王守洪　王守润
王从祐　王从盈　王从泰

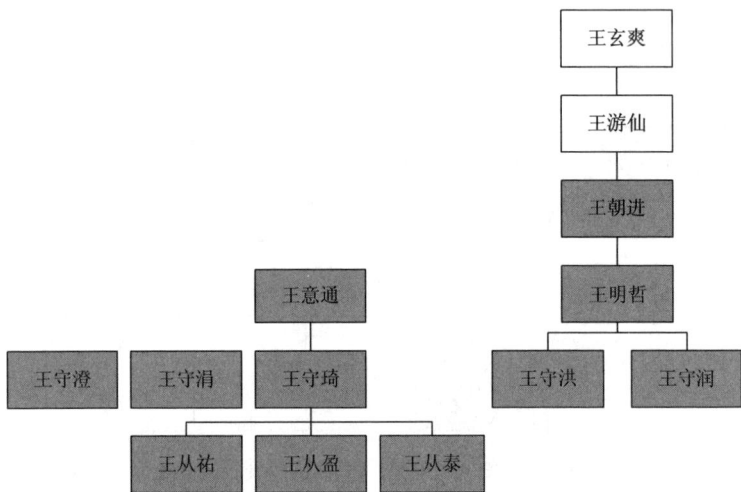

资料来源:《汇编》大中〇三二《王守琦墓志》,《续集》大和〇二五《王府君墓志》。

二〇　仇士良家族

仇士良,字匡美,循州兴宁(今广东兴宁)人。祖上三代都是宦官,其父仇文晟有一弟仇文义。仇氏是一个颇具规模的家族,仇士良后更为炙手可热。仇士良为宪宗东宫旧宦,宪宗即位有翊戴之功,文宗朝为神策中尉,甘露之变后大肆屠杀朝官,贪酷一时。武宗为其所立,实则忌之,仇士良死后将其抄家。仇氏根基深厚,武宗虽去仇士良,但无法根除仇氏势力。宣宗非次得立,实则出自仇氏等家族的策划。大中五年,宣宗公然为仇士良立碑纪功,自有其深意。仇士良五个养子,除次子曹州刺史仇亢宗外,余下四子都是宦官。仇士良叔父仇文义,与王氏家族联姻,其妻王氏即枢密使王元宥之妹。仇文义自身有六位养女,除次女不甘摆布,出家为尼外,其余五女分别嫁给王氏、严氏等宦官。不仅如此,仇氏家族还给宣宗进献一女,有专房之宠,为宣宗生下二子。懿宗咸通中,仇士良幼子仇从濮已擢居高品。昭宗时又有右神

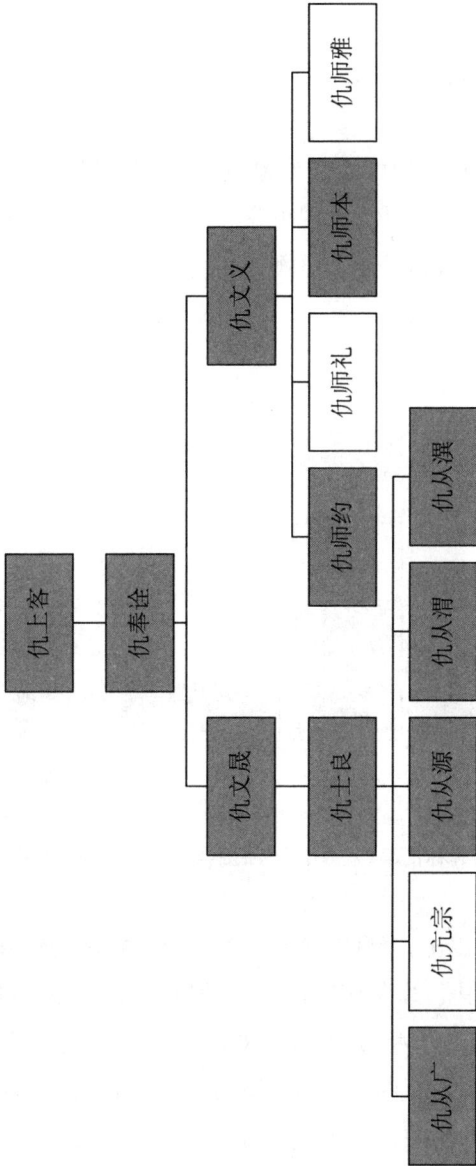

资料来源：《英华》卷九三二郑薰《仇士良神道碑》，《续集》大中〇二四《仇文义妻王氏墓志》。

策中尉仇承坦。据宋张礼《游城南记》，长安城南有仇家庄，为仇士良别业，后晋时赐晋昌军安彦威，仇士良碑、墓俱存。

二一　宋守义家族

宋氏属唐代宦官中的中层官僚家族，早在玄宗开元时期，就有广平宋氏宦官，至晚唐则上升为上层世家。宣宗大中五年有左军中尉宋叔康，唐末昭宗时复有枢密使宋道弼，一姓有两位"四贵"，其权势可见一斑。

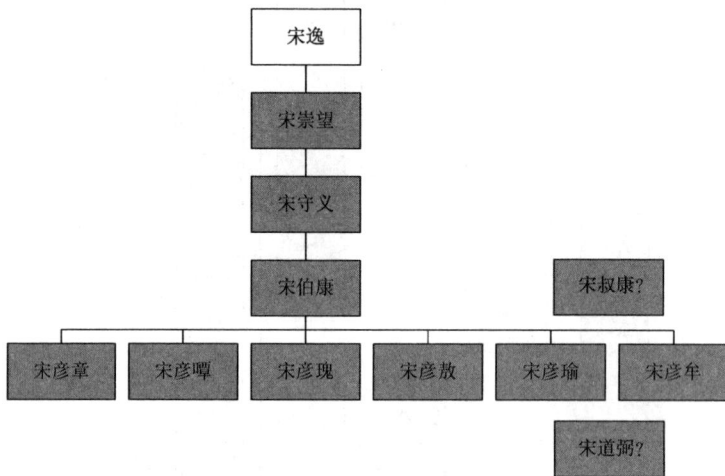

资料来源：《碑林汇编》三一五《宋伯康墓志》，《册府》九三五《总录部·构患门》。

宋叔康无墓志出土，家世等皆不可考。今碑林博物馆收藏有大中年间宦官宋伯康墓志。宋伯康官宦不显，但其养父宋守义则是文宗朝权宦。《金石萃编》卷六六《元惟清书幢》记宪宗元和十三年迁移经幢时"副使，内寺伯、赐绯鱼袋宋守义"，时其位秩尚卑，据《新唐书·仇士良传》，甘露之变时，宋守义为大盈库使，与仇士良一起劫持文宗还宫。宋守义又自号斩斫使，学士令狐定等人因其暗中网开一面，得免于难。墓志称"盖代之功,标于国史",当指甘露之变劫持文宗事。宋守义是宋氏发迹之始,宋伯康墓志铭文称"门传秘辅,世效忠贞",枢密使宋叔康很可能也出自这一家族。

二二　似先义逸家族

似先为鲜卑姓氏,《似先义逸墓志》云:"昔周孝王□□□有酷肖其先者,命为似先氏,其后或居辽东,或迁中部。"唐初有昭文馆学士似先谌,鸿胪少卿似先翰等。宦官世家中的似先氏,代表人物为文宗、武宗朝的权宦似先义逸。

似先义逸,字仁休,其祖似先凤荣不仕,父似先进之,随州长史。似先义逸为第一代宦官,贞元中入宫,在"良胄入仕"之列。宪宗元和初为内养,但未得大用。穆宗朝送太和公主出降回鹘,敬宗初出使幽州。后历内客省使、琼林库使。文宗谋诛宦官,为分宦官之势,遣似先义逸等为巡边使。甘露之变后,义逸入为辟仗使,出监荆南,入为翰林使、庄宅使兼鸿胪礼宾使。武宗讨泽潞刘稹之乱,以似先义逸为河中、泽潞行营监军使,颇有军功。会昌灭佛时,为大盈库使,"清废佛祠一所,新帑舍五百闲"。授弓箭库使,不久致仕,宣宗大中四年卒于家,年六十五岁。《通鉴》卷二四九记宣宗大中六年镇压果州所谓"鸡山贼"(实为被逼反抗官府的饥民),称"王贽弘与中使似先义逸引兵已至山下,竟击灭之",似先义逸早卒,《通鉴》必有讹误。

似先义逸致仕比较蹊跷。其妻范氏虔诚奉佛,或因此与武宗有矛盾。墓志称范氏在义逸卒后,"常持佛书,以求冥助……前后为公追福,免臧获数人,施别墅及器玩、舆马并夫人之衣服、簪珥入仁祠者,仅若千万"。义逸生前聚敛的巨万家资很可能被大量耗散。似先义逸有五养子、四养女,诸养子宣宗朝未被重用,但此家族一直延续至唐末。昭宗诛禁军节将李顺节,动手者为宦官供奉官似先知。

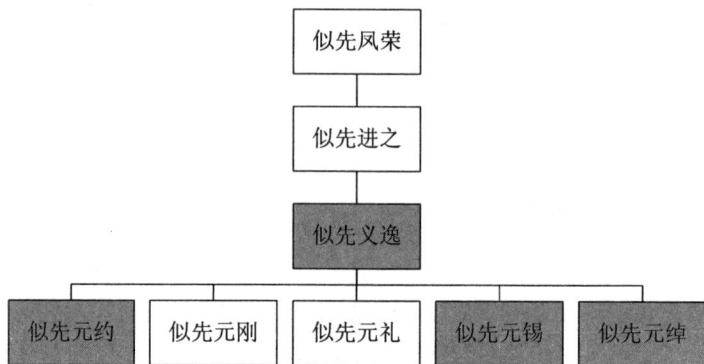

资料来源：《碑林汇编》二九三《似先义逸墓志》。

二三　李敬实家族

　　李唐王朝也有一些李氏宦官家族，但这些家族多不攀附陇西李氏或赵郡李氏等士族高门。其中一支为京兆高陵人。据《汇编》大中〇五二《李从证墓志》，李从证，关内高陵县人，曾祖李温为平民，祖李进超，兴元监军。进超有子李行邕、李唯宁。李行邕三子，汴州监军李忠义、宫教博士李从诚、神策中尉刘行深僚佐李从证。李唯宁为奉天定难功臣，有子李从义，临泾监军。李从义养子李敬实，为武宗、宣宗时期的重要宦官。

　　李敬实，宪宗元和初入宫，穆宗时为宣徽库家，文宗大和七年充内养。武宗会昌初往天德军招谕黠戛斯，平泽潞时监天井戍军，战事结束后拜右神策都判官。宣宗大中四年，除广州都监兼市舶使。秩满入为翰林使、琼林使、宣徽鹰鹞使、内园栽接使、军器使等，懿宗咸通初卒，年五十九岁。

　　唐代宦官中其他李氏家族。《汇编》光化〇〇一收录宦官李令崇墓志。李令崇为唐末人，昭宗末枢密使吴承泌僚佐，曾祖李清，右神策军军士，参与德宗奉天之难，祖父李仲璋、父李从遂皆为宦官，担任过内府局令。李令崇家族、李敬实家族祖先李温、李清，名字相近，李令崇父李从遂与李从证兄弟连名，或许此两家族存有一些关系。

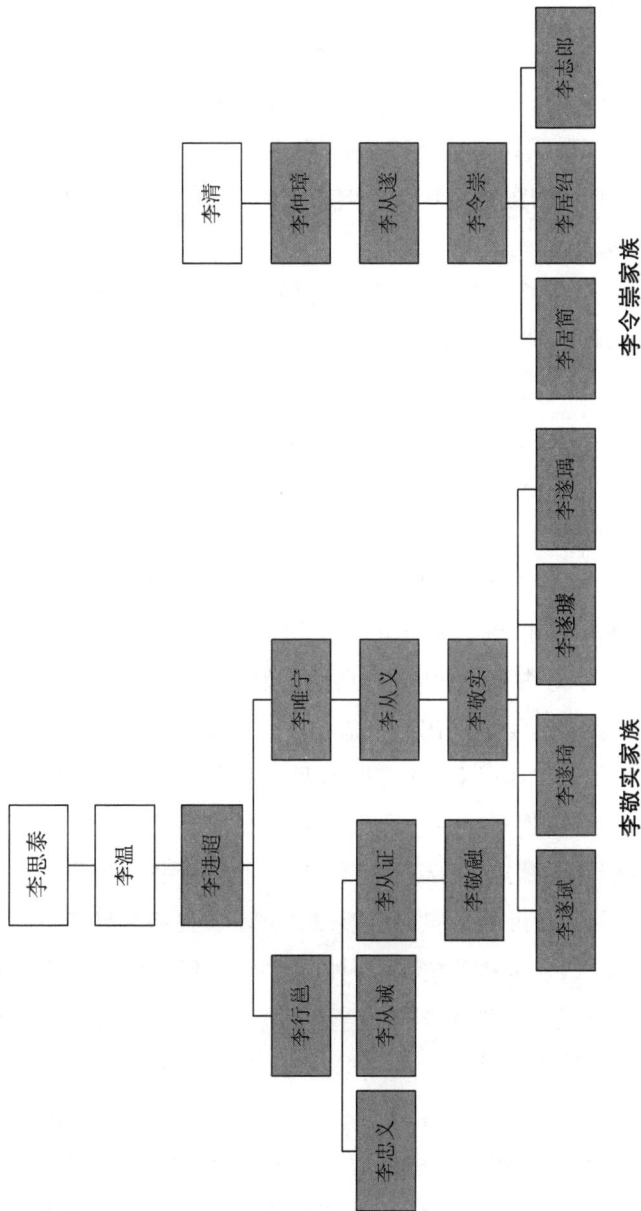

李敬实家族

李令崇家族

资料来源:《汇编》大中〇五二《李从证墓志》,光化〇〇一《李令崇墓志》,《续集》大中〇七八《李敬实墓志》,新出《李令崇墓志》。《李行邕墓志》。

二四　李好古家族

唐代宦官中有两位李敬实。除去前面提及的宣宗朝岭南监军使李敬实外，另一李敬实约生活在德宗时代，且为此宦官家族的始祖宦官，这一家族最知名的宦官是其养孙李好古，为与前一李敬实相区别，姑称为李好古家族。

李敬实出自京兆长安李氏，官至掖庭局令员外同正，至少有五位养子，应颇具影响力，唯其事迹诸史失载，养子李昇荣墓志今已出土。《李昇荣墓志》云：“公讳昇荣，京兆长安县人也。曾祖厚余，皇不仕；祖文炭，皇不仕途；父敬实，皇朝议大夫，行内侍省掖庭局令、员外置同正员……公即局令第五子也……有子二人，长曰孝钧，承务郎、内侍省掖庭局监作、员外置同正员、上柱国；次子孝锷，上轻车都尉。”李昇荣为宪宗元和朝宦官，以此推之，李敬实约德宗择“良胄”充宦官时入宫。

李敬实养孙李好古，其名见于正史。《旧唐书·王守澄传》载大和九年，“帝令内养李好古赍鸩赐守澄，秘而不发”。李好古是鸩杀王守澄的亲历者，其墓志近年也已出土。志文云：“公讳好古，字慕真。曾王父讳炭，不仕。王父讳昇荣……洪、邠两州监军。皇考讳孝温……鄜、广、山南西道三镇监军……公鄜广大夫之次子也。”李好古父李孝温不见于其父李昇荣墓志，此人历三镇监军，不当漏书。若非另有缘故，或即李孝钧的同音讹写。《李好古墓志》在李文炭和李昇荣中间缺少李敬实这一辈人，这种错辈情况，一种可能为年代稍远，记忆模糊致误，另一种可能就是咸通四年李好古卒时，原岭南监军李敬实正显赫一时，为避免世人误会而特意省去。据墓志，李好古敬宗宝历二年入仕，其妻即仇士良养女。文宗用李训、郑注计谋，以仇士良对抗王守澄，将李好古收为内养，极尽笼络之意。大和九年文宗遣李好古鸩杀王守澄。其时李好古身份为内养，其妻本戴氏，戴氏墓志收于《唐代墓志汇编》开成〇〇四、《新中国出土墓志·陕西（贰）》二三五，戴氏开成元年闰五月卒时仅十九岁。李好古擅用毒物，戴氏暴死，疑与李好古攀附权贵，谋娶仇士良女有关。甘露之变后，凭借仇士良之婿的身份，李好古出任左神策军副使，后转右神策军副使。会昌初为大盈库使，武宗疏忌仇士良，李好古出为河中、襄阳监军，会昌末入为营幕使、军器使。宣宗立，仇氏家族复兴，李好古加陇西开国公，食邑二千户。此后，颇受重用，入则为毡坊使、右神策军副使，出则为沧景、浙西、灵武、山南西道等镇监军使，咸通四年卒于山南西道监军任上，年五十五岁。

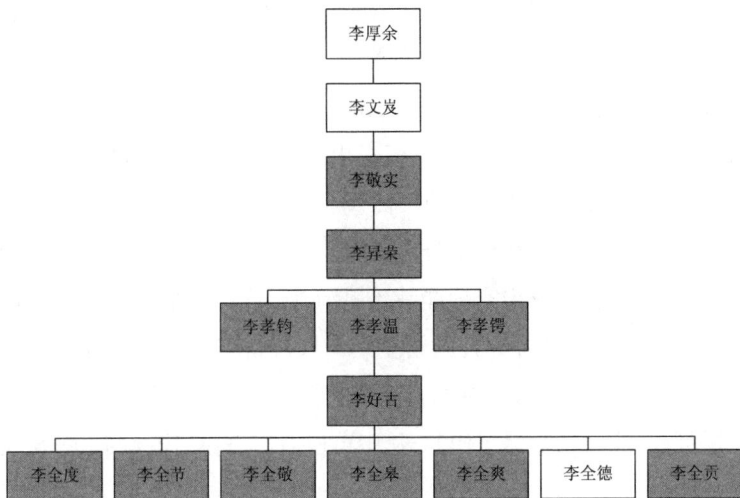

资料来源：《续集》会昌〇二九《李昇荣墓志》、开成〇〇四《左神策军副使李公妻戴氏墓志》，新出《李好古墓志》。

李好古七位养子，第六子李全德为润州衙前兵马使，非宦官。余诸子皆宦官。第四子李全皋官至淮南监军。《太平广记》卷二三八"李全皋"条引《桂苑丛谈》："护军李全皋罢淮海监临日，寓止于开元寺，以朝廷艰梗，未获西归。"此为黄巢起义期间之事，可见这一家族直至唐末仍有一定势力。

二五　王茂玄家族

　　王茂玄,宣宗大中末右神策护军中尉。据其子王彦真墓志,王茂玄郡望为太原祁人,与王元宥家族相同。王希迁、王元宥、王守澄、王茂玄,四者的势力范围都是神策右军。除王守澄为京兆王氏外,其余三人现有的谱系均无法追溯其始祖宦官,理论上存在他们原本就是一个宦官家族不同支系的可能性。若如此,太原王氏应是唐代维持世家地位最为长久的宦官世家。

　　王茂玄父、祖皆为宦官。祖王朝英,德宗奉天之难时首末扈从,有兴元元从称号。父王文琛仅为内给事,王茂玄得以脱颖而出,家族势力背景应起到很大作用。在宣宗末的皇位争夺中,王茂玄持观望态度,懿宗即位后,两枢密被杀,王茂玄出为淮南监军。不过家族势力犹存,养子王彦真长期当直金銮殿,传宣密诏,弟王彦宾、堂兄王彦由、堂弟王彦昭并为内养,都在皇帝身边差遣。王茂玄家族的家风具有明显的文官化倾向。当然,王氏家族能够维持箕裘不坠,一个非常重要的因素是这一家族与唐末势力最大的杨复恭家族维持着良好的关系。王彦真墓志由杨复恭亲自撰写,志中称二人有"班尹之交,范张之契",墓志书写者杨可权,应为杨复恭子侄辈,从中可以看出王氏、杨氏两大家族关系非同一般。

資料來源：《西市墓志》四四七《王彦真墓志》。

二六　王元宥家族

　　王元宥,太原祁人,宣宗朝任枢密使、右军中尉,权势颇大。长兄王士则,贞元十九年被德宗剃度为僧,赐名惠通,充内道场大义禅师弟子。我们知道,右军事实上的奠基人是王希迁。王希迁非常崇信佛教,王元宥为右军中尉,也具有浓厚的佛教信仰,参与众多复兴佛教事务。文宗朝有枢密使王践言,本名王士政,开成三年有浙西监军判官充湖州造茶使王士玫,此二人与王士则连名,应为王元宥同一家族的兄弟。

　　王元宥一妹嫁给仇士良叔父仇文义,第二女嫁给凤翔监军使马公度。仇氏和马氏都是文宗、武宗时期炙手可热的大家族,三大世家通过婚媾,形成盘根错节的关系网。

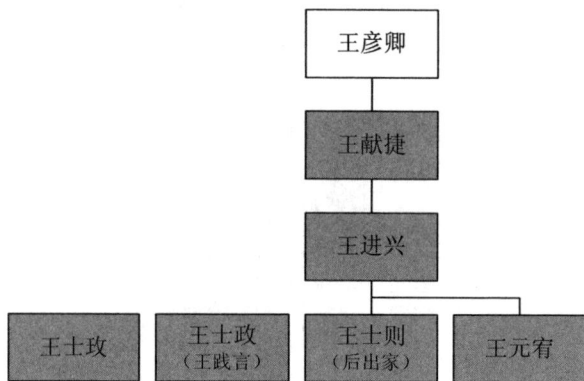

　　资料来源:《续集》大中〇二四《大唐故王夫人墓志》,《樊川文集》卷二〇《王元宥除右神策军护军中尉制》。

　　参考文献:杜文玉:《唐代王氏宦官家族世系考》,见《敦煌吐鲁番文书与中古史研究——朱雷先生八秩荣诞祝寿集》。

二七 杨复光、杨复恭家族

宦官家族的弘农杨氏是长期把持"四贵"职务的大家族。杨氏家族始祖宦官杨延祚,杨延祚生父杨待宾属下层军将,仅有绥州义合府折冲都尉的虚衔。杨延祚入宫后曾任内飞龙厩都判官、宝应功臣、内常侍,以飞龙都判官的身份,参与程元振迎立代宗的军事政变。杨氏家族由此发迹,至其养子杨志廉时,已属宦官高门势家。贞元末,杨志廉代窦文场为左军中尉。杨志廉养子五人,以杨钦义最为尊显。杨钦义历文、武、宣三朝,两度出任枢密使、神策中尉,其间还出任淮南节度使李德裕监军。杨钦义四子,杨玄略、杨玄翼、杨玄价、杨玄实。杨玄翼咸通中为枢密使,杨玄实乾符中为右军中尉。

杨氏家族至杨复光、杨复恭兄弟时权势达到极致。杨复光本姓乔。杨复恭,本姓林,字子烙,闽人。《旧唐书·宦官传》记杨复光为杨玄价子,杨复恭为杨玄翼子。杨玄价妻党氏墓志今已出土。墓志记二人皆杨玄价养子,杨复光为次子,杨复恭为第五子。《党氏墓志》立于宣宗大中八年,不排除为了维系家族利益,杨复恭转被杨玄翼收养的可能性。不过,杨复恭为杨复光之弟则无疑义。杨复光先后出任忠武监军及天下兵马都监,在镇压黄巢起义中起到关键性作用。咸通中杨复恭接替杨玄翼为枢密使。黄巢起义爆发后,僖宗逃居兴元,杨复恭又代田令孜为左神策中尉。后定策立昭宗,专典禁兵,操纵朝政。

宦官养子制度在杨复光兄弟时发生重大变化,此前宦官养子主要为宦官,偶有军将。杨复光兄弟则大肆扩充养子规模,尤其重视在禁军中收养养子。杨复光有养子数十人,杨复恭以养子为州刺史,称"外宅郎君",又有宦官养子六百人,以监天下军队。诸宦官为养子者,多以"可"字连名,如杨可辞、杨可师、杨可权等,军将为养子者则以"守"字连名,如杨守立、杨守亮、杨守宗、杨守贞等。杨氏兄弟与另一权宦

杨待宾

杨延祚

杨志廉　杨惟良

杨钦义　杨钦穆　杨钦政　杨钦则　杨钦诲　杨玄略

杨玄价　杨玄翼　杨玄寔

杨复恭　杨复珪　杨复安　杨复？　杨复光　杨复璘

杨可师　杨可权　杨可辞

杨复操　杨复均

杨复绍

> 宦官六百余，节将有杨守信、杨守厚、杨守忠、杨守立等。

> 杨守亮、杨守宗等军将数十人

资料来源：《续集》元和〇〇二《杨志廉墓志》、咸通〇二〇《杨玄略墓志》、《杨玄价夫人党氏墓志》。

参考文献：陈仲安：《唐代后期的宦官世家》，《唐史学会论文集》（1986），杜文玉：《唐代权阉杨玄价伙夫人党氏墓志铭考略》，《唐史论丛》第 14 辑，2012 年。

田令孜争权不已,同时杨复恭广树羽翼也招致昭宗不满。大顺二年,杨复恭被迫致仕,后投奔侄子兴元节度使杨守亮,昭宗派李茂贞等征讨。城破,杨复恭及诸养子北逃太原,失败后被抓捕处死。昭宗诛杨复恭,导致神策军内讧崩溃,神策骑军多奔归凤翔,李茂贞等骄藩自此尾大不掉,大大加速了唐朝的灭亡。

杨复恭诸养子有逃至太原者,后唐时仍有后人。《册府》卷六六九《内臣部·恣横门》:"后唐杨希朗,复恭其叔祖也……希朗自复恭获罪,伯仲窜迹太原,武帝庄宗时,皆中涓任事。至是宦官方盛……希朗治复恭之旧业田宅。"后唐枢密使张居翰墓志撰者杨希�‍俭,为受张居翰奖擢的宦官故吏,与杨希朗连名,疑也属杨复恭家族后人。

二八　田令孜家族

田令孜,字仲则,本姓陈,许州人,有一兄陈敬瑄。咸通中入宫,被田姓宦官收养为子。田氏也是唐代宦官中的大家族。文宗时有权官田全操,与刘行深同为王守澄忌惮。咸通十三年有阁门使田献铦,僖宗奔蜀时有宣徽北院使田献铢。田献铢被田令孜擢引为宣徽使,二人或出自同一家族。田令孜、陈敬瑄兄弟与东川节度使杨师立有隙,杨师立杀监军使田蕴而叛,唐代割据藩镇罕有杀害监军者,田蕴很可能出自田令孜家族。

田令孜初为小马坊使,僖宗幼时喜好斗鹅走马,与田令孜同起卧,呼为阿父。僖宗即位时年仅十二岁,政事悉以委之。田令孜虽骤贵,但家族背景不如杨氏等根深叶茂,故专以排斥异己为能事。其兄陈敬瑄本以卖饼为生,田令孜向忠武节度使崔安潜求兵马使不得,遂隶神策军,数岁至神策大将军。又见天下将乱,秘为幸蜀之计,安排僖宗打球赌西川节度使,竟以陈敬瑄出领西川。僖宗奔蜀时,宦官曹知悫组织部伍,袭扰长安,颇有功。田令孜惧其大用,令王行瑜袭杀之。杨复光卒,田令孜解散其军,部将韩建、王建等,皆养为己子。昭宗立,田令孜失所依,逃往西川,投靠陈敬瑄,并招纳养子王建,共拒王命。王建觊觎西川之地,趁机进占成都,两年后田令孜、陈敬瑄兄弟同日被戮。凤翔节度使李茂贞,本名宋文通,隶神策军,田令孜养以为子。乾宁中李茂贞上表雪田令孜之罪,昭宗复其官爵。

　　田令孜养子,以"匡"字连名。《通鉴》卷二五六载光启元年二年,田令孜养子田匡祐出使河中,态度骄横,引发河中节度使王重荣与田令孜的矛盾。宋黄休复《益州名画录》卷上"常重胤"条、《全唐文》卷八一四乐朋龟《西川青羊宫碑铭》记僖宗在成都时有枢密使田匡礼。但田令孜的非宦官养子,如王建、韩建等人诸史不载其改从田姓,仅《通鉴》卷二五九《考异》引《续宝运录》、《新唐书·田令孜传》记李茂贞曾改名田彦宾,所以田令孜对非宦官养子的控制力不如杨复恭兄弟严密,无法像诸杨那样把家族势力延续至五代时期。

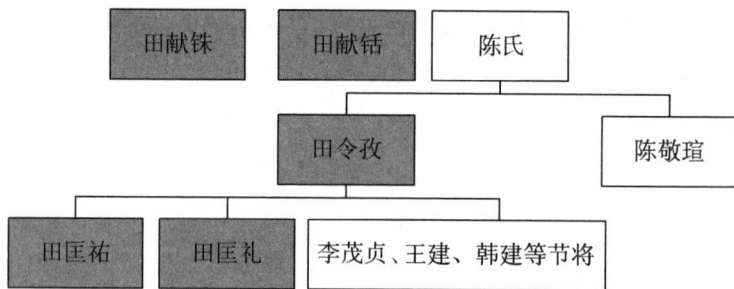

```
┌────────┐ ┌────────┐ ┌────────┐
│ 田献铢 │ │ 田献铦 │ │  陈氏  │
└────────┘ └────────┘ └────────┘
                 │
            ┌────────┐        ┌────────┐
            │ 田令孜 │        │ 陈敬瑄 │
            └────────┘        └────────┘
                 │
   ┌────────┐ ┌────────┐ ┌──────────────────────┐
   │ 田匡祐 │ │ 田匡礼 │ │ 李茂贞、王建、韩建等节将 │
   └────────┘ └────────┘ └──────────────────────┘
```

　　资料来源:《通鉴》卷二五六,〔宋〕黄休复:《益州名画录》卷上"常重胤"条。

二九　西门季玄家族

　　西门是重要的宦官世家,唯相关墓志出土较少,家族世系不明。目前可考的墓志为《西门珍墓志》,西门珍肃宗时入宫,元和初为十五宅使,四子皆以"季"字连名,咸通初右军中尉西门季玄,当为西门珍子侄。

德宗贞元十四年还有凤翔监军西门去奢,唐末最著名的西门家族成员为西门思恭。乾符三年西门思恭为左军辟仗使,广明元年由枢密使出监凤翔,中和二年正月,僖宗以宰相王铎为诸道行营都都统,西门思恭为诸道行营都都监,杨复光为南面行营都监押,后西门思恭被杨复光所代。《太平广记》卷一二三"宋柔"条记中和初王铎为都统时,兵马都监为西门季玄,可知西门思恭、西门季玄为同一人。僖宗时又有右军中尉西门匡范,陈仲安先生疑西门匡范即西门思恭。若如此,则西门季玄、西门思恭、西门匡范为同一人。大顺二年,昭宗斥逐杨复恭,以西门君遂为右军中尉,景福二年西门君遂被骆全驩所代。

西门氏早期多充任十五宅使等服侍型使职,名位不显,晚唐时宣徽供奉官地位上升,西门家族因得勃兴。西门思恭、西门君遂相继担任右军中尉。右神策和凤翔镇为其势力范围。僖宗朝西门家族处于田令孜和杨复恭两大家族夹缝之中,充当田令孜分解杨氏权势的政治工具。

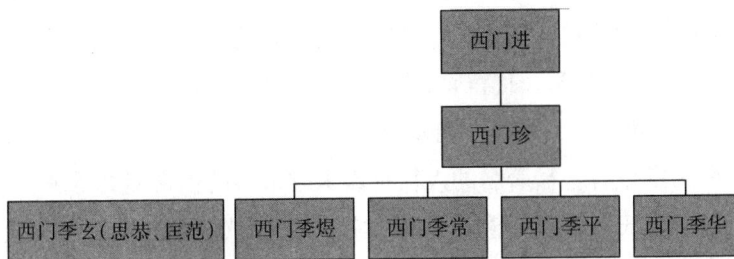

```
                    ┌──────────┐
                    │  西门进  │
                    └────┬─────┘
                    ┌────┴─────┐
                    │  西门珍  │
                    └────┬─────┘
  ┌──────────┬─────────┼─────────┬──────────┐
┌──────────┐┌────────┐┌────────┐┌────────┐┌────────┐
│西门季玄  ││西门季煜││西门季常││西门季平││西门季华│
│(思恭、匡范)│└────────┘└────────┘└────────┘└────────┘
└──────────┘
```

资料来源:《西门珍墓志》。

参考文献:陈仲安:《唐代后期的宦官世家》,见《唐史学会论文集(1986)》。

三〇　严遵美家族

《新唐书》卷二〇七《宦者传》载严遵美父季实为掖廷局博士,宣宗大中时有宫人谋弑宣宗，季实直咸宁门下，闻变入射杀之。因功擢宣徽北院副使，终内枢密使。严氏盖因救驾功而兴起。其子严遵美，唐末为枢密使，事朝廷恭顺，与杨复恭等不协，致仕后坚拒昭宗左军中尉之拜，退隐青城山，撰有《北司治乱记》八卷。《新唐书》赞其为宦官之贤者。唐亡，被西川王建庇护，免于屠戮，后出仕前蜀为内侍监。

```
┌─────────┐
│  严季实  │
└─────────┘
     │
┌─────────┐
│  严遵美  │
└─────────┘
```

资料来源：《新唐书》卷二〇七《严遵美传》。

三一　吴承泌家族

吴氏是宦官集团中的大族，从墓志材料看，至少存在两支吴姓家族，一支以渤海为郡望，一支以濮阳为郡望。以渤海为郡望者，见于《吴怀实墓志》《吴游艺墓志》。吴怀实、吴游艺为养父子关系，吴怀实约睿宗时入宫，为第一代宦官，天宝十三载卒。吴游艺卒于天宝七载。安史乱后，渤海吴氏家族未能发现，墓志所见到吴氏宦官家族，主要是以濮阳为郡望者。最著名的人物是唐末昭宗时的枢密使吴承泌。

濮阳吴氏家族可上溯至德宗时期的吴守恭。吴守恭为兴元元从功臣，历荆、魏、益三镇监军使。吴守恭子吴希晏，富平镇监军。希晏子吴士偓为阁门使、交趾监军、浮阳监军。吴士偓子吴德郦，内则阁门使、毡坊使、教坊使、大盈库使、弓箭库使，外则岭南、西川、宣武等雄藩监军使，封濮阳郡开国公，已跻身上层宦官之列。吴德郦弟吴德应，任阁门使、西川监军使，吴德郦子吴全缋，懿宗时任阁门使、毡坊使、盐州监军等。濮阳吴氏以技术型官僚见称，形成独特的家风。这一家族世代掌控阁门使等职，并把监抚西川纳入家族势力范围。

吴守泰
吴希晏
吴士偏
吴德郎
吴元勉
吴再和
吴有政

吴全缜
吴全略
吴彦方
吴全绍
吴彦球
吴全泰
吴彦珎
吴彦利
吴修辞
吴正
吴修陪
吴全铜
吴承泌
吴修礼
吴授
吴知象
吴怨己
吴德应
吴简必
吴简琦
吴中再
吴中诺

吴全应
吴全诠
吴全恕
吴全德

资料来源：《汇编》成通〇一八《吴德郎妻赵氏墓志》，乾宁〇〇五《吴承泌墓志》，《续集》乾符〇一九《吴全续墓志》，《碑林汇编》二一二《吴德郎墓志》，新出《吴德应墓志》《吴元勉墓志》。

参考文献：杜文玉：《唐代吴氏宦官家族研究》，《唐史论丛》第 20 辑，2015 年。

僖宗时，田令孜竭力经营西川，吴氏多人曾任西川监军，与田令孜关系非同一般。田令孜与河中争盐池之利，吴承泌曾任解县催勘使，又任西川宣谕使。昭宗朝吴承泌历学士使、宣徽北院使、枢密使。乾宁二年，李茂贞、王行瑜、韩建三镇兴兵犯阙，胁迫昭宗杀朝臣、宦官，吴承泌也死于其难。

近年新出宦官吴元勉墓志。吴元勉，桂阳人，墓志称其为"濮阳吴公"，吴元勉主要生活在敬宗、文宗、武宗时期，年龄与吴德郎相当，诸子皆以"全"字连名，与吴德郎养子相同。吴元勉曾祖吴有政，极可能为吴守恭另一养子。据《通鉴》卷二五五，僖宗中和二年，昭义军乱，大将孟方立率军归邢州，潞人推监军吴全勖为留后。吴全勖疑也出自濮阳吴氏家族。

三二　张居翰家族

张居翰，字德卿，出自中层宦官家庭。曾祖张处厚，威远军判官，祖张弘积，御苑判官，父张从玫，直金銮承旨。昭宗时有宦官张弘彦任凤翔监军，天复初为右神策中尉。张弘积与之连名，疑为同一家族。僖宗奔蜀时张居翰为容南监军判官，昭宗乾宁中归朝，充学士院判官，迁枢密承旨。后为幽州监军，与节度使刘仁恭善。朱全忠篡唐，令诸镇屠杀监军，张居翰被刘仁恭藏于大安山，幸免于难。唐亡后，张居翰辅佐李存勖灭梁，位至枢密使。后唐得天下，唐河东监军使张承业、幽州监军使张居翰起到重要的作用。庄宗遇弒后，张居翰见明宗，请退隐乡下。天成三年卒于长安，年七十一岁。

张居翰四子，长子张绍隐、幼子张延吉无文武官职，当属宦官。次子张延贵、三子张绍崇皆为武将，明宗舍长立幼，以张延贵侍养，即因张绍隐为宦官之故。张延贵墓志今于西安出土。张延贵，墓志作张绍，志主及其先祖名讳各省一字。此墓志刻于后晋。盖张居翰诸子本以绍连名,张延贵为明宗赐名,后晋时恢复旧名。

唐末至五代重要的张氏宦官,还有河东监军使张承业。张承业,同州人,字继元,本姓康。僖宗时入宫,昭宗时为河东监军。晋王李克用甚重之,朱温诛宦官,被李克用藏匿获免。唐亡后,张承业以匡复唐朝为念,幼主李存勖军国大事均委任之。李存勖僭帝位后,张承业苦谏不听,不食死于晋阳。张承业、张居翰是否出自同一宦官家族,史无明载。但二人均与杨复恭关系密切。杨复恭获罪后,率诸养子北逃,被韩建捕杀,其目的地即投奔河东监军使张承业。张居翰养母弘农杨氏,本人墓志撰者华清宫使杨希俭,为杨复恭家族后人。据这些迹象来看,直至五代,张氏、杨氏仍维持有密切关系。

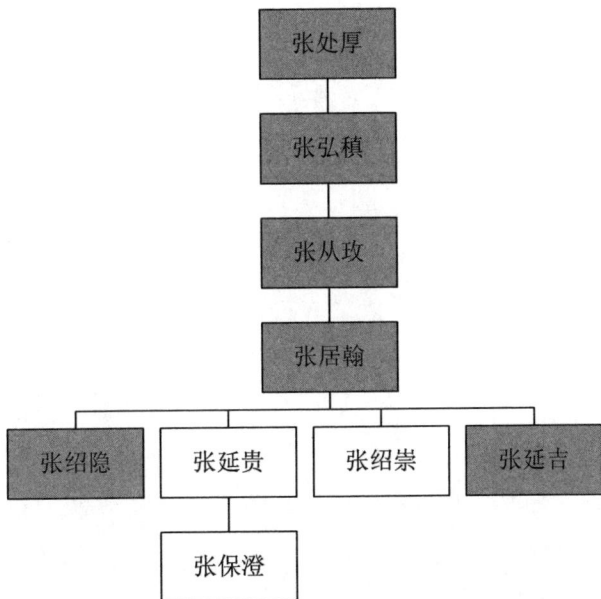

参考资料:《碑林汇编》三六二《张居翰墓志》,《西市墓志》四九〇《张绍墓志》。

附录六 唐代宦官官名题衔品阶对照表

官品	文散阶	武散阶	十六卫将军	内侍省职事官	勋	爵	食封	加衔	赐服
从一	开府仪同三司	骠骑大将军				国公	有爵位者的荣誉性封号，与实封有别。	知内侍省事②，供奉官	紫金鱼袋（紫袍、金鱼袋）
正二	特进	辅国大将军			上柱国	开国郡公			
从二	光禄大夫	镇军大将军	诸卫上将军		柱国	开国县公			
正三	金紫光禄大夫	冠军大将军 怀化大将军	诸卫大将军	内侍监(2)①	上护军				
从三	银青光禄大夫	云麾将军 归德将军	诸卫将军		护军	开国县侯			

①括号内阿拉伯数字为人数。内侍监始置于天宝十三载，玄宗以高力士、袁思艺分任之。其品秩，《新唐书·百官志》作"从三品"，《旧唐书·百官志》及《通鉴》皆作"正三品"，打破唐初内侍省无三品官的惯例。与此同时，玄宗还增置内侍少监一员，将内侍的员数由原来的二员增为四员。元和初梁守谦为枢密使，因使职权重，以忠武将军号在正三品以上。

②唐代宦官加"知内侍省事"或"知省事"，散阶或将军号在正三品以上（正四品上）加知省事属特例。

续表

官品	文散阶	武散阶	十六卫将军	内侍省职事官	勋	爵	食封	加衔	赐服
正四上	正议大夫	忠武将军			上轻车都尉	开国县伯			
正四下	通议大夫	壮武将军							
从四上	太中大夫	宣威将军		内侍少监(2) 内侍(4)	轻车都尉				
从四下	中大夫	明威将军					有爵位者的荣誉性封号。	供奉官(含小供奉官)奉官	绯鱼袋(绯袍,银鱼袋)
正五上	中散大夫	定远将军			上骑都尉	开国县子			
正五下	朝议大夫	宁远将军		内常侍(6)					
从五上	朝请大夫	游骑将军				开国县男			
从五下	朝散大夫	游击将军		内给事(10)① 内仆典内(2)	骑都尉				
正六上	朝议郎	昭武校尉							
正六下	承议郎	昭武副尉		内谒者监(10)②	骁骑尉				

①内给事，《唐六典》《旧唐书·职官志》作八员，《新唐书·百官志》作十员。《唐会要》卷六五"内侍省"云贞元四年二月日内侍省内给事加二员。十员盖贞元后之制。

②内谒者监，《旧唐书·职官志》作六员，《新唐书·百官志》作十员。《唐会要》卷六五"内侍省"载贞元四年二月四日谒者监加四员，十员盖贞元后之制。

续表

官品	文散阶	武散阶	十六卫将军	内侍省职事官	勋	爵	食封	加衔	赐服
从六上	奉议郎	振威校尉			飞骑尉				
从六下	通直郎	振威副尉							
正七上	朝请郎	致果校尉			云骑尉				
正七下	宣德郎	致果副尉		内寺伯（6）①					
从七上	朝散郎	翊麾校尉							
从七下	宣议郎	翊麾副尉		掖庭局令（2） 宫闱局令（2） 内坊局丞（2）	武骑尉				
正八上	给事郎	宣节校尉							
正八下	徵事郎	宣节副尉		奚官局令（2） 内仆局令（2） 内府局令（2）					
从八上	承奉郎	御侮校尉							

①内寺伯《旧唐书》作二员，《新唐书》作六员。《唐会要》卷六"内侍省"载贞元四年二月四日内寺伯加四员。六员盖贞元后之制。

续表

官品	文散阶	武散阶	十六卫将军	内侍省职事官	勋	爵	食封	加衔	赐服
从八下	承务郎	御侮副尉		内谒者(12) 掖庭局丞(3) 宫闱局丞(2)					
正九上	儒林郎	仁勇校尉							
正九下	登仕郎	仁勇副尉		奚官局丞(2) 内府局丞(2) 内仆局丞(2) 内坊典直(4)					
从九上	文林郎	陪戎校尉							
从九下	将仕郎	陪戎副尉		内侍省主事(2) 掖庭局教博士(2) 掖庭局监作(4)					

说明：

（1）唐代墓志、碑刻等官衔题名完整的题名顺序依次为：使职[功臣号]、文散、武散、[诸卫将军]、内侍省职官、勋、[爵]、赐服、加衔。但并非每位入仕后的宦官拥有全部头衔。十六卫将军号、加知省事衔，内侍省职事最低为五品，得封爵最低为三品，只有得到皇帝信赖的宦官才可赐鱼袋。有这些头衔者多属中上层宦官。

（2）宦官正式的职官品秩较低，且员额极其有限，无法满足中晚唐时期的政治需要。除适量增加员额外，主要通过两种方式弥补：一种是授予品级较高的诸卫将军、上将军；另一种就是大量增置员外官，即内侍省职官后加"同正员"、"员外"置同正员"等字，表示其身份与正员官相同。

（3）唐代十六卫除左、右卫为左右卫，左右威卫，左右武卫，左右骁卫，左右领军卫，左右金吾卫，左右千牛卫，左右监门卫。除左右千牛卫外，其他卫将军号在墓志材料中均有发现。左、右千牛卫掌宫殿侍卫及供御仪仗，其士兵称千牛备身，掌执御刀宿卫侍从，以高荫子弟年少姿容美丽者补之。此卫士兵成分特殊，中唐以后虽为虚职，亦不授给宦官。

（4）唐代勋官本为酬战功，分为十二转，并不分品。初唐勋官对应的职官等级为"比"，意即"大约等于"。高宗、武则天之后勋级泛滥，普通士兵，百姓甚至商人皆获至高勋，这种对应已无实际意义。宦官获勋，主要是酬劳，在下层宦官中，勋官某种程度上反映其在宫中劳役的年限，地位等，仍有一定的参考价值。监军使等中上层宦官其勋官皆上柱国，为例行性题衔，常被省略不书。

（5）内侍省品内官外，还有大量的流外官。据《唐六典》《旧唐书·职官志》《新唐书·百官志》，主要有：内侍省令史（8），书令史（16），亭长（18），内亭长（6），掌固（8），掖庭局：计史（2），被庭（8），掌固（6），典事（8），书令史（10），典事（8），掌固（4），宫闱局：书令史（3），书令史（6），内阁人（20），内掌扇（16），内给使（无定员），小给使学生（50），掌固（4），奚官局：典事（4），书令史（3，《新唐书》讹作），书童（6），药童（6），药童（4），掌固（2），掌固（8），书吏（2），令史（2），典事（140），内府局：典事（6），书令史（2），书吏（4），掌固（4），太子内坊局：录事（1），令史（3），书令史（5），典事（5），导客舍人（6），闾帅（6），内尚人（8），内给使（无定员），内厩尉（2），亭长（1），掌固（1），驾士（30）。

附表七　唐代宦官封爵表

唐代宦官可合法获得内侍省不同品级的职事官，以及文、武散官，阶官，诸卫将军号（千牛卫将军除外）、勋官和诸多差遣使职。上层宦官可获得不同等级的封爵，食封，其妻也从夫获得国夫人，郡君等封号，食实封户数可减等传诸养子养孙。与服赐制度类似，爵赏制度是宦官集团官僚化、制度化的具体表现。今在前人基础上①，将唐代宦官封爵列表如下：

姓名	爵号	赐爵时间	食邑	职事官	使职	出处
和某	良乡县开国男	永徽四年		内侍		《新见唐铜墓志》〇一七《内侍燮公姜和氏墓志》
张阿难	汶江县开国侯	咸亨二年前		内侍		《金石萃编》卷五八《张阿难碑》

① 《二十五史补编》收录万斯同《唐宦官封爵》表，汉得 14 人，王寿南《唐代官官》也收录《唐代宦官封爵表》，得 37 人，王丽梅、杜文玉《唐代宦官封爵问题探微——兼补〈十五史补编·唐宦官封爵表〉》（《江汉论坛》，2012 年第 3 期），利用出土碑志，增补至近 70 人，然亦有错讹之处。本表在前人基础上修订而来，不同处不一一出注。

续表

姓名	爵号	赐爵时间	食邑	职事官	使职	出处
符凤子	天水县开国子	万岁登封元年	四百户	内给事		《洛阳流散唐代墓志汇编续集》五五《符凤子墓志》
	天水县开国伯	神功元年	五百户	内给事		《洛阳流散唐代墓志汇编续集》五五《符凤子墓志》
杨思勖	弘农郡开国公	开元六年		内侍		《金石萃编》卷八四《内侍省功德碑》
	虢国公	开元十二年		内侍	平五溪覃行章之乱	《旧唐书》卷一八四《杨思勖传》、《汇编》开元五一五《杨思勖墓志》
黎敬仁	上党县开国侯	开元十七年		内侍		《大唐龙角山纪圣铭题名》
苏思勖	常山县开国男	开元十三年	三百户	内侍员外同正		《续集》天宝〇二一《苏思勖墓志》
	常山县开国伯	开元二十三年	七百户	内侍员外同正	检校云韶使	《续集》天宝〇二一《苏思勖墓志》
刘奉进	彭城县开国男	天宝二载	三百户	内侍		《汇编》天宝二一七四《刘智墓志》
王尚客	太原县开国男	天宝七载		内侍		《金石萃编》卷六六《佛顶尊胜陀罗尼神咒经幢》

续表

姓名	爵号	赐爵时间	食邑	职事官	使职	出处
张元忠	雁门郡□	天宝九载		内侍同正		《汇编》天宝二三五《张元忠妻令狐氏墓志》
林招隐	清河县开国侯	天宝九载		内侍		《八琼室金石补正续编》卷三〇《林招隐母张氏墓志》
刘元尚	彭城县开国公	天宝中		内侍	武德、中尚，五作坊使	《汇编》天宝二五《刘元尚墓志》
吴怀实	濮阳郡开国公	天宝十三载	二千户	内侍		新出《吴怀实墓志》
李思艺	赞皇县开国公	天宝十四载	一千户	内侍	兼云韶习艺使	新出《李思艺墓志》
	赵郡公	天宝十四载	二千户	内侍		新出《李思艺墓志》
高力士	渤海郡开国公	开元六年		内侍		《金石萃编》卷八四《内侍省功德碑》
	渤海郡开国侯	开元十七年		内侍		《大唐龙角山纪圣铭题名》
	渤海郡公	天宝初				《册府》卷六六五、卷八〇《帝王部·庆赐门》、《新出唐墓志百种·高力士墓志》

续表

姓名	爵号	赐爵时间	食邑	职事官	使职	出处
李辅国	齐国公	至德元年	食邑三千户	内侍监		《新出唐墓志百种·高力士墓志》
	齐国公	至德二年	加实封三百户		扈从玄宗返京	《新出唐墓志百种·高力士墓志》
	成（郕）国公	至德二年				《旧唐书》卷一〇《肃宗纪》《旧唐书·李辅国传》"成"作"郕"
	博陵郡王	宝应元年	实封一千三百户	司空、中书令		《旧唐书》卷一八四《李辅国传》
程元振	保定县侯	宝应元年七月				《册府》卷六六五《内臣部·恣横门》
	邠国公	宝应元年九月				《旧唐书》卷一一《代宗纪》
马玼	扶风县开国男	宝应二年	三百户	内给事知省事		《西安碑林博物馆新藏墓志续编》一一五《马玼墓志》
程希铨	广平郡开国男	大历初	三百户	内给事	奉使剑南宣慰回	《续集》大历〇二六《程希铨墓志》
杨献庭	华阴县开国子	大历初	五百户	内常侍	朔方军监军	《陕西新见唐朝墓志》一〇七《杨献廷墓志》
孙知古	魏国公	大历初			朔方郭子仪监军	《全唐文》卷三四九《孙常楷神道碑》

续表

姓名	爵号	赐爵时间	食邑	职事官	使职	出处
董秀	魏国公	大历中	实封三百户		枢密使（知枢密）	《续集》元和〇六《董文萼墓志》
鱼朝恩	冯翊郡开国公	永泰元年			观军容使兼处置神策军兵马事，内飞龙厩，弓箭等使	《旧唐书》卷一一《代宗纪》,《中华大藏经》册五五《仁王护国般若罗密多经》卷二,《大正藏》册五五唐贞元续开元释教录》卷上
	郑国公	永泰二年	三千户	内侍监	加判国子监事充鸿胪礼宾等使	《册府》卷六六五《内臣部·恣横门》
	韩国公	大历三年	加实封一百户	内侍监	让国子监，礼宾使	《册府》卷六六五《内臣部·恣横门》
骆奉仙（先）	东阳郡开国公	永泰元年	三千户		朔方仆固怀恩监军	《中华大藏经》册五五《仁王护国般若罗密多经》卷二,《大正藏》册五五《贞元新定释教目录》卷一五
	江国公	大历中	三千户			
第五玄旵	扶风县开国子	大历中	五百户	内谒者监	监李抱玉军守泽潞	《续集》大和一一七《骆明珣墓志》

续表

姓名	爵号	赐爵时间	食邑	职事官	使职	出处
孟游仙	扶风县开国侯	大历末	二千户①	内谒者监	监李抱玉军守陇右	《续集》大历○三三《第五玄昱墓志》
	清河郡开国公	贞元初		知内侍省事	西川监军	《敦煌·巨帙:七至九世纪的唐代物质与器用》所收《孟游仙妻刘氏墓志》
杨良瑶	弘农县开国男	贞元四年	三百户	内给事	奉使黑衣大食归国	《杨良瑶神道碑》
王希迁	太原县开国伯	贞元四年			勾当右神策军使、营幕行营、西街功德使	《大正藏》册五五《贞元新定释教目录》卷一七
丁门雅	谯郡〔开国男〕	贞元中	三百户	内谒者监、内侍省内○正置同正	河中监军	《续集》大和○四七《丁承义墓志》
杨志廉	弘农县开国男	贞元四年	三百户	内给事	灵台监军,抵御吐蕃有功	《续集》元和○○二《杨志廉墓志》
	弘农郡开国公	贞元中	三千户	内常侍	左神策中尉	《续集》元和○○二《杨志廉墓志》

① 墓志题作"食邑二千户",正文中作"进爵开国侯,食邑如故"。此前扶风县开国子食邑为五百户,此二千户疑误。按惯例,县开国男开国子食邑五百户,县开国男三百户,盖其进爵前曾有一次加封食邑,却照录诏书原文之故。

续表

姓名	爵号	赐爵时间	食邑	职事官	使职	出处
焦希超	广平县开国公	贞元中	一千五百户	内侍	左神威军中护军	《续集》会昌〇一九《焦仙芝墓志》
张尚进	清河县开国男	贞元中	三百户	内侍员外同正，兼内谒者监	右神威军中护军	《续集》咸通〇八六《张叔遵墓志》
王隐朝	太原县开国男	贞元中	三百户			《隻伕续集》九三三《王归厚墓志》
霍仙鸣	交城县开国男	贞元十四年	三百户		右神策护军中尉	《大正藏》册一〇《大方广佛华严经》卷四〇题记
窦文场	邠国公	贞元十四年	三千户		左神策护军中尉	《大正藏》册四〇、册五五《贞元新定释教目录》修撰记题名等
朱如玉	吴县开国子	贞元十八年	五百户	内侍员外同正，兼知内侍省事	勾当造幢副使	《金石萃编》卷六六《元惟清书幢》
孙荣义	乐安县开国男	贞元二十年		知内侍省事	右神策护军中尉	《全唐文》卷二四九《孙常楷神道碑》
	乐安县开国公	贞元二十一年	一千五百户		右神策护军中尉	《全唐文》卷二四九《孙常楷神道碑》
吐突承璀	蓟国公	元和中			左神策护军中尉	《新唐书》卷二〇七《吐突承璀传》

续表

姓名	爵号	赐爵时间	食邑	职事官	使职	出处
彭献忠	襄武县开国男	元和中	三百户		左神策护军中尉	《英华》卷九三二《彭献忠神道碑》
牛宝诠	爵位失载	元和中	三百户	宫闱局令		《续集》咸通〇一六《牛维直墓志》
第五从直	武威公				左神策军中尉	《陕西新见唐朝墓志》一九九《第五再宴墓志》
	剡国公	元和六年	三千户	知内侍省	右神策护军中尉	日本石山寺藏古写本《大乘本生心地观经》卷一题记[①]
梁守谦	邠国公	长庆二年	三千户，实封三百户		右神策护军中尉	《汇编》大和〇一二《梁守谦墓志》
王公素	太原县开国男	长庆二年	三百户	内寺伯	湖南监军	《汇编》大中一四八《王公素墓志》
刘弘规	彭城县开国子	长庆初				《续集》大和〇〇五《刘弘规墓志》
	沛国公	长庆中	三千户		左神策护军中尉	李德裕《刘弘规神道碑》

---

① [日]池田温：《中国古代写本识语集录》，第335页。

续表

姓名	爵号	赐爵时间	食邑	职事官	使职	出处
彭希晟	襄阳县开国男	长庆元年	三百户	内常侍	左神策中尉副使	新出《彭希晟墓志》
	襄阳县开国公	宝历元年	二千五百户	内常侍	西川监军	新出《彭希晟墓志》
许遂忠	高阳县开国男	长庆元年	三百户	内侍	右三军辟仗使	《续集》大和〇二四《许遂忠墓志》
	高阳县开国伯	宝历元年	七百户	内侍	河东监军	《续集》大和〇二四《许遂忠墓志》
	高阳郡开国公	宝历二年	二千户	内侍	河东监军	《续集》大和〇二四《许遂忠墓志》
姚存古	长城县开国公	宝历中	一千五百户	内侍少监	天平监军	《续集》大和〇五三《姚存古墓志》
马存亮	岐国公	宝历中	实封三百户		左神策中尉	李德裕《马存亮神道碑》
王守澄		宝历末	实封五百户		右神策护军中尉	《册府》卷六六五《内臣部·恩宠门》
刘渶润	高平郡开国公	大和四年	二千户			《汇编》大和〇三三《刘渶润妻杨氏墓志》

续表

姓名	爵号	赐爵时间	食邑	职事官	使职	出处
刘渶潮	彭城县开国男	长庆三年	三百户	内给事	后坊都知	《续集》会昌〇〇八《刘渶潮墓志》
	彭城县开国子	大和四年	五百户	内常侍	鸿胪礼宾使	
李藏用	陇西郡开国公	大和四年				《宝刻丛编》卷七《左威卫将军李藏用碑》
杨承和	弘农郡开国侯	长庆二年	一千五百户		右神策中尉副使;枢密使	《金石萃编》卷一〇七《邠国公功德铭》
	弘农郡开国公	大和四年	二千户			钱谦益《牧斋有学集》卷四六《唐人新集金刚波若经石刻跋》
段嘉贞	武威县开国子	大和中	五百户	内侍员外同正	福建监军使	《陕西省考古研究院新入藏墓志》一〇九《段嘉贞墓志》
王延义	晋阳郡开国公	大和六年	二千户	内侍		《陕西新见唐朝墓志》一九六《王日政墓志》
仇文义	南安县开国男	大和八年	三百户	内谒者监员外同正	易定监军	《金石萃编》卷七三《大唐北岳府君碑仇文义等题记》
辛广祐	奇章郡开国男	大和八年	三百户	内府局令	易定别敕判官	《金石萃编》卷七三《大唐北岳府君碑仇文义等题记》

续表

姓名	爵号	赐爵时间	食邑	职事官	使职	出处
仇士良	南安县开国男	元和十五年				《英华》卷九三二《仇士良神道碑》
	南安县开国子	长庆二年				《英华》卷九三二《仇士良神道碑》
	南安县开国公	长庆二年				《英华》卷九三二《仇士良神道碑》
	南安郡公	宝历二年		内常侍	凤翔监军征人	《英华》卷九三二《仇士良神道碑》
	楚国公	文宗开成五年	三千户，实封三百户	内侍	右神策护军中尉	《英华》卷九三二《仇士良神道碑》
鱼弘志	韩国公	开成五年			左神策护军中尉	《旧唐书》卷一八上《武宗纪》
李昇荣	陇西郡开国男	大和四年	三百户	内寺伯	左神策护军中尉判官	《续集》会昌〇二九《李昇荣墓志》
	陇西郡开国子	会昌元年	五百户	内寺伯	楼烦监牧使	《续集》会昌〇二九《李昇荣墓志》
师全介	武昌县开国男	会昌元年	三百户	内给事	判仗内宫阊局事	《续集》咸通〇一九《师全介墓志》
王守志	太原县开国子	会昌初	五百户	内给事	陕虢监军	《陕西新见唐朝墓志》——八二《王守志墓志》

续表

姓名	爵号	赐爵时间	食邑	职事官	使职	出处
似先义逸	汝南郡开国公	会昌中	二千户	内常侍兼掖庭局令	弓箭库使致仕	《碑林汇编》二九三《似先义逸墓志》
杨钦义	虢国公	会昌中	三千户，实封一百户		左神策护军中尉	《续集》咸通〇二〇《杨玄略墓志》
焦仙芝	广平县开国男	会昌中	三百户	内寺伯员外同正		《续集》会昌〇一九《焦仙芝墓志》
郗志荣	山阳郡开国公	会昌中	二千户	内侍		新出《郗志荣墓志》
梁匡仁	安定县开国男	大中元年	三百户	内侍		《梁匡仁神道碑》
马元贽	扶风郡开国公	约大和中	二千户，袭实封一百五十户	奚官局令	琼林使	李德裕《马存亮神道碑》
李好古	陇西郡开国公	大中初	二千户	内侍	军器使	新出《李好古墓志》
段归文	武威县开国男	大和中		□□□令员外同正	琼林使	《陕西省考古研究院新入藏墓志》一〇九《段嘉贞墓志》
	武威县开国伯	大中初	七百户		泾原监军	《陇右金石录》卷二《高公佛堂碣》

续表

姓名	爵号	赐爵时间	食邑	职事官	使职	出处
李朝成	成纪县开国侯	大中二年	一千户		西川监军使	《金石萃编》卷六七《李朝成经幢》
刘德训	彭城县开国男	会昌三年	三百户	内给事	福建监军	新出《刘德训墓志》
	彭城县开国子	大中元年五月	五百户		武宗山陵修筑使	新出《刘德训墓志》
	彭城县开国侯	大中元年九月	一千户		祫礼园丘	新出《刘德训墓志》
	彭城郡开国公	大中二年	二千户		懿安太后山陵修筑使	新出《刘德训墓志》
刘遵礼	彭城县开国子	大中二年	五百户	内侍	内庄宅使	《汇编》咸通〇七二《刘遵礼墓志》
王守琦	太原县开国男	大中三年	三百户	内府局丞同正		《汇编》大中〇三二《王守琦墓志》
周元植	汝南郡开国公	大中五年	二千户		凤翔监军	《樊川文集》卷二〇《周元植除凤翔监军制》
刘文幹	彭城县开国男	约大中中	三百户	知内侍省事	魏博监军	新出《刘从实墓志》
刘仕仟	高平县开国男	大中时	三百户	内府局丞		《汇编》大和〇三三《刘汉润妻杨氏墓志》

续表

姓名	爵号	赐爵时间	食邑	职事官	使职	出处
刘仕倜	彭城县开国男	大中时	五百户	内府局令		《汇编》大和〇三三《刘渎消妻杨氏墓志》
刘行立	彭城县开国伯	宝历中		宫闱令		《续集》大和〇〇五《刘弘规墓志》
	彭城郡开国口	大中中		内寺伯		《金石萃编》卷一一四《霍夫人墓志》
吐突士晔	阴山县开国公	大中中	一千五百户		弓箭、军器等使	《樊川文集》卷二〇《吐突士晔妻封邑号制》
宋叔康	广平县开国侯	大中中	一千户		右神策护军中尉	《樊川文集》卷二〇《宋叔康妻封邑号制》
李敬实	陇西县开国男	大中时	三百户	内给事	军器使	《续集》大中〇七八《李敬实墓志》
吴士佪	濮阳县开国男	大中时	三百户	内仆局令		《续集》乾符〇一九《吴全缋墓志》
樊仲文	上党县开国子	大中时	五百户	内府局令员外同正		《长安新出墓志》收录《樊仲文墓志》
王元宥	晋国公	大中七年	三千户		右神策护军中尉	《全唐文补遗》第三辑《王怡政墓志》
王日政	晋阳郡开国公	大中八年	二千户	内侍员外同正		《陕西新见唐朝墓志》一九六《王日政墓志》

续表

姓名	爵号	赐爵时间	食邑	职事官	使职	出处
王怡政	口口开国县男	大中八年	三百户	宫闱令同正		《全唐文补遗》第三辑《王怡政墓志》
第五再襄	武威县开国子	大中十年	五百户，	掖庭局宫教博士员外同正	监左神策军蜀圃	《陕西新见唐朝墓志》一九九《第五再襄墓志》
张仲群	清河县开国男	大中四年	三百户	内仆局令	右神策军副使	新出《张仲群墓志》
	清河县开国子	大中十四年	五百户	内寺伯	内山陵使	新出《张仲群墓志》
	清河郡开国公	咸通初	二千户	内侍知省事	凤翔监军	新出《张仲群墓志》
崔巨崇	清河公	大中十一年				《旧唐书》卷一八下《宣宗纪》
杨玄略	弘农县开国子	大中十二年	五百户	内仆局令	襄阳监军使	《续集》咸通〇二〇《杨玄略墓志》
	弘农县开国伯	咸通元年	七百户	内仆局令	淄青监军致仕	《续集》咸通〇二〇《杨玄略墓志》
	弘农县开国侯	咸通三年	一千户	掖庭局令	已致仕	《续集》咸通〇二〇《杨玄略墓志》
田嗣周	雁门县开国男	咸通中	三百户	内府局丞员外同正	夏合监军	新出《田嗣周墓志》

续表

姓名	爵号	赐爵时间	食邑	职事官	使职	出处
吴德鄘	濮阳县开国子	大中九年		掖庭局令	岭南监军使兼市舶使	《碑林汇编》三二二《吴德鄘墓志》
	濮阳县开国侯	大中十三年		掖庭局令	内弓箭库使	《碑林汇编》三二二《吴德鄘墓志》
	濮阳郡开国公	大中十四年	一千五百户	内常侍	西川监军	《碑林汇编》三二二《吴德鄘墓志》
	濮阳郡开国公	咸通四年	二千户	内常侍	荆南监军	《碑林汇编》三二二《吴德鄘墓志》
刘行深	彭城县开国公	约宝历中		内给事		《续集》大和〇〇五《刘弘规墓志》
	徐国公			内侍监	左神策护军中尉	《汇编》咸通〇七二《刘遵礼墓志》
刘中礼	彭城县开国子	约大中初	五百户		内养	《碑林汇编》三三一《刘中礼墓志》
	彭城县开国伯	咸通初	七百户		右神策军副使	《碑林汇编》三三一《刘中礼墓志》
刘重诲	彭城县开国男	咸通十四年	三百户	内仆局丞	桂州别敕判官	《碑林汇编》三三一《刘中礼墓志》

续表

姓名	爵号	赐爵时间	食邑	职事官	使职	出处
韩文约	梁国公	咸通十四年	三千户，实封四百户		右神策护军中尉	《旧唐书》卷一九下《僖宗纪》,《西市墓志》四四六《韩处章墓志》
刘从兆	彭城县开国男	大中初	三百户	河中监军判官		《刘从兆墓志》（浙大图书馆藏拓片）
刘从兆	彭城县开国伯	乾符初	七百户	内常侍	如京使	《刘从兆墓志》（浙大图书馆藏拓片）
韩处恭	颍川县开国公	乾符三年	一千五百户		宣徽南院使	《西市墓志》四四六《韩处章墓志》
韩处海	颍川县开国子	乾符三年	八百户		小马坊使	《西市墓志》四四六《韩处章墓志》
卫巨论	河东县开国男	乾符中	三百户		陈许监军副使兼蔡州龙陂监牧使	《碑林续编》二一六《卫巨论墓志》
杨复光	弘农郡开国公	僖宗中和三年	三千户		诸道兵马行营都监	《旧唐书》卷一九下《僖宗纪》
田令孜	齐国公	僖宗时			十军观军容使	《旧唐书》卷一九下《僖宗纪》

续表

姓名	爵号	赐爵时间	食邑	职事官	使职	出处
杨复恭	弘农郡开国公	文德元年			十军观军容使	《旧唐书》卷一九下《僖宗纪》
	魏国公	文德元年	加七千户		十军观军容使	《旧唐书》卷一九下《僖宗纪》
吴承泌	濮阳郡开国伯	昭宗初	七百户		宣徽北院使	《汇编》乾宁〇〇五《吴承泌墓志》
	濮阳郡开国侯	景福二年	一千户，实封一百户		枢密使	《汇编》乾宁〇〇五《吴承泌墓志》

说明：1.史料中宦官始赐爵的时间往往较为模糊，如无明确赐爵日期，则记时任某爵的时间。

2.排序一般按时间先后顺序，但宦官任在有增封和改封的问题，为便于查找，同一宦官的封爵前后相继列排，并不完全遵循时代顺序。

3.宦官墓志等石刻史料记主赐爵，有些十分详尽，有些极为简略。另王守澄等宦官，死后爵位被削夺，今已不得详考。受史料局限，今仅存某次赐爵情况，不一定为最高或最终爵位。本表缺漏尚多，仅供研究者参考。霍仙鸣、杨复光等重要权宦，

主要参考文献

一、古籍与出土文献

〔汉〕司马迁:《史记》,北京:中华书局,2014 年。

〔汉〕班固:《汉书》,北京:中华书局,1964 年。

〔唐〕房玄龄等:《晋书》,北京:中华书局,1974 年。

〔刘宋〕范晔:《后汉书》,北京:中华书局,1965 年。

〔北齐〕魏收:《魏书》,北京:中华书局,2017 年。

〔唐〕李延寿:《北史》,北京:中华书局,1974 年。

〔唐〕魏徵、令狐德棻:《隋书》,北京:中华书局,2019 年。

〔五代〕刘昫等:《旧唐书》,北京:中华书局,1975 年。

〔宋〕欧阳修、宋祁:《新唐书》,北京:中华书局,1975 年。

〔宋〕薛居正等:《旧五代史》,北京:中华书局,2015 年。

〔宋〕欧阳修等:《新五代史》,北京:中华书局,2015 年。

〔元〕脱脱等:《宋史》,北京:中华书局,1978 年。

〔宋〕司马光等:《资治通鉴》,北京:中华书局,2011 年。

〔宋〕李焘:《续资治通鉴长编》,北京:中华书局,2004 年。

〔明〕王祎:《大事记续编》,影印文渊阁《四库全书》本第 334 册,台北:台湾商务印书馆,1986 年。

〔唐〕李林甫等撰,陈仲夫点校:《唐六典》,北京:中华书局,1992 年。

〔唐〕林宝撰,岑仲勉校注:《元和姓纂四校记》,北京:中华书局,

1994 年。

〔唐〕李肇：《翰林志》，《丛书集成初编》本，北京：中华书局，1985 年。

〔唐〕杜佑撰，王文锦等点校：《通典》，北京：中华书局，1988 年。

〔唐〕樊绰撰，赵吕甫校释：《云南志校释》，北京：中国社会科学出版社，1985 年。

〔唐〕长孙无忌等撰，刘俊文点校：《唐律疏议》，北京：中华书局，1983 年。

〔宋〕曾公亮撰，郑诚整理：《武经总要前集》，长沙：湖南科学技术出版社，2017 年。

〔宋〕王存：《元丰九域志》，影印文渊阁《四库全书》本第 471 册。

〔宋〕王溥：《唐会要》，上海：上海古籍出版社，2006 年。

〔宋〕王溥：《五代会要》，上海：上海古籍出版社，2006 年。

〔宋〕宋敏求编：《唐大诏令集》，北京：中华书局，2008 年。

〔宋〕程大昌撰，黄永年点校：《雍录》，北京：中华书局，2002 年。

〔宋〕郑樵：《通志》，北京：中华书局，1987 年。

〔元〕马端临：《文献通考》，北京：中华书局，1986 年。

〔清〕顾祖禹撰，贺次君、施和金点校：《读史方舆纪要》，北京：中华书局，2005 年。

〔清〕《陕西通志》（雍正十三年），影印文渊阁《四库全书》本第 551 册，1986 年。

〔清〕《甘肃通志》（乾隆元年），影印文渊阁《四库全书》本第 557 册。

〔清〕《福建通志》（乾隆二年），影印文渊阁《四库全书》本第 529 册。

〔清〕《大清一统志》（乾隆二十九年），影印文渊阁《四库全书》本第 476 册。

〔唐〕白居易撰，朱金城笺校：《白居易集笺校》，上海：上海古籍出版社，1988 年。

〔唐〕杜牧撰,陈允吉校注:《樊川文集》,上海:上海古籍出版社, 2009 年。

〔唐〕韩愈撰,马其昶校注:《韩昌黎文集校注》,上海:上海古籍出版社,2014 年。

〔唐〕李翱撰,赫润华、杜学林校注:《李翱文集校注》,北京:中华书局,2021 年。

〔唐〕李德裕撰,傅璇琮、周建国校笺:《李德裕文集校笺》,北京:中华书局,2018 年。

〔唐〕李商隐撰,〔清〕冯浩详注,钱振伦、钱振常笺注:《樊南文集》,上海:上海古籍出版社,2015 年。

〔唐〕刘禹锡撰,瞿蜕园笺证:《刘禹锡集笺证》,上海:上海古籍出版社,1989 年。

〔唐〕柳宗元撰,吴文治校注:《柳宗元集》,北京:中华书局,1979 年。

〔唐〕陆贽撰,王素点校:《陆贽集》,北京:中华书局,2006 年。

〔唐〕权德舆撰,郭广伟点校:《权德舆诗文集》,上海:上海古籍出版社,2008 年。

〔唐〕沈亚之撰,肖占鹏、李勃洋校注:《沈下贤集校注》,天津:南开大学出版社,2003 年。

〔唐〕元稹撰,冀勤点校:《元稹集》,北京:中华书局,2010 年。

〔唐〕张九龄撰,熊飞校注:《张九龄集校注》,北京:中华书局,2008 年。

〔宋〕欧阳修:《欧阳修全集》,北京:中国书店,1986 年。

〔唐〕杜光庭撰,罗争鸣辑校:《杜光庭记传十种辑校》,北京:中华书局,2013 年。

〔唐〕范摅撰,唐雯校笺:《云溪友议校笺》,北京:中华书局,2017 年。

〔唐〕李绛撰,〔唐〕蒋偕辑:《李相国论事集》,《丛书集成初编》本。

〔唐〕康骈编:《剧谈录》,上海:古典文学出版社,1958 年。

〔唐〕刘轲：《牛羊日历》，收于〔清〕缪荃孙编：《藕香零拾》，北京：中华书局，1999 年。

〔唐〕李肇撰，聂清风校注：《唐国史补校注》，北京：中华书局，2021 年。

〔唐〕刘肃撰，许德楠、李鼎霞点校：《大唐新语》，北京：中华书局，1984 年。

〔唐〕裴庭裕撰，田廷柱点校：《东观奏记》，北京：中华书局，1994 年。

〔唐〕阙名撰，夏婧点校：《新辑玉泉子》，北京：中华书局，2014 年。

〔唐〕苏鹗：《杜阳杂编》，《丛书集成初编》本。

〔唐〕姚汝能撰，曾贻芬点校：《安禄山事迹》，北京：中华书局，2006 年。

〔唐〕张固撰，罗宁点校：《幽闲鼓吹》，北京：中华书局，2019 年。

〔唐〕赵璘：《因话录》，上海：上海古籍出版社，1957 年。

〔唐〕赵元一撰，夏婧点校：《奉天录》，北京：中华书局，2014 年。

〔唐〕佚名撰，罗宁点校：《大唐传载》，北京：中华书局，2019 年。

〔五代〕孙光宪撰，贾二强校注：《北梦琐言》，北京：中华书局，2002 年。

〔五代〕王定保撰，黄寿成点校：《唐摭言》，西安：三秦出版社，2011 年。

〔五代〕尉迟偓撰，夏婧点校：《中朝故事》，北京：中华书局，2014 年。

〔宋〕晁载之：《续谈助》，《丛书集成初编》本。

〔宋〕计有功撰，王仲镛校笺：《唐诗纪事校笺》，成都：巴蜀书社，1989 年。

〔宋〕洪迈：《容斋随笔》，北京：中华书局，2015 年。

〔宋〕普济撰，苏渊雷点校：《五灯会元》，北京：中华书局，1984 年。

〔宋〕钱易撰，黄寿成点校：《南部新书》，北京：中华书局，2002 年。

〔宋〕王观国撰，田瑞娟点校：《学林》，北京：中华书局，1988 年。

〔宋〕王谠撰，周勋初校证：《唐语林校证》，北京：中华书局，1987 年。

〔宋〕徐度：《却扫编》，上海：上海古籍出版社，2012 年。

〔宋〕王应麟撰，〔清〕翁元圻等注，栾保群、田松青、吕宗力点校：《困学纪闻》，上海：上海古籍出版社，2008 年。

〔宋〕叶梦得撰,侯忠义点校:《石林燕语》,北京:中华书局,1984 年。

〔宋〕曾慥编:《类说》,上海:上海古籍出版社,1993 年。

〔宋〕赞宁撰,范祥雍点校:《宋高僧传》,上海:上海古籍出版社,2017 年。

〔明〕刘若愚撰,冯宝琳点校:《酌中志》,北京:北京出版社,2018 年。

〔日〕圆仁撰,〔日〕小野胜年校注,白化文等修订:《入唐求法巡礼行记校注》,石家庄:花山文艺出版社,1992 年。

〔宋〕李昉等编:《太平广记》,北京:中华书局,1961 年。

〔宋〕李昉等编:《文苑英华》,北京:中华书局,1966 年。

〔宋〕李昉等编:《太平御览》,北京:中华书局,1960 年。

〔宋〕乐史等编,王文楚等点校:《太平寰宇记》,北京:中华书局,2007 年。

〔宋〕王钦若等编:《册府元龟》,北京:中华书局,1960 年。

〔宋〕王应麟编:《玉海》,扬州:广陵书社,2016 年。

〔清〕董诰等编:《全唐文》,北京:中华书局,1983 年。

〔清〕彭定求等编:《全唐诗》,北京:中华书局,1960 年。

吴钢主编:《全唐文补遗》,第一辑、第三辑、第五辑、第八辑,西安:三秦出版社,1994 年、1997 年、1998 年、2005 年。

陈尚君辑校:《全唐文补编》,北京:中华书局,2005 年。

〔宋〕晁公武撰,孙猛校证:《郡斋读书志校证》,上海:上海古籍出版社,1990 年。

〔宋〕陈振孙:《直斋书录解题》,上海:上海古籍出版社,1987 年。

〔宋〕范祖禹:《唐鉴》,西安:三秦出版社,2003 年。

〔宋〕吕夏卿:《唐书直笔》,《丛书集成初编》本。

〔清〕李慈铭:《越缦堂读书记》,上海:上海书店,2000 年。

〔清〕王夫之:《读通鉴论》,北京:中华书局,1975 年。

〔清〕王鸣盛:《十七史商榷》,上海:上海书店,2005 年。

〔宋〕陈思编:《宝刻丛编》,杭州:浙江古籍出版社,2012 年。

〔清〕王昶编:《金石萃编》,清光绪癸巳年(1893)上海宝善石印本。

张维:《陇右金石录》,新文丰出版公司编:《石刻史料新编》,台北:新
　　文丰出版公司,1982 年。

周绍良、赵超主编:《唐代墓志汇编》,上海:上海古籍出版社,1992 年。

李献奇、郭引强编著《洛阳新获墓志》,北京:文物出版社,1996 年。

唐长孺主编:《吐鲁番出土文书》图录本,第肆册,北京:文物出版社,
　　1996 年。

中国文物研究所、陕西省古籍整理办公室编:《新中国出土墓志·陕西
　　(贰)》,北京:文物出版社,2003 年。

周绍良、赵超主编:《唐代墓志汇编续集》,上海:上海古籍出版社,
　　2001 年。

赵力光主编:《西安碑林博物馆新藏墓志汇编》,北京:线装书局,
　　2007 年。

荣新江、李肖、孟宪实主编:《新获吐鲁番出土文献》,北京:中华书局,
　　2008 年。

赵文成、赵君平编选:《新出唐墓志百种》,杭州:西泠印社出版社,
　　2010 年。

西安市长安博物馆编:《长安新出墓志》,北京:文物出版社,2011 年。

赵君平、赵文成主编:《秦晋豫新出土墓志蒐佚》,北京:国家图书馆出
　　版社,2011 年。

胡戟、荣新江主编:《大唐西市博物馆藏墓志》,北京:北京大学出版社,
　　2012 年。

齐运通主编:《洛阳新获七朝墓志》,北京:中华书局,2012 年。

周阿根：《五代墓志汇考》，合肥：黄山书社，2012 年。

毛阳光、余扶危主编：《洛阳流散唐代墓志汇编》，北京：国家图书馆出版社，2013 年。

赵力光主编：《西安碑林博物馆新藏墓志续编》，西安：陕西师范大学出版社，2014 年。

赵君平、赵文成编：《秦晋豫新出土墓志蒐佚续编》，北京：国家图书馆出版社，2015 年。

西安市文物稽查队编：《西安新获墓志集萃》，北京：文物出版社，2016 年。

齐运通、杨建锋主编：《洛阳新获墓志二〇一五》，北京：中华书局，2017 年。

陕西历史博物馆编：《风引薤歌：陕西历史博物馆藏墓志萃编》，西安：陕西师范大学出版社，2017 年。

北京大学图书馆金石组胡海帆、汤燕编：《1996—2017 北京大学图书馆新藏金石拓本菁华（续编）》，北京：北京大学出版社，2018 年。

毛阳光主编：《洛阳流散唐代墓志汇编续集》，北京：国家图书馆出版社，2018 年。

陕西省考古研究院编：《陕西省考古研究院新入藏墓志》，上海：上海古籍出版社，2019 年。

深圳博物馆、深圳望野博物馆编：《煌煌·巨唐：七至九世纪的唐代物质与器用》，北京：文物出版社，2019 年。

张永华、赵文成、赵君平编：《秦晋豫新出墓志蒐佚三编》，北京：国家图书馆出版社，2020 年。

王连龙编撰：《南北朝墓志集成》，上海：上海人民出版社，2021 年。

故宫博物院、陕西省考古研究院编：《新中国出土墓志·陕西（肆）》，北京：文物出版社，2021 年。

刘文、杜镇编著：《陕西新见唐朝墓志》，西安：三秦出版社，2022 年。

何如月、王勇超编著：《石墨镌华：关中民俗艺术博物院收藏碑志集
　释》，西安：陕西师范大学出版社，2023 年。

二、工具书

〔清〕吴廷燮：《唐方镇年表》，北京：中华书局，1980 年。
〔清〕徐松撰，孟二冬补正：《登科记考补正》，北京：燕山出版社，
　2003 年。
〔清〕徐松撰，李建超增订：《增订唐两京城坊考（修订本）》，西安：三秦
　出版社，2006 年。
胡戟、张弓、李斌城、葛承雍主编：《二十世纪唐研究》，北京：中国社会
　科学出版社，2002 年。
严耕望：《唐仆射丞郎表》，北京：中华书局，2007 年。
郁贤皓：《唐刺史考全编（增订本）》，南京：凤凰出版社，2022 年。
中国历史地图集编辑组：《中国历史地图集（隋唐五代十国时期）》，北
　京：中国地图出版社，1982 年。
〔日〕气贺泽保规编：《新编唐代墓志所在总合目录》，东京：汲古书院，
　2017 年。

三、中文论著

卞孝萱：《元稹年谱》，济南：齐鲁书社，1980 年。
卞孝萱：《刘禹锡丛考》，成都：巴蜀书社，1988 年。
岑仲勉：《府兵制度研究》，上海：上海人民出版社，1957 年。
岑仲勉：《隋唐史》，上海：上海古籍出版社，2020 年。
岑仲勉：《郎官石柱题名新考订（外三种）》，北京：中华书局，2004 年。
岑仲勉：《通鉴隋唐纪比事质疑》，北京：中华书局，1964 年。

陈明光:《汉唐财政史论》,长沙:岳麓书社,2003 年。

陈寅恪:《金明馆丛稿初编》,北京:三联书店,2015 年。

陈寅恪:《金明馆丛稿二编》,北京:三联书店,2015 年。

陈寅恪:《唐代政治史述论稿(外二种)》,北京:三联书店,2015 年。

陈仲安、王素:《汉唐职官制度研究》,北京:中华书局,1993 年。

戴显群:《唐五代政治中枢研究》,厦门:厦门大学出版社,2001 年。

杜文玉:《大明宫研究》,北京:中国社会科学出版社,2015 年。

丁鼎:《牛僧孺年谱》,沈阳:辽海出版社,1997 年。

冻国栋:《中国中古经济与社会史论稿》,武汉:湖北教育出版社,
　　2005 年。

费孝通、吴晗:《皇权与绅权》,上海:华东师范大学出版社,2015 年。

傅璇琮:《李德裕年谱》,石家庄:河北教育出版社,2003 年。

葛承雍:《唐代国库制度》,西安:三秦出版社,1990 年。

谷霁光:《府兵制度考释》,北京:中华书局,2011 年。

韩国磐:《隋唐五代史纲》,北京:人民出版社,1979 年。

何先成:《唐代神策军与神策中尉研究》,北京:中国社会科学出版社,
　　2021 年。

胡可先:《中唐政治与文学——以永贞革新为研究中心》,合肥:安徽大
　　学出版社,2000 年。

胡如雷:《唐末农民战争》,北京:中华书局,1979 年。

黄楼:《唐宣宗大中政局研究》,天津:天津古籍出版社,2012 年。

黄楼:《碑志与唐代政治史论稿》,北京:科学出版社,2017 年。

黄日初:《唐代文宗武宗两朝中枢政局探研》,济南:齐鲁书社,
　　2015 年。

黄永年:《文史探微》,北京:中华书局,2000 年。

黄永年:《六至九世纪中国政治史》,上海:上海书店出版社,2004 年。

黄正建编:《中晚唐社会与政治研究》,北京:中国社会科学出版社,

2006 年。

侯外庐：《中国思想通史》，北京：人民出版社，1959 年。

贾志刚：《唐代军费问题研究》，北京：中国社会科学出版社，2006 年。

翦伯赞编：《中国史纲要》，北京：人民出版社，1995 年。

李碧妍：《危机与重构——唐帝国及其地方诸侯》，北京：北京师范大学
　　出版社，2015 年。

李鸿宾：《唐朝朔方军研究——兼论唐廷与西北诸族的关系及其演
　　变》，长春：吉林人民出版社，2000 年。

李华瑞：《"唐宋变革论"的由来与发展》，天津：天津古籍出版社，
　　2010 年。

李剑国：《唐五代志怪传奇叙录（增订本）》，北京：中华书局，2017 年。

李锦绣：《唐代财政史稿》，北京：北京大学出版社，2001 年。

李全德：《唐宋变革期枢密院研究》，北京：国家图书馆出版社，
　　2009 年。

刘玉峰：《唐德宗评传》，济南：齐鲁书社，2002 年。

卢向前：《唐代政治经济史综论——甘露之变研究及其它》，北京：商务
　　印书馆，2012 年。

陆扬：《清流文化与唐帝国》，北京：北京大学出版社，2016 年。

吕思勉：《隋唐五代史》，上海：上海古籍出版社，2020 年。

马良怀：《士人、皇帝、宦官》，长沙：岳麓书社，2003 年。

毛蕾：《唐代翰林学士》，北京：社会科学文献出版社，2000 年。

宁志新：《隋唐使职制度研究（农牧工商编）》，北京：中华书局，
　　2005 年。

仇鹿鸣：《长安与河北之间：中晚唐的政治与文化》，北京：北京师范大
　　学出版社，2018 年。

任士英：《唐代玄宗肃宗之际的中枢政局》，北京：社会科学文献出版
　　社，2003 年。

石云涛:《唐代幕府制度研究》,北京:中国社会科学出版社,2003 年。

唐长孺:《唐书兵志笺正》,北京:中华书局,2011 年。

唐长孺:《山居存稿》,北京:中华书局,2011 年。

唐长孺:《魏晋南北朝隋唐史三论》,北京:中华书局,2011 年。

田余庆:《东晋门阀政治》,北京:北京大学出版社,2012 年。

王守栋:《唐代宦官政治》,北京:中国社会科学出版社,2009 年。

王炎平:《牛李党争》,西安:西北大学出版社,1996 年。

王仲荦:《隋唐五代史》,上海:上海人民出版社,1988 年。

汪篯:《汪篯汉唐史论稿》,北京:北京大学出版社,2017 年。

卫建林:《明代宦官政治》,石家庄:花山文艺出版社,1997 年。

辛德勇:《隋唐两京丛考》,西安:三秦出版社,1990 年。

谢元鲁:《唐代中央政权决策研究》,北京:文津出版社,1992 年。

吴宗国:《唐代科举制度研究》,沈阳:辽宁大学出版社,1992 年。

杨鸿年:《隋唐两京考》,武汉:武汉大学出版社,2005 年。

余华青:《中国宦官制度史》,上海:上海人民出版社,2006 年。

袁刚:《隋唐中枢体制的发展演变》,台北:文津出版社,1994 年。

张采田:《玉谿生年谱会笺》,上海:上海古籍出版社,1983 年。

张国刚:《唐代藩镇研究》,长沙:湖南教育出版社,1987 年。

张国刚:《唐代政治制度研究论集》,台北:文津出版社,1994 年。

章士钊:《柳文指要》,上海:文汇出版社,2000 年。

章太炎:《章太炎全集·太炎文录初编》,上海:上海人民出版社,
　2014 年。

张泽咸:《唐五代赋役史草》,北京:中华书局,1986 年。

赵和平:《敦煌表状笺启书仪辑校》,南京:江苏古籍出版社,1997 年。

赵和平:《赵和平敦煌书仪研究》,上海:上海古籍出版社,2011 年。

淡江大学中文系编:《晚唐的社会与文化》,台北:学生书局,1990 年。

甘怀真:《皇权、礼仪与经典诠释:中国古代政治史研究》,台北:台湾大学出版社,2004 年。

何永成:《唐代神策军研究——兼论神策军与中晚唐政局》,台北:台湾商务印书馆,1990 年。

李树桐:《唐史研究》,台北:台湾中华书局,1979 年。

毛汉光:《中国中古社会史论》,上海:上海书店出版社,2002 年。

王寿南:《唐代宦官权势之研究》,台北:正中书局,1971 年。

王寿南:《唐代藩镇与中央关系之研究》,台北:大化书局,1978 年。

王寿南:《唐代的宦官》,台北:台湾商务印书馆,2004 年。

严耕望:《唐代交通图考》,上海:上海古籍出版社,2007 年。

章群:《唐代蕃将研究》,台北:联经出版事业公司,1986 年。

张荣芳:《唐代京兆尹研究》,台北:学生书局,1987 年。

赵雨乐:《唐宋变革期军政制度史研究(一)——三班官制之演变》,台北:文史哲出版社,1993 年。

赵雨乐:《唐宋变革期之军政制度——官僚机构与等级之编成》,台北:文史哲出版社,1994 年。

周道济:《汉唐宰相制度》,台北:大化书局,1978 年。

〔美〕包弼德:《斯文:唐宋思想的转型》,南京:江苏人民出版社,2001 年。

〔英〕崔瑞德编:《剑桥中国隋唐史》,北京:中国社会科学出版社,1990 年。

〔日〕川胜义雄:《六朝贵族制社会研究》,上海:上海古籍出版社,2007 年。

〔日〕宫崎市定:《九品官人法研究:科举前史》,北京:中华书局,2008 年。

〔日〕加藤繁:《中国经济史考证》,北京:中华书局,2012 年。

〔日〕西嶋定生:《中国古代帝国的形成与结构——二十等爵制研究》，北京:中华书局,2004 年。

四、中文论文

保全:《唐重修内侍省碑出土记》,《考古与文物》,1983 年第 4 期。

包诗卿:《明代宦官教育新析》,《史学月刊》,2013 年第 10 期。

卞孝萱:《唐宋申锡冤案研究》,《扬州大学学报(人社版)》,2001 年第 3 期。

蔡振雄:《试论唐代的纵横之风》,《江西社会科学》,2000 年第 8 期。

曹龙:《唐神策步军使李孝恭及夫人游氏墓志考释》,《文博》,2012 年第 6 期。

陈根远:《李良仅墓志考释质疑》,《文博》,1999 年第 3 期。

陈仲安:《唐代的使职差遣制度》,《武汉大学学报(人文科学版)》,1963 年第 1 期。

陈仲安:《唐代后期的宦官世家》,《唐史学会论文集(1986)》,西安:陕西人民出版社,1986 年。

程章灿:《拓本聚瑛:芝加哥富地博物馆藏中国石刻拓本述论》,《中国文化研究》,2012 年第 3 期。

戴显群:《唐五代假子制度的历史根源》,《人文杂志》,1989 年第 6 期。

戴显群:《唐代的枢密使》,《中国史研究》,1998 年第 3 期。

戴显群:《唐五代假子制度的类型及其相关的问题》,《福建师范大学学报》,2000 年第 3 期。

丁鼎:《李逢吉与牛僧孺关系考论——兼论牛、李两党的划分标准》,《人文杂志》,1993 年第 3 期。

冻国栋:《罗隐吴公约神道碑所见唐末之杭州八都》,《魏晋南北朝隋唐史资料》第 15 辑,1997 年。

冻国栋：《跋武昌阅马场五代吴墓所出之"买地券"》,《魏晋南北朝隋唐史资料》第 21 辑,2004 年。

冻国栋、黄楼：《唐宦官集团与大中政局》,《武汉大学学报(人文科学版)》,2005 年第 4 期。

冻国栋、黄楼：《唐德宗贞元末皇位之争考辨》,《唐代国家与地域社会研究：中国唐史学会第十届年会论文集》,上海：上海古籍出版社,2008 年。

杜文玉：《唐代宦官的文化素质与思维观念》,《河南师范大学学报(哲社版)》,1997 年第 6 期。

杜文玉：《唐代长安的宦官住宅与坟茔分布》,《中国历史地理论丛》,1997 年第 4 期。

杜文玉：《高力士家族及其源流》,《唐研究》第 4 卷,1998 年。

杜文玉：《唐代宦官世家考述》,《陕西师范大学学报(哲社版)》,1998 年第 2 期。

杜文玉：《唐代宦官的籍贯分布》,《中国历史地理论丛》,1998 年第 1 辑。

杜文玉：《唐代内诸司使考略》,《陕西师范大学学报(哲社版)》,1999 年第 3 期。

杜文玉：《唐代宦官刘光琦家族考》,《陕西师范大学学报(哲社版)》,2000 年第 3 期。

杜文玉：《唐代宦官婚姻及其内部结构》,《学术月刊》,2000 年第 6 期。

杜文玉：《唐代权阉杨氏家族考》,《'98 法门寺唐文化国际学术讨论会论文集》,西安：陕西人民出版社,2000 年。

杜文玉：《关于唐内诸司使与威远军使研究的几个问题》,《河北学刊》,2011 年第 3 期。

杜文玉：《唐代权阉杨玄价夫人党氏墓志铭考略》,《唐史论丛》第 14 辑,2012 年。

杜文玉:《唐代宦官〈孙子成墓志铭〉考释——以文直省、步驿使的考释为中心》,《唐史论丛》第 18 辑,2014 年。

杜文玉:《唐代吴氏宦官家族研究》,《唐史论丛》第 20 辑,2015 年。

杜文玉:《唐代宦官刘弘规家族世系考述》,《唐史论丛》第 21 辑,2015 年。

杜文玉:《唐代王氏宦官家族世系考》,本书编委会编:《敦煌吐鲁番文书与中古史研究——朱雷先生八秩荣诞祝寿集》,上海:上海古籍出版社,2016 年。

杜文玉:《唐代宦官梁守谦家族世系考》,《唐史论丛》第 22 辑,2016 年。

杜文玉:《唐代冰井使考略》,《唐史论丛》第 25 辑,2017 年。

杜文玉:《唐代宦官柏玄楚墓志考释》,《唐史论丛》第 28 辑,2019 年。

杜文玉、赵水静:《从新出〈刘德训墓志〉看晚唐的几个问题》,《山西大学学报》(哲社版),2019 年第 5 期。

杜文玉:《宦官家族的建构与唐后期政治研究》,《江西社会科学》,2019 年第 12 期。

杜文玉:《唐故宣徽使梁公夫人刘氏墓志考释》,《唐史论丛》第 30 辑,2020 年。

樊文礼:《安史之乱以后的藩镇形势和唐代宗朝的藩镇政策》,中国唐史学会第六届年会学术论文,1995 年。

方积六:《论唐代河朔三镇的长期割据》,《中国史研究》,1984 年第 1 期。

方积六:《唐代河朔三镇"胡化"说辨析》,《纪念陈寅恪教授国际学术讨论会文集》,广州:中山大学出版社,1989 年。

冯辉:《论唐代的宦官政治》,《求是学刊》,1987 年第 4 期。

冯金忠:《〈新唐书·地理志〉诸道"军"补遗》,《文史》,2003 年第 3 辑。

傅璇琮:《唐德宗朝翰林学士传》,《文史》,2005 年第 3 辑。

傅璇琮:《论唐代进士的出身及唐代科举取士中寒士与子弟之争》,
　《中华文史论丛》第 2 辑,1984 年。

贾宪保:《论中晚唐的中枢体制》,《陕西师范大学学报》,1985 年第
　4 期。

贾宪保:《唐代枢密使考略》,《唐史论丛》第 2 辑,1987 年。

景亚鹂:《唐代宦官奉佛思想谈微——以西安碑林馆藏墓志为例》,
　《陕西师范大学学报(哲社版)》,2010 年第 1 期。

郭绍林:《唐宣宗复兴佛教再认识》,《洛阳师专学报(社科版)》,1990
　年第 3 期。

韩国磐:《唐朝的科举制度与朋党之争》,《厦门大学学报(文史版)》,
　1954 年第 1 期。

何灿浩:《李逢吉党属小考》,《宁波师院学报》,1985 年第 1 期。

何灿浩:《"甘露之变"性质的探析》,《宁波师院学报(社科版)》,1990
　年第 1 期。

何灿浩:《试论唐代中后期君主对宦官之策的特点及其原因——兼析
　唐代宦官专权长期存续的原因》,《宁波师院学报(社科版)》,1992
　年第 1 期。

何敦铧:《唐代宦官集团势力及其在藩镇监军的影响》,《中国唐史学
　会论文集(1989)》,西安:三秦出版社,1989 年。

何汝泉:《唐代使职的产生》,《西南师范大学学报》,1987 年第 1 期。

何勇强:《唐末两浙的武勇都与武勇都之乱》,《中国史研究》,1999 年
　第 3 期。

黄纯艳:《经济制度变迁与唐宋变革》,《文史哲》,2005 年第 1 期。

黄楼:《〈平淮西碑〉再探讨》,《魏晋南北朝隋唐史资料》第 23 辑,
　2006 年。

黄楼:《〈进岭南王馆市舶使院图表〉撰者及制作年代考——兼论唐代

市舶使职掌及其演变等相关问题》,《中山大学学报（社会科学版）》,2009 年第 2 期。

黄楼:《论唐德宗贞元年间神策军的六军化》,《中国史学》(日本)第 23 卷,2013 年。

黄楼:《唐代神策军建中四年汝州"扈涧之败"史实考辨》,《唐史论丛》第 20 辑,2015 年。

黄楼:《陪葬昭陵的两位宦官将军考略——兼论初唐宦官的来源及其影响》,《出土文献研究》第 20 辑,上海:中西书局,2021 年。

黄楼:《兴福寺半截碑考微》,《魏晋南北朝隋唐史资料》第 45 辑,2022 年。

黄寿成:《唐代河北地区神策行营城镇考》,《中国历史地理论丛》,2004 年第 6 期。

黄永年:《所谓"永贞革新"》,《青海社会科学》,1986 年第 5 期。

黄永年:《唐代的宦官》,《中国史研究》,1988 年第 6 期。

黄永年:《唐元和后期党争与宪宗之死》,《中华文史论丛》第 49 辑,1992 年。

姬乃军、范建国:《唐李良墓志铭考释》,《考古与文物》,1996 年第 1 期。

贾志刚:《从唐代墓志再析十将》,《'98 法门寺唐文化国际学术讨论会论文集》,西安:陕西人民出版社,2000 年。

贾志刚:《唐代藩镇供军案例解析——以〈夏侯昪墓志〉为中心》,《中国社会经济史研究》,2011 年第 4 期

姜维公:《唐宣宗死因辨析》,《长春师院学报》,2000 年第 1 期。

姜维公:《唐懿宗身份辨析》,《长春师院学报》,2000 年第 6 期。

雷家骥:《试论都督制之渊源及早期发展》,《魏晋南北朝隋唐史资料》第 35 辑,2017 年。

李丹婕:《从仆到臣——玄肃时代宦官群体角色的转型》,《中国典籍

与文化》,2010 年第 2 期。

李鸿宾:《唐代枢密使考略》,《文献》,1991 年第 9 期。

李鸿宾:《唐朝后期的朔方军与西北防边格局的转变——以德、顺、宪三朝为例》,《唐研究》第 5 卷,1999 年。

李华瑞:《20 世纪中国唐宋变革观研究述评》,《史学理论研究》,2003 年第 4 期。

李锦绣:《唐长安大明宫西夹城内出土封泥研究——兼论唐后期的口味贡》,《中华文史论丛》第 59 辑,1999 年。

李锦绣:《从波斯胡伊娑郝银铤看唐代海外贸易管理》,《暨南史学》第 8 辑,2013 年。

李全德:《从宦官到文臣:唐宋时期枢密院的职能演变与长官人选》,《唐研究》第 11 卷,2005 年。

李瑞华:《唐代宦官供奉官考》,《南都学坛》,2016 年第 5 期。

李志贤:《唐建中初年财政改革与党争关系新探》,《中国社会经济史研究》,1999 年第 2 期。

林文勋:《商品经济与唐宋社会变革》,《中国经济史研究》,2004 年第 1 期。

柳立言:《何谓"唐宋变革"?》,《中华文史论丛》,2006 年第 1 辑。

刘光帅、马国良:《〈唯诚墓志〉考略》,《大学书法》,2022 年第 4 期。

刘运承:《唐代牛李党争性质辨析》,《史林》,1986 年第 3 期。

刘真伦:《韩愈顺宗实录考实》,《四川师范大学学报(社科版)》,1996 年第 3 期。

卢向前:《"惜训恶郑"与时人心态——甘露事件研究之三》,《唐研究》第 6 卷,2000 年。

卢向前:《卢从史出兵山东与唐宪宗用兵河朔三镇之关系》,《中华文史论丛》,2007 年第 3 辑。

陆扬:《从碑志资料看 9 世纪唐代政治中的宦官领袖——以梁守谦和

刘弘规为例》,《文史》,2010 年第 4 辑。

吕博:《头饰背后的政治史:从"武家诸王样"到"山子军容头"》,《历史研究》,2016 年第 4 期。

马良怀:《中国宦官制度生存原因试探》,《中国史研究》,1992 年第 3 期。

孟彦弘:《唐前期的兵制与边防》,《唐研究》第 1 卷,1995 年。

宁欣:《唐代的"给使小儿"》,朱凤玉、汪娟编:《张广达先生八十华诞祝寿论文集》,台北:新文丰出版公司,2010 年。

宁欣:《唐朝巡院及其在唐后期监察体系中的作用和地位》,《北京师范学院学报》,1989 年第 6 期。

宁志新:《说唐初"元从禁军"》,《河北师范学院学报》,1989 年第 3 期。

牛志平:《唐宦官年表》,《唐史论丛》第 2 辑,1987 年。

潘巧玲:《"甘露之变"发微》,《陕西师范大学学报》,1995 年第 3 期。

裴书研、杨双榕:《新出唐张仲群墓志考释》,《古文献整理研究》第 6 辑,2021 年。

彭铁翔:《唐建中时期的"泾原兵变"性质考辨》,《武汉师范学院学报》,1982 年第 6 期。

齐陈骏、陆庆夫:《唐代宦官述论》,《中国史研究》,1984 年第 1 期。

齐陈骏、冯培红:《晚唐五代宋初归义军政权中"十将"及下属诸职考》,兰州大学敦煌学研究所:《敦煌归义军史专题研究》,兰州:兰州大学出版社,1997 年。

齐勇锋:《唐中叶的削藩措置及其作用》,《陕西师范大学学报(哲社版)》,1985 年第 1 期。

齐勇锋:《唐后期的北衙六军、飞龙、金吾、威远和皇城将士》,《河北学刊》,1989 年第 2 期。

尚民杰:《唐墓志中所见宦官诸使及相关问题的探讨》,《唐研究》第 17 卷,2011 年。

宋强刚：《唐代藩镇研究述略》，《中国史研究动态》，1989 年第 11 期。

孙昌武：《唐代的宦官与佛教》，袁行霈编：《国学研究》，第 9 卷，北京：
　　北京大学出版社，2002 年。

孙芬慧：《渭南发现唐〈白敏中神道碑〉》，《碑林集刊》第 10 辑，
　　2004 年。

孙永如：《唐文宗朝中枢政局发微》，《扬州师院学报》，1996 年第 3 期。

唐雯：《从新出元载墓志看德宗的太子地位》，《书法》，2018 年第 2 期。

田延柱：《唐文宗谋翦宦官与甘露之变》，《辽宁大学学报（哲社版）》，
　　1992 年第 4 期。

王静：《唐大明宫内侍省及内侍诸司的位置与宦官主权》，《燕京学报》
　　新 16 期，北京：北京大学出版社，2004 年。

王丽梅、杜文玉：《唐代宦官封爵问题探微——兼补〈十五史补编：唐宦
　　官封爵表〉》，《江汉论坛》，2012 年第 3 期。

王萌：《金吾卫军与甘露之变》，《兰州教育学院学报》，2007 年第 1 期。

王庆昱：《新见唐宰相元载墓志考释》，《书法》，2018 年第 2 期。

王庆昱：《新见晚唐宦官张彦敏墓志所涉史事考述》，《唐史论丛》第 27
　　辑，2018 年。

王庆昱：《新见李行邕墓志与唐后期史事考》，《唐史论丛》第 34 辑，
　　2022 年。

王素：《唐五代的禁卫军狱》，《中华文史论丛》，1986 年第 2 辑。

王孙盈政：《唐代宣徽院位置小考》，《唐史论丛》第 19 辑，2014 年。

王永平：《论枢密使与中晚唐宦官政治》，《史学月刊》，1991 年第 6 期。

王永平：《论唐代宣徽使》，《中国史研究》，1995 年第 1 期。

王芸生：《论二王八司马政治革新的历史意义》，《历史研究》，1963 年
　　第 3 期。

汪勃：《唐代两方墓志》，《陕西历史博物馆馆刊》第 2 辑，1995 年。

吴慧：《中晚唐的社会矛盾和朋党之争的经济根源》，《中国古代史论

丛》第 2 辑,福州:福建人民出版社,1982 年。

吴丽娱:《论唐代财政三司的形成发展及其与中央集权制的关系》,《中华文史论丛》,1986 年第 1 辑。

吴宗国:《进士科与唐朝后期的官僚世袭》,《中国史研究》,1982 年第 1 期。

西安文物保护考古研究院:《唐代杜江及夫人翟氏墓发掘简报》,《文博》,2016 年第 4 期。

徐成:《〈唐重修内侍省碑〉所见唐代宦官高品、内养制度考索》,《中华文史论丛》,2014 年第 4 辑。

薛平栓:《试论开元天宝以后的长安商人与禁军》,《唐都学刊》,1992 年第 3 期。

严耀中:《唐代内侍省宦官奉佛补说》,《唐研究》第 10 卷,2004 年。

杨涛:《新见唐宦官"彭希晟墓志"及彭氏一族略考》,《大众考古》,2022 年第 10 期。

杨志玖、张国刚:《藩镇割据与唐代的封建大土地所有制》,《学术月刊》,1982 年 6 期。

叶炜:《信息与权力:从〈陆宣公奏议〉看唐后期皇帝、宰相与翰林学士的政治角色》,《中国史研究》,2014 年第 1 期。

于辅仁:《唐宣宗出家考》,《山西大学师范学院学报》,1990 年第 2 期。

俞钢:《唐后期宰相结构研究——专论六部侍郎平章事职权的变化》,《上海师范大学学报》,1993 年第 3 期。

于赓哲:《由武成王庙制变迁看唐代文武分途》,《魏晋南北朝隋唐史资料》第 19 辑,2002 年。

游自勇:《墨诏、墨敕与唐五代的政务运行》,《历史研究》,2005 年第 5 期。

袁刚:《延英奏对制度初探》,《北京大学学报》,1989 年第 5 期。

袁刚:《唐代的枢密使》,《山东教育学院学报》,1994 年第 3 期。

杨富学、赵海燕：《西安新出交趾人李克恭墓志及其所涉中晚唐政局》，《河北大学学报》（哲社版），2020 年第 5 期。

曾维君：《唐后期至五代枢密院之演变略考》，《山东社会科学》，2000 年第 6 期。

岳纯之、唐澜：《论唐宪宗之死》，《烟台师院学报》，1997 年第 1 期。

张东光：《唐宋时期的中书秘书官》，《历史研究》，1995 年第 4 期。

张弓：《衰相现前，崇禁失据——唐后期诸帝与佛教述论》，《中国史研究》，1992 年 4 期。

张广达：《内藤湖南的唐宋变革说及其影响》，《唐研究》第 11 卷，2005 年。

张国刚：《唐代监军制度考论》，《中国史研究》，1981 年第 2 期。

张国刚：《肃代之际的政治军事形势与藩镇割据局面形成的关系》，《南开学报》，1982 年第 6 期。

张国刚：《唐代阶官与职事官的阶官化论述》，《中华文史论丛》，1989 年第 2 期。

张国刚：《唐代藩镇军将职级考》，《学术月刊》，1989 年第 9 期。

张国刚：《唐代禁卫军考略》，《南开学报》，1999 年第 6 期。

张剑光：《唐代藩镇割据与商业》，《文史哲》，1997 第 4 期。

张景平：《试论中晚唐时期的"銮舆播迁"》，《兰州大学学报》，2005 年第 1 期。

张连城：《唐后期中书舍人草诏权考述》，《文献》，1992 年第 2 期。

张美侨：《唐长安宦官的生活场域与佛教信仰》，《唐史论丛》第 22 辑，2016 年。

张苹、马冬：《墓志所见晚唐内侍省官员与"赐紫绯"》，《中国历史文物》，2010 年第 6 期。

张其凡：《关于"唐宋变革期"学说的介绍与思考》，《暨南学报》，2001 年第 1 期。

张铁夫:《"顺宗被杀"的证据不能成立》,《零陵师范高等专科学校学报》,2002 年第 1 期。

赵冬梅:《唐宋诸使机构职掌考》,《国学研究》第 16 卷,2000 年。

赵水静:《新出唐〈卫巨论墓志〉考释》,《碑林集刊》,2013 年。

郑学檬:《唐代德两朝党争和两税法》,《历史研究》,1992 年第 4 期。

郑学檬:《"元和中兴"之后的思索》,《中国唐史学会论文集》,西安:三秦出版社,1993 年。

周建国:《李德裕与牛李党争考述》,《唐研究》第 5 卷,1999 年。

朱德军:《协调与制衡:中晚唐"一元双头"藩镇体制下的监军与藩帅——以中原藩镇为例》,《陕西师范大学学报(哲社版)》,2012 年第 9 期。

桂齐逊:《河东军对晚唐政局的影响》,《中国历史学会史学集刊》第 26 辑,1994 年。

雷家骥:《唐枢密使的创置与早期职掌》,《中正大学学报》第 4 卷第 1 期,1993 年。

刘淑芬:《中古的宦官与佛教》,郑钦仁教授荣退纪念论文集编委会:《郑钦仁教授荣退纪念论文集》,台北:稻乡出版社,1999 年。后收入氏著《中古的佛教与社会》,上海:上海古籍出版社,2008 年。

卢建荣:《地方军事化对唐代后期淮北地区政治与社会的冲击(780-893)》,《台湾师范大学历史学报》第 27 期,1999 年。

罗永生:《晚唐五代的枢密院和枢密使》,《唐代的历史与社会》,武汉:武汉大学出版社,1997 年。

毛汉光:《论安史乱后河北地区之社会与文化——举在籍大士族为例》,《晚唐的社会与文化》,台北:学生书局,1990 年。

邱添生:《论唐代中叶为国史中世下限说》,《台湾师范大学历史学报》第 15 期,1987 年。

宋德熹：《唐代后半期门阀与宦官之关系》，《晚唐的社会与文化》，台北：学生书局，1990 年。

王梦鸥：《牛羊日历及其相关的作品与作家辨》，《中研院历史语言所集刊》第四十七本第三分，1976 年。

王寿南：《从藩镇选任看安史之乱后唐中央政府对地方之控制》，《政大历史学报》，1988 年第 9 期。

伍伯常：《唐德宗的建藩政策——论中唐以来制御藩镇战略格局的形成》，《东吴历史学报》，2000 年第 6 期。

赵雨乐：《唐代における飞龙厩と飞龙使—特に大明宫の防卫を中心として—》，《史林》第 74 卷第 4 号，1991 年。

赵雨乐：《唐代における内诸司使の构造—その成立时点と机构の初步の整理—》，《东洋史研究》第 50 卷第 4 号，1992 年。

赵雨乐：《唐末北衙禁军的权力基础——神策五十四都的活动试析》，中国唐代学会编：《第三届中国唐代文化学术研讨会论文集》，台北：乐学书局，1997 年。

赵雨乐：《从武德使到皇城使——唐宋政治变革的个案研究》，《唐研究》第 6 卷，2000 年。

赵雨乐：《从宫官到宦官：唐前期内廷权力新探》，《九州学林》，2004 年第 2 卷第 1 期。

赵雨乐：《两神策与两枢密：唐代北司领导权力新探》，《魏晋南北朝隋唐史资料》第 27 辑，2011 年。

〔美〕包弼德：《唐宋转型的反思——以思想的变化为主》，《中国学术》第 3 辑，2000 年。

〔日〕渡边孝：《牛李党争研究的现状与展望》（节译），《中国史研究动态》1997 年第 5 期。

〔日〕葭森健介：《唐宋变革论于日本成立的背景》，《史学月刊》，2005 年第 5 期。

〔日〕谷川道雄:《"唐宋变革"的世界史意义——内藤湖南的中国史构
　　想》,《魏晋南北朝隋唐史资料》第 23 辑,2006 年。

〔日〕堀敏一:《藩镇亲卫军的权力结构》,《日本学者研究中国史论著
　　选译》第四卷,北京:中华书局,1992 年。

〔韩〕柳浚炯:《试论唐五代内职诸使的等级化》,《史学集刊》,2010 年
　　第 3 期。

〔韩〕柳浚炯:《唐代宦官内养研究》,《国学研究》第 26 卷,2010 年。

五、外文著述

〔日〕滨口重国:《秦汉隋唐史の研究》,东京:东京大学出版会,
　　1980 年。

〔日〕池田温:《中国古代写本识语集录》,东京:大藏出版株式会社,
　　1990 年。

〔日〕川胜义雄、砺波护编:《中国贵族制社会の研究》,京都:京都大学
　　人文科学研究所,1987 年。

〔日〕堀敏一:《唐末五代变革期の政治と经济》,东京:汲古书院,
　　2002 年。

〔日〕砺波护:《唐代政治社会史研究》,京都:同朋舍,1986 年。

〔日〕砺波护:《唐の行政机构と官僚》,东京:中央公论社,1998 年。

〔日〕那波利贞:《唐代社会文化史研究》,东京:创文社,1974 年。

〔日〕气贺泽保规:《府兵制の研究—府兵兵士とその社会—》,京都:
　　同朋舍,1999 年。

〔日〕日野开三郎:《日野开三郎东洋史学论集》,京都:三一书房,
　　1980 年。

〔日〕日野开三郎:《唐末五代初自卫义军考》(上编),东京:汲古书院,
　　1984 年。

〔日〕三田村泰助:《宦官—侧近政治の构造—》,东京:中央公论社,1963 年。

〔日〕中村裕一:《唐代官文书研究》,京都:中文出版社,1991 年。

〔日〕中国史研究会编:《中国专制国家と社会统合》,京都:文理阁,1990 年。

〔英〕Denis C. Twitchett, *The Writing of Official History under the T' ang*, Cambridge:Cambridge University Press,1992.

〔美〕Mark Elvin, *The Pattern of the Chinese Past:A Special and Economic Interpretation*, Stanford:Stanford University Press,1973.

〔日〕大泽正昭:《唐末の藩镇と中央权力—德宗. 宪宗朝を中心として—》,《东洋史研究》第 32 卷第 2 号,1973 年。

〔日〕渡边孝:《唐藩镇十将考》,《东方学》第 87 号,1994 年。

〔日〕渡边孝:《唐后半期の藩镇辟召制についての再检讨—淮南. 浙西藩镇における幕职官の人的构成などを手がかりに—》,《东洋史研究》第 60 卷第 1 号,2001 年。

〔日〕渡边久:《北宋时代の都监》,《东洋史苑》第 44 号,1994 年。

〔日〕福井信昭:《唐代の进奏院—唐后半期「藩镇体制」の一侧面—》,《东方学》第 105 号,2003 年。

〔日〕高濑奈津子:《安史の乱后の财政体制と中央集权について—建中元年の财政使职废止をめぐって—》,《史学杂志》第 110 卷第 11 号,2001 年。

〔日〕谷川道雄:《河朔三镇における节度使权力の性格》,《名古屋大学文学部研究论集》第 74 号,1978 年。

〔日〕横山裕男:《唐の官僚制と宦官—中世的侧近政治の终焉序说—》,中国史研究会编《中国中世史研究—六朝隋唐の社会と文化—》,东京:东海大学出版会,1970 年。

〔日〕菊池秀夫：《五代禁军に于ける侍卫亲军司の成立》，《史渊》第 70 号，1957 年。

〔日〕砺波护：《三司使の成立》，《史林》第 44 卷第 4 号，1961 年。

〔日〕砺波护：《中世贵族制の崩坏と辟召制—牛李の党争を手がかり に—》，《东洋史研究》第 21 卷第 3 号，1962 年。

〔日〕栗原益男：《唐五代の仮父子的结合の性格—主として藩帅的支 配権力との関连において—》，《史学杂志》第 62 卷第 6 号， 1953 年。

〔韩〕柳浚炯：《唐代 지방 监军 변화와의의—宦官监军 과황제권의중심 관계를으로—》，《东洋史学研究》（韩国），第 123 辑，2013 年。

〔日〕山根直生：《唐末における藩镇体制の变容—淮南节度使を事例 として—》，《史学研究》第 228 号，2000 年。

〔日〕矢野主税：《枢密使设置时期について》，《长崎大学学芸学部人文 社科研究报告》第 3 号，1953 年。

〔日〕矢野主税：《唐代监军使制の确立について》，《西日本史学》第 14 号，1953 年。

〔日〕矢野主税：《唐代枢密使制の発展》，《长崎大学学芸学部人文社 科研究报告》第 4 号，1954 年。

〔日〕矢野主税：《唐代宦官権势获得因由考》，《史学杂志》第 63 卷第 10 号，1954 年。

〔日〕矢野主税：《唐末监军使制について》，《长崎大学学芸学部社会 科学论丛》第 7 号，1957 年。

〔日〕室永芳三：《唐末内库の存在形态について》，《史渊》第 101 号， 1969 年。

〔日〕室永芳三：《唐末内侍省における鞠狱の性格と机能について》， 《长崎大学教育学部社会科学论丛》第 28 号，1979 年。

〔日〕室永芳三：《唐代内侍省の宦官组织について—高品层と品官.

白身层》,日野开三郎博士颂寿记念论集刊行会编:《中国社会. 制度. 文化史の诸问题—日野开三郎博士颂寿记念—》,福冈:中国书店,1987 年。

〔日〕室永芳三:《唐内侍省知内侍省事》(上、中、下),《长崎大学教育学部社会科学论丛》第 38、39、40 号,1989—1990 年。

〔日〕室永芳三:《唐末内侍省内养小论》,《长崎大学教育学部社会科学论丛》第 43 号,1991 年。

〔日〕松本保宣:《唐代后半期の正殿廷奏について—贞元十八年以降の事例を中心に—》,《立命馆文学》第 537 号,1994 年。

〔日〕松本保宣:《唐宣宗朝の聴政》,《东洋学报》第 83 卷第 3 号,2001 年。

〔日〕松井秀一:《唐代后半期の江淮について—江贼び康全泰. 裴甫の叛乱を中心として—》,《史学杂志》第 66 卷第 2 号,1957 年。

〔日〕友永植:《唐宋时代の宣徽院使について—主に五代の宣徽院使の活动に注目して—》,《北大史学》,第 18 卷,1978 年。

〔日〕友永植:《唐. 五代三班使臣考—宋朝武班官僚研究その(1)—》,宋代史研究会编:《宋代の社会と文化》,东京:汲古书院,1983 年。

〔日〕友永植:《宋都监探原考(一)—唐代の行营都监—》,《别府大学纪要》第 37 号,1996 年。

〔日〕友永植:《宋都监探原考(二)—五代の行营都监—》,《别府大学アジア历史文化研究所报》,1997 年。

〔日〕友永植:《唐供奉官考》,《史学论丛》第 38 号,2008 年。

〔韩〕郑炳俊:《唐后半期の地方行政体系について—特に州の直达. 直下を中心として—》,《东洋史研究》第 51 卷第 3 号,1992 年。

〔日〕中村裕一:《唐代内藏库の变容—进奉を中心に—》,《待兼山论丛》第 4 号,1971 年。

〔日〕周藤吉之:《五代节度使の牙军に关する一考察—部曲との關联

において—》,《东洋文化研究所纪要》第 2 号,1951 年。

〔美〕E. A. Kracke Jr. , "Sung Society:Change within Tradition", *The Far Eastern Quarterly*,14. 4,1955.

〔美〕Robert M. Hartwell,"Demographic,Political,and Social Transformations of China, *750 – 1550* ", *Harvard Journal of Asiatic Studies*, 42. 2,1982.

六、硕、博学位论文

陈爽:《唐代内使诸司考》,硕士学位论文,北京大学,1990 年。

牟永良:《试论唐昭宗朝的南衙北司之争》,硕士学位论文,陕西师范大学,2001 年。

王静:《大明宫的内廷空间布局与唐代后期宦官专权的关系》,硕士学位论文,北京大学,2001 年。

雷艳红:《唐代君权与皇族地位研究——以储位之争为中心》,博士学位论文,厦门大学,2002 年。

李效杰:《唐德宗初期的四镇称王及"署置百官初探"》,硕士学位论文,河北师范大学,2003 年。

仲亚东:《唐代宦官诸使研究》,硕士学位论文,福建师范大学,2003 年。

贺忠:《唐代的内使诸司》,硕士学位论文,中山大学,2003 年。

〔韩〕柳浚炯:《唐末五代的内诸司使》,硕士学位论文,北京大学,2003 年。

吕颖辉:《大中朝"政治二题"研究》,硕士学位论文,河北大学,2005 年。

仝建平:《唐宋宣徽使考述》,硕士学位论文,陕西师范大学,2005 年。

赵歌:《唐代宦官专权若干问题试探》,硕士学位论文,天津师范大学,

2008 年。

〔韩〕柳浚炯:《唐代宦官与皇权运作研究》,博士学位论文,北京大学,
2010 年。

戴均禄:《唐代前期南衙军研究》,硕士学位论文,辽宁大学,2012 年。

赵晨昕:《唐代宦官权力的制度解析——以宦官墓志及敦煌本〈记室备
要〉为中心》,博士学位论文,首都师范大学,2012 年。

施治平:《宋代宣徽院研究》,硕士学位论文,河北大学,2013 年。

Yang Lu, *Dynastic Revival and Political Transformation in Late Tang
China:A Study of Emperor Hsien-Tsung (805−820) and His Reign*, Ph.
D. Dissertation, Princeton University, 1999.

后　记

　　拙著是我 2009 年博士论文《中晚唐宦官政治》的修改稿。2019年拙著正式出版时,距博士毕业正好十周年。十年弹指一挥间,回顾往昔岁月,不胜感慨之至。

　　拙著以"神策军与中晚唐宦官政治"为题,主旨在于探析中唐以降,唐代政治、经济、军事等领域的发展变化,并在此基础上探寻安史乱后中国历史的某些发展规律。中晚唐政治史常被分割为藩镇割据、宦官专权、牛李党争等几个大的问题领域,致使这一时期历史发展的主线较为模糊,而这正是我一直想要探寻的学术问题。攻读硕士学位期间,在业师冻国栋先生的指导下,我重点研究了宣宗一朝的政治史,撰成学位论文《唐代宣宗朝政治史研究》[1]。进入博士学习阶段以后,最初的计划是继续以德宗或宪宗朝为研究对象,一朝一朝地解决具体问题。一次偶然的机会,我重温了毛泽东主席关于"枪杆子里出政权"的论断,大受启发。中晚唐朝廷最大的软肋就是"枪杆子"的问题。哥舒翰潼关丧师后,朝廷几乎没有直辖的军队,其后组建的神策军,又牢牢掌控在宦官之手。如若套用"枪杆子里出政权"的论断,宦官既然主掌神策军,必然最终决定中晚唐的政治走向。我陡然意识到,宦官问题才是解决中晚唐政治发展轨迹的根本问题。这样,就把关注点转移到宦官问题上来。

　　宦官擅政其实是个老问题,相关论著汗牛充栋。一般而言,学者们都会把宦官视为封建皇权的附庸或延伸。如以宦官典兵为切入点,

---

[1]即拙著《唐宣宗大中政局研究》,天津:天津古籍出版社,2012 年。

所谓附庸之说无法令人信服。这一问题上，北京大学田余庆先生的《东晋门阀政治》一书又给我新的启发。田先生提出，东晋门阀政治是皇权政治的变态，门阀政治从皇权政治中来，最后回归到皇权政治中去。唐代宦官擅政同样也产生于天下大乱之后，也是旧的王朝遭受沉重打击但未被彻底取代之时，如将中晚唐宦官政治视为中国古代皇权政治的另外一种变态形式，很多问题都可迎刃而解。唐长孺先生在《魏晋南北朝隋唐史三论》中认为，由于晋末动乱和北方少数民族政权的建立，北方封建社会的发展走上了一条特殊的道路，从"南朝化"的视角来看，北朝也是一种"变态"的形式。在探讨中国古代社会发展特殊性和"变态"问题方面，我的研究趋向与唐先生大体也是一脉相承的。在冻国栋师的首肯下，我调整了思路，最终撰成博士学位论文《中晚唐宦官政治研究》。博士论文大约三十万字，申请到国家社科后期资助后，在原有基础上又增加二十多万字，主要增补了宦官政治与地方政局的相关内容，并附加一些图表史料，在理论体系上得到进一步完善。

中古史领域，中晚唐政治史的学术积淀非常深厚，陈寅恪、岑仲勉、唐长孺、黄永年等大家已有非常精深的研究，为本书奠定了良好的基础。博士论文答辩时，我得到北京大学王小甫教授、厦门大学陈明光教授、河北社科院孙继民研究员、武汉大学杨果教授、刘安志教授等先生的当面赐教。其后南开大学何先成博士、北京师范大学黄图川博士、张策同学等又提出不少宝贵意见。拙稿修订出版时，中华书局罗华彤主任积极协调出版事宜，责任编辑樊玉兰女士悉心编校文句。武大校友、中央美术学院刘涛教授惠赐题签。衷心感谢诸位师友的辛勤付出，谨致以最诚挚的敬意。拙著2019年初版曾得到武汉大学历史学院中国史学科的部分补助，一并致以感谢。

武汉大学历史学院暨中国三至九世纪研究所是蜚声中外的中古史学术重镇，也是我走向治史之路的起点。1998年我考入武汉大学,在这里完成了自己的本科、硕士、博士阶段的学习,毕业后又侥幸忝侧其间,不觉已二十一年矣。感谢朱雷先生、陈国灿先生、何德章先生、牟发松先生等恩师的谆谆教诲,感谢刘礼堂、刘安志等学院领导的宽容与支持,感谢刘安志教授、魏斌教授、姜望来教授、吕博教授、朱海副教授、李永生博士等同事的关怀与帮助。最后,我要特别感谢我的导师冻国栋先生。我的每一点进步,都离不开冻师的耳提面命。十七年前,冻师指导我完成了本科学位论文,十四年前,指导我完成了硕士学位论文,十年前,又指导我完成了博士论文,"明师之恩,诚为过于天地,重于父母多矣"。此时此刻,纵千万言,也不足以表达我的感恩之心。

　　限于个人学识浅陋,拙稿所论,或有偶得,也多存疏漏。不足之处,敬祈广大读者批评指正。是为记。

2019 年 7 月 1 日

2024 年 1 月 11 日修订